새로 쓰는 비슷한말 꾸러미 사전

새로 쓰는 비슷한말 **꾸러미** 사전

제1판 제1쇄 발행일 2016년 6월 21일
제1판 제8쇄 발행일 2021년 12월 7일

글 _ 최종규
기획 _ 숲노래, 책도둑(박정훈, 박정식, 김민호)
디자인 _ 토가 김선태
펴낸이 _ 김은지
펴낸곳 _ 철수와영희
등록번호 _ 제319-2005-42호
주소 _ 서울시 마포구 월드컵로 65, 302호(망원동, 양경회관)
전화 _ (02)332-0815
팩스 _ (02)6003-1958
전자우편 _ chulsu815@hanmail.net

ⓒ 최종규, 2016

ISBN 978-89-93463-91-0 01710

철수와영희 출판사는 '어린이' 철수와 영희, '어른' 철수와 영희에게
도움 되는 책을 펴내기 위해 노력하고 있습니다.

새로 쓰는

비슷한 말

꾸러미 사전

새롭게 살려낸 한국말사전 ❶

기획 **숲노래**

글 **최종규**

철수와영희

새롭게 쓰려는 마음으로 빚은
비슷한말

이 책은 사전입니다. 사전 가운데 한국말사전입니다. 흔히 '국어사전'이라고 하는 책입니다. 다만 모든 낱말을 다 실은 사전이 아니요, 모든 한국말을 다 다루는 한국말사전이 아닙니다. 앞으로 한국말을 한국말답게 살피면서 사랑하는 길을 이웃하고 나누려는 마음으로 가볍게 내놓는 자그마한 한국말사전이라고 이야기하고 싶습니다. 수많은 한국말 가운데 '비슷한말'을 꾸러미로 엮어서 한자리에 보여주는 사전이라고 할 수 있습니다.

비슷한말을 꾸러미로 엮기만 해도 아주 두툼한 책이 됩니다. 그래서 모든 비슷한말을 모아서 엮지는 못합니다. 이 비슷한말 꾸러미를 살피면서 우리가 저마다 스스로 생각을 새롭게 북돋우도록 도울 수 있는 틀로 엮으려 했습니다. 이제 막 처음으로 한 걸음을 내딛습니다.

오늘날에는 인터넷이나 손전화로 손쉽게 '낱말 찾기(사전 검색)'를 해 볼 수 있습니다. 종이책으로 묶는 사전은 어느 모로 본다면 바보스러운 짓이 될 만하다고 여길 수 있습니다. 그런데 왜 이런 '종이책 한국말사전'을 내놓으려고 할까요? 왜냐하면, 말을 말답도록 깊고 넓게 헤아리면서 생각을 가다듬도록 돕는 길동무로 '읽는 책(읽는 사전·읽는 한국말사전)'을 엮고 싶기 때문입니다.

한국에서 나온 사전은 거의 다 '책상맡에 두는 책'이 되기 일쑤입니다. 인터넷이나 손전화로 '낱말 찾기'를 하더라도 그때그때 한두 낱말만 찾기 일쑤입니다. '의사소통'이라는 테두리에서 낱말을 찾기 마련이고, 어려운 한자말이나 낯선 영어를 찾기 마련이라고 느낍니다. 이렇게 낱말을 찾는 일은 나쁘지 않아요. 다만, '의사소통으로 말뜻을 살피고 끝날' 적에는 새로운 이야기가 태어나기 어렵습니다. 새로운 이야기가 태어나기 어렵다면, 우리 스스로 새로운 생각을 짓기 어렵습니다. 우리가 스스로 새로운 생각을 짓기 어려울 적에는, 사회나 정치나 문화나 예술이나 교육이나 종교라고 하는 얼거리로만 온누리를 바라보다가 그치기 쉬워요.

스스로 생각을 하는 동안 살자고 하는 마음이 듭니다. 생각을 지어서 살자는 마음이 될 때에 비로소 살고, 살면서 살림을 짓는 사이에 삶이 태어납니다. 삶이 태어난 자리에는 서로 아끼거나 돌보는 사랑이 태어나요. '생각→마음→살림→삶→사랑'이라는 흐름이라 할 텐데, 생각이 사랑으로 흐르는 사이에 우리는 비로소 '사람'이라고 하는 숨결로 새롭게 태어나는구나 싶습니다. 그러면 '말'은 어디에 있을까요? 말은 바로 생각을 지어서 마음에 담는 씨앗과 같지 싶어요. 마음에 담을 생각이 '말'로 나타난다고 할까요. 그래서 말로 지은 생각을 마음에 담아서 저마다 살림을 짓고 삶을 이루며 사랑을 나누는 보금자리를 가꾸는 흐름이 되는구나 하고 느낍니다.

이 흐름은 '말·넋·삶'이라고 하는 세 마디로 간추려 볼 만합니다. 말이 넋이 되고, 넋이 삶이 되며, 삶은 다시 말이 됩니다. 우리가 쓰는 모든 말은 아스라이 먼 옛날부터 사람들이 생각으로 지은 살림에서 태어났다고 여길 만하리라 느껴요. 한국사람이 쓰는 한국말뿐 아니라, 지구별 모든 나라에서 다 다른 겨레·나라에서 다 다른 말이 이러한 얼거리로 태어났으리라 느낍니다.

비슷한말은 비슷하게 쓰는 말입니다. 같거나 똑같이 쓰는 말이 아닙니다. 같거나 똑같이 쓰려 했다면 '비슷하면서 다른 말'이 이모저모 새롭게 태어나지 않아요. 조금씩 다르게 쓰는 맛이랑 멋이 있기에 비슷한말을 지어요. 때와 곳과 흐름을 살펴서 새롭게 쓰려는 마음으로 비슷한말을 빚어요.

이 책은 《숲에서 살려낸 우리말》을 쓰는 동안 어린이 눈높이를 헤아려 한국말 흐름과 뿌리와 결과 이야기를 들려주려고 하면서 갈무리할 수 있었습니다. 시골에서 아이들하고 살며 살림을 새로 짓는 길을 걷는 마음으로 엮습니다. 아직 밥·옷·집을 모두 손수 짓는 살림이 되지는 못하지만, 앞으로 밥·옷·집을 모두 손수 짓는 살림이 되도록 가꾸려는 마음으로 말·넋·삶을 다스리려고 합니다. 이 책을 쓰려고 옛날과 오늘날을 가로지르는 수많은 사전과 책과 교과서를 살폈고, 책에 적히지 않은 살림말이나 시골말을 귀여겨들으려 했습니다. 말풀이와 보기글은 모두 '숲노래 모임'에서 새롭게 붙여 보았습니다. 비슷한말을 한데 묶다 보면 자칫 돌림풀이가 되기 쉬운데, 비슷하면서 다른 낱말을 다루면서 뜻과 느낌과 쓰임새를 환하게 알도록 돕는 길을 찾아보려고 힘썼습니다. 이 책에서 모자란 대목은 너그러이 헤아려 주셔요. 아쉽거나 보탤 대목은 찬찬히 짚어서 알려주시면 고맙겠습니다. 남북녘이 사이좋게 어깨동무하는 물꼬가 넉넉히 트이면서 북녘에서 이룬 알찬 열매를 남녘에서도 마음껏 누려서 한국말을 한결 알차고 아름답게 가꿀 수 있기를 비는 마음입니다. 남북녘 모든 어린이와 어른 앞에 이 책을 고이 올립니다.

사전 짓는 책숲 '숲노래' 지기 올림

일러두기

ㄱ. 이 사전은 '비슷한말'을 꾸러미로 엮습니다. 비슷하지만 다른 낱말이 저마다 어떻게 비슷하면서 다른가 하는 대목을 밝힙니다. 이러면서 낱말마다 말뜻하고 쓰임새를 함께 밝힙니다.

ㄴ. 이 사전에 실은 올림말에 붙인 말풀이하고 보기글은 모두 새롭게 붙였습니다. 말풀이는 열 살 어린이부터 혼자 읽고 생각할 수 있도록 도울 만한 눈높이로 붙이려고 했습니다. 말풀이에 쓰는 낱말 숫자를 되도록 줄이려고 했습니다. 한국말을 쓰는 사람이라면 한국말을 쉽고 재미나면서 알차고 아름답게 돌아보도록 도울 만한 길을 헤아리면서 말풀이하고 보기글을 모두 새롭게 붙이려 했습니다.

ㄷ. 맞춤법이나 띄어쓰기는 국립국어원에서 펴낸 《표준국어대사전》을 따릅니다. 다만, 아직 한국말사전에 올림말로 안 실린 낱말이라 하더라도 앞으로 새롭게 살려서 넉넉히 쓸 만하다고 여기는 낱말은 '띄어서 쓰지' 않고 붙이기도 했습니다. '*'을 뒤에 붙인 낱말은 두 군데에서 다룬다는 뜻입니다. 모둠풀이는 마침표를 붙였지만, 낱낱 뜻풀이와 보기글은 마침표를 안 붙였습니다.

ㄹ. 소리는 같으되 뜻이나 쓰임새가 다른 낱말은 '고르다 1·고르다 2'이나 '보다 1·보다 2'이나 '헐다 1·헐다 2'처럼 다룹니다. 한 낱말이어도 뜻이 여러 가지로 나뉠 적에는 따로 '1·2·3'처럼 갈라서 저마다 어떤 비슷한말이 다르게 있는가를 헤아리려고 했습니다. '고르다 1'은 '고르다 하나'로 읽고, '고르다 2'는 '고르다 둘'로 읽습니다.

ㅁ. 이 사전을 '가끔 들추려고 책상맡에 놓'기보다는 '말을 새롭게 익혀서 생각을 새롭게 북돋우는 슬기를 가꾸'려는 마음으로 차근차근 읽어 주시면 더없이 고맙습니다.

● 차례

9

가꾸다·꾸미다*

⋯▸ "곡식, 꽃, 나무, 남새를 잘 자라도록 기르며 손질하고 보살피다"를 뜻하는 '가꾸다'입니다. 먼 옛날부터 사람들은 흙을 만지면서 밥과 옷과 집을 얻었어요. 이러한 시골살이에서 태어난 '가꾸다'예요. '꾸미다'는 "어떤 모습이 나게 매만지거나 차리거나 손질하다"를 뜻해요. 겉으로 좋게 보이려고 하는 일이 '꾸미다'입니다. '가꾸다'는 굳이 겉으로 드러나는 모습을 헤아리지 않습니다. 겉으로 좋게 보이려고 '가꾸는' 일은 없습니다. 속을 보듬거나 보살피면서 저절로 겉모습까지 좋게 되도록 한다는 '가꾸다'입니다. 이와 달리, '꾸미다'는 겉모습을 좋게 보이려고 하는 모습을 가리키는데, 슬기롭게 '꾸밀' 수 있으면 겉모습과 함께 속모습을 나란히 나아지게 힘쓰겠지요.

가꾸다

1. **곡식·꽃·나무·남새를 잘 자라도록 기르며 손질하고 보살피다**
   * 우리 집 논을 가꿉니다
   * 밭에서 무와 오이를 가꾸어요
2. **몸을 잘 다듬어서 보기 좋게 하다**
   * 얼굴을 가꾸었을 뿐인데 딴 사람처럼 보인다
   * 겨우내 몸을 튼튼하게 가꾸었네
3. **좋은 모습이 되게 하려고 보살피다**
   * 마음을 가꿀 때에 아름다운 사람이 됩니다

   * 언제나 웃고 노래하고 싶어서 마음씨를 곱게 가꾸어요
4. **쓸모없는 땅을 쓸모 있는 땅으로 바꾸다**
   * 빈 터를 가꾸어 텃밭을 마련해요
   * 이쪽 풀밭에 나무를 심어서 아기자기하게 가꿀 생각이야

꾸미다 (* '짓다'에서도 다룬다)

1. **어떤 모습이 나거나 되도록 매만지거나 차리거나 손질하다**
   * 옷차림을 예쁘게 꾸미고 나들이를 갑니다
   * 앞뜰과 꽃밭을 새봄에 밝게 꾸밉니다

2. 거짓을 참으로 바꾸어 보여주거나, 없는 것을 있는 것처럼 그럴듯하게 보여주다
   * 남모르게 꾸민 말이 들통났구나
   * 엉뚱하게 꾸민 이야기를 반길 사람은 없어요
3. 바느질을 해서 새로 마련하다
   * 고운 실로 치마와 저고리를 꾸며요
   * 동생한테 선물로 주려고 양말을 꾸미지요
4. 글을 따로 매만지면서 쓰다
   * 동무들과 글을 꾸며서 책을 조그맣게 엮었어요

* 글을 너무 꾸며서 쓰면 빛을 잃는다
5. 살림을 차리면서 갖추거나 마련하다
   * 어머니와 아버지가 살림을 잘 꾸미신다
   * 야무지게 살림을 꾸미는 할머니 솜씨를 물려받고 싶어요
6. 여럿이 모여서 어떤 일을 꾀하거나 모임을 열다
   * 너, 우리 몰래 무슨 짓을 꾸미니
   * 우리말을 사랑하는 동아리를 꾸민다

가랑비·보슬비·실비

····→ "가늘게 내리는 비"라서 '가랑비'입니다. 가랑비보다 더 가늘게 내리는 비는 '이슬비'라고 해요. 똑같이 가늘게 내리는 비이지만, 바람이 없는 날 드문드문 조용히 내리는 비는 '보슬비'입니다. '실비'는 "실처럼 내리는 비"예요. 가늘구나 하고 느끼는 마음은 사람마다 다를 테니, 누군가는 가랑비라 말해도 누군가한테는 실비일 수 있어요. 가늘게 내리는 느낌을 살려서 '실오라기비'나 '실오리비'처럼 새롭게 이름을 붙여도 됩니다.

가랑비

: 가늘게 내리는 비
  * 가랑비쯤이면 그냥 맞으면서 걸을까
  * 가랑비에 옷이 젖는 줄 모른다

보슬비

: 바람이 없는 날 드문드문 조용히 가늘게 내리는 비

* 보슬비 오는 줄 모르고 책만 읽었네
* 보슬비가 내리지만 그대로 공을 차며 놀기로 했어요

실비

: 실처럼 가늘게 내리는 비
  * 실비가 내리더라도 우산은 챙기렴
  * 실비가 꽃밭을 천천히 적십니다

가볍다·단출하다·홀가분하다

⋯, 마음에 짐이 될 것이 하나도 없을 때에 '가볍다'고 합니다. 짐이 될 것이 없으니 마음이 탁 트여 좋다고 할 만합니다. 따로 몸이나 마음에 지니려 하지 않을 때에 '단출하다'고 합니다. 둘레나 흐름에 얽매이지 않는 모습입니다. 몸이나 마음을 써서 보살피거나 지켜야 하지 않을 때에 '홀가분하다'고 해요. 얽매이던 곳에서 벗어나거나 얽매던 것을 내려놓을 때에 홀가분한 느낌이 돼요. '가볍다'는 '거볍다'라는 큰말이 있고, '가뿐하다'나 '가붓하다'처럼 꼴을 달리하면서 여러모로 씁니다.

가볍다

1. 무게가 다른 것보다 적다
   * 짐이 가벼우니 내가 혼자 들게요
   * 아기는 몸무게가 참 가벼워
   * 깃털은 매우 가볍고 부드럽구나
2. 차지하는 무게·값어치·몫·크기가 낮거나 적다
   * 목숨을 가볍게 여기는 일은 나빠
   * 우리말 공부를 가볍게 보지 마
3. 죗값이나 잘못이나 손해가 그다지 크지 않다
   * 가벼운 잘못이니 봐줄게
   * 올해는 태풍 피해가 가볍다
4. 많이 아프지 않거나 크게 다치지 않다
   * 가벼운 감기이니 곧 낫습니다
   * 벌렁 자빠졌는데 가볍게 생채기만 났어
5. 몸·손발을 날쌔거나 재빠르게 움직이다
   * 발걸음이 가벼워 꼭 나비처럼 춤춘다
   * 몸이 가벼워 도랑을 가뿐히 뛰어넘었다
   * 아버지는 공을 가볍게 던져요

6. 생각이나 말이나 몸짓이 차분하지 못하거나 함부로 하다
   * 입이 가벼워 아무 말이나 퍼뜨린다
   * 너는 하는 짓이 너무 가볍구나
7. 옷차림이나 겉모습이 어수선하지 않고 산뜻하거나 움직이기에 좋다
   * 멀리 안 가니 가볍게 입고 나와
   * 가벼운 차림으로 심부름을 다녀옵니다
8. 마음이 어디에 눌리지 않아 산뜻하고 시원하다
   * 가벼운 마음으로 학교에 가다
   * 날 듯이 가벼운 마음으로 심부름을 한다
9. 져야 하는 짐이나 몫이 적다
   * 가벼운 일을 맡길 테니 걱정 마
   * 올해는 다달이 내야 하는 돈이 가벼우면 좋겠다
10. 무엇을 할 때에 쓰거나 들어가는 힘이 적거나, 짐스러움을 적게 느끼다
    * 아침에는 운동을 가볍게 하자
    * 가볍게 읽을 수 있는 책을 빌렸어요

11. 어떤 일을 크지 않게 보거나 크지 않게 하다 (대수롭지 않다)
    * 너무 가볍게 보아 넘겼나
    * 가볍게 눈짓으로만 인사를 하다
12. 다루거나 해내기에 힘이 들지 않다
    * 이번 경기는 가볍게 이겼다
    * 수학 문제를 가볍게 풀다
13. 까다롭거나 어수선하지 않고 크기가 작다
    * 가벼운 연극 무대였어
    * 아침 모임을 가볍게 하고 일을 하자
14. 바람이나 물결이 잘게 일다
    * 물결이 가볍게 치니 오늘은 배가 뜰 듯하다
    * 바람이 가볍게 불어 빨래도 살짝살짝 나부낍니다
15. 닿는 세기가 여리거나 작다
    * 어깨를 가볍게 치면서 인사를 했다
    * 뺨을 가볍게 스치고 지나는 바람이 싱그럽네
16. 소리가 작고 낮거나, 깊은 맛이 없이 여리거나 흐리다
    * 문을 두드리는 소리가 가볍게 나다
    * 네 발소리가 가볍게 들렸어

17. 빛깔이 밝다
    * 가벼운 파랑으로 대문을 곱게 바르다
    * 갓 돋은 나뭇잎은 가벼운 풀빛이에요

단출하다

1. 함께 지내거나 어울리는 사람이 많지 않다
    * 우리 집은 살림이 단출합니다
    * 마음이 맞는 동무라면 단출해도 좋아
2. 일이나 차림새가 산뜻하거나 쉽다
    * 단출하게 차려입고 나왔어
    * 오늘은 단출하게 먹자

홀가분하다

1. 산뜻하면서 밝다
    * 모래밭에 앉아 홀가분하게 그림을 그린다
    * 숲내음을 맡으며 홀가분하게 생각하지요
2. 어수선하거나 귀찮을 일이나 사람이 없다
    * 골목에 아무도 없어 홀가분하게 놀았다
    * 홀가분하게 나들이를 떠난다
3. 무겁거나 걸리는 것·짐·물건이 없어서 움직이기에 좋다
    * 무거운 가방을 내리니 홀가분해
    * 홀가분하게 두꺼운 옷을 벗자

가장자리·가·테두리·틀*·바깥·밖

⋯→ '가장자리'나 '가'라고 할 적에는 끄트머리나 구석에 처진다는 느낌이지만, '테두리'는 이런 느낌을 담지 않아요. 또한, "가장자리에 앉는다"나 "가에 앉는다"처럼 쓸 수 있어도 "테두리에 앉는다"처럼 쓰지는 못합니다. "서울 테두리를 벗어난 적 없다"처럼 쓰기도 하는데, 서울을 벗어나 다른 곳으

로 나간 적이 없다는 뜻입니다. 이와 비슷하게 "서울 언저리를 벗어난 적 없다"라 하면 서울을 비롯해 서울과 가까운 자리에서만 맴돌았다는 뜻이 되어요. '테두리'와 '틀'은 "큰 테두리에서 생각하다"와 "큰 틀에서 생각하다"처럼 쓰곤 해요. '큰 테두리'라 할 적에는 넓게 품거나 안는 느낌, 곧 넉넉하게 아우르는 느낌입니다. '큰 틀'은 넓게 안거나 넉넉하게 아우르는 느낌보다는 뼈대나 얼개나 바탕을 살피는 느낌입니다. '가장자리'는 가운데 아닌 끝, 그러니까 가운데에서 가장 먼 자리를 가리킵니다. '가'도 가운데 아닌 자리를 가리키는데, 꼭 가장 먼 자리를 가리키지는 않습니다. '불가'나 '냇가' 같은 낱말을 살피면 알 수 있습니다. '가'는 어떤 곳이나 사람을 가운데에 놓고 둘러싸는 자리를 가리키기도 합니다. 그릇이나 병에서는 구멍(아가리)을 빙 두르는 자리를 가리키기도 해요. '바깥'하고 '밖'은 매우 닮은 낱말이고, '밖'에서 '바깥'이 가지를 쳤어요. 두 낱말은 겹쳐서 쓰는 자리가 있습니다. 그런데 '그밖에·이밖에·저밖에'처럼 '밖'을 쓰더라도, 이런 자리에 '바깥'을 쓰지 못해요. "생각 밖이었어"처럼 쓰지만 "생각 바깥이었어"처럼 쓰지는 않아요. '밖·바깥'은 '한데'라고 하는, 집이 아닌 자리를 가리키기도 하는데, '바깥'은 '바깥마실·바깥나들이·바깥바람'처럼 집이 아니거나 집에서 먼 어떤 곳을 가리킬 수 있지만, '밖마실·밖나들이·밖바람'처럼 쓰지는 않아요. '바깥'은 '바깥밥', 그러니까 바깥에서 먹는 밥을 가리키는 자리로도 쓰임새를 넓힙니다. '바깥밥'이란 '외식'을 가리켜요. 그리고 '밖·바깥'은 '바깥사람'이나 '바깥양반'을 뜻하는 낱말이기도 한데, 지난날에는 '바깥사람'을 놓고 으레 사내(남편·아버지)로만 여겼다면, 오늘날에는 바깥일을 하는 사람은 사내만이 아니기 때문에, 이제는 '바깥사람'을 성별로 가르기보다는 모든 사람한테 두루 써야 옳으리라 느낍니다.

가장자리

: 가운데가 아닌 끝이 되는 자리

* 논두렁 가장자리에 콩을 심다
* 책상 가장자리에 부딪혀서 다쳤어
* 잠을 못 잤는지 눈 가장자리가 까맣다
* 가장자리로 가지 말고 가운데로 가서 앉자

가

1. 가운데가 아닌 옆이나 끝이 되는 자리
   * 텃밭 가를 따라 작은 돌을 가지런히
     놓았다
   * 편지는 책상 가에 놓아 주렴
   * 그 집 가에 보면 우체통이 있어
   * 바닷가·물가·못가·냇가·길가
2. 어떤 곳·사람을 가운데로 하는 가깝거나
   둘러싼 자리
   * 우리는 할머니 가에 둘러앉아 이야기를
     들어요
   * 냇물에 발을 담그니 송사리가 내 다리
     가에 와서 논다
   * 네가 떨어뜨린 과자 가에 개미가 몰리네
   * 불가·우물가·난롯가·창가·입가
3. 그릇이나 병에서 아가리 끝이 되는 쪽
   * 빵에 잼을 바르다가 가에 다 묻혔네
   * 간장을 종지에 붓다가 가에 자꾸 흘린다

테두리

1. 물건 끝을 죽 따라가며 두르거나 친
   줄이나 꾸민 것
   * 반바지 테두리에 노란 실로 무늬를
     넣었다
   * 이 종이에 테두리를 치고 꽃을 그려 볼까
   * 이 그림은 아직 테두리만 그렸구나
2. 어느 곳이나 물건에서 끝이 되는 자리
   * 꽃밭 테두리에 씀바귀 씨앗이 날아와서
     자랐다
   * 운동장 테두리에 나무 그늘이 있어서
     좋아
3. 어떤 사물이나 일을 아우르는 품 (틀이나
   울타리나 경계나 지역에서 안쪽)
   * 난 아직 우리 마을 테두리를 벗어난 적이
     없어
   * 우주라는 테두리에서 생각해 본다
   * 네 말은 좀 상식 테두리를 벗어난 듯해

틀 (* '얼거리'에서도 다룬다)

1. 무엇을 만들 때에 똑같이 나오게 하려고
   쓰는 것
   * 찰흙을 이 틀로 찍으면 예쁜 무늬가 생겨
   * 붕어빵을 구울 적에 반죽을 틀에 알맞게
     부으렴
   * 요 틀에 우유를 붓고 설탕을 섞어서
     얼리면 얼음과자가 돼요
2. 일·물건·이야기에서 처음·흐름·줄거리를
   이루도록 하는 것
   * 어떤 이야기를 나누면 좋을는지 먼저
     틀을 짜 보자
   * 틀이 잡히지 않으니 말이 뒤죽박죽이네
   * 틀을 잘 세우면 글을 쓰기가 한결 쉬워
3. 굳어진 모습이나 겉으로 보여주는 모습
   * 틀에 박힌 말은 듣지 않을래
   * 네 생각은 좁은 틀에서 벗어나지
     못하는구나
4. 겉으로 살필 수 있는 모습
   * 틀을 잘 잡은 옷차림
   * 틀이 잡히니 한결 보기에 좋아
5. 기계
   * 베틀
   * 재봉틀

바깥

1. 둘러싸이지 않은 곳
   * 이제 바깥에서 들어오는구나
   * 며칠째 비가 내려서 바깥에 나가서 놀지
     못한다

* 몸져누우신 할아버지는 바깥 날씨가
  궁금하십니다
* 편지가 왔는지 바깥을 내다보렴

2. 어떤 자리나 금에서 벗어난 쪽
   * 금 바깥으로 발이 나갔네
   * 속옷이 바깥으로 고개를 내밀었으니 옷
     좀 다시 입으렴
   * 서울 바깥으로 나간 적이 아직 없대요
   * 이 바깥은 추우니 안으로 더 들어오렴

3. 앞에서 보이도록 드러나는 쪽 (겉)
   * 속은 낡았어도 바깥에서는 티가 나지
     않아
   * 바깥으로만 좋아 보일 뿐이었구나
   * 바깥에서만 살펴서는 어떠한지 알 수
     없어요

4. 집·마을이 아닌 곳이나, 집·마을에서 먼
   곳
   * 바깥나들이를 즐기고 돌아왔어요
   * 나도 바깥바람을 실컷 쐬고 싶구나
   * 어린이는 바깥놀이를 신나게 즐길 수
     있어야 튼튼히 자라요
   * 오늘은 바깥에서 밥을 먹기로 했어요

5. 집이 아니어서 추위·더위·비바람을
   고스란히 맞는 곳 (한데)
   * 이 추운 날 바깥에 오래 있었더니
     오들오들 떨린다
   * 동무가 놀러 왔으면 바깥에 세우지 말고
     안으로 들여야지
   * 마당에서 책을 읽다가 그만 바깥에 둔
     탓에 밤새 이슬을 맞았어
   * 깊은 숲에 천막을 치고 바깥잠을 자니
     재미있어요

6. 집이 아닌 곳, 그러니까 바깥에서 일을
   하는 사람 (바깥사람)

* 바깥은 너무 바빠서 집에도 잘 안
  들어오는구나
* 바깥이 바깥일로 힘들어도 김치를 담글
  때는 한손을 거들어야지

밖

1. 둘러싸이지 않은 곳
   * 눈이 펑펑 내리는 밖을 봐
   * 날도 따뜻한데 밖에서 놀면 어떨까
   * 얼음길이 미끄러워서 할머니는 밖에 안
     나가셨대요
   * 슬슬 밖에서 햇볕도 쬐고 밭도 매어 볼까

2. 어떤 자리나 금을 넘어선 쪽
   * 아기는 아직 마을 밖으로 나가 보지
     않았어요
   * 밖에서만 맴돌고 좀처럼 안으로 못
     들어온다
   * 에그, 너는 자꾸 눈 밖에 나는 일을
     저지르네
   * 밖에 있지 말고 안으로 들어오렴
   * 밖은 겨울인데 안은 봄이네

3. 앞에서 보이도록 드러나는 쪽 (겉)
   * 이 집은 밖에서는 허름해 보이지만 안은
     말끔하고 멋지지
   * 밖으로는 웃어도 속으로는 우는 얼굴
     같아
   * 속은 멀쩡한데 밖은 많이 낡았구나

4. 어떤 자리나 품에 들지 않는 나머지 다른
   자리나 일 (↔ 안)
   * 쉽다고 여겼는데, 생각 밖으로 퍽
     힘들었어
   * 네가 그리 말하다니, 생각 밖이었지 뭐니
   * 어제는 참 뜻밖인 일이었어
   * 그동안 꿈 밖이었는데 어느새 이 꿈을

이루었네

* 우리 밖에도 여러 사람이 이 지름길로 지나갔구나
* 이 케이크는 내 솜씨 밖이라서 도무지 못 굽겠어

5. 집이 아니어서 추위·더위·비바람을 고스란히 맞는 곳 (한데)

   * 여름에는 밖에 돗자리만 깔고 드러누워서 별바라기를 해요
   * 나그네는 잠자리를 찾지 못해 밖에서 덜덜 떱니다
   * 이 겨울에 밖에서 밤을 지새워야 하면 얼마나 추울까

6. (생각·뜻·마음을 드러내거나 말할 적에) 내가 아닌 자리, 또는 나를 벗어난 자리

   * 속내를 이제야 밖으로 드러내는구나
   * 좋은지 싫은지를 밖으로 나타내야 알지
   * 네가 입 밖으로 밝히지 않으면 다들 모르더라

7. '어느 것을 내놓고'나 '어느 것을 내놓고 다른'을 뜻한다

* 그밖에 더 할 말이 있니
* 이밖에 더 살 것은 없어요
* 저밖에 더 읽고 싶은 책이 있을까

8. '어찌하지 못하고 그렇게 되는' 일을 가리킨다

   * 그럴 수밖에 없을 테지
   * 나라도 그때에는 그런 말을 할밖에
   * 여태 애썼는데 그처럼 잘될밖에
   * 다리도 길고 힘도 세니 네가 더 빠를밖에

9. '그것 말고는'이나 '그것을 빼고는'을 뜻한다

   * 어린이는 놀이밖에 몰라도 됩니다
   * 이제 이틀밖에 남지 않았네
   * 아침부터 내내 굶었더니 먹을 것밖에 안 보인다
   * 나를 도와주는 사람은 언니밖에 없구나

10. 집이 아닌 곳, 그러니까 밖에서 일을 하는 사람 (= 밖사람)

    * 바깥일은 밖에서 어련히 하시겠지요
    * 아무리 밖이어도 부엌일을 좀 거들어야지

가지다(갖다)·지니다

⋯ '가지다'는 "두다"를 가리키고, '지니다'는 "잘 두다"를 가리킵니다. 뜻은 거의 같다 할 테지만, 느낌과 쓰임새가 살며시 다릅니다. '지니다'와 '가지다'를 견주면, "어머니 사진을 내가 가진다"고 할 적에는 그저 내 것으로 받아들인다는 뜻일 뿐, 잘 두거나 돌본다는 뜻이 아닙니다. "어머니 사진을 내가 지닌다"고 할 적에는 어머니 사진을 가까이에 두면서 잘 돌보아 잃거나 없어지지 않게 한다는 뜻입니다. 덧붙여, '간직하다'는 잃지 않도록 한다는 느

낌이 짙고, '지니다'는 잘 둔다는 느낌이 짙습니다. 두 낱말도 뜻은 거의 같다고 할 수 있지만, 쓰임새가 이와 같이 살짝 다릅니다. 그리고 '가지다'를 줄여서 '갖다'로 씁니다. 그런데 요즈음은 '가지다'를 잘못 쓰기도 합니다. 번역 말투가 잘못 퍼지면서 자꾸 잘못 쓰인다고 할 텐데, 이를테면 "큰 의미를 가지다"나 "의문을 가지다"나 "이름을 가지다"나 "모임을 가지다"나 "밀가루를 가지고 빵을 굽다"나 "보람을 가지고 일을 하다"나 "공부에 흥미를 가지다"나 "이 일에 관심을 가지다"나 "예쁜 얼굴을 가지다"나 "좁은 땅을 가진 나라"나 "두 사람은 접촉을 가졌다"나 "휴식을 가지다" 꼴로 쓰는 보기가 있습니다. 이러한 보기는 "큰 뜻이 있다"나 "궁금하다"나 "이름이 있다"나 "모임을 하다"나 "밀가루로 빵을 굽다"나 "보람으로 일을 하다"나 "공부에 재미를 붙이다"나 "이 일에 눈길을 두다"나 "얼굴이 예쁘다"나 "땅이 좁은 나라"나 "두 사람은 만났다"나 "쉬다"처럼 고쳐서 써야 올바릅니다. '몸가짐'과 '마음가짐'이라는 낱말을 요즈음 두루 쓰지만, 예전에는 이런 낱말을 안 썼습니다. 예전에는 '몸짓'과 '마음씨·마음결·마음보' 같은 낱말만 썼어요. 또는 '몸·마음'이라고만 했습니다. 사회가 크게 바뀌면서 말도 바뀌기 마련이라, '몸가짐·마음가짐'을 새롭게 잘 쓰면 되기도 하는데, "그런 생각을 가지고"나 "좋은 마음을 가지고 동무를 사귄다"처럼, 지난날에는 도무지 안 쓰던 말투가 번역 말투로 자꾸 퍼집니다. 번역 말투라 하더라도 우리가 알맞고 바르면서 즐겁게 쓰면 될 노릇입니다. 다만, '가지다(갖다)'라는 낱말을 이처럼 곳곳에 퍼뜨려서 쓰지 않던 지난날에도 "그런 생각으로"나 "좋은 마음으로 동무를 사귄다"처럼 우리 생각과 마음과 느낌을 고루 나타냈습니다. 쓰임새를 넓히는 일과 잘못 퍼진 말투를 더 널리 퍼뜨리는 일은 마치 종이 한 장만큼 다르다고 할 수 있습니다. 어느 쪽이 말을 슬기롭게 살려서 우리 마음과 생각과 뜻을 북돋울 만한지 곰곰이 돌아보아야지 싶습니다.

가지다 (갖다)

1.   손에 쥐거나 몸에 있도록 하다

     * 공을 가지고 논다

* 연필을 가지고 글을 쓴다
* 이웃집에 드릴 떡이니 잘 가지고 가렴

2.   제 것으로 하다

* 할머니는 언제나 '내 집을 가졌으면' 하고 꿈을 꾸셨어요
* 아버지가 타던 자전거를 내 자전거로 가진다
* 이 구슬을 네가 가지고 싶으면 얼마든지 가져도 돼

3. 함께 있도록 하거나 곁에 있도록 하다 (거느리다, 모시다, 두다)
    * 형제를 많이 가진 사람은 집 안이 늘 북적거립니다
    * 너는 누나를 많이 가져서 부럽다
4. 아이를 배다
    * 어머니는 내 동생이 될 둘째 아이를 가졌어요
    * 어머니는 나를 가졌을 적에 수박을 많이 드셨대요

지니다

1. 잃지 않도록 잘 있도록 하다
    * 어머니 사진을 품에 지닌다
    * 너한테서 받은 편지를 늘 지니고 다닌다
    * 이 열쇠는 내가 품에 지닐게요
2. 잊지 않도록 마음에 잘 새기다
    * 아버지가 남긴 이야기를 마음에 지니며 살아간다
    * 누나가 알려준 말을 잊지 말고 단단히 지녀야지

개운하다·시원하다·후련하다

···▶ 밥을 먹는 자리에서는 '개운하다·시원하다' 두 가지를 쓰는데, '시원하다'가 '개운하다'보다 느낌이 세고, '개운하다'는 입맛을 맑게 틔우는 느낌이요, '시원하다'는 텁텁한 입맛을 싹 가시게 하는 느낌입니다. '후련하다'는 밥을 먹는 자리보다는, 입안을 가시거나 얹힌 속을 달래는 자리에 곧잘 써요. '후련하다'는 마음에 맺힌 응어리를 푸는 느낌이 '시원하다'보다 세다고 할 수 있습니다. 그리고 '따뜻하다'가 덥지 않으면서 지내기 알맞을 때를 가리킨다면, '시원하다'는 "춥지 않으면서 지내기 알맞다"를 가리킵니다. 그런데 "시원한 국물"이라고 할 때에는 찬 국물이나 더운 국물을 모두 가리켜요. 어느 국물이든 목구멍과 배 속을 탁 트이도록 할 때에 "시원한 국물"이라고 합니다.

개운하다

1. 몸이나 마음이 새로우며 가볍다
   * 도시를 떠나 시골에 오니 개운하다
   * 골치가 아프던 일을 풀었더니 개운하구나
2. 국이나 밥이 목구멍을 틔우면서 싱그러운 맛이다
   * 된장국을 먹으니 속이 개운합니다
   * 북어와 조개로 끓인 국물이 이렇게 개운한지 처음 알았어요
3. 답답하거나 더운 곳에 있다가 밖으로 나와서 차거나 산뜻한 바람을 쐬니 좋다
   * 손님으로 꽉 찬 전철에서 내리니 비로소 개운하다
   * 찜통 같은 교실에서 나오니 개운합니다

시원하다

1. 춥지 않으면서 지내기에 알맞다
   * 나무 그늘에 앉아 시원한 바람을 쐰다
   * 어머니가 시원하도록 부채질을 했어요
   * 올여름은 시원하게 나고 싶다
2. 국이나 밥이 목구멍과 배 속을 탁 트이도록 하다
   * 시원한 국을 마셨다
   * 찬물 한 잔을 시원하게 마시고 싶어
3. 막힌 데가 없이 활짝 트이도록 하다
   * 저쪽 마을로 가는 길이 시원하게 뚫렸다
   * 물관에 낀 때를 벗기니 물줄기가 시원하게 나와요
4. 지저분한 것이 사라지고 깨끗하다
   * 이렇게 방을 치우니 시원하면서 좋네
   * 담에 잔뜩 붙었던 광고 종이를 모두 떼었더니 시원하구나
5. 막히는 곳이 없거나 거리끼지 않으면서

씩씩하다
   * 우리 동생은 말을 시원하게 잘한다
   * 내 동무는 시원스러우면서 재미있게 말을 해요
6. 앞에 아무것도 가리지 않아 잘 보이다
   * 언덕에 오르니 마을이 시원하게 보여
   * 눈앞이 시원하게 트인 들판으로 나왔다
7. 가려운 데를 긁거나 얹힌 속을 풀거나 마렵던 똥오줌을 누고 난 느낌이다
   * 어제오늘 배 속이 답답했는데 이제 좀 시원하네
   * 네가 등을 긁어 주어서 시원해

후련하다

1. 막혀서 답답하던 속이나 가슴이 풀리거나 내려서 말끔하거나 좋다
   * 속이 니글니글했는데 찬물 한 잔으로 후련해졌어
   * 목구멍에 걸린 떡이 내려가니 후련합니다
2. 막히거나 맺히거나 얽힌 것이 풀리거나 사라져서 반갑거나 기쁘다
   * 이 글을 읽으니 어지럽던 생각이 풀려 후련하다
   * 궁금했던 이야기를 들어서 속이 후련하네

거들다·돕다·곁들다

…→ 살짝 거든다는 뜻으로 '곁들다'를 쓰는 셈입니다. "일손을 곁들다"라 하면 가볍게 일손에 보탬이 되는 모습입니다. 그런데 "가난한 이웃을 돕다"처럼 쓸 수는 있어도 "가난한 이웃을 거들다"나 "가난한 이웃을 곁들다"처럼은 쓸 수 없습니다. 다른 사람이 어떤 일을 하는 사이에 들어와서 어느 만큼 일손을 덜 때에 '거들다·곁들다'입니다. '돕다'는 일손을 덜 뿐 아니라 크게 보탬이 되기도 하고, 아예 뒷바라지를 하는 자리에까지 쓰며, '서로돕기'처럼 주고받는 사이, 마음으로 힘이 되는 자리에 씁니다.

거들다

1. 남이 하는 일을 나서서 함께 하거나 힘을 더하다
   * 모내기로 바쁜 봄이라 일손을 거들어요
   * 아버지가 이불을 빨 적에 우리도 함께 거듭니다
   * 나랑 동생이 설거지를 거들었지요
2. 남이 하는 말이나 일에 끼어들다
   * 싸움을 거들려 하지 말고 말려야지
   * 너도 자꾸 거들지 말고 내 이야기를 좀 들어 보렴
   * 동생도 한마디를 거들고 싶은 듯해요

돕다

1. 남이 하는 일이 잘되도록, 또는 힘이 덜 들도록 함께 하거나 힘을 더하다
   * 내가 무거운 짐을 나르니 동무들이 와서 돕는다
   * 사이좋게 도우니 일을 일찍 마친다
   * 언제 어디에서나 기꺼이 돕는 사이

2. 돈이나 물건을 주어서 어려운 때나 살림에서 벗어나도록 하다
   * 이웃을 돕는 마음은 언제나 곱지요
   * 네가 힘들다는 소리를 들어서 도우려고
3. 한결 좋아지게 하거나, 안 좋던 모습을 나아지게 하다
   * 밥상 한쪽에 입맛을 돕는 양념을 놓지요
   * 속이 더부룩해서 소화가 잘되도록 돕는 약을 먹는다
4. '갈 길을 빨리 가도록 하여'를 나타내는 말
   * 먼 길을 도와 달려왔습니다
   * 새벽길을 도와 찾아왔어요
5. 힘이 되어 주다 (모자라는 곳을 채우는 힘이 되어 주다)
   * 아버지와 큰아버지는 도우며 살아요
   * 풀과 나무는 가만히 도우면서 숲을 이룹니다
6. 일이 잘되도록 힘을 더하다
   * 너와 나는 도우며 공부한다
   * 언니와 도우면서 밥상을 차렸어요

7. 뒤를 밀어주다 (뒤에서 힘이 되어 주다)
   * 큰아버지가 도와서 이 학교를 마칠 수 있었어요
   * 우리가 힘껏 도울 테니 네 솜씨를 마음껏 뽐내 보렴
8. 바르게 가도록 이끌다
   * 네가 도와서 나는 착한 사람이 되었다
   * 언제나 고운 마음이 되도록 어머니가 도우십니다

곁들다

1. 어느 자리에 있을 일이 없는데 들어오다
   * 잔치마당에 살그머니 곁들어서 놀다
   * 어른들이 이야기하는 자리에 조용히 곁들었다
2. 어느 자리에 나란히 놓다
   * 찻집에 곁든 책방
   * 노래에는 춤을 곁들어야 제맛이야
3. 곁에서 함께 붙잡아 들다
   * 작은 짐도 곁들면 한결 낫지
   * 무거울 텐데 우리도 곁들게
4. 남이 하는 일이나 말을 좀 거들다
   * 누나가 하는 말을 곁들어 본다
   * 우리는 밭에서 김을 매는 할머니를 곁들어서 일을 일찍 마쳐요

거저·그냥·공짜

⋯▸ 요새는 '거저'와 '그냥'을 쓰는 분이 줄고, 으레 '공(空)짜'를 써요. 가게에서나 광고를 할 때에나 으레 '공짜'를 써요. 이러면서 한국말이 자꾸 밀립니다. 이 낱말은 어느 자리에서나 '거저'나 '그냥'으로 손질할 수 있습니다. "거저 준다"고 할 적에는 돌려받을 생각이 없거나 주는 만큼 무엇을 해 주기를 안 바란다는 느낌입니다. "그냥 준다"고 할 적에는 돈이나 값을 치를 생각이 없이 준다는 느낌입니다. "거저 준다"는 주는 쪽에서 선물로 주는 셈이요, "그냥 준다"는 주는 쪽에서 스스럼없거나 홀가분하게 주는 셈입니다.

거저

1. 돌려받거나 무언가 해 주기를 바라지 않고
   * 이 책은 거저로 줄 테니 받으렴
   * 이렇게 고운 옷을 거저 얻었구나
   * 아버지는 스스로 좋아서 거저 일을 돕는다고 합니다
2. 아무 힘이나 돈을 안 들이고
   * 내 물건을 거저로 가지려 하지 마
   * 이제껏 구경만 하다가 거저로 끼어드는구나

3. 아무것도 없는 빈손으로

  * 꿈은 거저로 이루지 못한다

  * 네 생일인데 거저 갈 수 없어

4. 아무 일도 하지 않고

  * 여기까지 왔는데 거저 돌아갈 수 없다

  * 거저 보내기에 아쉬운 젊은 날

그냥

1. 더는 달라지지 않는 그 모습 그대로

  * 오늘은 그만하고 그냥 여기에서 멈추자

  * 창문은 그냥 열어 두자

  * 이제 손질을 다 했으니까 한동안 그냥
    말리면 돼

2. 아무 생각 없이

  * 이 일은 그냥 지나치고 싶지는 않아요

  * 네 말을 그냥 들어 넘기지 못하겠어

3. 그러한 모습으로 줄곧

  * 그냥 좋아서 웃기만 한다

  * 그냥 그렇게 가만히 있더라

4. 아무 힘이나 돈이나 땀이나 구실이 없이

  * 네가 좋아서 주니까 그냥 받아

  * 즐겁게 그냥 받으면 돼

공짜 (空-)

: 힘이나 돈을 들이지 않고 얻은 물건

  * 공짜로 얻은 책

  * 세상에 공짜가 어디 있니

건사하다·간수하다·간직하다

⋯▸ '간수하다'는 얼마쯤 잘 두어 안 없어지게 하는 자리에 쓰는 말이고, '간
직하다'는 오래도록 잘 두어 안 없어지게 하는 자리에 쓰는 말입니다. 그리고
'간수하다'는 꼭 가까이에 안 두어도 되지만, '간직하다'는 꼭 가까이에 두고
서 안 없어지게 한다는 자리에 씁니다. '건사하다'는 '간수하다'나 '간직하다'
와는 달리, 한동안 잘 둘 때와 오랫동안 잘 두는 자리에 모두 쓸 수 있어요.

건사하다

1. 나한테 있는 것을 잘 두다

  * 내 몸부터 잘 건사하려고 합니다

  * 네 짐은 네가 스스로 건사해야 해

2. 어떤 물건이나 사람을 잘 맡아서 다루다

  * 어린 동생을 건사하며 집을 본다

  * 언니는 늘 나를 건사하면서 살림까지
    거들었어요

3. 잘 돌보거나 다스리거나 가꾸다

  * 아버지한테서 물려받은 책을 알뜰히
    건사하다

  * 우리 집 꽃밭은 내가 건사합니다

간직하다

1. **물건을 오랫동안 잘 두어서 잃거나 없어지지 않게 하다**
    * 할아버지 적부터 간직하던 책이란다
    * 어머니는 내 배냇저고리를 알뜰히 간직하셨대요
    * 어릴 적에 바닷가에서 주운 조개껍데기를 아직까지 간직하지요
2. **어떤 생각이나 마음이나 뜻이나 이야기를 오랫동안 안 잊다**
    * 착한 마음을 오래오래 간직할 수 있기를 빌어
    * 예전부터 조용히 간직하던 꿈이에요

4. 일을 시키면서 일거리를 만들어 주다
    * 잔심부름이나 설거지는 우리가 건사하자
    * 짐을 나르거나 자잘한 일은 저희가 건사할게요

간수하다

:   **물건을 얼마 동안 잘 두어서 없어지지 않게 하다**
    * 이 편지를 집까지 알뜰히 간수하렴
    * 네가 준 선물은 내 책상맡에 올려놓고 날마다 바라보면서 간수한단다
    * 내가 돌아올 때까지 잃어버리지 말고 잘 간수해야 해

걸맞다·알맞다·들어맞다·맞다*·알맞춤하다

⋯→ '맞다'는 모두 열 가지로 씁니다. '걸맞다 · 알맞다 · 들어맞다 · 알맞춤하다'는 모두 '맞다'라는 낱말을 바탕으로 삼아서 쓰는데, 다섯째 뜻인 "잘 어울리다" 테두리에서 쓴다고 할 수 있습니다. '알맞다'는 밑돌지도 않고 웃돌지도 않는 모습을 가리키는 자리에 쓰고, '걸맞다'는 여럿을 놓고 살필 때에 서로 어울리도록 비슷하다고 하는 자리에 쓰며, '들어맞다'는 어떤 일에 제대로 맞거나 꼭 맞다고 하는 자리에 써요. '알맞춤하다'는 "꽤 알맞다"는 뜻으로 씁니다.

걸맞다

:   **둘이나 여럿을 함께 놓고 볼 적에, 서로 어울릴 만큼 비슷하다**
    * 설날에 걸맞게 옷을 곱고 정갈하게 차려서 입어요
    * 나한테 걸맞지 않은 책이라고 느껴 안 읽었지
    * 오늘 같은 날에 걸맞은 도시락이로구나
    * 놀이순이라는 이름에 걸맞도록 신나게 놀아 보자

알맞다

: 넘치지도 않고 모자라지도 않고
  지나치지도 않다

* 오늘은 나들이를 하기에 알맞게 따뜻하다
* 찬국수에 얼음을 알맞게 넣어서 먹어요
* 동생한테 들려줄 알맞은 말이 좀처럼 안
  떠오른다
* 간이 알맞게 맞았을까 궁금해

들어맞다

: 틀림이 없이 꼭 맞다

* 생각한 대로 들어맞으니 기뻐요
* 어제 한 말이 그대로 들어맞았어
* 이제 마지막 자리에 들어맞는 조각을
  찾으면 돼요
* 이 옷이 너한테 들어맞을 듯해

맞다 (* '바르다 1'에서도 다룬다)

1. 크거나 작지 않도록 닿다 (빈틈이 없이
   닿다, 어떤 것을 씌우거나 입히거나
   신기거나 넣거나 끼울 때에 크거나 작지
   않다)

   * 몸에 맞는 옷을 입어요
   * 발에 맞는 신을 신지요
   * 뚜껑이 병에 잘 안 맞네
   * 이 열쇠가 안 맞으면 다른 열쇠를 끼워
     보렴

2. 어느 틀·참·잣대대로 되거나 있다 (잘
   되다, 말썽이 없다, 틀리지 않다)

   * 시간이 안 맞는 시계를 본 탓에 늦게 오고
     말았네
   * 내가 준 돈이 맞는지 세어 보세요
   * 그 번호가 너희 집 전화번호 맞니
   * 네가 알려준 이야기가 맞더라

* 네 생각은 아무래도 안 맞는 듯하구나
* 이 책에 나온 이야기가 참말 맞는지
  알아보고 싶어요

3. 모습·느낌·생각이 서로 이어지거나
   하나가 되다 (어울리다)

   * 마음이 맞는 동무와 짝꿍이 되니 신난다
   * 생각이 맞는 이웃이 있으니 더욱 반갑다
   * 평화와 전쟁무기는 서로 맞지 않아요
   * 밭일에 맞게 신을 신든지, 아니면 신을
     벗고 맨발로 일하렴
   * 우리는 손발이 맞는 짝꿍입니다
   * 피아노와 하모니카가 서로 맞는구나

4. 마음에 들어 기쁘거나 입맛을 당겨 좋다

   * 거친 말은 영 나하고 안 맞더라
   * 몸에 달라붙는 옷은 나한테는 안 맞아서
     널널한 옷으로 갈아입었어
   * 나는 네가 마음에 맞아서 언제나
     반갑단다
   * 이 국이 입에 맞을까 모르겠네
   * 언니 입에 맞는 밥과 내 입에 맞는 밥은
     다르다

5. 주어진 자리·흐름·쓰임새·모습·뜻에
   좋거나 어울리다

   * 벌이에 맞게 씀씀이를 다스립니다
   * 이 일에는 네가 가장 맞겠어
   * 우리 모임에 맞는 일을 찾아서 도울 수
     있으면 좋겠어요

6. 날씨·철·온도·습도가 살거나 무엇을
   기르기에 좋다

   * 요즈음은 꽃이 피어나기에 꼭 맞는
     날씨이다
   * 나한테는 봄과 가을이 딱 맞지 싶어

7. 줄이나 차례가 똑바로 되다

   * 줄을 맞춰 서다

* 이렇게 하면 차례가 맞나

8. 어느 한 사람 것이거나 어느 자리에 있어야 하는 것이다

* 네 책 맞니

* 저기가 제 자리 맞습니다

9. 어떤 문제를 제대로 풀다 (문제를 틀리지 않게 풀다)

* 내가 쓴 답이 맞았어

* 네 대답이 맞고, 내 대답이 틀리네

10. 앞사람이 하는 말에 '그렇다'는 뜻으로 하는 말

* 그래, 네 말이 맞아

* 그럼, 그렇게 하면 맞지

알맞춤하다

: 이럭저럭 알맞다. 꽤 알맞다

* 이만하면 알맞춤하게 먹을 만하다

* 오늘은 나들이를 하기에 알맞춤한 날씨이네

* 이만큼 담으면 알맞춤하겠어요

겨를·말미·틈·사이(새)·틈새·틈바구니(틈바귀)·짬

⋯▸ 어떤 일을 하다가 다른 일을 하려고 내거나 얻는 때를 여러 낱말로 나타냅니다. 이 가운데 '겨를'은 그리 길지 않은 때를 가리켜요. 10분이나 한 시간쯤, 또는 두어 시간 안팎을 가리킵니다. 회사에 다니는 어른들이 '휴가'를 얻는다고 하면 '말미'를 얻는 셈입니다. 날마다 학교에 가서 공부를 하는 어린이나 푸름이가 하루나 며칠쯤 학교에 가지 않고 다른 볼일을 보아야 할 적에도 '말미'를 얻는다고 해요. '틈'과 '사이(새)'나 '틈새'는 서로 비슷한 뜻으로 쓰기는 하지만, "틈을 내다"나 "틈을 내 보렴"처럼 쓰지만 "사이를 내다"나 "사이를 내 보렴"처럼 쓰지는 않아요. "틈새를 내다"나 "틈새를 내 보렴"처럼 쓰지도 않습니다. 그렇지만 "쉴 새 없다"와 마찬가지로 "쉴 틈 없다"처럼 쓸 수 있기도 합니다. 그리고 "쉴 틈새 없다"처럼 쓰지는 않습니다. '사이'는 "서로 가까이 지내거나 아는 사람"을 가리키는 자리라든지, 여러 사람이나 모임이나 나라가 얽히는 자리에서도 쓰지만, '틈·틈새'는 이런 자리에 못 씁니다. "편지가 책 사이에 있구나"처럼 쓰지만, "편지가 책 틈에 있구나"처럼 쓰지는 않아요. '틈새'는 '틈'보다 좁거나 작은 자리를 가리킨다고 할 만합니

다. '틈'이나 '틈새'는 "아직 제대로 없거나 모자란 자리"를 가리키기도 해요. '틈새시장'이나 '틈새 가구'는 이러한 뜻을 살린 새로운 말이에요. 그런데 '빈틈'이라는 한 낱말은 있어도 '빈틈새'처럼 쓰지는 않습니다. '틈새시장'이나 '틈새 가구'라고는 해도 '틈 시장'이나 '틈 가구'처럼 쓰지는 않아요. 아무래도 '틈새'는 '틈'보다 좁거나 작은 자리를 가리키는 터라, 아주 좁거나 작은 자리에서 새롭게 어떤 일을 한다는 뜻으로 '틈새시장·틈새 가구'처럼 쓰는구나 싶습니다. '틈바구니'는 '틈'을 힘주어 말한다든지, 좀 낮잡아서 가리킬 적에 쓰는 낱말입니다. '틈·틈새'가 "벌어진 자리"를 가리킨다면, '사이'는 "어느 한 자리에서 다른 자리까지"를 가리키고, '짬'은 "두 가지가 맞붙은 자리"를 가리켜요. '짬'도 '틈'처럼 "짬을 내다"나 "짬을 내 보렴"처럼 쓰고, "쉴 짬 없이"처럼 쓸 수도 있습니다. 틈으로 새어서 들어오는 바람을 '틈바람'이라 하고, 틈이 난 데에서 가장자리는 '틈서리'라 해요.

겨를

: 어떤 일을 하다가 생각을 다른 데로 살짝 돌릴 만한 짧은 때

* 숨 돌릴 겨를이 없이 바쁘구나
* 너하고 말할 겨를이 없단다
* 서로 차분하게 이야기할 겨를을 내 보자

말미

: 어떤 일을 하는 사람이 어떤 일을 살짝 쉬고 다른 일을 하는 때

* 이번에 말미를 얻어 어머니하고 자전거로 동해안을 달렸다
* 아버지는 며칠 말미를 내어 책꽂이를 새로 짜셨어요
* 말미가 없다고 투덜거리지 말고 스스로 말미를 마련해 봐

틈

1. 막히지 않아 드나들 수 있는 자리 (벌어진 자리)

* 틈이 좁아서 지나가기 어렵다
* 빠져나갈 틈을 찾는다
* 너와 나 사이에 틈이 생겼다

2. 어떤 일을 하다가 다른 일을 하거나 다른 생각을 할 만한 짧은 때

* 그럴 틈이 없다
* 살짝 틈을 내어 찾아왔어
* 어느 틈에 물이 차올랐을까
* 노닥거릴 틈이 있냐는 핀잔이다

3. 어떠한 곳에 함께 어울리는 자리

* 아이들 틈에서도 즐겁게 잘 노는 아저씨
* 어른들 틈에 있으면 어쩔 줄 모르는 아이
* 누나들 틈에서 자란 동무
* 노란민들레 틈에 흰민들레가 한 송이 있네

4. 아직 제대로 없거나 짜이지 않거나 모자란
   자리
   * 이쪽에 틈이 있으니 네가 와서 할 일이
     있어
   * 틈을 잘 살피면 새로운 길이 열려
   * 빈틈이 생길 때까지 기다리려고 해

사이 (새)

1. 어느 한 자리에서 다른 자리까지
   * 우리 집과 너희 집 사이에 책방이 있어
   * 복숭아나무와 살구나무 사이에 채송화를
     심었어요
   * 눈과 눈 사이에 무엇이 있을까
2. 어느 때부터 다른 때까지
   * 한 시에서 두 시 사이에는 낮잠을 자자
   * 사월에서 팔월 사이에 제비가 한국에서
     지낸다
   * 오늘부터 모레 사이에는 큰비가 내린다고
     해요
3. 어떤 일을 할 만한 때
   * 너를 만나려고 쉴 사이 없이 달려왔어
   * 바빠서 앉을 새 없이 도왔어
   * 요새는 밥 먹을 사이조차 없이 바쁜
     가을걷이철입니다
4. 가깝게 붙으면서 벌어진 자리
   * 책 사이에 쪽글을 끼웠어
   * 네 수첩 사이에 연필이 있는 듯하다
   * 종아리 사이로 물고기가 빠져나간다
   * 머리카락 사이로 바람이 스며드는 느낌이
     좋아
5. 서로 알거나 가까이 지내는 사람이나 모습
   * 둘은 어느덧 좋아하는 사이가 되었다
   * 언니와 나 사이에 거리낄 일은 없다
   * 우리는 서로 아끼는 사이예요
   * 너희는 가까운 사이로구나

6. 어떠한 곳에 함께 어울리는 자리
   * 할머니들 사이에서 자라서 할머니 말투가
     배웠어요
   * 나는 너희들 사이에서는 도무지 어려워서
     말이 안 나오더라
   * 시금치밭 사이에서 돋아난 유채꽃이 눈에
     뜨인다
7. 서로 이어지거나 나란히 놓이는 여러
   가지가 있는 모습 (얽힌 모습)
   * 애벌레와 나무는 도우며 사는 사이
   * 한국과 일본은 가까우면서 먼 사이라고
     생각합니다
   * 도시랑 시골이 어깨동무할 수 있는
     사이가 되기를 바라요

틈새

1. 막히지 않아 드나들 수 있는 작거나 좁은
   자리 (작거나 좁게 벌어진 자리)
   * 틈새를 안 막아 찬바람이 숭숭
   * 작은 틈새라고 여겨서 메우지 않으면
     나중에는 갈라져
   * 한동안 얼굴을 못 본 탓인지 우리한테
     틈새가 생겼다
   * 틈새 바람·틈새 막이
2. 어떤 일을 하다가 다른 일을 하거나 다른
   생각을 할 만한 매우 짧은 때
   * 오늘은 너랑 놀 틈새가 없이 바쁘네
   * 살짝 말할 틈새조차 없을까
3. 아직 제대로 없거나 짜이지 않거나
   모자라면서 좁은 자리
   * 다들 저쪽으로만 갈 테니 나는 틈새를
     노리려고 해
   * 틈새를 살피면 우리한테도 좋은 수가
     나겠지
   * 틈새시장·틈새 옷장·틈새 주택·

틈새 가구

4. 어떠한 곳에 함께 어울리는 자리
   * 땅에 떨어진 작은 거미가 개미 틈새에서
     애먹는구나
   * 밤나무 틈새에서 소나무가 자라기는
     힘들지 않을까
   * 거친 아이들 틈새에서 놀다가 거친
     말씨가 들었네

틈바구니 (틈바귀)

: '틈'을 낮잡아 가리키거나 더 힘주어
  가리키는 말
   * 이 좁은 틈바구니를 어떻게 지나갈까
   * 너희 틈바구니에 내가 끼어서 이러지도
     저러지도 못하네
   * 북적대는 틈바구니에서 얼이 다 빠지더라
   * 바쁘고 힘든 틈바구니에서 미처 너를
     알아보지 못했구나
   * 강아지들 틈바구니에서 고양이가
     괴로워한다

짬

1. 두 가지가 마주 붙은 자리
   * 손가락 짬으로 살짝 내다본다
   * 짬이 너무 없는지 서랍이 뻑뻑하다
   * 알뜰히 돌로 쌓은 짬에 바람이 들어올
     구멍이 없구나
2. 어떤 일을 하다가 다른 일을 하거나 다른
   생각을 할 만한 짧은 때
   * 나를 도와주려고 고맙게 짬을 내었구나
   * 꼭 짬을 내서 너희 집에 놀러 갈게
   * 갑자기 짬이 나니 할 일이 없어서 낮잠을
     잤어
3. 가장자리를 가지런하게 자르려고 뾰족한
   끝으로 살짝 찍은 자리
   * 짬이 너무 흐려서 가위질을 하기 어려워
   * 네가 낸 짬이 잘 안 보이는데 다시 내 주렴

겨우·고작·기껏·가까스로·에계·에계계

···› '겨우 · 고작 · 기껏 · 가까스로' 같은 낱말을 쓰며 모자라거나 아쉽거나
힘든 느낌을 나타내는데, '겨우'는 넉넉하지 못하다는 느낌이 더 드러나고,
'고작'은 아무것이 아니라 할 만하거나 아주 적다는 느낌이 더 드러나며, '기
껏'은 힘을 쓰고 쓰더라도 닿지 않는 느낌이 더 드러납니다. '가까스로'는 힘
을 많이 들여야 비로소 살짝 닿을 만큼 되는 느낌이 더 드러납니다. '에계'와
'에계계'는 느낌씨입니다.

겨우

1. 힘을 들여서 어렵게
   * 눈길을 겨우 헤치고 왔다
   * 이 책은 나한테 아직 어려워서 겨우 읽었다
   * 무거워서 겨우 들고 왔어

2. 넉넉하지 못하기에 잘해 보았자 얼마 되지 않는
   * 너는 하루 내내 밭을 겨우 이만큼 맺구나
   * 겨우 이만큼 먹고도 배가 부른지 궁금해
   * 이제 겨우 첫발을 내딛었으니 더욱 힘을 내자

고작

1. 좋거나 크게 보려 하지만 아무것이 아님
   * 아침부터 걸었지만 십 리 걸음이 고작이었다
   * 오늘 훑은 들딸기는 작은 통 하나가 고작이로구나
   * 내 솜씨는 이게 고작이었네

2. 애써서 따지거나 헤아려 보았자
   * 고작 한 줌밖에 안 된다고 해도 내가 처음 캔 냉이예요
   * 고작 밥과 국뿐이지만 즐거운 저녁이다
   * 고작 간다는 곳이 요 앞 가게였네
   * 나는 고작 미안하다는 말밖에 할 말이 더 없었다

기껏

1. 일부러 힘을 들이거나 애썼으나
   * 기껏 다리를 놓았더니 큰물에 떠내려갔다
   * 기껏 편지를 써서 보냈는데 잃어버렸구나
   * 네가 기껏 한 일이 모두 도루묵이 되었어

2. 힘이 미치는 데까지 제 나름대로 애를 써서
   * 기껏 들려주는 말이지만 아픔을 달래지 못한다
   * 기껏 도와주려 했지만 많이 모자라는구나
   * 너희가 기껏 치웠으면서 다시 어지르지 말자

가까스로

1. 애쓰거나 힘써서 어렵지만 어느 만큼 맞출 수 있도록
   * 가까스로 눈물을 참았다
   * 동생을 업고 고개를 가까스로 넘어왔다
   * 배가 불러서 가까스로 다 먹었어요

2. 어느 만큼 맞추거나 넘기기에 힘들게
   * 가까스로 버스 막차를 탔다
   * 빌린 돈을 가까스로 갚는다
   * 비가 쏟아지기 앞서 가까스로 집으로 돌아왔습니다

에계

: 그리 좋지 않거나 많이 못 미치거나 작은 무언가를 낮게 보면서 하는 소리
   * 에계, 이래서 어디에 쓰겠니
   * 에계, 아직 멀었네
   * 에계, 선물치고는 좀 작구나

에계계

: '에계'를 힘주어 쓰는 말
   * 에계계, 너무 적게 주네
   * 에계계, 맛이 없잖아
   * 에계계, 당근 씨앗이 이렇게 작고 가벼웠구나

견주다·맞대다·빗대다

⋯→ '견주다'는 여럿을 놓고 저마다 다른 모습을 알아볼 때에 쓰기에 "어느 쪽이 큰지 견준다"처럼 쓰지만, '맞대다'는 여럿을 놓고 다른 모습을 알아보지는 않고 저마다 어느 만큼 되는가를 알아볼 때에 쓰기에 "둘이 얼마만큼 되는지 맞대어 보자"처럼 씁니다. 곧, '견주다'는 높낮이나 크기를 따져서 차례를 매기는 낱말이고, '맞대다'는 높낮이나 크기를 따지지 않아 차례를 매기지 않는 낱말입니다. '빗대다'는 둘러서 말하는 모습을 가리키는데, 어느 하나를 다른 하나와 비슷하다고 여겨 함께 놓고 살피는 느낌을 나타낼 수 있습니다.

견주다

: **여럿을 한자리에 놓고 저마다 어떻게 다른지 알아보다**
   * 그분하고 견줄 만한 사람은 없어요
   * 아이들은 모두 사랑스러우니 누가 낫거나 모자라다고 견줄 수 없다
   * 무엇하고도 견줄 수 없이 아름다운 하늘이다
   * 누구 키가 큰지 견주어 보자

맞대다

1. **서로 가깝게 마주 놓다**
   * 어깨를 맞대고 들길을 걷자
   * 이마를 맞대고 소곤소곤 속삭인다
   * 어려운 수수께끼를 풀려고 머리를 맞대었어요
2. **여럿을 한자리에 놓고 서로 어느 만큼 되는지 알아보다**
   * 아이들이 키를 맞대며 논다
   * 내 솜씨를 맞대기에는 아직 멀다
   * 어느 것이 더 무거운지 맞대어 볼까
3. **서로 닿도록 하다**
   * 책상을 맞대고 앉아 함께 책을 읽는다
   * 등을 맞대고 앉더니 어느새 잠이 들었네
   * 손을 맞대고 조용히 눈을 감아 보렴
4. **앞에서 바로 보다**
   * 그래도 사람 앞에서 맞대고 손가락질을 하면 보기에 나쁘다
   * 아침마다 꽃을 맞대면서 인사를 해요

빗대다

1. **바로 말하지 않고 둘러서 말하다**
   * 아이들 목소리를 제비 노랫소리에 빗댄다
   * 내 마음을 바다에 빗대어 글을 썼어요
   * 펑펑 쏟아지는 눈을 꽃송이에 빗대었어요
2. **참이 아닌 말을 한쪽으로 살짝 치우치게 하다**
   * 빗대어 말하면 모르니까 제대로 말해라
   * 빗댄 그림이라서 다르게 알아들었어

곁·옆

···> '곁'과 '옆'은 같은 뜻입니다. 그런데 "옆에 있는 사람"과 "곁에 있는 사람"은 느낌이 달라요. '옆'은 그저 자리가 어디인가만 말하고, '곁'은 가까이에 있는 사람이거나 누군가를 보살피거나 아끼는 사람을 가리킵니다. '옆'은 자리만 가리키기에 "옆으로 눕다"나 "옆을 보다"처럼 쓰지만, "곁으로 눕다"나 "곁을 보다"처럼 쓸 수는 없어요. 두 낱말을 바탕으로 '곁지기·곁님'과 '옆지기·옆님'처럼 쓸 수 있는데, 이때에 '곁지기·곁님'은 '옆지기·옆님'보다 한결 살가이 아끼거나 보살피는 사람을 가리킨다고 할 만해요.

곁

1. 오른쪽 자리나 왼쪽 자리나 둘레 가까운 자리
   * 곁에서 도와주는 동무들
   * 내가 아플 적마다 어머니는 늘 곁에서 알뜰히 보살펴 주셨어
   * 우리 곁에는 싱그러운 나무와 풀과 꽃도 함께 있어요
2. 가까이에서 보살펴 주거나 도와줄 만한 사람
   * 곁을 많이 두어 외롭지 않아
   * 곁이 없으니 몸이 아플 적에 더 힘들다
   * 언니와 나는 서로 곁이 되어 줍니다

옆

: 오른쪽 자리나 왼쪽 자리나 둘레 가까운 자리
   * 옆을 잘 보렴
   * 옆에 앉아도 될까
   * 앞은 안 보고 옆만 보고 걷다가 울타리에 꽝당 하고 부딪혔어요
   * 잠자리가 네 옆을 스치고 지나갔어

고단하다·고되다·고달프다·괴롭다·힘들다·힘겹다·벅차다·지치다·나른하다·느른하다·늘어지다·처지다

···> '고단하다'는 기운이 많이 빠져서 어떤 일이나 놀이를 더 할 마음이 안

날 때를 가리키고, '고되다'는 어떤 일을 하며 힘이 많이 빠져나가 더 움직이지 못하는 모습을 가리키며, '고달프다'는 기운이 많이 빠지거나 마음이 우러나오지 않으면서 그저 쉬고 싶은 모습을 가리킵니다. '고단하다'보다 '고달프다'가 한결 기운이 빠진 모습을 가리킨다고 할 만한데, '고단하다·고달프다'는 일 때문에 기운이 빠지는 모습을 나타내기도 하지만, 마음을 많이 써야 해서 기운이 빠지는 모습을 나타내기도 합니다. '괴롭다'는 힘이 많이 들거나 하기 어려운 모습을 가리키고, '힘들다'는 힘을 많이 써야 해서 수월하지 않은 모습을 가리키며, '힘겹다'는 힘이 모자라서 수월하지 않은 모습을 가리킵니다. '힘들다'보다는 '힘겹다'가 힘이 더 많이 드는 모습을 나타낸다고 할 만합니다. '벅차다'는 해야 하는 일이 지나치게 넘치는 모습을 가리키고, '지치다'는 힘을 많이 쓰는 일을 하거나 오랫동안 크게 시달려서 기운이 빠지는 모습을 가리키며, '나른하다'는 기운이 풀려서 아무것도 할 마음이 없는 모습을 가리킵니다. '느른하다'는 기운이 많이 풀려서 그냥 쉬고 싶은 마음인 모습을 가리키고, '늘어지다'는 기운이 풀리거나 빠져서 몸을 가누지 못하는 모습을 가리키고, '처지다'는 마음이 바닥에 가라앉듯이 기운이 없는 모습을 가리킵니다. '고단하다·고되다·고달프다·괴롭다·힘들다·힘겹다·벅차다·지치다'는 일과 얽혀서 쓰는 낱말이라면, '나른하다·느른하다·늘어지다·처지다'는 일보다는 마음과 얽혀서 쓰는 낱말입니다. 이렇듯 일을 많이 하거나 아주 신나게 놀고 나서 기운이 빠지는 모습을 가리키는 낱말이 퍽 많아요. 때와 곳에 따라 느낌이 다를 테니까요. 그런데 요즈음 어른들은 온갖 낱말을 알맞게 쓰지 못하고 자꾸 한자말 '피곤'만 써 버릇합니다. 한자말 '피곤'은 '지치다'나 '고달프다'를 가리킵니다.

고단하다

: 기운이 많이 빠져서 더 할 마음이 나지 않다

　* 오늘은 고단해서 일찍 쉬어야겠어
　* 몇 시간째 자전거만 타니 다리도 아프고

고단하다

　* 너무 고단한 날에는 밥맛도 없어요

고되다

: 어떤 일을 하면서 힘이 많이 빠져나가기에

더 움직이지 못할 듯하다

* 이삿짐 나르기가 이만큼 고될 줄은 몰랐어요
* 내가 하기에도 만만하지 않으니 어린 동생한테는 참 고될 듯해
* 누나가 고된 일을 도맡아 주어서 나는 한결 홀가분해요

고달프다

: 기운이 많이 빠지거나, 내 자리에서 아무것도 할 마음이 나지 않고 그저 쉬고 싶다

* 새벽부터 멧길을 탔더니 이제 고달파서 한 걸음도 못 떼겠어요
* 고달플 텐데 얼른 발을 씻고 잠자리에 누우렴
* 버스를 타고 먼 길을 오느라 고달팠겠구나

괴롭다

1. 느긋하거나 홀가분하지 못하면서 무엇을 하지 못하겠다고 느끼다
   * 이가 너무 아파서 괴롭네
   * 네 말을 듣기가 괴롭다
   * 부끄러워서 네 얼굴을 보기가 괴롭구나
2. 힘이 많이 들거나, 하기에 어렵다
   * 할아버지는 우리 나이에 아직 괴로운 일을 맡기셨다
   * 어린 동생이 질긴 고기를 씹자니 많이 괴롭겠네
   * 이 많은 짐을 지고 나르려니 아버지는 퍽 괴롭습니다
3. 어떤 일을 못 하게 해서 마음이 자꾸 쓰이다 (성가시다, 귀찮다)

* 나를 괴롭게 하지 말고 저쪽으로 가 주렴
* 이제부터 그림을 그릴 텐데 옆에서 괴롭히지 말아라
* 잠이 들 만하면 모기가 달라붙어서 괴로워요

힘들다

1. 힘이 쓰이다
   * 이 밭은 할머니와 할아버지가 예전에 힘들여 일구었단다
   * 조금 무겁지만 내가 읽을 책이라서 힘들여 날랐어요
   * 나도 한몫 거들어서 힘들여 지은 집이에요
2. 힘을 많이 써야 해서 수월하지 않다
   * 묵을 쑤려면 쉬지 말고 저어야 하는데, 좀 힘들겠지만 도와주렴
   * 어머니는 나더러 힘들면 이제 그만하라고 말씀하셔요
   * 하루 내내 신나게 뛰노느라 힘들었겠네

힘겹다

: 힘이 모자라서 하기 수월하지 않다

* 나한테는 힘겹지만 아버지는 이불 빨래를 거뜬히 하신다
* 힘겹다고 생각해서 힘겨운지 모르지만 아무래도 오늘은 못 하겠어
* 우리가 짊어지기에는 힘겨운데 큰오빠는 가볍게 지고 날라요

벅차다

: 짐을 지거나 일을 하기 어렵도록, 할 일이 지나치게 넘치다

* 숙제가 너무 많아 벅찬데 학원까지 가야

하네
* 어른한테도 벅찬 일을 아이한테 떠넘기지
마셔요
* 내가 다 먹기에는 벅찰 만큼 많아요

지치다

1. 힘을 많이 쓰는 일을 하거나, 어떤 일에
오랫동안 또는 크게 시달려서 기운이
빠지다
* 신나게 노느라 지쳐서 밥 먹을 기운도
없구나
* 쉬지 않고 놀더니 이제야 지치는지
밥숟가락을 손에 쥐고 꾸벅꾸벅 존다
* 아기가 젖 달라고 떼를 쓰다가 지쳤는지
조용히 잠들었어요
2. 내가 바라던 대로 이루어지지 않거나 내가
바라던 길과는 다르게 나아가 힘이 빠져
어떤 일을 할 마음이 사라지다
* 하루 내내 만들었는데 그만 떨어뜨려
깨지니, 지쳐서 더 못 하겠다
* 네가 자꾸 옆에서 엉뚱한 말만 하니 나도
이제는 지쳤어
* 오늘은 하는 일마다 어긋나니 그만
지치고 말았어요

나른하다

: 기운이 풀리거나 빠져서 아무것도 할
마음이 나지 않다
* 나른하니까 자꾸 잠만 자고 싶다
* 나른할 때에는 한숨 달게 자고 일어나면
개운하다
* 아침부터 나른하니 시원하게 씻어야겠어

느른하다

: 기운이 많이 풀리거나 많이 빠져서 그냥
쉬고픈 마음만 들다
* 느른할 때에는 아무 생각 말고 푹 쉬렴
* 어머니는 느른하실 텐데 오늘도 새벽
일찍 일어나신다
* 느른한 몸을 풀려고 기지개를 켜고
일어납니다

늘어지다

1. 끝이 아래로 뻗다
* 버드나무 잎사귀가 늘어집니다
* 머리카락이 곱게 늘어졌구나
2. 팽팽하다가 느슨해지면서 아래로 뻗다
* 고무줄이 늘어져서 바지가 자꾸 내려가요
* 빨랫줄이 늘어졌으니 다시 팽팽하게
당겨야겠구나
* 용수철이 늘어지니 힘을 못 쓴다
3. 기운이 풀리거나 빠져서 몸을 가누지
못하다
* 날이 더우니 모두 축 늘어지기만
하는구나
* 더운 날씨에 사람도 개도 나무도 축축
늘어진다는 느낌이야
* 밤새 떠들고 놀았더니 아침에는 다들
늘어져요
4. 아래로 길게 달아서 다른 일을 하거나
움직이기 어렵도록 하다 (매달리다)
* 네가 붙잡고 늘어지니까 걸을 수 없어
* 말꼬리를 잡고 늘어지지 말자
5. 늘어나서 길다
* 길거리에 사람이 몹시 많이 늘어진다
* 길이 막히는지 버스가 오기로 한 때에서
많이 늘어지는구나

ㄱ
ㄴ
ㄷ
ㄹ
ㅁ
ㅂ
ㅅ
ㅇ
ㅈ
ㅊ
ㅋ
ㅌ
ㅍ
ㅎ

6. **빠르지 못하고 느리게 되다**
   * 네 말이 자꾸 늘어지네
   * 집에 다 왔는데 왜 발걸음이 늘어질까
7. **근심이나 걱정이 없이 느긋하게 되다**
   * 바쁜 일을 끝마치니 하루가 늘어진다
   * 늘어지게 낮잠을 자니 개운합니다
8. **몹시 맞아서 기운이 없다**
   * 옛날에 곤장을 맞으면 축 늘어지고 말았대요
   * 경기에서 진 권투 선수가 늘어져서 못 일어난다

처지다

1. **팽팽하던 것이 풀리면서 끝이 아래로 뻗다**
   * 줄이 낡으면서 자꾸 처진다
   * 힘이 빠졌는지 어깨까지 처진 채 걷는다
   * 할머니는 살갗이 쭈글쭈글하고 가슴이 처졌어요
2. **마음이 바닥으로 가라앉거나 잠겨서 기운이 없다**
   * 즐거운 일이 없어서 아침부터 처진 채 졸기만 한다
   * 축 처진 마음을 다잡으려고 바깥바람을 쐬러 나왔어요
   * 안 좋은 일이라도 있는지 목소리가 잔뜩 처졌는걸
3. **썩거나 물러서 힘없이 떨어지다**
   * 옷이 낡아서 처지는구나
   * 비에 젖고 곰팡이가 피더니 가림천이 조금씩 처진다
4. **뒤로 떨어지거나 남다**
   * 걸음이 느려서 동무들과 걷다가 자꾸 처진다
   * 나는 천천히 읽고 싶으니까 남보다 처진다고 해서 걱정하지 않아요
   * 뒤에 처진 동무를 기다립니다
5. **다른 것보다 못하다**
   * 작은 꽃이 커다란 꽃보다 처진다고 할 수 없어요
   * 언니는 달리기를 꽤 잘하지만 뜀뛰기는 살짝 처져요

고르다1·가지런하다*·반반하다·반듯하다*

┈→ '고르다'는 튀어나온 곳이 없도록 펴는 모습을 가리키고, '반반하다'는 튀어나온 곳이 없도록 펴진 모습을 가리킵니다. '가지런하다'는 땅이 잘 펴진 모습을 가리키기도 하지만, 줄이나 결이나 모습을 가리키는 자리에 흔히 써요. 사람들이 많이 모인 줄이 어지럽다고 할 적에 "줄을 가지런히 맞추다"처럼 쓰지만, "줄을 고르게 맞추다"나 "줄을 반반하게 맞추다"처럼 쓰지는 않습니다. '반반하다'는 땅이 보기 좋도록 펴진 모습을 바탕으로, 사람 얼굴

생김새가 보기 좋다는 느낌이라든지 물건이 쓸 만하다는 느낌이라든지 일을 하는 매무새가 보기 좋다든지, 보기에 좋은 모습을 가리키는 자리에 널리 씁니다. '고르다'는 움직임을 가리키는 만큼, 땅을 비롯해 악기를 잘 가다듬는 자리에 써요. '반듯하다'는 '반반하다'와 비슷한 자리에 쓰는데, "줄을 반듯하게 맞추다"처럼 쓸 수 있고, 줄이나 결이나 모습이 보기 좋을 때에 흔히 씁니다. "가지런히 줄을 맞출" 때에는 튀어나온 데가 없도록 하는 느낌이지만, "반듯하게 줄을 맞출" 때에는 튀어나오지 않으면서도 보기에 좋도록 하는 느낌입니다. '고르다'도 튀어나온 데 없이 펼 뿐, 보기 좋도록 하는 느낌은 없습니다.

고르다 1

1. 논이나 밭이나 땅을 튀어나온 데 없이 펴다
    * 밭을 잘 고르고 나서 씨앗을 심는다
    * 소한테 쟁기를 달고 논을 고른다
2. 악기를 잘 켤 수 있도록 다듬거나 손질하다
    * 기타 줄을 고르니 소리가 훨씬 좋다
    * 바이올린을 켜기 앞서 줄부터 천천히 고른다

가지런하다 (* '바르다 1'에서도 다룬다)

1. 비슷한 것이 한쪽만 튀어나오거나 들어가거나 삐져나오지 않다
    * 줄을 가지런히 맞추었어요
    * 방을 쓸고 닦으면서 책상을 가지런히 두었습니다
    * 신을 섬돌에 가지런히 놓고 집으로 들어갑니다
    * 머리카락을 가지런히 빗어 넘깁니다
2. 어지럽거나 흐트러진 데가 없다

* 다 놀고 나서 장난감을 가지런히 치웁니다
* 책을 참 가지런하게 꽂았구나

반반하다 (< 번번하다)

1. 구겨지거나 울퉁불퉁한 데가 없다
    * 운동장을 반반하게 다져서 달리기에 좋다
    * 구겨진 데를 펴서 반반한 치마를 곱게 차려서 입습니다
    * 길이 반반해서 자전거를 달리기에 좋아요
2. 생김새가 얌전하고 퍽 예쁘다
    * 얼굴이 반반하고 노래를 잘 부르며 마음씨가 착한 우리 언니
    * 너희 집 사람들은 모두 반반한 얼굴이더라
3. 물건이 말끔하여 보기에 좋고 쓸 만하다
    * 아이가 많은 집에는 그릇 하나 반반히 남아나지 못한다
    * 반반하지 않더라도 언니한테서 물려받아 입는 옷이 좋아요
4. 있는 자리가 높다 (집안이 차지한

신분이나 계급이나 지체가 높다)

* 얼마나 반반한 집안이기에 저렇게
  큰소리일까
* 잔치마당에 반반한 어른들이 많이
  찾아오셨다

5. 일하는 모습이 매끄러우면서 깨끗하다

   * 설거지도 빨래도 반반하게 잘 한다
   * 책상을 늘 반반하게 치우고 책을 읽지요

6. 잠이 안 와 눈을 말똥말똥 뜨다

   * 밤이 깊어도 눈만 반반하여 천장
     바라기를 한다
   * 아기가 낮잠을 많이 잤는지 한밤에도
     반반하네

반듯하다 (* '바르다 1'에서도 다룬다)

1. 한쪽으로 들어가거나 나간 데가
   없다. 이쪽저쪽으로 가는 데가 없다
   (비뚤어지거나 기울거나 굽지 않다)

   * 네모를 반듯하게 그리자
   * 잘 때에는 허리를 반듯하게 펴고 누워
   * 반듯한 마음으로 일해야 아름답다

2. 보기 좋게 깨끗하거나 시원하다

   * 얼굴만 반듯하지 않고 마음씨도 곱지
   * 해바라기씨나 호박씨를 보면 참
     반듯하면서 매끄러워요

고르다2·간추리다·추리다·가리다1·뽑다

⋯→ "섞인 것들 사이에서 여러 가지를 꺼내거나 잡다"를 뜻하는 '추리다'입니다. '간추리다'는 "골라서 추리다"를 뜻해요. 곧 "섞인 것들 사이에서 한두 가지만 꺼내거나 잡다"를 가리킵니다. '고르다'는 "여럿 가운데에서 어떤 것을 꺼내거나 잡다"를 뜻합니다. '추리다'와 '간추리다'는 섞인 것들 사이에서 꺼내지만, '고르다'는 섞이지 않은 것들 사이에서도 꺼냅니다. '가리다'는 "여럿 가운데에서 한 가지를 붙잡다"를 뜻합니다. '가리다'는 "1위와 2위를 가리다"라든지 "이긴 쪽과 진 쪽을 가리다"처럼 씁니다. '뽑다'는 "여럿 가운데에서 눈여겨볼 여러 가지를 꺼내거나 잡다"를 뜻해요. 그래서 "대표 선수를 뽑다"처럼 씁니다. "대표 선수를 고르다"나 '대표 선수를 가리다'처럼 쓸 수도 있는데, '뽑다'에서는 솜씨나 재주가 한결 도드라진 사람을 찾아낸다는 느낌이고, '고르다'는 여러 사람을 써야 하기에 이 사람과 저 사람을 대표 선수로 삼기로 한다는 느낌이며, '가리다'는 대표 선수가 될 자리는 하나뿐이

라, 순위를 갈라 한 사람만 찾겠다는 느낌입니다.

고르다 2

: **여럿 가운데에서 어떤 것을 꺼내거나 잡다**

* 네가 먼저 골라서 가져
* 어느 것을 고르면 좋으려나
* 난 맛있는 반찬부터 골라서 먹어야지

간추리다

: **골라서 추리다. 섞인 것들 사이에서 한두 가지만 꺼내거나 잡다**

* 이 가운데에서 하나만 간추려 볼까
* 여태껏 들려준 이야기를 간추리자면 이렇지
* 두툼한 책을 몇 줄로 간추리자니 힘이 든다

추리다

: **섞인 것들 사이에서 여러 가지를 꺼내거나 잡다**

* 읽을 책이 많으니까 몇 가지만 추려야겠어
* 너무 많이 가져가지 말고 우리가 꼭 쓸 것만 추리자
* 짐을 추리지 않으면 가방이 너무 무거워

가리다 1

1. **여럿 가운데에서 한 가지를 붙잡다**

   * 1위와 2위를 가리다
   * 이긴 쪽과 진 쪽을 가리다
   * 하나만 가려야 한다니 너무 어렵다

2. **낯선 사람을 보기 싫다**

   * 나는 아직 낯을 많이 가려요
   * 처음에는 낯을 가리지만 나중에는 괜찮아요
   * 낯가림

3. **잘잘못·옳고 그름·좋고 나쁨을 헤아려서 드러내다**

   * 누가 맞는지 가리자
   * 거짓말인지 아닌지 가리면 돼
   * 너희는 이야기를 못 즐기면서 옳거니 그르거니 가리기만 하는구나

4. **똥오줌을 제대로 눌 줄 알다**

   * 너무 어려 똥을 아직 못 가리는 아기예요
   * 나도 밤오줌을 퍽 늦게 가렸다고 해요
   * 잘 타이르지 않고 다그치면 아이가 늦도록 오줌을 못 가립니다

5. **치러야 할 셈을 따져서 갚다**

   * 달마다 밥값을 가리고 도시락을 받아서 먹는다
   * 다달이 조금씩 가려서 빌리기로 했어요

6. **먹기 싫은 밥은 꺼리고 몇 가지만 좋아해서 먹다**

   * 밥을 가려서 먹으면 몸이 튼튼하게 자라지 못해
   * 가리지 않고 골고루 먹으면 차린 사람이 고맙지

7. **머리를 아무렇게나 빗다**

   * 얼른 옷을 입고 머리라도 좀 가리렴

8. **제가 할 일을 스스로 잘 알아서 하다**

   * 숙제 때문에 내 앞도 못 가리니 널 돕지 못하네
   * 이쪽 도울 생각은 말고 네 앞 가릴 걱정을 하렴
   * 앞가림

뽑다

1. 박힌 것을 잡아당겨서 밖으로 나오게 하다
   * 고들빼기를 뿌리까지 뽑아서 먹는다
   * 부추를 뜯는다고 하다가 뿌리까지 뽑고 말았어
   * 머리카락을 뽑으니 너무 아프다
2. 안에 있는 것을 밖으로 나오게 하다
   * 병원에서 피를 뽑았어
   * 자전거 바퀴에서 구멍이 난 곳을 때우려면 먼저 바람을 다 뽑습니다
3. 여럿 가운데에서 눈여겨볼 여러 가지를 내놓거나 꺼내거나 잡다
   * 달리기 대표를 뽑자
   * 여기에서 네 마음에 드는 것을 뽑아서 가지면 돼
   * 재미난 글을 뽑아서 학교신문을 엮었어요
4. 긴 것이 이루어지도록 하다 (긴 것을 만들다)
   * 누에를 쳐서 실을 뽑는다
   * 가래떡을 뽑아서 먹는다
   * 국수를 뽑아서 바람에 말립니다
5. 길게 늘이어 솟구다
   * 창밖으로 목을 뽑아서 하늘을 봅니다
   * 울타리 너머가 궁금해서 나도 고개를 뽑고 넘겨다보았지요
6. 힘이나 기운을 드러내어 쓰다
   * 힘을 잔뜩 뽑아서 무거운 짐을 나른다
   * 책상을 옮기려면 힘 좀 뽑아야겠는걸
7. 소리를 길게 내다
   * 저마다 노래를 한 가락씩 뽑으면서 놉니다
   * 할아버지는 구성진 노래를 잘 뽑으셔요
8. 나쁜 생각이나 버릇을 털어 없애다
   * 동무를 괴롭히는 버릇은 얼른 뽑기를 바란다
   * 시샘과 미움 같은 마음을 뽑고 싶어요
9. 어느 곳에 들인 돈을 도로 찾다
   * 장사를 해서 밑돈을 그럭저럭 뽑았다
   * 벼룩시장에서 한밑천을 뽑으려는 듯이 물건을 잔뜩 가져왔네
10. 사진을 종이에 앉히거나, 기계에서 나오는 종이를 받다
    * 들놀이에서 찍은 사진을 뽑아서 나누어 가집니다
    * 잘 찍은 사진을 뽑아서 벽에 붙였어요
    * 영수증을 한 장 뽑는다
    * 은행에 가서 번호표를 뽑았어요
11. 운동 경기에서 점수를 얻다
    * 우리가 점수를 먼저 뽑아서 이 경기에서 이겼어
    * 서로 점수를 뽑지 못한 채 경기가 끝났다

고샅·골목

···→ '고샅'은 시골 마을에 난 길을 가리킬 적에만 씁니다. 도시에서는 '고샅'이라는 낱말을 딱히 쓰지 않는구나 싶습니다. '골목'은 큰길에서 안쪽으로

들어서는 자리라든지, 큰길 안쪽에 있는 집과 집 사이를 잇는 곳을 가리키는 이름입니다. '고샅'이 있는 시골집은 마당이 있다든지 나무나 숲정이가 있다든지 하면서 제법 널널하다면, 도시에서는 집이 다닥다닥 붙은 나머지 '골목'이라는 낱말만 쓰는구나 싶습니다. 그래서 시골 아이들은 '고샅놀이'를 즐길 테고, 도시 아이들은 '골목놀이'를 즐기는 셈입니다. 도시에서는 찻길에 둘러싸이거나 찻길과 이어지는 골목길이라 할 만하고, 시골에서는 들이나 숲이나 멧자락으로 이어지는 고샅길이라 할 만해요.

고샅

1. 시골 마을에 난 길. 시골에 있는 마을에서 집과 집을 잇는 조그마한 길
   * 아이들이 해바라기하면서 고샅에서 흙놀이를 즐긴다
   * 고샅마다 아지랑이가 피어나는 봄이 되었다
2. 좁은 골짜기 사이에 난 길
   * 고샅을 지날 테니까 발밑이 미끄럽지 않은가를 잘 살피렴
   * 바위를 거뜬히 오르고 고샅을 씩씩하게 걸으며 숲 나들이를 즐깁니다

골목

: 큰길에서 이곳저곳을 잇는 조그마한 길, 또는 큰길에서 집과 집 사이로 들어가는 좁은 곳, 또는 집이 많이 모인 곳에서 집과 집 사이를 잇는 곳
   * 골목에서 고무줄놀이를 하며 놀았어요
   * 골목은 예전부터 아이들이 놀고 어른들이 쉬는 곳이었어요
   * 골목집·골목길·골목대장·골목마을·골목놀이

고즈넉하다·호젓하다·한갓지다

⋯▸ 조용하면서 사람이 거의 없는 느낌을 가리키는 '고즈넉하다'와 '호젓하다'인데, '고즈넉하다'는 외롭거나 쓸쓸한 느낌을 담지 않습니다. '호젓하다'는 외롭거나 쓸쓸한 느낌을 담고, 때로는 무서운 느낌을 담으며, 어느 때에는 홀가분하게 지내는 느낌을 담습니다. '한갓지다'는 조용하면서 느긋하게 쉬는 느낌이 짙어요.

고즈넉하다

1. 어느 곳이 조용하고 아늑하면서 사람이 거의 없다
   * 고즈넉한 마을에 사는구나
   * 겨울날 고즈넉한 바닷가에 홀로 앉아서 생각에 잠긴다
2. 말이 적고 다소곳하다
   * 어머니는 고즈넉하게 앉아서 바느질을 한다
   * 고즈넉이 앉아서 책을 읽는 오빠

호젓하다

1. 무서움을 느낄 만큼 외지고 아주 조용하다. 사람이 거의 드나들지 않아 조용하거나 쓸쓸하다
   * 낮에는 북적이지만 밤에는 호젓한 길이야
   * 호젓한 오솔길을 걷는다

2. 딸린 사람이 적어서 조용하다. 남과 떨어져서 지내기에 걸리적거리는 일이 없고 느긋하거나 가벼워 시원하다
   * 우리도 호젓하게 하루쯤 쉬어 보자
   * 단둘이 호젓하게 앉았다
3. 혼자 따로 있어서 외롭거나 쓸쓸하다
   * 저이는 늘 호젓하게 일하는군
   * 명절날 아이들이 찾아오지 않아 호젓하게 지내는 할아버지

한갓지다

: 따로 하는 일이 없고 조용하다
   * 도시에서 멀어질수록 마을이 한갓지며 나무가 우거진다
   * 모처럼 한갓지게 낮잠을 잔다

곧·곧장·곧바로·바로·얼른·대뜸

···› '곧'은 머뭇거리지 말고, 또는 때를 놓치지 말고 갈 길로 잘 가라는 뜻입니다. '곧장'은 옆길로 빠지지 말고, 또는 이어서 바로 하라는 뜻입니다. '곧바로'는 다른 데에 눈길을 두거나 다른 일을 하지 말고 이어서 하라는 뜻입니다. '바로'는 머뭇거리지 말고, 또는 다른 데를 들르지 말고, 또는 다른 일을 하지 말고 그대로 가거나 하라는 뜻입니다. "숙제를 곧장 해!" 하고 말하면, 어떤 일을 마치고 숙제를 이어서 하라는 뜻이에요. "숙제를 곧바로 해!" 하고 말하면, 다른 것은 살피지 말고 숙제부터 이 자리에서 하라는 뜻이고요. "집으로 곧장 가!" 하고 말하면, "옆길로 빠질 생각은 하지 말고 집으로

바로 가라"는 뜻이고, "집으로 곧바로 가!" 하고 말하면, "아무 데에도 들르지 말고 누구하고도 만나지 않으면서 집으로 바로 가라"는 뜻입니다. "집으로 곧 가"라 할 적에는 '곧장·곧바로'보다 느낌이 여리지요. "집으로 바로 가"도 '곧장·곧바로'보다 느낌이 여려요. '얼른'은 끌거나 머뭇거리지 말라고 하는 자리에서만 씁니다. '얼른'을 힘주어 '얼른얼른'처럼 쓰기도 하고, '바로'도 힘주어 '바로바로'처럼 쓰곤 합니다. 그 자리에서 하되 앞뒤나 흐름을 안 따지면 '대뜸'을 씁니다.

ㄱ

곧

1. **때를 놓치거나 머뭇거리지 않고 그때나 그곳에서**
   * 식으면 맛이 없으니 국을 뜨면 곧 먹어라
   * 집에 가서 가방만 놓고 곧 나갈게
   * 나도 곧 따라갈 테니 조금만 기다려
2. **멀지 않거나 오래지 않아**
   * 이제 곧 여름이로구나
   * 곧 있으면 아버지가 오셔
   * 우리 누나도 곧 시집갈 나이가 되겠네
3. **다시 말하거나 바꿔 말하거나 다른 말로 하자면**
   * 교사는 곧 학교에서 부모와 같은 사람이란다
   * 너는 곧 내게 가장 애틋한 벗이야
   * 숲은 곧 지구를 살리는 숨결이네요
4. **다른 일이 아니라 그대로**
   * 밥을 잘 먹는 일이 곧 몸을 튼튼히 하는 일이 된다
   * 책읽기는 곧 삶읽기라고 한다

곧장

1. **옆길로 안 빠지고**
   * 집으로 곧장 오렴
   * 이 길로 곧장 왔지만 그런 사람은 못 봤어
   * 저쪽으로 곧장 가면 바다가 나와요
2. **이어서 바로**
   * 이를 닦고 곧장 잠자리에 눕습니다
   * 밥을 먹었으면 곧장 밭으로 가자
   * 설거지를 마친 아버지는 곧장 걸레를 쥐고는 방바닥을 훔친다

곧바로

1. **그때 그 자리에서**
   * 또 미루지 말고 곧바로 해 두렴
   * 나는 네 말을 곧바로 알아들었어
   * 따끈따끈한 호빵을 곧바로 먹으면 더욱 맛있지
2. **조금도 굽거나 비뚤거나 구부리지 않으면서**
   * 오시던 길 따라 곧바로 가시면 돼요
   * 풀밭에 누워 별자리를 곧바로 바라본다
   * 글씨를 곧바로 잘 쓴다
3. **어디를 들르거나 거치지 않고 그대로**
   * 심부름을 마쳤으면 곧바로 집으로 와야지
   * 나는 곧바로 동무네 집으로 놀러 갔다
4. **이어서 그 자리에서 바로**
   * 다 놀고 나서 곧바로 일기를 쓸게요
   * 밥을 먹은 뒤 곧바로 설거지를 합니다

5. 아주 가까운 때나 곳에
   * 곧바로 설이 다가오네
   * 느티나무 옆을 보면 곧바로 골목이 보여

바로

1. 굽거나 비뚤거나 구부리지 않게
   * 비뚤비뚤 긋지 말고 줄을 바로 그어 봐
   * 바로 앉아서 이야기를 들으렴
   * 허리를 펴고 바로 서야 키를 재지요

2. 참과 다르다거나 어긋나지 않게 그대로
   * 모자를 바로 쓰다
   * 그래, 아까 있던 일을 바로 말해 봐
   * 거짓말하지 말고 바로 말해

3. 옳으면서 알맞게
   * 마음을 바로 써야 곱지
   * 답을 바로 맞히다
   * 생각을 바로 가다듬는다

4. 틀이나 크기나 모습에 맞게
   * 옷을 바로 입으니 보기에 좋다
   * 머리를 곱게 빗어 핀을 바로 꽂아요
   * 할머니한테 인사를 바로 하면서 웃는다

5. 머뭇거리거나 질질 끌지 말고
   * 꾸물거리지 말고 바로 좀 해
   * 뭘 시킬 때에는 바로 하면 좋겠어

6. 어디를 들르거나 거치지 않고 그때에
   * 군것질을 안 하고 바로 왔어요

   * 언니는 그곳에서 바로 달려왔는지 집에
     닿자마자 헉헉거린다

7. 아주 가까운 때나 곳에
   * 바로 그 뒷집에서 만나자
   * 우리 집은 미루나무 바로 옆에 있어요

8. 다른 무엇이 아니라
   * 이분이 바로 우리 아버지야
   * 이게 바로 그 책이야
   * 바로 네가 늘 말하던 나무였구나

9. 처음 모습으로 돌아가라며 부르는 말소리
   * 차려! 바로!

얼른

: 끌거나 머뭇거리지 않고 그때나 그곳에서
   * 따뜻할 때에 얼른 먹자
   * 이제 그만 구경하고 얼른 집에 가자
   * 네가 얼른 말해야 오늘 모임이 끝날 텐데
   * 얼른 와서 여기 좀 들여다보렴

대뜸

: 앞뒤·흐름·까닭을 안 살피고 그 자리에서.
   이것저것 생각 안 하고 그 자리에서
   * 너는 대뜸 성부터 내는구나
   * 보자마자 대뜸 물어봤지
   * 언니는 대뜸 꿀밤질이었다
   * 대뜸 알아내다니 놀랍네

곱다·예쁘다·예쁘장하다·아름답다·아리땁다·어여쁘다·귀엽다

⋯ '아름답다'고 말할 적에는 보거나 듣거나 느끼기에 좋을 뿐 아니라, 보

거나 듣거나 느끼면서 즐겁다는 마음이 함께 일어나는 느낌을 밝힙니다. '곱다'고 말할 적에는 보거나 듣거나 느끼기에 좋다는 뜻일 뿐, 보거나 듣거나 느끼면서 즐겁다는 느낌을 담지 않아요. 그리고 '아름답다'는 서로 잘 어울리거나 둘레와 어우러지는 느낌이 짙고, '곱다'는 부드럽거나 따스한 느낌이 짙습니다. '예쁘다'는 좋다는 느낌이 아닌, 하는 짓이나 모습이 마음에 드는 느낌입니다. 고장에 따라서 '이쁘다'처럼 쓰기도 하고, "꽤 예쁘다"는 뜻으로 '예쁘장하다'를 쓰며, 이 또한 고장에 따라 '이쁘장하다'처럼 쓰기도 합니다. '맵시'는 "보기 좋은 모습"을 가리키는데, 마음이나 몸짓이나 옷차림이 보기 좋을 때에 '아리땁다'라 말합니다. 목소리가 보드라울 적에 '곱다'고 말하고, 목소리가 악기나 다른 소리와 어울릴 적에 '아름답다'고 말하며, 목소리가 마음에 든다고 할 적에 '아리땁다'나 '예쁘다'고 말합니다. '예쁘다'는 나어린 사람한테 흔히 쓰고, '어여쁘다'는 조금 나이든 사람한테 흔히 쓰는구나 싶어요. 또는, 말느낌에서 살짝 다릅니다. 사람들이 "예쁜 할머니"라는 말을 요즈음 곧잘 쓰는데, 이때에는 할머니 나이가 되어도 아이들처럼 사근사근하게 말을 하거나 상냥한 몸짓을 드러내기 때문이라고 할 만합니다. '귀엽다'는 작으면서 마음에 든다고 느껴서 보기에 좋을 적에 써요. 사랑스럽도록 마음에 들 적에도 '귀엽다'고 하지요. '귀염둥이'나 '귀염이' 같은 말을 쓰는데, 곁에 두며 아끼는 고양이나 개 같은 짐승한테도 '귀염고양이·귀염개·귀염짐승' 같은 이름을 붙일 수 있어요.

곱다

1. 눈으로 보거나 귀로 듣거나 느낌으로 오는 모습이 참 좋다
   * 즐겁게 노래를 부르는 네 얼굴이 곱구나
   * 봄꽃이 곱게 핀 밭둑에 앉는다
   * 오늘따라 유난히 네 옷이 고와 보여
2. 빛깔이 밝고 맑다
   * 오늘은 햇빛이 고운 하루입니다
   * 구름과 들판이 매우 고운 시골이에요

* 꽃잎과 나뭇잎은 고운 빛깔로 그리고 싶어요

3. 소리가 부드럽고(둘레와 어울리면서 흐르고) 맑다
   * 풀벌레와 새와 개구리가 곱게 노래하는 여름날 저녁
   * 어머니는 밥을 지으면서 곱게 노래를 부릅니다
   * 아기는 졸졸졸 흐르는 고운 물소리를

들으면서 잠듭니다

* 좀 곱게 말할 수 없겠니

4. 사랑스럽고 반갑다

* 우리 언니는 고운 임을 기다린다
* 아침마다 오늘 하루는 고운 날이 되겠다고 가만히 생각합니다

5. 마음·몸짓·눈길이 몹시 부드럽고 따스하다

* 마음씨가 곱고 몸짓이 바르다
* 나는 착하고 고운 네가 하는 말이라면 모두 믿어
* 할머니는 우리를 고운 눈길로 따사로이 바라봅니다

6. 닿거나 만질 적에 보드랍다 (거칠지 않다)

* 곱게 빗은 머리카락이 살랑거린다
* 아기는 살결이 참 곱지요
* 배냇저고리는 고운 천으로 지어요

7. 가루나 알갱이가 아주 작고 보드랍다

* 바닷가 모래알이 고우니 모래놀이를 하기에 좋다
* 잘 빻은 쌀가루는 얼마나 고운지 몰라
* 앙금이 곱게 앉을 때까지 기다리자

8. 처음 그대로 있도록 하거나, 부드럽거나 조용하게 다루다

* 연필을 쓴 뒤에 곱게 두지 않으니 부러지네
* 빈 병을 곱게 모아서 다시 쓰려고 해요
* 밥을 곱게 먹으며 그릇을 깨끗이 비웠구나
* 네가 선물한 책을 이 책꽂이에 곱게 두었어
* 이웃 아저씨는 말썽쟁이를 나무라지 않고 곱게 돌려보내요

9. 걱정이나 어려운 것이 없도록 부드럽고

따스하다

* 온실에 두고 곱게 기른 꽃
* 언제나 사랑을 받으면서 곱게 자라는 어린이
* 아기는 그야말로 곱게 눈을 감고 새근새근 자요

10. 걱정스럽거나 나쁜 쪽으로 기울지 않고 떳떳하다

* 어제까지는 밉게 굴었어도 오늘부터는 곱게 마음을 쓰면 돼
* 아무리 작은 일이라도 곱게 해야지
* 저쪽에서 팔꿈치로 때리거나 밀더라도 우리는 곱게 경기를 하자

11. 자국이 없이 깨끗하다

* 잘 놀았으니 이제 마루를 곱게 치우자
* 옷에 묻은 얼룩을 곱게 지웠어요
* 글씨를 잘못 쓴 자리는 곱게 지우고 새로 쓰렴

예쁘다

1. 생긴 모습이나 하는 짓이 마음에 들다

* 웃는 얼굴이 참 예쁘구나
* 나는 이쪽 무늬가 한결 예뻐요
* 하늘빛과 구름이 더없이 예쁜 날이야
* 뒤뚱뒤뚱 걸음마를 떼는 아기가 무척 예뻐
* 언제나 밥그릇을 싹싹 비우니 예쁘지

2. 아이가 말을 잘 듣거나 몸짓이 반듯해서 마음에 들다

* 심부름도 잘하고 아주 예쁘네
* 우리 집 막내가 얼마나 예쁜지 몰라

예쁘장하다

: 꽤 예쁘다

* 여행을 간 동무가 예쁘장한 그림엽서를 보내 주었구나
* 노랗게 익은 보리밭이 출렁거리는 모습이 참 예쁘장하지요
* 사뿐사뿐 예쁘장하게 걷는다
* 가벼운 발놀림으로 예쁘장하게 춤을 춥니다

아름답다

1. 눈으로 보거나 귀로 듣거나 느낌으로 오는 모습이 참 넉넉하고 즐겁다
   * 어쩜 이렇게 아름다운 노래라니
   * 눈이 확 트이는 아름다운 들판이야
   * 아름다운 그림을 보니 나도 모르게 눈물이 나요
   * 바알갛게 물드는 하늘이 아름답구나
2. 훌륭하거나 착해서 마음에 들며 즐겁다
   * 이렇게 아름다운 이야기는 처음 들었어요
   * 우리 할머니는 참으로 아름다운 분이에요
   * 우리가 사는 지구별은 아주 아름다워요
   * 이웃을 아끼는 네 마음결이 참 아름다워
3. 누구나 홀가분하면서 즐겁고 거리낌없이 살아갈 만큼 넉넉하고 아늑하면서 포근하다
   * 아름누리
   * 아름다운 나라에서 살고 싶어

아리땁다

: 마음이나 몸짓이 좋다고 느끼다 (맵시 있다)
   * 아리따운 손놀림으로 춤을 춘다
   * 잔칫집에 가려고 모두들 옷을 아리땁게 갖춰 입었다

어여쁘다

: '예쁘다'와 같은 말. 살짝 예스러운 느낌이 들도록 쓴다.
   * 복숭아꽃은 보면 볼수록 어여쁘단 말이야
   * 꽃을 바라보며 웃음짓는 네 모습이 더할 나위 없이 어여쁘더라

귀엽다

1. 작으면서 마음에 든다고 느껴서 보기에 좋다
   * 어머, 이 귀여운 꽃 좀 봐
   * 알록달록 귀여운 저 새는 이름이 뭘까
   * 요 귀여운 신은 누가 신나
   * 네 귀여운 연필은 어디에서 장만했니
2. 매우 마음에 들거나 보기에 좋다 (사랑스럽다)
   * 우리 어머니는 아이를 귀여워하지
   * 귀여운 아이를 따사로이 돌보는 손길이 아름답습니다
   * 어린 동생이 잘못한 일이니 좀 귀엽게 봐주기를 바라요
   * 아기가 웃을 적마다 얼마나 귀여운지
   * 귀염둥이·귀염이·귀염나무· 귀염고양이·귀염짐승

괜찮다* ·성하다·멀쩡하다

···→ "그리 나쁘지 않을 만"하거나 "말썽이나 걱정이 없"어서 '괜찮다'이고, "처음 모습 그대로"이거나 "잘못된 곳이 없"기에 '성하다'이며, "망가지거나 다친 데가 없"거나 "몸과 마음이 아주 맑고 또렷"하거나 "지저분한 것이 없이 아주 깨끗"하기에 '멀쩡하다'입니다. "괜찮은 자전거"라고 하면 그리 나쁘지 않으면서 제법 좋다 싶은 자전거요, "성한 자전거"라면 여러 해나 여러 사람 손길을 거쳤어도 처음 모습이 그대로 있는 자전거이며, "멀쩡한 자전거"라면 사고가 있거나 부딪히기도 했는데 망가지거나 다친 데가 없는 자전거입니다. "몸이 괜찮다"고 하면 몸에 말썽이 없거나 둘레에서 걱정할 일이 없다는 뜻이고, "몸이 성하다"고 하면 몸에 아픈 데나 잘못된 곳이 없다는 뜻이며, "몸이 멀쩡하다"고 하면 큰일이나 사고가 있었어도 다친 데가 없거나 아주 맑든지 다친 곳이 말끔히 다 나았다는 뜻입니다.

괜찮다 (* '일없다' 자리에서도 다룬다)

1. 그리 나쁘지 않을 만하다. 나쁘지 않을 만큼 쓸 만하다
   * 얼굴도 마음도 말씨도 모두 괜찮은 아이로구나
   * 네가 손수 구웠다는 빵이 괜찮게 먹을 만했어
   * 네가 부른 노래가 꽤 괜찮더라
   * 이 책은 무척 괜찮던데 너도 읽어 보았니
2. 걱정이나 말썽이나 잘못이 될 만한 일이 없다 (거리낄 일이 없다)
   * 내가 옆에 앉아도 괜찮겠니
   * 너희 집에 놀러 가도 괜찮을까
   * 아까 크게 부딪힌 듯한데 몸은 괜찮니

성하다

1. 처음 모습이나 제 모습 그대로이다
   * 어릴 적부터 늘 갖고 놀아서 우리 집에는 성한 장난감이 없어
   * 성한 곳이 없지만 내가 처음 뜬 애틋한 털장갑이에요
   * 많이 낡고 닳아서 성한 곳이 한두 군데쯤 있으려나 모르겠네
2. 몸에 아픈 곳이나 잘못된 곳이 없다
   * 비탈에서 굴렀더니 몸이 성한 데가 없구나
   * 너희도 몸 성히 잘 지내기를 바란다
   * 나이가 많은 할머니는 자꾸 아프며 성한 데가 없으셔요

멀쩡하다 (> 말짱하다)

1. **망가지거나 다친 데가 하나도 없다**
    *   언니가 살뜰히 아끼면서 타던 자전거는 깨끗하고 멀쩡해서 내가 물려받지요
    *   멀쩡한 옷인데 무늬가 마음에 안 든다고 안 입는구나
    *   이렇게 멀쩡한 공책을 왜 안 쓰고 버리려 하니
2. **몸과 마음이 아주 맑고 또렷하다**
    *   갑자기 말을 바꾸는 바람에 멀쩡한 사람이 바보가 되었다
    *   이 추운 날 바다에 들어가려 하다니 네가 멀쩡한 생각인지 모르겠다
    *   나는 멀쩡히 여기에 있는데 내가 아직 안 일어났다니 무슨 소리야
    *   어제까지 그렇게 아프다 하더니 이제는 좀 멀쩡한가 보구나
3. **지저분한 것이 없고 아주 깨끗하다**
    *   조금 앞서까지 하늘이 멀쩡했는데 갑자기 비가 쏟아진다

*   아침에는 멀쩡한 하늘이었는데 어느새 먹구름이 잔뜩 끼었어요
*   잔뜩 쌓인 짐과 먼지를 치우니 다락방도 제법 멀쩡하구나

4. **겉보기와 달리 속생각이 있으면서 옳고 그름을 가릴 줄 알다**
    *   좀 어수룩해 보인다 싶더니 속은 멀쩡하네
    *   몸이 굼떠 보였는데 멀쩡하게 잘 달린다
5. **얼른 보거나 듣기에는 그럴듯하지만, 속으로는 거짓스럽거나 뻔뻔하다**
    *   네가 잘못을 하고도 멀쩡하게 뚝 잡아떼는구나
    *   접시를 깬 뒤 시치미를 떼고 멀쩡하게 거짓말을 하니 괘씸하지

귀퉁이·모퉁이·구석·구석구석

⋯▶ 귀퉁이는 "어느 한쪽으로 들어간 자리"를 가리키고, '구석'은 "어느 한쪽 자리에서 더 들어간 안쪽"을 가리켜요. '구석'은 "구부러지거나 꺾이는 자리에서도 안쪽"이나 "잘 드러나지 않게 한쪽으로 깊이 들어간 곳"을 가리켜요. '모퉁이'는 자리로 치면 귀퉁이와 구석 사이쯤 돼요. "귀퉁이에 앉다"라 하면 가운데에서 끝으로 가는 어느 한쪽에 앉았다는 셈이고, "구석에 앉다"라 하면 끝이라 할 자리에 앉았다는 셈입니다. '구석구석'은 "이 구석 저

구석"을 가리키는 낱말로, 아주 깊은 곳까지 빠뜨리지 않고 샅샅이 살피거나 돌아다닌다고 할 적에 씁니다.

귀퉁이

1. 어느 한쪽으로 들어간 자리
   * 마당 귀퉁이에 봉숭아 씨앗을 심었다
   * 짐은 저기 마루 귀퉁이에 두고 밖으로 나오렴
   * 마을 귀퉁이에 대숲이 있습니다
2. 물건에서 삐죽 나온 곳
   * 좁은 골목을 지나가다가 가방 귀퉁이가 담에 긁혔다
   * 책 귀퉁이에 꼬물꼬물 조그맣게 그림을 그리면서 논다
   * 종이 귀퉁이를 살짝 접었어요

모퉁이

1. 구부러지거나 꺾이는 자리
   * 모퉁이까지만 가서 쉬자
   * 저 모퉁이를 돌아서 가셔요
   * 이제 모퉁이만 지나가면 우리 집이 나온다
   * 길모퉁이
2. 모가 지게 돌아가며 구부러지거나 꺾이는 자리
   * 울타리 모퉁이에 숨어서 누가 오나 살펴본다
   * 건물 모퉁이로 햇빛이 퍼지면서 그늘이 움직인다
   * 산모퉁이
3. 어느 곳에서 안쪽으로 깊이 들어간 곳
   * 건물 모퉁이에 자전거를 세우고 들어갑니다

   * 볕이 잘 드는 우리 집 모퉁이에 파와 부추를 심었어요
   * 모퉁이에 앉지 말고 이리 가까이 오렴

구석

1. 구부러지거나 꺾이는 자리에서도 안쪽
   * 마당 구석에 해바라기가 있다
   * 걸레는 방 안 한쪽 구석에 놓았어
   * 볕이 드는 구석에는 어김없이 들꽃이 한 송이 있습니다
   * 구석에 조용히 있습니다
2. 마음이나 물건에서 어느 한쪽 자리
   * 믿는 구석이 있구나
   * 예쁜 구석이 많은 아이
   * 마음 한구석에 꿈이라는 씨앗을 심어요
3. 잘 드러나지 않게 한쪽으로 깊이 들어간 곳
   * 헛간 구석에서 무엇을 하니
   * 다락방 구석에 몰래 숨는다
   * 방구석에 틀어박혀 좀처럼 밖으로 안 나온다
   * 요새는 시골구석까지 길이 뚫렸지요

구석구석

: 이 구석 저 구석
   * 집 안팎을 구석구석 말끔히 치우며 손님을 맞습니다
   * 마을 구석구석을 돌면서 새해 인사를 해요
   * 큰이모는 나라 안팎을 구석구석 다니면서

사진을 찍습니다
* 잘 안 보이면 헛간까지 구석구석
  살펴보렴
* 구석구석 뒤져서라도 꼭 찾자

그다지·그리·그리도

⋯→ '그다지'와 '그리'는 "그렇게"나 "그렇게까지"를 뜻하는 낱말이라고 할
수 있습니다. 뜻이나 느낌이나 쓰임새가 거의 같다고 할 수 있습니다. '그
다지'와 '그리'라는 낱말을 넣은 자리에 '그렇게'나 '그렇게까지'를 넣어 보셔
요. 거의 똑같다 싶은 뜻과 느낌입니다. 다만, '-까지'를 붙이면 '그렇게'보
다 느낌이 조금 더 셉니다. '그리'는 '그다지'나 '그렇게'보다는 살짝 여린 느
낌입니다. '그리'에 '-도'를 붙이면 '그리'보다는 살짝 센 느낌이고, '그렇게'
나 '그렇게까지'에 '-도'를 붙이면 더 센 느낌이 됩니다.

그다지

1. **그렇게까지 크거나 많게**
   * 오늘은 그다지 안 추워
   * 이 모습은 그다지 나쁘지 않네
   * 이제는 그다지 많이 안 남았으니 기운을
     내렴
   * 배가 불러서 그다지 먹고 싶지 않아요
2. **그럴 만큼까지**
   * 살짝 넘어졌는데 그다지 아플 줄 몰랐어
   * 아무 일 아니니까 그다지 걱정하지
     않아도 돼
   * 그다지 바라지 않았는데 선물을 주니
     기뻐

그리

1. **그렇게**
   * 뭐가 그리 좋다고 웃니
   * 네가 그리 헤아려 주니 고맙구나
   * 오늘은 그리 알면 돼
2. **그렇게까지 크거나 많게**
   * 이 편지는 그리 반갑지는 않네
   * 그곳까지 그리 먼 길은 아니야
   * 줄넘기로 세단뛰기를 하기가 그리
     수월하지 않구나

그리도

: 그렇게도
   * 이 일이 그리도 힘들었구나

* 몸살이 나면 밥 한 그릇 비우기조차　　　 * 네가 그리도 가고 싶다면 나도 함께 갈게
　그리도 힘들더라

그러모으다·모으다

⋯⟶　이곳저곳에 따로 떨어진 여러 가지를 애써서 한자리에 두려고 하기에 따로 '그러모으다' 같은 낱말을 씁니다. '모으다'는 그저 한자리에 두는 몸짓이고, "우표 모으기"나 "책살피 모으기"처럼 즐겁게 어느 한 가지를 따로 건사하려는 자리에서 써요.

그러모으다

1. **흩어진 여러 가지를 한자리에 두다**
   * 가랑잎을 그러모아 두엄자리에 넣는다
   * 우리가 쓴 글을 그러모아서 책이 나왔어요
   * 다 함께 사랑을 그러모으면 우리가 사는 지구를 아름답게 빛낼 수 있어요
2. **마구 긁듯이 돈을 한자리에 두다**
   * 악착같이 돈을 그러모으는 사람도 죽을 때에는 모두 내려놓고 떠난다
   * 돈만 그러모으지 말고 마음을 착하게 가꾸기를 빌어요

모으다

1. **여러 사람이나 여러 가지를 한자리에 두다**
   * 낚시를 하러 갈 사람을 모아요
   * 함께 공을 찰 사람을 모읍니다
   * 그릇을 모아서 한꺼번에 설거지를 한다
   * 책상맡에 다리를 모으고 얌전히 앉아서 글을 썼지요

   * 나뭇가지와 쑥대를 모아서 모닥불을 지핍니다
2. **바라는 것을 따로 갖추어 두다**
   * 예쁜 꽃잎을 모아 책 사이에 눌러 말린다
   * 헌 신문종이를 차곡차곡 모은다
   * 나는 우표를 많이 모았어요
3. **돈을 쉽게 쓰지 않고 잘 쌓아 두다**
   * 우리 아버지는 돈을 많이 모아서 넓은 논을 마련했다
   * 우리도 푼푼이 돈을 모아 어려운 동무를 도울 수 있어
   * 목돈을 모아서 무엇을 할까 하고 생각합니다
4. **숨을 크게 마시다**
   * 물속으로 들어가기 앞서 숨을 모으다
   * 숨을 모아서 풍선에 바람을 넣는다
5. **마음이나 뜻을 한자리에 있도록 다스리다**
   * 다른 생각을 모아 좋은 길을 찾는다
   * 마음을 차분히 모으면서 가을내음을 느껴 본다
   * 이 일을 풀려면 슬기를 모아야겠구나

6. 힘을 한자리에 있도록 하다
    * 무거운 짐도 힘을 모으면 나를 수 있어
    * 우리가 힘을 모아서 손수레를 함께 밀자
7. 다른 사람 눈길이나 마음을 끌다

* 사랑을 한몸에 모아서 받는 우리 집 귀염둥이
* 마을에서 눈길을 모으는 큰일이 터졌다

그윽하다·아늑하다*·고요하다·조용하다

⋯→ '그윽하다'와 '아늑하다'는 모두 시끄러운 소리가 없는 모습을 가리키는데, '그윽하다'는 "깊은 곳에서 소리가 없이 따스하다"는 느낌을 나타내고, '아늑하다'는 "지내기에 좋도록 보드랍다"는 느낌을 나타냅니다. 겨울에도 바람이 없이 따뜻하다고 하는 '포근한' 기운처럼 보드랍기에 '아늑하다'라고 합니다. '고요하다'는 "움직임과 소리가 아주 없이 차분하다"는 느낌을 나타내고, '조용하다'는 "움직임과 소리가 없이 차분하다"는 느낌을 나타냅니다. 그런데 '고요하다'는 소리뿐 아니라 움직임조차 아주 없는 느낌이고, '조용하다'는 시끄럽거나 어지럽게 하는 소리나 움직임이 없는 느낌입니다. "조용히 속삭여 봐"처럼 말하기도 하지만 "고요히 속삭여 봐"처럼 말하지는 않습니다.

그윽하다

1. 깊숙해서 느긋하고, 시끄러운 소리가 없다
    * 숲 속에서 그윽한 밤을 맞이한다
    * 개구리 노랫소리마저 잦아든 깊고 그윽한 새벽
2. 뜻이나 생각이 깊다
    * 어머니는 그윽한 마음씨로 우리를 보살핀다
    * 이 책에 담긴 이야기는 아주 그윽해서 아름답다

3. 느낌이 들뜨지 않으면서 따스하다
    * 할아버지가 그윽한 눈길로 바라본다
    * 고운 꽃을 볼 때면 언제나 그윽한 빛을 느껴요

아늑하다 (* '포근하다'에서도 다룬다)

1. 보드랍거나 느긋하게 감싸 안겨서 지내기에 좋다
    * 마을 뒤쪽을 숲과 골짜기가 감싸서 아늑하다

* 햇볕이 잘 드는 아늑한 방에서
  소꿉놀이를 한다
* 아기를 아늑하게 안는 손길
2. 바람이 없고 보드라우면서 지내기에 좋다
   * 겨울이 지나니 이제 아늑한 봄날이로구나
   * 고양이도 마당에 업드려 조는 아늑한 날

고요하다

1. 소리와 움직임이 함께 없다
   * 별빛이 고우면서 고요한 시골에서 지내는
     동무
   * 밤하늘을 가득 채운 저 별들은 고요하게
     빛난다
2. 움직임이나 흔들림이 없다
   * 비바람이 멎은 바다는 아주 고요하다
   * 어쩐지 이곳은 너무 고요한걸
3. 말이 없이 곱게 가라앉아 따뜻한 모습이나
   느낌이다
   * 우리는 서로 고요하게 웃음을 주고받는다
   * 아기를 품에 안은 어머니는 고요하다

조용하다

1. 아무 소리·말이 없다 (가만히 있다)
   * 집이 왜 이렇게 조용할까
   * 조용히 하면서 네 언니 말을 들어 보자

* 아직 이른 새벽이라 동네가 조용하구나
2. 떠들거나 시끄럽게 굴지 않다
   * 책을 읽을 적에는 무척 조용하네
   * 조용히 말해도 알아들을 수 있어
3. 들끓거나 시끄럽거나 어지럽게 하는 것이
   없다
   * 할머니는 조용한 시골이 좋다고 하셔요
   * 아기는 조용한 집에서 새근새근 잡니다
   * 조용한 숲에 찾아가서 마음을 쉽니다
4. 말썽이 없이 착 가라앉아 걱정이 없다
   * 하루도 조용히 지나가는 법이 없구나
   * 다투지 말고 조용히 놀면 좋겠구나
   * 올 한 해도 조용히 보냈어
5. 바쁜 일이 없다 (한갓지다)
   * 조용한 아침에 차 한 잔을 마십니다
   * 이쪽 가게는 조용하구나
   * 조용한 틈에 눈을 붙여 볼까 해
6. 몰래 하거나 드러내지 않다
   * 이 일은 우리끼리 조용히 하자
   * 네 짝꿍은 아까 조용히 집으로 갔어
7. 북받쳤던 마음이나 느낌이 가라앉다
   * 물 한 잔 마시고 숨을 돌리니 비로소
     조용해진다
   * 영화를 보며 들뜨던 마음이 이제야 좀
     조용해지는구나

그치다·그만두다·끝내다·마치다

…→ '그치다'는 움직임이 어느 때에 뚝 사라지는 모습을 가리키고, '그만두다'
는 스스로 더 움직이지 않거나 어떤 일이나 놀이를 하지 않는 모습을 가리켜요. "축구를 그만두다"라 하면 축구를 아예 안 하기로 한다는 뜻입니다. "싸움을 그만두다"라면 싸움을 더 하지 않는다는 뜻이에요. "싸움을 그치다"처럼 쓸 수도 있는데, 이때에는 서로 힘이 빠져서 저절로 싸움을 못 한다는 뜻입니다. "싸움을 끝내다"라 하면, 서로 싸울 때까지 싸우고 더는 안 싸운다는 뜻이에요. 학교 공부를 다 했을 적에는 "학교를 끝내다"나 "학교를 마치다"를 함께 쓰는데, 동무 사이가 틀어져서 서로 안 만나기로 할 적에는 '끝내다'만 써요. 사람이 목숨이 다해서 죽는 자리에는 '마치다'를 써요. 사람이 죽는 자리에서도 '끝내다'를 쓰기는 하는데, '마치다'를 더 자주 씁니다.

그치다

1. 더 움직이지 않거나 더 하지 않다
   * 이제 힘들어서 노래를 그친다
   * 어느새 비가 그친다
   * 바람이 그쳐서 날이 한결 포근하다
   * 떡을 내미니 동생이 울음을 뚝 그쳐요
2. 더 나아가지 않다
   * 힘껏 달렸지만 3위에 그쳤어
   * 우리 몫에서 그치지 않고 이웃집 김치까지 담갔다

그만두다

1. 하던 일을 더 하지 않다
   * 제발 싸움은 그만두자
   * 아버지는 몸이 아파서 일을 그만두셨어
   * 그림은 그만두고 악기를 켜면서 놀아 보자
2. 할 일을 하지 않거나 맡은 일을 끝까지 하지 않다
   * 하기 싫으면 억지로 하지 말고 그만두렴
   * 편지를 쓸까 하다가 그만두기로 했다

끝내다

1. 끝까지 해서 다 이루어지도록 하다

* 할머니는 혼자서 김매기를 끝내셨다
* 설거지를 끝내고 빗자루로 방을 쓴다
* 하던 일을 끝내려면 좀 멀었으니 기다려 주렴

2. 이어지던 일을 다 되도록 하거나 없는 것이 되도록 하다

   * 우리는 이야기를 끝내고 다시 조용히 책을 읽는다
   * 이렇게 싸울 바에는 너하고 나 사이는 끝내야겠다

마치다

1. 마지막까지 다 하다
   * 심부름을 마친 뒤 집으로 바로 오렴
   * 이야기를 미처 마치지 못했는데 벌써 기차가 들어왔다
   * 저는 고등학교까지 마쳤어요
2. 더 하지 못하거나 잇지 못하거나 다 되다
   * 할아버지는 삶을 마치고 흙으로 돌아가셨다
   * 시골로 돌아가서 남은 삶을 마치려는 작은아버지

근심·걱정·끌탕·신청부(신청부같다·신푸녕스럽다)

⋯⋯ '근심'과 '걱정'과 '끌탕'은 모두 속을 태우거나 애를 태우는 모습을 바라보며 마음속에서 우러나오는 느낌을 가리킨다고 할 수 있습니다. 이 가운데 '근심'은 어떤 일이나 모습을 보거나 겪으며 "마음을 놓을 수 없을" 때에 쓰고, '걱정'은 "잘못되지 않을까 하고 생각할" 때에 쓰며, '끌탕'은 "그저 속이 타거나 안타깝다고 느낄" 때에 쓴다고 할 수 있어요. 그러니까 "마음이 놓이지 않아 근심이다"와 "잘못될까 걱정이다"와 "속을 태우며 끌탕이다"처럼 세 낱말을 헤아리면 돼요. '신청부'는 따로 쓰지 않고 '신청부같다' 꼴로만 쓰고 '신푸녕스럽다'로 쓰기도 합니다. '신청부같다'는 좋든 싫든 반갑든 궂든 다른 곳에 마음이나 생각이 잔뜩 쏠려서 자그마한 일에는 마음도 생각도 못 쓰는 모습을 가리켜요. 어느 모로 본다면 스스로 근심이나 걱정이 가득하기 때문에 다른 데에는 마음을 못 쓰는 모습이 '신청부같다'라고 할 수 있습니다.

근심 (근심하다)

: 마음이 놓이지 않음

* 혼자 잘 갈 수 있는지 근심이 되네
* 멀리 심부름을 보내고는 근심을 하는 어머니
* 그렇게 근심스러우면 네가 한번 가 보렴

걱정 (걱정하다)

1. 잘못되지 않을까 생각함

   * 말이 없이 놀러 가서 한참 안 들어오니 걱정을 했잖니
   * 몸이 아픈 동생을 보면 걱정이 많다
   * 잘될는지 안될는지 조마조마하고 걱정스럽다

2. 어린 사람이 잘못한 일을 꾸짖음

   * 나뭇가지를 함부로 꺾은 동생은 어머니한테서 걱정을 들었다
   * 밥상밑에서 수저로 장난을 친다고 아버지한테서 걱정을 들었어요

끌탕 (끌탕하다)

: 여러모로 속을 끓이거나 애를 태움

* 망가진 연을 어찌 고치느냐며 끌탕이다
* 저 사람들이 이래서야 되겠느냐며 끌탕을 한다
* 아무래도 오늘까지 마치지 못할 듯해서 끌탕이로구나

신청부 (신청부같다·신푸녕스럽다)

1. 마음이 놓이지 않거나 잘못될까 하는 생각이 가득해서, 작은 일을 돌아볼 틈이 없음
   * 너희 오빠는 신청부같아서 네가 기뻐하는 얼굴도 못 알아보는구나
   * 아직 이 일을 하지도 않았는데 신청부같은 소리는 그만두렴

2. 너무 적거나 모자라서 마음에 안 참
   * 동생이 한 달 내내 손수 뜬 장갑이니 신청부같이 여기지는 말자
   * 내가 모은 돈이 좀 신청부같을 수 있겠지만 이게 다야

길고양이·들고양이·도둑고양이·골목고양이

⋯▸ 모든 고양이는 그저 '고양이'였는데, 이제 집에서 고양이 키우는 사람이 늘면서 '집고양이'와 '길고양이'가 따로 갈려요. 예전에는 모두 '고양이'라고만 했어요. 집에서 키우니 '집고양이'이고, 집 아닌 길에서 떠돌며 지내니 '길고양이'입니다. 그러고 보면, 예전부터 집에서 키우는 짐승은 '집짐승'이라 따로 가리키곤 했어요. 고양이도 '들고양이'가 있습니다. 들(집이 아닌 바깥)에서 살기에 '들고양이'예요. 그렇지만 요즈음은 워낙 도시가 커지고 보니, '들'이 아닌 '길'에서 살아가는 고양이가 많고, 여느 도시나 여느 길에서 사는 '길고양이'에다가, 도시에서도 골목을 이룬 동네에서 살아가는 고양이는 따로 '골목고양이'라고 합니다. 시골에서 살아가는 고양이는 '시골고양이'가 되고, 바다에서 살아가는 고양이는 '바다고양이'가 됩니다. '동네고양이'와 '마을고양이'라는 이름을 붙일 수도 있어요.

길고양이

: 사람 손을 타기도 하면서 사람과 가까운 길에서 지내는 고양이
   * 길고양이 두 마리가 지붕에서 해바라기를 한다
   * 이웃 아주머니는 길고양이한테 먹이를

챙겨 주십니다

들고양이

: 사람 손을 안 타면서 들에서 홀가분하게 살아가는 고양이
   * 찻길과 아파트가 늘면서 들고양이가

느긋하게 지낼 만한 데가 사라진다

* 들고양이는 이 겨울을 어떻게 나려나

도둑고양이

: 사람 손을 안 타지만 사람과 가까운 데에서 먹이를 찾으며 살아가는 고양이

* 물고기를 말리려고 내놓으면 도둑고양이가 꼭 물어간다니까
* 구석진 빈 터에서 도둑고양이가 새끼를 예쁘게 낳았어요

골목고양이

: 도시에서 골목을 이룬 곳에서 곧잘 사람 손을 타기도 하며 지내는 고양이

* 이 조용한 마을에서는 사람과 골목고양이가 서로 이웃이 된다
* 골목고양이 한 마리가 지붕에 앉아서 꾸벅꾸벅 존다

길동무 · 길잡이 · 길라잡이 · 이슬떨이 · 이슬받이

⋯ '길동무'는 나와 함께 길을 걸어가면서 서로 돕는 사람을 가리켜요. 이 뜻을 바탕으로 힘들거나 어려운 일을 할 적에 서로 돕는 사람을 가리키기도 합니다. '길잡이'는 내가 걷는 길을 이끌거나 알려주는 사람을 가리키기도 하지만, 북극별이나 불빛이 길잡이가 되기도 하며, 나와 함께 어느 길을 가기보다는 내가 길을 잘 가거나 씩씩하게 가도록 북돋우는 무언가를 가리켜요. '이슬떨이'나 '이슬받이'는 내가 가야 할 곳을 먼저 가면서 내 앞에 놓일 어려움을 치우거나 막아 주는 사람을 가리킵니다. 어버이가 아이한테는 이슬떨이나 이슬받이 노릇도 한다고 말할 수 있어요.

길동무

1. 길을 갈 때에 함께 가면서 서로 심심하지 않게 이야기 나눌 만한 사람

* 이번 나들이는 길동무가 있어 한결 즐겁다
* 너랑 나랑 길동무할까

* 네가 길동무가 되어 주면 고맙지

2. 멀거나 힘든 길을 갈 때에 곁에서 서로 돕는 동무로 지내는 사람

* 힘들거나 지칠 때에 철수가 늘 길동무가 되어 주었다
* 우리는 서로 길동무가 되어 언제나 기운을 북돋아 준다

* 아버지와 아저씨는 오랫동안 사귄 길동무라고 해요

3. 나와 같은 뜻을 품거나 내 뜻을 깊이 헤아리면서 서로 돕는 사람
   * 아버지와 어머니는 서로 길동무가 되어 살림을 꾸린다
   * 독립운동을 하며 길동무가 된 두 사람

길잡이

1. 길을 이끌어 주는 무엇
   * 먼 길을 가는 길잡이가 되어 주다
   * 북극별을 길잡이로 삼아 숲길을 걷다
   * 길잡이로 삼을 만한 큰 나무나 건물을 살핀다
2. 나아갈 곳이나 이룰 뜻을 이끌어 주는 무엇
   * 글을 쓸 때에 길잡이가 되는 이야기를 듣다
   * 누나가 들려준 말을 길잡이로 삼아 그림을 그린다
   * 네가 알려준 이야기가 나한테는 좋은 길잡이가 되었어

길라잡이

: '길잡이'와 같은 낱말
   * 길라잡이가 있으니 낯선 길도 헤매지 않고 갈 수 있구나
   * 오늘은 내가 길라잡이가 되어 볼게
   * 이 책은 나한테 아주 멋진 길라잡이입니다

이슬떨이

: '이슬받이 4'와 같은 낱말
   * 어머니는 늘 우리한테 이슬떨이가 되어 주십니다
   * 이슬떨이가 되어 곁에서 지켜보는 아름다운 스승님

이슬받이

1. 이슬이 내리는 무렵
   * 갈 곳이 멀어 이슬받이에 길을 나선다
   * 오늘은 새벽 일찍 이슬받이에 나들이를 가요
2. 이슬 맺힌 풀이 둘레에 우거진 좁은 길
   * 긴 바지를 입고 이슬받이를 걸으니 다 젖었다
   * 깡동치마를 입고 이슬받이를 거닐면 발목이 시원해
3. 길을 걸을 때 이슬에 젖지 않도록 허리 밑으로 두르는 도롱이
   * 예전에 시골 사람은 이슬받이를 걸치고 마실을 갔다
   * 요즈음은 비옷이 이슬받이 구실을 합니다
4. 이슬이 내린 길을 갈 때에 맨 앞에 서서 가는 사람
   * 고된 길에 이슬받이가 있어 기운을 낸다
   * 언니는 언제나 씩씩한 이슬받이가 되어 줍니다

꼭1·딱1·딱2

⋯⟩ '꼭'과 '딱'은 "네 말이 꼭 맞았어"와 "네 말이 딱 맞았어"처럼 같은 뜻으로 쓰곤 합니다. "내 몸에 꼭 맞는 옷"과 "내 몸에 딱 맞는 옷"처럼 같은 뜻으로 쓰기도 해요. 여기에서 "꼭 맞는다"고 할 적에는 틀리거나 어긋나지 않도록 맞는 모습이고, "딱 맞는다"는 몸이나 자리나 흐름에 하나가 되거나 찰싹 달라붙도록 잘 맞는 모습입니다.

꼭1

1. 어떤 물건이 다른 물건이나 사람 몸에 어김이나 빈틈이 없이 맞는 모습. 어떤 일이 어김이나 빈틈이 없이 맞아떨어지는 모습
   * 이 옷이 너한테 꼭 맞는구나
   * 네 이야기대로 꼭 그렇게 이루어지네
   * 오늘은 꼭 눈이 오리라 생각해요
2. 조금이라도 어기거나 틀리지 않게
   * 하겠다고 말한 일은 꼭 지키렴
   * 새벽이면 꼭 일어나서 책을 읽는다
   * 도시락을 잊지 말고 꼭 챙기자

딱1

1. 이어지던 것이 그치거나 멈추는 모습
   * 내가 방에 들어오니 시끄럽던 소리가 딱 그쳤다
   * 비가 딱 그쳤어
   * 네가 소리치는 바람에 깜짝 놀라서 딱 멈추었어
2. 말이나 움직임을 당차거나 똑부러지게 하거나 나타내는 모습

   * 시치미를 그렇게 딱 뗄 셈이니
   * 아버지가 술을 딱 끊었어
   * 모른 척하고 딱 잡아떼더구나
3. 굳세게 버티는 모습
   * 내 앞을 딱 막고 선 사람들
   * 모두 가만히 있는데 누나가 나서서 소매치기를 딱 막아섰다
   * 오솔길에 나무가 쓰러져서 앞을 딱 막았어
4. 매우 야무지거나 의젓한 모습
   * 작은언니는 덩치가 큰 오빠들 앞에서도 어깨를 딱 벌리고 서서 잘못을 따진다
   * 모진 고문에도 입을 딱 다물고 버티는 독립운동가
5. 몹시 싫거나 마음에 안 드는 모습
   * 거짓말을 하는 사람은 딱 싫어
   * 그 모습을 보고 나서 먹고 싶던 마음이 딱 사라졌다

딱2

1. 사이가 활짝 벌어진 모습
   * 어깨가 딱 바라진 모습을 보니 힘 좀 쓰게 생겼다

* 딱 벌어진 벽에 흙을 발라서 메웁니다

2. 빈틈없이 맞닿거나 어김없이 들어맞는
   모습

   * 몸에 딱 달라붙는 옷
   * 이야, 네 생각이 딱 들어맞았어

3. 갑자기 마주치는 모습

   * 두 사람이 모퉁이에서 딱 마주쳤다
   * 우리는 눈이 딱 마주쳤어요

4. 어울리게 (참으로)

   * 봄나들이를 하기에 딱 좋은 날이야
   * 고무줄놀이를 하기에 이 골목이 딱
     알맞겠어
   * 이 신은 나한테 딱 맞아요

5. 하나도 벗어나지 않고 바로 그만큼

   * 일을 다 마치기까지 딱 십 분이면 돼
   * 여기에서 우리 집까지는 딱 오 분이면 갈
     수 있어
   * 딱 한 숟갈만 더 줄 수 있을까

6. 아주 가까이 대거나 서로 단단히 들러붙는
   모습

   * 문에 귀를 딱 대면 잘 들릴는지 몰라
   * 벽에 딱 붙어서 안 떨어진다
   * 사이좋은 동무 둘이 딱 붙어서 걷네

꼭 2 · 반드시 · 틀림없이(틀림없다) · 어김없이(어김없다)

⋯→ 어긋나지 않도록 맞거나 맞는다고 할 적에는 '꼭'이에요. 안 하거나 안
이루어지는 일이 없다고 할 적에는 '반드시'입니다. "꼭 온다"고 할 적에는
어떤 일이 있어도 온다는 뜻이요, "반드시 온다"고 할 적에는 안 올 까닭이
없이 온다는 뜻입니다. "틀림없이 온다"고 할 적에는 오지 않을 만한 다른
일이나 말썽이 없다는 뜻이에요. '맞다'와 '틀리다'는 서로 맞서는 낱말이기
에, '틀림없이(틀림없다) = 맞지 않는 일이 없다'는 뜻이 됩니다.

꼭 2

1. 때나 숫자가 안 맞거나 벗어나지 않도록
   (제대로 맞도록, 제대로 맞추어서)

   * 동생이 모은 돈이 꼭 만 원이 되었어
   * 아침이면 꼭 떠오르는 밝은 해
   * 꼭 오 분 뒤에 불을 꺼야 해

2. 어떤 일이 끊이지 않고 이어서 (늘)

   * 내가 나들이를 가면 꼭 비가 오더라
   * 아버지가 밥을 차릴 적에는 꼭
     나물무침을 올리지
   * 설거지는 내가 밥을 먹고 나서 꼭 할게

3. 어떤 일이 있어도

* 나는 이 일만큼은 꼭 하고 싶어
* 기다릴 테니까 꼭 편지를 보내 줘
* 누구보다 너한테는 꼭 다짐을 들어야 하겠어
* 통일을 꼭 이뤄 북녘 동무를 만나고 싶다

반드시

1. 안 하는 일이나 안 이루어지는 때가 없이
   * 아침에 일어나면 반드시 물부터 한 잔 마신다
   * 버스를 놓치지 않게 반드시 일찍 와야 해
   * 네가 다짐했으니 반드시 지키기를 바란다

2. 어느 틀이나 때에서 벗어나지 않고 (언제나)
   * 낮밥을 먹으면 반드시 졸음이 몰려오더라
   * 새벽이 지나 아침이 되면 반드시 해가 뜬다
   * 덩치가 크다고 반드시 힘이 세지는 않더라

3. 어떤 때·자리·흐름·모습이라면 달리 될 수 없이 그렇게
   * 소나기가 내린 뒤에는 반드시 무지개가 뜬다는구나
   * 여기에서 공을 튀기면 반드시 저쪽으로 간다
   * 꽃이 지면 반드시 씨앗을 맺지요

4. 어느 일과는 그 하나만 얽히거나 이어지는 모습을 나타낼 때
   * 바늘에는 실이 반드시 따르지
   * 네가 가는 곳에는 반드시 동생이 따라서 가더라
   * 꽃이 피면 반드시 벌과 나비가 찾아들어요
   * 이 쪽글은 반드시 너희 누나한테

건네주기를 바란다

틀림없이 (틀림없다)

1. 맞지 않는 일이 없이 (틀리는 일이 없이)
   * 네 말이라면 틀림없이 믿을 만해
   * 저녁에 눈이 올 듯하다더니 틀림없구나
   * 이 책에서는 틀림없이 그렇게 나왔단 말이야

2. 잘못되거나 말썽이 날 일이 없이 (제대로)
   * 모레에는 편지가 틀림없이 간다고 했어요
   * 이쪽 길이 틀림없을 텐데
   * 내가 시키는 대로 하면 틀림없이 과자도 구울 수 있어

3. 어떤 일이 있어도
   * 어제는 틀림없이 같이 논다고 하고서는 말야
   * 다음에는 틀림없이 두발자전거를 타고 말겠어요
   * 나는 틀림없이 이 꿈을 이루려고 해요

어김없이 (어김없다)

1. 벗어나거나 안 하는 일이 없이 (어기는 일이 없이)
   * 오늘도 어김없이 아침 일찍 일어났어요
   * 밤은 어김없이 찾아오고 슬슬 잠이 옵니다
   * 다 읽은 책은 어김없이 돌려주기를 바라요

2. 다르게 하거나 잘못되는 일이 없이
   * 너는 어김없이 밥을 두 그릇 먹어야겠지
   * 어제 일어난 일을 네가 어김없이 말해 주었구나
   * 네 말대로 따르면 어김없이 이길 듯해

꼭3·마치·참말

⋯ '꼭3'과 '마치'와 '참말'은 뜻이나 느낌이 거의 같다고 할 수 있어요. 말뜻부터 "거의 같다"인데, 쓰임새가 아주 닮았지요. 그래도 느낌은 다르니, '꼭'은 빈틈이 없이 들어맞는다는 느낌으로 쓰고, '마치'는 서로 똑같다 싶도록 닮은 느낌으로 쓰며, '참말'은 거짓이 아닌 참으로 그대로 그렇구나 하는 느낌으로 씁니다.

꼭 3

: 거의 같은 움직임이나 모습이 되게

* 꼭 여치 노랫소리 같아
* 웃는 얼굴이 꼭 함박꽃 같아
* 꼭 바람처럼 빠르게 달리는구나

마치

: 거의 비슷하게. 다른 데가 없이 닮게

* 마치 하늘나라 노래 같구나
* 너는 마치 곰처럼 힘이 세군
* 마치 꿈을 꾸는 듯이 놀라운 하루였어요

참말

: 거짓이 없이 말 그대로

* 참말 샘물처럼 맑은 빛이네
* 네 목소리는 참말 종달새 소리처럼 싱그럽구나
* 네가 노래를 불러 주어서 나는 참말 기뻐

꼭4·꽉·힘껏

⋯ '꼭'은 여린 낱말이고 '꾹'은 센 낱말입니다. '꽉'은 힘을 참으로 많이 주면서 잡는 느낌이라면, '꼭'은 단단하게 붙들어 놓치지 않으려는 느낌이에요. "꽉 잡아" 할 적에는 힘을 많이 주라는 뜻이고, "꼭 잡아" 할 적에는 단단히 잡으라는 뜻이에요. '힘껏'은 말 그대로 힘을 다 쏟아내어 잡으라고 할 적에 씁니다. "너무 힘껏 불어서 소리가 나지 않는다"처럼 쓸 수는 있어도 "너무 꼭 불어서 소리가 나지 않는다"나 "너무 꽉 불어서 소리가 나지 않는다"

처럼 쓰지는 못해요. 그리고 "아무리 아파도 꼭 참아야지"처럼 쓰지만, "아무리 아파도 힘껏 참아야지"나 "아무리 아파도 꽉 참아야지"처럼 쓰지는 못해요. 그리고 "주머니에 도토리알이 꽉 찼습니다"처럼 쓰더라도, "주머니에 도토리알이 꼭 찼습니다"나 "주머니에 도토리알이 힘껏 찼습니다"처럼 쓰지는 못해요.

꼭 4

1. 야무지게 힘을 주어 누르거나 당기거나 조르는 모습
   * 넘어질까 봐 꼭 잡았어
   * 버스에서 내리려고 단추를 꼭 누릅니다
   * 두 손을 꼭 잡고 잘되기를 비는 어머니
2. 힘을 들여서 참거나 견디는 모습
   * 춥지만 꼭 참을 테야
   * 배가 고프지만 꼭 참을게
3. 드러나지 않게 단단히 숨거나 들어찬 모습
   * 꼭 숨어서 안 보이네
   * 꼭꼭 숨어라 머리카락 보인다

꽉

1. 힘을 많이 주어서 누르거나 당기거나 조르는 모습
   * 놓치지 말고 꽉 잡아
   * 이쪽을 꽉 잡고 당겨
   * 네가 손목을 꽉 잡으니 아파
2. 가득히 들어차거나 막힌 모습
   * 버스에 사람이 꽉 차서 들어갈 틈이 없네
   * 자전거를 탈 적에는 바퀴에 바람이 꽉 찼는지 미리 살펴봐
3. 슬픔이나 괴로움 같은 느낌을 드러내지 않으려고 애써 참는 모습
   * 눈물을 꽉 참으면서 슬픈 동화책을 읽었어
   * 시린 손을 꽉 참으면서 눈사람을 굴렸지

힘껏

: 있는 힘을 다하는 모습
   * 힘껏 던졌는데 얼마 안 날아간다
   * 내 나름대로 힘껏 달려서 찾아왔어
   * 힘껏 당겨서 끌어 올리자

꽃봉오리·꽃몽우리·꽃망울

⋯ 말뜻만 놓고 살피면, '꽃봉오리'와 '꽃몽우리'와 '꽃망울'이 서로 어떻게 다른가를 헤아리기 어려울 수 있어요. 날마다 어느 꽃 한 가지를 오래도록 들여다보셔요. 이제 막 봉오리가 맺힌 모습부터 가만히 들여다봐요. 많이

자라거나 여물었지만 아직 피어나기에는 멀구나 싶은 봉오리라면 '망울'이 맺혔다고 가리켜요. 이 망울이 곧 터질 듯 말 듯 보이면 '몽우리'라 가리키곤 해요. 몽우리가 벌어지며 확 피어나면, 이때에는 '꽃송이'라 가리킵니다. "한창 여물다"와 "아직 여리다"는 같은 모습으로 나눌 수 있어요. 다만, 두 가지 말씨는 느낌이 다를 뿐입니다. '꽃봉오리'는 아직 피어나지 않은 꽃을 가리키기에, 꽃송이가 되려고 애쓰는 조그마한 몽우리나 망울을 가리킨다고도 할 수 있어요. 그리고 곧 피어날 꽃을 가리키는 자리에도 쓰는 '꽃봉오리'이니, 이때에는 몽우리와 망울과는 달리 거의 다 여물거나 이제 다 자랐다고 느낄 수 있어요. 세 낱말은 모두 똑같은 자리에 쓸 수도 있으며, 느낌에 따라 다 다른 자리에 쓸 수도 있습니다.

꽃봉오리

: **아직 피어나지 않은 꽃. 곧 피어날 꽃**
  * 십일월부터 동백나무에 꽃봉오리가 맺혀요
  * 복숭아나무에서 꽃봉오리가 터지는 봄입니다
  * 단단하면서 보드라운 꽃봉오리를 가만히 어루만집니다

꽃몽우리

: **한창 여무는 꽃봉오리**
  * 이 꽃몽우리 좀 보렴, 참 예쁘구나

  * 꽃몽우리가 봄비를 맞으면서 차츰 벌어집니다
  * 배추는 꽃대를 높이 올리면서 꽃몽우리를 노랗게 터뜨려요

꽃망울

: **아직 어린 꽃봉오리**
  * 어느새 봄이 무르익으면서 살구나무 꽃망울이 해맑다
  * 언제 활짝 꽃망울이 열릴까 헤아리면서 날마다 들여다봅니다
  * 하얗게 꽃망울을 틔우는 목화꽃이 고와요

끝1·끄트머리·끝머리

⋯⟶ '끝'과 '끄트머리'와 '끝머리'는 모두 맨 뒤를 가리킵니다. 뜻은 똑같다고 할 만한데, 쓰는 자리는 살짝 달라요. "벼랑 끝에 서다"와 "벼랑 끄트머리에

서다"처럼 흔히 쓰지만 "벼랑 끝머리에 서다"는 딱히 쓰지 않아요. '끝'과 '끄트머리'는 모두 맨 뒤를 가리키지만, '끄트머리'는 끝보다 더 안쪽을 가리키는 느낌이에요. "골목 끝"과 "골목 끄트머리"도 모두 맨 뒤쪽을 가리키지만, '끄트머리'라는 낱말을 쓸 적에 한결 깊숙한 자리를 나타냅니다. 달리기를 하거나 운동 경기를 할 적에 "끝까지 힘을 내자"처럼 쓰지만 "끄트머리까지 힘을 내자"나 "끝머리까지 힘을 내자"처럼 쓰지는 않아요. '끝'은 아주 넓게 아우르면서 쓰는 낱말이고, '끄트머리'는 끝 가운데 한결 깊숙한 안쪽을 가리키는 데에서 쓰면서 '실마리'와 같은 뜻으로 쓰며, '끝머리'는 끝에서 한쪽 귀퉁이를 가리키는 데에서 따로 쓰곤 합니다.

끝 1

1. **맨 뒤가 되는 때나 자리**
    * 처음이 있으면 끝이 있다
    * 벼랑 끝에 서서 바다에 뛰어든다
    * 이 골목 끝으로 가면 우체국이 있어요
    * 줄이 길어 끝이 보이지 않는다
    * 끝까지 힘을 내어 달리자
2. **가늘고 긴 것에서, 또는 길게 내민 것에서 맨 뒤**
    * 바늘 끝이 무딘지 잘 안 박힌다
    * 손가락 끝에 살짝 걸쳤어
3. **어느 자리에서 맨 위**
    * 내 짝꿍은 힘껏 애쓴 보람으로 이번 시험에서 끝까지 올라갔다
    * 끝까지 올라가도록 더 힘을 내겠어요

끄트머리

1. **맨 뒤가 되는 자리**
    * 나무 끄트머리에 매달린 나뭇잎
    * 이 줄 끄트머리라도 잡자
    * 자리가 꽉 차서 끄트머리에 겨우 두 자리

남았네
2. **어떤 일을 푸는 것. '실마리'와 같은 뜻**
    * 너무 어려운 일이라 끄트머리가 보이지 않는다
    * 끄트머리를 잡기가 쉽지 않구나

끝머리

:   어떤 일이나 자리에서 맨 뒤
    * 짝꿍이 이야기 끝머리에 불쑥 한마디를 했다
    * 책상 끝머리에 지우개를 놓는다
    * 공책 끝머리에 오늘 날짜를 적어 본다

끝2·끝장·마지막·마무리·마감

⋯› 차례가 맨 뒤가 될 때에 쓰는 '끝'과 '끝장'과 '마지막'이에요. 뜻은 서로 같다고 할 텐데, "밥을 끝으로 먹었다"라든지 "끝으로 한마디를 하다"처럼 쓰지만, "밥을 끝장으로 먹었다"라든지 "끝장으로 한마디를 하다"처럼 쓰지는 않아요. '끝장'은 "다 없어지거나 다 되고 말다"를 뜻하는 자리에 더 자주 쓰지요. 그리고 "마지막 한 자리마저 차지하다"처럼 쓰지만 "끝 한 자리마저 차지하다"처럼 쓰지는 않아요. "마지막은 네가 먹어"는 똑같은 여러 가지 가운데 다 먹고 없어 남은 하나를 먹는다는 뜻으로 쓰는데, "끝은 네가 먹어"는 이런 뜻으로 쓰지 않아요. 이런 자리에서 쓰는 '끝'은 '앞'과 다른 자리를 가리키는 느낌입니다. 일이 다 되도록 '끝나다'와 '끝내다'처럼 쓰는데, "설거지는 제가 끝을 낼게요"처럼 쓰면 어울리지 않아요. "설거지는 제가 마무리를 할게요"처럼 쓸 때에 어울립니다. '끝'은 "다 되었다"는 느낌이고, '마무리'는 "다 되도록 한다"는 느낌입니다. '마무리'와 '마감'은 첫째 뜻은 거의 비슷해 서로 겹쳐서 쓸 수 있지만, "설거지는 제가 마감을 할게요"처럼 쓰면 어딘가 어울리지 않아요. "경기를 마감하는 선수"처럼 쓸 적에도 어울리지 않습니다. 글을 끝맺을 적에는 '마무리'라 해야 어울리고, 날짜에 맞추어 어떤 일을 다 하거나 맞추어야 할 적에는 '마감'이라 해야 어울립니다.

끝 2

1. **차례 가운데 맨 뒤**
   * 오늘은 내가 밥을 끝으로 먹었다
   * 오늘 모임은 끝으로 새내기들이 인사를 하겠습니다
   * 극장에서 끝으로 나왔다
   * 식당에 끝으로 들어와서 그런지 자리가 없네

2. **어떤 일이 있은 바로 다음**
   * 오래 기다린 끝에 빛을 본 그림
   * 어머니는 오래 힘을 쓰신 끝에 나를 낳았대요
   * 곰곰이 생각한 끝에 들려주는 이야기야

3. **다 된 것이나 자리**
   * 드디어 이 일도 끝이 나는구나
   * 오랫동안 끌더니 이제 끝이 보인다

4. **안 되고 말거나 모두 없어지거나 죽는 일**
   * 자꾸 거짓말을 하고 속이니 끝이 나잖아

* 알을 낳고 힘이 다 빠진 고추잠자리는
  목숨이 거의 끝이 났다

* 쓰면 된다
* 모처럼 시를 쓰는데 마무리가 어렵다

끝장

1. 어떤 일에서 맨 뒤
   * 미루고 미뤄서 끝장까지 왔다
   * 잘되다가도 끝장은 꼭 어영부영
     흐트러지더라
   * 이 영화는 끝장을 어떻게 맺을까
     궁금해요
2. 안 되고 말거나 모두 없어지거나 죽고
   마는 일
   * 이 일이 어긋나면 다 함께 끝장이
     난다는구나
   * 그곳에서 미끄러져 넘어지는 바람에
     끝장이 나고 말았어

마지막

: 시간이나 차례에서 맨 뒤
   * 마지막으로 버스에서 내리다
   * 언니는 도서관에 마지막까지 남아 책을
     읽곤 해요
   * 오늘이 올해 마지막 날이었구나
   * 마지막까지 즐겁게 놀았어요

마무리

1. 일이 다 되도록 함
   * 설거지는 제가 마무리를 할게요
   * 밥상에 수저를 놓으면서 아침 차리기를
     다 마무리했다
   * 경기를 마무리지을 선수가 나온다
2. 글에서 맨 뒷자리
   * 할머니께 보낼 편지도 이제 마무리만

마감

1. 하던 일을 다 함
   * 오늘은 이쯤에서 마감을 하고 쉬자
   * 하루를 마감하며 노래를 부른다
2. 어느 때가 다 됨
   * 엽서는 오늘까지 마감이라고 하니 서둘러
     보내자
   * 마감이 코앞으로 닥치니 바쁘구나

나무라다·꾸짖다·탓하다·타이르다·꾸중· 꾸지람·지청구

…→ '나무라다'는 어떤 몸짓이나 말투나 모습을 두고서 차근차근 밝혀서 잘 알아듣도록 말할 적에 씁니다. '꾸짖다'와 '꾸중'과 '꾸지람'은 어떤 일을 잘 못하거나 올바르지 않다고 여길 적에 씁니다. '나무라다'는 허물이나 모자 람이나 아쉬움을 들추어서 들려주는 말이기에, 어떤 물건에서 무엇이 아쉽 거나 모자라다고 하는 자리라든지, 다른 사람을 놓고도 아쉽거나 모자라다 는 뜻을 밝힙니다. '꾸짖다'와 '꾸중'과 '꾸지람'은 이와 달라, 잘못을 바로잡 거나 올바르지 않은 일을 제대로 다스리도록 따끔하게 알려주거나 가르치 는 자리에서 씁니다. '나무라다'와 '타이르다'는 여러모로 비슷하게 쓴다 할 만한데, '나무라다'는 허물을 살짝 들추는 느낌이 깃들곤 하지만, '타이르다' 는 '달래다'와 비슷하게 마음을 가라앉히도록 부드럽게 말하는 느낌이 깃든 다고 할 수 있습니다. '꾸중'과 '꾸지람'은 서로 같은 낱말로 여길 수 있습니 다. 그런데 '꾸중'은 덜 따끔하게 들려주는 말이고, '꾸지람'은 살짝 따끔하게 들려주는 말이라 할 수 있습니다. '지청구'는 '꾸지람'과 같은 뜻으로 쓰고, 남을 탓하는 자리에서도 씁니다.

나무라다

1. 어떤 몸짓이나 말투를 밝혀서 알아듣도록 좀 가볍게 말하다
   * 밥상 앞에서 재채기를 하지 말라고 나무랐다

* 싸우는 동생들을 떼놓고 차근차근 나무랍니다
* 이제 그만 나무라고 다들 모여서 밥을 먹자

2. 모자라거나 제대로 못하는 곳을 말하다

* 나무랄 데 없는 노래 솜씨이다
* 너는 나무랄 데 없이 글을 잘 쓰는구나

꾸짖다

: 잘못을 낱낱이 밝혀서 따끔하게 말하다
* 밥그릇을 깨 놓고 동생한테 덮어씌웠다며 크게 꾸짖으셨다
* 아이가 아직 어리니 잘못했더라도 그만 꾸짖으셔요
* 아버지는 내 잘못을 꾸짖은 뒤 부드러운 말로 타이릅니다

탓하다

: 어떤 일을 핑계나 구실로 삼아 잘못·허물을 따져 말하다
* 나를 탓해야지 왜 너를 탓하겠니
* 자꾸 나만 탓하지 마셔요
* 돌에 걸려 넘어지고서는 돌을 탓하네

타이르다

: 잘 알아듣도록 차근차근 밝혀서 말하다
* 너무 꾸짖지만 말고 부드럽게 타이르셔요
* 동무하고 싸움질을 자꾸 하는 동생을 타일러 주었다
* 천천히 타이르면 다 알아들을 수 있어요

꾸중

: 잘못을 낱낱이 밝혀 들려주는 말
* 오늘도 어제처럼 꾸중을 들었네
* 꽃을 함부로 꺾었다고 꾸중을 들었다
* 꾸중을 자꾸 들으니 고개를 못 들겠어

꾸지람

: 잘못을 낱낱이 밝혀 잘 알아듣도록 들려주는 말
* 날마다 꾸지람을 들으니 주눅 들겠어요
* 오늘부터는 꾸지람을 듣지 않도록 할게요
* 꾸지람 소리가 쩌렁쩌렁 골목을 울린다

지청구

1. = 꾸지람
* 하는 일마다 지청구를 들으니 기운이 한풀 꺾인다
* 언니는 내가 잘못했어도 지청구를 하지 않고 타일러요
2. 까닭 없이 남을 나쁘게 말하거나 못마땅하게 여김
* 지청구가 잦으면 서로 이야기를 나눌 수 없어
* 심부름을 잊고 또 놀기만 했다고 지청구를 들었다

나비1·나방·불나비(부나비)

⋯⟶ 남녘에서는 '나비'와 '나방'이라는 낱말을 쓰는데, 북녘에서는 '나비'와 '불나비(부나비)'라는 낱말을 씁니다. '불나비'는 불을 찾아서 날아다니는 나

비를 뜻합니다. 나방이 '불나비'라면 나비는 '낮나비'라 할 테지요. 그리고 나비는 애벌레일 적에 '번데기'만 틀어서 잠든 뒤에 깨어나고, 나방은 몸에서 실을 뽑아 '고치'를 지어서 잠든 뒤에 깨어나요.

나비 1

: 가는 몸에 더듬이가 있고 넓적한 날개가 넉 장이 있으며 낮에 움직이는 벌레

  * 봄이 되어 따스하니 나비가 깨어나면서 꽃밭을 날아다닌다
  * 번데기에서 깨어난 나비가 날개를 말리면서 쉰다

나방

: 통통한 몸에 더듬이가 있고 넓적한 날개가 넉 장이 있으며 밤에 움직이는 벌레

  * 밤에 불을 켜니 불빛을 보고 나방이 몰려든다
  * 나방이 들어오니 창문을 잘 닫으렴

불나비 (부나비)

: 북녘에서 '나방'을 가리키면서 쓰는 낱말

  * 밤이 되니 불나비가 날아다닌다
  * 밤새 노래하는 개구리가 불나비를 척척 잡아먹는다

낮·얼굴·쪽

⋯▸ "얼굴에 점이 있다"처럼 쓰지만, "낮에 점이 있다"처럼 쓰지는 않아요. "얼굴이 둥글다"나 "얼굴이 곱다"처럼 쓰더라도, "낮이 둥글다"나 "낮이 곱다"처럼 쓰지 않아요. "아는 얼굴이에요"처럼 쓰는데, "아는 낮이에요"처럼 쓰지 않아요. '낮'은 '얼굴'처럼 머리 앞쪽을 가리키지만, 쓰임새가 퍽 좁아요. 더 헤아려 보면, '얼굴'은 지난날에 '몸'을 가리킬 적에 썼습니다. "얼 + 골"이 '얼골'이었으며, 오늘날에는 '얼굴'로 말꼴이 달라졌습니다. '얼굴(얼골)'이 지난날에 '몸'을 가리킨 모습과 아울러 말밑을 살피면, "얼이 있는 골"이라는 뜻입니다. '얼'은 "마음을 지키는 뼈대"를 가리킵니다. 그러니 '몸'이란, 곧 '얼굴(얼골)'이란, 마음을 지키는 뼈대가 깃든 것을 가리킨다고 할 수

있습니다. 몸과 마음을 움직이는 기운은 '넋'입니다. 그러니 '얼'은 '넋'을 지키는 집이면서, 이러한 집은 우리 '몸'을 이룬다는 뜻이 됩니다. 예부터 한국 사람이 몸과 마음을 어떻게 살피면서 이름을 붙였는가 하는 대목을 엿볼 수 있는 낱말입니다. '쪽'은 '얼굴·기운·사람'을 가볍게 가리켜요. "쪽을 못 쓰다"는 좋거나 기운이 눌려서 꼼짝 못 하는 모습이지요.

낯

1. 눈, 코, 입이 있는 머리 앞쪽
   * 낯을 깨끗이 씻고 밥을 먹어야지
   * 부끄러워서 낯을 붉힌다
   * 방긋방긋 웃는 낯이 곱지요
2. 떳떳하고 씩씩하게 남을 마주할 수 있는 모습
   * 동무들을 볼 낯이 없다
   * 창피한 나머지 낯을 들지 못하다

얼굴

1. 눈, 코, 입, 이마, 턱, 뺨, 귀가 있는 머리 앞쪽
   * 우리 식구는 모두 얼굴이 둥글어요
   * 눈이 부셔서 얼굴을 찡그립니다
   * 얼굴에 입을 쪽 맞춥니다
2. 머리 앞쪽 생김새나 모습
   * 잘생긴 얼굴이네
   * 얼굴을 익혔으니 다음에 같이 놀자
3. 남을 마주할 만한 몸짓이나 남이 말하는 됨됨이
   * 이래서야 무슨 얼굴로 엄마를 보겠니
   * 잘못을 되풀이하면서 얼굴을 깎는다
4. 마음이나 느낌이나 생각이 겉으로 나타난 모습
   * 기쁨이 가득한 얼굴로 달려온다

* 두려워서 벌벌 떠는 얼굴이네
* 반가운 얼굴로 나를 부르는 할머니

5. 어떤 곳에서 일하는 사람
   * 새 학기에는 새 얼굴로 반장을 뽑는다
   * 어제 본 영화에 새로운 얼굴이 많더라
   * 우리 학교 새 얼굴
6. 어느 곳을 대표하거나 참된 모습을 보여주는 무엇
   * 이 느티나무는 우리 마을 얼굴이에요
   * 내가 바로 우리 집 얼굴이야
   * 서울은 우리나라 얼굴이니 언제나 깨끗해야지요
7. 어느 곳에 있는 사람
   * 길에서 아는 얼굴을 몇 보았다
   * 낯선 마을이라 알 만한 얼굴이 없어

쪽

: '얼굴·기운·사람'을 낮잡거나 가볍게 가리키는 말
   * 할머니 앞에서는 쪽도 못 쓰지
   * 쪽이 팔린 줄 아느냐
   * 좋아서 쪽도 못 쓰는구나
   * 쪽이 좀 모자라네

낱낱이·샅샅이·꼼꼼히*

⋯▸ 하나도 빠뜨리지 않는 모습을 나타낼 적에 쓰는 '낱낱이'와 '샅샅이'와 '꼼꼼히'입니다. 그렇지만 세 낱말을 쓰는 자리는 사뭇 달라요. "무슨 일이 있었는지 낱낱이 말해 봐"처럼 쓰고, "가방을 샅샅이 뒤져도 안 나온다"처럼 쓰며, "꼼꼼히 일하니 믿을 만하다"처럼 씁니다. "샅샅이 말해 봐"처럼 쓸 수 없고, "낱낱이 뒤져 봐"처럼 쓸 수 없습니다. "꼼꼼히 일하다"처럼 쓸 수 있지만, "낱낱이 일하다"나 "샅샅이 일하다"처럼 쓸 수 없습니다.

낱낱이

: 하나도 빠뜨리지 않고 모두

  * 오늘 한 일을 일기에 낱낱이 썼어요
  * 할아버지가 들려준 이야기를 낱낱이 적어 두었다
  * 네가 그때 했던 일이 낱낱이 떠올라

샅샅이

: 틈이 있는 곳마다 하나도 남기지 않고 모두

  * 그쪽 방을 샅샅이 뒤지면 나올까
  * 이 책을 샅샅이 읽었어도 잘 모르겠어

  * 구석구석 샅샅이 들여다보면서 그림을 그립니다

꼼꼼히 (* '촘촘하다·꼼꼼하다'에서도 다룬다)

: 아주 조그만 곳도 잘 살피거나 따져서

  * 꼼꼼하게 짜서 물 한 방울조차 안 새는 바구니
  * 어머니와 아버지는 살림을 꼼꼼하게 꾸리셔
  * 책을 꼼꼼히 읽으면 잘 알 수 있어
  * 빠뜨린 것은 없는지 꼼꼼히 챙기렴

내1·냇물·시내·시냇물·가람·개·개울·도랑·개골창·똘

⋯▸ '시내'는 "실 + 내"입니다. 실과 같은 내라는 뜻이니 퍽 가느다란 물줄

기입니다. '내'는 '시내'보다 큰 물줄기인데, '가람'은 '내'보다 큰 물줄기입니다. 다만, 요즈음 사람들은 '강(江)'이라는 한자를 자주 써요. '江'은 "큰 내"를 뜻하는 한자입니다. 그러니까 '강 = 한내'이기도 한 셈입니다. 요즈음은 '가람'이라는 낱말을 쓰는 사람을 찾아보기 어렵지만, '한가람'이라는 이름은 퍽 널리 씁니다. 그리고 '가람'이라는 이름을 어버이한테서 받은 사람이 부쩍 늘었어요. 앞으로 이 낱말을 잘 살릴 수 있으리라 생각합니다. 일제 강점기 무렵부터 차츰 잊히거나 사라진 '가람'이지만, 머잖아 다시 살아날 수 있으리라 느껴요. 그리고 골짜기나 들에 흐르는 작은 물줄기는 따로 '개울'이라 합니다. 작은 물줄기가 '개울'인데, 더 작은 개울이면 '실개울'이에요. 개울 가운데 매우 작고 좁은 개울은 '도랑'이라 하고, 사람이 따로 파서 내는 작은 물길도 '도랑'이라 해요. 도랑 가운데 수챗물이 흐르는 곳은 '개골창'이고, '똘'이라는 낱말은 '도랑'을 가리키는 고장말입니다. '개천(-川)'이라는 낱말을 쓰기도 하는데, "수챗물이 흐르는 도랑이 이어지도록 사람이 따로 판 물줄기"를 가리킵니다. '실개천'은 "작은 개천"입니다.

내 1

: '시내'보다 크지만 '가람(강)'보다는 작은 물줄기

　* 더운 여름에 내에 가서 멱을 감는다

　* 도랑은 시내가 되고, 시내는 내가 되며, 내는 가람이 된다

냇물

: 내에 흐르는 물

　* 냇물을 떠서 밥을 지어 먹자

　* 맑은 냇물에서 살아가는 고기로는 버들치와 쉬리가 있어

시내

: 조그마한 내

　* 우리 마을에는 예쁜 시내가 있어

　* 서울에도 시내가 있지만 물빛이 흐리구나

시냇물

: 시내에 흐르는 물

　* 어머니는 시냇가에서 시냇물로 빨래를 하고, 나는 옆에서 물놀이를 한다

　* 겨울에 꽁꽁 언 시냇물을 밟으며 빠작빠작 소리를 듣는다

가람 (= 강)

: 넓고 크게 흐르는 물줄기

　* 넓은 가람이 겨울에 꽝꽝 얼면 얼음을 지치면서 논다

　* 공장에서 더러운 물을 함부로 버리니

가람이 더러워져 마실 수 없다

개

: 가람이나 내에 바닷물이 드나드는 곳

 * 집 앞으로 개가 있고, 저 앞에 바다가 있어
 * 하얗게 내리는 눈이 개에도 갯가에도 곱게 내려앉습니다
 * 갯벌은 바닷물이 드나드는 벌판입니다
 * 갯가·갯내·갯마을·갯벌·갯지렁이

개울

: '시내'보다 작고, 골짜기나 들에 흐르는 작은 물줄기

 * 날이 더운데 뒷산 개울에 가서 놀까
 * 깨끗한 개울을 들여다보니 송사리가 보여요

도랑

1. 매우 작고 좁은 개울

 * 옛날에는 도랑에서 다슬기를 줍고 가재를 잡았다고 합니다

 * 우리 집 앞 도랑에서 자라는 미나리를 뜯어 나물로 먹어요

2. 사람이 따로 판 작은 물길

 * 비가 올 듯하니 아버지는 논에 도랑을 내야겠다고 하셔요
 * 논도랑·밭도랑

개골창

: 수챗물이 흐르는 작은 도랑

 * 개골창에 공이 빠져서 살살 건진 뒤 씻었다
 * 작은오빠가 설거지를 하니 개골창에서 뿌연 물이 흐른다

똘

: '도랑'을 가리키는 고장말 (경기, 전남, 충청)

 * 마을을 가로지르는 똘은 빨래터이면서 놀이터가 된다
 * 예부터 똘을 둘러싸고 집이 하나씩 들어서면서 마을이 되었다

냄새·내음·내2·내3·향긋하다

⋯⋗ 코로 느끼는 기운은 모두 '냄새'입니다. '내'는 '냄새'를 줄여서 쓰는 낱말이라 할 수 있어요. 그런데 '내'는 조금 더 짙거나 깊게 느끼는 기운을 가리키는 자리에 흔히 써요. 따로 '내2'은 "무언가 타면서 흐르는 기운"을 가리키기도 합니다. 짙거나 깊게 느끼는 기운을 '내'로 곧잘 나타내지만, '똥내'와 함께 '꽃내'도 써요. '내음'도 '냄새'보다 조금 짙은 기운을 가리키는 자리에

쓴다고 할 텐데, 한결 부드럽게 가리키려고 쓰는 낱말이라 할 만합니다. 이 낱말들은 맡기 좋거나 나쁘다고 가르지 않습니다. 이와 달리 '향긋하다'는 맡기 좋은 기운을 가리킬 적에만 씁니다.

냄새

1. **코로 맡는 기운**
   * 꽃에서 나는 냄새가 참 좋다
   * 냄비에서 타는 냄새가 나는 듯해
2. **어떤 것이나 어느 곳에서 받는 기운이나 느낌**
   * 무언가 숨기는 냄새가 나는구나
   * 시골 사람다운 흙냄새가 난다

내음

: **코로 맡을 수 있는 그윽한 기운**
   * 바람에 실린 봄 내음이 푸근하다
   * 바닷가에 서면 짭짤한 내음을 맡을 수 있다

내 2

: **물건이 탈 때에 일어나는 부옇고 매운 기운**
   * 어디서 쓰레기를 태우는지 매캐한 내가

코를 찌른다
   * 쑥불을 피우면 나는 내가 모기를 쫓아 줍니다

내 3

: **= 냄새. '내'는 세거나 짙거나 깊은 기운이나 느낌을 가리킬 때에 흔히 쓰며 다른 말 뒤에 곧잘 붙여서 쓴다**
   * 참기름을 볶는 고소한 내를 맡다
   * 쾨쾨한 내가 방 안에 가득하구나
   * 똥내·비린내·구린내·꽃내

향긋하다

: **옅거나 그윽하게 꽃에서 나는 듯이 좋은 냄새가 나다**
   * 봄이 무르익으니 들판에 서기만 해도 향긋하다
   * 눈을 감고 향긋한 바람을 느껴 보자

너비·넓이·나비 2

···› '너비'는 금을 죽 긋고는 이곳부터 저곳까지 길이가 얼마나 되는가를 살필 때에 씁니다. 길이를 말하는 '너비'로, 어느 길이를 재거나 살필 적에 흔히 쓰지만, 옷감이나 천이나 종이를 잴 적에는 '나비'라 합니다. '넓이'는 길

이를 말하지 않아요. 가로와 세로를 모두 살펴서 크기나 테두리가 얼마나 되는가를 살핍니다.

너비

: 이곳부터 저곳까지 얼마나 되는가를 따지는 길이

* 서울에 있는 한강은 너비가 꽤 커
* 구슬치기를 하면서 뼘으로 너비를 잰다

넓이

: 가로와 세로로 모두 따지는 크기

* 우리 마을은 이웃 마을보다 넓이가 작다
* 종이로 사마귀를 접으려니 방바닥 넓이만큼 종이가 든다

나비 2

: 옷감이나 천이나 종이를 재는 길이

* 마을 지도를 그릴 종이는 나비가 얼마나 되어야 할까
* 내 치마를 지으려고 옷감 나비를 잽니다

너울·물결

⋯▶ '너울'과 '물결'은 모두 물이 위아래로 움직이는 모습을 가리켜요. 다만, '물결'은 냇물이나 바닷물뿐 아니라, 물잔에 따른 물이 움직이는 모습까지 가리킵니다. 이와 달리, '너울'은 바닷물 움직임만 가리키는데, 바닷물 움직임 가운데에서도 크고 사납게 일렁이는 물결만 따로 가리킵니다. 그리고 과학에서는 '파동'이라는 한자말을 쓰는데, 이 낱말을 '물결'로 옮겨서 쓰기도 합니다.

너울

: 바다에서 이는 크고 사나운 물결

* 너울이 치는 바다를 배로 건너자니 멀미가 난다

* 큰바람이 부니 너울이 무척 무섭게 인다

물결

1. 물이 움직이며 올라가고 내려오는 움직임

* 물결이 거센 날에는 물가에 가지 말아라
* 가벼운 바람을 따라 물결이 잔잔하게 인다
* 가을 들판은 누런 물결과 같다
* 반가운 네 목소리를 들으니 내 마음에 부드럽게 물결이 친다

2. **물결과 같이 움직이는 모습을 빗댈 때에 쓰는 말**
   * 서울은 사람 물결로 북적거린다

넋·얼·마음·뜻

····➔ 모든 목숨은 '마음'과 '몸'으로 이루어집니다. 풀과 꽃과 나무한테도 마음이 있습니다. 새와 벌레와 물고기한테도 마음이 있어요. 사람은 풀이나 고기를 먹을 적에 살점만 먹지 않아요. 몸인 살점과 함께 마음을 함께 먹어요. 모든 목숨을 이루는 마음과 몸은 '넋'이 다스립니다. 넋으로 몸을 움직이고 마음을 기울입니다. 그래서 "넋이 나갔다"고 하거나 "넋이 빠졌다"고 하면, 몸은 그대로 있고 마음 또한 아직 있지만, 살아서 움직이는 목숨이 아닌 모습이라고 여겨요. '얼'이란 "마음을 지키는 뼈대"와 같습니다. '겨레얼'처럼 씁니다. '넋'은 '말넋'이나 '책넋'처럼 쓸 수 있어요. 말을 하거나 가꾸는 움직임이란, 넋이 몸과 마음을 다스리는 모습과 같아요. 책을 읽거나 쓰거나 나누거나 돌보는 움직임 또한, 넋이 몸과 마음을 다스리는 모습과 같습니다. 그래서 '노래넋'이라든지 '춤넋'이나 '그림넋'이나 '사진넋'처럼 쓸 수 있어요. '마음'은 "무엇을 깨닫거나 생각하거나 느끼는 바탕"이에요. 마음이 바탕이 되어 생각을 펼치고 사랑을 느끼며 꿈을 꿉니다. 생각을 씨앗으로 마음에 심어서 여러 가지 일을 새롭게 지어요. 그리고 누군가를 좋아하는 느낌이 '마음'이 되고, 생각을 내는 기운도 '마음'이에요. 마음이 있기에 활짝 웃고 노래하는 삶을 누립니다. 몸에 깃드는 기운이나 느낌이나 모습이나 생각은 '마음'으로 나타나요. 그리고 '얼'이란 '넋'이 깃드는 집이나 '넋'을 감

싸는 집(뼈대)이라고 여길 만하지 싶습니다. 얼이 나가면 넋이 깃들 데가 없어서 흔들리기 마련이고, 얼이 나갔어도 넋을 건사할 수 있다면 몸과 마음을 돌볼 수 있어요. 그런데 넋이 나가고 말면, 얼이 그 자리에 있어도 스스로 몸과 마음을 제대로 건사하지 못합니다. 이때에는 남이 시키는 대로 휘둘리거나 휩쓸리는 모습이 되어요. '얼'은 집(뼈대)일 뿐, 몸과 마음을 움직이는 기운은 아니기 때문입니다. '뜻'은 "낱말뜻"이나 "말뜻"과 같은 자리에서 흔히 쓰는데, '말뜻'이란 "말이 담은 속내나 속 이야기"입니다. 이러한 쓰임새처럼 겉으로 드러나기보다는 속에 깃든 어떤 이야기를 가리키려고 '뜻'이라는 낱말을 씁니다. '뜻'이 쓰이는 자리를 헤아리면 '꿈'이나 '생각'이나 '보람'이나 '값어치'를 나타내곤 해요. 곧, 마음이 짓는 꿈과 생각이 '뜻'으로 나타난다 할 수 있고, 마음으로 꿈과 생각을 지으면 이러한 열매로 '보람'과 '값어치'를 얻습니다.

넋

: **몸을 움직이고 마음을 기울이는 기운**
  * 이 나무에는 우리 할머니 넋이 깃들었다고 느껴
  * 너무 어처구니없는 일을 겪은 나머지 넋이 나가고 말았다
  * 넋이 나간 듯이 멍하니 바라보다
  * 넋이 나간 채 우뚝 멈추었다
  * 말넋

얼

: **넋을 지키는 뼈대**
  * 얼이 빠진 모습으로 무엇을 쳐다보니
  * 슬픈 일을 겪은 뒤라 얼이 빠진 채 걸어간다
  * 겨레얼·나라얼

마음

1. **처음부터 갖춘 됨됨이나 몸짓이나 모습**
   * 누나는 마음이 참 좋아
   * 우리 동무들은 다 마음이 착해
   * 어쩜 이렇게 마음이 고울까
2. **느끼거나 생각하는 기운**
   * 서로 멀리 떨어졌어도 마음이 있으면 외롭지 않다
   * 우리 할머니는 마음이 무척 젊으셔요
   * 노래를 부르고 춤을 추면 즐거운 마음이 돼요
3. **느낌과 생각이 자리잡거나 생기는 곳**
   * 아름다운 말을 마음으로 품으면 늘 아름답게 살아갈 수 있어
   * 1등을 한다는 생각보다는 홀가분한 마음으로 함께 뛰자
   * 네 마음을 들려주어야 알 수 있지

4. 어떤 일에 끌리는 기운이나 생각
   * 너도 소꿉놀이를 할 마음이 있으면 함께 하자
   * 아직 배고프지 않아서 먹을 마음이 없어요
   * 마음에 드는 책을 골라서 조용히 읽자
   * 집에 갈 마음이 없는지 여태 신나게 놀기만 하네
5. 좋거나 싫음, 옳거나 그름, 맞고 틀림 들을 나누거나 살피는 생각
   * 우리 마음에는 그리 즐겁지 않아서 그래요
   * 네 마음과 어긋나면 얼른 그만두렴
   * 마음에 맞지 않는 일을 하면 힘들기 마련이야
6. 좋다고 여기는 기운
   * 언니는 저 오빠한테 마음이 있대
   * 둘이 서로 마음이 있구나
7. 어떤 일을 생각하는 힘
   * 마음을 잘 모아서 도끼를 내리치면 나무를 팰 수 있어
   * 마루를 쓸고 닦을 때에도 마음을 다해야지
   * 애써 공부하기로 했으니 마음을 잘 모아서 하자

뜻

1. 무엇을 하겠다고 품는 생각이나 꿈
   * 언니 뜻이 그렇게 단단하다면 나도 곁에서 도와줄게
   * 우리 아버지는 시장이나 군수 자리에는 뜻이 없다고 하셔요
   * 서로서로 뜻한 대로 이룰 수 있도록 기운을 내자
2. 어떤 말·글·움직임·몸짓으로 나타내는 생각
   * 너는 내가 말하는 뜻을 얼마나 알아들을 수 있겠니
   * 이 책에 나오는 이야기는 무슨 뜻인지 곰곰이 헤아린다
   * 잘못했어, 나는 그럴 뜻이 아니었어
3. 어떤 일·움직임·말에서 드러나는 값어치나 보람
   * 누가나 혼자 마무리를 지으면 여태껏 함께한 뜻이 없잖아
   * 오늘은 할머니한테서 옛이야기를 들을 수 있어 무척 뜻이 있었어요
   * 아름다운 생각을 살려서 뜻이 있는 일을 해 보자

넓다1·널따랗다·드넓다

⋯ '길다'에 '–다랗다'를 붙여 '기다랗다(길다랗다)'처럼 쓰면 "무척 길다"를 뜻해요. '넓다'에 '–다랗다'를 붙여 '널따랗다'처럼 쓰면 "무척 넓다"를 뜻합

니다. '좁다'에 '-다랗다'를 붙여 '좁다랗다'처럼 쓰면 "무척 좁다"가 됩니다. '드-'를 낱말 앞에 붙여 '드넓다'는 "아주 넓다"이고, '드높다'는 "아주 높다"이며, '드세다'는 "아주 세다"입니다. 그러면 '좁다'에도 '드-'를 붙여서 '드좁다'처럼 쓸 만할까요? 아직 이렇게 쓰는 분은 없지 싶습니다. 아주 좁은 곳을 가리킬 적에는 '비좁다'라는 낱말을 써요.

ㄱ ㄴ ㄷ ㄹ ㅁ ㅂ ㅅ ㅇ ㅈ ㅊ ㅋ ㅌ ㅍ ㅎ

넓다 1

1. 어느 자리가 크다
   * 바다는 이렇게 넓구나
   * 우리 집 마당은 꽤 넓다
   * 넓은 하늘과 바다를 보니 시원하다
   * 아버지 품이 넓어 나와 동생이 함께 안깁니다
2. 길이가 크다
   * 오솔길이 끝나고 드디어 넓은 길로 나왔다
   * 두 팔을 넓게 벌리고 가을바람을 마신다
   * 무지개가 하늘로 넓게 퍼져요

널따랗다

: 땅이나 자리가 꽤 넓다
   * 이렇게 널따란 곳에는 어떤 나무를 심을까
   * 널따란 들로 나오니 마음이 탁 트여 좋다
   * 마루가 널따라니까 뛰어놀기 참 좋네

드넓다

: 가리거나 막힌 데가 없이 아주 넓다
   * 드넓은 벌에서 밤하늘을 보면 별이 쏟아진다
   * 이렇게 드넓은 바다에는 물고기가 얼마나 많을까
   * 드넓은 숲이 있어서 지구가 푸르게 보일 테지요

넓다 2 · 너그럽다 · 넉넉하다

⋯▸ 어느 자리를 가리키는 자리에서나, 마음이나 생각을 나타낼 적이나, '너그럽다 · 넓다 · 넉넉하다'를 두루 씁니다. 세 낱말은 모두 크거나 시원한 마

음씨를 나타냅니다. 다만, '너그럽다'는 마음씨를 가리키는 자리에만 쓰고, 비탈이 가파르지 않고 부드러운 곳을 가리킬 때에 씁니다. '넓다'는 마음씨를 가리키는 자리에 쓰면서, 크기와 깊이를 가리키는 자리에 써요. '넉넉하다'는 마음씨를 가리키는 자리를 비롯해서, 크기를 나타내는 자리에도 살짝 쓰고, 돈이나 어떤 부피가 많거나 크다고 하는 데에서도 씁니다.

넓다 2

1. **마음이 크고 시원하다**
   * 우리 어머니는 마음이 넓어
   * 넓은 마음으로 이웃을 사랑한다
   * 아버지는 늘 넓은 사랑으로 우리를 아끼지요
2. **생각이나 지식이나 품이나 테두리가 무척 크거나 깊다**
   * 거기까지는 몰랐는데, 너는 참 생각이 넓구나
   * 두루 여행을 다니면서 이것저것 넓게 배웠다
   * 이웃을 넓게 사귀면서 손님을 자주 치른다

너그럽다

1. **마음이 크고 시원하다**
   * 동무가 잘못했지만 너그럽게 봐주렴
   * 할머니는 늘 너그럽게 웃으신다
   * 너그러운 손길로 이웃을 사랑한다
2. **비탈이 부드럽다**
   * 이 멧골은 어린이도 넘을 수 있을 만큼 너그럽다
   * 비탈이 좀 너그러우니 미끄럼을 가볍게 탈 만하구나

넉넉하다

1. **마음이 크고 시원하다**
   * 오늘도 놀다가 바지를 찢었지만, 어머니는 넉넉히 웃으며 기워 주셨다
   * 할아버지는 넉넉하게 웃음을 지으면서 머리를 쓰다듬으셔요
   * 이웃 아저씨는 넉넉하시니까 새끼 고양이를 맡아 주시겠지
2. **어느 자리가 크다**
   * 자리가 넉넉하니 아무 데나 앉아
   * 이만하면 집터로 삼기에 넉넉하겠구나
3. **남을 만큼 많다**
   * 밥을 넉넉히 펴
   * 오늘 하루는 넉넉하니까 마음껏 놀자
4. **살림이 제법 넘쳐서 남을 만큼 많다**
   * 우리 집은 넉넉해서 자전거를 새로 사 주셨어
   * 살림도 넉넉하고 사랑도 넉넉하니 즐겁다

넘어지다·엎어지다·자빠지다·쓰러지다·고꾸라지다

⋯▸ '넘어져'서 무릎이 깨집니다. '쓰러질' 때에는 몸이 바닥에 드러눕거나 엎드리는 모습이 되니, 무릎이 깨진다고 하기 어렵습니다. 그리고 '자빠질' 적에는 뒤로 몸이 기우는 만큼 이때에도 무릎이 깨지지 않아요. 앞으로 기울어지는 모습을 가리키는 '엎어지다'일 적에 '넘어지다'와 함께 무릎이 깨집니다. 그러니까 '넘어지다'와 '엎어지다'는 앞으로 기울어져서 몸이 바닥에 닿는 모습을 가리키고, '자빠지다'는 뒤로 기울어져서 몸이 바닥에 닿는 모습이에요. '고꾸라지다'도 몸이 앞으로 기울어지는 모습이지만, 몸이 구부러진 채 기울어지니, 고꾸라진다고 할 적에는 무릎이 깨지기 어렵습니다. 무릎보다 윗몸이나 머리가 먼저 바닥에 닿는 모습일 테니까요. 그런데 '엎어지다'는 몸이 바닥에 모두 닿는 모습을 가리켜요. "철푸덕 엎어지다"처럼 씁니다. 이와 달리 '넘어지다'는 무릎만 깨진다든지 "헛발을 디뎌 넘어지며 손바닥이 바닥에 쓸리다"처럼 써요. '쓰러지다'와 '넘어지다'를 더 살펴면, 둘 다 몸이 제대로 서지 못해 바닥에 몸이 닿는 모습을 가리키는데, '넘어지다'는 발바닥을 뺀 다른 몸이 바닥에 닿는 모습을 가리키고, '쓰러지다'는 몸뚱이가 모두 바닥에 닿는 모습을 가리켜요. 드러눕든 엎어지든 몸뚱이가 모두 바닥에 닿을 적에 '쓰러지다'입니다. 무엇에 걸리거나 부딪힐 적에 '넘어지'고, 마음이 다치거나 아프거나 힘들 적에는 어디에 걸리거나 부딪히지 않아도 스스로 '쓰러집'니다.

넘어지다

1. 한쪽으로 기울어지면서 바닥에 닿다
   * 다리에 걸려 넘어지다
   * 헛발을 디뎌 넘어지며 손바닥이 바닥에 쓸리다
   * 자전거가 바람에 넘어졌어

2. 어떤 일을 잘못해서 뜻한 대로 되지 않거나 끝이 나다
   * 아무리 넘어져도 씩씩하게 다시 일어나서 하려고요
   * 한 번 넘어졌다고 이 일을 그만두지 말자

* 꽤 많은 회사가 경제가 어려운 나머지 지난해에 넘어졌다고 해
3. 아파서 자리에 눕다
   * 큰병을 얻어 풀썩 넘어지고 말았다
   * 밤을 새우며 일하더니 그만 넘어졌습니다

엎어지다

1. 앞으로 기울어지면서 바닥에 닿다
   * 엎어졌지만 용케 얼굴은 안 긁혔다
   * 아기는 자꾸 엎어지고 다시 일어서면서 걸음을 익혀요
   * 엎어지면 코 닿을 가까운 곳
2. 위아래가 뒤집히다
   * 윷가락이 하나만 엎어지면 도이다
   * 아이구, 밥상이 엎어져서 어쩌나
3. 일이 잘 안 풀리면서 끝이 나다
   * 잘못하는 바람에 이 일이 그만 엎어지고 말았어요
   * 마지막에 일이 엎어지니 여러모로 아쉽다
4. 어떤 모습이 다른 모습으로 바뀌다
   * 때로는 엎어지기도 하고 일어나기도 하겠지
   * 이 경기는 뒤로 갈수록 엎어지려고 하는구나
5. 꼼짝 않고 눕거나 아무 말을 안 하다
   * 꾸중을 듣지 않으려면 조용히 엎어져야겠다
   * 모임이 자꾸 길어져서 나는 가만히 엎어져서 책을 읽었어

자빠지다

1. 뒤나 옆으로 기울어지면서 바닥에 닿다
   * 얼음길을 걷다 자빠져서 엉덩이를 찧었다
   * 미끄러워서 자꾸 자빠지고 엎어지네

* 크게 자빠지던데 다치지는 않았을까
2. 어느 한쪽으로 기울어져서 바닥에 닿다
   * 책꽂이가 기우뚱하면서 책들이 우르르 자빠졌다
   * 지난밤 모진 바람에 나무가 자빠졌구나
3. '눕다'를 낮추어서 쓰는 말
   * 못하겠으면 집에 가서 자빠져야지
   * 추운 날씨에 옷을 얇게 입고 놀더니 자빠졌구나
4. 몸이 아프거나 몹시 시달려서 어떤 일을 해내지 못하다
   * 잠조차 안 자고 시험공부를 하더니 그만 자빠지고 말았다
   * 힘든 일이었으니 자빠질 만했어, 너무 서운해하지 마
5. 어느 곳에만 있으면서 밖으로 나오지 않다
   * 집에서만 자빠지지 말고 바깥바람을 쐬자
   * 춥다고 이불을 뒤집어쓴 채 자빠지지 말고 눈놀이를 하자
6. 함께 하던 일에서 손을 떼고 물러나다 (= 나가자빠지다)
   * 갑자기 너 혼자 자빠져서 우리 모두 힘들었다구
   * 나한테는 너무 벅차서 아무래도 자빠져야겠어
7. '있다'를 낮추면서 쏘아붙일 때에 쓰는 말
   * 무슨 소리야, 웃기고 자빠졌구나
   * 첫, 놀고 자빠졌네

쓰러지다

1. 한쪽으로 기울어지면서 몸이 바닥에 길게 닿다
   * 먼 길을 걸어오느라 힘들어서 그만 쓰러지고 말았다고 해

* 고구마를 자루에 제대로 안 담았는지 옆으로 쓰러졌다
* 너무 졸려서 나무가 쓰러지듯이 자리에 누웠어요

2. 서거나 쌓인 것이 한쪽으로 쏠려 바닥에 닿다
   * 다 쓰러져 가는 낡은 집
   * 비바람이 몰아쳐서 집과 나무가 모두 쓰러졌어

3. 나라·회사·모임이 제구실을 잃고 끝이 나다
   * 저렇게 큰 회사도 살림을 엉성하게 꾸리니 쓰러지네
   * 지난날 우리 겨레는 일제 총칼 앞에 쓰러진 적이 있다

4. 아파서 눕거나 죽다
   * 할머니가 쓰러지셨대서 얼른 돌아가는 길이에요

* 할아버지가 쓰러지셔서 온 식구가 곁에서 돌봅니다

고꾸라지다

:   살짝 굽으면서 앞으로 기울어져 바닥에 닿다
* 아저씨가 등짐을 너무 많이 진 탓에 그만 고꾸라졌다
* 갑자기 배를 움켜쥐며 고꾸라진다
* 내리막에서 자전거를 타다가 그만 고꾸라졌어요

노리개·놀잇감·장난감

⋯▸ 몸을 꾸미려고 갖고 다니거나 옷에 붙이는 여러 가지를 '노리개'라 합니다. 노리개를 만지작거리면서 즐겁게 한때를 보내기도 하기에 '노리개'는 '놀잇감'이나 '장난감'처럼 "갖고 노는 것"을 가리키곤 해요. '놀잇감'은 놀이를 할 때에 갖고 놉니다. '장난감'은 장난을 할 때에 갖거나 만집니다. '놀이'는 여럿이 즐거이 어울리는 일이고, '장난'은 심심할 때에 하는 일입니다. 노리개와 놀잇감과 장난감은 모두 똑같은 한 가지를 가리킬 수 있지만, 쓰임새는 사뭇 다르다 할 만합니다.

노리개

1. 저고리 고름이나 치마허리에 다는 것
   * 빨간 노리개를 달아 치마저고리가 한결 돋보인다
   * 이 옷에 노리개를 하나 붙이면 더 곱겠지
2. 재미로 삼아 갖거나 만지는 것
   * 작대기를 노리개로 삼아 하루 내내 잘 놀았다
   * 예쁘장한 조약돌을 노리개로 삼아 보자

놀잇감

: 놀이를 할 때에 갖거나 만지는 것
   * 놀잇감이 따로 없어도 들꽃을 동무 삼아서 논다
   * 오늘은 혼자 있는 탓인지 놀잇감이 많아도 재미없다
   * 바닷가에서는 조개껍데기와 모래가 재미난 놀잇감이 돼요

장난감

: 장난을 할 때에 갖거나 만지는 것
   * 이웃 형들이 쓰던 장난감을 모두 물려받았다
   * 장난감 하나만 있으면 며칠 동안 재미있게 놀 수 있다
   * 나뭇가지와 도토리를 엮어서 장난감을 손수 만들어요

놀다·움직이다·흔들다

⋯→ '놀이'와 '놀음'은 '놀다'에서 나온 낱말입니다. '놀다'는 바탕뜻으로 "움직이다"를 가리킨다고 할 수 있어요. '움직이다'는 자리나 몸짓이나 모습을 가만히 두지 않는 일을 가리켜요. 이리저리 몸짓을 바꿀 때에 '움직이다'입니다. '놀다'란 이렇게 이리저리 몸짓을 바꾸는 일을 바탕뜻으로 삼으면서, 몸짓을 이리저리 바꿀 때에 어떠한 느낌과 삶이 되는가를 나타낸다고 할 수 있습니다. 그러니까, 어른이나 아이는 모두 늘 '움직입'니다. '움직이다'와 '놀다'를 가르는 자리를 따진다면, 무엇보다 '놀다'는 "마음에 드는 것을 하며 즐겁게 지내다"를 가리킨다는 대목입니다. '움직이다'도 몸짓을 이리저리 바꾸는 일을 가리키지만 "즐겁게 지내다"라든지 "마음에 드는 것을 하다"를 가리키지 않아요. 그저 몸짓을 이리저리 바꾸는 일만 가리킵니다. '흔들다'

도 몸짓이 이리저리 바뀔 때에 쓰는 낱말인데, '흔들다'는 내 뜻과 다르게 이리저리 몸짓이 바뀐다든지, 내 마음에 따라 다른 사람이나 다른 것을 이리저리 다른 몸짓이 되도록 바꿀 때에 씁니다.

놀다

1. **마음에 드는 것을 하며 즐겁게 지내다**
   * 오늘은 고무줄로 동생하고 놀았어요
   * 나는 책이 좋아서 언제나 책하고 논다
   * 흙바닥에 나뭇가지로 그림을 그리면서 놀자

2. **따로 하는 일이 없이 지내다**
   * 놀기만 하지 말고 부엌일을 거들어 주렴
   * 작은이모는 무엇을 해야 좋을는지 찾지 못해서 아직 논다고 해요

3. **일을 하다가 한동안 쉬다**
   * 우리 마을에서는 일요일이 되면 가게가 모두 놀아
   * 아침부터 공부를 했으니 얼마쯤 놀고 나서 더 공부를 하자
   * 자전거를 안 타고 오래 논 탓인지 발판을 굴리기가 쉽지 않네

4. **어떤 것을 안 쓰다**
   * 저쪽에 노는 땅이 있으니 저곳을 텃밭으로 삼아 볼까
   * 오늘은 노는 자전거가 없어서 빌려 주지 못하겠구나

5. **박힌 것이 꼭 맞지 않고 커서 이리 가고 저리 가다 (헐겁다)**
   * 새 이가 나오려고 하는지 앞니 하나가 논다
   * 얘, 네가 앉은 걸상 다리가 노는구나, 얼른 일어나 봐

6. **작은 목숨이 작은 몸짓을 보여주다**

(꿈틀거리다)
   * 어머니 배에 귀를 대면 곧 태어날 아기가 노는 숨결을 느낄 수 있어요
   * 꽃망울에 볼을 대면서 곧 피어나려고 가볍게 노는 기운을 느껴요

7. **이리저리 돌아다니다**
   * 냇물에서 노는 송사리를 물끄러미 바라봅니다
   * 이제 막 둥지를 떠난 어린 제비들이 날갯짓을 하며 하늘에서 놀아요

8. **몸에서 어느 한 곳을 제대로 다루거나 가누다**
   * 날이 추워 손가락이 놀지 않아 글을 쓰기 힘들다
   * 밤늦도록 일하신 어머니는 이제 힘들어서 다리가 제대로 놀지 않으신대요

9. **나쁜 짓을 하면서 지내다**
   * 너 그렇게 놀지 말고 착하게 동무를 아낄 줄 알아야지
   * 짓궂게 놀면 마음까지 나빠지고 말아요

10. **어느 곳을 보금자리나 삶터로 삼다**
   * 시골에서만 놀다가 도시로 나들이를 가니 몹시 어지럽다
   * 도시에서만 놀던 사람이 시골로 와서 살자니 쉽지 않겠지

11. **남을 비웃거나 제 마음대로 하다**
   * 누나가 사탕을 손에 쥐고 동생을 갖고 노는 셈이로구나
   * 철부지 아이들이 들고양이를 갖고 놀아서

그만두게 했다

12. 마음에 들지 않게 움직일 때에 비꼬는 말
   * 너희끼리 잘들 노는구나
   * 참말 놀고 앉았구나

13. 비슷한 무리끼리 어울리다
   * 고무줄을 하는 아이들은 저쪽에서 노니, 숨바꼭질은 이쪽에서 하자
   * 우리끼리만 놀지 말고 저 아이도 불러서 함께 하자고 해 보자

14. 마음이 들떠서 말이나 몸짓이 가볍다
   * 남이 하는 일에 놀지 말고 네 길을 씩씩하게 가야지
   * 우리 언니는 남이 하는 말에 놀지 않고 언제나 차분해요

15. 이기고 지는 자리를 겨루다
   * 네가 윷을 놀 차례야
   * 이번에는 주사위를 잘 놀아야 할 텐데

움직이다

1. 가만히 있지 않고 자리·모습·몸짓을 바꾸거나 옮기다
   * 바람이 불어 바람개비가 빠르게 움직인다
   * 발가락 좀 움직여 보렴
   * 발소리가 들리지 않도록 아주 천천히 움직이자

2. 말이나 몸짓을 써서 마음을 스스로 바라는 쪽으로 바꾸거나 이끌다
   * 아이는 까르르 웃고 노래하면서 어머니 마음을 움직입니다
   * 네가 바라는 대로 오빠를 움직이려면 그런 선물로는 힘들어

3. 마음이 어떤 일을 좋게 보거나 받아들이려고 하다
   * 아름다운 그림책을 읽으니 내 마음이 움직였어요
   * 네가 들려준 이야기를 들으니 마음이 움직인다

4. 마음을 바꾸거나, 마음이 다른 쪽으로 가도록 하다
   * 아버지가 땀 흘려 일하는 모습을 보니 내 마음이 움직였습니다
   * 아까는 싫다더니, 마음을 움직여 우리하고 같은 모둠이 되겠다고 한다

5. 무엇을 이루려는 생각이나 뜻으로 일하거나 힘쓰다
   * 오늘부터 우리는 모두 한몸처럼 똘똘 뭉쳐서 움직였다
   * 너희를 깜짝 놀라게 하려고 조용히 움직였지
   * 다리도 쉬었으니 슬슬 움직여서 다시 길을 나서 볼까

6. 어떤 것이나 흐름이 다른 모습으로 바뀌다
   * 바람이 오늘은 뒤에서 밀어 주는 쪽으로 움직이는구나
   * 이 경기는 이제부터 우리한테 좋은 쪽으로 움직인다
   * 하는 일마다 자꾸 안 좋게 움직이는지 몰라

7. 기계·공장·모임 들이 제대로(제 구실을 하며) 돌아가다
   * 비를 맞고 톱니가 슬었는지 자전거가 움직이지 않네
   * 일손이 모자라 공장을 움직이지 못한다

8. 다른 사람을 내 뜻에 따라 어떤 일을 하도록 하다
   * 아버지를 움직여 어머니도 나무심기를 함께 하게 했지요
   * 내 동생은 늘 언니를 움직여서 놀이에

끌어들인다

흔들다

1. 몸이나 물건을 왼쪽과 오른쪽이나 앞뒤로
   오가게 하다
   * 고개를 살래살래 흔들면서 춤을 춰요
   * 손을 흔들어서 우리가 여기에 있다고
     알린다
   * 네가 엉덩이를 흔드니까 웃겨
2. 큰 소리나 큰 힘이 어떤 것이나 곳을
   울리게 하다
   * 벼락이 치면서 땅을 흔든다
   * 한꺼번에 다 같이 소리를 질러서 온 집을
     쩌렁쩌렁 흔든다
3. 조용하던 곳을 어떤 일이 크게 건드리면서
   떠들썩하거나 어수선하게 하다

* 네가 쓴 아름다운 글이 온 나라를 흔들어
  눈물에 젖게 하는구나
* 머잖아 우리 집을 흔들 만한 일이 일어날
  듯해
4. 어떤 일이나 말이 사람 마음을 들뜨거나
   설레거나 여리게 하다
   * 사랑스러운 노래가 우리 마음을 흔들어요
   * 네가 자꾸 같이 가자고 말하니 내 마음이
     흔들린다
5. 어떤 힘을 앞세워 어떤 것·일·사람을 제
   마음대로 하다
   * 주먹다짐으로 동무들을 흔들려고 하지
     말아라
   * 돈으로 사람을 흔들려는 사람은 나빠요

놀라다·까무러치다·두근거리다·설레다

⋯→ 뜻밖에 어떤 일을 겪어서 가슴이 자꾸 뛸 적에 '놀라다'라 합니다. '놀라다'는 무서움을 느끼는 자리에서도 씁니다. '까무러치다'와 '두근거리다'는 놀라서 움직이는 모습을 나타냅니다. 놀라서 넋을 잃듯이 있으면 '까무러치다'라 합니다. 놀라서 가슴이 자꾸 뛰는데 멈추지 않으면 '두근거리다'라 해요. '까무러치다'와 '두근거리다'라는 낱말은 '놀라다'처럼 대단하거나 뛰어난 어떤 모습을 보고 마음이 움직이는 일을 가리킬 때에도 씁니다. '설레다'는 마음이나 몸이 가만히 있지 않는 모습을 가리킵니다. "마음이 설레다"는 어떤 일을 기다리거나 바랄 적에 흔히 씁니다. '두근거리다'도 이런 느낌을 가리킬 수 있는데, '설레다'는 반갑거나 기쁘게 기다리거나 바랄 적에만 쓰

고, '두근거리다'는 모든 자리에서 두루 쓸 수 있습니다.

놀라다

1. 뜻밖에 겪는 일로 가슴이 자꾸 뛰다
   * 뒤에서 소리치는 바람에 깜짝 놀랐다
   * 번쩍 하고 번개가 내리쳐서 화들짝 놀랐어
   * 자는데 깨워서 놀랐구나
2. 갑자기 무서움을 느끼다
   * 먹구름이 몰려들고 벼락이 수없이 내리쳐서 놀랐다
   * 아무것도 아니니 놀라지 말아라
3. 뛰어나거나 좋은 무엇인가를 보고 마음이 매우 움직이다
   * 이웃집 할머니가 그동안 그리신 그림을 보고는 크게 놀랐습니다
   * 아버지가 뜨개질을 하는 솜씨가 무척 놀라워요
4. 어처구니가 없거나 뜻밖이라고 느끼다
   * 네가 편지 한 장 제대로 못 쓰니 놀랄 노릇이다
   * 자동차에 치여 죽는 사람이 이렇게 많다니 놀랍구나
5. 여느 때와 다르게 크게 느끼거나 움직이다
   * 안 먹던 고기를 먹어서 배가 놀랐나 보다
   * 오랜만에 자전거를 탔더니 다리가 놀랐나 봐
6. 아주 낮거나 좋거나 앞서다 (대단하다, 훌륭하다)
   * 저 선수가 요즈음 놀라운 기록을 이어 나가더라
   * 네가 가꾼 밭이 아주 놀라운걸

까무러치다 (> 가무러치다)

1. 한동안 넋을 잃고 죽은 사람처럼 있다
   * 너무 크게 놀라서 까무러치고 말았다
   * 네가 만든 도깨비 얼굴 조각을 보다가 까무러칠 뻔했어
2. 넋을 잃을 만큼 아주 낮거나 좋거나 앞선다고 느끼다
   * 이 사진은 까무러칠 만큼 아름답네요
   * 섬에서 하늘을 보다가 까무러치도록 멋진 햇발을 보았어요

두근거리다

1. 가슴이 자꾸 뛰며 멈추지 않다
   * 개구리가 폴짝 뛰었을 뿐인데 많이 놀랐는지 아직도 두근거려
   * 아슬아슬한 벼랑길을 두근거리면서 지나간다
   * 무서운 영화라는데 두근거리지 않네
2. 가슴이 자꾸 뛸 만큼 아주 낮거나 좋거나 앞선다고 느끼다
   * 네가 쓴 시를 읽으니 무척 두근거리는구나
   * 오랫동안 품은 꿈을 곧 이룬다고 하니 두근거린다

설레다

1. 마음이 가라앉지 않고 자꾸 움직이다
   * 반가운 손님을 마중하러 나가면서 내내 설렌다
   * 네가 부친 편지를 기다리는 동안 무척 설레었어

* 반죽을 마치고 오븐에 넣은 빵이 어떻게
  나올는지 설레며 기다려요

2. **몸을 가만히 두지 않고 자꾸 움직이다**
   * 아이들은 버스나 기차에서도 으레 설레기
     마련이에요
   * 네 모습을 그려 달라더니 그렇게 설레면
     어떻게 그림을 그리니

3. **물이 천천히 고루 끓거나 이리저리
   움직이다**
   * 바닷물이 설레는 모습을 보니 곧
     큰바람이 올 듯하다
   * 국은 살짝 설렐 만큼만 덥히면 돼

놀이·장난

⋯▸ '놀이'는 꼭 여럿이 어울려야 이루어지지 않습니다. 혼자서도 놀이를
합니다. 놀이는 즐겁자고 합니다. 혼자서도 즐겁다면 놀이가 됩니다. '장
난'은 심심하기에 하는 짓입니다. 심심해서 재미로 삼아서 어떤 일을 할 적
에 장난입니다. 그래서 어떤 짓궂은 짓을 가리킬 적에 '장난'이라고 쓰곤 합
니다.

놀이

1. 여럿이 즐겁게 어울리거나 혼자서 즐겁게
   누리는 움직임
   * 아침부터 저녁까지 놀이를 하면서 보냈다
   * 동무들과 놀이를 해도 즐겁고, 혼자서
     놀이를 해도 신난다
2. 우리 겨레가 예부터 즐기던 굿, 풍물,
   인형극, 잔치를 두루 가리키는 이름
   * 탈춤놀이
   * 굿놀이
3. 규칙을 세워서 함께 즐기는 움직임
   * 소꿉놀이
   * 공놀이

장난

1. 재미로 하거나 심심해서 하는 짓
   * 장난으로 물을 튀겨 보았어
   * 할 만한 놀이도 없는데 무슨 장난이라도
     해 볼까
   * 장난치고는 너무 개구지다
2. 짓궂게 하는 못된 짓
   * 장난 전화를 함부로 걸지 말자
   * 아픈 사람한테 장난을 치지 마

누리·나라

···→ 한국말사전에서는 '누리'가 예스러운 낱말이라고 나옵니다. 그러나 오늘날 사람들이 '누리'를 예스럽게 여긴다고는 느끼지 않아요. 새로운 뜻으로 꾸준하게 쓰임새를 넓힙니다. 아직 한국말사전은 '누리'를 새롭게 느끼거나 바라보지 못하는구나 싶어요. '온누리' 같은 낱말을 사람들이 무척 자주 쓰지만, 이 낱말은 한국말사전에 아직 못 실려요. '온누리'는 "우주"를 뜻한다고 할 만합니다. "지구별 모두"를 가리킨다고도 할 수 있습니다. 사람이 살아가는 모든 곳, 또는 온갖 목숨붙이가 살아가는 모든 곳을 '누리'라고 할 만합니다. '누리'가 사람과 다른 목숨붙이를 아우르는 터전이나 땅이라면, '나라'는 사람만 아우르는 터전이나 땅을 가리킨다고 할 만한데, 문학에서는 "나비 나라"라든지 "개미 나라"나 "물고기 나라"처럼 쓰기도 합니다. 그리고 오늘날처럼 정부 기관이 있는 사회에서 주권이 있는 큰 테두리를 '나라'라고 일컫기도 해요. 그런데 '꽃누리'나 '꽃나라'는 거의 똑같이 쓰는 이름입니다. '책누리'와 '책나라'도 거의 똑같이 쓰는 이름이라 할 만합니다.

누리

1. 사람이 살아가는 모든 곳
   * 모든 누리에 평화가 깃들면 좋겠어
   * 지구별은 사람들이 서로 아끼고 사랑하는 누리입니다
2. 무엇이 가득하거나 많은 곳. 무엇으로 이루어지거나 만든 곳
   * 꽃누리·빛누리·해누리·사랑누리· 사진누리

나라

1. 사람들이 모여서 마을과 고을을 이루어

살아가는 땅
   * 한국은 얼마나 아름다운 나라일까
   * 일본은 바다로 둘러싸인 나라입니다
2. 무엇이 가득하거나 많은 곳. 무엇으로 이루어지거나 만든 곳
   * 도서관은 책으로 지은 나라 같아
   * 여기는 아주 장난감 나라로구나
   * 책나라·꽃나라·노래나라·영화나라· 이야기나라
3. 어느 갈래 사람이나 목숨이 임자가 되어 많이 모이는 곳 (빗대는 말로 쓰기도 한다)
   * 이곳은 어린이 나라입니다

* 개미 나라에 두더지가 파고들었다
* 진달래 나라에 민들레가 살그머니 찾아들었습니다
4. 마을과 고을을 다스리는 기관이 있는 땅

* 부탄이라는 나라는 농약을 안 쓰겠다고 당차게 외쳤다고 합니다
* 나라 밖에서 기쁜 이야기를 듣고 찾아온 손님

느낌·낌새·눈치

···→ 몸이나 마음으로 무엇인가를 '느낍'니다. 머리로 무엇인가를 '생각'합니다. 느낌은 옳거나 그르다고 나누지 않으나, 생각으로는 옳거나 그르다고 나눕니다. 곧, 느낌은 어떤 일이나 모습을 마주하거나 겪으면서 받아들이는 모든 기운을 가리켜요. 이러면서 어떤 일이 일어날 듯한지 안 일어날 만한지를 헤아릴 적에도 '느낌'입니다. 미리 아는 기운이 '느낌'이에요. 이 대목에서 '낌새'와 맞물려요. '낌새'는 무엇을 미리 아는 일을 가리킵니다. 이런 모습은 '눈치'라는 말로도 나타내요. 알게 모르게 이루어지는 일을 살필 적에 '낌새'이고, 속으로 품은 생각이나 마음이 겉으로 가만히 드러난다고 할 적에 '눈치'입니다. 생각을 하면서 미리 아는 기운은 '낌새'입니다. 궁금해하거나 곰곰이 따지면서 '낌새'를 받아들입니다. '느낌'은 저절로 아는 기운이라고도 할 만해요. '눈치'는 살피거나 헤아리면서 미리 아는 기운이에요.

느낌

1. 어떤 일을 할 적에 받아들이는 기운
   * 눈이 소복소복 내릴 적에 얼굴로 받으면 느낌이 좋다
   * 손수 밥을 지어서 차리니 느낌이 참 좋다
   * 이 노래는 느낌이 꽤 시원시원하다
2. 어떤 일이 일어나는지를 헤아리거나 미리 아는 일
   * 도시에서만 살다가 시골에 가니 밤에

무서운 느낌이 들었어
   * 오늘은 무슨 일인가 일어날 듯한 느낌이야
   * 너는 그 말을 들으면서 아무 느낌이 없었니

낌새

1. 어떤 일을 미리 알 수 있는 기운이나 흐름
   * 처마 밑 제비집에서 새끼가 깨어날

끾새는 아직 안 보인다

* 씨앗을 심은 지 며칠 안 된 탓인지, 싹이
  틀 끾새가 안 보인다
* 버스가 올 끾새가 보이지 않아요

2. **알게 모르게 일이 이루어지는 흐름**

    * 나만 모르니, 어쩐지 끾새가 내키지
      않는걸
    * 가만히 보니 아리송한 끾새로구나

눈치

1. **다른 사람 마음을 헤아리거나 짚어서 미리
    아는 일**

    * 너는 눈치가 참 빠르구나
    * 눈치도 없이 그렇게 말하면 어떡하니
    * 눈치가 있으면 떡이나 얻어먹지
    * 어머니가 눈치채지 못하도록 살금살금
      나가자

2. **속으로 품은 생각이나 마음이 저절로
    겉으로 드러나는 기운·흐름**

* 옆에서 자꾸 눈치를 보내는데 아직
  몰랐니
* 이제 그만 끝냈으면 하는 눈치이네
* 눈치를 보지 말고 네가 하려는 대로 하면
  돼

3. **어떤 일을 미리 알 수 있는 기운이나 흐름**

    * 쟤가 너한테 할 말이 있는 눈치야
    * 재미난 일이 일어날 듯한 눈치인걸
    * 바람이 스산하니 곧 가을로 접어들
      눈치인가 보다

늪·못·웅덩이·둠벙

⋯› '늪'은 한자말로는 '습지'라고 가리키기도 해요. '못'은 한자말로 으레 '저
수지'라고 가리키곤 해요. 늪과 못이 다른 대목이라면, 늪은 저 스스로 생깁
니다. 자연 흐름에 따라 천천히 생겨요. 이와 달리, 못은 사람들이 논밭에
물을 대려고 파면서 생기기도 해요. '웅덩이'는 비가 한 차례 지나가면서 물
이 고이는 곳이라 할 만합니다. 늪은 오래도록 물이 있지만, 웅덩이는 날이
개면 어느새 사라지곤 해요. 시골에서 비탈논이나 깊은 멧골 밭자락에 물을
대려고 조그맣게 파는 못을 두고 '둠벙'이라고 합니다.

늪

: 땅바닥이 우묵하게 빠지고 물이 늘 고인
곳

  * 늪이 있어야 숲이 푸르고 아름다울 수
  있어요
  * 개구리도 새도 풀벌레도 늪 둘레에서
  함께 살아갑니다

못

: 넓고 오목하게 팬 땅에 물이 고인 곳

  * 이 못은 무척 넓어 바다인 줄 알았어
  * 들에 물을 대려고 못을 파면서 마을 서너
  곳이 물에 잠겨야 했어

웅덩이

: 물이 고인 조그마한 곳

  * 웅덩이에 발이 빠져 바지가 다 젖었다
  * 큰비가 지나가면서 웅덩이가 곳곳에
  생겼다

둠벙

: 조그맣게 파는 못이나 조그맣게 생긴 못

  * 비탈논에 물을 대려고 둠벙을 팠다
  * 둠벙에 개구리와 도롱뇽이 알을 낳았어요

다만·그저

┄→ '다만'과 '그저'는 서로 엇비슷한 자리에 쓸 수 있습니다. 그런데 '다만'이라는 낱말은 어떤 까닭이나 구실을 붙이는 느낌이 짙고, '그저'라는 낱말은 아무런 까닭이나 구실이 없는 느낌이 짙어요. "다만 하늘을 본다"라 할 적에는 아무것도 할 수 없어 하늘을 본다는 느낌이고, "그저 하늘을 본다"라 할 적에는 다른 생각이 없이 하늘을 본다는 느낌입니다. "다만 하나라도 주렴"이라 할 때에는 '하나'를 받으려는 마음이 짙고, "그저 하나라도 주렴"이라 할 때에는 꼭 하나가 아니더라도 조금은 받으려는 마음이 짙습니다. '그저'는 자리에 따라 '한결같이'나 '모쪼록'이나 '아직'이나 '줄기차게'나 '마냥'하고 비슷한 뜻과 느낌으로 쓰기도 합니다.

다만

1. 다른 것은 아니거나 있을 수 없고 그것만
   * 나한테는 다만 이 책 하나가 재미있을 뿐이야
   * 누나는 다만 풀밭에 드러누워 하늘을 올려다본다
   * 나는 다만 너를 즐겁게 해 주고 싶었어
2. 그보다 넘거나 지나치지는 않으나 그만큼은
   * 먼 길을 가려면 주머니에 다만 얼마라도 있어야지
   * 네 말은 옳은데, 다만 그렇게까지 해야

하나 모르겠어

3. 앞서 한 말에서 살짝 벗어나거나 무엇을 덧붙이면
   * 네 말대로 따를 테니까, 다만 이것 하나는 들어주라
   * 시골은 조용하네. 다만 새와 풀벌레는 한결같이 노래하는구나
4. 어떤 부피나 숫자만을
   * 다만 하나라도 줘야지, 너 혼자 다 가지려고 하니
   * 어머니, 다만 천 원이라도 주셔요

그저

1. 대단하거나 남다르거나 뛰어난 것 없이
   * 일요일인데 딱히 하는 일 없이 그저 그렇네
   * 네 이야기는 그저 그렇다
   * 요즈음은 그저 그렇게 지냈어
2. 다른 생각이나 뜻이나 마음이 없이
   * 그저 해 본 소리야
   * 다들 여기에서 바다로 뛰어들기에 나도 그저 같이 해 봤을 뿐이야
3. 그 모습대로 그렇게 (한결같이)
   * 말없이 그저 웃기만 하는 동무
   * 이 꽃이 참 예뻐서 그저 바라보면서 기다렸어
4. 그대로 아직
   * 조용하기에 간 줄 알았는데, 그저 그대로 있었구나
   * 바람이 불지 않고 그저 고요한 하루입니다
5. 달라지지 않고 이제까지
   * 어제도 오늘도 눈이 그저 내리는구나
   * 요 며칠 그저 멍하니 있었네
6. 아무 말이나 구실이 없이 (모쪼록)
   * 이 일은 그저 한 번 봐주시면 고맙겠습니다
   * 단짝 동무가 하는 말이니 그저 믿었어
   * 너 말이야, 그저 반갑게 받을 수는 없겠니
7. 끊이거나 달라지지 않고 그대로 (오로지, 줄기차게)
   * 낮이나 밤이나 그저 자기만 하니
   * 그저 된장찌개가 가장 좋다고 꼭 끓여 달라는구나
8. 더할 나위 없이 (마냥)
   * 그저 좋아서 웃는 얼굴 좀 보렴
   * 멀리 떠난 동무한테서 편지를 받으니 그저 즐겁다
9. 아닌 게 아니라 참말로 (남을 나무라거나 헐뜯을 때 씀)
   * 처음부터 나는 그저 그럴 줄 알았어
   * 네 솜씨는 그저 그렇지 뭐
10. 그보다 넘거나 지나치지는 않으나 어느 만큼은
    * 줄 것은 없지만 그저 이것이라도 받으렴
    * 많지는 않은데 그저 이 돈이라도 써

다부지다·야무지다·당차다·올차다·똑부러지다

···→ 솜씨가 없지만 단단한 몸이라면, 몸은 작지만 힘차게 어떤 일을 하려고 나선다면, 이때에는 '야무지다'고 해요. 일을 잘하면서 힘든 일도 잘 견딘다고 할 때에는 '다부지다'입니다. '당차다'는 '다부지다'하고 비슷한 느낌이지만, '당차다'에는 굳으면서 똑똑한 느낌을 담습니다. 몸집이나 키나 나이가 적으면서도 씩씩하고 튼튼한 모습을 가리킬 때에 '당차다'를 써요. '올차다'

도 '다부지다'하고 비슷한 뜻과 느낌으로 쓸 수 있지만, "모자라지 않고 단단하다"는 느낌을 드러내기에 살짝 다릅니다. 그리고 '똑 부러지다'나 '똑 소리 나다' 같은 말을 널리 쓰지만, 아직 이 말은 한 낱말이 되지는 않습니다. 그렇지만 사람들은 이 말이 한국말사전에 실리거나 안 실리거나 아랑곳하지 않으면서 써요. '똑' 소리가 나듯 똑똑히 맺고 끊는 모습을 빗대어 어떤 일을 잘한다고 할 적에 '똑부러지다'라 할 수 있습니다.

다부지다

1. 생김새가 튼튼하고 힘이 있어 보이다
    * 다부진 몸을 보니 믿음직하다
    * 젊을 적 어머니 사진을 보니 다부진 몸집에 맑은 눈빛이다
2. 일하는 솜씨나 모습이 빈틈이 없고 힘이 있다
    * 어릴 적부터 집안일을 거들었기 때문인지 무척 다부지다
    * 어떤 일이든 다부지게 해내니 모두들 좋아한다
    * 한 가지를 맡겨도 언제나 다부지게 해내는구나
3. 힘든 일을 잘 견디다
    * 모내기를 처음 해 볼 텐데, 참 다부지게 하는구나
    * 짐이 무거웠지만 빙긋 웃으면서 다부지게 나른다

야무지다

: 마음씨나 생각이나 꿈이나 몸짓이 단단하면서 힘이 있다
    * 우리 동생은 얼마나 야무진지 몰라
    * 내 짝꿍은 야무지게 말도 잘하고 나랑 함께 잘 논다
    * 야무지게 꿈을 키웁니다

당차다

: 나이가 어리거나 작은 몸집이지만 말이나 생각이나 몸짓에 힘이 있고 굳고 똑똑하며 세어 어디에 있더라도 굽히거나 흔들리지 않다
    * 언제나 당찬 언니를 보고 많이 배워요
    * 모두 내가 진다고 말하기에, 당차게 한 마디를 했다
    * 누가 무어라 해도 나는 당차게 저 언덕 너머까지 걸어갈 테야

올차다

1. 모자라거나 허술하지 않고 단단하면서 힘이 넘치다
    * 작은 일도 늘 올차게 해야 즐겁다
    * 올차게 살아가는 아버지를 보면서 나도 기운을 낸다
2. 곡식알이 일찍 들다
    * 올해에도 옥수수가 올차고 굵다
    * 여름 내내 햇볕이 좋아 논마다 곡식이 올찼어

똑부러지다

: 어떤 일이든 똑똑히 맺고 끊으며 올바르게
하다

  * 심부름 하나만큼은 똑부러지게 잘할 수
  있어요

  * 내 동무는 말 한마디를 해도
  똑부러지지요

  * 작은오빠는 무슨 일에나 똑부러져서
  든든하고 미덥습니다

달래다·다독이다·어르다

···→ 두근거리거나 설레거나 떨리거나 흔들리는 마음을 가라앉힐 적에 '달
래다'나 '다독이다'나 '어르다'를 씁니다. '달래다'는 남이 두근거림이나 설렘
이나 떨림이나 흔들림을 없애거나 줄여 줄 때뿐 아니라 스스로 이러한 기운
을 없애거나 줄일 적에 두루 씁니다. '다독이다'는 누군가를 귀엽게 바라보
거나 사랑스럽게 마주할 적에도 쓰고, 잠을 재우는 자리에서 흔히 씁니다.
'어르다'는 흔히 아기나 어린이 마음을 어루만질 적에 써요. '달래다'는 따로
나이를 가르지 않습니다.

달래다

1. 슬프거나 아프거나 괴롭거나 들뜬
   마음이나 모습을 줄이거나 사라지게
   하도록 돕다
   * 넘어져서 우는 나를 달래 주는 형
   * 동생을 살살 달래면서 어머니를 마중하러
   갔다

2. 슬프거나 아프거나 괴롭거나 들뜨는
   마음이나 모습을 스스로 줄이거나
   사라지게 하다
   * 조용히 책을 읽으며 떨리는 몸을 달래
   보았다
   * 배고픔을 달래려고 물을 벌컥벌컥
   들이켰다

3. 듣기 좋은 말로 잘 이끌다
   * 이웃 아이들을 찬찬히 달래면서 함께
   놀자고 불렀다
   * 어머니는 우리한테 일을 시킬 적에
   부드럽게 달래면서 가르칩니다

다독이다

1. 잘 흩어지는 것을 모아 살짝 두드리면서
   누르다
   * 신문지를 나르기 좋도록 다독여서 묶어
   줄 수 있겠니
   * 불을 지필 나뭇가지를 다독여서 끈으로
   묶는 아버지

2. 재우거나 귀여워하거나 마음을

가라앉히려고 몸을 살살 두드리다

* 어린 아기가 졸립다 하면 차분히
다독이면서 재운다
* 어머니는 내가 사랑스럽다면서 늘 머리를
다독여 준다

3. 여리거나 아픈 곳을 따뜻하게
어루만지거나 감싸다

* 윽박지르지 말고 다독여야 서로 즐겁다
* 앞으로는 잘하라는 뜻으로 다독여 주는
큰어머니

어르다

1. 아이가 슬프거나 아프거나 괴롭거나 들뜬
마음을 줄이거나 사라지게 하다. 또는
아이가 즐거울 수 있도록 해 주다

* 아기를 어르며 품에 안은 어머니 모습이
따스해 보인다
* 동생이 울면 어르기도 하고 달래기도
해야지

2. 놀리면서 장난을 하다

* 솜뭉치를 갖고 고양이를 어르면서 놀았어
* 강아지를 어르면서 놀다가 손을 물릴라

3. 어떤 일을 하도록 부드럽게 이끌다

* 아버지는 나더러 함께 나들이를 가자고
아침부터 어른다
* 언니는 어제부터 나를 어르면서 도와
달라고 한다

달리다·닫다·뛰다

⋯▸ '달리다'는 '닫다'에서 나온 낱말입니다. '내달리다'나 '치달리다'처럼 이어집니다. '내달리다'는 힘차게 달린다는 뜻이고, '치달리다'는 아래에서 위로 달린다는 뜻입니다. 운동장에서 여럿이 막대기를 주고받으면서 달릴 적에 '이어달리기'입니다. 두 다리를 움직여 달릴 적에는 몸을 앞으로 가도록 합니다. '뛰다'는 '뛰어오르다'나 '뛰어내리다'로 이어집니다. 아이들은 '뛰놀'아요. 아이들이 뛰노는 까닭은 몸을 깡충깡충 위로 솟구치도록 하면서 놀기 때문입니다. 콩콩콩 뛰고 쿵쿵쿵 뜁니다. '높이뛰기'나 '멀리뛰기'라는 낱말처럼, 몸을 위로 올린 다음 어느 한쪽으로 움직이도록 할 적에도 쓰는 '뛰다'입니다. '뛰다'는 '뛰다'와 비슷하게 쓰기도 하면서, "달아나다"를 뜻하기도 해요. 그런데 오늘날에는 '달리다·뛰다'를 제대로 가누어 쓰지 않기

일쑤입니다. 두 다리를 땅에 디디면서 빠르게 움직여 앞으로 가는 모습을 가리키는 자리에 '달리다'를 쓸 뿐이지만, 퍽 많은 사람들이 이런 자리에까지 '뛰다'를 잘못 쓰곤 합니다.

달리다

1. **두 다리를 땅에 디디면서 움직여 앞으로 빠르게 가다**
   * 들길을 달리며 봄바람을 마신다
   * 둘이 손을 잡고 신나게 달린다
   * 더 빨리 달리지 않으면 버스를 놓치겠어
   * 우와, 제법 먼 길을 10분 만에 달려서 왔구나
2. **자전거나 자동차나 배가 앞으로 빨리 가다**
   * 너희 아버지는 자전거를 되게 빨리 달린다
   * 집까지 자전거로 달렸어요
   * 시외버스가 섬진강을 따라 달려요

닫다

: **두 다리를 땅에 디디면서 움직여 앞으로 빠르게 가다**
   * 동생은 힘껏 닫아도 누나를 따라가지 못한다
   * 함께 가고 싶어 힘차게 닫으니 머리카락이 훨훨 날린다
   * 기운을 내어 조금 더 닫으면 드디어 집이야

뛰다

1. **선 자리에서 몸을 위로 오르게 하다**
   * 높이 뛰어서 울타리를 넘자
   * 깡충깡충 뛰면서 논다
   * 개구리가 펄쩍펄쩍 뛰네
2. **가슴이나 숨이 크게 움직이다**
   * 서둘러 왔더니 가슴이 벌떡벌떡 뛴다
   * 반가운 사람을 만나기에 설레어 가슴이 뛴다
3. **값이 갑자기 오르다**
   * 지난해보다 버스삯이 꽤 뛰었다
   * 빵 한 조각 값이 제법 뛰었습니다
4. **어떤 느낌이나 생각을 크거나 똑똑히 밝히다**
   * 동생은 제가 한 일이 아니라며 펄쩍 뛰었다
   * 그러면 안 된다고 펄펄 뛰며 소리를 쳤다
5. **방울·조각·가루가 힘차게 올라와서 흩어지다**
   * 자동차가 갑자기 지나가면서 빗물을 확 뛰어 옷이 다 젖었어
   * 밤하늘에 불꽃이 펑펑 뛰면서 고운 무늬를 그립니다
6. **그네나 널에 올라서서 오르락내리락하면서 놀다**
   * 우리 여기에서 널을 뛰면서 놀까
   * 그네를 뛰면서 바람을 가르면 시원해요

닮다·비슷하다·엇비슷하다·비슷비슷하다

⋯→ '닮다'는 "거의 같다"고 하는 자리에서 쓰고, '비슷하다'는 "어느 만큼 같으나 서로 다르다"고 하는 자리에서 씁니다. 이를테면, 쌍둥이가 서로 같다고 할 만큼 생겼으면 '닮다'를 쓸 뿐 '비슷하다'를 쓰지 않습니다. 아이와 어버이를 놓고 생김새를 따질 적에는 '닮다'만 쓰고 '비슷하다'를 쓰지 않습니다. "우리 둘은 목소리가 닮았어요"나 "우리 둘은 목소리가 비슷해요"처럼 쓰지만, "소리가 닮게 들려요"처럼 쓰지는 않고, "소리가 비슷하게 들려요"처럼만 씁니다. "값이 비슷하다"나 "길이가 비슷하다"나 "넓이가 비슷하다"처럼 쓸 수 있으나, "값이 닮다"나 "길이가 닮다"나 "넓이가 닮다"처럼 쓸 수 없습니다. "아버지를 닮은 솜씨"라고 하면 아버지처럼 따라서 움직이거나 아버지와 같아지려고 하는 솜씨를 가리키고, "아버지와 비슷한 솜씨"라고 하면 아버지가 내는 솜씨에 어지간히 닿는 듯하지만 아직 모자란 모습을 가리킵니다. '비슷하다'에 '엇-'이 붙은 '엇비슷하다'는 "어지간히 비슷하다"를 가리키고, '비슷 + 비슷' 꼴로 쓰는 '비슷비슷하다'는 "여럿이 서로 비슷하다"를 가리킵니다.

닮다

1. 서로 생김새·됨됨이·몸짓이 거의 같다고 할 수 있다
    *   어머니를 닮은 초승달 같은 눈썹이야
    *   내 짝꿍과 닮은 얼굴을 보았어
    *   너는 누구를 닮아서 이렇게 예쁘니
    *   너하고 목소리가 닮은 사람을 알아
2. 그대로 따라서 움직이거나 같아지려고 하다
    *   우리 언니처럼 부지런한 모습을 나도 닮고 싶다
    *   너를 닮아 글씨를 정갈하게 쓰고 싶어
    *   우리 집 둘레에 나무를 꾸준히 심으며 숲과 닮게 가꾸어요

비슷하다

1. 크기·소리·빛깔·모습·느낌·흐름이 어느 만큼 같다고 할 수 있다 (서로 똑같지는 않으나 같다고 할 수 있는 대목이 많다)
    *   우리가 서로 비슷한 도시락을 쌌구나
    *   개구리 소리가 다 비슷하게 들려요
    *   감잎과 모과잎은 비슷한 풀빛이지만 서로 조금씩 달라요
    *   내 그림과 네 그림이 많이 비슷하구나

2. 뚜렷하지 않거나 잘 안 보이지만 누구이거나 무엇이라고 어림할 수 있다
   * 굴참나무에 다람쥐 비슷한 뭐가 보여요
   * 저 앞에 있는 분은 너희 아버지하고 비슷해 보여
   * 내 책상에 선물 비슷한 상자가 있다
3. 솜씨나 재주가 썩 훌륭하지는 않으나 어지간할 만큼 되다 (어느 만큼 훌륭하다 할 솜씨나 재주 같다고는 하지만 아직 적잖이 모자라다)
   * 작은언니는 자장노래 비슷하게 부르며 아기를 달래고 재웁니다
   * 어머니가 끓이는 된장찌개 비슷하게 끓였네

엇비슷하다

: 어지간히 거의 비슷하다
   * 둘이 엇비슷하기는 한데 네 쪽이 아주 살짝 많은 듯해
   * 언니랑 나랑 엇비슷해서 누가 동생인지 못 알아보는 사람이 많아요
   * 매화꽃과 벚꽃이 엇비슷해서 꼼꼼히 살피지 않으면 둘을 가누지 못해요

비슷비슷하다

: 여럿이 서로 비슷하다
   * 너랑 나랑 키가 비슷비슷하다
   * 우리 모두 비슷비슷한 또래이니까 다 같이 놀자
   * 네가 꽃을 모르니 이 꽃과 저 꽃이 모두 비슷비슷하게 보일 뿐이야

당기다·끌다·끌어당기다·사로잡다

⋯ '당기다'와 '끌다'는 모두 내 쪽으로 오도록 힘을 주는 모습을 가리키지만, '끌다'는 내 쪽으로 오되 바닥에 닿은 채 오도록 합니다. '끌다'는 내 쪽으로 오도록 하는 느낌만 담고, '당기다'는 내 쪽으로 올 뿐 아니라 나와 가까운 쪽에 있도록 한다는 느낌까지 담습니다. 무엇인가 먹고 싶은 마음이 들 적에는 "입맛을 당긴다"라 하고, 눈길이 자꾸 가는 무엇이 있을 적에는 "눈길을 끈다"라 합니다. '끌어당기다'는 '끌다'와 '당기다'를 더한 낱말이니 이 낱말들보다 느낌이 짙거나 셉니다. '사로잡다'는 마음을 송두리째 어느 한쪽으로 가도록 하는 일을 가리켜요. "마음을 끌다 < 마음을 끌어당기다 < 마음을 사로잡다"처럼 여길 수 있습니다.

당기다

1. 내가 있는 곳이나 어느 한 곳으로 오도록
   힘을 주다
   * 자, 줄을 힘껏 당기자구
   * 감자조림을 담은 접시를 내 쪽으로
     가만히 당겼다
   * 연을 날릴 적에는 줄이 끊어지지 않도록
     살살 당겨야지
   * 걸상을 당겨서 반듯하게 앉는다
2. 날짜나 때를 앞으로 옮기다
   * 저녁에는 힘들 듯한데 낮으로 당겨서
     만나도 될까
   * 다음 달에 주기로 한 선물을 일찍 당겨서
     받을 수 있을까요
3. 좋아하는 마음이 일어나서 저절로
   그쪽으로 가다
   * 이 만화책이 당겨서 수없이 읽고 또
     읽었어
   * 저 사람한테 눈길이 자꾸 가고 마음이
     당기네
4. 먹고 싶은 마음이 생기다
   * 감자밥도 콩나물밥도 입맛을 당긴다
   * 생일잔치로 차려 준 밥상을 보니 침이
     꿀꺽 넘어가고 입맛이 당긴다

끌다

1. 바닥에 닿은 채 내가 있는 곳이나 어느 한
   곳으로 오도록 하다
   * 뒤에서 밀지 말고 앞으로 와서 끌어 주라
   * 썰매를 끌면서 놀다
   * 외발수레를 끌려면 무게를 잘 잡아야 해
2. 바라는 곳으로 바로 가도록 같이 가면서
   따라오게 하다 (이끌다)

* 동무들을 끌고 우리 집으로 왔다
* 아버지는 내 팔을 끌고 바닷가로
  헤엄치러 가자고 한다
3. 짐승이 어느 곳으로 가도록 하다 (부리다)
   * 소를 끌고 풀밭으로 가다
   * 개를 끌고 나들이를 나왔지
4. 바퀴 있는 것을 움직이다
   * 자전거를 끌고 이 고개를 넘었다
   * 먼 길을 갈 생각으로 자동차를 끌고
     나오다
   * 손수레를 끌어 짐을 나른다
5. 신·옷·물건·몸을 바닥에 늘어뜨리거나
   닿게 하며 걷거나 움직이다
   * 신발을 질질 끄는 소리가 듣기 나쁘다
   * 옷이 너무 길어 바닥에 끌면서 걷는 동생
6. 짐승이나 사람을 억지로 붙잡아 데리고
   가다
   * 가기 싫다는 사람을 왜 자꾸 끌고 가려고
     하니
   * 옛날에 일본 순사는 독립운동을 했다고
     우리 할아버지를 끌고 갔다고 하더라
7. 힘이 센 쪽으로 움직이게 하다 (자력, 인력,
   전기력)
   * 자석으로 쇠를 끌다
   * 지구와 달은 서로 끌면서 해 둘레를
     돌아요
8. 사람을 가까이하거나 사귀고 싶은 마음이
   들게 하다
   * 내가 멋지게 춤을 추면 네 마음을 끌 수
     있을까
   * 마음이 착하면 좋은 사람을 저절로 끌 수
     있어
9. 눈길이나 재미를 한곳으로 모으다

* 오늘 네 옷차림은 눈길을 끄는구나
* 마음을 끄는 책이 있으면 얼마든지 빌려가도 돼

10. 물·전기·돈을 처음 있는 데에서 내 쪽으로 오게 하거나 늘이다
    * 냇물을 끌어서 밭에 물을 준다
    * 이웃집에서 전기를 끌어서 쓴다

11. 다른 사람이 쓴 글을 옮겨서 쓰다
    * 마땅한 생각이 떠오르지 않아 이 책에서 좋은 말을 끌어다 편지를 썼어
    * 이 이야기는 〈콩쥐 팥쥐〉에서 끌어왔단다

12. 때나 일을 늦추거나 미루다 (어떤 일에 시간을 쓸데없거나 덧없이 들게 하다)
    * 얼른 가지 않고 왜 시간을 끄니
    * 어제도 안 하고 오늘도 안 하면서 날짜를 자꾸 끄네

13. 길게 빼어 늘이다
    * 무언가 숨기니까 말꼬리를 끄는 듯한데
    * 소리를 끌면서 노래를 부른다

끌어당기다

1. 끌어서 가까이 오게 하다
    * 자면서 이불을 자꾸 끌어당긴다
    * 쇠붙이를 끌어당기는 자석

2. 마음을 어느 한쪽으로 기울게 하다
    * 아이들 웃음이 할머니를 끌어당겼다
    * 신나는 노래는 우리를 즐겁게 끌어당긴다

사로잡다

1. 사람이나 짐승을 산 채로 잡다
    * 오징어놀이를 하며 너희 편을 거의 다 사로잡았다
    * 숲에서 작은 새 한 마리를 사로잡았어

2. 마음이나 생각을 어느 한쪽으로 모두 기울게 하다 (반하게 하다)
    * 내 마음을 사로잡은 책
    * 하모니카로 부르는 노래가 얼마나 아름다운지 그만 사로잡히고 말았어

당신·이녁·너·자네·그대

…▸ 마주하는 사람이나 듣는 사람을 가리키는 이름인 '당신'과 '이녁'과 '너'와 '자네'와 '그대'입니다. 다섯 가지 낱말은 뜻이 모두 같다고 할 수 있습니다. 모두 같은 사람을 가리키니까요. 그런데 뜻은 모두 같아도, 이 낱말들로 마주하는 사람이나 듣는 사람을 가리키는 느낌은 조금씩 다릅니다. '당신'과 '이녁'은 뜻과 쓰임새가 똑같다 할 만한데, '이녁'은 오래된 한국말이고 '당신(當身)'은 한자말입니다. '너'는 가장 수수하게 가리키면서 쓰는 말입니다. 다른 낱말은 나와 마주하는 사람을 높이는 자리에서도 쓰지만 '너'만큼

은 다른 사람과 나를 같은 자리에 놓거나 낮추는 자리에만 씁니다. '자네'는 나와 마주하는 사람을 살짝 높이는 느낌이고, '그대'는 나와 마주하는 사람을 크게 높이는 느낌인데, '자네 · 그대'는 나이가 제법 든 어른이 흔히 쓰는 낱말입니다.

당신

: 마주하는 사람과 내가 같은 자리일 때에 씀. 마주하는 사람을 나보다 낮추려고 하는 자리에도 씀. 앞에서 말한 사람을 높여 가리키는 자리에도 씀

* 나는 당신이 좋아요
* 당신은 이 일에 끼어들지 마
* 할머니는 당신 비녀를 알뜰히 아끼셨다

이녁

: 마주하는 사람과 내가 같은 자리일 때에 씀. 마주하는 사람을 나보다 낮추려고 하는 자리에도 씀. 앞에서 말한 사람을 높여 가리키는 자리에도 씀

* 큰누나가 이녁을 생각해서 한 일이야
* 이녁은 여기에서 한발 떼시오
* 할아버지는 이녁 손길을 오래 탄 지게를 한참 쓰다듬었다

너

: 마주하는 사람과 내가 같은 자리일 때에 씀. 마주하는 사람을 나보다 낮추려고 하는 자리에도 씀

* 나는 너하고 바다에 놀러 가고 싶어
* 너는 좀 저리 가 주라
* 너와 내가 모여서 우리가 된다

자네

: 마주하는 사람과 내가 같은 자리이거나 나보다 낮은 자리일 때에 쓰는데, 마주하는 쪽을 살짝 높이려는 뜻과 느낌을 담으면서 씀

* 자네는 어떻게 생각하는지 말해 보시오
* 자네 이름을 말해 보게

그대

: 마주하는 사람과 내가 같은 자리이거나 나보다 낮은 자리일 때에 쓰는데, 마주하는 쪽을 무척 높이려는 뜻과 느낌을 담으면서 씀

* 그대가 얼마나 보고 싶었는지 몰라
* 그대는 저녁밥으로 무엇을 먹고 싶은가

대수롭다·대단하다·변변하다

⋯→ '대수롭다'는 "크게 여길 만하다"는 뜻으로는 '대단하다'와 비슷하게 쓰는 낱말입니다. 그런데 '대수롭다'는 흔히 "대수롭지 않다"라든지 "대수롭게 여기지 않는다"와 같은 꼴로 씁니다. '변변하다'도 '대수롭다'와 비슷하게 "변변하지 않은 얼굴"이나 "변변하지 못한 대접"과 같은 꼴로 흔히 써요. '대단하다'는 '그렇지 않다'는 느낌을 가리키는 자리에서도 쓰고 '그렇다'는 느낌을 가리키는 자리에서도 씁니다. 그러나 사람들이 '대수롭다'를 자꾸 안 써 버릇하기에 쓰임새가 줄어듭니다. 이를테면, 한자말 '중요하다'를 자꾸 쓰면서 '대수롭다'는 쓰임새를 차츰 잃습니다. "나는 이 말을 대수롭게 생각해"와 같은 꼴을 자꾸 써 버릇하면, 이 낱말도 천천히 쓰임새를 되찾으리라 생각합니다.

대수롭다

: 크게 여길 만하다
  * 그 사람한테는 하찮더라도 우리한테는 대수로운 일이에요
  * 대수롭지 않은 일이니 가볍게 잊고 지나가자
  * 나는 네 말이야말로 대수롭다고 생각해

대단하다

1. 매우 세거나 깊다
   * 올해에는 더위도 추위도 참 대단했어
   * 자전거를 타다 크게 넘어져서 대단히 아프다
   * 서울 시내 한복판은 대단히 시끄럽다
2. 아주 크거나 많다
   * 갯벌이 대단히 넓어요
   * 모두 비가 오기만을 대단하게 빌고 기다렸다
   * 선물해 주셔서 대단히 고맙습니다
3. 누구보다 훨씬 낫거나 좋거나 앞서다
   * 바느질 솜씨가 대단하구나
   * 할머니가 하는 나물지짐은 대단히 맛있어요
   * 네 어머니는 나이가 많다더니 대단히 젊어 보이는구나
4. 크게 여길 만하다
   * 대단한 일이라도 있어 나를 불렀니
   * 너는 보잘것없다고 여길지라도 나는 대단하게 여기는 책이야

변변하다

1. 모자라지 않게 제법 좋거나 볼만하다

* 차림새는 후줄근해도 얼굴은 변변하다
* 손님이 오셨으니 변변하게 내놓을 그릇을 찾아보자
2. 제대로 갖추었기에 좋거나 쓸 만하다
   * 반찬이 변변하게 없어 미안하구나
   * 변변한 옷이 없어도 들놀이는 즐겁다

3. 자리에 어울리게 의젓하거나 남과 견주어 떨어지지 않다
   * 심부름을 곧잘 하면서 맏형 노릇을 변변하게 한다
   * 우리 집은 작지만 마당이 넓은 데다가 변변하고 아기자기해

더·더욱·더욱더·더더욱·한결·훨씬·보다2

…▸ "어느 것보다 많이"를 나타내는 '더'는 "끊이지 않고 많이"를 나타내기도 합니다. '더욱'은 "어느 것보다 크거나 높거나 지나치게"를 나타냅니다. 쓰는 자리를 살피면 '더'나 '더욱'은 서로 엇비슷할 수 있지만 "배가 불러서 더 못 먹어요"처럼 쓰더라도 "배가 불러서 더욱 못 먹어요"처럼 쓰지는 않습니다. '더욱더'나 '더더욱'은 '더'와 '더욱'을 힘주어서 쓰는 말입니다. '한결'은 "예전보다 많이"를 가리켜요. 지난 어느 때와 견주면서 씁니다. '훨씬'은 "어떤 것보다 크거나 많이 벌어지도록"을 가리키니, "벌어지는 느낌"을 담지요. '훨씬'은 큰말이고 '활씬'은 작은말입니다. 한편, '보다'를 어찌씨로 잘못 쓰는 사람이 많고, 한국말사전에까지 '보다'를 어찌씨로 잘못 올리기도 합니다. "보다 높게"나 "보다 빠르게 뛰다"처럼 잘못 쓰는 말투는 "더 높게"나 "더욱 빠르게 뛰다"로 바로잡아야 올바릅니다.

더

1. 끊거나 끝내지 않고서 많이. 많거나 크거나 길거나 오래 이어서
   * 넉넉히 있으니 더 먹어
   * 한 권만 더 읽을 테니 기다려 줘
   * 다 되려면 아직 멀었으니 더 지켜보자
   * 네가 더 도와줄 수 있으면 아주 고맙지
   * 더 놀다가 가면 좋겠다
2. 그보다 많이. 그보다 많게 하여
   * 이제 배가 많이 불러서 더는 못 먹겠어요
   * 저한테는 밥을 더 주세요
   * 그동안 네 생각을 백 번도 더 했어
   * 아랫배가 아까보다 더 아파요

3. 그(어떤 잣대)보다 커지거나 깊어지거나
    나아가도록

    * 소리가 너무 크니 더 낮춰야겠어
    * 천막이 낮아 머리가 닿으니 더 높이자
    * 오늘은 어제보다 더 덥구나
    * 네 이야기를 들으니 배가 더 고프다

더욱

:   크기·높낮이·세기·빠르기가 그보다
    크거나 높거나 지나치게

    * 오늘도 못 보니 더욱 보고 싶다
    * 눈발이 더욱 굵어졌어요
    * 함께 놀 동무가 늘어서 더욱 즐거웠어요
    * 나보다는 동생이 종이접기를 더욱 잘해요

더욱더

:   '더'와 '더욱'을 힘주어서 쓰는 말

    * 올가을에는 감이 더욱더 많이 열렸어요
    * 더욱더 힘을 내어 끝까지 가자
    * 이 만화책이 더욱더 재미있어요
    * 더욱더 신이 날 만한 놀이를 생각해 본다

더더욱

:   '더'와 '더욱'을 힘주어서 쓰는 말

    * 오늘은 어제보다 더더욱 나아 보여
    * 더더욱 곱게 웃으니 해사한 꽃님 같아요
    * 너까지 거드니 더더욱 믿고 맡겨야지

* 인절미라면 더욱 좋고 수수부꾸미라면
  더더욱 좋아요

한결

:   예전보다 많이, 크게, 낮게

    * 오늘은 한결 수월하게 감을 땄어요
    * 너랑 함께 노니 한결 재미있다
    * 봄이 되니 바람도 한결 따스합니다
    * 한 살을 더 먹고 나니 한결 의젓하지요

훨씬 (> 활씬)

1. 어떤 것보다 크거나 많이 벌어지도록

    * 이쪽보다 저쪽이 훨씬 많아 보이네
    * 네가 짐을 들어 주어서 훨씬 가벼워
    * 어제보다 오늘이 훨씬 따뜻합니다
    * 네 사랑스러운 손길이 훨씬 반갑다

2. 꽤 넓게 벌어지거나 열린 모습을 나타내는
    말

    * 훨씬 열린 문을 다 함께 박차고 나간다
    * 주머니가 훨씬 벌어져서 손이 다 나온다

보다 2

:   서로 다른 것을 견줄 적에, 견주는 말에
    붙는 토씨

    * 네가 나보다 머리카락이 길어
    * 어머니가 아버지보다 힘이 세네
    * 바람보다 빠르게 달리자

더디다·느리다·늦다

··· 빠르지 않을 때에는 '느리다'라 말합니다. 빠르지만 어떤 때에 맞추지

못하거나 다른 사람과 견주어 뒤로 처질 적에는 '늦다'라 말합니다. 이를테면 운동경기를 하면서 1등과 2등을 한 선수가 몹시 빠르게 달렸다 하더라도 2등은 1등보다 '늦다'고 할 수 있습니다. 남한테 뒤진다든지 바라던 만큼 빠르지 않을 적에는 '늦다'입니다. '더디다'는 오래 걸린다고 할 적에 씁니다. '느리다'도 오래 걸린다고 하는 자리에 쓸 수 있습니다. '더디다'는 제대로 움직이지 않거나 하지 않기에 오래 걸린다는 느낌을 담곤 합니다. "더딘 걸음"과 "느린 걸음"을 견주면, 일부러 걸음을 늦춘다든지 빨리 가고 싶지 않은 마음일 적에 "더딘 걸음"이며, 워낙 몸이 굳거나 힘들어서 빨리 갈 수 없는 모습일 적에 "느린 걸음"입니다. 그리고 '느려터지다'처럼 쓰지만 '더뎌터지다'처럼 쓰지 못합니다. 제대로 흐르지 않는 시간을 가리킬 적에 '더디다'를 쓰곤 합니다. "더디게 흐르는 역사"라 할 적에는 누군가 가로막기 때문이요, "느리게 흐르는 역사"라 할 적에는 따로 가로막는 사람이나 걸림돌은 없으면서 흐름에 맞추어 차근차근 흐른다는 느낌입니다.

더디다

: 제대로 움직이지 못하거나 어떤 일을 제대로 못하며 오래 걸리다

* 심부름을 간 지 언제인데 이렇게 더디오니
* 미안한 나머지 자꾸 더딘 걸음이 된다
* 왜 얼른 안 먹고 밥을 더디 먹느냐

느리다

1. 어떤 일을 하거나 움직일 적에 오래 걸리다

* 날도 더운데 좀 느리게 걸어도 되지 않을까
* 길에 사람들이 가득해서 자전거도 느리게 갈 수밖에 없다

2. 어떤 일이 이루어지기까지 오래 걸리다

* 너는 책을 참 느리게 읽는구나
* 다친 자리가 꽤 느리게 아문다

3. 소리가 늘어지거나 빠르지 않다

* 이 노래는 꽤 느리구나
* 라디오에서 느린 민요를 들었어

4. 꽉 조이지 않고 가볍게 하다

* 빨랫줄은 살짝 느리게 매야지
* 허리띠를 느리게 하니 한결 나아요

5. 마음씨가 살짝 가볍도록 풀어지거나 부드럽다

* 내 짝꿍은 살짝 느리면서 착한 마음씨이다
* 이웃집 아저씨는 느리면서 너그러운 분이셔요

6. 흐름이나 모습이 두드러지지 않거나 비스듬하다

* 이 비탈길은 느리니까 그리 힘들지 않겠지
* 느린 언덕이라 나도 자전거로 오를 수 있어요

늦다

1. 어떤 때에 맞추지 못해 지나가다
   * 오늘은 좀 늦는구나
   * 버스가 늦게 오는 바람에 한참 기다렸다
   * 늦기는 했지만 심부름은 제대로 마쳤어요
2. 어떤 때와 견주어 뒤에 있다 (뒤지다)
   * 언니랑 달리기를 했는데 10초나 늦었다

* 누가 빨리 끝내나 내기를 했는데 내가 한참 늦어서 졌다

3. 한창이거나 알맞을 때를 지나다
   * 아침밥을 좀 늦게 먹었어요
   * 꽃샘추위가 길어 꽃이 늦게 핍니다
   * 아이고, 내가 한발 늦었네
4. 움직임·몸짓이 남보다 오래 걸리거나 가락을 제때에 맞추지 못하고 늘어지다
   * 어린 동생은 걸음이 늦으니 천천히 걷자
   * 내가 또 박자가 늦어서 노래가 엉클어졌네

더럽다·지저분하다·추레하다·꾀죄죄하다

…→ '더럽다'와 '지저분하다'는 서로 같은 뜻이라고 할 만합니다. 그렇지만 두 낱말은 느낌이 다릅니다. '더럽다'는 어떤 모습을 보면서 내 마음이 안 좋거나 거북할 때에 씁니다. '지저분하다'는 어떤 모습이 보기에 안 좋거나 거북할 때에 씁니다. '추레하다'라는 낱말도 뜻은 비슷하지만, 허름해 보인다든지 가난해 보인다고 하는 느낌을 더 얹을 때에 씁니다. '꾀죄죄하다'는 보기에 무척 안 좋다고 할 만할 때에 써요. '꾀죄죄하다'는 큰말이고 '괴죄죄하다'나 '꾀죄하다'처럼 쓰면 여린말입니다.

더럽다

1. 때, 먼지, 찌꺼기가 끼거나 묻거나 붙다
   * 어디에서 놀다 왔기에 옷이며 얼굴이 이렇게 더럽니
   * 더러운 옷을 깨끗하게 빨았다
2. 물에 찌꺼기나 다른 것이 섞여서 맑지

않다
   * 냇물이 더러우니 다슬기가 살지 못한다
   * 쓰레기 때문에 바다가 더러워서 들어가 놀지 못합니다
3. 거칠거나 어수선하게 여기저기 널려서 보기에 나쁘다

* 밀가루를 잔뜩 어질러서 부엌 바닥이
  더럽구나
* 아무렇게나 버린 쓰레기 때문에 저쪽은
  너무 더럽다
4. 말이나 몸짓이 그릇되거나 막되거나 좁다
   * 입에 담기 어려운 더러운 말은 하지 말자
   * 힘이 여린 동무를 괴롭히다니 너무
     더러운 짓 아니겠니
5. 어떤 일이 마음에 들지 않거나 마음이
   나쁘다
   * 곰곰이 생각해 보는데 이 일은 더러워서
     못하겠네
   * 마음이 더러우면 이웃이 하나둘 떠난다

지저분하다

1. 거칠거나 어수선하게 여기저기 널려서
   보기에 나쁘다
   * 방바닥이 왜 이렇게 지저분하니
   * 책상 서랍이 너무 지저분하니 좀 치우렴
2. 때, 먼지, 찌꺼기가 덕지덕지 붙거나 묻다
   * 얼굴이 지저분하니 좀 씻자
   * 빗길을 달렸더니 자전거가 많이
     지저분하네
3. 말이나 몸짓이 그릇되거나 막되거나 좁다
   * 왜 자꾸 반칙을 하면서 경기를
     지저분하게 할까
   * 지저분한 말은 아무도 듣고 싶지 않아요

추레하다

1. 옷이나 겉에 때, 먼지, 찌꺼기가 끼거나
   묻거나 붙어서 말끔하지 않거나 가난한
   티가 난다
   * 옷차림은 추레하지만 마음은 깨끗하다
   * 씻지 못한 채 비까지 맞으며 여행을 하다
     보니 좀 추레해 보이겠구나
2. 몸짓이나 남 앞에 선 모습이 하찮거나
   허름하거나 떳떳해 보이지 않다
   * 돈이나 힘은 없으나 추레하게 살지는
     않는다
   * 스스로 추레하다고 여기지 말고 기운을
     내렴

꾀죄죄하다

1. 옷차림이나 겉모습이 무척 보기 나쁠 만큼
   때, 먼지, 찌꺼기가 붙거나 묻다
   * 퍽 오래 안 씻었는지 꾀죄죄한
     옷차림이다
   * 설날인데 꾀죄죄한 옷은 벗고 깨끗한
     옷을 입자
2. 마음 씀씀이나 하는 짓이 매우 좁고
   보잘것없다
   * 꾀죄죄하게 돈 100원 때문에 부아를 내니
   * 동생이 미안하다고 말하면 봐주어야지
     꾀죄죄하게 자꾸 골을 부리니

덥다·후끈후끈하다·뜨겁다

┉▸ 온도가 높다고 할 적에 '덥다'라 합니다. 온도가 매우 높다고 할 적에

'뜨겁다'라 합니다. 마음이 어떤 일 때문에 솟아오르거나 북받칠 적에도 '덥다·뜨겁다'를 나란히 씁니다. '덥다'는 여느 느낌이거나 살짝 가벼운 느낌을 나타냅니다. '뜨겁다'는 짙거나 깊거나 센 느낌을 나타냅니다. '후끈후끈하다'는 뜨거운 기운이 온몸이나 구석구석으로 퍼지는 느낌을 나타내요.

덥다

1. 온도가 높다고 느끼다
   * 오늘 날씨는 제법 덥네
   * 너무 더워서 웃옷까지 벗는다
2. 온도가 높다
   * 몸이 찰 적에는 더운 국물을 마시렴
   * 목욕탕에 더운 김이 가득하다
3. 마음이 살짝 솟아오르다
   * 너희가 멋지게 부른 노래를 들으면서 더운 마음이 되었어
   * 너도 이 영화를 보면 마음이 더우면서 기운이 나리라 생각해
4. 조금 부끄럽거나 창피하거나 쑥스러워서 얼굴이 살짝 빨갛게 되다
   * 네 말을 들으니 왜 이렇게 더울까
   * 칭찬받으려고 한 일이 아닌데 칭찬을 받으니 얼굴이 덥네요

후끈후끈하다

: 높은 온도를 받아서 온몸으로 퍼지다
   * 땡볕이 내리쬐는 길을 걸으니 후끈후끈하고 땀이 솟는다
   * 아침부터 햇볕을 받은 걸상이 후끈후끈하네
   * 오늘은 후끈후끈해서 민소매에 짧은 바지를 걸쳤지

뜨겁다

1. 온도가 매우 높다고 느끼다
   * 아이고, 뜨거워라
   * 햇볕이 뜨거운 한여름에 골짜기에 간다
2. 온도가 매우 높다
   * 먼 길을 오느라 너무 힘들었는지 온몸이 뜨겁다
   * 불 가까이 가면 뜨거우니 옆으로 가렴
3. 마음이 크게 솟아오르다
   * 우리 모두 잘되기를 뜨거운 마음으로 빈다
   * 노래 솜씨가 아주 훌륭해서 뜨겁게 손뼉을 쳤다
4. 부끄럽거나 창피하거나 쑥스러워서 얼굴이 빨갛게 되다
   * 어쩐지 쑥스러워 얼굴이 뜨겁다
   * 잘못한 일이 들통나면서 얼굴이 뜨거워 고개를 못 든다

ㄱ
ㄴ
ㄷ
ㄹ
ㅁ
ㅂ
ㅅ
ㅇ
ㅈ
ㅊ
ㅋ
ㅌ
ㅍ
ㅎ

도로·다시·다시금·또·거듭·또다시

···✦ 하다가 그만두었지만 잇달아서 새로 해야 할 때를 가리키려고 쓰는 '도로'와 '다시'와 '또'입니다. '다시'는 처음 한 일을 나중에 이어서 할 때에 씁니다. '도로'는 처음 있던 자리로 돌아갈 때에 씁니다. '다시'는 이어서 한다는 느낌을 담고, '도로'는 이어서 한다는 느낌을 안 담는다고 할 수 있습니다. "그 일을 다시 해"처럼은 쓰지만, "그 일을 도로 해"처럼은 안 씁니다. 이와 달리, "그리로 다시 가"와 "그리로 도로 가"는 써요. "그리로 다시 가"는 그리로 한 번 더 가라는 뜻이 되고, "그리로 도로 가"는 그곳에 처음부터 있었으니 그곳으로 가라는 뜻이 됩니다. "도로 네 주머니에 넣어"는 처음부터 네 주머니에 있었으니 네 주머니에 넣으라는 뜻이고, "다시 네 주머니에 넣어"는 네 주머니에 한 번 더 넣으라는 뜻입니다. 그리고 '다시'는 잘못되거나 일그러지거나 어긋나거나 비틀린 곳을 바로잡거나 고칠 적에 흔히 씁니다. 모자란 곳을 채우거나 다스리거나 보탤 적에 쓰기도 해요. '또'는 처음 하던 어떤 일이나 처음에 보여준 어떤 모습이나 몸짓과 비슷하게 잇거나 똑같이 할 적에 흔히 씁니다. 잘못되거나 비틀린 곳을 바로잡는다든지, 모자란 곳을 채우거나 보태는 느낌이나 뜻으로는 잘 안 씁니다. "보름달이 다시 뜬다"나 "보름달이 또 뜬다"처럼 쓸 수 있으나 "보름달이 도로 뜬다"처럼 쓸 수는 없어요. "다시 보기 싫어"나 "또 보기 싫어"처럼 쓸 수 있으나 "도로 보기 싫어"처럼 쓸 수는 없어요. "배가 도로 고프다"도 쓸 수 없어요. "배가 또 고프다"나 "배가 다시 고프다"는 쓸 수 있습니다. 다만, 어떤 일이나 시간을 거슬러서 생각하려 할 적에는 '도로'를 쓰면 재미나게 어울릴 테지요. '거듭'도 어떤 일을 이어서 똑같이 할 적에 쓰는데, "거듭 생각해 보아도"는 여러 차례 생각해 본다는 느낌이 짙고, "다시 생각해 보아도"는 저번에 생각한 데에서 더 생각한다는 느낌이 짙습니다. '또'와 '다시'를 더한 '또다시'는 '또'나 '다시'를 힘주어서 나타내는 낱말입니다.

도로

1. 무엇을 하거나 길을 가다가 되돌아서 거꾸로나 뒤집어
   * 나들이를 나오다가 깜빡 잊은 것이 있어 도로 집으로 갔다
   * 고개 넘어 여기까지 왔는데 도로 가라는 말이니
2. 처음 있던 그대로, 먼저와 꼭 같게
   * 잘 썼으니 도로 제자리에 가져다 놓자
   * 자, 이 책 도로 너한테 줄게

다시

1. 하던 일이나 말을 잇거나 똑같이
   * 어제 하던 말을 오늘 다시 하는구나
   * 해낼 때까지 씩씩하게 다시 부딪힐 생각이야
2. 하던 일이나 품은 생각을 고쳐서 새로
   * 설익은 밥이 되었기에 밥을 다시 짓는다
   * 이렇게 하면 안 되니 다르게 다시 해 보자
3. 하다가 그친 일이나 말을 이어서
   * 아까 하다가 그친 말 다시 해 봐
   * 조금 쉬었다가 다시 놀자
4. 다음에 이어서 더
   * 이레쯤 뒤에 다시 만날까
   * 바다에 다시 가서 놀자
5. 예전 모습으로 잇거나 똑같이
   * 겨울이 지나고 봄이 다시 찾아온다
   * 흩어졌던 동무들이 다시 모였다

다시금

: '다시'를 힘주어 가리키는 말
   * 이 노래를 다시금 들어 보니 아주 새롭다
   * 사월이 되어 제비가 다시금 돌아와 처마

밑 둥지를 손질한다
   * 자전거를 타다가 넘어졌지만 다시금 일어나서 달린다

또

1. 어떤 일이 이어서. 어떤 일을 예전처럼 똑같이
   * 한 그릇을 먹고 또 먹네
   * 비바람이 거세게 몰아쳐 울타리가 또 무너졌다
2. 그밖에 더, 그뿐만이 아니고 더
   * 여기에 연필이랑 공책이 있는데, 또 무엇을 더 줄까
   * 어제 네가 준 머리끈 또 있니
3. 어떤 모습을 보여주면서도 새롭다 싶도록 다르게
   * 이 영화는 슬픈 이야기인데, 또 재미있기도 하다
   * 삼월에 부는 봄바람은 아직 차면서도, 또 시원하다
4. 그뿐만 아니라 이어서 이런 모습을 더
   * 고운 목소리이면서, 또 그렇게 맑을 수가 없다
   * 나는 어머니한테 딸이면서, 또 동생한테 누나이다
5. 그래도 알 수는 없지만 어쩌면
   * 너라면 또 모르겠지만 다른 사람한테는 안 가르쳐 줄래
   * 무지개가 뜰는지 누가 또 아니
6. 놀라거나 한숨을 쉬면서 하는 말
   * 이 떡은 또 뭐니
   * 난 또 큰일이라도 난 줄 알았잖아
7. 앞말을 놓고 궁금한 듯이 되묻거나 거스르면서 쓰는 말

* 밥은 또 무슨 밥을 달라고 그러니
* 이 밤에 또 무슨 책을 읽겠다고 그래

거듭

1. 놓은 곳에 더 놓아서, 어떤 일을 하고서 더 하는 모습을 가리킴
   * 아픈 곳을 거듭 건드리지 마라
   * 이삿짐을 날라 주고 거듭 청소까지 도와준다
2. 어떤 일을 이어서 똑같이
   * 거듭 생각해 보아도 이번에는 잘 모르겠다
   * 한 번 미끄러지니 거듭 미끄러지는구나

또다시

1. 하던 일이나 말을 잇거나 똑같이
   * 예전에도 말했지만 또다시 말하는데 꽃을 부디 아껴 주렴
   * 한 번 해서 안 되면 또다시 하고 자꾸 해 보아야지요
2. '또'나 '다시'를 힘주어 가리키는 말
   * 한 그릇으로는 모자란지 또다시 먹는구나
   * 책을 열 권이나 읽고 또다시 읽네
   * 자꾸 해도 또다시 미끄러지기만 하네
   * 오늘 또다시 바람이 세게 부는구나

도르리·도리기·잔치

⋯▸ 밥을 나누는 품앗이라고 할 수 있는 '도르리'입니다. 도르리를 할 적에는 저마다 손수 밥을 장만해서 함께 먹습니다. '도리기'를 할 적에는 저마다 돈을 얼마쯤 내어 목돈을 마련한 뒤 밥을 장만하거나 사서 함께 먹습니다. '잔치'는 기쁜 일이 있거나 기릴 만한 일이 있어서 마련하는 자리입니다. 돌잔치나 백일잔치나 환갑잔치나 생일잔치처럼 이야기합니다. 요즈음에는 '잔치'라는 낱말 쓰임새를 넓혀 책잔치나 가을잔치나 큰잔치처럼 이야기하기도 합니다.

도르리

: 여러 사람이 밥을 서로 돌려 가며 내어 함께 먹음
   * 마을에서 도르리를 하며 즐겁게 어우러졌다

* 저마다 반찬 한 가지씩 장만해서 저녁을 먹으니 도르리가 된다

도리기

: 여러 사람이 나누어 낸 돈으로 밥을

장만하여 나누어 먹음

* 우리 도리기를 해서 떡볶이를 사다
  먹을까
* 오늘 저녁은 닭갈비를 도리기로 장만해서
  먹자

잔치

1. 기쁜 일이 있어 여러 사람을 불러 밥을
   차려 즐기는 일
   * 내 생일잔치에 동무들을 불러야지
   * 막냇동생 돌잔치에서 할머니 할아버지
     모두 즐겁게 웃는다

2. 혼인하는 일
   * 오늘은 큰누나 잔치가 있어서 옷을 곱게
     차려입는다
   * 외삼촌 잔치에서 우리가 축하 노래를
     부르기로 했어요

3. 어떤 일을 기리면서 크게 벌여 어울리는
   자리
   * 부산 보수동 책방골목에서 책잔치를 연다
   * 바닷가에서 노래잔치를 한다는구나
   * 매화꽃 흐드러지는 철에 봄꽃잔치가
     한창이다

도시락·샛밥·곁두리·주전부리·군것질

┈→ 집에서 밥을 먹기 힘들 적에 그릇에 따로 밥을 챙겨서 바깥에서 먹곤
합니다. 이때에 '도시락'을 씁니다. 도시락은 처음에는 그릇을 가리켰습니
다. 그래서 '도시락밥'을 먹는다고 해야 하지만, 이제 '도시락'이라는 낱말로
'도시락밥'을 가리키기도 합니다. '샛밥'과 '곁두리'는 같은 낱말입니다. "사
이에 먹는 밥"이라는 뜻이에요. 어떤 사이에 먹는 밥인가 하면, "아침과 저
녁 사이에 먹는 밥"입니다. 한국말에서 '아침'과 '저녁'은 '아침밥'과 '저녁밥'
을 가리키기도 해요. 이와 달리 '낮'은 '낮밥'을 가리키지 않습니다. 말밑으
로 살핀다면, 한겨레는 예부터 아침과 저녁 두 끼니만 먹었습니다. '아침저
녁'처럼 두 낱말을 붙여서 썼어요. '아침낮저녁'처럼 붙여서 쓰지 않아요. 들
에서 들일을 하다 보면 배가 고프기 마련이라서, 아침과 저녁 사이에 샛밥
을 먹었어요. 그래서 샛밥이고, 이와 같은 뜻으로 쓰는 곁두리입니다. '주전
거리다·조잔거리다·주전주전하다' 같은 낱말에서 태어난 '주전부리'입니
다. '군것질'은 '주전부리'와 뜻이 같습니다. 다만, '주전부리'는 끼니가 아닌

때에 이것저것 먹는 일을 가리키고, '군것질'은 끼니가 아닌 때에 이것저것 먹되 바깥이나 길에서 돈을 치러서 사다가 먹는 일을 흔히 가리킵니다. 부엌에서 이것저것 미리 집어서 먹는다면 주전부리요, 부엌에 있는 밥을 미리 집어서 먹는 일은 군것질이 아닙니다.

도시락

1. 밥을 담는 작은 그릇
   * 내 도시락은 우리 어머니가 어릴 적부터 쓰시던 그릇이야
   * 도시락에 담긴 밥이 아직 따끈따끈하다
2. 밥을 담는 작은 그릇에 반찬을 함께 놓아 먹는 밥
   * 풀밭에 앉아 도시락을 먹으면 한결 맛있다
   * 기차를 타고 가면서 즐겁게 도시락을 먹는다

샛밥

: 사이에 먹는 밥. 아침과 저녁 사이에 먹는 밥
   * 아침 먹은 지 얼마 안 되었지만 배고파서 샛밥을 먹는다
   * 들일을 하는 아버지한테 샛밥을 가지고 갑니다

곁두리

: 일꾼이 끼니때 말고 **틈틈이** 먹는 밥
   * 모내기를 하느라 애쓰니 곁두리를 잘 챙겨 주셔요
   * 슬슬 쉬면서 곁두리를 먹어 볼까

주전부리

1. 때를 가리지 않고 끼니 아닌 밥을 자꾸 먹음
   * 주전부리를 하면 밥맛이 떨어져
   * 끼니를 잘 챙기지 않으니 주전부리를 하는구나
2. 끼니 아닌 때에 주는 밥
   * 아이들은 개구지게 뛰노니 주전부리를 챙겨 주어야지
   * 아침 먹은 지 얼마 안 되었는데 배고파서 주전부리를 먹습니다

군것질

: 끼니 아닌 때에 이것저것 먹는 일
   * 길에서 붕어빵 굽는 냄새가 나면 군것질을 하고 싶다
   * 아직 저녁 먹으려면 멀었으니 군것질이라도 할까

돌보다·보살피다·수발·바라지·뒷바라지

···▸ '보살피다'는 여러 가지 쓰임새가 있지만, '돌보다'는 일을 봐주거나 도와주는 뜻 한 가지로만 써요. '돌보다'와 '보살피다'는 뜻이 거의 같은데, '돌보다'는 "사랑스레 지켜보면서"라는 느낌을 담는 대목이 살짝 다릅니다. 남을 돕는 모습을 가리키는 '수발'과 '바라지'와 '뒷바라지'도 있습니다. '돌보다·보살피다'는 꼭 아픈 사람만 돕는 뜻이 아니고, '수발'은 아프거나 힘든 사람을 돕는 뜻을 나타냅니다. '바라지·뒷바라지'도 꼭 아프거나 힘든 사람을 돕는 뜻을 나타내지 않습니다. '바라지·뒷바라지'는 밥과 옷과 돈을 대면서 어떤 사람이 일을 잘하거나 꿈을 키우도록 돕는 일을 가리킵니다. '바라지'는 앞에서 드러나도록 돕는다면, '뒷바라지'는 뒤에서 조용히 돕는 모습을 가리킵니다.

돌보다

: 잘 지낼 수 있도록 사랑스레 지켜보면서 마음을 따뜻하고 너그럽게 쓰면서 일을 봐주거나 도와주다

* 어머니를 도와서 어린 동생을 함께 돌봐요
* 꽃이 곱게 피라고 날마다 들여다보면서 돌본다
* 이웃을 돌보는 따스한 손길

보살피다

1. 잘 지낼 수 있도록 마음을 따뜻하고 너그럽게 쓰면서 일을 봐주거나 도와주다
   * 아픈 사람을 보살핍니다
   * 숲을 보살피며 푸르게 가꾸는 사람들
2. 이리저리 보면서 무엇이 있거나 어떠한지

알아보다

* 둘레를 보살피며 천천히 걷습니다
* 도서관에 가서 책꽂이를 가만히 보살핍니다

3. 일이나 살림을 알뜰히 다루거나 받아서 하다
   * 할머니는 집살림을 잘 보살피셔요
   * 나랏일을 보살피는 일꾼

수발

: 움직이기 힘든 사람이나 아픈 사람을 곁에서 지키면서 제대로 밥을 먹고 옷을 입으며 움직이도록 하는 일

* 저쪽 손님을 수발해 주렴
* 할미 할아버지를 수발하면서 젖먹이 동생을 수발하는 어머니

바라지

: 밥과 옷을 대주며 온갖 일을 살펴 주는 일

　* 이웃집 아저씨가 많이 아파서 우리
　　집에서 여러모로 바라지를 한다
　* 큰아버지는 어려운 동무를 남몰래
　　바라지하시곤 합니다

뒷바라지

: 뒤에서 바라지하는 일. 밥과 옷뿐 아니라
　돈까지 대주며 돕는 일

　* 우리가 튼튼하게 자라도록 아버지
　　어머니가 뒷바라지를 합니다
　* 나도 커서 어른이 되면 내 아이를
　　뒷바라지할 테지

두고두고·길이길이·오래오래*

⋯→　긴 나날에 걸쳐 어떤 일을 겪을 적에 '두고두고 · 길이길이 · 오래오래'를
씁니다. 이 가운데 '두고두고'는 긴 나날에 걸쳐 자꾸 들추는 일을 가리키거
나 언제까지나 이어지는 일을 가리키며 씁니다. '길이길이'는 '길이'를 힘주
어 가리키는 말이고, '오래오래'는 '오래'를 겹으로 붙여서 힘주어 가리키는
말입니다. '길이'는 "긴 나날이 지나도록"을 뜻하고, '오래'는 "많은 나날이
지나도록"이나 "퍽 긴 때"를 뜻해요. "청소가 오래 걸렸네"라든지 "집까지
오는 데 오래 걸렸네"처럼 써요. "청소가 길이 걸렸네"라든지 "집까지 오는
데 길이 걸렸네"처럼 쓰지는 않습니다. 뜻으로 보면 '길이길이'와 '오래오래'
는 거의 같다 할 만하지만, '길이'와 '오래'를 똑같은 자리에 쓰지 않는 만큼,
느낌에 따라 살짝 다르게 씁니다.

두고두고

1.　긴 나날이 지나는 동안 자꾸

　* 즐거웠던 일을 두고두고 떠올리며 웃는다
　* 그때에 잘못한 일 때문에 두고두고
　　꾸지람을 듣는다

2.　언제까지나 끊이지 않도록

　* 네가 준 선물은 두고두고 간직하고 싶어

　* 아주 옛날부터 두고두고 노래하는 사랑

길이길이

: 긴 나날이 지나고 또 지나도록

　* 길이길이 마음에 남을 아름다운 이야기
　* 옛날부터 길이길이 내려오는 얘기가 있어

오래오래 (* '한참·오래'에서도 다룬다)

: 아주 많은 나날이 지나도록 (시간이
지나는 동안이 매우 길게)

* 할머니와 할아버지 모두 오래오래
사시기를 빌어요
* 오늘 네 도움은 오래오래 잊지 못할 듯해

두레·품앗이·울력

···▸ '두레'는 모임을 꾸려서 함께 하는 일입니다. 예부터 시골에서 논일이나 밭일을 두레로 했습니다. 요즈음에는 시골 아닌 도시에서도 모임을 이루어 큰일을 함께 할 적에 '두레'라는 낱말을 씁니다. '품앗이'는 서로 품을 지고 갚으면서 함께 하는 일입니다. 이웃이 힘든 일을 할 적에 내 품을 더해서 함께 하고, 그러면 이웃은 내가 힘든 일을 할 적에 찾아와서 품을 더해서 거듭니다. 이렇게 서로 돌아가면서 품을 지고 갚으며 함께 일하는 모습이 '품앗이'예요. '울력'은 여러 사람이 힘을 모아서 해내는 커다란 일을 가리킵니다. 두레와 달리 농사일이 아닌 일을 할 적에 '울력'을 낸다고 해요. 다리를 놓거나 집을 지을 적에는 '울력'입니다.

두레

: 할 일 많은 봄가을에 함께 힘을 모아서
일을 하려고 꾸리는 모임

* 모심기를 하려고 두레를 이루었다
* 마을신문 두레를 짜 볼까

품앗이

: 힘든 일을 서로 거들면서 하되, 품을 지고
갚고 하는 일

* 일손이 서로 모자라니 품앗이를 한다
* 혼자 따로 일할 때보다 품앗이로 일하면
한결 수월하다

울력

: 여러 사람이 힘을 모아서 하는 일

* 우리 마을에 있는 못은 옛날에
할아버지들이 울력으로 팠다더라
* 힘센 젊은이들이 울력을 해서 장승을
날라다가 세운다

두렵다·무섭다·무시무시하다

⋯→ 가까이하기에 어려울 적에 '두렵'습니다. 가까이하고 싶지 않을 적에 '무섭'습니다. 일부러 "무서운 이야기"를 주고받으면서 즐깁니다. 서로 소름이 돋지만 재미난 이야기잔치가 됩니다. "두려운 이야기"라면 가까이하기에 어렵거나 가까이할 수 없는 어떤 일이나 사람을 말하는 셈입니다. '두렵다'와 '무섭다'는 모두 "잘못될까 봐 마음이 안 놓이다(걱정스럽다)"를 가리키기도 합니다. 이때에도 "미끄러질까 봐 두려워"라 하면 미끄러지겠다는 생각에 엄두를 못 내면서 가까이하지 못하는 모습이고, "미끄러질까 봐 무서워"라 하면 미끄러지면 싫기에 가까이하지 않으려는 모습입니다. 어느모로 보면 싫다는 느낌이 짙은 '무섭다'이기에 "무섭게 부는 바람"이라든지 "무섭게 꾸짖다" 같은 자리에도 씁니다. 지나치게 부는 바람이나 지나치게 꾸짖는 모습이 여러모로 싫은 느낌입니다. '무시무시하다'는 "몹시 무섭다"를 가리킵니다.

두렵다

1. **마음이 떨리거나 걸리다**
   * 처음 가는 길이지만 두렵지 않다
   * 나보다 힘이 세더라도 두려울 일은 없어
   * 나는 깜깜한 길도 두렵지 않습니다
2. **잘못될까 봐 마음이 안 놓이다**
   * 안 될까 두려워하지 말고 씩씩하게 해 보자
   * 벼랑에 서면 미끄러질까 봐 두려워
3. **가까이하기에 어렵다**
   * 이웃집 아저씨는 너무 까다로워서 어쩐지 말을 붙이기 두렵다
   * 처음에는 할아버지가 두려웠지만 이제는 살갑고 푸근합니다

무섭다

1. **가까이하고 싶지 않거나 마음이 떨리다**
   * 아버지한테서 꾸지람을 들을지 몰라 무섭다
   * 바다에서 헤엄을 쳐도 무섭지 않아
   * 너는 거미가 무서울지 몰라도, 거미는 네가 무서울 테지
2. **놀라거나 떨릴 만큼 사납거나 거세다**
   * 우리 동생을 무섭게 꾸짖지 마셔요
   * 무서운 말로 윽박지르니 눈물이 다 난다
3. **매우 지나치거나 끔찍하다**
   * 무섭게 몰아치는 너울 때문에 배가 흔들린다

* 시외버스가 무섭게 달리는 바람에 멀미가 난다

4. 그렇게 하자마자 곧바로
    * 밥상을 차리기가 무섭게 밥을 퍼먹는다
    * 모기가 팔뚝에 내려앉기가 무섭게 찰싹 내리쳐서 잡았다

5. 잘못될까 봐 마음이 안 놓이다
    * 밧줄은 단단하니까 무서워하지 말고 잘 붙잡고 건너자
    * 자전거가 빗길에 넘어질까 무서워하기보다는 느긋하게 달리자

무시무시하다

1. 마음이 몹시 떨리거나 도무지 가까이하고 싶지 않다
    * 가뜩이나 무서운데 그런 얘기를 하니 무시무시하잖아
    * 전쟁은 모두 다 무너뜨리고 죽이니 무시무시하다

2. 매우 지나치거나 끔찍하다
    * 어제 먹은 카레는 무시무시하게 매웠어
    * 빗길인데 버스를 무시무시하게 모니까 가슴이 오그라들었어

둘레·언저리

···▸ "집 언저리"라고 하면 집 옆으로 어느 한쪽을 가리키지만, "집 둘레"라고 하면 집을 빙 두르는 모든 곳을 가리킵니다. 둘러싼 곳을 가리키기에 '둘레'입니다. 그런데 요즘 어른들은 '둘레'라는 한국말보다 '주위'라는 한자말을 자주 쓰고, '언저리'라는 한국말보다 '주변'이라는 한자말을 자꾸 씁니다.

둘레

1. 어느 한 곳에서 바깥으로 비슷한 거리에 있는 모든 곳
    * 마당 둘레에 감나무를 심었다
    * 우리 마을 둘레에는 밤나무가 많아서 밤골이라고 해요
    * 너희 동네 둘레로 가서 전화를 할게

2. 바깥이나 끝 쪽을 모두 더하거나 한 바퀴 돈 길이
    * 손목이 얼마나 굵은지 둘레를 재다
    * 지구 둘레는 얼마나 긴지 궁금하다

언저리

1. 어느 곳에서 바깥이 되는 자리나 어느 곳을 둘러싼 자리
    * 모임에 끼지 못하고 언저리에서 맴돌다
    * 마당 언저리에서 개미집을 찾아봅니다
    * 공원 언저리까지 자전거를 타고 갑니다

2. 나이나 시간에서 앞뒤
    * 저 아이는 열 살 언저리쯤 되겠지

* 다섯 시 언저리까지 놀자

3. 어떤 숫자나 모습에서 위아래
    * 1등은 못 하고 늘 그 언저리에서만 맴돈다

* 그 책이 만 원 언저리라면 나도 살 수 있어

들·들판·들녘·벌·벌판

····▸ '들'이라고 할 적에는 작은 들도 너른 들도 가리키지만, '들판'이라고 할 적에는 너른 들을 따로 가리켜요. '벌'과 '벌판' 사이도 이와 같아요. "너른 벌"일 적에 '벌판'입니다. '벌'도 '들'과 같이 "넓고 고르게 생긴 탁 트인 땅"을 가리켜요. 그러나 '벌'은 '들'과 달리 논이나 밭으로 쓰지 않는 땅을 가리킵니다. 이러면서도 '벌'에서는 풀이나 나무가 자랍니다. 풀이나 꽃이나 나무가 자라는 곳도 '벌·벌판'이라 가리키곤 하지만, '벌·벌판'이라는 낱말을 쓸 적에는 풀이나 꽃이나 나무가 자라는 모습은 그리 따지지 않아요. '벌·벌판'에서는 풀이나 꽃이나 나무가 듬성듬성 자란다고도 여길 수 있습니다. '벌'을 말할 적에는 탁 트여 아주 먼 데까지 보이는 땅을 가리켜요. '만주 벌판'처럼, 넓게 탁 트인 땅을 가리키는 자리에 쓰고, '달구벌·서라벌·비사벌'처럼 "크게 이루어진 고을"을 가리키는 자리에 써요. '들'은 무엇보다 "풀이나 꽃이나 나무가 잘 자라는 넓게 트이며 고른 땅"을 가리키는 만큼, '들꽃·들깨·들개·들짐승'처럼 쓰임새를 넓혀요. '들'은 사람을 비롯해 온갖 목숨이 살아갈 수 있는 터전이라고 할까요. 그러나 사람들이 들을 일구어 논밭을 삼고 집을 지으면, 이때부터는 '들'이 아닌 '마을'이 됩니다. 더 살피자면, 곡식과 남새를 심고 가꾸면서 들을 일구어 집을 짓고 사람들이 모여 살아갈 적에는 '시골'이면서 '마을'이 되고, 따로 곡식이나 남새를 안 심고 사람들이 북적북적 모이는 '고을'을 이룰 적에는 '벌'이 된다고 할 수 있습니다. '벌·벌판'은 풀이나 꽃이나 나무가 잘 자라지 않더라도, 사람들이 '고을'을 이루고자 집을 지으면서 모여 살아갈 수 있는 땅입니다. 그러니까 오늘날로 치면

'도시'를 가리키는 이름으로 '−벌'을 붙여서 썼어요. 이밖에 "가까운 들녘"을 '들대'라 하고, 마을에서 꽤 떨어진 들은 '난들'이라고 합니다. '푸서리'는 "거칠면서 풀이 우거진 땅"을 가리키고, '붉은닥세리'는 "풀이나 나무가 자라지 못하는 거친 땅"을 가리킵니다. '펀더기'는 "펀펀하면서 너른 들"을 가리키고, '노해'는 "바닷가에서 들을 이룬 곳"을 가리켜요. 들마다 이름이 다릅니다. 들마다 모습이 다르고 들마다 사람이 가꾸거나 바라보는 느낌이 다르기에 이름이 달라요. 이런 들을 가리키는 이름은 더 있어요. 지난날에는 사람들이 모두 숲이나 들에서 살았기에, 숲이나 들이 어떤 모습이요 삶터인가에 따라 이름을 달리 붙였습니다. 오늘날에는 사람들이 거의 다 시골을 떠나 도시에서 살아가니, 온갖 들이름이 사라지거나 쓰임새를 잃어요. 한자말로 '광야'나 '황야'나 '불모지' 같은 말을 쓰기도 하지만, 이런 한자말로 가리킬 만한 땅이 한국에는 드물어요. '펀더기'가 '광야'요, '푸서리'가 '황야'이며, '붉은닥세리'가 '불모지'입니다. 요즈음 우리 삶터를 헤아린다면 '붉은닥세리' 한 가지쯤은 도시에서도 곳곳에서 찾아볼 만하지 싶어요.

들

1. 높낮이가 없이 고르면서 넓게 트인 땅. 풀·꽃·나무가 잘 자라는 땅
   * 새봄을 맞이하니 냉이꽃이며 별꽃이 들에 가득합니다
   * 멧등성이에 올라 너른 들을 시원하게 바라보았어요
2. 논이나 밭으로 쓰는 고르고 넓은 땅
   * 우리 마을은 들이 넓고 골짜기도 깊습니다
   * 들에서 일하다가 쉬면서 먹는 샛밥이 맛있어요

들판

: 들을 이룬 너른 곳

* 들판을 가로지르는 냇물이 싱그러우니 내 마음도 시원해요
* 가을걷이를 하느라 들판마다 부산하지요

들녘

: 들이 있는 곳

* 가을걷이를 하는 들녘에 가을바람이 시원하게 불어요
* 들녘에서 맞이하는 해거름이 몹시 아름답습니다

벌

1. 고르면서 넓게 트인 땅. 풀·꽃·나무는 드문드문 자라는 땅
   * 이런 외진 벌까지 애써 찾아오는 사람은

없겠지

* 도시도 아니고 벌에서 가게를 찾으면
어떡하니

2. 크게 이루어진 고을

* 비사벌·서라벌·달구벌·황산벌

벌판

: 벌을 이룬 곳. 너른 벌

* 끝없이 펼쳐진 벌판에서 말을 달린다
* 사람이 없는 벌판에서 여우들이 즐겁게
어울려 논다

들이켜다·마시다

⋯⋯▶ '들이켜다'와 '마시다'는 살짝 다른데, '마시다'가 "물이나 바람을 목구멍
으로 넘기다"까지만 나타낸다면, '들이켜다'는 많이 마시거나 서둘러 마시
거나 바삐 마시는 모습을 나타내요.

들이켜다

1. 물을 목구멍으로 한 번에 쉬지 않고
넘기다

* 목이 마른 나머지 물을 벌컥벌컥
들이켰다
* 서둘러 들이켜다가 목에 걸릴라

2. 바람이나 냄새를 코나 입으로 세차게
받아들이다

* 봄꽃 가득한 들판에서 봄바람을 실컷
들이킵니다
* 펄펄 눈이 내리는 겨울에 찬바람을 한껏
들이켜요

마시다

1. 물을 목구멍으로 넘기다

* 목이 말라도 천천히 마셔야지
* 샘물이 시원하고 맑아서 자꾸 마십니다

2. 바람이나 냄새를 코나 입으로 받아들이다

* 숲에서 싱그러운 바람을 마신다
* 나무가 베푸는 푸른 바람을 고맙게
마셔요

3. 새롭거나 다른 흐름·생각·이야기·문화를
받아들이다

* 쟤는 외국 물을 좀 마셨다는구나
* 새 바람을 마시며 새 나라로 가꾸어요

따뜻하다*·따습다·따사롭다*·따스하다*

···▶ 덥지 않을 만한 느낌일 때에 '따뜻하다'입니다. 더우면 지내기에 조금 힘들고, 덥지 않으면 지내기에 힘들지 않으면서 즐겁습니다. 이러한 느낌을 담아 마음이나 느낌이 살갑거나 부드럽다고 할 적에 이 낱말을 씁니다. 말 느낌 세기를 헤아리자면, '덥다 > 따뜻하다 > 따습다 > 따스하다 > 따사롭다'가 되리라 봅니다. 낱말마다 큰말과 여린말이 있어, '따뜻하다 > 따듯하다'이고, '따습다 > 다습다'이며, '따사롭다 > 다사롭다'요, '따스하다 > 다스하다'이기도 합니다. (*'포근하다' 자리에서 다시 다룬다)

따뜻하다 (* '포근하다' 에서도 다룬다)

1. 덥지 않을 만하며 지내기에 알맞다
   * 날씨가 따뜻해서 나들이를 하기에 좋다
   * 봄이 되니 바람이 따뜻하게 분다
2. 마음·느낌·기운이 부드럽고 넉넉하거나 살가우면서 좋다
   * 따뜻한 손길을 받으면서 까르르 웃는 동생
   * 손님을 따뜻하게 반깁니다

따습다

1. 지내기에 제법 알맞은 날씨이다 (알맞게 따뜻하다)
   * 사월 햇볕은 따스워 들판에 꽃이 가득 핍니다
   * 오늘처럼 따스운 날에는 도시락을 싸서 바닷가에 가자
2. 마음이나 느낌이 살가우면서 부드럽다
   * 따스운 눈길로 서로를 바라보며 즐겁게 노래해요

* 어깨동무를 하면서 노래하는 우리는 따스운 마음이 됩니다

따사롭다 (* '포근하다' 에서도 다룬다)

1. 살짝 덥지 않을 만한 느낌이다 (살짝 따뜻하다)
   * 여름이 지난 가을은 따사로운 볕이 그득합니다
   * 날이 따스하니 자전거를 타고 놀러 가 볼까
2. 마음·느낌·기운이 살짝 부드럽고 넉넉하거나 살가우면서 좋다
   * 우리를 따사롭게 보살피는 어버이
   * 언니는 여린 동무를 따사로이 아껴요

따스하다 (* '포근하다' 에서도 다룬다)

1. 지내기에 퍽 알맞은 날씨이다 (좀 따뜻하다)
   * 모닥불 곁이 따스해서 살살 졸음이 와요
   * 눈을 뭉쳐 놀다가 언 손을 따스한

이부자리에 넣고 녹입니다

2. 마음·느낌·기운이 보드랍고 넉넉하거나
   살가우면서 좋다

   * 나를 따스하게 어루만지는 듯한 어머니

손길이 그립습니다

   * 너희 어머니는 우리를 늘 따스히 맞아
     주셔서 반가워

따지다·재다1·캐다*·캐묻다

⋯⋯ 어떤 일이 일어난 까닭을 알아볼 때에 '따지'거나 '캐'거나 '캐묻'습니다. 어떤 일을 따지면서 옳고 그름을 헤아리면 '따지다'이고, 숨기거나 감추거나 안 드러난 이야기를 헤아리면 '캐다'입니다. 말하지 않거나 드러내지 않는 이야기를 알고 싶어 자꾸 묻기에 '캐묻다'예요. 어떤 일을 알아보면서 '따질' 적에는 차근차근 생각을 기울입니다. 이곳으로 갈는지 저곳으로 갈는지 '따져'요. 이와 맞물려 이리 갈까 저리 갈까 '재'요. 이리 따지고 저리 재는데, 깊거나 크게 생각하는 마음으로 '따지'고, 할는지 안 할는지 또는 고를는지 안 고를는지 헤아리는 마음으로 '잽'니다.

따지다

1. 어떤 일이 일어난 까닭을 알아내려고 묻다

   * 지난 일을 자꾸 따지지 말자
   * 누가 잘못했는지 따지기보다는 잘
     타이르렴

2. 옳고 그른 것을 알아보다

   * 이 책에 나온 얘기가 맞는지 함께 따져
     보았어요
   * 네가 들려준 이야기가 참말인지 따지고
     싶구나

3. 돈을 셈하거나 얼개나 흐름을 알아보다

   * 거기까지 가려면 버스삯이 얼마나 드는지
     따져 보자

   * 냇물이 어디에서 비롯했는지 한번 따지고
     싶다

4. 차근차근 생각하거나, 어느 한 가지를
   크게 생각하다

   * 값은 따지지 말고 쓸 만한 것으로
     장만하자
   * 무엇이든 하나를 고를 적에는 꼼꼼히 잘
     따져야지요
   * 고향이 어디인지를 따지다

재다 1

1. 길이나 높이나 무게나 온도나 빠르기가
   어떠한가를 알아보다

* 발 길이를 재서 양말을 뜹니다

* 시냇물이 얼마나 깊은지 재어 볼까

2. **할 만한가 아닌가를 알아보다**

* 재기만 해서는 알 수 없으니 한번 해 보자

* 이리저리 재다가 아무 일도 못하고
하루가 다 가겠네

캐다 (* '캐다·파다'에서도 다룬다)

1. **땅속에 묻힌 것을 연장을 써서 꺼내다**

* 들로 숲으로 봄나물을 캐러 갑니다

* 강원도에는 석탄을 캐는 곳이 많다

* 갯벌에서는 한창 조개를 캐느라 바쁘다

2. **모르거나 감춰지거나 드러나지 않은
이야기를 밝히다**

* 너희 둘이 무슨 꿍꿍이인지 캐야겠어

* 숨겨진 옛이야기를 캐고 싶다

캐묻다

: 깊고 낱낱이 알아보듯이 묻다

* 거짓말을 한 까닭을 캐묻는다

* 어머니는 더 캐묻지 않고 조용히 넘어가
주신다

또래·동무·벗·너나들이·친구

⋯➔ 나이가 비슷한 사람은 '또래'이고, 늘 보면서 어울리는 사람은 '동무'입니다. 나이가 비슷하면서 가까이에서 어울리는 사람은 '벗'이에요. 한자말 '친구'는 지난날에 한국사람이 거의 쓸 일이 없었습니다. 그런데 남녘과 북녘이 갈리면서 뜻밖에 '동무'라는 낱말이 따돌림을 받았어요. 몇몇 어른들이 '동무'라는 낱말은 북녘에서만 쓰는 낱말이라도 되는 듯이 몰아붙였습니다. 시골에서는 '동무'라는 낱말이 제법 쓰였지만, 새마을운동과 함께 싹 자취를 감추어야 했지요. 이러면서 '또래'하고 '벗'이라는 낱말도 쓰임새가 확 줄었어요. 요즈음 '동무'는 새롭게 기운을 내어 천천히 살아나요. 어린이뿐 아니라 어른도 '동무'라는 말을 흔히 써서 '일동무'나 '길동무' 같은 낱말을 빚지요. 어린이는 '소꿉동무'와 '어깨동무'와 '놀이동무' 같은 말을 잃지 않았어요. 요즈음은 '노래동무'와 '책동무'와 '꿈동무' 같은 낱말이 새롭게 나타나면서 차츰 제 빛을 되찾습니다. '또래'는 나이뿐 아니라 생각이나 마음이 비슷한 사람을 가리키는 자리에서도 써요. 생각하는 걸이라든지 마음을 쓰는 자

리가 비슷할 적에도 또래라 할 만해요. 가까이 사귀지는 않아도 마음이나 생각이 비슷하게 맞는다면 또래인 셈이지요. 나이가 한참 벌어져도 어느 한 가지를 좋아해서 마음이 맞으면 서로 또래가 되고요. 또래가 되면서 늘 가까이에서 어울리면 '또래 동무'가 되는데, 또래 동무란 바로 '벗'이에요. 벗 가운데 한결 아끼는 사람이라면 '벗님'이고, 벗님에서 더욱 사랑스럽거나 살가운 사람이라면 '너나들이'예요. 서로 아무런 허물이 없이 가깝게 지내는 사이를 가리키는 '너나들이'이니, 또래와 동무와 벗을 더한 님이라는 느낌을 나타낸다고 할 수 있어요. 그리고 남녘에서는 흔히 '소꿉동무'를 말하고, 북녘에서는 '송아지동무'를 말해요. '소꿉동무·송아지동무'는 모두 어릴 적부터 함께 뛰놀던 가깝거나 살가운 사이를 가리켜요.

또래
: 나이나 생각이나 마음이 서로 비슷한 사람들
  * 이 자리에는 우리 또래가 없나 봐
  * 언니 또래는 모두 저쪽에 있어요
  * 그동안 외로웠는데 또래를 만나니 기뻐

동무
1. 늘 어울리는 사이
  * 옆집에서 찾아온 동무하고 놀았어요
  * 우리 마을에는 좋은 동무가 많다
  * 나는 동생하고 동무하면서 지내요
2. 어떤 일을 함께 하는 사이
  * 함께 놀아 놀이동무, 이야기 나누니 이야기동무
  * 도서관에서 함께 공부할 동무를 찾는다
  * 소꿉동무·어깨동무·글동무· 배움동무·책동무·길동무·꿈동무

벗
1. 나이가 비슷하면서 서로 가까이 어울리는 사이
  * 우리는 마음이 맞는 벗이에요
  * 나한테도 고운 벗이 한 사람 있어요
  * 우리 집은 외딴곳에 있어서 벗할 아이를 찾기 어려워
2. 가까이에 두면서 심심함을 달래도록 돕는 것
  * 만화책을 벗으로 삼아 일요일을 보냈어
  * 할머니는 언제나 나무하고 벗하면서 지내셔요
  * 과자만 벗하지 말고 밥도 좀 먹자

너나들이
: 서로 너니 나니 하고 부르며 허물없이 말을 건네는 사이
  * 너하고 나는 마음을 읽는 너나들이로 지내자

* 좋은 너나들이를 찾기 앞서 나부터
착하고 아름다운 마음이 되어야겠어요

친구 (親舊)

1. 가깝게 오래 사귄 사람
   * 친구가 많으니 생일잔치에 모두 불러서
   재미있게 놀아야지
   * 친구하고 다투었으면 곧바로 풀어야지
2. 나이가 비슷하거나 아래인 사람을
   낮추거나 살갑게 이르는 말

* 아버지는 이웃 아저씨더러 그 친구가
마음에 든다고 말씀하셨어요
* 할아버지는 나를 보며 이 친구 참
똑똑하게 크겠는걸 하고 말씀하셔요

뚫다·꿰뚫다·가로지르다

⋯▸ '뚫다'는 구멍을 내는 일을 가리키고, '꿰뚫다'는 구멍을 내어 지나가는 일을 가리킵니다. 두 낱말 모두 구멍과 얽힌 낱말인데, 구멍을 내는 일이란 이쪽과 저쪽을 잇는다고 할 수 있습니다. 그래서 '뚫다'는 어려움이라든지 빽빽한 사이를 헤치는 일을 나타내기도 해요. 앞날을 내다본다든지 어떤 일을 슬기롭게 살펴보는 일을 가리키기도 하며, 깊이 살펴서 깨닫는 일을 가리킵니다. '가로지르다'는 가로로 지르는 일을 가리킵니다. '지르다'는 '지름길'과 이어지기도 하고, 어떤 일을 막을 적에도 씁니다. 문에 빗장을 가로지를 적에는 문이 단단히 닫히도록 하는 일이고, 운동장을 가로지를 적에는 운동장을 가로로 달리는 일을 나타내요. 요즈음에는 이쪽 세계와 저쪽 세계를 넘나들거나 이쪽 갈래와 저쪽 갈래를 아우르는 모습을 빗댈 적에 '가로지르다'라는 낱말을 널리 씁니다. 그리고 차근차근 어느 곳을 돌아보면서 지나간다고 할 적에도 '가로지르다'라는 낱말을 써요. 여행하는 문화가 퍼지고 여러 가지 학문을 골고루 익히는 흐름이 나타나면서 '가로지르다'라는 낱말도 새로운 뜻을 얻습니다.

뚫다

1. 구멍을 내다. 구멍을 내어 이쪽과 저쪽을 잇다
   * 종이에 구멍을 뚫어서 끈으로 묶으면 공책이 되지
   * 창호종이를 바른 문에 손가락으로 구멍을 뚫었어요
2. 막히거나 낀 것을 파거나 빼서 잇다
   * 막힌 데를 뚫으니 물이 잘 내려갑니다
   * 요새는 굴뚝 있는 집이 드무니, 굴뚝을 뚫을 일이 없다
3. 다른 곳과 이어지도록 길을 내거나 만들다
   * 찻길을 너무 많이 뚫으니 자동차 오가는 소리로 시끄러워요
   * 기찻길을 뚫는다며 국립공원까지 파헤치니 숲이 끙끙 앓습니다
4. 가로막거나 걸리적거리는 것을 없애거나 헤치거나 치우거나 비집다
   * 빡빡한 수비를 뚫고 들어와서 공을 뻥 찹니다
   * 어둠을 뚫고 나온 빛 한 줄기
   * 사람 숲을 뚫고 겨우 왔어
5. 어렵거나 힘든 일을 잘 이기거나 헤치거나 견디다
   * 이 문제에서 뚫고 지나가기가 퍽 힘이 드는구나
   * 어려운 일은 아직 너로서는 뚫지 못할 수 있겠네
6. 마음을 들여다보거나 앞으로 있을 일을 내다보다
   * 네가 무엇을 생각하는지 훤히 뚫지
   * 허술하게 지었다가는 곧 무너지겠다고 뚫어 보았다
7. 어려운 일을 풀거나 맡기거나 돈을 얻어 쓸 길을 찾다
   * 큰형은 학교를 마친 뒤 일자리를 뚫으려고 애쓴다
   * 돈줄 뚫을 생각은 그만하고, 봄인데 꽃구경을 하러 가자
8. 깊이 살펴서 잘 알다
   * 할머니는 이 마을에서 오래 살았기에 어떤 이야기이든 훤히 뚫는다고 한다
   * 딱지치기라면 나만큼 잘 뚫는 사람도 없을걸

꿰뚫다

1. 이쪽에서 저쪽까지 구멍을 내어 지나가다
   * 새총으로 나뭇잎을 겨냥해서 한복판을 꿰뚫었다
   * 비행기가 뭉게구름을 꿰뚫고 멀리 날아갑니다
2. 길이나 물줄기가 어느 곳 사이로 나다
   * 숲을 꿰뚫는 고속도로 때문에 나무가 아파해요
   * 마을 한복판을 꿰뚫는 길을 새로 놓는다고 한다
   * 아주 옛날부터 마을 한복판을 꿰뚫고 흐르는 냇물입니다
3. 줄거리나 속내를 잘 알다
   * 그 자리에 없었는데 말만 듣고도 그 일을 슬기롭게 꿰뚫는구나
   * 이 일을 어떻게 풀어야 하는지 꿰뚫어 보는 어머니입니다
   * 꽃이 피고 지는 한살이를 훤히 꿰뚫는다

가로지르다

1. 이쪽과 저쪽 사이에 기다란 것을 가로로 꽂거나 놓다
   * 문을 가로질러 잠그면 무슨 수를 써도 안 열리더라
   * 우리 시골집에는 빗장을 가로지르는 문이 있어
2. 가로로 지르면서 지나다
   * 동무들과 마당을 가로지르면서 놀아요
   * 넓은 들을 가로지르면서 신나게 달린다
3. 빨리 갈 수 있는 길로 가다
   * 머뭇거리지 말고 얼른 가로지르자
   * 돌아갈 길이 멀기에 냇물을 가로지르기로 한다
4. 어느 곳을 차근차근 지나가다
   * 지구별 모든 나라를 자전거로 가로질러 보고 싶다
   * 동무와 어깨를 겯고 아름다운 숲길을 가로지르며 노래를 부른다
5. 이쪽과 저쪽 사이를 넘나들다
   * 이 책은 수학과 문학을 가로지른다고 한다
   * 한 가지에만 매이지 않고 여러 갈래를 가로지르면서 배운다
   * 새봄에 개구리 노래를 들으며 어제에서 오늘을 가로지르는 삶을 돌아본다

뜨뜻하다·미지근하다·미적지근하다· 뜨뜻미지근하다

⋯▸ '미지근하다'는 '미적지근하다'보다 큰말입니다. '미지근하다'고 할 적에는 따스한 기운이 살짝 있다고 할 만하지만, '미적지근하다'고 할 적에는 따스한 기운이 거의 없다고 할 만합니다. '뜨뜻무레하다'는 "좀 뜨뜻하다"를 뜻하고, '뜨뜨무리하다'는 '뜨뜻무레하다'와 같은 뜻입니다. 뜨뜻한 느낌이 살짝 있으나 따스한 느낌은 아주 적다는 느낌이 되겠지요. '뜨뜻미지근하다'는 뜨뜻하면서 미지근하다는 말인데, 이도 저도 아닌 느낌을 더욱 짙게 나타내는구나 싶습니다. 이 가운데 '뜨뜻하다'는 부끄러움이나 수줍음 때문에 얼굴이 발갛게 되는 모습을 가리키기도 합니다. 따스한 기운이 살짝 있으나 따스하지는 않다고 할 적에 쓰는 이 낱말들은 어떤 말이나 얘기를 놓

고 이렇다 할 대꾸나 몸짓을 보여주지 않는 모습을 가리키는 자리에서 널리
씁니다.

뜨뜻하다

1. 뜨겁지 않을 만큼 알맞게 덥다
   * 씻는 물이 뜨뜻해서 좋다
   * 여름에도 뜨뜻한 국물과 밥을 맛있게
     먹는다
2. 부끄럽거나 수줍어서 얼굴이나 귀가
   달아오르다
   * 아기였을 적에 그렇게 떼를 썼다니
     아직도 얼굴이 뜨뜻하다
   * 철없던 예전 모습을 떠올리면 언제나
     낯이 뜨뜻하더라
3. 어떤 말이나 일에 거의 아무런 몸짓이
   나타나지 않다
   * 큰아버지가 한참 말씀하셨지만 다들
     뜨뜻하게 여기는 눈치이다
   * 내 말이 시원찮은지 모두 뜨뜻하게
     받아들이네

미지근하다

1. 따뜻한 기운이 덥지도 차지도 않을 만큼
   살짝 있다
   * 물이 미지근하니 씻기에 알맞지 않다
   * 국이 뜨거워서 식힌다고 했다가 그만
     미지근해지고 말았다
2. 이것인지 저것인지 가리지 못하거나,
   할는지 말는지 뚜렷하게 나타내지 못하다
   * 하기 싫으면 싫다고 말해야지 미지근하게
     있으면 아무도 모르지
   * 바다에 가자고 해도 숲에 가자고 해도
     그저 미지근한 대꾸뿐이로구나

미적지근하다

1. 따뜻한 기운이 있는 듯 없는 듯 하다
   * 찻물이 미적지근하니 다시 끓여 주렴
   * 미적지근한 물에 씻다가 고뿔이 들까
     걱정스럽다
2. 시원하게 맺고 끊지 못하거나, 제 뜻을
   뚜렷하게 나타내지 못하다
   * 네가 미적지근하게 말하니 나도 어찌해야
     할는지 모르겠다
   * 이럴 때에는 미적지근하게 굴지 말고
     따끔하게 한마디 해야지

뜨뜻미지근하다

1. 따뜻한 기운이 있는 듯 없는 듯 아주 살짝
   있다
   * 뜨거운 물을 받고서 한참 잊었더니
     뜨뜻미지근하게 식었다
   * 모닥불이 꺼질 무렵에는 뜨뜻미지근하다
2. 맺고 끊는 모습이 없거나, 제 뜻을 뚜렷이
   나타내지 못하다
   * 너희가 뜨뜻미지근하게 말하니 자꾸
     갈팡질팡해야 하는구나
   * 뜨뜻미지근하게 말해서는 좋은지 싫은지
     알 수 없어

라온(랍다)·즐거운*

⋯⟩ 1947년에 조선어학회에서 펴낸《조선말 큰 사전》(을유문화사)에 '라온'이라는 낱말을 싣습니다. 1958년에 신기철·신용철 두 분이 펴낸《표준국어사전》(을유문화사)에도 '라온'이라는 낱말이 나옵니다. 1992년에 한글학회에서 펴낸《우리 말 큰 사전》(어문각)에는 '라온'이라는 낱말이 안 나옵니다. 1999년에 국립국어연구원에서 펴낸《표준국어대사전》(두산동아)에는 '랍다'라는 낱말이 나옵니다. '라온/랍다'를 다루는 한국말사전이 있으나, 안 다루는 한국말사전이 있습니다. 한글학회에서는 1992년부터 이 낱말을 안 다룹니다. 이와 달리 국립국어원은 '라온'을 다루지 않고 '랍다'를 다룹니다. 옛책에 나오는 옛말로는 '라온'이라는 모습만 있으나, '라온'은 끝바꿈을 한 꼴이니, '랍다'로 으뜸꼴을 밝히는 셈이라 할 만합니다. 그렇지만 왜 '라온(랍다)'이라는 낱말이 생겼는지는 아직 아무도 밝히지 못해요. '라온'은 으뜸꼴이 '랍다'라지만, '랍다'라는 꼴로 적힌 옛글이나 요샛글을 찾은 일도 아직 없어요. "즐거운"을 뜻하는 '라온'이라면, '즐거운'과 '라온'은 서로 어떻게 다를까요. 두 낱말은 왜 따로 있어야 할까요. 두 낱말을 쓰는 자리와 느낌은 얼마나 다를까요. 이 또한 아직 아무도 밝히지 못합니다. 다만, '라온'이라는 낱말을 쓰는 분들은 이 낱말을 쓰면서 포근하거나 맑거나 밝은 느낌을 함께 누린다고 이야기합니다. 옛말이라고 하는 '라온'이지만, 회사 이름이나 물건 이름으로 곧잘 쓰곤 합니다. '라온'에서 '온'은 '온누리'나 '온마음'을 말할 적에 나타나는 '온'일 수 있습니다. '온'은 "모든"이나 "빈틈이 없이 갖춘 것"을 가리켜요. '라'는 사람들이 즐겁다고 할 적에 저절로 튀어나오는 노랫소

리나 웃음소리인 '라라라'나 '라랄라' 같은 '라'일 수 있어요. 이런 뜻이나 쓰임으로 살핀다면 '라온'은 "더없이 가벼운 마음이 되는 모습"을 가리킬 테니, 이 낱말이 왜 "즐거운"을 뜻하는가 하는 수수께끼를 풀 만하겠지요.

라온

: '즐거운'을 뜻하는 옛말

  * 라온누리
  * 라온별
  ('라온-'을 앞에 붙이면서 여러 가지 이름을 지을 수 있습니다. '라온샘'이나 '라온바다'나 '라온빛'이나 '라온사랑'이나 '라온터'나 '라온눈'처럼 즐겁게 이름을 짓습니다.)

즐거운 (* '즐겁다'에서도 다룬다)

: 무엇을 하면서 몸과 마음이 가벼우면서 밝고 좋은

  * 너희랑 있으면 늘 즐거운 느낌이야
  * 오늘은 즐거운 저녁밥을 지어 보자
  * 마음껏 뛰노는 아이 입에서 즐거운 노래가 샘솟는다
  * 남이 시켜서 억지로 하는 일이 아닌 스스로 즐거운 일을 찾는다
  * 내내 즐거운 여행이었어요

마련하다·장만하다·사들이다·사다

⋯﹥ 무엇인가 "헤아려서 갖출" 때에는 '마련하다'라 하고, "사거나 만들어서 갖출" 때에는 '장만하다'라 합니다. "값을 치러서 내 것으로 삼으"면 '사다'라고 해요. '마련하다'와 '장만하다'는 갖춘다는 느낌을 나타내며 쓰고, '사다'는 갖춘다는 느낌보다 내 것으로 삼는다는 느낌을 나타내며 씁니다. '마련하다'와 '장만하다'는 어느 자리에 쓰려고 갖추는 느낌이 짙습니다. '사다' 또한 어느 자리에 쓰려고 갖추는 느낌을 담지만, 어느 자리에 쓰려는 마음이 없이 내가 가지기만 하려는 느낌을 담기도 합니다. 아직 없거나 다 떨어져서 새로 갖추어야 한다고 할 적에 '장만하다'를 써요. '마련하다'는 '장만하다'와 뜻은 거의 같지만, 무엇을 갖추어야 할까 하고 오래도록 살피고 생각한다는 느낌을 담습니다. "사서 들여오다"를 뜻하는 '사들이다'입니다. '사다'는 "값을 치르고 물건을 내 것으로 하다"를 뜻합니다. 그러니까 무엇을 '산다'고 할 적에는 꼭 이렇게 산 무엇을 내 집으로 가져오지 않을 수 있어요. 가게에서 어느 것을 값만 치른 뒤에 그냥 두고 집으로 올 수 있습니다. 다음에 가져올 생각이지요. 또는 어느 것을 값을 치르고 나서 아직 챙기지 않을 적에 씁니다. "그 책은 제가 샀는데요"처럼 씁니다. 그냥 '사 놓기'만 할 수 있습니다. '사들이다'는 "사서 가져오다"나 "그것을 사면서 다른 사람은 넘보지 못하게 하다"까지 나타내요.

마련하다

: 헤아려서 갖추다

　* 아버지는 내가 입을 옷을 마련해 주었어요

　* 너한테 줄 선물을 내가 마련했어

　* 내가 조용히 쉴 자리를 마련해야겠다

* 나들이 갈 돈을 알뜰히 마련한다

장만하다

: 　사거나 지어서 갖추다

* 집을 새로 장만하려고 생각해
* 올겨울에 읽을 책을 잔뜩 장만했어
* 설 음식을 장만하느라 모두 바쁘다
* 나도 반짇고리를 장만해 볼까

사들이다

1. 　사서 들여오다

* 글월을 쓰려고 고운 종이를 사들였지
* 아버지가 어제 튼튼한 책걸상을 사들였다

2. 　어느 것을 사면서 다른 사람은 넘보지
　　 못하게 하다

* 네가 다 사들이면 우리는 어떻게 하니
* 한발 앞서 누군가 몽땅 사들인 바람에
　하나도 안 남았다

사다

1. 　값을 치르고 물건을 내 것으로 하다

* 동생한테 주려고 그림책 한 권을 샀지요
* 심부름으로 두부 한 모 사는 길

2. 　값어치나 매무새를 좋게 여기다

* 할머니는 내가 그려 준 그림을 높이 사서
　벽에 붙이셨습니다
* 어머니가 들려준 이야기를 높이 산다

3. 　다른 사람이 어떤 마음이나 생각을 품도록
　　 하다

* 동무가 의심을 살 만한 짓을 했구나
* 언니가 믿음을 살 수 있도록 더 잘
　해야겠다

4. 　밥을 함께 먹으려고 돈을 내다

* 내가 한턱 내기로 했으니 저녁을 살게
* 어제는 네가, 오늘은 내가 밥을 사네

마을·동네·서울·고을·고장·마실

⋯→ ‘마을’은 사람들이 지내는 살림집이 조그맣게 모여 이루어진 삶터를 가리킵니다. ‘고을’은 마을이 여럿 모여 이루어진 삶터를 가리켜요. ‘서라벌·달구벌·새벌·황산벌’ 같은 땅이름에 나타나는 ‘-벌’은 퍽 크게 이루어진 고을을 가리킵니다. ‘고장’은 ‘고을’이 모여 이룬 삶터를 가리켜요. 요즈음 행정구역으로 치자면, 서울이나 부산이나 전라도나 충청도를 두고 ‘고장’이라 할 수 있습니다. 서울이나 부산에서는 구(종로구나 금정구)를, 전라도나 충청도에서는 군(화순군이나 음성군)을 ‘고을’로 여길 수 있어요. 또는, 도시에서는 동 하나를 고을로 여기거나, 시골에서는 읍이나 면을 고을로 여길

만합니다. 읍이나 면을 고을로 본다면, 군을 고장으로 볼 수 있어요. 오늘날은 옛날과 달리 행정구역이 많이 커지고 사람도 늘어났기에 고을과 고장을 나누는 테두리가 살짝 겹칠 수 있습니다. '마을'은 살림집이 모인 조그마한 터전입니다. 사투리를 들어 살피면, 집집마다 쓰는 '집말'이 있습니다. 집이 모인 마을이니 '마을말'이 있고, 마을 여럿을 아우르며 쓰는 '고을말'이 있어요. 고을을 넓게 아우르면 '고장말'입니다. '동네'도 '마을'과 거의 똑같이 쓰는 낱말인데, '마을'은 시골에서 쓰고 '동네'는 도시에서 씁니다. '마을'은 살림집이 모여 이룬 삶터가 띄엄띄엄 있기 마련입니다. 시골에서는 살림집이 한쪽에 옹기종기 모이면서 둘레에는 논밭과 냇물과 멧자락과 바다가 있기 마련입니다. 마을과 마을이 서로 떨어집니다. 이와 달리 도시에서는 살림집이 서로 다닥다닥 붙습니다. 이 동네와 저 동네는 고작 찻길 하나에 따라 갈리기 일쑤이고, 찻길로도 갈리지 않고 집과 집 사이를 갈라서 동네가 다르다고도 하기 일쑤예요. 요즈음은 '동네·마을'이라는 낱말을 뒤에 붙여서 쓰임새를 넓힙니다. "동네 빵집"은 동네에 조그맣고 수수하게 있는 빵집을 일컫고, "책마을"은 책 한 가지를 내걸면서 조그맣고 알차게 이룬 터전을 일컫습니다. '서울'은 여러 마을이나 고장 가운데 가장 크면서 북적대는 곳을 가리켜요. 이른바 '도시'이지요. 오늘날에는 한국에서 한복판에 선 고장을 가리킵니다.

마을

1. 살림집이 조그맣게 모여 이룬 삶터
   * 우리 마을은 봄마다 동백꽃이 환해
   * 가을걷이로 부산한 마을살림
   * 섬마을·바닷마을·멧골마을·골목마을
2. 이웃집이나 가까운 곳에 찾아가거나 다녀오는 일
   * 고개 너머로 마을을 다녀오자
   * 여름에 골짜기로 마을을 다니곤 한다
3. 조그마한 크기로 수수하게 있는 가게를 가리키려고 붙이는 말
   * 마을 빵집·마을 책집·마을 가게
4. 어느 한 가지 일·이야기·주제로 이루어진 삶터를 가리키려고 붙이는 말 (앞말과 으레 붙여서 쓴다)
   * 책마을·문학마을·영화마을·바둑마을·예술인마을

동네

1. 살림집이 모여 이룬 삶터
   * 동네 한 바퀴를 돌면서 놀자
   * 우리 동네는 저쪽 멧기슭에 있어요

* 너희 집은 어떤 동네에 있는지 궁금해
* 저쪽 동네에는 아파트가 많고 이쪽
  동네에는 골목집이 많아요
2. 살림집이 모여 이룬 삶터를 둘러싼 언저리
   * 동네에서 널리 알려진 개구쟁이
   * 온 동네에 네 이야기가 퍼졌더라
   * 그 동네에는 아직 도서관이나 극장이
     없어요
3. 조그마한 크기로 수수하게 있는 가게를
   가리키려고 붙이는 말
   * 동네 빵집·동네 책방·동네 이발소·
     동네 가게
4. 어느 한 가지 일·이야기·주제로 사람이
   많이 모이는 자리를 가리키려고 붙이는
   말 (앞말과 으레 띄어서 쓰지만 붙여서
   쓰기도 한다)
   * 책 동네·문학 동네·영화 동네·
     만화 동네·사진 동네

서울

1. 나라·고장·고을에서 살림을 꾸리는
   한복판이 되는 터전
   * 여기에서는 읍내가 서울이지
2. 사람이 많이 모여서 살되,
   흙짓기·흙살림을 펴는 들이나
   숲보다는 정치·경제·문화 같은 살림에
   마음·힘·돈을 많이 쓰면서 지내는 터전
   * 사람도 집도 많은 서울이야
3. 한국이라는 나라에서 여러 살림, 이른바

정치·경제·문화를 가장 크게 꾸리는 터전
* 한국은 서울, 일본은 도쿄
4. 시골에서 멀리 떨어진 곳
   * 서울까지 가자니 길이 멀다

고을

: 마을이 모여 이룬 삶터
  * 우리 고을은 남쪽으로는 바다를 끼고
    둘레로는 들을 품에 안는다
  * 저 고개를 넘으면 다른 고을이 나와요

고장

1. 고을이 모여 이룬 삶터. 사람이 많이 사는
   어느 곳을 가리킨다
   * 우리 고장은 숲과 냇물이 아름답습니다
   * 우리 고장과 이웃 고장 사이에 멧줄기가
     높다랗게 있다
2. 어떤 물건이 많이 나는 곳
   * 고흥은 유자와 석류가 많은 고장으로
     손꼽힌다
   * 강릉과 담양은 대숲으로 이름난 고장이다

마실

: '마을'과 같은 낱말. 요즈음에는 '마을 1'
  뜻으로는 거의 안 쓰고 '마을 2' 뜻으로만
  널리 쓴다.
  * 우리 함께 책방으로 마실을 가 볼까
  * 맛있는 가게를 찾아 마실을 다닌다

마주하다·마주보다

⋯→ '마주'는 "서로 똑바로 서는"을 가리킵니다. '마주＋하다'일 적에는 말 그

대로 서로 똑바로 서는 자리에 있는 셈이고, '마주＋보다'일 적에는 말 그대로 서로 똑바로 보는 자리에 있는 셈입니다. 다만, 한국말사전에 아직 '마주보다'가 오르지 않습니다. 사람들은 이 말을 무척 널리 쓰지만, 학자들 움직임은 더딥니다. '마주'라는 낱말을 잘 살리면 '마주읽다'라든지 '마주걷다'라든지 '마주놀다'처럼 새로운 뜻과 쓰임새를 나타내는 길을 열 수 있습니다.

마주하다

1. 서로 똑바로 함께 서거나 있거나 보다
   * 얌전하게 책을 마주하고 앉다
   * 나무를 마주하면서 봄내음을 맡아 보렴
   * 동생은 내 얼굴조차 마주하지 않는다
2. 어떤 일을 겪거나 사람을 만나다
   * 어려운 일을 마주하더라도 안 물러선다

* 오늘은 누구와 마주할지 궁금합니다

마주보다

: 서로 똑바로 바라보다
   * 마주보는 두 사람 사이에 사랑이 흘러요
   * 꽃이랑 마주보면서 이야기를 나누었어요

마중·배웅·반기다

⋯⟩ 맞이할 적에 '마중'이고, 떠나보낼 적에 '배웅'입니다. 밖에 나가 '마중'하는데, 그리던 사람을 만나거나 바라던 일을 이루며 가볍게 '반긴다'고 해요.

마중

: 찾아오거나 돌아오는 사람을 밖에 나가서 맞이함
   * 아버지가 마중을 나오셨어요
   * 할머니를 마중하러 나갑니다

배웅

: 떠나는 사람을 밖으로 따라 나가서 인사하며 보냄
   * 동무를 배웅하고 오렴
   * 누나가 나를 배웅해 줬어

반기다

1. 그리던 사람을 가볍고 밝고 좋게 맞다
   * 시골에서 찾아온 할머니를 반깁니다
   * 몇 해 만에 본 동무를 반긴다
2. 바라거나 기다리는 일이 이루어져서 가볍고 밝고 좋은 마음이 되다
   * 내가 이룬 꿈을 모두 반겨요
   * 네가 낸 책을 다 같이 반긴다
3. 어떤 말이나 이야기를 듣기에 좋게 여기다
   * 동무가 놀러 왔다니 크게 반기네
   * 가뭄을 씻을 비 소식을 반기지요

마찬가지·매한가지·내남없이·내남직없이·똑같이

···▸ "서로 같다"는 뜻을 나타내려고 쓰는 '마찬가지 · 매한가지 · 내남없이 · 내남직없이 · 똑같이'입니다. 뜻은 서로 비슷하다 할 만하고 쓰임새만 살짝 다릅니다. '마찬가지'는 여럿을 한자리에 놓고 살피는 자리에서 서로 같은 느낌을 담아요. 두 가지를 견준다든지 서너 가지를 맞대면서 서로 같다고 할 때에 써요. '매한가지'는 마지막이나 나중에 살피면 서로 같다는 느낌을 담으면서 씁니다. '내남없이 · 내남직없이'는 나(내)와 남이 서로 같다는 느낌을 나타낼 적에 씁니다. '똑같다'는 여럿이 다르지 않거나 아주 비슷하다는 느낌을 나타내면서 써요.

마찬가지

: 여럿을 함께 놓고 볼 적에 서로 같음

  * 왼손으로 먹든 오른손으로 먹든 밥은 다 마찬가지인걸
  * 예나 이제나 마찬가지로 어머니는 우리를 사랑한다
  * 배꽃이 곱고, 이와 마찬가지로 복숭아꽃도 곱다

매한가지

: 마지막에 보면 서로 같음

  * 내 노래도 네 노래도 즐겁기는 모두 매한가지이네
  * 이리 가도 저리 가도 길이 이어지기는 다 매한가지입니다

내남없이

: 나와 다른 사람이나 모두 같이

  * 우리는 내남없이 어깨동무를 하며 놀지요
  * 마을잔치를 앞두고 집집마다 내남없이 소매를 걷어붙이고 일손을 거든다

내남직없이

: 나와 다른 사람이나 모두 같이

  * 기쁜 이야기를 듣고 내남직없이 노래하고 춤춥니다
  * 바닷가 모래밭에서 내남직없이 깔깔 웃으면서 논다

똑같이

1. 서로 다르거나 어긋나는 데가 없이

  * 그릇에 똑같이 담아서 나누어 줄게
  * 나도 너하고 세뱃돈을 똑같이 받았어

2. 서로 아주 같다고 할 모습이다

  * 형과 동생이 똑같이 생겼는걸
  * 너희 둘이 그린 그림이 어쩜 이리 똑같이 보일까

* 모과꽃이 모두 똑같아 보이지만, 잘
  들여다보면 모두 달라

3. **새롭지 않거나 남다르지 않다**
   * 어제와 오늘은 똑같다고 할 수 없어요
   * 날마다 똑같이 되풀이하는 일이지만 늘
     즐겁게 웃고 노래한다

4. **거의 같거나 아주 같은 때이다**
   * 달리기를 했는데 둘이 똑같이 들어왔다
   * 두 사람은 태어난 날이 똑같네요

마침내·드디어·끝내·끝끝내·그예

⋯ '마침내'는 어떤 일을 맺거나 마치는 자리에 씁니다. '드디어'는 어떤 일을 처음 열거나 어떤 일이 비롯한다는 자리에 씁니다. 이러한 느낌을 헤아린다면, "마침내 이 책을 다 읽었어"일 적에는 책읽기를 마친다는 뜻이고, "드디어 이 책을 다 읽었어"일 적에는 책읽기를 마치면서 다른 일로 나아가거나 어느 책 하나를 마쳤으니 다른 책으로 넘어간다는 뜻이에요. '끝내'는 끝(맨 나중)까지 가서 무엇을 한다는 느낌을 나타내고, '그예'는 맨 나중에 가서 꼭 무엇을 한다는 느낌을 가리킵니다.

마침내

: 어떤 일이 맨 나중에 이르러
   * 마침내 이 두꺼운 책을 다 읽었어
   * 마침내 백두산 꼭대기까지 올라가
     보는구나
   * 나도 마침내 어려운 수수께끼를 풀었어

드디어

: 무엇을 하고서 맨 나중에. 오래 바라거나
  기다린 뒤에
   * 나도 드디어 사진기를 장만했다
   * 드디어 두발자전거를 탈 수 있어

   * 우리도 드디어 스무 살이 되었네

끝내

1. 맨 나중까지. 맨 나중이 되도록 내내
   * 이 많은 밥을 끝내 다 먹고야 말았구나
   * 모래밭에 떨어뜨린 가락지를 끝내 못
     찾았어
   * 끝내 해내도록 더 기운을 내려고요

2. 맨 나중에 가서
   * 거의 다 잡았는데 끝내 놓치고 말았지
   * 어제 경기는 내내 밀리다가 끝내 이겼어

끝끝내

: '끝내'를 힘주어서 하는 말

 * 강화부터 고성까지 바닷가를 따라
   자전거로 끝끝내 모두 달렸다
 * 끝끝내 비가 오지 않아 논이 타들어 간다
 * 누구한테나 끝끝내 이루지 못할 일이란
   없어

그예

: 맨 나중에 가서는 꼭

 * 옷을 얇게 입더니 그예 고뿔에 걸렸구나
 * 겨울이 끝나고 꽃샘바람도 지나가니 그예
   봄빛이 곱다
 * 장난만 치면서 가더니 그예 돌에 걸려
   넘어지는구나
 * 떠나보내기 아쉬워서 그예 눈물 바람이네

막1·마구·함부로·아무러하다(아무렇게)·되는대로

⋯ 잘 살피지 않는 모습을 가리킬 적에 여러 가지 낱말을 씁니다. '마구'와 '막'은 가리거나 살피지 않는 모습을 흔히 가리키고, '함부로'는 이처럼 안 살피는 모습을 넘어 둘레를 깊이 생각하지 않는 느낌을 살짝 얹습니다. '아무렇게(아무렇게나)'도 '함부로'처럼 깊이 생각하지 않는 느낌을 나타내는데, '아무렇게'는 스스로 생각을 튼튼히 세우는 틀이 없기 때문에 깊이 생각하지 않는 느낌이 됩니다. '되는대로'는 흐름이나 모습을 살피지 않는 느낌을 나타냅니다.

막1

: '마구'를 줄인 낱말

 * 간지럽다고 눈을 막 비비면 아프기만
   하지
 * 서두르면서 여기저기 막 헤치지만
   아무것도 안 나온다
 * 아무 데나 막 던지니까 공을 받을 수 없네

마구

1. 몹시 세차거나 지나치게

 * 슬퍼서 눈물이 마구 흐른다
 * 그렇게 마구 밀면 넘어지잖아
 * 비가 마구 퍼부으니 바깥에 나가지 말자

2. 가리지 않거나 살피지 않으면서

 * 마구 쓴 글이라서 읽기에 좀 어지럽겠지
 * 마구 내뱉는 말은 듣고 싶지 않아

함부로

: 잘 살피지 않거나 깊이 생각하지 않거나
  삼가지 않으면서

* 함부로 건드리면 다치니까 살살 만져
* 풀숲에 쓰레기를 함부로 버리지 마셔요
* 네 일이 아니라고 함부로 말하지 마

아무러하다 (아무렇게)

1. 어느 것이 뚜렷하게 없거나 어떤 틀을 따로 안 세우다
    * 시험 성적이 아무렇게 되더라도 대수롭지 않아요
    * 날씨가 아무러하든 오늘부터 자전거 나들이를 떠날 생각이에요
2. 하나도 못 건드리거나 어떠한 것도 없다
    * 나는 어제 있었던 일에 아무러한 마음도 없어요
    * 네가 묻는 말에 아무러한 이야기도 들려줄 수 없네
    * 아직 아무러한 꿈을 그리지 못했어요
3. 차근차근 살피지 않거나 깊이 생각하지 않다
    * 설거지를 아무러하게나 하다가 접시를

깰라
* 갈 곳을 모르는 채 아무렇게나 가다가는 길을 잃겠어

되는대로

1. 흐름을 제대로 살피지 않으면서 그대로
    * 차근차근 안 쌓고 되는대로 쌓다가는 무너질 수 있어
    * 디지털사진기라 해도 되는대로 찍으면 좋은 사진이 나오지 않아
2. 흐름이나 모습에 따라
    * 오늘은 다들 힘드니 되는대로 저녁을 차려서 먹자
    * 마당은 되는대로 쓸고 얼른 집으로 들어오렴
3. 할 수 있는 만큼 힘을 다하거나 크게
    * 서둘러야 하니 되는대로 부지런히 가자
    * 모처럼 바닷가에 왔으니 되는대로 바람을 실컷 마시고 돌아갈래

막2·막바로·갓·이내*

···▸ "막 스무 살이 되었다"는 이제부터 스무 살이라는 뜻입니다. "갓 스무 살이 되었다"는 스무 살이 된 지 아주 얼마 안 되었다는 뜻입니다. '막'과 '갓' 은 같은 날이나 때를 가리킬 수 있지만, 느낌이나 뜻은 사뭇 다릅니다. '막바로'는 '곧바로'와 똑같은 낱말이라 할 수 있어요. '이내'는 가까운 곳에 있거나 어떤 흐름이 그대로 이어지는 느낌을 가리키는 대목에서 '막바로'와 비슷한데, '막바로'는 '이내'보다 조금 더 가까운 자리를 가리키는 느낌이 짙습니다. "막바로 잠들다"라 하면 이곳에서 그대로 잠든다는 뜻이 되고, "이내 잠

들다"는 망설이거나 다른 생각이나 일을 할 틈이 없이 그대로 잠든다는 뜻이 됩니다. 그리고 '막걸리·막국수'에 쓰는 '막–'을 생각해 봅니다. 술이나 국수는 아무렇게나(마구) 담거나 삶지 않습니다. 다른 술이나 국수보다 "살짝 투박하게" 담거나 삶는다는 결을 '막–'으로 나타내면서, "이제 바로"라는 느낌을 함께 '막–'으로 나타내지 싶어요. 오래 담그지 않아도 좀 일찍 마실 수 있는 술인 '막걸리'요, 바로 삶아 바로 뜨끈하게 먹는 '막국수'랄까요. 그래서 '갓술·갓국수'처럼 새로 써 볼 수도 있습니다.

막 2

1. 이곳에서 이때에
   * 버스가 막 떠나는 바람에 놓쳤다
   * 막 심부름을 마치고 집으로 가는 길이야
   * 국수가 다 되어서 막 건졌으니 뜨거워
2. 이제부터 그대로 이어서
   * 내가 집으로 돌아왔을 때 큰아버지가 막 떠나시려 했다
   * 나비가 장다리꽃에 내려앉을 때에 막 제비가 날아왔다

막바로 ('곧바로'와 똑같은 낱말이라 할 수 있다)

1. 이때 이 자리에서
   * 하기로 했으면 막바로 해야 밀리지 않아
   * 국수를 다 삶아서 그릇에 담았으니 불리지 말고 막바로 먹으렴
2. 조금도 굽거나 비뚤거나 구부리지 않게
   * 거기에서 막바로 오면 우리 집이에요
   * 돌지 말고 막바로 왔어야 했는데
3. 어디를 들르거나 거치지 않고 그대로
   * 나는 아까 막바로 왔는데 너희는 어디 들렀다가 늦었구나
   * 볼일을 마치고 집으로 막바로 왔어요

4. 아주 가까운 때나 곳에
   * 내 생일이 지나면 막바로 네 생일이 되네
   * 섣달그믐이 지나면 막바로 새해예요

갓

: 아주 얼마 앞서 (어떤 일이 있고 나서 아주 가까운 때에)
   * 갓 지은 밥이 가장 맛있더라
   * 큰언니는 갓 스물이 되었어요
   * 갓 장만한 자전거라 그런지 무척 깨끗하구나

이내 (* '이내·내리'에서도 다룬다)

1. 그때에 더 머뭇거리지 않고 그대로
   * 아기는 이내 잠듭니다
   * 해가 떨어지니 이내 별이 초롱초롱 빛납니다
2. 그때 모습이나 흐름이 그대로 이어져
   * 그때부터 오늘까지 이내 아무런 편지도 없어
   * 그날 뒤로 이내 아무 말이 없구나
3. 가까운 곳에
   * 우리 집 마당 옆으로는 이내 포도밭이야
   * 냇가를 따라 이내 모래밭이 펼쳐졌더라

막대기·작대기

⋯▸ '막대기'와 '작대기'는 모두 가늘고 기다란 것을 가리킵니다. 다만, 작대기는 막대기보다 긴 것을 가리킵니다. 막대기는 가늘면서 살짝 긴 듯하지만 '토막'으로 있는 것을 가리키지요. '토막'보다 작으면 '도막'이 되어요. 지팡이로 삼을 만큼 길면 작대기입니다. 지팡이로 삼기에는 짧아서 막대기예요. 작대기로는 바지랑대를 삼을 수 있습니다. 막대기로는 바지랑대를 삼지 못해요. 빨랫줄이 처지지 않도록 받치는 나무는 제법 길어야 하니 막대기를 쓸 수 없어요. 낚싯대라든지 잠자리채는 작대기로 만든다고 할 수 있습니다.

막대기	작대기
: 가늘고 기다랗지만 토막으로 있는 것	: 가늘고 퍽 기다란 것
* 도랑에 빠진 신을 막대기로 건지기는 힘드니 작대기를 가져오렴	* 할머니가 지팡이로 삼을 만한 작대기를 숲에서 찾았다
* 햇볕에 이불을 말리면서 막대기로 팡팡 털었다	* 작대기를 휘둘러 감을 딴다

만지다·만지작거리다·주무르다·건드리다·대다

⋯▸ 서로 가까이 있도록 해서 떨어지지 않게 할 적에 '대다'입니다. 등을 대고 앉는다고 합니다. 가만히 가까이하면서 안 떨어지고 그대로 있거나, 쥐었다 놓는 몸짓이면 '만지다'입니다. 이마가 뜨거운지 살피려고 '만지'고, 아픈 다리를 주무르려고 '만집'니다. 살짝 움직이도록 대거나 칠 적에는 '건드리다'입니다. 자는 사람을 괜히 건드려서 깨운다고 하지요. 말느낌이 퍼지

는 자리를 살피면, '만지다'는 움직이거나 고치거나 손질하는 자리에서 널리 쓰입니다. '건드리다'는 좋지 않게 다른 사람을 괴롭히는 자리에서 두루 씁니다. '대다'는 뒤에서 돕는 자리에서도 쓰고, 사람과 사람 사이를 잇는다든지 어떤 말을 들려주는 자리에서도 씁니다. '건드리다'는 작은 자리에서 씁니다. 이를테면 손끝으로 건드린다고 해요. '만지다'는 작은 자리뿐 아니라 넓은 자리에서도 써요. 이를테면 손바닥으로 만진다고 해요. '대다'도 작은 자리와 넓은 자리에 함께 쓰는데, '만지다'는 손이나 발로 만진다고 하지만, '대다'는 손으로도 대지만 등이나 이마나 머리나 엉덩이로도 닿도록 합니다. 가볍게 만질 적에 '만지작거리다'라 하고, 자꾸 만질 적에 '주무르다'라 합니다. 자꾸 만지기에 손으로 자꾸 쥐었다 놓았다 하면서 무엇을 빚기도 하며, 팔다리를 부드럽게 풀어 주기도 하지요. 빨래를 하려고 손을 쓰는 일도 '주무르다'라 합니다. 일을 말끔하게 끝내지 못하고 자꾸 만지기만 하는 몸짓도 '주무르다'입니다.

만지다

1. 가만히 가까이 있도록 하면서 안 떨어지게 그대로 있거나, 또는 쥐거나 누르거나 비볐다가 놓다
   * 아기 손가락을 만지면 아주 보드랍다
   * 꽃잎을 만지면 어쩐지 즐겁다
2. 무엇을 쓰거나 움직이다
   * 너는 아직 칼을 만지지 말고 그릇만 나르렴
   * 나도 피아노를 만질 수 있어요
3. 물건을 손질하거나 고치거나 꾸미다
   * 큰오빠는 자전거를 잘 만지니까 한번 살펴 달라고 해 보자
   * 작은언니더러 머리카락을 만져서 땋아 달라고 해야지
4. 어떤 물건이나 돈을 가지다
   * 호떡장수 아주머니는 날마다 부지런히 일해서 목돈을 만졌습니다
   * 설날에는 세뱃돈을 만질 수 있겠네
5. 버릇을 고치려고 남을 때리는 일
   * 동생을 괴롭히는 네 녀석을 내가 만져 줄까

만지작거리다

: 가볍게 만지다
   * 심심해서 손가락을 만지작거리면서 놀았습니다
   * 새싹이 예뻐서 자꾸 만지작거린다

주무르다

1. 손으로 자꾸 쥐었다 놓았다 하다 (힘껏 자꾸 만지다)

* 흙을 주물러서 새랑 토끼랑 꽃을
  빚었어요
* 어머니가 고단해하셔서 팔다리를 주물러
  보았어요
* 반죽을 잘 주물렀으면 그쪽에 놓고, 이제
  만두소를 하자

2. **빨래를 하려고 손으로 비비거나 누르거나
   짜다**
   * 속옷은 살살 주물러야 올이나 천이
     다치지 않아
   * 이불 빨래는 주무르면 힘드니까 발로
     꾹꾹 눌러서 하자

3. **다른 사람이나 일을 제 마음대로 다루거나
   놀리다**
   * 동생이 여리다고 자꾸 이러쿵저러쿵
     주무르지 말자
   * 골목대장은 마을 아이들을 주무르면서
     큰소리를 칩니다
   * 살림은 그렇게 주무르지 말고 알뜰살뜰
     다스려야지

4. **일을 시원하거나 말끔하게 하지 못하는 채
   있다 (우물쭈물, 우물우물)**
   * 어려운 일은 혼자 주무르지 말고 함께
     하자
   * 어린 동생이 아침부터 용을 쓰며
     주무르니 네가 가서 거들렴

건드리다

1. **살짝 움직일 만큼 대거나 치다**
   * 네가 건드리니까 소리가 난다
   * 달팽이를 건드리니 깜짝 놀랐는지
     더듬이를 숨긴다

2. **다른 사람 것을 함부로 다루거나 쓰거나
   보려고 하다**

* 내 일기장은 건드리지 말아라
* 내 장난감을 건드리지 말고 네 장난감을
  만지라고

3. **말이나 몸짓으로 마음을 다치게 하거나
   나쁘게 하다**
   * 잔뜩 부아가 났는데 괜히 건드리지 마라
   * 그 아이가 아무리 착해도 그렇지, 자꾸
     들쑤시거나 건드리지 말자

4. **어떤 일을 해 보다**
   * 이것저것 건드리기보다 한 가지 일을
     꾸준히 할 때에 잘할 수 있다
   * 설거지를 조금 건드리다가 걸레를 손에
     쥐고 방바닥을 훔칩니다

대다

1. **서로 가까이 있게 하다 (가까이 있어서
   떨어지지 않게 하다)**
   * 나무에 귀를 대고 소리를 들어 봐
   * 너무 뜨거워서 손을 대기 힘들다

2. **때에 맞추어 어느 곳에 가다**
   * 늑장을 부리면 버스가 떠나는 때에 대기
     어려워
   * 오늘 만나기로 한 때에 대려면 부지런히
     가야겠다

3. **어느 곳을 바라보거나 어느 쪽을 마주하다**
   * 바다에 대고 노래를 부르다
   * 골이 났대서 동생한테 대고 풀려고 하지
     말아라

4. **연장을 써서 움직이거나 일을 하다**
   * 일기를 쓰려고 공책에 연필을 댈 무렵
     전화가 온다
   * 입맛이 안 맞는지 통 숟가락을 입에 대지
     않는구나

5. **배나 자전거나 자동차를 멈추어서 어느**

곳에 두다

* 저기 나루터에 배를 대네
* 자전거는 좁은 자리만 있어도 댈 수 있다

6. 돈이나 물건을 마련해서 주거나 보살피다

* 멀리 길을 나서는데 찻삯을 대어야지
* 뒤에서 살림돈을 몰래 대는 고마운
  이웃이 있다

7. 뒤에 놓거나 겹쳐서 놓다

* 허리가 반듯하게 펴지도록 등받이에 등을
  대고 앉으렴
* 책받침이 여기 있으니 뒤에 대고 쓰면 돼

8. 서로 이어지거나 만나도록 하다

* 네 동무하고 만날 수 있게 줄을 대고 싶어
* 다툰 두 아이가 앙금을 풀도록 자리를
  대어 줍니다

9. 어느 곳에 가거나 있도록 마주하거나
   바라보게끔 하다

* 그쪽으로 물관을 대면 꼭지를 틀게
* 사람 얼굴 쪽으로 젓가락을 대지 말아라

10. 물을 끌어오거나 들어오게 하다

* 모내기를 앞두고 논에 물을 대느라
  부산하다
* 큰 고무통에 물을 대고 물놀이를 한다

11. 서로 한자리에 놓고 살피다

* 너랑 나랑 누구 솜씨가 나은지 대어 보자
* 가까이에서 대니 이쪽이 한 뼘 길구나

12. 다른 말을 하거나 왜 그러한가를 밝히다

* 자꾸 핑계를 대지 말고 바른대로 말하자
* 네가 그처럼 생각하는 까닭을 대 보렴

말끔하다·깔끔하다·산뜻하다·말쑥하다

⋯ 맑거나 깨끗한 느낌을 나타내는 네 낱말은 모두 '보기에 좋도록 시원스러운' 모습을 가리킵니다. 네 낱말은 어떻게 보기 좋거나 시원스러운가에 따라 다르게 씁니다. 느낌은 사람마다 다르게 받아들일 텐데, 티가 없다고 여기면 '말끔하다'이고, 군더더기라든지 어수선한 모습이 없다고 여기면 '깔끔하다'이며, 새롭구나 싶으면 '산뜻하다'이고, 지저분하지 않다고 여기면 '말쑥하다'입니다.

말끔하다

: 티가 없이 시원스럽다

* 심부름부터 말끔히 끝내고 놀아야지
* 식구들이 모두 말끔히 차려입고 나들이를
  갑니다

깔끔하다

1. 군더더기나 어수선한 모습이 없이
   시원스럽다

* 마당을 깔끔하게 치웠다
* 지저분한 옷을 깔끔하게 갈아입었다

2. 솜씨가 빈틈이 없이 알뜰하다
   * 바느질을 깔끔하게 마무리했다
   * 책상도 방도 마루도 깔끔하게 다
     치웠어요

산뜻하다

1. 새로우면서 시원스럽다
   * 봄에 갓 돋은 살구나무 잎사귀가
     산뜻해요
   * 오늘은 어제와 달리 산뜻한 하루이다
2. 보기 좋도록 새롭고 시원스럽다
   * 네 옷차림이 오늘따라 산뜻하네
   * 긴 머리를 땋으니 참 산뜻하구나

말쑥하다

1. 지저분하지 않고 시원스럽다
   * 할아버지가 새벽 일찍 쓸어 놓은 마당이
     말쑥합니다
   * 책상맡에 늘어놓은 것들을 치우니
     말쑥하다
2. 지저분하지 않아 보기 좋도록 시원스럽다
   * 할머니한테 인사하러 가는 길이라
     말쑥하게 입었지요
   * 생일을 맞이한 아침에 깨끗하게 씻고
     말쑥하게 차려입었다

맑다·깨끗하다·정갈하다·해맑다·티없다·해사하다

⋯→ '맑다'와 '깨끗하다'는 더럽지 않거나 때가 없는 모습을 거의 비슷하게 가리킨다고 할 수 있습니다. 그런데 "물이 맑게 흐르네"와 "물이 깨끗하게 흐르네"는 느낌이 살짝 다릅니다. "냇물이 맑네"와 "하늘이 맑네"는 냇물과 하늘이 스스로 환한 빛이 되는 모습을 가리키고, "냇물이 깨끗하네"와 "하늘이 깨끗하네"는 더럽거나 어지럽던 것을 치워서 없앤 느낌이 깃들거나, 아직 더러워지지 않거나 어지러워지지 않은 느낌이 깃들기도 합니다. '맑다'는 더러운 것이 섞이지 않은 모습이고, '깨끗하다'는 더러운 것이 없는 모습입니다. "빨래가 깨끗하다"라든지 "옷이 깨끗하다"처럼 쓰지만, 빨래와 옷을 두고 "맑구나" 하고 말하지 않습니다. 더러워진 옷에서 더러움을 없앴기에 깨끗합니다. 그리고 옷을 처음 지을 적에는 천으로 새로운 모습을 만들 뿐이기에 더러움이 섞이거나 안 섞이는 일하고 동떨어지기에, 새로 장만한 옷을 두고 "옷이 깨끗하다"고 한다면, 아직 더러운 것이 묻지 않거나 없기에

깨끗하다고 말합니다. 소리가 맑다고 하거나 깨끗하다고 할 적에도 '섞이지 않다'와 '없다'라는 틀에서 살피면, 두 낱말을 알맞게 갈라서 쓸 수 있습니다. 더럽지 않으면서 군더더기나 어수선한 모습이 없는 느낌이 '정갈하다'입니다. 깨끗하면서 보기 좋다고 할 적에 '정갈하다'고 할 만합니다. 가지런한 모습이라든지, 얌전하거나 반듯한 모습을 가리킬 때에 '정갈하다'를 쓰곤 해요. "하얗고 맑다"를 뜻하는 '해맑다'이고, "하얗고 밝다"를 뜻하는 '해밝다'라는 낱말이 있어요. '하얗다'는 한낮에 뜬 햇빛을 가리키는 빛깔이라고 할 수 있습니다. 아침저녁 노을에서는 노랗게 보이다가 빨갛게 보이기도 하는 햇빛이나, 온누리를 밝게 비출 적에는 하얗게 보입니다. '티없다'는 아직 한국말사전에 안 오른 낱말입니다. 티가 없는 모습을 가리키고, 앞으로는 한 낱말로 삼아 '맑은' 모습을 가리키는 자리에 쓰면 좋으리라 봅니다. '해사하다'는 하얗고 매우 곱다는 느낌을 나타내고, 이를 바탕으로 얼굴빛이나 노래나 차림새나 몸짓이 환하거나 시원스럽게 좋은 느낌도 나타냅니다.

맑다

1. **어지럽거나 지저분한 것이 섞이지 않다**
   * 맑은 골짝물을 두 손으로 떠서 마십니다
   * 아기를 안은 어머니 눈빛이 더없이 맑아요
2. **구름이나 안개가 안 끼고 햇빛이 밝다**
   * 날이 맑으니 오늘은 나들이를 하기에 좋을 듯하다
   * 하늘이 맑아서 멀리까지 잘 보인다
3. **소리가 가볍고 또렷해서 듣기에 좋다**
   * 꾀꼬리 노랫소리가 맑게 퍼집니다
   * 누군가 피아노를 맑고 힘차게 친다
4. **마음에 어지러운 빛이 없이 또렷하다**
   * 맑은 마음으로 빙그레 웃으니 더없이 예쁘다
   * 아이들은 마음도 생각도 참으로 맑아요

깨끗하다

1. **때나 찌꺼기나 얼룩이 없다**
   * 흙밭에서 뒹굴며 놀았는데 옷이 깨끗하구나
   * 손을 깨끗하게 씻고 나서 밥을 먹자
2. **빛깔이 흐리지 않다**
   * 냇물이 깨끗해서 물고기가 헤엄치는 모습이 다 보인다
   * 비바람이 걷힌 하늘이 파랗고 깨끗하다
3. **반듯하고 고르게 잘 있다**
   * 손님도 오시는데 집을 깨끗하게 치우자
   * 벽종이를 구김살 없이 깨끗하게 발랐습니다
4. **마음에 걸리는 잘못이나 흉이 없이 떳떳하고 바르다**
   * 언제 보아도 마음이 참 깨끗한 우리 오빠

* 착하고 깨끗하게 살아가는 이웃이 많아요

5. 목구멍을 틔우는 싱그러운 맛이 나다
   * 아버지가 끓인 조갯국은 깨끗하고 좋아요
   * 얼음 띄운 미숫가루를 마시니 시원하면서 입맛이 깨끗해요

6. 남기지 않고 하나도 없다
   * 쓰레기통을 깨끗하게 비웠어요
   * 강아지가 배고팠는지 밥그릇을 깨끗하게 핥아먹었다

7. 아쉬움이나 서운함 같은 느낌을 남기지 않다
   * 어제까지 저지른 짓은 깨끗하게 잊고 오늘부터 잘하면 돼
   * 네 바둑 솜씨에 난 깨끗하게 두 손 들었어

8. 아프거나 걸리거나 거북한 것이 남지 않고 사라지다
   * 넘어져서 다친 데가 깨끗하게 나았어요
   * 이 책은 이야기를 깨끗하게 마무리지었구나

9. 마음이나 얼굴에 어두운 빛이 없다
   * 이분이 쓴 동시는 무척 깨끗하다
   * 아기들 얼굴을 보면 몹시 깨끗하면서 곱다

정갈하다

1. 깨끗하면서(때나 찌꺼기가 없으면서) 보기 좋도록 곱다
   * 너는 언제나 옷차림이 정갈하구나
   * 말씨가 정갈하면서 차분한 할머니

2. 솜씨가 야무지며 알뜰하다
   * 할아버지는 저녁 밥상을 정갈하게 차리셨다
   * 어머니는 늘 살림을 정갈하게 가꾸신다

해맑다

1. 하얗고 맑다 (어지럽거나 지저분한 것이 섞이지 않다)
   * 오늘따라 아침 햇살이 무척 해맑다
   * 해맑은 봄빛이 들판에 고루 퍼집니다

2. 하얗고 맑은 기운이 가득해서 보거나 듣기에 좋다
   * 어머니가 들려주는 해맑은 노래를 들으면서 포근히 잠들었다
   * 해맑은 눈빛이 사랑스러운 아이

3. 마음이 해처럼 하얗고 맑아 곱다
   * 동무를 내 몸처럼 아끼고 사랑하는 해맑은 아이들
   * 나도 해맑은 마음이 되어 동무를 사귀고 싶어요

티없다

: 티 하나 없다. 작은 부스러기나 생채기 하나 없다
   * 가을 하늘이 높고 티없이 파랗다
   * 동생이 나를 티없이 착한 눈망울로 바라본다

해사하다

1. 하얗고 매우 곱다
   * 할머니는 언제나 해사한 얼굴로 우리를 반깁니다
   * 탱자나무는 가시가 비죽비죽 돋지만 꽃이 얼마나 해사한지 몰라

2. 얼굴빛이나 웃음이나 노래가 환하고 또렷해서 보거나 듣기에 좋다
   * 어린 동생들이 해사하게 웃으면 무척 즐거워요
   * 후박나무에 앉은 참새 노랫소리가

해사해서 한참 귀여겨들었다

3. 옷차림이나 몸짓이 환하고 시원스러워서 보기 좋다

* 노란 빛깔로 차려입은 옷이 봄꽃과

어울려 해사합니다

* 언니는 맵시가 해사하고 동생은 웃음이 해사하지요

망가뜨리다·깨다·깨뜨리다·부수다· 부서뜨리다·부스러뜨리다

⋯⋯ '망가뜨리다'는 못 쓰게 하는 일을 가리킵니다. '부수다'도 못 쓰게 하는 일을 가리킵니다. 그런데 '부서져'도 그럭저럭 쓸 수 있기도 하지만, '망가지'면 아예 못 쓴다고 할 수 있습니다. 부수다를 놓고 '부스러뜨리다 < 부수다 < 부서뜨리다'처럼 센말과 여린말을 가를 수 있습니다. '깨다'와 '부수다'는 여러 조각이 나도록 하는 일을 가리키는데, '깨다'는 조금 큰 조각이 되도록 하는 모습을 가리키고, '부수다'는 조금 작은 조각이 되도록 하는 모습을 가리켜요. 그리고 '깨다'는 힘을 들이지 않으면서 여러 조각이 나도록 하는 모습을 가리키기도 하는데, '부수다'는 힘을 들여서 여러 조각이 나도록 하는 모습을 가리킵니다. 부수려면 힘을 써야 합니다. 놓치거나 미끄러져서 여러 조각이 난다면 '깨다'입니다. "유리창을 깼다"고 한다면 공놀이를 하다가 그만 공이 빗나가서 유리창이 와르르 조각이 나도록 했다는 소리요, "유리창을 부쉈다"고 한다면 일부러 유리창이 와르르 조각이 나도록 했다는 소리입니다.

망가뜨리다

: 못 쓰게 되도록 하다

* 밤에 쉬를 하러 나가다가 그만 장난감을 밟아 망가뜨렸다
* 손에서 미끄러져 떨어지는 바람에 망가뜨리고 말았어요
* 잘 고친다고 뜯었다가 웬걸 몽땅 망가뜨렸어요

깨다

1. 여러 조각이 크게 나도록 하다

* 얼음을 깨서 오독오독 씹어서 먹는다

* 설거지를 하다가 그만 접시를 깨고
    말았어요

2. **안 지키거나 안 따르다**

    * 다짐을 하고 나서 하루 만에 깨네
    * 집에 일이 생겨서 약속을 깨야겠구나

3. **흐름을 바꾸거나 끝나게 하다**

    * 오순도순 나누던 이야기를 깨는 외침
        소리
    * 깊은 밤 고요함을 깨는 자동차 소리

4. **어떤 기록이나 틀을 넘어서거나 없어지게
    하다**

    * 이 경기에서 세계 기록을 깼다고 합니다
    * 남자와 여자를 가르는 제도와 법을 깨다

5. **넘어지거나 부딪치거나 맞아서 몸에
    벌어지거나 긁힌 자국이 나게 하다**

    * 돌에 걸려 넘어져서 무릎을 깼어요
    * 에그그, 전봇대에 박아서 이마를 깼구나

6. **그동안 안 쓰고 두거나 모은 돈을 쓰다**

    * 아버지는 적금을 깨서 다 함께 여행을
        가기로 하셨대요
    * 5만 원짜리 돈을 깨야겠구나

깨뜨리다

: '깨다'를 힘주어 쓰는 말

    * 바위를 깨뜨릴 만큼 대단한 벼락이 쳤다
    * 이제 와서 약속을 깨뜨리는구나
    * 옳지 않은 제도라면 깨뜨려야지 싶어

부수다

1. **힘을 들여 여러 조각이 작게 나도록 하다**

    * 함부로 갖고 놀다가 부수면 어쩌려고
        그래
    * 마늘을 다지듯이 이 덩이를 부수면 돼

2. **쓰기 어렵게 되도록 하거나 못 쓰게**

되도록 하다

    * 열쇠를 집에 놓고 나오는 바람에 문을
        부수고 들어가야 했어
    * 헌 집을 부수고 새롭게 집을
        짓는다더구나

3. **꿈이나 바람이나 뜻이 없어지게 하다**

    * 우리 아이들 꿈을 부수지 마셔요
    * 나는 내 뜻을 부수지 않고 끝까지 지킬
        생각이야

부서뜨리다

1. **큰 힘을 들여 여러 조각으로 아주 작게
    나도록 하다**

    * 벼락이 내리치면서 울타리를 부서뜨렸다
    * 아버지는 힘이 세어 능금알을 한 손으로
        부서뜨릴 수 있어

2. **아주 못 쓰게 되도록 하다**

    * 엉덩방아를 찧으며 장난감 인형을
        부서뜨리고 말았어
    * 비바람이 크게 몰아치는 바람에 비닐집을
        몽땅 부서뜨렸다

3. **꿈이나 바람이나 뜻이 모두 없어지게 하다**

    * 우리 꿈을 부서뜨리는 일이 생기더라도
        다시 일어서려고 해
    * 할머니 꿈은 아무도 부서뜨릴 수 없어요

부스러뜨리다

: 조각이 잘게 나도록 하다

    * 너무 부스러뜨리면 못 먹겠다
    * 소금이 덩어리로 졌으니 부스러뜨려 줄
        수 있겠니
    * 언 땅을 파서 흙덩이를 부스러뜨린 뒤에
        씨앗을 심습니다

망설이다·머무적거리다(머뭇거리다)· 우물쭈물·우물우물·꾸물꾸물·엉거주춤· 주춤거리다·갈팡질팡하다

⋯⟩ 시원스레 움직이지 못하는 모습을 가리키는 낱말들인데, 느낌이 살짝 다릅니다. '망설이다'는 "생각만 이리저리 굴리"면서 못 움직이는 모습이고, '머무적거리다(머뭇거리다)'는 "자꾸 멈추는" 모습이요, '우물쭈물'은 "어떻게 해야 좋을는지 모르는" 모습입니다. 얼핏 보기에는 똑같아 보이는 모습이지만, 저마다 까닭이 다를 테지요. '우물우물'은 어찌할 줄 모르는 모습뿐 아니라, 말을 제대로 하지 않거나 입에 넣은 것을 시원스레 씹지 못하는 모습을 가리키기도 합니다. '꾸물꾸물'은 매우 느리게 움직이는 모습을 나타내는데, 이 모습은 어떤 일을 늦추거나 늑장을 부리는 모습이라고도 할 만해요. 그래서 좀 게을러 보일 수도 있습니다. '엉거주춤'은 "이렇게 해야 할는지 저렇게 해야 하는지 모르는 채 몸을 구부정하게 있"는 모습입니다. '주춤거리다'도 "자꾸 멈추는" 모습으로는 '머무적거리다'와 비슷한데, '주춤거리다'는 다른 사람 눈치나 눈길을 살피는 느낌이 짙습니다. '갈팡질팡하다'는 "갈 곳을 몰라 헤매"면서 한자리에 선 모습을 나타내요. '우물쭈물'은 큰말이고 '오물쪼물'은 여린말입니다. '우물쩍주물쩍'은 '우물쭈물'보다 큰말이며, '우물우물'은 '오물오물'보다 큰말입니다. '꾸물꾸물'보다 큰말로 '꾸무럭대다'나 '꾸무적대다'나 '꾸무럭꾸무럭·꾸무적꾸무적'이 있고, '꼬물꼬물'은 여린말이에요. '엉거주춤'은 큰말이요 '앙가조춤'은 여린말입니다. 그리고 '우물우물'이나 '꾸물꾸물'은 '우물우물하다'와 '꾸물꾸물하다' 꼴로만 쓰고, '우물거리다·우물대다'나 '꾸물거리다·꾸물대다' 꼴로 씁니다. '-거리다·-대다'는 어떤 일이 잇달아 나타나는 모습을 나타내기에 '-거리다·-대다'를 붙이려면 '우물·꾸물'은 한 번만 적어요. '우물우물·꾸물꾸물'처럼 두 번씩 적을 적에는 '-하다'만 붙여 줍니다.

망설이다

: 뚜렷하거나 시원스레 움직이지 못하면서
생각만 이리저리 굴리다

* 어느 쪽을 골라야 할지 몰라 망설인다

* 망설이다가 해가 넘어가겠네

* 이제 그만 망설이고 어느 쪽으로 할는지
골라 보자

머무적거리다

: 뚜렷하거나 시원스레 움직이지 못하면서
자꾸 멈추다

* 너무 갑작스러운 일이라 머무적거리기만
한다

* 쑥스러운 나머지 뒤통수를 긁적이며
머무적거린다

머뭇거리다

: '머무적거리다'를 줄인 낱말

* 어서 들어오지 않고 왜 머뭇거리니

* 할 말이 있으면 머뭇거리지 말고
시원스럽게 털어놓으렴

우물쭈물 (우물쭈물하다)

: 뚜렷하게 하지 못하면서 어찌할 줄 모르는
모습

* 가슴이 콩닥콩닥 뛰며 우물쭈물 말을 못
한다

* 바쁘고 어수선해서 우물쭈물 이러지도
저러지도 못하네요

* 건널목에서 우물쭈물하지 말고 얼른
건너렴

우물우물 (우물우물하다, 우물거리다, 우물대다)

1. 말을 시원스럽거나 제대로 하지 않고 자꾸
혼잣말처럼 낮게 하는 모습

* 우물우물하면 무슨 말인지 알아들을 수
없어

* 하기 힘든 말인 듯 오랫동안 우물거리네

2. 입에 넣은 것을 제대로 못 씹거나
시원스레 못 씹고 이리저리 굴리며 입을
자꾸 움직이는 모습

* 맛이 없어서 우물우물하니

* 마지막 남은 과자가 아쉽다면서 오랫동안
우물우물하네

* 한꺼번에 잔뜩 넣으니 우물우물하는구나,
천천히 조금씩 먹으렴

3. 입술이나 힘살이 자꾸 안으로 들어가는
모습

* 볼을 우물우물하는데 울려고 하는지
웃으려고 하는지 잘 모르겠어

* 가슴이 우물거리니 아직 숨이 붙은
듯하다

4. 몸짓을 시원스럽거나 제대로 하지 않고
어찌할 줄 모르거나 자꾸 멈추는 모습

* 우물우물하지 말고 어서 서두르자

* 하고 싶은 일이 있으면 해야지, 눈치를
보면서 우물대지는 마

* 국수를 삶았는데 우물거리다가는
다 붇겠다

꾸물꾸물 (꾸물꾸물하다, 꾸물거리다, 꾸물대다)

1. 매우 느리게 자꾸 움직이는 모습

* 졸리다면서 애벌레처럼 꾸물꾸물

기어가네

* 가는 길마다 북새통이라서 꾸물꾸물 갈 수밖에 없어요
* 갓 깨어난 올챙이가 꾸물꾸물 헤엄쳐요

2. 매우 느리고 게으르게 움직이는 모습
   * 그곳에 가기 싫어서 꾸물거리는구나
   * 춥다고 방에서 웅크린 채 꾸물대지 말고 밖에 나가서 놀자

3. 몸 한쪽을 자꾸 느리게 움직이는 모습
   * 아기는 꿈을 꾸는지 자다가도 손가락을 꾸물꾸물합니다
   * 무슨 말을 하고 싶은지 입을 꾸물꾸물한다

엉거주춤 (엉거주춤하다)

1. 앉지도 서지도 않고 몸을 반쯤 굽히는 모습
   * 거기 엉거주춤 있지 말고 제대로 미안하다고 말하렴
   * 깜짝 놀라 엉거주춤 몸이 굳었다
   * 엉거주춤하게 풀을 뜯으면 허리가 아플 텐데

2. 이러지도 저러지도 못하는 모습
   * 이쪽으로 갈지 저쪽으로 갈지 엉거주춤 길 한복판에 섰다
   * 우는 아기를 안을지 업을지 모르는 채 엉거주춤 있다
   * 너무 미안해하면서 엉거주춤하는구나

주춤거리다

: 뚜렷하게 움직이거나 걷지 못하면서 자꾸 멈추다
   * 네가 뻔히 쳐다보니까 주춤거리는 듯해
   * 하고 싶은 말은 많지만 주춤거리기만 한다

갈팡질팡하다

: 어디로 가야 할지 모르는 채 이리저리 헤매다
   * 어디라도 좋으니 갈팡질팡하지 말고 길을 나서자
   * 여기도 아닌 듯하고 저기도 아닌 듯해서 갈팡질팡해요

매무새·입성·차림새

⋯⋯ 겉으로 보는 모습을 가리킵니다. 매만지는 모습을 가리키는 '매무새'인데, '매만지다'는 "잘 가다듬어 손질하다"를 뜻해요. '입성'은 "옷"을 뜻하니, 옷을 입은 모습을 그대로 가리킨다고 하겠습니다. '차림새'는 차린 모습이

기에, 보기 좋도록 꾸미거나 가꾼 모습을 가리키겠지요. 다만, '매무새'는 옷과 머리 모습을 가리킬 때에 쓰고, '입성'은 옷을 입은 모습만 가리키며, '차림새'는 옷차림뿐 아니라 밥차림과 살림차림도 모두 가리킵니다.

매무새

: 옷이나 머리를 바르거나 보기 좋게 다듬는 모습

* 매무새를 반듯하게 하고 자리에 앉아라
* 어른 앞에서 매무새를 얌전히 한다

입성

: '옷'을 가리키는 낱말

* 흙놀이를 했는지 입성이 지저분하다
* 설날인데 입성을 잘 차려야지

차림새

: 차린 모습

* 밥상 차림새에서 봄내음이 물씬 흐른다
* 바닷사람다운 차림새가 싱그럽다
* 네 차림새를 보니 여름 느낌이 환하구나

멀찌감치·멀리

⋯ 말뜻을 살피면 '꽤'와 '몹시'만 다릅니다. 서로 떨어진 모습을 가리키는데, '멀리'는 '멀찌감치'보다 훨씬 더 떨어진 모습을 가리킵니다. 그리고 '멀찌가니'와 '멀찍이'라는 낱말은 '멀찌감치'와 뜻이 같습니다.

멀찌감치

: 사이가 꽤 떨어지게

* 유리잔이 깨져서 바닥에 흩어졌으니 멀찌감치 떨어지렴
* 덮개가 바람에 멀찌감치 날아갔는데 주워 줄 수 있겠니
* 멀찌감치 있는 저 봉우리까지 걸어가 보자

멀리

: 사이가 몹시 떨어지게

* 공을 멀리 던졌다
* 저 멀리 보이는 데까지 걸어가려고 해
* 우리 마을은 읍내에서 멀리 떨어졌어요

멈추다·멎다·서다

⋯▸ '멈추다'와 '멎다'는 "움직이던 것이 그 자리에 있는" 모습으로만 보면 똑같이 쓸 수 있지만, '멈추다'는 더 움직이지 않는 모습을 가리키고, '멎다'는 움직임이 사라진 모습을 가리킵니다. 심장이 더 움직이지 않아도(멈추다) 죽은 모습을 가리키고, 심장이 움직이는 모습이 사라져도(멎다) 죽은 모습을 가리켜요. "소리가 멎다/노래가 멎다"는 소리나 노래가 사라진 모습을 가리키고, "소리가 멈추다/노래가 멈추다"는 소리와 노래가 살짝 안 나타날 뿐, 곧 소리와 노래가 다시 나타나리라 생각할 수 있습니다. '서다'는 움직임이 사라지는 모습을 가리키지 않으니 '멈추다'와 거의 똑같다 할 만한데, '서다'는 움직이지 않고 그대로 있을 적에 몸을 위쪽으로 곧게 편 채 그대로 있는 모습을 가리키면서 쓴다고 할 수 있습니다.

멈추다

1. 하던 일이나 몸짓이 한동안 이어지지 않게 하거나 그 자리에 있다
   * 자전거를 갑자기 멈추면서 앞으로 빙그르 돌았다
   * 걷다가 말도 없이 멈추니까 부딪혔잖니
   * 놀이를 멈추고 가만히 귀를 기울여 무슨 소리를 듣는다
   * 코피는 멈추었지만 살살 놀아야겠어

2. 더 오거나 내리지 않다
   * 비가 멈추면서 날이 갠다
   * 며칠 만에 눈이 멈추었구나

멎다

1. 움직임이나 흐름이 사라지다
   * 숨이 멎었다
   * 버스가 갑자기 멎었네

   * 시계가 아주 망가졌는지 멎었어
   * 이제 코피가 멎었으니 다시 놀아야지

2. 더 오거나 내리지 않다
   * 비가 멎었으니 얼른 집에 가야지
   * 눈이 멎었으니 이제부터 눈을 쓸어야겠네

3. 눈길이 어느 곳·것에 그대로 있다
   * 내 눈길이 멎은 그림
   * 고운 눈송이에 눈길이 멎었네

서다

1. 발을 땅에 대고 다리를 쭉 뻗으며 몸을 곧게 하다
   * 아기가 두 다리에 힘을 주고 우뚝 섰다
   * 먼 길을 기차에서 내내 서서 왔어요

2. 하늘을 보며 땅에 곧게 있다
   * 저기 동백나무가 크게 선 곳이 우리 집이야

* 요 앞에 선 건물이 우체국이야

3. 처진 것이 똑바로 위를 바라보며 곧게
있다
   * 바람에 눕던 풀이 바람이 그치자 모두
   선다
   * 깜짝 놀라서 머리카락이 섰다

4. 움직이다가 어느 한 곳에서 그대로 있다
   * 들길을 걷다가 서서 눈을 감고 봄볕을
   느껴 본다
   * 건널목에서는 먼저 서서 기다린 다음에
   건너렴
   * 바퀴에 바람이 빠지면서 자전거가 천천히
   섰다

5. 어떤 자리에 있거나 놓이다
   * 너와 맞서는 자리에 서야겠구나
   * 네가 우리 쪽에 서서 힘이 되어 주면
   좋겠어

6. 마음에 어떤 뜻이나 생각을 놓다
   * 계획이 서지 않았으면 섣불리 하지 말자
   * 하고 싶다는 생각이 서지 않으니
   어영부영하잖니

7. 무딘 것이 날카롭게 되다
   * 숫돌에 칼을 가니 날이 잘 선다
   * 부엌칼이 잘 들지 않아서 날이 다시
   서도록 어머니가 숫돌에 갈아요

8. 아이가 배 속에 생기다
   * 이모는 얼마 앞서 첫아이가 섰다며 기뻐
   했다
   * 작은어머니는 아기가 서서 살금살금
   다니셔요

9. 기계가 더 움직이지 않다
   * 전기가 나가는 바람에 세탁기가 서고
   말았다
   * 기름이 바닥이 나서 자동차가 서면
   걸어가면 돼

10. 마당이나 저자나 씨름판이 열리다
    * 우리 읍내는 어제 닷새장이 섰어요
    * 씨름판이 크게 섰다니 구경하러 가 보자

11. 어떤 일을 맡아서 하다
    * 나는 들러리를 서기보다는 함께 땀을
    흘리며 일하고 싶어
    * 할아버지는 어제 이웃집 혼례잔치에서
    주례를 섰어요

12. 가지런히 있다. 줄을 이루다
    * 먼저 타려고 하지 말고 줄을 서서
    기다리렴
    * 버스가 오기를 기다리며 차분히 섭니다

13. 어떤 모습이 이루어져 나타나다
    * 잠을 못 잔 탓인지 눈에 뻘겋게 핏발이
    섰다
    * 눈발이 서니 곧 눈놀이를 할 수 있겠다

14. 줄이나 주름이 두드러지게 생기다
    * 다림질을 하니 치마에 주름이 잘 서요
    * 언니는 오늘 남다른 일이 있다면서 줄이
    잘 선 반듯한 옷을 입어요

15. 얼굴을 그대로 지키다
    * 어제 너무 부끄러운 일을 저질러서
    얼굴이 서지 않는다
    * 수줍어서 얼굴이 안 서더라도 인사는
    해야지

16. 틀이나 질서나 규칙이 올바르도록 하다
    * 건널목에서 사람이 지나갈 때에 자동차가
    멈추어야 교통질서가 선다
    * 말발이 서지 않으니 이야기가 안 돼

17. 나라나 마을이나 기관이 처음으로
나타나다
    * 오천 해쯤 앞서 단군 조선이 섰어요
    * 예전에는 깊은 시골에 학교가 섰지만,
    이제는 시골마다 학교가 사라진다

멋·멋있다·멋지다·구성지다

⋯⋅ 멋이 있기에 '멋있다'고 말합니다. '멋지다'는 무척 멋있는 모습을 가리킵니다. '멋있다·멋지다'는 으레 눈으로 보는 모습을 가리키면서 씁니다. '구성지다'는 으레 귀로 듣는 모습을 가리키면서 씁니다. 멋이 없으면 '멋없다'라 말하고, 구성지지 않을 적에는 '구성없다'라 말합니다.

멋

1. 보기 좋은 모습 (아름답게 보이는 모습)
   * 어머니가 나를 멋이 있게 꾸며 주셨다
   * 이 그림이 얼마나 멋이 있는지 보렴
2. 흐름과 자리에 어울리는 모습
   * 그 말은 참 멋이 있구나
   * 이 숲에서 나무와 꽃과 풀이 얼마나 멋이 있는지 바라보자
3. 즐거움을 끌어내는 재미있는 말이나 몸짓
   * 어머니와 아버지는 멋이 있게 춤을 출 줄 안다
   * 작은어머니가 잔치마당을 멋이 있게 이끌어요

멋있다

1. 보기에 좋다 (살짝 곱게 어울리다)
   * 어제는 멋있게 차려입고 왔더구나
   * 이만하면 우리 집도 멋있다고 할 수 있을까
2. 빈틈이 없도록 앞서거나 좋다
   * 오늘 네가 한 말은 멋있고 재미있었어
   * 꽤 어려웠을 텐데 멋있게 해냈네

멋지다

1. 보기에 무척 좋다 (무척 곱게 어울리다)
   * 너희 둘이 나란히 있으니 멋지구나
   * 새로 지은 집을 멋지게 꾸몄다
2. 빈틈이 없도록 아주 앞서거나 무척 좋다
   * 여태 안 풀려서 힘든 일을 네가 멋지게 풀어 주었구나
   * 우리 할아버지는 숲을 멋지게 돌보신다

구성지다

: 꾸밈없고 차분하면서 무척 좋다 (즐겁게 어울리다)
   * 노랫소리가 더할 나위 없이 구성지구나
   * 네가 이야기를 구성지게 잘하니 모두 귀를 기울인다

모두1·모조리·몽땅·깡그리·빠짐없이·온

⋯⟩ 눈에 보이는 대로 모으면서 '모두·모조리·몽땅·깡그리·빠짐없이' 같
은 낱말을 씁니다. 이 낱말은 우리 앞에 있는 어떤 것을 모은다고 할 적에
쓰는데, '모두'와 '모조리' 뜻을 살피면 '모조리'는 "하나도 빠지지 않도록 모
아서"예요. 가만히 살피면, 우리는 이렇게 이야기합니다. "거기 있는 것 모
두 가져와." "모두 가져왔니?" "응." "그런데 이건 빠졌네. 안 가져왔잖아."
"어, 그러네." "모조리 가져왔어야지." 빠지지 않도록 모으거나 함께를 가리
키는 '모두'이지만, 하나쯤 빠질 수 있다는 느낌이 되는 셈입니다. 또는, '모
조리'는 더 샅샅이 살피면서 모으거나 함께한다는 느낌이 돼요. '몽땅'이나
'깡그리'도 뜻은 거의 같다고 할 만해요. 이 낱말들이 다른 대목이라면 "남기
지 않도록 모은다"는 느낌입니다. '빠짐없이'는 낱말 그대로 "빠짐이 없이"
나 "빠지지 않도록" 모은다고 할 적에 씁니다. '온'은 비거나 없도록 하지 않
는, 고르게 있는 모습이에요.

모두1

1. 빠지지 않도록 모아서
    * 우리 집에 있는 책은 모두 몇 권쯤 될까
    * 이 돈은 모두 저금통에 넣을래요
2. 빠지지 않도록 함께
    * 모두 즐겁게 생일잔치를 하자
    * 우리 모두 바다에 가기로 했어요

모조리

1. 하나도 빠지지 않도록 모아서. 처음부터
    끝까지 모아서
    * 비가 오니 빨래를 모조리 걷자
    * 주머니에서 모조리 꺼내 보렴
2. 하나도 빠지지 않도록 여럿을 한자리에

모아

* 이 길도 저 길도 모조리 막혔네
* 너무 힘들어 모조리 손을 들었어

몽땅

:   있는 대로 하나도 안 남기고 모아서
    * 남은 밥을 몽땅 먹었어
    * 아침에 일어났더니 몽땅 사라졌더라

깡그리

:   하나도 남기지 않고
    * 며칠이나 지났다고 깡그리 잊니
    * 불이 나는 바람에 나무가 깡그리 탔어

빠짐없이

: 하나도 빠뜨리지 않고

    * 짐은 빠짐없이 챙겼겠지

    * 여기 적은 대로 빠짐없이 따르자

온

1. 비거나 없도록 하지 않고서 있도록 하는

    * 온하루를 즐겁게 놀았어

    * 온 가게를 다 찾았지만 못 봤어

2. 비거나 없도록 하지 않고서 고르게 있도록 하는, 고르게 차도록 하는

    * 온마음을 다해서 바랍니다

    * 가장 기쁜 온사랑이야

3. 100을 가리키는 이름

    * 99에 1를 채우면 온이 되네

    * 온으로 맞춰서 주면 더 좋아

모두2·다·너도나도·죄다·죄

···➔ '다'를 쓰는 자리를 살피면 '모두'와 거의 같다고 느낄 만합니다. 그러나 "둘 다 좋아"와 "둘 모두 좋아"라 할 적에 '다'는 어느 쪽이 되든 좋다는 뜻이고, '모두'는 그냥 좋다는 뜻입니다. 이쪽을 보든 저쪽을 보든 가리지 않고 좋다고 하면서 '다'를 쓰고, 어느 쪽도 안 보면서 좋다고 하면서 '모두'를 쓴다고 할 만합니다. 이밖에 '다'는 여러 가지 느낌을 나타내는 자리에 씁니다. '죄다'는 '깡그리'나 '모조리'나 '몽땅'처럼 하나도 남기지 않고 모은다는 느낌을 담는데, 샅샅이 털거나 낱낱이 살펴서 하나도 안 남긴다는 느낌입니다. '너도나도'는 말짜임처럼 사람들이 모여서 함께 무엇을 하는 자리에 씁니다.

모두 2 (뜻풀이는 앞에서 함)

    * 네가 아는 이름을 모두 대 보렴

    * 힘을 모두 썼는지 꼼짝도 못하겠어

    * 네가 주는 선물이라면 난 모두 좋아

    * 이제는 모두 잘되리라 생각해요

다

1. 남거나 빠지지 않게

    * 거기 있는 책을 다 가지고 오렴

    * 나들이를 갈 사람은 이제 다 왔을까

2. 거의 마지막이나 끝이 될 만큼

    * 이 몽당연필도 다 썼구나

    * 공책을 다 썼어요

    * 다 죽어 가는 듯이 가느단 목소리

3. 어느 쪽이든. 어느 것이든

    * 나는 다 좋으니 네가 골라 봐

* 어머니는 둘 다 마음에 드신다고 해요

4. 어떠한 일이든
   * 앞으로는 다 잘 풀릴 테니 걱정은 하지 마
   * 너도 곧 다 할 수 있단다

5. 뜻밖으로 (가볍게 놀라거나 비꼬는 느낌을 담음)
   * 걔가 그런 선물을 다 했니
   * 네가 웬일로 그 일을 혼자서 다 했니

6. 앞으로 이룰 수 없는 일을 벌써 이루어진 듯 여기며 아쉽게 하는 말
   * 꼼짝을 못하니 여행은 이제 다 갔네
   * 장마가 지는 바람에 잔치는 다 했네

7. 있는 대로 빼놓지 않고
   * 잘 안되더라도 그런 짓까지 다 해야겠니
   * 이런 우스꽝스러운 모습을 다 보는구나

8. 빠지거나 남기지 않고 가진 것
   * 내가 할 수 있는 일은 이게 다가 아니야
   * 오늘은 다가 아니니 곧 더 보여줄게

9. 더할 나위 없이 가장 좋거나 훌륭한 것

* 돈이면 다인 줄 알지 말자
* 공부 좀 한다고 그게 다가 아니야

너도나도

: 서로 뒤지거나 빠지지 않으려고 함께
   * 너도나도 그 일을 하겠다고 이곳에 왔다
   * 너도나도 맛있다고 한마디를 한다

죄다

: 남기지 않으면서 마지막 하나까지 모아서
   * 동생이 죄다 알려주었거든
   * 저금통을 죄다 털어서 모은 돈이야

죄

: = 죄다
   * 연필을 누가 죄 가져갔을까
   * 구월로 접어드니 온 마을 제비가 죄 모여서 바다 너머로 날아간다

모습·모양·꼴·-새·맵시·몰골

⋯→ '모습'은 손으로 만질 수 있거나, 튀어나오거나 들어간 곳까지 살피거나, 크기와 부피와 무게를 모두 헤아리는 자리에서 씁니다. '모양'은 생긴 테두리만 겉으로 보는 자리에서 씁니다. 아이가 어버이하고 닮았다고 할 적에는 "나는 어머니 모습을 닮았어요"나 "너는 꼭 아버지 모습이로구나"처럼 쓰고, "나는 어머니 모양을 닮았어요"나 "너는 꼭 아버지 모양이로구나"처럼 쓰지는 않습니다. "자취"를 가리키려고 "감쪽같이 모습을 감추었다"처럼 쓰지만, "감쪽같이 모양을 감추었다"처럼 쓰지는 않습니다. 자연에서 느

끼는 여러 가지를 "해가 뜨는 모습을 보다"나 "꽃이 피는 모습을 지켜보다"처럼 쓰지만, "해가 뜨는 모양을 보다"나 "꽃이 피는 모양을 지켜보다"처럼 쓰지는 않습니다. 겉으로 드러나거나 살피는 자리에서는 "네모난 모양으로 오려요"처럼 쓰지만, "네모난 모습으로 오려요"처럼 쓰지는 않습니다. 이럴 때에는 "네모나게 오려요"처럼 짤막하게 말하기도 합니다. 어떤 몸짓을 나타낼 적에는 "나를 놀래키려는 모양인데"처럼 쓰지만 "나를 놀래키려는 모습인데"처럼 쓰지는 않습니다. 이때에도 "나를 놀래키려 하는데"처럼 쓰기도 해요. 어림을 할 적에는 "눈이 올 모양이에요"처럼 쓰지만, "눈이 올 모습이에요"처럼 쓰지는 않습니다. 이때에도 "눈이 오려 해요"처럼 단출하게 쓰기도 합니다. '모습'과 '모양'은 거의 비슷하거나 같다고 할 만큼 겹쳐서 쓰되, 서로 뚜렷하게 갈리는 자리가 있습니다. '꼴'은 '모양'처럼 "세모꼴로 오립니다"로 쓰고, '모습'을 살짝 낮추는 느낌으로 "네 꼴이 우습구나"로 씁니다. '-새'를 뒤에 붙여서 '모양새 · 생김새 · 갖춤새 · 매무새 · 쓰임새 · 짜임새 · 엮음새'처럼 쓰면서 "어떠한 흐름이나 얼거리"를 나타내기도 합니다. '맵시'는 "보기 좋은 모습"을 가리키고, '몰골'은 "보기 나쁜 모습"을 가리킵니다.

모습

1. 어떻게 생겼는가 하고 눈으로 크기·부피·무게·빛깔·무늬·느낌을 두루 헤아리면서, 튀어나오거나 들어간 곳까지 모두 살피면서 쓰는 말
    * 내 모습은 아버지를 많이 닮았다고 해요
    * 네가 우는 모습을 보니 나도 슬퍼
    * 빙그레 웃는 모습이 귀엽구나
2. 다른 눈에 뜨이도록 어느 곳에 어떻게 있는가를 나타내는 말 (자취)
    * 아까 모습을 감춘 뒤 다시 나타나지 않는다

* 언제쯤 모습을 드러낼는지 아직 알 수 없어
* 어디에서도 찾을 수 없는 모습입니다
* 네가 준 책을 읽을 때마다 네 모습이 아련하게 떠오른다

3. 겉으로 보이거나 드러나는 것을 나타내는 말
    * 동이 트는 모습을 물끄러미 바라봅니다
    * 겨울철 바닷가는 조금 쓸쓸한 모습이다
    * 나무 그늘이 드리우는 모습이 시원하다
4. 겉으로 드러나는 느낌
    * 설빔을 입은 모습이 참으로 곱구나
    * 하늘하늘 눈이 내리는 모습이 더없이

포근하고 아름답습니다

* 기쁜 모습으로 손뼉을 치고 두 팔을 번쩍
  치켜든다

5. **고루 있거나 갖추어서 어떠한가를
   살피면서 쓰는 말**

   * 이럭저럭 모습을 갖추느라 애먹었어

   * 모습은 제법 괜찮을까 모르겠네요

6. **남 앞에서 세우는 몸짓이나 됨됨이 (얼굴)**

   * 내 모습을 봐서라도 한번 봐줄 수 있을까

   * 자랑스러운 모습으로 활짝 웃는다

   * 부끄러운 모습이라 고개를 들지 못한다

7. **몸짓이나 됨됨이를 못마땅하게 여기면서
   쓰는 말**

   * 이웃이 그 모습이라니 못 믿겠어

   * 네가 그런 모습이어서 서운했어

8. **'어떠한 흐름이나 움직임이나 얼거리'를
   나타내는 말**

   * 서로 총부리를 맞댄 두 나라 모습은
     평화롭지 못합니다

   * 나날이 발돋움하는 모습이에요

모양

1. **어떻게 생겼는가 하는 테두리를 겉으로
   헤아리거나 살피면서 쓰는 말**

   * 동그란 모양으로 떡을 빚는다

   * 네모난 모양이 마음에 들어

   * 꽃 모양으로 종이를 오려요

   * 이 겨울눈은 어떤 모양으로 터질는지
     궁금해

2. **겉으로 드러나는 느낌**

   * 치마 입은 모양이 예쁘기도 하지

   * 꽃이 핀 모양이 참 곱다

   * 가지가 뭉텅뭉텅 잘려서 슬픈 모양으로
     선 나무

3. **겉으로 부리거나 꾸미는 멋**

   * 누나는 잔뜩 모양을 내고 놀러 나갔어요

   * 모양을 부리려고 자꾸 거울을 들여다본다

   * 이 옷을 입으면 모양이 잘 나겠다

   * 손님을 맞는다면서 방을 치우고 번들번들
     모양을 내느라 바쁘구나

4. **어떠하게 되는 흐름이나 얼거리를
   살피면서 쓰는 말**

   * 잔뜩 어질러서 모양이 말이 아니네

   * 네가 어찌 지내는 모양인지 보러 왔어

   * 우리는 저마다 다른 모양으로 살아요

5. **고루 있거나 갖추어서 어떠한가를
   살피면서 쓰는 말**

   * 모자란 대로 모양은 갖추었어요

   * 모양은 그런대로 볼만하구나

6. **남 앞에서 세우는 몸짓이나 됨됨이 (얼굴)**

   * 오늘은 모양이 사나우니 사진을 찍지
     말자

   * 네 모양은 괜찮으니까 걱정하지 말아

   * 창피한 모양인 줄 알기는 하는구나

7. **몸짓이나 됨됨이를 못마땅하게 여기면서
   쓰는 말**

   * 우리는 어째 그 모양이었을까

   * 사람이 그 모양이면 안 되지

8. **'그것처럼'을 뜻하는 말**

   * 저쪽에 허수아비 모양 가만히 선 아이는
     누구일까

   * 앵두 모양 예쁜 입술

   * 나무 모양 서서 오래 기다렸어

9. **어떤 몸짓이나 방법**

   * 나를 무섭게 할 모양으로 도깨비 탈을
     썼구나

   * 너를 놀릴 모양으로 한 짓이 아니었어

   * 한 대 쥐어박을 모양으로 손을 번쩍 들다

* 그 모양으로 해서 어제 틀리고 말았구나

10. 어림을 나타내는 말

* 오늘은 아무래도 비가 올 모양이에요
* 말 못할 일이 있는 모양 같구나
* 너희 둘은 아주 가까운 모양이네

꼴

1. 어떻게 생겼는가 하는 테두리를 겉으로 헤아리거나 살피면서 쓰는 말

* 제 꼴을 갖추어 짓는 기와집이 멋스럽습니다
* 세모난 꼴로 조각을 만들어요
* 이 잎사귀는 동그란 꼴이로구나

2. '모습'이나 '몸짓'을 낮잡는 말

* 비를 쫄딱 맞은 꼴이 안되어 보인다
* 허름한 꼴로 여기까지 왔구나
* 너희가 다투는 꼴은 보기 싫어

3. 고루 있거나 갖추어서 어떠한가를 살짝 낮추어 살피면서 쓰는 말

* 어수룩한 대로 꼴은 갖추었지만 좀 어설퍼 보인다
* 아쉽기는 해도 꼴은 제법 잘 마무리했습니다

4. '어떠한 흐름이나 얼거리'를 낮잡는 말

* 전쟁무기를 어서 없애지 않으면 지구가 무너지는 꼴을 보아야 하는지 몰라요

* 한 나라가 두 동강이 나는 꼴은 참으로 슬프다

-새

: 낱말 뒤에 붙여서 '어떠한 흐름·움직임·크기·얼거리'를 나타내는 말

* 모양새·생김새·갖춤새·매무새· 쓰임새·짜임새·엮음새·차림새

맵시

: 곱거나 보기 좋은 모습. 곱거나 보기 좋게 매만진 모습

* 어머니가 내 옷을 맵시 나게 차려 주셨습니다
* 잔칫날을 맞이해서 아주 맵시를 부렸어요
* 옷맵시

몰골

: 안 좋거나 지저분해 보이는 얼굴이나 모습

* 어디 아프다더니 네 몰골이 말이 아니네
* 남 걱정보다 네 몰골부터 챙겨야겠어
* 사나운 몰골을 보니 가슴이 아프다

모임·모둠·동아리·한동아리·무리·떼1

⋯⟶ 어떤 일을 이루거나 어떤 것을 하려고 사람들이 모여요. 이렇게 모이는 일을 놓고 '모임'이라 합니다. "모이는 일"이 '모임'이고, 나중에는 "모여서

어떤 일을 하는 자리”를 나타내는 뜻으로 퍼져요. 이렇게 사람들이 모이는 자리 가운데 ‘동아리’가 있는데, ‘모임’이라고 할 적에는 “한자리에 모인다”는 뜻이 짙고, ‘동아리’는 “한자리에 모여서 한뜻이 되어 움직인다”는 뜻이 짙어요. 이를테면 ‘마을 모임 · 학교 모임 · 배움 모임’이나 ‘책 모임 · 이야기 모임 · 노래 모임’처럼 써요. 마을 모임이나 학교 모임도 마을이나 학교에서 한뜻이 되어 움직인다는 뜻이나 느낌을 나타내요. 마을 모임이나 학교 모임에서는 여러 가지 일을 꾀하겠지요? ‘마을 동아리’나 ‘학교 동아리’라면 여러 가지 일보다는 어느 한 가지 일에 더 마음을 쓰는 자리라고 할 만합니다. ‘모임’은 어느 한 가지에 얽히기보다는 어느 한 가지에서 비롯하여 여러 가지를 다루는 자리입니다. ‘동아리’는 처음부터 끝까지 어느 한 가지를 깊거나 넓게 다루면서 아끼는 자리예요. ‘동아리’하고 ‘한동아리’는 뜻 · 생각 · 마음이 같은 사람들이 모이거나 뭉칠 적에 쓰입니다. 동아리가 커지니 한동아리가 되지요. ‘떼’하고 ‘무리’는 사람들이 모이거나 뭉치는 모습을 가리키기는 하되, 꼭 같거나 비슷한 뜻 · 생각 · 마음이 되지는 않아요. ‘떼’하고 ‘무리’는 사람뿐 아니라 짐승이나 벌레한테도 쓰지만, ‘동아리’하고 ‘한동아리’는 사람한테만 쓴다고 할 만합니다. ‘모임’도 사람한테만 쓴다고 할 만해요. ‘모임’은 말 그대로 “모이 + ㅁ”이기에 “모이는 일”이나 “모인 사람”을 가리켜요. ‘모임’도 한 가지 뜻 · 생각 · 마음일 수 있으나 ‘동아리 · 한동아리’보다는 좀 느슨할 수 있습니다. 다른 뜻 · 생각 · 마음일 적에도 모이거나 뭉칠 수 있어요. 그리고 모여서 어떤 이야기를 나누는 자리를 가리킬 적에도 ‘모임’을 써요. 이때에는 저마다 다른 생각을 주고받는 자리를 가리킬 수도 있습니다.

모임

1. 어떤 뜻이나 생각을 나누려고 여러 사람이 모이는 일
   * 오늘 모임에서는 마을잔치를 어떻게 할는지를 얘기하겠습니다
   * 모임을 언제 하는지 까맣게 잊었네
   * 오늘은 우리 학급에서 모임이 있으니까 그때 더 얘기해 보자

2. 어떤 뜻을 나누거나 일 · 놀이를 하려고 사람들이 모여서 이룬 자리
   * 조그맣게 모임을 하나 꾸려 볼까 하고 생각해

* 줄넘기를 좋아하는 사람들 모임을 하나 열면 재미있겠지
* 책읽기 모임·야구 모임·공부 모임· 놀이 모임·연극 모임

모둠

: 모임을 작게 따로 가르는 자리 (학교에서 흔히 쓴다)

* 모임이 너무 크니 작게 세 모둠으로 나누어 보자
* 모둠마다 한 가지씩 솜씨자랑을 마련해 보기로 했어
* 우리 모둠도 너희 모둠 못지않게 잘할 수 있지

동아리

: 뜻이나 생각이 같거나 비슷해서 사람들이 모이거나 어우러지는 자리

* 야구 동아리도 마음에 들고, 여행 동아리도 마음에 들어
* 네가 좋아하는 대로 동아리를 새로 열어도 되지
* 그림 동아리·영어 동아리· 풍물 동아리·배구 동아리

한동아리

: 한 가지 뜻이나 생각으로 제법 모이거나 뭉친 사람들

* 우리가 한동아리가 되어 외치면 더 힘이 세겠지
* 마을 아이들이 한동아리로 연을 날리며 노네
* 우리 둘만 빼고 모두 한동아리가 되었구나

무리

: 제법 모이거나 뭉친 비슷한 사람들이나 짐승들

* 무리를 지어 걷는 사람들이 찻길을 몽땅 차지한다
* 우리는 네 무리로 갈라져서 저마다 다른 곳에 간다
* 나는 이쪽 무리보다는 저쪽 무리가 마음에 들어
* 바둑을 두는 무리에 들어가 볼까
* 물고기가 무리를 지어서 헤엄친다
* 노루 무리·들소 무리

떼 1

: 꽤 많이 모이거나 뭉쳐서 움직이는 사람들이나 짐승들

* 쟤네들은 떼를 이루어 어디를 갈까
* 어제는 떼를 지어서 콩주머니 놀이를 했어
* 떼를 지어서 겨울 하늘을 가로지르는 철새를 본다
* 파리 떼·모기 떼·새 떼·제비 떼· 물고기 떼·양 떼·벌 떼

모질다·매섭다·사납다

···→ 무섭거나 차가운 '모질다'이고, 무서울 만큼 차거나 날카로운 '매섭다'이며, 무섭도록 센 '사납다'입니다. 씩씩하게 견디거나 이기려고 "모질게 마음을 먹"고, 누군가를 흘기려고 "매섭게 바라봅"니다. 어려움을 "모질게 이기"지만, "매섭게 이기"거나 "사납게 이기"지는 않아요. 운동경기에서 이기려고 공격을 '매섭게' 하는데, 맞은편을 헤아리지 않으면서 마구 괴롭힐 만큼 몰아붙이면 '모진' 공격이에요. '사나운' 공격이라면 무서움을 느낄 만큼 센 공격이에요.

모질다

1. **마음씨가 몹시 무섭거나 차갑다**
   * 끝까지 가려면 마음을 모질게 먹어야 해
   * 너무 모질어서 곁에 동무가 안 남는구나
   * 모질게 가르치니 다들 견디지 못해요
2. **기운이 몹시 무섭도록 세다**
   * 비바람이 모질게 몰아친다
   * 파리 한 마리 잡는데 너무 모질게 내리치지 않느냐
3. **어렵거나 아프거나 힘든 일을 씩씩하게 견디거나 이기다**
   * 이 어려운 때를 모질게 견디는구나
   * 돌밭을 가꾸려고 모질게 땀을 흘린 할아버지
   * 농약을 마구 뿌려도 풀은 모질게 씨앗을 퍼뜨리면서 자란다
4. **어려움이나 아픔이나 괴로움이 지나치게 크다**
   * 모진 가시밭길도 꿋꿋하게 견디며 일어선다

* 모질게 가난했지만 식구들은 늘 웃고 상냥했어요

매섭다

1. **무섭게 여길 만큼 차갑고 날카롭다**
   * 왜 이렇게 매섭게 눈을 흘기니
   * 매서운 말을 퍼부어서 깜짝 놀랐어
2. **대단히 거칠면서 세거나 크다**
   * 겨울바람이 매서워 바깥에 못 나가겠어요
   * 물결이 매서운 날에는 배를 띄우지 않아
3. **빈틈이 없도록 날카롭거나 두렵도록 몰아치다**
   * 경기에서 이기려고 매섭게 공격을 한다
   * 매섭게 쓴 글과 따스하게 쓴 글이 있는데 어느 쪽이 나을까

사납다

1. **마음씨·몸짓·움직임이 몹시 무섭도록 세다**
   * 그렇게 사나우니 가까이하는 사람이 없지
   * 이 기계는 사나워서 다루기 힘들어

* 손이 사나워서 자꾸 망가뜨리네

2. 모습이나 얼굴이 거칠고 무섭다
   * 아침부터 왜 사나운 얼굴이니
   * 이 연극에서 나는 사나운 도깨비야

3. 비·바람·물결·바다가 몹시 거칠고 세다
   * 빗줄기가 사나워서 우산이 찢어질 듯해요
   * 바람이 사나워 나무가 휘청거려요
   * 물결이 사나우니 배를 띄우지 말자

4. 잘 떠오르지 않거나 어려울 만큼 어지럽다
   * 마음이 사나우니 몇 번 들어도 자꾸
     잊는다
   * 생각이 사나워 갈피를 못 잡겠어

5. 주어진 삶이나 일·운수·흐름이 나쁘거나
   모자라거나 어렵거나 걱정스럽다
   * 오늘은 뭘 해도 안되는 사나운 날이야
   * 사나운 팔자를 새롭게 고치려 해
   * 꿈자리가 사납다면서 기운이 없어

6. 마음이나 사랑이 메말라서, 살거나
   지내기에 나쁘다
   * 이 마을 사람들은 어쩐지 사나워
   * 이웃을 아낄 줄 모르는 사나운 사람

7. 밥이 맛이 없거나 먹기에 나쁘다
   * 오늘은 밥이 깔깔해서 사납네
   * 배고프니 사나운 밥이어도 잘 먹어

모처럼·일껏·어쩌다·어쩌다가

⋯ 오래간만에 무엇을 하기에 '모처럼'입니다. '일껏'은 이제까지 못하거나 안 되던 어떤 일을 애써서 할 적에 쓰는데, 애써서 이룬 어떤 일이 보람이 없다는 느낌으로 써요. '어쩌다가'는 쉽게 일어나지 않는 어떤 일이 뜻밖에 이루어질 적에 씁니다.

모처럼

1. 벼르고 벼르다가 처음으로
   * 모처럼 기운을 내어 자리에서 일어선다
   * 모처럼 낮잠을 잤더니 개운하구나

2. 이제까지 없다가 참 오래간만에
   * 모처럼 만났는데 오늘 무엇을 하며 놀까
   * 장마철에 모처럼 해가 나서 이불을
     마당에 말린다

일껏

1. 일삼아서 이때껏(까지)
   * 작은아버지는 일껏 하던 일을 갑자기
     그만두었다
   * 며칠 동안 일껏 종이접기를 하더니 이제
     더 못 하겠단다

2. 이제까지 잘되지 않는 일을 이루려고
   애써서
   * 일껏 수제비를 빚어서 끓여 주었더니 안
     먹겠다고 투정을 하네

* 일껏 성냥개비로 탑을 세웠더니 함부로
건드려서 무너뜨리니

어쩌다

: '어쩌다가'와 같은 낱말

* 어쩌다 한 번 늦었으니 오늘은 제발
봐주라
* 그 책은 어쩌다 읽었는데 무척
재미있더라

어쩌다가

1. 그런 일이 쉽게 없거나 자주 없는데
뜻밖에도

* 어쩌다가 한 번 잘된 일일 뿐이야
* 어제 어쩌다가 된바람이 불더니 꽃이
모두 떨어졌다

2. 거의 없다가 한번쯤 (아주 드물게)

* 늘 말이 없다가 어쩌다가 한마디를 한다
* 줄넘기 두단뛰기를 어쩌다가 해낸다

목숨·숨결·숨

⋯ "목＋숨"이라는 낱말 짜임새처럼, 목으로 숨을 쉬기에 목숨이니, 사람
이나 여러 짐승한테만 쓰는 낱말이라고 할 수 있습니다. '숨결'은 "숨을 쉬는
결"을 가리킵니다. '결'은 "켜를 지으며 나타나는 모습이나 자국"을 가리켜
요. '숨'은 "마시고 내쉬는 바람"을 가리키는데, '숨결'은 숨을 쉬는 결뿐 아니
라 "숨을 쉬며 살아가는 기운"을 가리키는 자리에도 씁니다. 때에 따라서는
'목숨'과 같은 뜻으로 써요. 다만, '목숨'은 사람과 짐승을 가리키는 자리에만
쓴다면, '숨결'은 풀이나 나무나 숲이나 바다나 하늘이나 돌을 가리키는 자
리에 두루 쓸 수 있어요. 지구나 우주나 해나 별을 가리키는 자리에서도 '숨
결'을 쓸 수 있습니다.

목숨

: 숨을 쉬며 살아가는 힘

* 우리 목숨을 살찌우는 햇볕과 바람과
빗물과 흙과 풀
* 내 목숨과 풀벌레 목숨과 개구리 목숨이
모두 아름답습니다

* 작은 짐승이라고 해서 목숨을 하찮게
다룰 수 없어요

숨결

1. 숨을 쉬는 결이나 빠르기나 높낮이

* 아기가 어머니 품에서 고른 숨결로 잔다

* 가슴에 손을 살며시 대면 내 숨결을 느낄
  수 있어요
* 서로 손을 맞잡고 숨결이 어떠한지를
  헤아린다
* 숲에서는 숨결이 한결 푸르면서 싱그럽다

2. 숨을 쉬며 살아가는 기운 (살아서
   움직이도록 하는 바탕이 되는 것, 넋)
   * 지구별이라는 숨결을 생각해 본다
   * 우리는 서로 아끼고 사랑하는 숨결입니다
   * 책에 깃든 숨결을 생각하면서 찬찬히
     읽습니다
   * 나무에 어린 숨결을 읽는다면 누구나
     나무를 사랑하리라 생각해요

숨

1. 사람이나 짐승이 코와 입으로 들이마시고
   내쉬는 바람
   * 우리는 늘 숨을 쉬지만 숨을 쉬는지
     느끼지는 않아요
   * 조금만 숨을 쉬지 못하면 모두 죽는데,
     어른들은 바람을 너무 더럽힙니다
   * 깜짝 놀랄 만한 이야기를 들으니 숨이
     막히고 가슴이 답답하다

2. 풀에 깃든 생생하고 빳빳한 기운
   * 배추는 소금에 절여 숨을 죽인 뒤 김치로
     담급니다
   * 펄펄 끓는 물에 푸성귀를 넣어 숨을
     죽입니다

무던하다* · 어지간하다

···▸ '무던하다'와 '어지간하다'는 여느 자리보다 낫거나 높은 느낌을 가리키는 자리에서 함께 쓰며, 마음이 너그럽다고 하는 자리에 함께 씁니다. 그러나 '어지간하다'는 뛰어나지 않다거나 그저 그렇다고 하는 자리에 쓰기도 합니다. 때로는 좀 지나치다 싶은 느낌을 가리키는 자리에도 씁니다. '무던하다'는 착하거나 얌전하면서 썩 괜찮다고 하는 자리에 쓰곤 합니다. '어지간하다'는 이만저만하게 괜찮다거나 이럭저럭 괜찮다고 하는 자리에 쓰곤 합니다.

무던하다 (* '착하다'에서도 다룬다)

1. 어느 만큼 되거나 어느 만큼보다 더 하다
   (여느 느낌·세기·모습·부피보다 크거나
   낮거나 높다)

* 이만하면 무던하게 잘했네
* 이 옷이라면 나들이에 입기에
  무던하겠구나
* 이 돈이면 고기와 떡을 무던히 장만할 수

있겠다

2. 마음씨가 너그럽고 부드럽다 (넓은 마음이면서 잘 받아들이다. 까다롭게 굴지 않아 좋다)

   * 이웃집 아이는 무던하고 착하다
   * 언니와 나는 서로 무던하게 잘 지내요

어지간하다

1. 여느 높낮이나 모습에 거의 가깝거나 비슷하거나 살짝 더 높거나 크다

   * 나도 어지간한 밭일은 거들 수 있어요
   * 마음씨는 어지간하고 매무새는 정갈하니 참 곱다
   * 책을 어지간히 읽은 글솜씨인걸

2. 뛰어나지 못하고 그저 그렇다

   * 어지간한 말로는 슬픔을 달래지 못한다
   * 어지간한 재주로는 나를 웃기지 못할걸

3. 어느 틀이나 높낮이나 모습에서 크게 벗어나지 않다 (웬만하다)

   * 넘어져도 어지간해서는 안 울어요
   * 나도 어지간한 심부름은 잘할 수 있어요

4. 생각보다 넓으면서 잘 받아들이는 마음씨이다

   * 군말 없이 잘 참는 모습을 보면 너도 참 어지간해
   * 네 언니가 어지간하니까 네 투정을 다 받아 주지

5. 마음씨나 마음결이 생각보다 지나치다

   * 욕심도 어지간히 부려야지, 너 혼자 다 먹으려고 그러니
   * 그 먼 길을 혼자 걸어오다니 너도 꽤 어지간하구나
   * 어련히 잘할 테니 어지간히 걱정하지 말고 돌아가자

무척·매우·아주·몹시·꽤·퍽·제법·너무

⋯▸ 많거나 크다고 할 적에 쓰는 낱말이 많습니다. 뜻으로는 거의 같거나 비슷하다 여길 수 있지만, 느낌은 모두 다릅니다. '무척'은 다른 무엇보다 크거나 많거나 높다는 느낌으로 씁니다. "너를 무척 보고 싶어"라 한다면 다른 누구보다 너를 보고 싶다는 뜻입니다. '매우'는 "훨씬 더"를 뜻하고, "너를 매우 보고 싶어"라 한다면, 너를 보고 싶은 마음이 크기도 하지만 너뿐 아니라 다른 사람을 보고 싶은 마음도 함께 크다고 할 수 있습니다. "너를 몹시 보고 싶어"라 한다면, 애틋하기까지 한 마음까지 담아서 너를 보고 싶다

는 뜻이 됩니다. 그런데 이런 자리에서는 '아주'를 넣으면 잘 안 어울립니다. "어머니가 아주 아파요" 같은 자리는 어딘가 안 어울려요. 그리고 "아주 좋아요"라 하면 그야말로 좋다는 뜻과 느낌이 되어 "매우 좋다"나 "몹시 좋다"보다 느낌이 더 세거나 크다고 할 만합니다. '퍽'은 '꽤'보다 많거나 큽니다. 그렇지만 '아주'나 '무척'보다는 적거나 작습니다. '너무'는 "지나치게"를 가리키지만, 어느 자리나 틀이나 잣대를 넘어서도록 지나친 모습을 나타냅니다. 반갑거나 달갑지 않게 지나친 모습을 가리키기에, 어느 모로 본다면 못마땅한 느낌을 나타낸다고 할 만합니다. "아주 늦었어"라 하면, 때를 지나도 한참 지나도록 늦는다는 느낌이고, "너무 늦었어"라 하면, 때를 지나도 한참 지나도록 늦었다는 느낌뿐 아니라, 늦은 사람을 살짝 나무라는 느낌을 담습니다. "무척 많다"라든지 "매우 많다"는 많은 모습을 더 힘을 주어 가리키지만, "너무 많다"는 반갑거나 달갑지 않도록 많다는 느낌을 나타냅니다. "너무 많아서 못 먹어요"처럼 씁니다. 이와 달리, "아주 많아서 못 먹어요"처럼 쓰지는 않습니다.

무척

: **다른 것과 견줄 수 없이, 다른 것보다 더**
  * 갈 길이 멀어 무척 힘들지만 더 기운을 내자
  * 내 편지를 받고 기뻤다니 나도 무척 좋아
  * 아버지가 끓인 미역국이 무척 맛있어요

매우

: **훨씬 더**
  * 오늘은 동무들과 매우 즐겁게 놀았어요
  * 할머니한테서 받은 선물이 매우 좋아요
  * 할아버지가 빚은 만두가 매우 맛나요

아주

1. **훨씬 더 넘어서도록**
   * 다 함께 노래를 부르니 아주 즐거워요
   * 숲에서 마시는 바람이 아주 싱그럽고 맑아요
   * 어제 너희 집에서 먹은 고구마 맛이 아주 좋던걸
2. **모두 이루어지거나 굳어져서 바꾸거나 고치거나 돌이킬 수 없이**
   * 너한테 이 책을 아주 줄 테니까 잘 읽으렴
   * 자전거를 새로 장만하니 세뱃돈이 아주 바닥이 났어
3. **앞으로도 그대로 언제까지나**
   * 그렇게 멀리 집을 옮기면 이제는 아주 못 보겠구나
   * 연줄이 끊어지더니 연이 저 너머로 아주 사라졌어

몹시

: 더할 수 없이 크거나 지나치게

  * 올여름은 몹시 덥네
  * 어제 본 만화책이 몹시 재미있어서 또 보고 싶다
  * 바람이 몹시 부니까 옷을 단단히 껴입고 나가자

꽤

1. 살짝 더하거나 많게

   * 고무줄놀이를 꽤 오래 했으니 다른 놀이를 하자
   * 거기까지는 꽤 멀지 않을까
   * 오늘은 밥을 꽤 먹는구나

2. 이럭저럭 괜찮을 만큼

   * 자그마한 도서관이지만 책은 꽤 갖추었다
   * 이모는 작은 집에 사는데 살림은 꽤 갖추셨다

퍽

: 살짝 지나칠 만큼 넘어서거나 훨씬 많도록

  * 어린이가 짊어지기에는 퍽 무거운 짐이다

  * 뜻밖이다 싶은 선물을 받아서 퍽 좋아한다
  * 바다까지는 퍽 가까우니 걸어서 가 볼까

제법

1. 많거나 적지 않지만 어느 만큼 되도록

   * 사월이 되니 햇볕이 제법 따스하다
   * 오랫동안 못 봤더니 키가 제법 자랐네

2. 높낮이나 세기나 솜씨가 어느 만큼 되거나 깊어지는 모습

   * 쑥국도 끓일 줄 알다니 제법이로구나
   * 이제 보니 달리기도 잘하고, 너 제법인걸

너무 (너무하다)

: 어느 자리·틀·잣대보다 지나치게

  * 너무 배불러서 이제 그만 먹을래
  * 너무 높아서 내 동생은 안 보이겠네
  * 제가 잘못했으니 너무 나무라지는 마셔요
  * 나한테는 너무 많아서 다 들고 가지 못할 듯해

무턱대고·다짜고짜로(다짜고짜)·덮어놓고(덮어놓다)

⋯→ 생각을 하지 않고 남을 몰아붙이거나 움직이거나 어떤 일을 할 적에 '무턱대고·다짜고짜로·덮어놓고' 세 가지 낱말을 쓰는데, 잘 생각하지 않는다고 할 적에 '무턱대고'를 쓰고, 앞뒤나 흐름을 알아보지 않고 덤빈다고 할 적에 '다짜고짜로'를 쓰며, 그저 생각이 없이 할 적에 '덮어놓고'를 써요.

무턱대고

: 잘 생각하거나 헤아리거나 살피지 않고

- 길도 모르는데 무턱대고 아무 데나 가지 마
- 무턱대고 꾸짖는 어른은 반갑지 않다

다짜고짜로

: 앞뒤나 흐름이나 옳고 그름을 알아보지 않고 마구 덤비면서

- 집들이를 한다면서 다짜고짜로 찾아온 이웃들
- 다짜고짜로 따지지 말고, 내 말부터 좀 들어라

다짜고짜

: '다짜고짜로'와 같은 말

- 다짜고짜 몰아붙이지 말고 그 아이 얘기부터 듣자
- 잘 모르니까 다짜고짜 따지는구나

덮어놓고

: 무엇을 생각하거나 따지지 않고

- 덮어놓고 믿지 말고 가만히 생각해 보자
- 덮어놓고 사지 말고 꼼꼼히 따진 뒤에 사야지

묵다1·케케묵다·해묵다

···〉 '묵다'는 처음 거두거나 짓고 나서 그해를 넘기는 일을 가리킵니다. 이 뜻을 발판으로 삼아서 "어느 때를 지나서 오래되다"라든지 "다친 곳이 오래되다"라든지 "아주 오래 살다"라든지 "더 쓰이지 않고 그대로 있다" 같은 뜻을 가리키는 자리에서도 씁니다. '해묵다'도 "해를 묵다"를 뜻하는 만큼, 처음 거두거나 짓고 나서 그해를 넘기는 일을 가리키는데, 이밖에 "해를 넘겨 오랫동안 있다"와 "어떤 일이 안 풀린 채 오랜 나날이 지나다"를 가리키기도 해요. '케케묵다'는 "아주 오래되어 낡다"를 가리키는 낱말이고, "새로운 데가 없다"를 가리키기도 합니다. '케케묵다'는 1988년부터 맞춤법이 바뀐 낱말로, 예전에는 '켸켸묵다'로 적었습니다. '켸'는 '켜'를 가리키는 낱말이기도 하며, "여럿으로 포갤 적에 층 하나하나"를 나타냅니다. 그러니 '케케묵다'란 "켜켜이 묵다"를 나타내고, 켜를 쌓고 다시 쌓듯이 묵었다는 소리

라서 "아주 오래 묵다"를 이야기하는 셈입니다. '켸(켜)'를 넣는 낱말로 '콩켸팥켸'가 있고, '콩켸팥켸'는 "이것저것 마구 섞여서 뒤죽박죽"인 모습을 가리킵니다.

묵다 1

1. **처음 거두거나 짓고 나서 그해를 넘기거나 두 해 넘게 지나 오래되다**
   * 묵은쌀로는 떡을 지어서 먹자
   * 어머니가 묵은지로 한 부침개가 참 맛있어요
   * 묵은 콩으로 무엇을 해서 먹어 볼까
   * 포도로 담근 술은 오래 묵을수록 맛이 새롭게 달라진다고 해요

2. **어느 때를 지나서 오래되다**
   * 오늘이 가면 묵은해가 저물고 새로운 해가 된다
   * 섣달그믐에 한 해를 마무리하며 보내는 뜻에서 묵은세배를 하지요
   * 새 잎이 돋으면 묵은 잎이 진다

3. **다치거나 아픈 곳이 오래되다**
   * 못 고칠 줄 알았던 묵은 병을 고쳤어요
   * 묵은 생채기를 뒤늦게 다스린다

4. **아주 오래된 채 그대로 있거나, 아주 오래 살다**
   * 우리 마을에는 팔백 해나 묵은 우람한 나무가 있어요
   * 우리 집에는 자그마치 사백 해를 묵은 책이 있습니다
   * 흙으로 지은 옛날 집에는 수백 해 묵은 구렁이가 있었대요
   * 하늘로 오르지 못하고 천 해를 묵은 이무기

5. **어떤 일이 풀리지 않은 채 오랜 나날이**

지나가다
   * 그동안 켜켜이 묵은 응어리를 비로소 푸는구나
   * 이제는 마음에 묵은 먼지를 벗길 때가 되었지 싶어
   * 며칠 빨래를 안 했더니 묵은 빨래가 수북하다
   * 알쏭달쏭하던 묵은 수수께끼를 드디어 풀었다

6. **어느 때에 어떤 일을 이루지 못하고 한 해나 여러 해가 넘는 나날을 보내다**
   * 몸이 아파서 한 해 묵고 나서 학교에 들어갔어요
   * 할아버지는 쉰 해나 묵은 졸업장을 받고 눈물을 흘리셨어요

7. **더 쓰이지 않으면서 그대로 있다**
   * 할머니가 돌아가신 뒤 이 밭이 오래 묵으면서 묵정밭이 되었다
   * 도시로 떠난 사람이 많은 탓에 시골에서는 땅이 자꾸 묵는다
   * 아버지한테 묵은 사진기가 있어서 한 대 빌려서 사진을 찍어요
   * 작은아버지가 젊을 적에 타고 더 안 타는 묵은 자전거를 얻었어요

케케묵다

1. **일이나 물건이 아주 오래되다 (아주 낡아 보이다)**
   * 참으로 케케묵은 반짇고리이지만 더께를

걷고 손질하면 제법 쓸 만하다

* 할머니를 낳은 할머니가 쓰시던 케케묵은 살림이 헛간에 있어요
* 얼핏 보면 케케묵은 종이뭉치일 테지만 찬찬히 보면 무척 뜻깊은 옛날 책이지

2. 생각·일·지식·버릇이 오래되기만 할 뿐 새로운 데가 없다

* 요즈음이 어느 때인데 그런 케케묵은 이야기를 하니
* 부엌일은 어머니만 해야 한다는 말이야말로 케케묵은 생각이라고 느껴요
* 이 책에는 케케묵은 그림만 잔뜩 있어서 재미없어요

해묵다

1. 처음 거두거나 짓고 나서 그해를 넘기다

* 해묵은 고구마이지만 제법 맛있다
* 오늘은 해묵은 쌀로 밥을 지었는데 맛이 어떠할까

2. 어떤 물건이 해를 넘겨 오랫동안 남거나 있다

* 우리 집 뒤로 있는 숲정이에는 해묵은 나무가 아름드리로 서서 그윽해요
* 오래된 골목에는 아기자기하면서 해묵은 작은 집이 어김없이 있다
* 할아버지한테서 물려받은 해묵고 투박한 시계를 차고 다녀요

3. 어떤 일이나 생각이 풀리지 못한 채 여러 해를 넘기거나 긴 나날이 지나다

* 해묵은 앙금을 말끔하게 털고 싶다
* 서로 미워하는 해묵은 마음을 이제는 풀고 사이좋게 지내자
* 해묵은 다툼을 그칠 때에 남녘과 북녘이 하나 되리라 생각해요

묵다2·머무르다·머물다

···› '묵다'는 어느 곳에서 한동안 지내는 뜻으로만 씁니다. '머무르다·머물다'는 '묵다'와 같은 뜻으로 쓰고, 살짝 멈추거나 더 움직이지 않고 그대로 있는 모습을 가리키는 자리에서 씁니다.

묵다 2

: 다른 사람 집이나 다른 곳에서 잠을 자면서 한동안 지내다

* 너희 집에서 하루 묵어도 될까
* 서울에서 며칠 묵고 인천에 갈 생각이에요

머무르다

1. 가거나 움직이다가 살짝 멈추거나 그대로 있다
   * 버스가 쉼터에 머무르는 동안 쉬를 누고 올게요
   * 건널목에서 자동차가 머무르는 동안 길을 건넌다
2. 어떤 곳에서 한동안 지내거나 있다
   * 이모네 집에 놀러 가서 사흘쯤 머무를 생각이야
   * 여름에는 바닷가에 천막을 치고 며칠 머무를까 싶어
3. 더 나아가지 못하거나 어떤 자리에서 그치다
   * 이 대회에서 준결승에 머무르고 말았어
   * 오르지도 않고 내려가지도 않으면서 늘 머무르기만 한다

머물다

: '머무르다'를 줄여서 쓰는 말
   * 오래 머물지 않고 곧 돌아가려고 해요
   * 머무는 동네마다 우체국을 찾아가서 엽서를 부친다

묻다·물어보다·되묻다·여쭈다·여쭙다

··→ 알고 싶어 알려 달라고 할 적에 '묻다'와 '여쭈다'를 씁니다. 여느 사이라면 '묻다'라는 낱말을 쓰고, 어른한테는 '여쭈다'라는 낱말을 씁니다. '여쭙다'는 '여쭈다'와 뜻이 같은 낱말입니다. '물어보다'는 '묻다'하고 거의 똑같다고 할 수 있습니다. 어느 모로 본다면 조금 부드럽게 쓰는 말씨일 수 있습니다.

묻다

1. 더 알고 싶거나 밝히고 싶기에 알려 달라는 뜻으로 말을 걸다
   * 잘 모르겠으면 언제든지 물으렴
   * 길을 물어서 겨우 찾아갔다
2. 인사하는 말을 하다
   * 잘 지내는지 편지로 물었지
   * 잠자리가 어떠했는지 묻는다
3. 잘잘못이나 옳고 그름을 따지거나 밝히다
   * 네가 어제 저지른 짓을 물으려고 오늘 여기 모였어
   * 동생 잘못을 꼬치꼬치 묻지 말자

물어보다

: 알고 싶거나 밝히고 싶기에 말을 걸다
   * 더 물어볼 얘기가 있니
   * 아직 모르겠으면 알 때까지 다시

물어보렴

* 어제도 물어봤지만 오늘 또 물어봐도 될까

되묻다

1. 한 번 물었던 이야기를 똑같이 다시 묻다
   * 무슨 말인지 못 알아들어서 되물었다
   * 도무지 믿기지 않아 자꾸 되물었다
2. 묻는 말에 알려주지 않고 도리어 묻다. 묻는 말을 받아서 도리어 묻다
   * 엉뚱한 말만 되물으면 어떡하니
   * 자꾸 되묻기만 하고 알려주지 않으니 답답하다

여쭈다

1. 어른한테 말씀을 올리다

* 이웃 할머니한테 밭에 씨앗을 언제 뿌리면 좋을는지 여쭈렴
* 어머니한테 여쭈어 보고 와야지
2. 어른한테 인사를 드리다
   * 자기 앞서 할아버지한테 인사를 여쭈어라
   * 어머니는 할머니한테 인사를 여쭈고 온대요

여쭙다

: '여쭈다'와 같은 낱말
   * 길을 잘 몰라서 그러는데, 말씀 좀 여쭙겠습니다
   * 할아버지한테 인사는 여쭙고 왔느냐

물려받다·이어받다

⋯⋯ 물려서 받으니 '물려받다'입니다. 두고두고 쓰려고 받는 '물려받다'이고, 예전에 이루어진 것을 앞으로도 잇거나 지키겠다는 마음가짐으로 받는 '이어받다'입니다. 그래서 '물려받다·물려주다'가 서로 짝을 이루고, '이어받다·이어주다'가 서로 짝이 되는데, 한국말사전에는 아직 '이어주다'라는 낱말은 오르지 못합니다.

물려받다

: 다른 사람이 가지던 것이나 쓰던 것을 받다

* 어머니한테서 물려받은 사랑을 아이한테 다시 물려준다
* 내 옷은 언니한테서 물려받았어요

이어받다

: 예전에 이루어진 일이나 넋을 받다

  * 할아버지 때부터 하던 일을 죽 이어받았다고 해요

  * 훌륭한 어른한테서 이어받은 넋을 지키려고 한다

뭍·땅·섬

···▸ '땅'도 '뭍'과 같은 낱말인데, '땅'은 "흙"이나 "논밭"이나 "어느 곳"을 가리키곤 하지만, '뭍'은 "섬 아닌 땅"을 가리키는 자리에서만 써요. 바다에서 바라보는 땅을 '뭍'이라 할 수 있어요. 그래서 섬은 '땅'이라고만 가리키고, 섬사람은 섬 아닌 '땅'에서 지내는 사람을 '뭍사람'이라고 가리켜요. 뭍에서 살아가는 짐승은 '뭍짐승'이에요. '땅짐승'이라 하지 않습니다. '섬'은 바닷물이 둘러싸인 곳을 비롯해서 냇물이나 못물이 둘러싸인 곳에 있는 땅을 가리킵니다.

뭍

: 바다를 뺀 모든 곳

  * 뭍에 있으면 섬이 그립고, 섬에 있으면 뭍이 그립다

  * 섬에 다리를 놓으면서 뭍을 드나들기에 한결 수월하다

땅

1. 물이 있는 곳을 뺀 모든 곳

   * 흔들리는 배를 오랫동안 타다가 내리니 땅에 제대로 서지 못하겠네

   * 땅에는 풀과 나무가 자라며 꽃이 핀다

   * 바다에서는 물풀이 자라고, 땅에서는 나무가 자라는 숲이 있다

2. 나라나 마을이나 정부에서 다스리는 곳

   * 독도는 한국 땅이고 대마도는 일본 땅이야

   * 시골 학교는 마을에서 저마다 땅을 조금씩 내놓아서 지었어

3. 살아가는 어느 곳이나 터전

   * 경기도에서만 살다가 전라도 땅은 처음 찾아가 본다

   * 할머니도 어머니도 나도 이 땅에서 태어났다

4. 살림을 꾸리며 지낼 만한 곳

   * 집을 지을 만한 땅을 찾는다

   * 볕이 잘 드는 저 땅에 집을 지으면 좋겠어

5. 논이나 밭이나 흙
   * 봄을 맞이한 땅은 봄비를 맞으며 보드랍게 풀린다
   * 숲을 이루는 땅은 사람 손길이 닿지 않아도 촉촉하며 좋다

섬

: 둘레가 온통 물로 둘러싸인 곳
   * 섬에서 나고 자라며 늘 바다를 보았지요
   * 바다가 아닌 커다란 못에도 섬이 있지
   * 썰물이면 섬하고 뭍 사이가 이어집니다
   * 섬나라·섬사람·섬나무·섬꽃
   * 바위섬·돌섬·외딴섬·줄섬

미리·먼저·지레

⋯▸　어느 일이 일어나기 앞선 때를 가리키면서 '미리'를 쓰고, 어느 때보다 앞선 차례인 무엇을 가리키면서 '먼저'를 씁니다. 이를테면, 인사를 하고 나서 밥을 먹으라는 뜻으로 "먼저 인사를 하고 밥을 먹어" 하고 말합니다. 차례를 따지지요. "미리 인사를 하고 밥을 먹어"처럼 쓰지는 않아요. 이렇게 말한다면 어쩐지 인사를 받는 분을 놀리는 느낌이 될 수 있어요. 두 낱말은 모두 "때"를 가리키지만, '먼저'는 "때와 차례"를 함께 가리키는 셈입니다. 그리고 책이나 영화를 보기 앞서 '미리보기'를 할 수 있어요. 영화에서는 '예고편'이라고도 하는데, 처음부터 끝까지 찬찬히 읽거나 보기 앞서 '맛보기'처럼 선보이는 일은 '미리보기'예요. '맛보기'도 '미리보기'하고 같아요. 그러면 남보다 먼저 보고 싶어서 '먼저보기'를 한다면? 누구보다 먼저 본다는 '먼저보기'는 몇몇만 따로 보는 모습을 가리키고, '미리보기'는 처음으로 보거나 나중으로 본다는 차례를 나타내지 않아요. 그래서 '미리하기'는 어떤 일을 하기 앞서 일찌감치 챙기거나 건사하거나 다스리는 몸짓이라면, '먼저하기'는 남보다 앞질러서 한다는 몸짓이기도 하고 '새치기·옆치기'처럼 끼어들거나 가로채는 몸짓이 되기도 해요. 어떤 일을 '미리' 한다고 할 적에는 '미리읽기·미리듣기·미리먹기·미리가기'처럼 쓸 수 있어요. 앞으로 자야

할 잠을 미리 자면서 '미리자기 · 미리잠'을 할 수 있지요. 앞으로 먹을 밥을 미리 먹으며 '미리먹기 · 미리밥'을 즐길 수 있을 텐데, 나중에 서두르지 않으려고 일찍 챙기는 몸짓이지요. 이와 달리 '먼저자기 · 먼저먹기'라 하면 남보다 앞지르거나 가로챈다는 몸짓이에요. '지레'는 아직 생기지도 일어나지도 않은 일을 걱정하는 마음이 들 적에, 또 아직 잘 모르면서 함부로 무엇을 생각할 적에 씁니다.

미리

: 어떤 일이 생기거나 일어나기 앞서 (아직
안 했으나 일찍 했어야 할 때 쓰는 말)

* 나중에 가서 밝히지 말고 미리 알려주면
좋겠어
* 저녁에 미리 챙기고 자면 아침에
서두르지 않아도 돼
* 내가 미리 물을 받아 놓을게
* 어머니가 미리 읽어 보고서 내가 읽을
만한지 알려준대요

먼저

: 더 앞서인 때. 더 앞서. 더 앞서인 때에
한 일

* 먼저처럼 하지 말고 차분하게 하기를
바란다
* 네가 먼저 가면 내가 뒤따라갈게
* 할아버지한테 먼저 인사하고 밥을 먹으렴
* 너만 먼저 가지 말고 함께 가자

지레

: 아직 않거나 일어나지 않은 일을 두고서
걱정을 하거나 잘 알지 못하면서 함부로
생각하여

* 지레 무서워하는구나
* 틀리다고 지레 생각하지 마
* 지레 그럴 줄 알았지

ㅂ

바뀌다(바꾸다)·갈다·달라지다

⋯ '바꾸다'는 쓰임새가 넓습니다. '갈다'는 고친다거나 새로 넣는다는 느낌을 나타내는 자리에 씁니다. 이를테면 "집안 공기가 텁텁하니 갈아야겠다" 하고 말합니다. "전구를 간다"고 할 적에는 전구를 새로 넣는다는 뜻이고, "전구를 바꾼다"고 할 적에는 다른 전구를 쓰려고 한다는 뜻입니다. '갈다'는 "다른 사람이 일하도록 한다"는 뜻을 가리키기도 하는데, '바꾸다'도 이와 같은 뜻을 나타내는 자리에 쓰기도 합니다. 그런데 "우리 동생을 누구하고도 바꿀 수 없어요"처럼 쓰기는 하지만 "우리 동생을 다른 사람하고 갈 수 없어요"처럼 쓰지는 않습니다. "대표를 갈다"나 "대통령을 갈다"처럼 쓸 적에는 '바꾸다'를 넣을 수 있어요. '달라지다'는 이 모습이 다른 모습으로 된다든지, 처음에 보던 모습이 새로운 모습으로 된다고 할 적에 씁니다. '달라지다'는 좋은 모습으로 되기도 하지만, 궂은 모습으로 되기도 합니다. 비슷하게 쓰는 '거듭나다'라는 낱말은 예전 모습을 버리고 좋은 모습으로 다시 태어나려고 하는 자리에서만 씁니다.

바뀌다 (바꾸다)

1. 처음 있던 것을 없애고 다른 것으로 하거나 채우거나 넣다
   * 빈터를 가꾸어서 텃밭으로 바꾸었어요
   * 시계가 멈추었으니 시계 밥을 바꾸어야겠네
   * 모임이 따분하다 싶어서 이야기를 바꾸기로 했다

2. 내 것을 다른 사람한테 주고, 이와 걸맞게 다른 사람 것을 받다
   * 이웃집 언니하고 치마 한 벌을 바꾸어 입었습니다
   * 즐겁게 읽은 책을 서로 바꾸어 읽는다

3. 처음 짠 줄거리나 모습이나 흐름을 다르게 하다 (고치다)

* 아침까지는 골짜기에 가려 했는데 아무래도 바다로 바꾸어서 갈까 해
* 책상과 옷장을 옮겨서 집안 느낌을 바꾸면 어떨까
* 계획을 크게 바꾸었는데 네가 보기에는 어떠니

4. 이제까지 있거나 쓰던 것을 버리고 다른 것을 두거나 쓰다
   * 놀다가 무릎에 구멍이 나서 바지를 바꿔 입고 나간다

5. 어떤 자리에 있는 사람을 다른 사람으로 두다
   * 이번 체육대회에서 뛸 선수를 바꾸기로 했대
   * 나는 우리 동생을 누구하고도 바꿀 수 없어요

6. 어느 말을 다른 말로 풀어 놓다 (옮기다)
   * 전라도 고장말을 경상도 고장말로 바꾸어 본다
   * 어머니는 내 편지를 영어로 바꾸어 주셨습니다

7. 처음 있던 곳에서 다른 곳으로 가다 (옮기다)
   * 오늘은 나랑 자리를 바꾸지 않겠니
   * 어머니는 우리 집을 시골로 바꾸려고 생각하셔요
   * 기차와 버스를 두 차례씩 바꿔 타면서 먼 길을 왔어요

8. 이쪽에서 저쪽으로 가거나, 이쪽에 있던 것을 저쪽에 있게 하다 (차례를 번갈아 하다)
   * 짐이 무거워 손을 바꾸면서 날랐다
   * 서로 자리를 바꾸면서 이어달리기를 한다

9. 곡식이나 옷감을 돈을 주고 사다

* 할머니는 어릴 적에 저잣거리에서 쌀을 바꾸는 심부름을 곧잘 하셨답니다

10. 말이나 인사를 서로 하다 (주고받다, 나누다)
    * 처음 만난 두 사람은 인사를 바꾼 뒤 바로 자리에 앉습니다

갈다

1. 이미 있는 것을 다른 것으로 하거나 넣다 (고치다)
   * 자전거 바퀴를 이제 갈아야겠어요
   * 물을 자주 갈아야 물고기도 잘 살 수 있단다
   * 할아버지한테서 물려받은 이름이라서 새 이름으로 갈고 싶지 않아
   * 비질을 할 적에는 창문을 열고 바람도 갈자꾸나

2. 어떤 자리에 있는 사람을 다른 사람으로 두다
   * 모둠지기는 석 달마다 갈기로 했습니다
   * 우리 마을에서는 설을 쇠고 나서 모임을 열어 마을지기를 갈아요

달라지다

: 처음이나 예전과는 다르게 되다
   * 오늘 바라보니 어제와는 퍽 달라진 모습이다
   * 고운 꿈을 꾸면서 언제나 곱게 달라집니다
   * 아침에 눈을 뜨니 날씨가 확 달라졌어요

ㄱ
ㄴ
ㄷ
ㄹ
ㅁ
ㅂ
ㅅ
ㅇ
ㅈ
ㅊ
ㅋ
ㅌ
ㅍ
ㅎ

바라다·꿈꾸다·비손하다

⋯▸ 어떤 일이 이루어지기를 기다리면서 '바라'거나 '꿈꾸'거나 '비손합'니다. 속으로 어떤 일을 생각하면서 이루어지기를 기다리기에 '바랍'니다. 마음속으로 그림을 그리듯이 어떤 일이 이루어지기를 기다리면서 '꿈꿉'니다. 잠을 자면서 다른 누리를 보듯이, 어떤 일이 이루어지는 모습을 마음속으로 그리면서 기다리기에 '꿈꾸다'라는 낱말을 써요. '비손하다'는 두 손을 모아서 비비는 매무새를 가리키면서 쓰는 낱말입니다.

바라다

1. 무엇이나 어떤 일이 이루어지거나 그리 되었으면 하고 생각하다
   * 올해에도 동무들과 사이좋게 놀기를 바란다고 편지를 쓴다
   * 아버지는 우리가 씩씩하게 뛰놀면서 곱게 자라기를 바라신다
   * 나는 네가 내 생일잔치에 오기를 바라지

2. 무엇을 얻거나 가졌으면 하고 생각하다
   * 너는 어떤 선물을 바라니
   * 그림을 그릴 수 있게 물감을 주시기를 바라요

꿈꾸다

1. 잠을 자는 동안 마음속으로 이곳이 아닌 다른 누리·소리·삶·모습을 보거나 듣거나 누리다
   * 어젯밤에 동생이 꿈꾼 이야기를 아침에 들었다
   * 아기가 꿈꾸면서 빙그레 웃는다
   * 꿈꾸면서 하늘을 날고 먼 별나라에도 다녀와요

2. 어떤 일을 이루려는 뜻을 품거나, 어떤 일이 이루어졌으면 하는 마음을 품다
   * 우리 집을 숲으로 가꾸면서 즐겁게 노래하는 삶을 꿈꾸어요
   * 바다에서 고래랑 헤엄치며 놀기를 꿈꾸어요
   * 튼튼하게 자라기를 꿈꾸면서 신나게 뛰놉니다

비손하다

: 두 손을 비비면서 어떤 일이 이루어지게 해 달라고 말하다
   * 가문 땅에 비가 내리기를 하늘을 보며 비손한다
   * 정갈한 마음으로 비손할 뿐 아니라 꾸준히 애쓰니까 뜻을 이루겠지
   * 아침에 일어나면 즐거운 삶을 고요히 비손하면서 하루를 열지요

바로잡다·고치다·손질하다·손보다

⋯→ 굽은 것을 바르게 하기에 '바로잡다'이고, 망가져서 못 쓰는 것을 다시 쓸 수 있도록 하기에 '고치다'입니다. 손을 대어 잘 다듬거나 추스르기에 '손질하다'이고, 손을 대어 잘못이나 모자람을 없애기에 '손보다'입니다. 굽은 것 가운데에는 망가진 것도 있겠지만, 굽거나 비뚤어진다고 해서 꼭 망가진 것은 아니에요. 그러나 "버릇을 바로잡는다"거나 "제도를 바로잡는다"고 할 때처럼 잘못된 모습을 바르게 할 적에도 '고치다'를 넣을 수 있어요. '고치다'는 망가지거나 못 쓰게 된 것을 다시 쓰거나 제대로 움직이도록 하는 자리에 쓰는 만큼, 마음결이나 매무새나 몸짓뿐 아니라, 아픈 데를 안 아프게 할 적에도 쓰고, 힘겨운 삶을 안 힘겹게 할 적에도 두루 씁니다. '손질하다'는 망가진 것을 다시 쓸 수 있도록 하는 일, 그러니까 '고치는' 일을 가리킬 적에도 쓸 수 있지만, "망가지지 않은 것을 한결 쓰기 좋도록 가다듬는" 자리에도 씁니다.

바로잡다

1. **굽거나 비뚤어진 것을 바르게 하다**
   * 자꾸 등을 구부리며 앉기에 앉음새를 바로잡는다
   * 이쪽 줄이 비뚤어졌으니 바로잡으렴
2. **그릇된 일을 바르게 하거나 잘못된 것을 바르게 하다**
   * 흐트러진 마음을 바로잡고 새롭게 해 보자
   * 아버지는 책에 잘못 적힌 글을 바로잡는 일을 합니다
   * 잘못 길든 버릇은 바로잡기 쉽지 않더구나

고치다

1. **망가지거나 못 쓰게 된 것을 다시 쓸 수 있게 하다**
   * 낡은 걸상을 고치니 마치 새 걸상이 된 듯하다
   * 우리 어머니는 헌 물건을 잘 고쳐서 쓰십니다
2. **잘못되거나 틀린 것을 바르게 하다**
   * 여기 이 문제는 틀렸으니 고쳐서 다시 풀어 보렴
   * 이 규칙은 앞뒤가 어긋나니 고치라고 해야겠어
3. **안 좋은 버릇이나 모습이나 마음을 바르게 하다**

- 밥을 반듯하게 먹는 버릇이 들도록 밥상맡 몸짓을 고쳐야겠구나
- 오늘 할 일을 뒤로 미루는 버릇을 고칠 수 없겠니

4. 아픈 데를 낫게 하다
   - 오랫동안 괴롭히던 몸살을 고쳤어요
   - 할머니는 누가 아프다고 하면 숲에 가서 나물을 뜯어 와서 잘 고친다

5. 모습이나 몸짓을 다르게 하다
   - 모자가 비뚤어졌으니 고쳐서 쓰렴
   - 새해 인사를 하러 가는 길이니 반듯한 옷으로 고쳐 입으렴

6. 이름이나 얼거리나 줄거리나 제도를 다른 것으로 하다
   - 우리 모임 이름을 새롭게 고칠까 하는데 괜찮을까
   - 시간표를 짜기는 했는데 아무래도 힘들어 고쳐야겠어
   - 글을 좀 고치면 읽기에 수월할까

7. 처음 있던 것을 잘 만지거나 가꾸어서 다르거나 낫게 되도록 하다
   - 할아버지는 안 쓰던 다락을 고쳐서 제 방으로 꾸며 주셨어요
   - 헌 상자를 한참 뚝딱거리면서 고치니 어느새 예쁜 인형 상자가 되었다
   - 이 글은 조금만 고치면 되겠구나

8. 한결 나은 모습이 되도록 하다
   - 이웃 아저씨는 그렇게 힘껏 일하시더니 살림을 많이 고치셨다
   - 착하고 참다우며 슬기롭게 애쓰면 누구나 삶을 고칠 수 있어

손질하다 (손질, 손질을 하다)

1. 손을 대어 한결 낫거나 좋도록 하다
   - 이 자전거는 조금만 손질해도 아주 잘 달릴 듯해요
   - 풀밭이 된 마당을 손질해서 멋진 앞뜰로 꾸몄습니다
   - 오래되어 멈춘 시계를 손질하니 잘 움직입니다
   - 네 머리카락이 어수선하니 살짝 손질을 해 볼까

2. 손으로 남을 함부로 때리다
   - 여린 동무를 손질하는 녀석이 어디에 있니
   - 동생을 손질하는 버릇을 고쳐야겠구나

손보다 (손보기, 손을 보다)

1. 손을 대어 잘못이나 모자람이 없도록 하다
   - 조금 낡은 옷이지만 이곳저곳 손보니 말끔한 새 옷이 되었어요
   - 창틀이 어긋난 듯하니 아무래도 손봐야겠어요
   - 삐걱거리는 걸상을 손보니 튼튼합니다
   - 아버지와 함께 집에서 손을 볼 곳을 살펴봅니다

2. 손으로 남을 호되게 때리다
   - 내 동생을 괴롭히는 아이는 내가 손볼 테다
   - 착한 아이를 못살게 군다면 우리가 손볼 테니 두고 보라고

바르다1·반듯하다*·곧다·가지런하다*·나란하다

⋯→ '바르다'는 "굽지 않거나 비뚤어지지 않거나 어긋나지 않은" 모습을 가리킵니다. '곧다'는 '바르다'하고 쓰임새가 거의 같아요. '바르다'와 '곧다'는 마음씨나 마음결이나 몸짓을 가리키는 자리에서도 서로 비슷하게 써요. 다만, '바르다'는 "꾸미지 않은 모습"이나 "어긋나지 않은 모습"이나 "또렷하게 보이는 모습"을 가리키면서 쓰고, '곧다'는 "한결같이 나아가는 모습"이나 "흔들리지 않는 모습"을 가리키면서 써요. "나무가 곧게 자란다"처럼 쓸 수 있으나, "나무가 바르게 자란다"처럼 쓰지는 않습니다. '반듯하다'는 비뚤어지거나 기울어지지 않은 모습을 가리키고, 생김새가 보기에 시원스럽거나 좋다는 모습을 가리킬 때에 함께 써요. '가지런하다'와 '나란하다'는 들쑥날쑥한 모습, 그러니까 한쪽은 튀어나오고 다른 쪽은 들어간 모습이 아닐 때에 씁니다. 그런데 '가지런하다'는 여럿이 비슷한 모습으로 있을 때를 가리키고, '나란하다'는 "서거나 있는 모습, 이른바 줄이나 금이 한결같이 있는" 모습을 가리킵니다. 사람들이 선 줄이 나란할 적에는, 키가 다르더라도 줄을 선 모습이 튀어나온 데 없이 한결같으면 '나란하다'입니다. 키와 몸뚱이가 비슷한 사람이 튀어나온 데 없이 선 모습을 보며 '가지런하다'라 합니다.

바르다 1

1. 어느 한쪽으로 다르게 가지 않거나, 이쪽저쪽으로 빠지거나 들어가지 않다 (비뚤어지거나 구부러진 데가 없다)
   * 이 들길은 우리 집까지 바르게 이어졌어
   * 네모를 그릴 때에는 금을 바르게 그어야지
   * 줄이 자꾸 비뚤어지니 좀 바르게 서라
2. 어느 한쪽으로 다르거나 함부로 가지 않거나, 이리저리 함부로 가거나 있지 않다 (기울거나 일그러지거나 흐트러진 데가 없다)
   * 글씨를 바르게 써야지 이 글을 읽는 사람이 알아보기 좋아
   * 자, 네 동생하고 걸상에 바르게 앉아서 기다리렴
   * 벗은 옷은 바르게 개어 한쪽에 잘 둔다
3. 말이나 몸짓이나 생각이 어떤 틀이나 흐름과 맞거나 또렷하다
   * 너는 어제 그 일을 바르게 읽을 줄 아는구나

* 그 아이는 얌전하고 발라서 동무들한테서 사랑을 받는다

4. 참과 다르거나 안 맞는 일이 없거나, 거짓이나 꾸밈이나 속임이 없다

* 네가 나한테는 바르게 말하리라 믿어
* 씨앗을 심고 나무를 아끼면서 바르게 사는 이웃이 있는 시골

5. 그늘이 지지 않고 햇볕이 잘 들다

* 오늘처럼 볕이 바른 날은 빨래가 잘 말라
* 겨울이어도 햇볕이 바르니 포근하고 즐겁구나

반듯하다 (* '고르다 1'에서도 다룬다)

1. 한쪽으로 들어가거나 나간 데가 없다. 이쪽저쪽으로 가는 데가 없다 (비뚤어지거나 기울거나 굽지 않다)

* 잠자리에 들 적에는 언제나 반듯하게 눕는다
* 책상맡에 반듯하게 앉아서 책을 읽자
* 너는 이쪽 이랑을 따라 반듯하게 씨앗을 뿌리면 돼

2. 보기 좋게 깨끗하거나 시원하다

* 너희 오빠, 반듯하게 잘생겼더라
* 처음 배운 솜씨인데 질그릇을 무척 반듯하게 빚었네

3. 마음씨가 곱고 부드러우면서 몸짓이 또렷하고 빈틈이 없다

* 할아버지는 나를 보며 반듯하게 잘 커서 고맙다고 말해요
* 우리 어머니는 언제나 일을 반듯하게 잘 하신다고 해요

4. 물건이 부끄럽지 않을 만큼 괜찮다

* 어차피 살 것이라면 반듯한 쪽으로 고르자

곧다

1. 어느 한쪽으로 다르게 가지 않거나, 이쪽저쪽으로 가거나 있지 않다 (굽거나 비뚤어지지 않다)

* 이 숲에서 자라는 나무는 모두 곧게 뻗는구나
* 등허리를 곧게 펴고 앉아서 숨을 차분히 가다듬자
* 너는 금을 한 줄 그어도 무척 곧게 긋는구나

2. 마음이나 뜻이나 생각이 흔들림 없이 한결같다

* 나는 우리 언니처럼 곧게 생각하면서 살고 싶어
* 곧은 말씨로 들려주신 이야기를 잘 들었습니다

가지런하다 (* '고르다 1'에서도 다룬다)

1. 비슷한 것이 한쪽만 튀어나오거나 들어가거나 삐져나오지 않다

* 가지런하게 난 이가 예쁘다
* 책을 가지런히 꽂으니 보기에 좋다
* 머리카락을 가지런하게 빗은 뒤에 고무줄로 묶는다

2. 어지럽거나 흐트러진 데가 없다

* 책상을 가지런하게 치웠다
* 아버지와 둘이서 헛간을 가지런하게 꾸몄습니다

나란하다

1. 여럿이 줄을 지어 늘어선 모습이 튀어나오거나 굽은 데가 없다

* 우리는 나란히 앉아서 할머니한테서 옛이야기를 들었다

* 온갖 봄꽃이 나란히 핀 들판이 아름답다

2. 둘이 넘는 것이 같은 거리로 떨어진 채 있다

* 나란히 그은 금은 서로 만나지 않는다
* 두 사람은 서로 엇갈린 뒤 나란히 달리기만 한다

바르다2·옳다·올바르다·똑바르다·곧바르다·맞다*

···▶ '옳다'는 참과 같거나 어떤 틀과 어울리기에 받아들인다는 느낌을 이야기할 때에 씁니다. '바르다'는 굽거나 흔들리지 않는 느낌이라면, '옳다'는 어긋나지 않거나 벗어나지 않는 느낌입니다. '올바르다'는 '옳다'와 '바르다'를 더한 느낌이에요. 이때에는 아주 참답다고 할 만합니다. '똑바르다'는 똑똑히 바른 느낌을 떠올리면 되고, '곧바르다'는 곧으면서 바른 느낌을 그리면 됩니다. 그리고 '맞다'라는 낱말이 있는데, '맞다'는 틀리지 않거나 잘못되지 않다는 느낌이나 뜻으로 씁니다. 그러니까 "옳다 그르다"처럼 쓰고, "바르다 굽다"처럼 쓰며, "맞다 틀리다"처럼 씁니다.

바르다 2

1. 말이나 몸짓이나 생각이 어떤 틀이나 흐름과 맞거나 또렷하다
   * 꿈을 이루는 길로 바르게 나아가자
   * 바르게 생각하면 바른말이 저절로 나오지
   * 누나가 들려주는 노래는 고우면서 바르지요

2. 참과 다르거나 안 맞는 일이 없거나, 거짓이나 꾸밈이나 속임이 없다
   * 이제 너한테 바른대로 털어놓을게
   * 누가 말이 바른지 헷갈리는구나
   * 언제나 바르게 보는 눈길이 될 생각이야

옳다

1. 말·생각·몸짓·움직임·일이 참과 같다 (어떤 틀이나 흐름에 어긋나지 않다)
   * 네가 들려주는 말이 아주 옳아
   * 봄에는 쑥국이나 냉잇국을 끓여서 먹어야 옳지
   * 작은어머니 댁에 가려면 이쪽 골목에서 돌아야 옳아요
   * 네가 하는 일이 옳다면 나도 함께 할게
   * 옳고 그름을 가리다
   * 작은아버지는 늘 옳게 보고 옳게 말씀하는 어른이셔요

2. 주어진 틀·흐름·앞뒤에 어울려 제대로라 할 만하다 (나무랄 곳이 없다)

* 내가 치마저고리를 옳게 입었는지 살펴봐 주겠니
* 아무리 더워도 옷을 옳게 입어야지
* 이 글은 앞쪽과 뒤쪽이 옳게 이어지지 않는 듯해
* 어머니 생일을 맞아 미역국을 처음 끓였는데 옳게 되었는지 모르겠어요

3. 틀이나 규칙을 벗어나지 않다
   * 건널목에서는 자동차가 먼저 멈추어야 옳아요
   * 어느 쪽이 옳은 일인지 곰곰이 따져 보자

4. 차라리 더 낫다
   * 미어질 듯이 꽉 찬 버스를 타느니 걸어가는 쪽이 옳겠어
   * 배앓이도 하는데 한 끼니는 거르는 쪽이 옳겠구나

5. 어떤 생각이 갑자기 떠올랐을 때 내는 소리
   * 옳아, 어제 네가 그렇게 말했지
   * 옳지, 이제야 떠오르네

올바르다

: 말이나 생각이나 몸짓이 참과 맞아서 좋다 (참과 어긋나지 않아서 좋다)
   * 흙을 만지면서 살면 누구나 올바를 수 있다고 할아버지가 얘기한다
   * 올바르게 일하는 사람은 거리낄 일이 없어 언제나 웃는다
   * 우리 언니는 숨기거나 꾸미는 일이 없이 언제나 올바르게 말해요

똑바르다

1. 어느 쪽으로도 기울거나 흐트러지지 않다
   * 걸상에 똑바르게 앉아야 허리가 아프지 않아
   * 골목으로 빠지지 말고 이쪽으로 똑바르게 가면 돼요

2. 말이나 생각이나 몸짓이 한쪽으로 치우치지 않고 또렷하다
   * 남들이 무슨 일을 하건 우리는 똑바르게 살아야 아름답단다
   * 언제나 똑바르게 말하는 언니가 있으니 믿음직하다

곧바르다

1. 기울거나 굽지 않고 곧고 바르다
   * 이 길을 곧바르게 가면 자전거집이 나오고 헌책방이 보여요
   * 이대로 곧바르게 날아가면 지구를 한 바퀴 돌겠네요

2. 말이나 생각이나 몸짓이 꾸밈이 없이 또렷하다
   * 내 동무는 마음씨가 곧발라서 언제나 듬직해
   * 언니는 언제나 곧바르면서 상냥하게 말합니다

맞다 (* '걸맞다'에서도 다룬다)

: 어느 틀·참·잣대대로 되거나 있다 (잘 되다, 말썽이 없다, 틀리지 않다)
   * 네가 한 말이 맞더라
   * 누구 이야기가 맞는지 가려야겠구나
   * 어머니가 시킨 대로 하면 꼭 맞았을 텐데 괜히 멋대로 바꾸었다가 틀렸네

바보·멍청이·멍텅구리·맹추· 얼간이·얼간망둥이·얼뜨기·얼치기·머저리· 어리보기

⋯⋯ '바보'는 잘 모르거나 제대로 못 보는 사람을 가리킵니다. 이 뜻을 바탕으로 어리석거나 못난 사람을 가리키기도 하고, 요즈음은 어느 한 가지에 푹 빠져 다른 일은 헤아리지 못하는 사람까지 가리킵니다. '멍청이'는 생각이 흐리거나 제대로 볼 줄 모르는 사람을 가리켜요. '멍텅구리'는 바닷물고기 이름에서 비롯했다고 하는데, 바다에 사는 멍텅구리라는 물고기는 무척 굼뜰 뿐 아니라 고기잡이가 낚다가 놓쳐도 내빼지 않고 제자리에 그대로 있는다고 해요. 그래서 생각이 모자라면서 굼뜬 사람을 일컫는 자리에도 씁니다. '맹추'는 똑똑하지 못하고 흐리멍덩한 모습을 가리킵니다. '얼간이'는 '얼간'이라는 낱말에서 비롯했다고 하며, '얼간'은 살짝 간을 맞춘 일을 가리켜요. 이러한 뜻처럼 조금 모자라다 싶은 사람을 가리킵니다. 또는 "얼이 간 이(사람)"로 풀이하면서 '얼'이 제자리에 있지 않다는 뜻으로 보기도 해요. '얼간망둥이'는 똑똑하지 못한 채 껑충거리기만 하는 사람을 가리키고, '얼뜨기'는 다부지지 못하면서 무서움을 많이 타는 사람을 가리킵니다. '얼치기'는 이것도 저것도 아닌 것을 가리키는 낱말입니다. 이러한 뜻을 바탕으로 이것도 저것도 제대로 모른다거나, 이쪽에서도 저쪽에서도 마음에 안 들 만한 사람을 가리킵니다. '머저리'는 똑똑하지 못하고 어리석어 보이는 사람을 가리키는데, '모자라다'에서 비롯한 낱말이라고도 해요. "모자란 사람"을 가리킨다고 할 만해요. '어리보기'는 또렷하지 못하고 어리석은 사람을 가리켜요. '어리–'는 '어리석다'에서 비롯했어요. 이와 비슷하게 '어리버리·어리버리하다'라는 말이 요새 널리 쓰이는데, 표준말로는 '어리바리·어리바리하다'만 있어요.

바보

1. 어떤 일을 잘 모르거나 제대로 못 보는 사람
   * 스무 살이 되어도 글을 못 읽는 바보이지만 일을 잘하고 마음이 착합니다
   * 이처럼 쉽게 말해도 못 알아듣는다면 바보일 테지

2. 어리석거나 못난 사람
   * 바보 소리를 들으면 누가 즐거울까 생각해 봐
   * 우리 언니를 바보라고 놀리지 마
   * 너희가 괴롭힐 때에 가만히 있는다고 바보가 아니야
   * 우리를 믿는 너는 바보가 아니고 아름다운 동무야

3. 어느 한 가지에 푹 빠진 채 다른 일을 헤아리지 않는 사람
   * 너는 책만 보는 바보로구나
   * 큰오빠는 축구밖에 모르는 축구바보예요
   * 우리 아버지는 딸바보이고, 우리 어머니는 아들바보예요

멍청이

: 생각이 흐리거나 제대로 볼 줄 모르는 사람
   * 쉰 냄새가 나면 먹지 말아야지, 멍청이처럼 그냥 먹고 배앓이를 하네
   * 남이 한다고 너도 그대로 따라 하다니, 참 멍청이 같아
   * 간장을 먹물인 줄 알다니 나도 참으로 멍청이 짓을 했네

멍텅구리

1. 생각하는 힘이 모자라고 흐리면서 몸이 굼뜬 사람
   * 이 추운 겨울에 바다에 들어가서 헤엄치다니 멍텅구리 같은 짓을 했네
   * 스스로 생각하는 힘을 키우지 않으면 멍텅구리가 되고 말아
   * 아무리 멍텅구리라 하더라도 된장과 똥은 가릴 줄 알아야지

2. 목이 좀 두툼하게 올라와 못생긴 한 되들이 병
   * 멍텅구리 병에 물이 얼마나 들어가나 했더니 생각보다 많이 들어간다

3. 바닷물고기 '뚝지'를 가리키는 다른 이름
   * 굼뜨게 움직이는 멍텅구리는 바위에 몸을 붙이기를 좋아하는 바닷물고기야

4. 다른 배가 끌지 않으면 스스로 움직일 수 없는 배 (멍텅구리 배)
   * 새우가 지나는 길목에 닻을 내리고 멈추어 새우를 낚는 멍텅구리 배가 있다

맹추

: 똑똑하지 못하고 흐리멍덩한 사람을 얕잡는 말
   * 맹추처럼 굴다가 물병을 쏟아 방바닥을 흠뻑 적셨구나
   * 코앞에 있어도 알아보지 못했으니 맹추가 따로 없지
   * 이 추위에 짧은 옷을 입다니 맹추 같아

얼간이

: 됨됨이가 변변하지 못하고 모자라는 사람을 낮추는 말 ('얼간'을 한 것을

가리키는데, '얼간'은 소금을 조금 쳐서 살짝 절이는 일을 뜻한다. 간을 조금 맞추듯이 사람이 조금 모자란다는 뜻에서 쓰는 말. 또는 "얼이 간 사람")

* 저쪽 오솔길로 가야 했는데 얼간이처럼 막다른 길로 가고 말았네
* 맞는 짝을 알아보지 못하고 헷갈린 내가 얼간이로구나

얼간망둥이

: 탐탁하거나 똑똑한 맛이 없이 껑충거리기만 하는, 생각이 좀 흐린 사람

* 네가 얼간망둥이 짓을 하더라도 속마음은 고운 줄 알아
* 일을 제대로 못하면서 뒤죽박죽으로 어지럽히니 얼간망둥이 소리를 듣지

얼뜨기

1. 다부지지 못하고 어리석어서 제대로 할 줄 모르고 무서움을 많이 타는 사람 (얼뜬 사람)

* 밤길이어도 눈이 익으면 다 보이니까 얼뜨기처럼 굴지 말아
* 동생이 큰소리를 쳤다고 덜덜 떨면서 내빼니까 얼뜨기라고 하지

2. 제 앞가림을 제대로 못하는 사람

* 밥을 지을 줄 모르고 설거지도 못하는 얼뜨기라면 어찌 살림을 꾸릴까
* 손수 할 일을 자꾸 남한테 미루는 얼뜨기 노릇에서 이제 벗어나야지

얼치기

1. 이것도 저것도 아닌 것

* 이 뚜껑도 아니고 저 뚜껑도 아닌 얼치기를 가지고 왔네
* 밥도 아니고 죽도 아닌 얼치기를 어떻게 먹으라고 하니
* 시골도 아니고 도시도 아닌 얼치기 같은 동네이다

2. 이것과 저것이 조금씩 섞인 것

* 이렇게 어설픈 얼치기 말고 한 가지라도 제대로 된 것을 쓰자
* 짬짜면은 짬뽕과 짜장을 섞은 얼치기 같은 밥이로구나

3. 마음에 들지 않거나 내키지 않는 사람 (못마땅한 사람, 탐탁하지 않은 사람)

* 굼뜨고 발이 느리다면서 놀이에 안 끼우며 얼치기로 여기네
* 듣기 싫은 소리를 자꾸 하니 얼치기로 보는 듯하다

4. 어느 한 가지도 제대로 하지 못하면서 이것저것 건드리는 사람

* 제대로 모르면서 나서니 얼치기라는 소리를 듣는다
* 다 아는 척하지만 정작 아무것도 모르는 얼치기가 아닌가 싶어

머저리

: 말이나 몸짓이 똑똑하지 못하고 어리석은 사람

* 멋모르고 덤비기만 하니까 머저리라고 한다
* 머저리처럼 굴지 말고 네가 할 말이 있으면 똑똑히 들려주기를 바란다

어리보기

: 말이나 몸짓이 또렷하지 못하고 어리석은 사람

* 너를 괴롭히는 동무한테 아무 말을 못하니 자꾸 어리보기로 삼는 듯해

* 셈을 잘 못하고 말까지 더듬는다고 어리보기는 아니에요

바쁘다·부산하다·부리나케

⋯→ 일이 많아서 빠르게 움직여야 하기에 '바쁩'니다. '부산하다'는 빨리 움직이는 모습과 시끄럽게 떠드는 소리를 아우르는 낱말이에요. 그러니까 바쁘면서 시끄럽다고 하는 모습이라면 '부산하다'고 할 수 있습니다. "불이 나게"가 '부리나케'가 되었어요. 몹시 빠르게 움직이는 모습을 가리킵니다.

바쁘다

1. 일이 많거나 빨리 움직이며 할 일이 있어 다른 겨를이나 쉴 겨를이 없다
   * 어머니 심부름을 하느라 바쁘니까 이따가 보자
   * 새끼를 깐 어미 제비는 먹이를 물어 나르느라 아침부터 바쁘다
2. 몹시 빠르게 움직이다
   * 아침부터 그렇게 바쁘게 어디를 가니
   * 자전거를 바쁘게 달려 이웃 마을로 찾아간다
3. 한 가지 일에만 매달려 다른 겨를이 없다
   * 밥을 먹느라 바빠서 마당에서 부르는 소리도 못 들었어
   * 숲에 가득한 멧딸기를 보고는 바구니에 담을 새도 없이 입에 넣기에 바빴다
4. 어떤 움직임이나 몸짓이 끝나자마자 곧
   * 집에 오기 바쁘게 다시 어디에 놀러 가려고 하느냐
   * 어제는 얼마나 졸렸는지 수저를 놓기

바쁘게 잠들었다고 하더라

부산하다

: 빠르게 움직이거나 시끄럽게 떠들어서 머리나 귀가 아플 만하다
   * 기차역이 부산해서 아버지 손을 꼭 잡고 걸었다
   * 시외버스가 부산한 도시를 벗어나서 나무가 우거진 곳을 달리니 시원하다
   * 할머니 여든잔치에 찾아온 손님들로 우리 집 마당이 부산하다

부리나케

: 다른 데를 쳐다보지 않고 아주 빠르게
   * 똥이 몹시 마려워서 뒷간까지 부리나케 달려간다
   * 해 떨어진 줄 모르고 놀다가 깜짝 놀라서 부리나케 집으로 돌아왔어요
   * 우리가 골짝물에 발을 담그자 물고기가 부리나케 저쪽으로 달아난다

바탕·바닥·밑바탕·밑받침·밑돌·밑바닥·뿌리·밑뿌리

···▸ '바탕'은 처음을 두루 이루면서 받치는 어떤 곳을 가리킵니다. '바닥'은 가장 낮게 있는 곳을 가리킵니다. 둘은 이처럼 다르지만, '밑바탕'이나 '밑바닥'처럼 '밑-'을 앞에 붙여서 비슷하게 쓰기도 합니다. 마음을 이루면서 받치는 곳이라든지, 삶이나 생각이나 어떤 일을 이루면서 받치는 곳을 가리킬 적에 '밑바탕'이나 '밑바닥'이라는 낱말을 쓸 수 있어요. '뿌리'는 땅속에 있는 곳입니다. 사람은 땅에서 위쪽에서 살아가니 풀이나 나무에서 뿌리를 이루는 곳을 눈으로 못 봅니다. 그러나 풀이나 나무는 뿌리가 있기에 튼튼하게 버텨요. 이리하여, '뿌리'는 때때로 '바탕'이나 '밑바탕·밑바닥'과 같은 뜻과 느낌으로 쓰는 낱말이 되기도 합니다. 이러한 '뿌리'에 '밑-'을 붙여 '밑뿌리'라 하면 뜻과 느낌이 더욱 깊어질 테지요.

바탕

1. 처음을 두루 이루면서 받치는 곳
   * 내 몸은 어떤 바탕으로 생겨났는지 궁금해요
   * 꿈을 맑고 밝게 꾸면서 마음에 아름다운 바탕이 생기도록 합니다
2. 사물이나 어떤 일을 이루는 첫 자리
   * 네가 들려준 이야기를 바탕으로 글을 하나 써 보았어
   * 어머니가 건사한 볏짚을 바탕으로 작은 바구니를 짜 보았지
3. 타고난 모습이나 재주나 마음
   * 사람은 누구나 바탕이 착하다고 할머니가 말씀하셔요
   * 내가 하는 말로 내 바탕을 헤아릴 수

있다고 해요
4. 그림이나 글씨나 무늬를 놓는 것을 이루는 아래쪽이나 둘레
   * 하얀 종이에 그림을 그리면서 바탕은 파란 빛깔로 채웠어
   * 구멍난 바지를 바탕이 보드라운 천으로 기웠습니다

바닥

1. 반반하게 넓이를 이룬 자리
   * 마룻바닥에 엎드려서 종이접기를 한다
   * 마당 바닥에 멍석을 깔고 윷놀이를 합니다
   * 책을 읽다가 졸려서 책상 바닥에 엎드려 잠들었구나

2. 가장 낮게 있는 곳
   * 얼마나 개구지게 놀았으면 신발 바닥이
     벌써 다 닳을까
   * 접시나 그릇을 설거지를 할 적에는
     바닥도 꼼꼼히 살피렴
3. 일이나 물건이나 돈이 다 없어진 끝
   * 오늘은 호떡이 잘 팔려서 일찍 바닥이
     났구나
   * 군것질을 자주 하다 보니 세뱃돈이
     어느새 바닥이 나고 말았어
   * 바닥까지 내려왔으니 이제 올라갈 일만
     남았지
4. 어느 만큼 되는 자리나 곳
   * 이래 봬도 나는 이 바닥에서 구슬치기를
     가장 잘합니다
   * 넓은 서울 바닥에서 사람을 찾기는 쉽지
     않겠지

밑바탕

:　무엇을 이루는 모습이나 생각이 생기게
　하는 첫 자리
   * 밑바탕이 튼튼해야 가방에 짐을 많이
     담을 수 있어
   * 우리 이야기를 밑바탕으로 삼아서
     아버지가 슬기롭게 실마리를 찾았어
   * 네 믿음이 밑바탕이 되어 우리가 이 일을
     멋지게 해냈어

밑받침

1. 밑에 받치는 것
   * 집을 지을 적에 밑받침을 잘 다져야
     합니다
   * 성냥탑을 쌓아도 밑받침을 튼튼히 해야지
2. 어떤 일이나 모습을 이루는 곳

   * 사랑스러운 꿈이 밑받침이 되어 언제나
     씩씩하게 일한다
   * 나를 돕는 수많은 이웃들 손길을
     밑받침으로 삼아 즐겁게 웃는다

밑돌

1. 동바리 밑을 받친 돌
   * 우리 집을 버티는 밑돌은 오랜 나날
     빗물과 햇볕에 닳고 바래었어
   * 밑돌 둘레에 제비꽃 한 송이가 피었어요
2. 담에서 가장 낮은 곳에 쌓은 돌
   * 밑돌이 튼튼하니 거센 비바람이 불어도
     끄떡없어
   * 울타리를 쌓으려면 밑돌부터 단단하게
     받쳐야 합니다
3. 든든하게 힘이 되는 것
   * 어머니는 할머니가 들려준 말을 늘
     밑돌로 삼으면서 지내신대요
   * 내가 쓴 글이 밑돌이 되어 동생들도
     기운을 내며 사이좋게 놀아요

밑바닥

1. 가장 낮은 곳
   * 내 신은 밑바닥에 구멍이 나서 비만 오면
     물이 샌다
   * 냇물이 맑으니 밑바닥에 있는 모래와
     돌이 잘 보인다
2. 어떤 일이나 이야기에서 처음을 이루면서
   받치는 것
   * 우리 마음은 밑바닥에 어떤 빛깔과
     노래가 있을까 궁금해요
   * 책을 읽으면 글쓴이 밑바닥을 함께 읽을
     수 있지
   * 이 그림은 밑바닥에 따스한 사랑을 품은

듯해

3. 아무것도 가지지 않거나 없는 모습

* 이달에는 우리 살림돈이 밑바닥이
  드러났어
* 아버지는 예전에 장사를 잘못해서 돈을
  다 잃고 밑바닥에서 산 적이 있어요
* 맨손에 빈몸이니 밑바닥부터 다시 한다는
  마음으로 일어서면 돼

4. 꾸미지 않은 모습이나 속에 품은 뜻

* 네 말을 들으면 들을수록 네 밑바닥을
  모르겠어
* 낯빛이 안 바뀌는 아버지는 밑바닥이
  어떠한지 알 수 없어

뿌리

1. 풀과 나무에서 줄기가 서며 기운을 내도록
   땅속에서 받치며 물과 밥을 빨아들이는 곳

* 풀뿌리는 무척 깊은 데까지 뻗는다
* 뽕나무는 잎과 줄기와 열매와 뿌리 모두
  약으로 쓴단다
* 뿌리가 깊이 내려야 나무가 튼튼하게 설
  수 있어

2. 다른 것에 깊숙하게 박힌 것에서 가장
   낮은 곳

* 돌뿌리가 아주 단단히 박혔네
* 내 사랑니는 뿌리까지 뽑지 못해 뿌리는
  그대로 두었어요

3. 처음을 이루면서 받치는 것이나 곳

* 내 마음은 어디에 뿌리를 내렸을까
  생각해 본다
* 수많은 마을이 뿌리가 되어야 나라가 설
  수 있다
* 나와 동생과 어머니와 아버지가 뿌리가
  되어 우리 집이 튼튼하다
* 우리 겨레가 살아온 뿌리를 돌아본다

4. 낱말을 이루는 알맹이 (말뿌리)

* '한솥밥'이라는 낱말은 어떤 뿌리에서
  생겼을까 궁금하다
* '사랑스럽다'라는 낱말은 '사랑'이라는
  말이 뿌리가 된다

밑뿌리

1. 밑에 있는 뿌리

* 배추나 무는 밑뿌리를 버리지 않고 모두
  먹지
* 밑뿌리도 나물로 무쳐서 맛나게 먹자

2. 처음을 깊이 이루면서 받치는 것이나 곳

* 어릴 적부터 참다운 사랑을 배우고
  누려야 밑뿌리가 튼튼히 선대요
* 우리 마음에 고운 밑뿌리가 자라도록
  어머니와 아버지가 늘 힘을 써요

발자국·발자취·자국·자취

···› '발자국'은 발로 만든 '자국'이고, '발자취'는 발로 만든 '자취'예요. 발자

국과 발자취는 우리가 지나온 나날이나 삶을 빗대는 자리를 가리킬 적에 흔히 씁니다. 그리고 '발자국'은 발로 밟아서 생긴 모습을 가리키며, '발자취'는 발로 밟고 지나가면서 생기는 모습이나 소리를 가리켜요. 쓰임새가 살짝 다릅니다. '자국'은 무엇인가 닿거나 묻으면서 생기는 모습을 가리킨다면, '자취'는 무엇인가 있는 동안 남기거나 나타나거나 짓는 어떤 자리를 가리켜요. "마을이 자취도 없이 사라졌다"고 하면, 마을이 있는 동안 나타나거나 마을사람이 지은 모습이나 자리가 사라졌다는 뜻입니다. "손님이 새벽에 자취도 없이 떠났다"고 하면, 손님이 있는 동안 나타나거나 흐르거나 남긴 것이 사라졌다는 뜻이에요.

발자국

1. 발로 밟은 곳에 남은 모습
   * 갯벌에 난 발자국을 보며 누구인지 알아볼까
   * 아침에 일어나고 보니, 새와 고양이가 지나간 발자국이 마당에 있다
   * 보송보송한 흙길을 걸어가니 내 발자국이 생긴다

2. 한 발을 떼는 걸음
   * 옆으로 두 발자국만 가면 되겠어
   * 너하고 나 사이는 열 발자국만큼 떨어졌구나

3. 지나온 날에 보여지거나 남긴 모습
   * 어젯밤에는 어머니가 걸어온 발자국을 차근차근 들었다
   * 우리 할아버지가 걸어온 발자국이 이 책에 담겼다고 해

발자취

1. 발로 밟고 지나갈 때 남는 자취나 소리
   * 발자취가 없이 조용히 걸으면서 하늘을 본다
   * 네가 발자취도 없이 갑자기 찾아와서 놀랐어

2. 지나온 날에 보여지거나 남긴 모습
   * 나도 내 발자취를 가만히 헤아려 보았습니다
   * 할머니는 여든 해를 살면서 어떤 발자취를 남기셨을까요

자국

1. 다른 것이 닿거나 묻어서 생기거나 달라진 자리
   * 유리창에 빗물 자국이 남았어
   * 책을 읽은 자국이 없는데, 읽기는 읽었는지 모르겠네
   * 힘을 주어 꾹꾹 눌러서 썼는지 네 글씨 자국이 뒤에 있다

2. 다친 곳이나 부스럼이 생겼다가 다 나아서 사라진 자리
   * 여드름이나 사마귀는 자꾸 건드리면 안 없어지고 오히려 자국만 남는다

* 예전에는 자주 넘어져서 무릎이 성할 날이 없더니, 이제는 아무 자국이 없다
* 내 손등에는 뜨거운 물에 덴 자국이 있어

3. = 발자국 1
   * 논에 들어가 모를 심으면 내가 지나간 데마다 자국이 생긴다
   * 아침에 일어났더니 눈이 소복소복 쌓여서 자국을 만들며 걸었어요

4. 무엇이 있었거나 지나가거나 겪은 뒤에 생긴 느낌이나 이야기
   * 그때 그 일은 나한테 크게 자국이 되었어
   * 처음 본 반딧불이는 내 마음에 커다란 자국으로 남았어

나타나거나 지은 자리
* 어제 온 손님은 새벽에 아무 자취도 없이 떠났다
* 댐이 들어서면서 수많은 마을이 자취도 없이 사라졌다
* 저녁이 되자 낮에 북적거리던 사람들 자취를 찾을 길이 없다

2. 가거나 움직인 곳
   * 토끼가 어디로 숨었는지 자취를 못 찾겠어
   * 숨바꼭질을 하는데 동무들이 어디로 갔는지 자취를 찾지 못하겠다

자취

1. 어떤 것이 있거나 생긴 동안 남기거나

발판·기틀·고동

···▸ 발을 디디는 곳이기에 '발판'입니다. 발로 디딜 수 있기에 아래쪽에서 튼튼하게 받친다고 할 만합니다. 튼튼하게 받치는 곳이 있기에 새로운 곳으로 나아갑니다. 곧, '발판'은 이곳에서 저곳으로 나아가도록 돕습니다. 이음고리와 같습니다. 차츰 위쪽으로 올라간다든지 새롭게 거듭나도록 돕는 이음새입니다. '기틀'은 일이나 모임이나 물건이나 집을 이루는 것입니다. 뼈대와 비슷하다고 할 수 있습니다. 기틀을 닦은 뒤 살을 붙이거나 이것저것 올릴 수 있어요. '고동'은 어떤 일이나 물건이 잘 움직이도록 돕는 것을 가리킵니다. '고동'이 있어야 비로소 움직일 수 있습니다. 크기는 작더라도 '참으로 커다란 자리를 차지하는' 것일 수 있는 '고동'입니다.

발판

1. 어떤 곳을 오르내리거나 건널 때에 발을
    디디려고 놓은 것
    * 여기에 발판이 있으니 밟고 건너가면 돼
    * 천천히 발판을 디디면서 위로 올라갑니다
2. 높은 데에 올라가거나 높은 데에 있는
    것을 잡거나 보려고 발밑에 놓는 것
    * 시렁이 높아 발판으로 삼을 만한 걸상을
      찾아보았다
    * 동생은 키가 작으니 발판이 있어야
      울타리 너머를 볼 수 있어요
3. 악기나 기계나 자전거를 움직이려고 발을
    얹어 밟는 곳
    * 자전거를 굴릴 적에는 발판을 앞꿈치로
      반듯하게 밟으면 돼
    * 재봉틀은 발판에 발을 살며시 얹어서
      알맞게 힘을 주면 잘 돌아가지
4. 뜀뛰기를 할 적에 더 잘 뛰게 돕도록
    놓는 것
    * 힘껏 달려서 발판을 힘차게 구르면 높이
      뛸 수 있어
    * 발판이 없어도 나는 저 뜀틀을 가뿐히
      넘을 수 있어
5. 다른 곳으로 나아가도록 할 때에 쓰는
    것을 빗대는 말
    * 이 책은 내 삶을 새롭게 읽는 발판으로
      삼고 싶다
    * 어제 겪은 일은 동생을 다시 보는 발판이
      되었어요
6. 집을 지을 때 집터 둘레에 세운 뼈대를
    받쳐서 오르내리도록 놓은 것
    * 2층집을 짓느라 집터 둘레로 세운 뼈대와
      발판에 우리는 가까이 가지 말라셔

기틀

:   일에서 가장 커다랗게 이루며 받치는 것
    (뼈대나 틀)
    * 우리 모임도 기틀을 탄탄히 다져야
      오래도록 잘될 테지
    * 기틀이 없으면 아무것도 세우지 못하니,
      차근차근 생각해 보자
    * 살림을 북돋우려면 기틀부터 알뜰히
      마련해야겠지

고동

1. 일을 하는 데에 가장 큰 대목이나 틀이나
    흐름
    * 이 일은 고동을 잘 잡아야 술술 풀리지
    * 어떤 일을 하든 처음에 고동을 또렷하게
      세워야지
    * 너와 만난 그날이 고동이 되었기에
      오늘과 같은 나로 달라졌어
2. 기계를 움직여 잘 돌아가게 하는 것
    * 잘 안 돌아가면 이쪽에 있는 고동을 만져
      봐
    * 이쪽 고동이 망가져서 자전거가
      멈추었구나
3. 먼 데까지 알리려고 길게 내는 소리
    * 고깃배가 들어오면서 고동을 울린다
    * 개어귀로 드나드는 배가 울리는 고동이
      노래처럼 들린다

밝다·환하다·눈부시다

⋯▸ '밝다'는 "빛이 있다"를 가리키고, '환하다'는 "빛이 있어 잘 보이다"를 뜻합니다. '눈부시다'라고 하면 "빛이 아주 많다"를 뜻하지요. 빛이 아주 많아서 눈을 제대로 못 뜰 만하다고 하면서 쓰는 낱말이 '눈부시다'예요. 이 뜻을 바탕으로 "아주 아름답다"나 "아주 뛰어나거나 훌륭하다"를 뜻하기도 해요. "빛이 있다"인 '밝다'이기에 "밤을 지나고 새로운 날이 찾아오다"를 가리키고, "새로운 해를 맞이하다"를 나타내기도 합니다. '환하다'는 빛이 있기에 잘 보인다는 뜻이기에, 앞이 탁 트여 시원스럽다는 느낌이라든지, 어떤 일을 마주하거나 얼굴을 볼 적에도 시원스럽다거나 또렷하게 알 만하다는 느낌을 담습니다.

밝다

1. **새로운 날이 되어 햇빛이 들다**
   * 날이 밝았으니 오늘도 즐겁게 하루를 열자
   * 새들도 밤에는 자고, 아침이 밝으면 일어나서 노래해요
   * 하루가 밝으면 기지개를 켜고 일어나 손과 낯을 씻고 나무한테 인사합니다
2. **잘 안 보이던 곳에 빛이 들다**
   * 불을 이쪽에 비추어 밝게 해 주라
   * 밤에는 전등을 켜서 길을 밝게 하면서 자전거를 달린다
3. **새로운 해가 되다**
   * 새해가 밝으면 우리도 나이를 한 살씩 더 먹겠구나
   * 오늘부터 한 해가 밝는구나
4. **빛이 세게 있다. 구석구석 비출 만큼 빛이 세다**
   * 이쪽이 저쪽보다 한결 밝은걸
   * 큰보름이 다가오니 반달도 무척 밝다
   * 아침에 밝은 햇빛을 받으며 일어나면 온몸이 개운해요
5. **빛이 들어 잘 볼 만하다. 낱낱이 볼 수 있도록 빛이 잘 들다**
   * 여기는 어두워서 안 보이니까 밝은 곳으로 가자
   * 전구를 새것으로 갈아 끼웠더니 훨씬 밝다
6. **빛깔이 깨끗하고 시원하다**
   * 나는 밝은 옷이 좋더라
   * 네가 그린 그림에서 꽃빛이 참 밝구나
   * 잔칫집에 가는 길이니 밝은 옷으로 갈아입으려고 해
7. **눈이 잘 보이거나 귀가 잘 들리다**
   * 개는 귀가 밝아 작은 소리도 잘 듣는다
   * 우리 언니는 눈이 밝아서 어두운

곳에서도 나를 잘 알아본다

8. 어떤 것이나 일을 막힘이 없을 만큼 잘
   알다
   * 길눈이 밝아서 한 번 찾아간 곳은 쉽게
     다시 갈 수 있다
   * 밭일이라면 할머니가 아주 밝아요

9. 얼굴이나 마음에 구김살이 없고
   싱그러우며 힘차다
   * 어머니는 언제나 밝게 웃으며 노래를
     부른다
   * 이웃에 온 아이는 늘 밝은 듯해요
   * 또랑또랑 웃으며 이야기하는 모습이
     참으로 밝아서 예쁘다

10. 몸짓이나 움직임이 또렷하면서
    다소곳하다
    * 어쩜 인사를 밝고 상냥하게 잘하니
    * 말하는 매무새가 매우 밝다

11. 바르기에 한쪽으로 치우치지 않다
    * 네 생각이 아주 밝구나
    * 밝은 나라는 언제나 우리 힘으로
      이룩한다
    * 네가 밝은 이야기를 들려주어서 마음이
      놓인다

12. 다가올 일이 잘되거나 좋다
    * 우리가 하려는 일은 차츰 밝으리라
      생각해
    * 씩씩하고 바지런히 일하는 사람은 앞날이
      밝으리라 믿어요

13. 예전과 견주어 나아지거나 좋아지다
    * 옛날 같으면 어림도 못할 일을
      이루었으니 삶이 참 밝아졌다
    * 알차고 아름다운 책이 꾸준히 나와서
      나날이 밝아지는구나 싶어요

환하다

1. 빛이 있어 잘 보이다 (하나하나 가릴 수
   있도록 보이다)
   * 보름달이 뜨니 환해서 길이 잘 보여
   * 환한 데로 와서 책을 읽으렴

2. 앞이 탁 트여 넓고 시원스럽다
   * 높은 봉우리가 없어 이곳에서 멀리까지
     환하게 잘 볼 수 있다
   * 환하게 트인 바다를 보고 싶어요

3. 일하는 모습이나 줄거리가 또렷하며
   시원하다
   * 네가 왜 이런 선물을 주었는지 환하게
     알겠는걸
   * 어머니가 숲으로 나들이를 가자는 뜻을
     이제 환하게 알겠어요

4. 얼굴이 보기 좋고 시원스럽게 생기다
   * 할머니는 나를 볼 적마다 환해서 웃음이
     나온다고 말씀하셔요
   * 참나리꽃처럼 환한 얼굴로 웃는다

5. 기운이나 얼굴빛이나 마음씨가 넓으면서
   시원하고 구김살이 없다
   * 언제나 환한 마음으로 이웃과 어깨동무를
     하는 아저씨
   * 환한 낯빛으로 노래하는 동생들이 귀엽다

6. 빛깔이 시원하고 깨끗하다
   * 네 치마는 환한 노랑이로구나
   * 하얀 종이를 펼쳐 꽃과 하늘을 환하게
     그린다

7. 어떤 것이나 일을 하나하나까지 넓거나
   깊게 알다
   * 나는 어떤 줄넘기이든 환하지
   * 이 마을이라면 골목까지 환히 알아

8. 맛이 얼얼한 듯하면서 개운하고 시원하다
   * 박하풀을 입에 넣으면 환하면서 향긋한

내음이 훅 퍼진다

* 초피잎을 살살 씹으면 입안이 환해요

눈부시다

1. 빛이 아주 많아 똑바로 보기에 어렵다
   * 햇살이 눈부시니 눈을 뜰 수 없다
   * 어두운 곳에 있다가 밝은 곳으로 오니 눈부셔서 한동안 눈을 감는다
   * 장마가 끝나니 하늘은 파랗게 눈부시고 들은 푸르게 눈부시다
2. 아주 아름다워서 마음을 사로잡다
   * 해오라기가 날아오르는 모습은 참으로 눈부시다
   * 무지개가 저 먼 곳까지 눈부시게 걸렸다

* 우리 언니가 나를 보며 눈부시게 웃는다
* 오늘은 모두들 눈부시게 차려입고 모였구나
3. 아주 뛰어나거나 훌륭하다
   * 할머니가 하신 일은 아주 눈부십니다
   * 그동안 흘린 땀방울이 이 책에 눈부시게 담겼어
   * 할아버지가 눈부시게 가꾼 숲에서 즐겁게 논다

배고프다·고프다·출출하다·시장하다·주리다· 굶주리다·굶다·곯다

⋯ '배고프다'와 '고프다'는 같은 낱말이라고 할 수 있습니다. 무엇을 먹고 싶다는 뜻을 나타내는데 '출출하다'는 "살짝 배고프다"라 할 수 있습니다. '출출하다 > 촐촐하다'처럼 세고 여린 느낌이 다릅니다. '시장하다'는 '배고프다'와 같은 낱말이지만, 점잖게 말하는 자리에만 씁니다. 배가 고프다는 느낌을 에둘러 가리키는 낱말이라고 할 만해요. '주리다'는 제대로 먹지 못해 몹시 먹고 싶은 느낌을 가리키고, '굶주리다'는 먹을거리가 없어 몹시 먹고 싶은 느낌을 가리켜요. '굶다'와 '곯다'는 밥을 먹어야 할 때(끼니)에 밥을 못 먹는 일을 가리키고, '굶다'는 놀이를 하면서 한 차례 쉬고 지나가는 일을 가리키기도 합니다. 어른들은 한자말로 '기아'라는 낱말을 쓰기도 하는데, 한국말로는 '굶주림'입니다. 한자말 '허기'는 '배고픔'을 가리켜요.

배고프다

1. 배 속이 비어서 무엇을 먹고 싶다
   * 아침을 거르고 나와서 내내 배고프다
   * 배고플 때에 먹는 밥은 참 맛있다
2. 끼니를 잇지 못할 만큼 살림이 넉넉하지 못하다
   * 춥고 배고픈 이웃과 나눌 생각으로 올해에는 고구마를 더 심기로 했다
   * 배고프며 힘든 동무를 헤아리는 마음이 곱다

고프다

: 배 속이 비어서 무엇을 먹고 싶다
   * 아기가 배가 고파서 어머니를 찾으며 우는가 보다
   * 나는 배가 고파서 손수 밥을 지어 보기로 했다

출출하다

: 배가 살짝 비어서 무엇을 먹고 싶다
   * 출출하면 감자를 삶아서 먹을까
   * 우리가 놀다가 출출할 즈음 아버지는 주전부리를 챙겨 주신다

시장하다

: '배고프다'를 점잖게 이르는 말
   * 할아버지가 시장하다고 말씀하셔요
   * 할머니는 고구마를 미리 삶고는, 들일을 하시다가 시장하면 드신다고 해요

주리다

1. 제대로 먹지 못해서 배가 아주 고프다

   * 밥투정을 하더라도 며칠 주리면 가리는 반찬 없이 아주 맛있게 먹겠지
   * 고되며 주린 나날이 이어져 몸이 비쩍 말랐다
2. 바라는 대로 얻지 못해서 몹시 아쉬워하다
   * 사랑에 주려 외로운 이웃이 있어요
   * 달포쯤 책에 주리다가 도서관에 오니 꿈나라에 온 듯하다

굶주리다

1. 먹을거리가 없어서 배가 아주 고프다
   * 모든 전쟁은 사람들을 굶주리게 합니다
   * 가뭄과 큰물이 잇달아서 곡식이 여물지 못하니 사람들이 굶주린다
2. 바라는 대로 얻지 못하거나, 어떤 일을 하지 못해서 몹시 아쉽고 답답해하다
   * 저 선수들은 몇 경기째 한 점도 얻지 못해서 점수에 굶주렸다
   * 외딴곳에서 혼자 지내니 이야기에 굶주리고 쓸쓸하다

굶다

1. 끼니에 밥을 먹지 못하고 지나가다 (끼니를 거르다)
   * 기운이 없어 보이는데 아침부터 밥을 굶었니
   * 낮에 배부르게 먹어서 저녁은 굶으려고 해요
2. 놀이를 하면서 제 차례를 그냥 지나가다
   * 이번에는 내가 굶을 테니 다음에는 네가 굶어
   * 네가 자꾸 져서 놀이에 못 끼니 내가 굶을게

곯다

: 배에 차지 않도록 아주 모자라게 먹거나,
   끼니에 밥을 먹지 못하다

   * 너도 열 살이면 누가 차려 주지 않는대서
     배를 곯지는 말아야지

* 동생들이 배를 곯지 않도록 내가 손수
  밥을 차려 주었어요

버무리다·무치다·섞다·타다

⋯→ '버무리다'는 "여러 가지를 한데 넣고 고르"는 모습을 가리켜요. '무치다'는 "양념을 넣어 맛을 고르"는 모습을 가리킵니다. '무치다'는 한 가지에 양념만 넣은 것을 가리킬 수 있지만, '버무리다'는 여러 가지를 넣을 때에만 씁니다. '섞다'는 "여러 가지를 넣어 서로 더하"는 모습을 가리킵니다. '섞다'는 여러 가지를 넣되, 꼭 '고르'지는 않습니다. 밥을 지을 적에 여러 가지 곡식을 넣는다면 '섞다'라고만 합니다. '타다'는 마실거리를 마련할 적에 물에 어떤 것을 넣는 모습이라든지, 어느 한 가지 물에 다른 물을 넣는 모습을 가리킵니다.

버무리다

: 여러 가지를 한데 넣고 고르다

   * 갯기름나물이랑 유채랑 민들레를
     된장으로 버무리면 어떤 맛이 나올까

   * 소고기랑 감자랑 고구마랑 양파를 살살
     볶은 뒤 고추장으로 버무렸어요

   * 봄이 오면 뭐니 뭐니 해도 쑥버무리를 해
     먹고 싶어

   * 버무리·버무리떡·쑥버무리·
     호박버무리

무치다

: 양념을 넣어 맛을 고르다

   * 콩나물은 국에 넣을 수도 있고, 무쳐서
     먹을 수도 있어

   * 봄나물을 함께 뜯어 맛있게 무쳐서 먹어
     볼까

   * 우리 아버지는 꽃게무침을 맛나게 할 줄
     아셔요

   * 무침·나물무침·파래무침·
     고등어무침·오이무침·된장무침

섞다

1. 여러 가지를 넣어 서로 더하다
   * 달걀만 골라 먹지 말고 골고루 섞어서 먹으렴
   * 보리랑 수수랑 서숙이랑 콩이랑 섞어서 짓는 밥이 구수해요
   * 겹치지 않도록 잘 섞자
   * 여러 마을에서 온 사람들을 섞은 재미난 동아리입니다
   * 물과 기름은 섞이지 않아
2. 말이나 몸짓에 다른 말이나 몸짓을 군데군데 끼워 넣다
   * 알쏭달쏭한 말을 섞어서 이야기하는구나
   * 풀벌레 노랫소리에 바람이 나뭇잎 흔드는 소리가 섞인다
   * 네 목소리에 웃음이 섞여 무척 즐거워 보여
   * 나는 편지를 쓰면서 사랑을 섞어서 띄우려고 해

타다

: 어느 한 가지 물에 가루·덩이·다른 물을 넣다
   * 국이 짜서 물을 타서 먹어야겠네
   * 따뜻한 물에 꿀을 타서 마십니다
   * 모과차 한 잔 타서 주면 마시겠니

벌써·이미·어느새

⋯▸ "내 키가 벌써 이만큼 자랐어요"는, 생각보다 빠르게 키가 자랐다는 뜻입니다. "내 키가 이미 이만큼 자랐어요"는, 키가 이만큼 자란 지 한참 되었다는 뜻입니다. "내 키가 어느새 이만큼 자랐어요"는, 스스로 느끼거나 알지 못하는 동안 키가 자랐다는 뜻입니다. 더 살피면, '이미'와 '미리'는 비슷하다 싶은 대목이 있습니다. 그런데 두 낱말에서 '이미'는 지난 어느 때에 다 끝난 일을 가리키고, '미리'는 지난 어느 때에 다 끝냈어야 하는 일을 가리킵니다. 그리고 "이미 먹은 밥"은, 다 먹어서 이 자리에 없는 밥을 가리켜요. "미리 먹은 밥"은, 나중에 바쁘다거나 없어지리라 여겨 일찌감치 먹은 밥을 가리킵니다.

벌써

1. 생각보다 빠르거나 일찍

   * 보글보글 소리가 나니, 밥이 벌써 다
     되는가 보다
   * 저녁쯤에 올 줄 알았더니 벌써 왔구나
   * 벌써 오슬오슬 찬바람이 부는 겨울인
     듯하다

2. 한참 앞서

   * 할아버지는 새벽에 벌써 밭을 다 매셨다
   * 설거지는 벌써 다 해 놓았지
   * 내가 탈 버스는 벌써 떠났구나

3. 아주 많은 나날이 지나갔다고 느낄 적에
   쓰는 말

   * 우리가 벌써 열 살이로구나
   * 우리 집 마당에 아왜나무를 심은 지 벌써
     쉰 해가 지났대요

이미

: 어떤 때보다 앞서 (지난 어느 때나 다 끝난
  때를 가리키며 쓰는 말)

   * 부리나케 달려왔지만 이미 늦어 문이
     닫혔다
   * 이미 먹은 밥을 어떻게 내놓겠니
   * 우리는 모두 이미 알던 이야기란다
   * 이미 끝난 일은 돌이키지 못해

어느새

: 알거나 느끼지 못하는 동안

   * 동생은 어느새 훌쩍 자라 나보다 키가
     크다
   * 아침에 눈발이 날린다 싶더니 어느새
     수북하게 쌓였다
   * 동생이랑 마당에서 노는 동안 아버지는
     어느새 생일상을 다 차리셨어요
   * 어느새 하루가 다 지나간 듯하구나

보금자리·둥지·둥우리·집

⋯⟶ 새가 알을 낳으며 지내는 곳을 '보금자리'라 하거나 '둥지'라 합니다. '둥
지'는 '둥우리'를 가리키는 자리에서도 쓰고, '둥우리'라는 낱말도 새가 깃들
이는 곳을 뜻하기도 합니다. 새가 사는 곳을 가리키는 낱말이 여러 가지 있
는 셈인데, 그만큼 우리 겨레는 예부터 새와 가까이 지냈다는 뜻이지 싶어
요. 이 가운데 '보금자리'는 짐승이 지내는 곳을 가리킬 적에도 쓰고, 사람
들이 매우 포근하거나 아늑하게 지내는 곳을 빗댈 적에도 써요. '둥지'도 '보
금자리'처럼 "사람들이 지내는 곳"을 빗댈 때에 더러 쓰지만, '보금자리'처
럼 널리 쓰지는 않아요. 곰곰이 따지면, 요즈음에는 '보금자리'가 "새가 살아

가는 집"을 가리키는 줄 아는 사람이 거의 없지 싶기도 합니다. 그만큼 새와 멀어진 채 살아가니까요. 그리고 '집'은 사람이 살아가는 곳을 가리키는 이름인데, '집'도 다른 짐승이나 새가 살아가는 곳을 가리키기도 합니다.

보금자리

1. 새가 알을 낳거나 깃들이는 곳
   * 이쪽 풀숲에 작은 새들이 지은 보금자리가 있으니, 우리는 들어가지 말자
   * 숲에 있는 보금자리마다 새끼 새가 깨어나서 노래를 한다
2. 짐승이 잠을 자거나 들어가서 사는 곳
   * 여기 이 나무 밑이 토끼들이 지내는 보금자리인가 봐
   * 저 숲에는 여우 보금자리가 있으니 함부로 들어가지 마셔요
3. 사람들이 지내기에 매우 포근하고 아늑한 곳
   * 어머니와 아버지는 우리 보금자리를 가꾸려고 언제나 애쓰셔요
   * 우리 보금자리에는 감나무도 있고 동백나무도 있어

둥지

1. 새가 알을 낳거나 깃들이는 곳
   * 우리 집 처마 밑에는 제비 둥지가 있어요
   * 저기 우듬지에 까치가 지은 둥지가 있어
2. 사람들이 지내는 곳
   * 댐을 지어 고향을 잃은 사람들은 둥지를 잃은 사람들이다
   * 고향을 알뜰살뜰 지키면서 우리 둥지도 알뜰살뜰 돌본다

둥우리

1. 짚이나 댑싸리로 엮어 바구니와 비슷하게 쓰는 그릇
   * 옛날에는 둥우리를 추녀나 서까래 밑에 매달아 시렁처럼 썼더라
   * 시골집 할머니는 둥우리에 호미를 얹으십니다
2. 기둥과 칸살을 나무로 세우고 새끼로 얽은 것
   * 할아버지는 예전에 병아리를 기르려고 둥우리를 엮었다고 해
   * 암탉이 둥우리에 앉아서 알을 품어요
3. 새가 알을 낳거나 깃들이려고 둥글게 지은 곳
   * 동이 트니 둥우리마다 새들이 깨어나서 부산하다
   * 처마 밑에 있는 제비 둥우리에 겨울이면 딱새가 찾아와서 지내요

집

1. 안에서 먹고 자고 살려고 지어 놓은 곳
   * 판잣집·흙집·골목집·시골집·층집·나무집·돌집
   * 우리 집은 어머니와 아버지가 이태에 걸쳐 나무와 흙으로 지으셨대
   * 바깥으로 나들이를 다니느라 집을 너무 자주 비웠다
   * 큰아버지 집은 참 작지만 사랑스럽고 즐거워요

2. 어느 곳에서 모여 사는 식구들, 또는 이
   식구들이 살아가는 곳
   * 집이 가난해서 새 옷은 못 사 주지만,
     뜨개옷은 얼마든지 떠서 줄 수 있어
   * 그 아이네 집은 무척 훌륭하지 싶어
   * 나는 스무 살이 되면 집에서 나와
     홀로서기를 하고 싶어
   * 멀리 나와서 오래 머물다 보니 새삼스레
     집이 그립다

3. 짐승이나 벌레가 살거나 새끼를 기르려고
   지은 곳 (사람이 지어 주기도 한다)
   * 비둘기집·개미집·여우집·새집
   * 개집을 나무로 손수 짜서 마당 한쪽에
     두었다

4. 물건을 사고파는 곳 (사고팔거나 다루는
   물건 이름을 '집' 앞에 붙여서 쓴다)
   * 밥집·꽃집·찻집·빵집·떡집·
     술집·옷집
   * 기름집·국숫집·고깃집

5. 물건을 담거나 끼워 두는 것 (담거나
   끼우는 물건 이름을 '집' 앞에 붙여서 쓴다)
   * 안경집·벼루집·칼집·도장집
   * 안경을 벗었으면 집에 넣어야 잃어버리지
     않아

6. 바둑을 둘 때, 맞은편 돌이 들어오지
   못하게 둘러싼 빈칸
   * 오늘은 내가 두 집 반으로 이겼구나

7. 사람이나 짐승이 사는 곳을 세는 말
   * 이쪽으로 두 집 건너 우체국이 있고,
     저쪽으로 석 집 건너 책방이 있어
   * 처마 밑에 제비 둥지가 넉 집이나 있네

8. 태어나거나 자란 곳 이름을 붙여서
   가리키는 말
   * 우리 어머니는 일산집이고, 우리
     아버지는 인천집이란다
   * 동생과 나는 고흥에서 어린 나날을
     보냈으니 앞으로 고흥집이 되겠구나

보드랍다·부드럽다·무르다

⋯▸ '보드랍다'는 여린 낱말이고, '부드럽다'는 살짝 센 말입니다. 두 낱말은 모두 "닿거나 스치는 느낌이 솜과 같다"를 나타내요. 거칠지 않거나 뻣뻣하지 않은 느낌을 바탕으로, 마음씨를 가리키거나 가루를 가리키는 자리에 쓰고, 어떤 일이 흐르는 모습이라든지, 물을 마시는 느낌을 가리키기도 합니다. 살갗을 만지는 느낌으로 헤아리자면, 갓난아이 살갗을 쓰다듬으면서 '보드랍다' 하고, 어린이 살갗을 쓰다듬으면서 '부드럽다' 합니다. '무르다'는 "단단하지 않다"는 느낌으로 쓰는 낱말인데, 단단하지 않다고 할 적에는 "쉽

게 부서질 만하다"는 뜻입니다. 쉽게 부서질 만하기에 힘이 없는 모습을 가리킵니다. '부드럽다'는 거칠거나 뻣뻣하지 않다는 느낌일 뿐이기에, '단단하면서 부드러울' 수 있고, '부드러우면서 쉽게 부서지지 않'을 수 있습니다.

보드랍다

1. 닿거나 스치는 느낌이 거칠지 않거나 뻣뻣하지 않다 (솜과 같은 느낌이다)
   * 아기 볼에 뺨을 대면 보드라우면서 따뜻하다
   * 바람에 흩날리는 머리카락이 보드랍다
2. 둘레와 가볍게 어우러지면서 넉넉하게 받아들이다
   * 어머니와 아버지는 모두 마음이 보드라우셔요
   * 꽃을 바라보는 네 눈길이 참 보드랍구나
3. 가루가 퍽 잘면서 고르다
   * 숲에 있는 흙은 보드라워서 풀과 나무가 자라기에 좋다
   * 이렇게 보드라운 밀가루로 반죽을 해서 빵을 굽는구나

부드럽다

1. 닿거나 스치는 느낌이 거칠지 않거나 뻣뻣하지 않다 (솜과 같은 느낌이다)
   * 내 동생은 살결이 부드러워서 쓰다듬을 때마다 상큼하면서 좋다
   * 봄에는 흙도 풀도 꽃송이도 모두 부드럽습니다
   * 바람이 부드럽게 불면서 내 뺨을 스친다
   * 풀밭이 부드러워서 돗자리를 깔고 도시락을 먹는다
2. 둘레와 잘 어우러지면서 넉넉하게 받아들이다
   * 이웃을 아끼고 사랑할 줄 아는 네 부드러운 마음이 반갑다
   * 어머니는 동생한테 젖을 물리면서 부드럽게 바라본다
   * 부드러운 목소리로 나긋나긋 들려주는 이야기가 듣기 좋다
3. 가루가 매우 잘면서 고르다
   * 잘 빻아 부드러운 쌀가루하고 콩가루에 물을 넣어 반죽을 한다
   * 벌과 나비는 노란 꽃에 내려앉더니 부드러운 꽃가루를 먹는다
4. 일이나 움직임이 막히지 않고 흐르다
   * 어쩐지 오늘은 모든 일이 부드럽게 풀리는 듯하네
   * 자전거가 들길을 아주 부드럽게 굴러간다
   * 우리 언니는 노래를 부드럽게 잘 불러요
   * 시냇물과 구름이 부드럽고, 우리도 부드러운 몸짓으로 춤을 추며 논다
5. 세거나 거칠지 않아 목으로 넘기기 좋다
   * 매화나무 열매로 담근 단물이 부드러워서 곧잘 마신다
   * 깊은 멧골에서 솟는 샘물은 시원할 뿐 아니라 무척 부드럽다

무르다

1. 힘이 없어 쉽게 부서질 만하다
   * 아기는 뼈가 무르니 팔이나 다리를 세게 쥐면 안 돼
   * 이쪽 담은 무르니 손으로 짚거나 기대지

마셔요

2. **물기가 많아서 쉽게 모습이 바뀌거나
부서지다**
   * 이가 아파서 딱딱한 것은 못 먹고 무른
   것만 먹어요
   * 봄비가 내리니 겨우내 얼어붙은 땅이
   무르게 녹는다

3. **마음이 쉽게 바뀌거나 힘이 없다**
   * 아버지는 물러서 옆에서 한마디를 하면

자꾸 오락가락해요
   * 바람 따라 풀잎이 흔들리듯 내 마음도
   물러서 흔들리기만 하는구나

4. **일하는 매무새나 솜씨가 떨어지다**
   * 나무를 이렇게 무르게 심으면 톡
   건드려도 쓰러지겠어
   * 장사를 그렇게 무르게 했다가는 하나도
   못 팔겠구나

보태다·더하다

⋯→ 더 넣을 적에 '보태다'와 '더하다'라는 낱말을 씁니다. 그런데 '보태다'는
모자랄 때에 더 넣는 느낌을 나타내고, '더하다'는 모자라거나 말거나 더 넣
는 느낌을 나타냅니다.

보태다

1. **모자라는 것에 더 넣어서 많게 하다**
   * 일손이 달려 어려웠는데, 네가 힘을
   보태니 이제 좀 할 만하다
   * 나도 돈을 보탤 테니 더 힘을 내자

2. **이미 있던 것에 더 넣어서 많게 하다**
   * 누나가 먼저 말하고 내가 몇 마디
   보태었다
   * 둘에 둘을 보태면 넷이다
   * 네 그릇에 내 밥을 보탤 테니 넉넉하게
   먹으렴

더하다

1. **더 넣어서 늘리거나 많게 하다**

   * 내 돈과 네 돈을 더하니 언니가 가진
   돈보다 많다
   * 국이 너무 짜니 물을 더해야겠어
   * 하나에 둘을 더하면 셋이로구나

2. **어떤 것이 더 있게 하다**
   * 구월로 접어들면서 누런 빛깔이 더하는
   들녘이 무척 곱다
   * 기쁨을 더하는 이야기를 들려주어서
   고맙다

3. **앞서보다 더 크거나 지나치게 되다**
   * 십이월이 되니 날마다 추위가 더하는구나
   * 네가 자꾸 그 말을 하니까 웃음을 그치지
   못하고 더하네

부치다·지지다·튀기다·볶다

···➤ 반죽을 묻힌 것이나 반죽과 같은 것이나 반죽을 펴서 익힐 적에 '부치다'라고 해요. 불에 달군 판에 대거나 눌러서 익힐 적에는 '지지다'라 합니다. '지지다'는 물을 조금 붓고 끓여서 익힐 적에도 써요. '볶을' 적에는 살짝 기름을 둘러요. 방바닥은 '지지다'만 쓰고 '볶다'를 쓰지 않습니다. 사람을 괴롭힐 적에는 '볶다'만 쓰고 '지지다'를 안 써요. 끓는 기름에 넣어서 부풀리면 '튀기다'예요. '튀길' 적에는 기름을 많이 써요. 달걀은 지질(달걀지짐) 수 있고 부칠(달걀부침) 수 있습니다. '계란프라이'가 아니라 말이지요.

부치다

: 불에 달군 판에 기름을 바른 다음 반죽이나 반죽을 묻힌 것을 펴서 익히다
  * 달걀을 부쳐서 줄 테니 조금만 기다려
  * 오늘은 부추 부침개를 부쳐서 먹어 볼까
  * 달걀부침·호박부침·버섯부침

지지다

1. 그릇에 물을 조금 붓고 먹을거리를 넣은 뒤 끓여서 익히다
   * 갈치를 지져서 먹으면 맛이 남다르더라
   * 된장을 살살 지진 뒤 묵은지를 넣고 묵은지된장지짐을 한다
2. 불에 달군 판에 기름을 바른 다음 먹을거리를 놓아 익히다
   * 김치는 그냥 먹어도 맛있고, 지져서 먹어도 맛있다
   * 아침에는 달걀 한 알을 톡 까고 가볍게 지져서 밥에 섞어 먹었어
3. 불에 달군 것을 다른 것에 대어 태우거나 뜨겁게 하다

* 할아버지가 파이프를 태우다가 담뱃재가 떨어져 방바닥을 지졌다
* 다리미로 주름을 펴라 했지, 이렇게 지져서 구멍을 내면 어쩌니

4. 뜨거운 바닥에 몸을 대어 따뜻하게 하다
   * 눈길을 헤쳐 오느라 추웠을 텐데 아랫목에 누워 몸을 지지렴
   * 어머니는 곧잘 찜질방에 가서 몸을 지지고 오신다

튀기다

1. 끓는 기름에 넣어서 부풀도록 하다
   * 집에서 하는 감자튀김도 무척 맛있어
   * 집에서 닭을 튀겨서 먹으려면 기름을 많이 써야 한다
   * 닭튀김·튀김닭·돼지고기튀김·새우튀김
2. 마른 낟알을 뜨거운 기운이나 불을 써서 부풀어서 터지도록 하다
   * 옥수수뿐 아니라 쌀과 콩도 튀길 수 있다
   * 번갯불에 콩 튀겨 먹듯이 재빨리 옷을 갈아입는다

볶다

1. 불에 달군 판에 마른 것을 물기 없이 이리저리 저으면서 익히다 (눋도록 익히다)
   * 땅콩은 날로 먹거나 볶아서 먹어도 맛있어
   * 깨를 볶는 냄새가 고소하다
2. 불에 달군 판에 기름을 살짝 둘러 이리저리 저으면서 익히다
   * 김치볶음밥을 해서 먹자
   * 오늘 볶은 돼지고기가 참 맛있어
3. 이것저것 자꾸 바라거나 잔소리를 해서 괴롭히다
   * 가만히 있는 사람을 볶지 마라
   * 옆에서 볶으니까 쉬운 일도 틀리네
4. 머리를 곱슬곱슬하게 꾸미다
   * 멋을 내려고 머리를 새로 볶아요

불볕·땡볕

⋯⋯ 불과 같은 볕이라서 '불볕'이에요. '불볕더위'와 '불더위'라는 낱말이 있어요. 활활 타오르듯이 덥다면 땀이 아주 많이 흐르겠지요. "살갗을 찌르는 느낌"을 가리켜 '따갑다'라 말해요. 햇볕이 살갗을 찌르는구나 싶도록 내리쬐기에 '땡볕'입니다. 아주 더운 날씨에는 햇볕으로 살갗이 익는구나 하고 느껴요. 한국말사전에는 '땡볕더위'라는 낱말은 안 실리지만, 이런 낱말도 쓸 만하리라 생각해요. 온도가 높아서 땀이 줄줄 흐른다고 할 적에는 '불볕'이고, 살갗이 타거나 익는다고 느낄 적에는 '땡볕'입니다.

불볕

: 뜨겁게 내리쬐는 햇볕
  * 불볕이라 몹시 덥지만 들판에서 곡식은 잘 여문다
  * 이런 불볕에 너무 오래 걸어다니면 힘들는지 몰라
  * 불볕더위에 땀을 뻘뻘 흘립니다

땡볕

: 따갑게 내리쬐는 햇볕
  * 땡볕을 받으면서도 동무들하고 신나게 놀았어요
  * 땡볕이 너무 더우니 나무 그늘에서 좀 쉬었다 가자
  * 이런 땡볕에도 들에서 일하는 이웃이 많아요

불쌍하다·가엾다·딱하다·안쓰럽다·안타깝다· 아깝다·애처롭다·안되다

⋯→ '불쌍하다'와 '가엾다'는 뜻이 같다고 할 만합니다. 다만, '불쌍하다'는 누구한테나 골고루 쓰는데, '가엾다'는 이 말을 하는 사람보다 어린 사람한테만 쓴다고 할 만합니다. "가엾은 사람"과 "불쌍한 사람"은 똑같은 모습을 두고 가리킬 수 있기도 하지만, "가엾은 사람"이라 말할 적에는 '다른 모든 물질과 재산과 이름 따위를 가졌으나 마음이 비뚤어지거나 사랑이 없는 모습을 슬프게 여긴다'는 느낌을 담기도 합니다. 다 잃거나 없어 힘들겠구나 하고 느낄 적에 '불쌍하다'나 '가엾다' 같은 낱말을 씁니다. '딱하다'는 벗어날 만도 하지만 좀처럼 벗어나지 못하는 모습을 보면서 힘들겠구나 하고 느낄 적에 씁니다. 어리거나 여린 누군가가 힘들어하는 모습을 보며 '안쓰럽다'라 하고, 돕고 싶어도 돕지 못해 마음이 아프기에 '안타깝다'라 합니다. 또한, 할 수 있겠다 싶으나 하지 못하는 일이 되풀이될 적에 '안타깝다'라 합니다. "손이 닿지 못해 안타깝다"라 말하기도 합니다. 버려지거나 잃을 적에 마음에 들지 않아 '아깝다'고 해요. 값이나 쓸모가 제대로 못 쓰일 적에도 '아깝다'고 해요. 힘겨워도 애쓰기는 하는데 끝내 이루지 못하는 모습을 보기에 '애처롭'습니다. 어쩌면 이렇게 되는가 싶은 마음입니다. 애처로움은 손을 뻗어서 도울 수 없기에 마음이 찢어지는 느낌이라고도 할 만합니다. '안되다'는 안 좋아 보이는 모습을 가리킵니다. 얼굴이 마른 모습도 안 좋아 보이는 모습입니다.

불쌍하다

: 힘들거나 어려워 보여 마음이 아프다
  * 누구라도 불쌍한 이웃이 있으면 밥을 나누어 먹는다
  * 나는 괜찮으니까 불쌍하다는 눈길로 쳐다보지는 말아
  * 너는 불쌍하게도 걷지 못하지만, 나는 손을 쓸 수 없단다

가엾다

: 힘들거나 어려워 보여 마음이 몹시 아프다
(손아랫사람한테만 쓰는 말)
* 마음을 나쁘게 쓰는 사람을 보면 가여워
* 불이 나서 집을 잃은 이웃을 보니 가엾다
* 이 추운 겨울에 오갈 데가 없다니
가엾어서 어쩌나

딱하다

1. 힘들거나 어렵지 않을 수 있을 텐데 이
모습을 못 벗어나니 마음이 무겁다
* 네 이야기를 듣고 보니 참으로 딱하구나
* 이런 더위에도 그늘 한 점 없이 서서
기다리다니 딱해 보인다
2. 어떤 일을 하기가 어렵다
* 이러지도 저러지도 못하고 딱하게 되었네
* 배가 고파도 먹지를 못한다니 딱하구나

안쓰럽다

1. 어리거나 여린 사람·목숨·것한테서
도움을 받을 적에 마음이 무겁거나 아프다
* 몸져누운 할머니를 곁에서 돌보는 아이가
안쓰럽다
* 길고양이가 나를 도와주다니 나야말로
안쓰러운지 모른다
2. 어리거나 여린 사람·목숨·것이 힘들거나
어려워 보여 마음이 아프다
* 메뚜기가 사마귀한테 잡아먹히는 모습을
너무 안쓰럽게 여기지 말자
* 넘어져서 우는 동생을 보니 안쓰러워서
토닥토닥 달래며 안아 주었다

안타깝다

: 뜻대로 되지 않거나 도울 길이 없어
마음이 꽉 막힌 듯이 힘들다
* 턱걸이를 거의 할 뻔했는데 못 하니
안타깝다
* 우물이 없어 먼 데서 힘들게 길어서
나르는 모습을 보니 안타깝다
* 아직도 바보처럼 구는 녀석들을 보니
안타깝기만 하다
* 불에 타서 사라지는 숲을 보니 안타까워
눈물이 난다

아깝다

1. 잃거나 없어지거나 놓치거나 버려지니
마음에 들지 않다
* 구멍난 주머니에서 흘린 돈이 아까워
* 길바닥에 떨어진 사탕을 아깝다면서
바라보는구나
* 코를 잘못 잡은 뜨개옷을 다 풀자니
아깝네
* 너는 놓치기에 아까운 사람이야
* 오늘도 아까운 하루가 그냥 지나가서
한숨이 나온다
2. 값·쓸모·값어치가 있어서 함부로 쓰거나
내놓거나 버리고 싶지 않다
* 살이 다 빠진 우산을 아까워하지 말고 새
우산을 장만하자
* 많이 해졌어도 이 바지는 버리기
아까운걸
* 아까워하지 말고 너도 돈 좀 내놓아 보렴
* 누구나 목숨이 아깝기 마련이야
3. 값·쓸모·값어치가 있는데 제대로 못
쓰여서 마음에 들지 않다
* 혼자 보기 아깝도록 멋진 모습이라면
사진으로 찍어서 남기면 돼
* 네 좋은 머리를 이런 데에 안 쓰니
아깝구나

* 이렇게 썩기에는 네 솜씨가 참 아까워

애처롭다

: 어쩌면 이렇게 되는가 싶어 마음이 아프다
* 어머니를 애처롭게 부르는 소리에 마음이 흔들린다
* 몸이 아파서 비쩍 여윈 모습을 보니 애처롭구나
* 어린 나이에 궂은일을 도맡는 이웃 아이를 보니 애처로우면서 대견하다

안되다

1. 안 좋아 보여서 마음이 아프다
    * 이웃 아주머니는 나 혼자 먼 길을 간다니 안됐다면서 찻삯을 보태 주었다
    * 넘어져서 다친 데다가 안경까지 깨졌다니 참 안됐구나
2. 아프거나 걱정이 있어 얼굴이 많이 마르다
    * 며칠 몸살을 앓았더니, 다들 내 얼굴이 많이 안되었다고 한다
    * 네 얼굴이 안되어 보이는데, 무슨 힘든 일이라도 있니

붐비다·북적거리다·북적대다·북적이다· 북새통·들끓다

⋯ "파리가 들끓다"라 말하지만 "파리가 붐빈다"나 "파리가 북적거린다" 라 말하지는 않습니다. '붐비다'나 '북적거리다'는 사람을 가리킬 때에만 쓰 는구나 싶습니다. '붐비다'는 좁은 곳에 어지럽게 뒤섞이는 느낌이고, '북적 거리다'는 어느 곳에 많이 모여서 어지럽게 떠들며 움직이는 느낌을 가리키 며, '들끓다'는 어느 곳에 많이 모여서 시끄럽게 떠들며 움직이는 느낌입니 다. '북적거리다'는 어수선한 모습이고, '들끓다'는 넘치는 모습입니다. '북 적거리다'는 여린말로 '복작거리다'를 쓰기도 합니다.

붐비다

1. 좁은 곳에 어지럽게 뒤섞이거나 모인 채 움직이다
    * 골목마다 아이들이 노느라 붐빈다
    * 이쪽은 너무 붐비니까 조용한 길로 돌아서 가자
2. 어떤 일이 갈피를 잡기 어렵게 얽히고 섞인 채 돌아가다
    * 시골에서는 가을에 온갖 일이 붐벼서 숨을 돌릴 틈이 없다

* 서울에는 사람도 집도 많아서 늘 갖가지 이야기가 붐비는 듯해

북적거리다 (> 복작거리다)

1. 한곳에 많이 모여 매우 어지럽게 떠들면서 자꾸 움직이다
    * 시골 읍내는 닷새마다 저자를 열 적에 꽤 북적거린다
    * 설을 맞이한 기차역은 사람들로 북적거린다
2. 그리 많지 않은 물이 끓으며 자꾸 거품이 일다 (북적북적·복작복작)
    * 죽이 북적거리는 듯하니 바지런히 저어야겠다
    * 복작복작할 적에 불을 끄고 살짝 데치면 돼
3. 술이나 식혜처럼 삭히는 것이 괴어 자꾸 끓어오르다
    * 식혜가 북적거려서 거품을 걷어낸다
    * 매실을 담가서 둔 병이 며칠 지나니 북적거려요

북적대다

: = 북적거리다
    * 바닷가는 물놀이를 즐기는 사람들로 북적댄다
    * 우리 집은 여든 살을 맞이한 할머니를 기리는 잔치로 북적댄다

북적이다 (> 복작이다)

: = 북적거리다
    * 이렇게 많은 사람이 북적일 줄은 몰랐네
    * 새로 나온 영화를 보려는 사람들로 극장이 북적이는구나

북새통

1. 많은 사람들이 모여서 시끄럽게 떠들며 어지러운 모습
    * 어제 잔치마당은 그야말로 북새통이었어
    * 너는 그런 북새통에서도 차분하게 책을 읽는구나
2. 사람이나 자동차가 한꺼번에 너무 많이 모여서 시끄럽고 어지러워 길이 막히는 모습이나 때. 흔히 아침저녁에 이런 모습이나 때가 있고, 커다란 도시에서는 하루 내내 이런 모습이나 때이기도 하다
    * 서울은 늘 북새통이네
    * 무슨 일 때문에 이 길은 북새통일까

들끓다

1. 한곳에 여럿이 많이 모여 매우 시끄럽고 어지럽게 움직이다
    * 도시 한복판에 가면 사람들이 너무 들끓어서 귀가 아프더라
    * 벌레도 능금을 먹고 싶은지 능금알에 온갖 벌레가 들끓네
2. 기쁨이나 고마움이나 미움 같은 느낌 때문에 마음이 높이 올라가다
    * 기뻐하는 사람들 노랫소리가 들끓는다
    * 잘못했으면서 뉘우치지 않으니 나무라는 소리가 들끓는다
3. 온도가 올라가 몹시 끓다
    * 냄비가 들끓으니 불을 줄이려무나
    * 온천물이 들끓는다

ㄱ
ㄴ
ㄷ
ㄹ
ㅁ
ㅂ
ㅅ
ㅇ
ㅈ
ㅊ
ㅋ
ㅌ
ㅍ
ㅎ

비록·아무리·암만

⋯⟶ "아무리 파도 아무것도 안 나와"처럼 쓰지만 "비록 파도 아무것도 안 나와"처럼 쓰지는 않습니다. '비록'과 '아무리'는 여러모로 비슷하거나 거의 같다 싶은 자리에서 쓴다고 할 수 있습니다. 그런데 '아무리'는 "자꾸 거듭"을 뜻하는 자리에도 써요. "멋진 그림은 아무리 봐도 질리지 않고 좋더라"처럼 '아무리'를 씁니다. 두 낱말을 견주면 크게 갈리는 대목이 있습니다. '비록'은 이미 일어났거나 지나간 일을 가리킬 적에 씁니다. '아무리'는 아직 일어나지 않은 일을 가리키지만, 지나간 일은 나타내지 못합니다. 어떠한 일이 일어나리라 미리 생각할 때와 어떤 일이 얼마만 한가를 미리 생각하는 자리에 써요. 그래서 "비록 네 시간을 잤지만 넉넉히 잤어"와 "아무리 네 시간을 자더라도 잘 자야지"처럼 쓰고, "비록 네가 반장에 뽑혔지만 그리 미덥지 않아"와 "아무리 네가 반장에 뽑히더라도 믿지 않겠어"처럼 써요. 말느낌이 사뭇 다르지요? 다른 보기를 들어 봅니다. "비록 비가 많이 오지만"은 비가 많이 오는 일이 눈앞에 이루어지는 모습을 보면서 쓰는 말입니다. "아무리 비가 많이 오더라도"는 아직 비가 많이 오지 않으나 비가 많이 오는 흐름이 되면 어떻게 하겠노라 하는 생각을 나타내는 말입니다. '암만'은 '아무리'와 뜻이 같은 낱말입니다.

비록

1. '어떤 흐름이나 때나 자리에 있더라도'를 나타내는 말
   * 내가 비록 나이는 어리더라도 이만한 일은 할 수 있어요
   * 비록 거친 날씨이지만 함께 모일 수 있어 좋은 하루였어
2. '어떤 흐름이나 때나 자리에서 아주'를 나타내는 말
   * 비록 네 말이 맞지만 오늘은 다르게 해 보고 싶었어
   * 비록 그 책이 엉뚱한 이야기를 적었어도 이럭저럭 읽을 만했어
3. '어떤 흐름이나 때나 자리에서 그렇게 했으나 힘을 써서'를 나타내는 말
   * 비록 늦잠을 잤어도 부지런히 달려가면 기차를 탈 수 있겠지
   * 저녁까지 벽종이를 비록 두 장밖에 못

발랐지만, 이튿날에 더 바르면 돼

아무리

1. '어떤 흐름이나 때나 자리에서 몹시'를
   나타내는 말
   * 아무리 배가 고파도 그렇지, 허둥지둥
     퍼먹지는 말자
   * 우리가 아무리 바쁘다 하더라도 샘에서
     목을 축이면서 쉬었다 가자
2. '어떤 흐름이나 때나 자리에 있더라도'를
   나타내는 말
   * 아무리 동생이 보채도 어머니는 빙그레
     웃으면서 타일러 줍니다
   * 먼 길을 걷느라 아무리 지쳐도
     어깨동무를 하면 다시 힘이 나더라

3. '자꾸 거듭'을 뜻하는 말
   * 아름다운 노래는 아무리 들어도 질리지
     않고 즐거워
   * 아무리 넘어져도 다시 일어나서 타다
     보니 자전거를 잘 탈 수 있었어

암만

: = 아무리
   * 암만 목이 말랐어도 그래, 옷을 다
     적시면서 마시니
   * 네가 암만 달라붙어서 달라고 해도 이
     책은 내가 먼저 읽을래
   * 이쪽 땅은 암만 파도 아무것도 안
     나오는걸

뽐내다·자랑하다·뻐기다·재다2·젠체하다·
우쭐대다·으스대다·으쓱하다

···▸ 어떤 일을 잘했다고 느껴 기쁘기에 이 기쁨을 드러내고 싶은 마음이 '뽐
내다'입니다. 남보다 더 좋거나 훌륭하다는 모습을 드러내려 해서 밉구나
하는 느낌이 든다든지, 남보다 좋거나 훌륭한 무엇을 누리거나 즐긴다는 생
각을 드러내려 하기에 밉구나 하는 느낌이 들 적에 '뻐기다'입니다. 나 스스
로 나를 남한테 드러내어 좋은 말을 듣고 싶다고 여기는 마음이 '자랑하다'
입니다. '재다'는 "잘난 척하다"를 뜻하고, '젠체하다'는 "잘난 체하다"를 뜻
해요. '체하다'와 '척하다'는 같은 말입니다. '잘나다'는 "1. 얼굴이 잘생기
거나 예쁘다 2. 똑똑하고 뛰어나다"를 뜻합니다. '우쭐대다'와 '으스대다'와
'으쓱하다'는 모두 '뽐내'는 모습인데, 몸짓에서 느낌이 다릅니다. '우쭐대다'

는 스스로 어떤 일을 해냈다고 크게 알리면서 몸을 크게 움직이는 모습입니다. '으스대다'는 어울리지 않게 뽐내는 모습이고, '으쓱하다'는 어깨를 들었다가 내리면서 뽐내는 모습입니다.

뽐내다

1. 어떤 일을 잘해서 기쁜 마음을 남한테 드러내 보이려 하다
   * 동생이 처음으로 종이접기를 했다면서 뽐내며 웃네
   * 처음 일군 텃밭에서 거둔 오이를 뽐내면서 이웃한테 나누어 줍니다
2. 솜씨나 재주나 힘을 남한테 드러내 보이려 하다
   * 네가 그림을 좀 잘 그린다고 너무 뽐내지는 마라
   * 밥하는 솜씨가 좋다고 뽐내다가 냄비를 태웠다
   * 못하는 사람 앞에서 뽐내면 보기에 안 좋더라

자랑하다

: 나 스스로 남한테서 좋은 말을 들을 만하다고 여기면서 드러내려 하다
   * 올해 들어 백 권째 책을 읽었기에 어쩐지 자랑하고 싶은걸
   * 동무들한테 자랑하고 싶어 바닷가에서 예쁜 조약돌을 가지고 왔어요
   * 팔심이 세다고 자랑하려는 듯이 무거운 짐을 혼자 나르네
   * 우리 집 마당에 핀 꽃이 무척 예뻐서 이웃에 자랑하고 싶다

뻐기다

: 보기에 안 좋도록, 내가 남보다 좋거나 낫다고 여기면서 드러내려 하다
   * 서로 잘했다면서 뻐기다가 그만 다투고 만다
   * 모두들 손뼉을 치며 기타를 잘 친다고 말하니 오빠는 자꾸 뻐기고 다닌다
   * 네가 힘이 좀 세다고 그렇게 뻐기지는 말자

재다 2

: 잘난 척하다 (= 젠체하다)
   * 너보다 달리기를 잘하는 사람이 없어도 너무 재지는 말아라
   * 힘이 세다고 들먹거리거나 재는 사람을 보면 어쩐지 딱해 보여
   * 그림을 잘 그린다고 지나치게 재는 듯해

젠체하다 (잘난 체하다)

: 똑똑하고 뛰어나다며 그럴싸하게 꾸미거나 남한테 드러내 보이려 하다
   * 네가 동생한테 팔씨름을 이겼다고 젠체하면 네 동생은 어떻게 되겠니
   * 공을 잘 찬다고 젠체하는 아이보다 즐겁게 공놀이를 하는 아이가 좋더라
   * 가장 먼저 들어왔다고 자꾸 젠체하니까 볼썽사납다

우쭐대다

: = 우쭐거리다

* 거센 비바람이 불어 옥수수가
  우쭐대다가는 그만 넘어진다
* 네가 늘 우쭐대니까 같이 놀고 싶지
  않더라

우쭐거리다 (> 우줄거리다)

1. 가벼우면서 크게 몸을 자꾸 움직이다
   * 바람이 불자 나무가 우쭐거리면서 물결이
     치는 듯한 소리가 난다
   * 어깨와 손을 우쭐거리면서 멋지게 춤을
     춘다
2. 생각대로 어떤 일을 이룬 뒤 남한테
   드러내 보이려 하다
   * 두발자전거를 탈 수 있다면서
     우쭐거리다가 넘어졌다
   * 훌륭한 사람은 우쭐거리지 않고 차분하게
     일을 한다

으스대다

: 어울리지 않도록, 내가 이룬 일을 남한테
  드러내 보이려 하다

* 나보다 줄넘기를 잘한다고 그렇게
  으스대지는 말아라
* 네가 나보다 키가 크다고 자꾸 으스대니
  너를 꺽다리라 부르지

으쓱하다 (으쓱거리다)

1. 갑자기 어깨를 한 번 들었다가 내리다
   * 언니는 말없이 으쓱하고는 집으로
     걸어간다
   * 우리는 서로 눈짓을 하고 으쓱하면서
     빗길을 달렸다
2. 어깨를 들었다 내리면서, 내가 남보다
   좋거나 낫다고 여기면서 드러내려 하다
   * 처음에는 으쓱거리다가 차츰 어깨가
     처지면서 풀이 죽는다
   * 오늘 잘했다고 으쓱거리지 말고,
     앞으로도 꾸준히 애써 보렴

뾰족하다·날카롭다

···▸ '뾰족하다'는 점처럼 가늘어서 찔리는 모습을 가리킬 때에 씁니다. '날
카롭다'는 찔리는 모습을 가리킬 뿐 아니라 베이거나 잘리는 모습까지 가리
킵니다. 송곳은 뾰족하고, 칼날은 날카롭습니다. '뾰족하'기에 구멍을 뚫고,
구멍을 뚫듯이 어떤 길을 새롭게 내거나 여는 슬기를 가리키는 자리에 써

요. '날카롭'기에 물건을 잘 자를 수 있듯이 때로는 차갑거나 무서운 눈매가 되고, 어떤 일을 깊으면서 빠르게 알아채는 눈썰미가 됩니다.

뽀족하다

1. 끝이 자꾸 가늘어져서 찔리기 쉬운 모습이다
   * 송곳은 뾰족하니까 구멍을 뚫을 때에 쓰면 좋아
   * 저기 있는 집은 지붕이 뾰족하네
   * 이 돌은 뾰족하게 생겼구나

2. 생각이나 솜씨나 재주가 놀라울 만큼 좋다
   * 이 커다란 돌을 치울 뾰족한 수를 떠올려 보자
   * 아무리 해도 모르겠는데, 무슨 뾰족한 길이 없을까

날카롭다

1. 끝이나 모서리가 가늘거나 날이 서서 베이거나 찔리기 쉬운 모습이다
   * 그릇이 깨지며 퍼진 조각이 날카로우니까 어서 쓸자
   * 부엌칼이 날카롭게 잘 들도록 숫돌에 갑니다

2. 눈매나 눈길이 차갑거나 무서운 듯하다
   * 자꾸 날카롭게 마주하니까 그 아이가 거북해
   * 나는 아무 짓을 안 했는데 날카롭게 쳐다보니까 싫더라

3. 작은 일에 마음이 쉽게 움직이며 아무것도 아닌 일에 쉽게 짜증을 낸다
   * 동생이 오늘은 내가 무슨 말만 했다 하면 날카롭게 대꾸한다
   * 일이 잘 안 풀리더라도 날카롭게 굴지 말고 웃으면 좋겠어

4. 서로 맞서는 사이가 부드럽게 풀리거나 이어질 틈이 없는 모습이다
   * 두 사람은 언제나 날카롭게 부딪힙니다
   * 찬성과 반대를 하는 두 모둠이 아직도 날카롭게 이야기하는구나

5. 어떤 일을 보는 눈이나 생각하는 힘이나 슬기나 물음이 미처 생각하기 어려운 곳까지 무척 빠르게 밝히거나 말하기에 놀라우면서 대단하다
   * 너는 한눈에 날카롭게 알아챘구나
   * 몇 줄만 읽었지만 언니는 곧 무슨 뜻인지 날카롭게 알아내어 알려준다

6. 소리나 냄새가 그다지 좋지 않을 만큼 가늘고 높으며 세다
   * 자전거를 서둘러 멈추면서 날카로운 소리가 났다
   * 저쪽에서 고약한 냄새가 날카롭게 코를 찌르네

살갑다·가깝다·허물없다·찰떡같다·구순하다· 오순도순·도란도란·사이좋다

⋯→ '살갑다'는 살림살이를 가리키는 낱말인데, 마음씨와 느낌을 가리키는 자리로 뜻이 퍼졌습니다. '가깝다'는 거리가 짧은 모습을 가리키는 낱말로, 마음과 느낌과 생각을 가리키는 자리로 뜻이 차츰 퍼집니다. 살가운 동무라고 할 적에는 "마음이 상냥한 동무"라는 뜻이고, 가까운 동무라고 할 적에는 "따뜻함과 두터움을 느끼는 동무"라는 뜻입니다. '허물없는' 동무는 허물이 없는 동무, 그러니까 꾸미지 않고 만나는 동무입니다. '찰떡같은' 동무는 마치 찰떡처럼 붙기라도 하듯이 안 떨어지도록 깊거나 따뜻하면서 마음이 맞는 동무입니다. '구순하다'는 마음이 좋으면서 뜻이 맞을 때에 쓰고, '오순도순'은 즐겁게 지내는 모습을 가리키며, '도란도란'은 즐겁게 지내되 말소리가 가벼우면서 나지막할 때를 가리킵니다. '사이좋다'는 말 그대로 "사이가 좋다"입니다. 너와 나 사이가 좋다고 하면 어떤 느낌일까요? 서로 즐겁거나 따스하게 서로를 아끼면서 지낸다는 뜻이 되겠지요.

살갑다

1. 집이나 살림살이가 겉으로 보기와는 달리 속이 넓고 크다

   * 우리 집은 멀리서 보면 작지만, 들어와 보면 제법 살가워요
   * 가난해 보이는 살림이지만 이모저모 살가우면서 알차답니다

2. 마음씨가 부드럽고 상냥하다

   * 아버지는 언제나 우리한테 살갑게 이야기합니다
   * 이웃에 사는 아이들은 무척 살가워서 늘 함께 놀아
   * 언니는 어릴 적부터 나한테 그림책을 살갑게 읽어 주었어요

3. 닿는 느낌이 가볍고 부드럽다
   * 봄바람이 살갑게 분다
   * 네 어린 동생 살결이 무척 살갑구나
4. 어느 것이 마음에 들다
   * 언니가 날마다 즐겁게 타던 살가운 자전거를 물려받는다
   * 이 동화책은 우리 어머니가 어릴 적에 보던 살가운 책이야

가깝다

1. 어느 곳에서 다른 곳까지 거리가 짧다
   * 이 지름길로 가면 한결 가깝지
   * 이쪽으로 가면 가깝지만, 나는 숲길로 돌아서 천천히 가고 싶어
2. 이제부터 앞으로 다가올 때까지 조금 남다
   * 어느새 섣달이 되었고, 설날도 가깝구나
   * 가까운 앞날에 우리는 새 곳으로 집을 옮겨요
3. 서로 따스하게 지내다 (거리끼거나 부끄러워하지 않고 잘 지내거나 사귀다)
   * 우리는 모두 가까운 사이예요
   * 누리네 집과 저희 집은 가까운 이웃입니다
   * 동무와 즐겁게 가까이 어울려 놀아요
4. 어떤 틀·높이·잣대·숫자에 거의 이르다
   * 아버지는 서른 가까운 나이에 장가를 갔다고 해요
   * 어느새 열두 시에 가까우니 배가 출출하다
   * 열 사람 가까이 모여서 헌책방에 나들이를 간다
5. 모습이나 몸짓이나 속내나 빛깔이 비슷하다
   * 어머니와 가까운 솜씨로 만두를 빚었다

6. 느낌이 좋다. 들리는 소리가 크고 뚜렷하다
   * 아까는 전화가 멀어서 안 들리더니, 이제 좀 가까워졌구나
7. 촌수가 얼마 안 떨어지다
   * 너와 나는 가까운 친척이야
   * 가까운 사촌 동생 일이라서 마음을 기울여
8. 멀지 않거나 쉽게 생각할 수 있다
   * 가까운 보기를 들면 이렇지요
   * 가까운 곳에서 실마리를 찾아보셔요

허물없다

: 따뜻하고 두터워 서로 꾸밈이 없이 만나다 (서로 허물을 가리지 않는다)
   * 나는 작은아버지하고 허물없이 이야기를 나눠요
   * 우리는 모두 허물없는 사이야
   * 오랫동안 사귄 허물없는 동무가 다른 마을로 떠나니 쓸쓸하다

찰떡같다

: 마음이나 믿음이 서로 깊거나 두터워 떨어지지 않을 만큼 좋다
   * 너와 나는 언제나 찰떡같이 어울린다
   * 두 사람이 노래하는 모습은 참으로 찰떡같더라
   * 마음이 찰떡같으니 손발이 척척 맞는다

구순하다

: 서로 사귀거나 지낼 적에 마음이 좋고
뜻이 맞다

* 우리 식구는 모두 구순해서 집안에
따스운 빛이 흘러요
* 큰오빠가 장가를 가며 새언니가 들어오니
어쩐지 구순해졌지 싶어
* 구순한 벗이 있어서 언제나 기쁘다

오순도순 (> 오손도손)

: 따뜻한 마음으로 즐겁게 놀거나 지내는
모습

* 함께 만두를 빚으며 오순도순 이야기꽃을
피운다
* 이제 막 날갯짓을 익힌 제비들이
오순도순 하늘을 가르는 듯하다
* 우리 마을은 서로 오순도순 어울리면서
아끼지요

도란도란 (< 두런두런)

1. 여러 사람이 가볍고 낮은 목소리로 서로
즐겁게 이야기하는 소리나 모습

* 마루에서 어머니와 아버지가 도란도란
이야기를 나누신다
* 동무들과 버스에서 도란도란 이야기를
나누었어요
* 소꿉놀이를 하면서 도란도란 이야기꽃을
피우지요

2. 물이 잇따라 흘러가는 소리나 모습

* 도란도란 흐르는 도랑물에서 다슬기를
줍는다
* 그 골짜기는 날이 오랫동안 가물어도
물이 도란도란 잘 흐르더라

사이좋다

: 사이가 좋다. 서로 즐겁거나 따스하게
지내다

* 너랑 나랑 우리는 모두 사이좋은 동무야
* 동생하고 사이좋게 놀고 나서 저녁 먹자
* 할머니는 이웃 모두하고 늘 사이좋게
지내셔

살강·시렁·선반

···→ 부엌에서 그릇을 받치는 자리는 '살강'입니다. 살강은 가늘고 긴 대로 엮기에, 설거지를 마친 그릇을 얹으면 물기가 아래쪽으로 빠집니다. '시렁'은 으레 긴 나무를 둘 가로질러서 물건을 받치도록 합니다. 방이나 마루나 광뿐 아니라 집 바깥벽에 시렁을 댑니다. 부엌이 아닌 곳에서는 시렁을 쓰는데, 오늘날에는 '책시렁'이나 '짐시렁'처럼 쓰임새가 넓어집니다. '선반'은

널빤지를 까치발에 대어 물건을 얹도록 만든 자리입니다. 오늘날에는 거의 다 선반이라고 할 만합니다. 전철이나 기차나 예전 버스에서는 가늘고 긴 쇠로 짐받이를 삼았기에 '시렁'과 닮아 '짐시렁'이라고 가리켰는데, 요새는 바닥을 통으로 대곤 하기에 '선반'이라고 가리킬 수 있습니다.

살강

: 가늘고 긴 대를 엮어서 그릇을 얹으려고 받치는 자리 (부엌에서 쓴다)

* 설거지를 마친 그릇은 살강에 놓으렴
* 아침에 밥을 하면서 나온 누룽지는 살강에 두었어

시렁

1. 벽에 긴 나무를 둘 가로질러서 물건을 얹거나 올리는 자리

* 바깥벽에 마련한 시렁에는 키와 호미와 바구니를 얹었다
* 건넌방 시렁에 놓은 상자를 가져와 보렴

2. '선반'을 달리 가리키는 말

* 책시렁·짐시렁
* 시외버스나 기차에는 시렁이 길게 있다

선반

: 물건을 얹으려고 벽에 까치발(아래쪽에 대는 세모꼴 받침)을 붙여서 얹은 널빤지

* 선반에 물건을 너무 많이 얹은 탓에 무너졌다
* 자주 안 쓰는 짐은 선반에 놓자

살그마니(살그머니·슬그머니)·살며시(슬며시)· 살포시·가만히·넌지시·살짝(슬쩍)

⋯→ '살며시'보다 한결 조용히 움직일 때에 '살그마니'입니다. '살그머니'는 '살그마니'보다 조금 무거운 느낌입니다. '슬그머니'는 '살그머니'보다 조금 무거운 느낌이고요. '가만히'는 움직임조차 드러나지 않는 모습이지만, '넌지시'는 움직임이 드러날 수 있어요. "가만히 있어"라 말하면 움직이지 말고 그대로 있으란 뜻이에요. "넌지시 건네다"는 누군가 무엇을 건네는 모습을 알아채되 아주 조용하고 느리다는 뜻이에요. "가만히 건네다"라 하면, 이때에는 누군가 무엇을 건네는 모습을 아무도 못 알아챘다는 뜻입니다. '살

며시'도 다른 사람이 알아채지 못하게 조용히 움직이는 모습을 가리킵니다. '슬며시'는 '살며시'보다 조금 무거운 느낌입니다. '살며시'와 '슬며시'는 마음속으로 어떤 이야기를 떠올리는 자리에도 쓰고, '살포시'는 눈에 뜨이지 않으면서 포근한(보드랍고 따뜻한) 기운이 흐를 적에 씁니다. '살짝'과 '슬쩍'은 드러나지 않는 움직임이나 모습이 제법 빠르다고 하는 자리에서 씁니다.

살그마니 (< 살그머니 < 슬그머니)

1. 남이 알아채지 않거나 못하도록 가볍거나 조용하거나 천천히
   * 살그마니 문을 열었다
   * 아기는 어머니 품에서 살그마니 잠들었다
2. 남한테 드러나지 않도록 혼자 마음속으로 가볍거나 조용하거나 천천히
   * 내가 한 일이 알려질까 봐 살그마니 걱정이 된다
   * 반딧불이를 볼 수 있다는 생각에 살그마니 설렌다
3. 힘을 들이지 않고 가볍거나 조용하거나 천천히
   * 잘 깨지는 유리잔이 담긴 상자이니 살그마니 날라 주렴
   * 잠든 아기를 살그마니 잠자리에 눕혔다

살며시 (< 슬며시)

1. 다른 사람 눈에 안 띄게 가볍게
   * 우리가 잠든 사이에 고운 눈송이가 살며시 다녀갔나 보다
   * 모과꽃이 살며시 떨어졌다
   * 나는 발소리를 죽이면서 내 방에 살며시 들어갔어요
2. 몸짓이나 흐름이 가볍거나 조용하거나 천천히

   * 살며시 눈을 감고 어여쁜 꿈나라로 날아가렴
   * 어머니는 내 어깨를 두 손으로 살며시 감싸면서 웃었다
   * 동생 머리카락을 살며시 쓰다듬어 보았다
3. 느낌이나 생각이 속으로 조용하거나 천천히
   * 좋은 생각이 살며시 떠올랐다
   * 무지개를 바라보는 동안 즐거운 느낌이 살며시 피어올랐어요

살포시

1. 눈에 뜨이지 않으면서 포근히
   * 햇볕은 늘 살포시 내리쬐는구나 싶어요
   * 할머니는 우리를 살포시 안으면서 반겨 주셨다
2. 드러나지 않으면서 가볍게
   * 살포시 눈을 뜨고 동이 트는 창밖을 바라보았다
   * 언니한테 들꽃 목걸이를 살포시 건넸어요

가만히

1. 움직이지 않거나 아무 말 없이
   * 이쪽 밭은 우리가 맬 테니, 너는 그늘에서 가만히 쉬렴
   * 밥이 곧 다 될 테니 가만히 기다려 봐

2. 움직임이 안 드러나게 조용히
   * 짝꿍은 내 손을 가만히 잡으면서 한쪽 눈을 찡긋했다
   * 밥그릇을 밥상에 가만히 내려놓는다
   * 깊은 숲에서 가만히 피어나는 나리꽃
3. 마음을 가다듬어 곰곰이
   * 가만히 생각하면 너도 다 알 수 있는 이야기야
   * 어제 하루 어떤 일이 있었는지 가만히 떠올려 본다
4. 말없이 찬찬히
   * 가만히 하늘을 바라보면 구름 모양이 늘 바뀌는 줄 알 수 있다
   * 동무 얼굴을 가만히 살피면서 어떤 마음인지 헤아려 본다
5. 아무 생각이 없거나 손을 쓰지 않고 그냥 그대로
   * 나를 가만히 두면 좋겠어
   * 네가 자꾸 그러니 가만히 지켜볼 수는 없더구나
6. 사람들한테 드러나지 않으면서 조용히
   * 할아버지는 시골에서 가만히 흙을 일구며 살겠다고 말씀하셔요
   * 사람들 발길이 안 닿는 숲에 오두막을 짓고 가만히 살고 싶다는 꿈

넌지시

: 드러나지 않게 조용히
   * 오빠는 어떻게 생각하는지 넌지시 물어보았다
   * 짝꿍은 나한테 쪽종이를 넌지시 건네주었다
   * 바람이 가볍게 불더니 가랑잎이 하나 넌지시 떨어집니다

살짝 (< 슬쩍)

1. 남모르는 사이나 남이 보지 않을 때나 남 눈에 띄지 않게 재빨리
   * 나도 뒤따를 테니까 네가 먼저 살짝 나가렴
   * 누나는 나한테 살짝 눈짓을 했다
   * 부침개 한 조각을 살짝 집어서 먹는다
2. 힘들이지 않고 가볍게
   * 꽃그릇을 살짝 들어서 나른다
   * 가시나무 잎사귀가 예뻐서 살짝 만져 본다
3. 지나치지 않을 만큼
   * 이 나물은 살짝 데쳐야 더 맛있어
   * 살짝 웃음을 지으면서 노래를 부르는 누나
4. 티가 나거나 드러나지 않을 만큼
   * 너한테만 살짝 이야기해 줄게
   * 작은누나는 살짝 말머리를 돌렸다
5. 따로 마음을 쓰지 않고 빠르게
   * 아버지는 책을 살짝 훑으신 듯한데도 줄거리를 잘 아신다
   * 너무 졸려서 책을 살짝 읽다가 덮고는 잠을 자기로 했다

새삼스럽다·새롭다

⋯→ "예전에 겪은 느낌이 다시 떠오른다"거나 "안 해 본 일을 하면서 어떤 느낌이 갑자기 떠오른다"고 할 적에 '새삼'이나 '새삼스럽다' 같은 낱말을 씁니다. '새롭다'는 '새삼스럽다'하고 어떻게 다를까요? '새롭다'는 "이제까지 있은 적이 없다"와 "예전과 달리 생생하고 산뜻하게 느낀다"를 뜻해요. 뜻풀이 차례는 다르지만, '새삼스럽다'와 '새롭다'는 여러모로 비슷한 자리에 쓴다고 할 수 있어요. 다만, '새삼스럽다'는 예전에 겪은 느낌을 다시 떠올린다는 뜻이 더 앞서고, '새롭다'는 예전에 겪은 적이 없는 느낌을 처음으로 받는다는 뜻이 더 앞섭니다.

새삼스럽다

1. 이미 알거나 예전에 겪은 일을 갑자기 생생하게 느끼다
   * 오늘은 어쩐지 네 얼굴이 새삼스럽게 빛난다
   * 올해에도 어김없이 찾아온 봄이 새삼스럽게 반갑다

2. 지난 일을 괜히 다시 들추어낸다고 느끼다
   * 그동안 조용하다가 왜 새삼스럽게 그 이야기를 하니
   * 까맣게 잊은 일인데 새삼스럽게 말하지 말자

3. 하지 않던 일을 이제 와서 하니 두드러져 보인다
   * 장마 때 밭흙이 다 떠내려갔는데 새삼스럽게 밭을 간다고 그러니
   * 여태 낮잠만 자더니 새삼스럽게 일어나서 법석을 피우느냐

새롭다

1. 이제까지 있은 적이 없다
   * 새로운 이야기는 없을까
   * 오늘 아침에 새로운 사마귀를 한 마리 보았어
   * 아버지는 새로운 솜씨로 볶음밥을 차렸다

2. 이제까지 있던 무엇과 다르다
   * 새로 옮긴 마을에서 새로운 빵집을 찾아본다
   * 어머니와 함께 일본 마실을 다녀오면서 새로운 이웃을 사귀었어요
   * 한 살을 더 먹으니 새로운 마음이 된다

3. 예전과 달리 생생하거나 산뜻하게 느낄 만하다
   * 내가 아기였을 적 사진을 보니 무언가 새롭다
   * 달포에 걸쳐 집을 새롭게 꾸몄어요
   * 숲에서 꾀꼬리 노랫소리를 들으니 무척 새롭다

4. 한 번도 안 쓴 느낌이 언제나 들다 (언제나 새것 같다)

   * 네 옷은 언제 보아도 새롭네
   * 이 책은 다시 읽을 때마다 늘 새롭다

5. 아주 애타게 바라거나 아쉽다

   * 짧은 글 하나라도 새로운 요즘이야
   * 버스삯이 모자라니 단돈 백 원조차 새롭구나

생생하다1·뚜렷하다·또렷하다·선하다

···▶ 여러 가지나 다른 것이 이리저리 섞이는 느낌이 없이 잘 드러난다고 할 적에 '뚜렷하다'와 '또렷하다'를 씁니다. '흐리지 않'기에 '뚜렷하다·또렷하다'입니다. 두 낱말은 뜻이 거의 같으나, '뚜렷하다'가 큰말이고 '또렷하다'가 작은말입니다. '선하다'도 잘 보인다고 하는 자리에서 쓰는데, "잊히지 않으면서 잘 보인다"는 뜻으로 써요. 오랜 나날이 지나도 안 잊히고 떠오르는 어떤 이야기를 말할 적에 쓰는 낱말입니다. '생생하다'는 눈앞에 두고 보는 듯이 잘 보인다고 할 적에 씁니다.

생생하다 1 (< 쌩쌩하다)

1. 시들거나 썩거나 다치지 않고 제법 힘이 있다

   * 바닷가에서 막 낚은 물고기는 생생하다
   * 밭에서 바로 따서 먹는 오이는 아주 생생하고 맛이 있다
   * 바로바로 뜯은 고들빼기와 미나리잎을 된장으로 비벼 나물무침을 해요
   * 바닷가 저잣거리에 가면 물고기가 몹시 생생하다

2. 힘이나 기운이 넘치다 (팔팔하다)

   * 어린이는 놀고 또 놀아도 다시 생생하게 뛰논다
   * 생생한 눈빛으로 활짝 웃는 할아버지

3. 풀이나 나무가 무럭무럭 자라는 힘이 제법 있다

   * 틈틈이 뜯어서 먹었더니 부추잎이 가을까지도 생생하네
   * 우리 집에서는 농약을 안 써서 뒤꼍 숲정이는 언제나 생생하지요

4. 빛깔·냄새·무늬·모습이 제법 맑고 시원하다 (맑고 산뜻하다)

   * 온통 생생하게 짙푸른 잎사귀가 바람 따라 차르르 춤을 춘다
   * 구름 한 조각 없는 하늘은 생생하게 파란 빛깔이에요
   * 사월에 만나는 하얀 민들레 꽃송이가 생생하니 곱습니다
   * 후박나무는 가을잎과 겨울잎도 생생하게 푸르다

5. 바로 눈앞에 두고 보는 듯 잘 보이거나 나타나다

* 어머니가 들려주는 옛날이야기는 참으로 생생하지요

* 그때 네가 춘 춤이 얼마나 멋있었는지 아직도 생생하게 떠올라

* 지난해 설날에 즐기던 눈놀이는 아직도 생생하게 떠올라

6. 참말로 있는 듯 아주 잘 보이거나 나타나다

* 이 책에 나오는 사람들 모습은 아주 생생하구나

* 네 이야기가 하도 생생해서 담뿍 빠져들었어

뚜렷하다 (> 두렷하다)

: 여러 가지나 다른 것이 이리저리 있거나 섞이지 않고 아주 드러나거나 나타나다

* 네 손자국이 여기에 뚜렷하게 남았어

* 아버지는 뚜렷하고 차분한 목소리로 노래를 불러 줍니다

또렷하다 (> 도렷하다)

: 여러 가지나 다른 것이 이리저리 있거나 섞이지 않고 잘 드러나거나 나타나다

* 날이 맑으니 저기 먼 바다 끝까지 또렷하구나

* 네 목소리는 또렷해서 참 듣기 좋아

선하다

: 잊히지 않고 눈앞에 매우 밝고 맑게 보이거나 나타나다

* 어머니는 내가 태어나던 날 모습이 아직도 선하게 떠오른대요

* 내가 열 살 때 할머니가 선물한 뜨개옷이 눈에 선하다

생생하다2·싱싱하다·싱그럽다

···→ 풀은 흙에 뿌리를 내릴 적에 힘찹니다. 물고기는 물에서 헤엄칠 적에 힘찹니다. 그러니까, 풀을 뜯고 얼마쯤 지나거나 물고기를 낚아 물 밖에 한참 두면 어느새 숨이 죽어요. 싱싱하거나 생생한 기운이란 힘이 있게 살아서 빛나는 기운을 가리킵니다. '생생하다'는 '싱싱하다'와 견주어 작은말입니다. 그런데 '싱싱하다'는 세 가지 뜻에서 끝나고, '생생하다'는 "눈앞에 보는 듯 또렷하다"라는 뜻이 새롭게 나타납니다. '싱그럽다'는 눈으로 보거나 코

로 맡는 느낌이 맑으면서 힘차다고 할 때에 씁니다. 봄빛과 풀잎이 '싱그럽다'고 하지만, 물고기가 '싱그럽다'고는 하지 않습니다. 물고기는 '싱싱하다'고 하며, 풀잎이나 봄빛을 보면서 '싱싱하다'고도 할 수 있습니다.

생생하다 2 (뜻풀이는 앞에서 함)

* 숲에서 갓 딴 생생한 큰갓버섯으로 국을 맛나게 끓여요
* 저녁인데도 동생은 아직 안 졸리다면서 눈빛이 생생해요
* 사랑을 받으며 자라는 나무는 언제나 생생하게 푸릅니다
* 빗물을 머금은 이파리는 한결 생생하면서 곱습니다
* 나는 아기 적 일을 생생히 떠올릴 수 있어요
* 큰언니가 들려주는 이야기는 언제나 생생해서 재미나요

싱싱하다

1. 시들거나 썩거나 다치지 않고 힘차다
    * 나무에서 막 딴 싱싱한 능금 한 알을 반으로 갈라서 나누어 먹어요
    * 갓 낚은 싱싱한 물고기로 찌개를 끓입니다
2. 풀이나 나무가 무럭무럭 자라는 힘이 있다
    * 빗물을 마시는 나무들이 싱싱하게 잘 커요
    * 마당 한쪽에 옮겨 심은 꽃이 싱싱하게 잘 자랍니다
3. 빛깔·냄새·무늬·모습이 맑고 시원하다
    * 봄에 돋는 풀잎은 더없이 싱싱합니다
    * 여름철 바다 냄새는 싱싱하게 콧가에 스칩니다
    * 가을에 맺는 감알은 참으로 싱싱하게 빛납니다
    * 겨울에 내리는 싱싱한 흰 눈을 뭉쳐 눈놀이를 해요

싱그럽다

1. 보기에 맑으면서 힘차다
    * 우리 언니는 언제나 싱그러이 웃음을 지어요
    * 오늘도 아침 햇살이 싱그러워 좋네
2. 냄새나 느낌이 좋으면서 맑다
    * 해바라기 꽃내음이 싱그러워서 자꾸 코를 대어 봅니다
    * 할머니는 우리를 볼 때마다 싱그러운 젊음이라면서 반깁니다

서럽다·섧다·슬프다·구슬프다·서글프다

⋯ 마음이 아플 때에 '슬프다'고 합니다. '슬프다'고 할 적에는 마음이 아프

면서 눈물이 날 듯한 느낌입니다. '서럽다'고 할 적에는 뜻하지 않게 생긴 일 때문에 울고 싶도록 마음이 아픈데, 나 스스로 어떻게 할 수 없는 일을 가리킬 때에 씁니다. 이래서는 안 되지만 내 힘으로는 어떻게 할 수 없는 일이라든지, 작은 힘으로는 손을 쓸 수 없다고 느낄 만큼 커다란 아픔, 갑자기 들이닥쳐서 이도저도 하지 못하는 아픔을 가리키는 자리에 '서럽다'를 써요. 뜻하지 않게 생긴 일을 나 스스로 어떻게든 바꾸거나 고치거나 바로잡을 수 있다고 느낄 적에는 '슬프다'를 씁니다. '구슬프다'는 노래나 울음이나 소리를 들으면서 마음이 아플 때에 쓰는 낱말입니다. '서글프다'는 마음이 텅 빈 듯한 느낌, 그러니까 허전하다는 느낌이면서 마음이 아프다고 할 때에 씁니다. 안타깝거나 딱하다 싶은 일을 지켜보면서 마음이 안 좋을 때에도 '서글프다'를 씁니다. 이를테면, 들짐승이 길에서 자동차에 치여 죽는 모습을 본다든지, 사람들이 괴롭혀서 고달픈 짐승을 본다든지, 이럴 적에 '서글프다'를 씁니다.

서럽다

: 뜻하지 않게 생긴 안타깝거나 힘든 일 때문에 울고 싶도록 마음이 아프다

* 전쟁 때문에 나라를 잃은 사람들이 서럽게 눈물을 흘린다
* 새해를 맞이하지만 고향 나라에 가지 못하는 이주 노동자들이 서러워 보인다
* 이웃을 따돌리거나 괴롭히는 사회에서 쓸쓸하며 서러운 사람들이 생긴다
* 할머니가 돌아가셔서 어머니는 서럽게 우셨어요

섧다

: = 서럽다

* 오늘까지만 섧게 울고, 이튿날부터 다시 일어설 테야

* 알에서 깨자마자 농약 때문에 몽땅 죽고 만 올챙이들은 몹시 섧겠지

슬프다

1. 답답한 일·뒤집어쓴 일·불쌍한 일·힘든 일을 보거나 겪으니, 마음이 아프면서 눈물이 날 듯하다

* 힘들게 지내는 사람들이 겪은 슬픈 이야기를 들으면 잠이 안 오더라
* 손가락을 다치는 바람에 바느질을 못하니 슬프구나
* 꾸중을 듣고 슬픈 나머지 눈물을 뚝뚝 흘린다

2. 어떤 일이 바람직하지 않아 안타깝거나 마음이 아프다

* 숲을 함부로 망가뜨리는 어른들 때문에

슬퍼요

* 평화를 바라지 않고 전쟁무기를 자꾸
  만드는 어른들을 보면 슬퍼요
* 지구별이 무너지는데도 핵발전소를
  멈추지 않으니 슬퍼요

구슬프다

: 노래·울음·소리가 쓸쓸하면서 마음을
  아프게 하다

* 오늘 밤은 귀뚜라미 울음소리가 어쩐지
  구슬프구나
* 어머니가 할머니를 그리며 피리를 부는
  소리는 매우 구슬픕니다
* 오늘따라 힘든 일이 많은 탓인지 달빛에
  어리는 개구리 소리조차 구슬프다

서글프다

1. 마음이 텅 빈 듯하면서 아프다

   * 오갈 데 없는 나그네는 서글프다면서,
     어머니는 꼭 밥 한 그릇을 차려 주신다
   * 우리가 한가위에 찾아와서 한참 놀다가
     돌아가면 할머니는 왠지 서글프시대요

2. 어떤 일이 안타깝고 딱해서 마음이 안
   좋다

   * 불을 잘못 피우다가 숲을 태우는 일이
     생기면 몹시 서글퍼요
   * 자동차에 치여 죽은 들짐승을 볼 때면 늘
     서글프다

성가시다·귀찮다·번거롭다

┅→ 마음에 들지 않거나 하기 싫은 모습을 가리키는 낱말입니다. '귀찮다'는
그저 하기 싫거나 마음에 안 드는 느낌을 가리키고, '성가시다'는 자꾸 옆에
서 건드리거나 들쑤시면서 가만히 안 둘 때에 일어나는 느낌을 가리킵니다.
'번거롭다'는 여러모로 마음이 자꾸 쓰여서 싫은 느낌이라든지, 괜히 성이
나듯이 싫은 느낌을 나타내는 자리에 씁니다.

성가시다

: 자꾸 괴롭히거나 들쑤시면서 가만히 두지
  않기에, 어떤 일을 하고픈 마음이 없다

* 이 일은 성가시다고 여기면 하기가
  어렵단다

* 짐이 많아 성가신 탓에 제대로 걷지
  못한다
* 날도 더운데 왜 자꾸 달라붙어서
  성가시게 하니

귀찮다

: 하고 싶지 않거나 마음에 들지 않다

* 아무리 귀찮다고 하더라도 밥은 먹어야지
* 내 동생은 내가 가는 데마다 졸졸 따라다니며 귀찮게 군다
* 오늘은 다 귀찮으니 바다로 나들이를 가 볼까

번거롭다

1. 일이 갈피가 잡히지 않아 이리저리 뒤섞이고 헷갈리다

* 꽤 번거로울 텐데 차분하게 잘하는구나
* 네가 여기에서 괜히 건드리는 바람에 더 번거롭게 되었어

2. 조용하지 못하고 좀 어지럽게 떠들다

* 아이들이 번거롭게 구는 까닭은 함께 놀고 싶기 때문이다
* 비바람이 드세게 몰아치니 아이들이 마루에서만 번거롭게 뛰논다

3. 하고 싶지 않거나 마음에 들지 않으면서 성이 나다

* 어제는 무슨 말을 해도 번거롭구나 싶어 입을 꾹 다물었다
* 아버지는 번거롭다면서 나한테 심부름을 맡긴다

셈·헤아리다·어림하다·생각·톺아보다·짚다· 여기다·보다1·그리다1·돌아보다·가늠하다· 살피다·살펴보다·훑다·훑어보다

⋯ '컴퓨터'가 처음 한국에 들어왔을 적에, 이 물건을 '셈틀'로 쓰면 되겠다고 말한 분들이 있어요. '셈'이라는 낱말이 "숫자 세기"부터 "옳고 그름을 따지는 마음가짐"까지 나타내기에 두 가지 느낌을 살려서 '셈틀'이라 하면 어울리겠다고 생각했습니다. '헤아리다'와 '생각하다'는 "어떠한가를 알아보다"라는 대목에서는 똑같이 쓰지만, 알아보는 매무새에서 다릅니다. '생각'은 내 머리를 써서 알아보려 하는 일이고, '헤아리다'는 내 머리가 아닌 다른 여러 가지 지식이나 이야기와 다른 사람 생각을 바탕으로 삼아서 알아보려 하는 일입니다. 그리고 '어림하다'는 속으로 가만히 알아보는 일을 가리킵니다. '생각'은 머리를 써서 어떤 모습을 짓거나 마음에 담는 일을 가리키는

바탕말이라 할 수 있습니다. '생각하다'는 '그리다'나 '떠올리다' 같은 뜻을 나타내기도 합니다. '톺다'에서 나온 '톺아보다'입니다. '톺다'는 "가파른 곳을 오르려고 매우 힘을 들이며 더듬다"와 "틈이 있는 곳마다 모두 더듬어 뒤지면서 찾다"를 뜻합니다. 이러한 뜻을 바탕으로 "생각을 차근차근 샅샅이 더듬듯이 한다"고 할 적에 '톺아보다'를 씁니다. '여기다'와 '생각하다'와 '보다'는 똑같은 자리에 쓰곤 하는 낱말이에요. '여기다'는 "마음속으로 그러하다고 느끼다"를 뜻합니다. '생각하다'는 "머릿속으로 그러하다고 느끼다"를 뜻합니다. '보다'는 "내 눈으로 그러하다고 느끼다"를 뜻해요. 그래서 뜻으로는 똑같지만 느낌이 다르지요. 이를테면, "너는 어떻게 여기니?"와 "너는 어떻게 생각하니?"와 "너는 어떻게 보니?"를 견주어 보셔요. "나는 그렇다고 여겨"와 "나는 그렇다고 생각해"와 "나는 그렇다고 봐"도 견주어 보셔요. 마음속과 머릿속과 눈으로 어떻게 느끼는가만 다를 뿐입니다. 그림을 '그린다'고 할 적에는 연필이나 붓이나 크레파스를 써서 종이에 나타냅니다. 이러한 느낌을 살려서 "어떤 일을 생각한다"고 하는 자리에도 '그리다'를 씁니다. "고개를 돌려서 보다"를 뜻하는 '돌아보다'입니다. 그런데 '보다'는 '생각하다'와 같은 말이기도 해요. 이러면서 "책을 보다"라든지 "참과 거짓을 보다"나 "아이를 보다(돌보다)"처럼 쓰기도 해요. 곧, '돌아보다'도 쓰임새를 넓혀, "지나간 일을 다시 생각하다"와 "돌아다니면서 두루 보다"와 "돌보다"를 뜻하기도 합니다. '살피다'와 '살펴보다'는 서로 거의 같다고 할 수 있고, '살펴보다'가 힘주어 쓰는 낱말이라 할 수 있습니다. 그러나 인사말에서는 "살펴 가셔요" 하고 말하지만, "살펴보며 가셔요" 하고 말하지는 않습니다. '훑다'는 더듬어 꺼내는 모습을 가리키는 낱말인데, 이러한 뜻에서 쓰임새를 넓혀 "더듬듯이 찬찬히 보다"와 "듬성듬성 얼추 보다"를 가리키는 자리에서 씁니다. '훑어보다'도 '훑다'와 비슷하게 쓰는데, '훑다·훑어보다'는 더듬듯이 보는 느낌을 나타내기에, 사람을 위아래로 더듬듯이 볼 적에는 거북하다고 느낄 수 있습니다. 그리고 더듬듯이 보는 모습을 가리키니, 빈틈없이 본다고 할 적에도 '훑어보다'를 씁니다.

셈 (셈하다, 세다)

1. **수를 세는 일**
   * 동생이 네 살이 되었기에 내가 차근차근 셈을 가르칩니다
   * 마당에 핀 꽃을 보면서 하나씩 셈을 해 보았어요
   * 나도 쉬운 셈은 할 수 있어요

2. **돈이 얼마인가 알려고 하거나 세는 일**
   * 책을 다 골랐으면 셈을 치르고 집에 가자
   * 세뱃돈으로 가게에 가서 과자를 한 봉지 사고 혼자서 셈을 치렀어요
   * 동무 사이일수록 셈을 또렷하게 해야 한댔어요

3. **수를 따져서 얼마인가 세면서 맞추는 일**
   * 거스름돈을 보니 셈이 틀린 듯하다
   * 내가 제대로 셈을 했는지 네가 살펴보렴
   * 누나가 한 셈은 맞고, 내가 한 셈은 틀렸네

4. **도움이나 보탬이 되는지를 알려고 하는 일**
   * 너한테 셈이 되어야만 하지 말고, 언제나 같이 하자
   * 제 셈만 차리려는 사람하고는 어울리기 힘들더라
   * 어머니는 셈을 하지 않고 이웃과 즐겁게 품앗이를 하셔요

5. **한집을 꾸리면서 가진 살림 (셈평)**
   * 작은아버지네는 셈이 펴지 않아 많이 힘들어하셔요
   * 우리 집도 셈이 나아지기를 빌어요

6. **어떤 일이 일어난 까닭 (셈판)**
   * 셈을 모르니까 남이 하자는 대로 따라가기만 했구나
   * 어떤 일을 하든 셈을 잘 알아야 한다고 어머니가 말씀하셨어요

7. **옳고 그름을 알아볼 줄 아는 마음가짐**
   * 언니뿐 아니라 나도 셈이 들었으니 무슨 이야기인지 다 알아
   * 작은오빠는 셈이 덜 들었는지 자꾸 철없이 군다

헤아리다

1. **숫자가 얼마인지 알아보다**
   * 오늘까지 며칠이 되었는지 손가락을 꼽으며 헤아렸어요
   * 밥상에 접시를 몇 벌 놓았는지 헤아려 볼까
   * 할아버지는 헤아릴 수 없이 많은 일을 겪었지만 늘 이웃을 사랑하려 하셨대요

2. **어느 만한 숫자가 되다**
   * 나는 올해에 벌써 백 권을 헤아릴 만큼 책을 많이 읽었어
   * 이 갯벌에는 수십억이나 수백억을 헤아릴 만큼 아주 많은 목숨들이 있어
   * 우리 마을에서 함께 노는 동무는 스물쯤 아니면 서른쯤 헤아릴 수 있을까

3. **가만히 마주하거나 두루 알아보면서 어떠하다고 느끼다**
   * 너도 내 마음을 한번 헤아려 주렴
   * 가야 할는지 말아야 할는지 네가 스스로 헤아려야지
   * 나는 이 그림을 서두르지 않고 차근차근 바라보면서 헤아리고 싶어

4. **어느 한 가지를 바탕으로 다른 일이 어떠하다고 느끼다**
   * 올해에는 왜 꽃이 일찍 피는지 헤아려 보았어요
   * 이 책을 읽으면서 그분들이 살아온

나날을 곰곰이 헤아립니다

* 먼 멧자락에 걸친 구름을 보면서 오늘 날씨를 헤아린다

5. 얼마쯤 되는지나 어떻게 되는가를 알아보다

* 네가 있는 곳이 어디인지 헤아리기가 쉽지 않아
* 한 치 앞도 헤아릴 수 없을 만큼 어둡구나
* 잘 헤아려서 던져야 저기에 맞힐 수 있어

어림하다 (어림잡다, 어림치다)

: 얼마쯤 되는지, 또 어떻게 되는지를 속으로 알아보다

* 자루에 쌀이 얼마나 남았는지 어림해 보렴
* 앞으로 얼마나 더 걸어가야 할는지 어림한다
* 할머니는 얼마나 오래 살아오셨는지 어림해 보았어요
* 내가 고른 책을 다 살 수 있는지 주머니에 있는 돈을 어림한다

생각 (생각하다)

1. 머리를 써서 아는 일

* 가만히 생각을 해 보면 누구나 알 수 있어
* 내 생각과 느낌을 글로 적어 봅니다
* 우리는 생각을 하며 살아가는 사람입니다
* 생각을 잘 밝히고 가꾸면 슬기가 된다

2. 어떤 사람·일을 마주하거나 겪으며 받는 느낌

* 이야기를 다 들었으니, 네 생각은 어떠한지 알려주렴
* 어제는 내가 부끄러웠구나 하는 생각이 들었어

* 내 생각을 말하자면, 기쁘고 아주 반갑더라

3. 앞으로 일어날 일을 머릿속으로 짓는 일

* 이제부터 무엇을 하고 싶은지 생각을 해 볼까
* 그동안 생각을 하지 못한 일이 생겼다
* 아침마다 내 하루를 어떻게 누릴까 하고 생각을 합니다

4. 어떤 일을 하려고 마음을 먹는 일

* 앞으로는 책을 부지런히 읽을 생각입니다
* 밤이 깊으니 놀 생각은 그만하고 잠을 자야지
* 다음에는 어디에 갈 생각이니

5. 옳고 그름을 가리는 일

* 생각을 제대로 하지 않고서 말을 내뱉고 말았다
* 아직 생각이 없어서 잘못을 할 수도 있지요
* 언니는 생각이 깊으니 슬기롭게 잘하리라 믿어요

6. 어떤 것이나 어느 일을 하고 싶다는 마음·눈길·바람

* 아직 밥 생각이 없어요
* 너는 함께 놀려는 생각이 없구나
* 너희 할머니가 사는 시골 마을이 보고 싶다는 생각이 든다

7. 어떤 사람이나 일에 보이거나 기울이는 마음이나 사랑

* 너만 혼자 즐기지 말고 내 생각도 좀 해 주라
* 아이들 생각을 한다면 어른들은 언제나 착하고 바른 일을 하겠지요
* 동생이랑 노느라 심부름 생각을 그만 깜빡 잊었네

8. 무엇을 그리워하거나 걱정하는 마음

   * 아침에 먹은 군고구마 생각을 하니
     군침이 스르르 돈다
   * 갓 깨어난 병아리 생각에 다른 일은 손에
     안 잡힌다
   * 다른 고장으로 떠난 네 생각을 하면서
     편지를 쓴다

9. 지나간 일을 다시 마음에 담거나 눈앞에
   있는 듯이 바라보려고 함

   * 할아버지는 가끔 고향 생각이 난다고
     말씀해요
   * 너는 세 살 적 일이 생각이 나니
   * 예전에 우리가 하던 소꿉놀이를 한번
     생각을 해 봐

10. 잊고 지내거나 새롭다 싶은 것이 머리에
    나타남

    * 어떻게 하면 되는지 좋은 생각이 났어
    * 다리가 끊어졌는데 어떻게 건널지 생각을
      해 보자
    * 아, 그래 생각이 났어, 우리 지난달에
      거기서 처음 만났구나

11. 마음을 쓰는 일

    * 어렵겠지만 부디 생각을 해 줄 수 있을까
    * 다시 한 번 생각해 주기를 빌어
    * 서로서로 생각해 주니 늘 도우면서
      살지요

12. 그러하다고 받아들임

    * 모레까지 안 가져오면 못 하는 줄
      생각하려고 해
    * 너는 오늘 다리가 아프니까
      고무줄놀이에서 빠지는 줄 생각할게
    * 다른 말씀이 더 없으면 이대로 하자는
      생각으로 여기겠습니다

톺아보다

1. 하나하나 차근차근 보다

   * 비탈길을 걸을 적에는 톺아보면서
     걸어야지, 자칫하면 미끄러질 수 있어
   * 어머니는 내 옷차림을 위아래로 톺아보고
     나서 잘 차려입었다고 하셨어요

2. 하나하나 차근차근 알아보다

   * 섣불리 넘겨짚지 말고, 하나부터 열까지
     톺아보기로 하자
   * 어떤 일이든 슬기롭게 톺아볼 때에 엉킨
     실타래를 풀 수 있어

짚다

1. 바닥이나 벽 같은 곳에 손이나 몸이나
   연장을 닿게 하다

   * 내 어깨를 짚고 올라가 보셔요
   * 옳지, 네가 짚은 그 자리를 파 보렴
   * 할머니는 지팡이를 짚고 천천히 걷는다

2. 손으로 가볍게 누르거나 대다

   * 이마를 짚어 얼마나 뜨거운가를 알아보다
   * 가슴을 짚으면 콩닥콩닥 뛰는 기운을
     느낄 수 있어요

3. 여럿 가운데 어느 한 가지를 집어서
   가리키다

   * 글자를 짚으면서 천천히 읽어요
   * 아버지는 내가 틀리게 쓴 대목이
     어디인지 짚어 줍니다

4. 어떠한가 하고 내 나름대로 알아보다

   * 할머니 마음은 어떠한지 조용히 짚어
     본다
   * 짚을 수 없도록 깊은 마음

여기다

1. 마음속으로 그러하다고 느끼다

* 나는 걱정스럽지 않고 다 잘되리라 여겨
* 너는 반딧불이가 이곳에 안 나오리라 여기는구나
* 어머니가 물려준 목걸이를 알뜰히 여겨서 고이 간수합니다

2. 마음으로 깊이 새기면서 알아보려 하다
   * 가볍게 스치듯이 보지 말고 다시 여겨 들여다보렴
   * 작은 돌멩이도 여겨 바라보면 아주 예쁜 무늬를 찾을 수 있다

보다 1

1. 눈을 써서 모습·빛깔·무늬를 알다
   * 너는 오늘 아침에 무엇을 보았니
   * 내 꿈을 종이에 적은 뒤 벽에 붙여서 날마다 가만히 본다
   * 건널목 저편에 선 동무를 보고 손을 흔들었어요

2. 눈으로 어떤 모습·몸짓·흐름을 맞아들이거나 즐기다
   * 할아버지와 할머니가 가을 운동회를 보러 오셨어요
   * 새가 날아가는 모습을 보면 참 아름답더라
   * 우리 함께 영화를 볼까

3. 어떤 사람이나 어느 것을 눈앞에 두다 (만나다)
   * 저녁에 동무를 보고 올게요
   * 우리 이따가 잠깐 보고 가
   * 누구를 보러 가는 길이니
   * 할머니는 보고 싶은 사람이 많다고 하셔요

4. 맡아서 곁에 두다 (돌보다, 보살피다, 지키다)

* 어머니가 밥을 짓는 동안 동생을 볼 수 있겠니
* 나는 이제 혼자서 집을 볼 줄 알아요

5. 조금 먹으면서 어떠한지 알다
   * 맛을 보니 아주 좋아요
   * 된장국을 끓이려면 간을 알맞게 본 뒤 불을 끄고 된장을 풀어요

6. 눈을 써서 알듯이, 어떤 일·모습·사람에 깃든 속내를 알다
   * 나는 이 일이 우리한테 어울리지 않다고 봐요
   * 너는 할머니를 어떻게 보는지 말해 주렴
   * 내가 보기에는 오늘 몹시 더울 듯해

7. 어떤 모습이나 흐름인지 알다
   * 시계를 보고 몇 시 몇 분인지 얘기해 줘
   * 머리를 빗으려고 거울을 봅니다

8. 이야기나 줄거리를 알다 (읽다)
   * 누나와 나란히 앉아서 조용히 책을 봅니다
   * 우리 아버지는 그림책 보기를 무척 좋아해요

9. 값어치나 높낮이를 알다
   * 쉽게 볼 일은 아니야
   * 함부로 보았다가는 큰코다치지
   * 오늘 네가 한 일은 가볍게 보아 주기 어렵구나
   * 너는 나를 어떻게 보았기에 이렇게 할 수 있니

10. 어떤 일을 이루려고 다른 사람과 마주하며 이야기를 나누다
    * 큰오빠는 어제 맞선을 보았어요
    * 이 학교에 들어가려면 시험보다 면접을 잘 보아야 하는구나

11. 어떤 일을 나서서 하다 (맡다)

* 나는 이곳에서 어떤 일을 보면 될까요
* 내가 심부름을 볼게요
* 할아버지는 마을에서 이장도 보고 논밭도 보느라 바쁩니다

12. 어떻게 있거나 어떻게 되는가를 알다

* 나를 봐서 도와주면 좋겠어
* 이웃집 살림을 보니 참 힘들겠더라

13. 가까이에 새로운 사람을 맞이하다

* 할머니는 손자를 보았다며 아주 기뻐해요
* 할아버지는 멋진 사위를 볼 수 있어서 기뻤대요
* 새로 옮긴 마을에서 살가운 이웃을 보았어요

14. 똥이나 오줌을 밖으로 내보내다 (누다)

* 살짝 볼일을 보고 올게요
* 아침에 볼일을 보느라 조금 늦었어요

15. 어떤 일이 다 되다

* 일손을 잡았으면 끝을 보아야지
* 처음을 잘 열었으니 마무리도 잘 보기를 빌어

16. 무엇을 사거나 팔러 가다

* 어머니랑 함께 시장을 보러 가요
* 내가 쓸 책상을 보러 가구집에 나들이를 갑니다
* 아버지는 새로 지낼 집을 보러 다니느라 바쁘셔요

17. 어느 때나 자리를 알아보다

* 알맞다 싶은 때를 봐서 말씀을 드려야겠어
* 무턱대고 말하지 말고 자리를 보아서 차근차근 말해 봐

18. 안 좋은 모습을 말하다

* 뒤에서 자꾸 흉을 보지 말자
* 이 자리에 없는 사람을 놓고 허물을 보는

일은 즐겁지 않아

19. 밥상을 차리다

* 어머니와 아버지는 손님상을 보느라 부산하다
* 오늘 내가 혼자서 동생 밥상을 보았습니다

20. 어떤 일을 맞이하거나 겪다

* 낚시를 하러 갔는데 오늘은 아무 재미를 못 봤네
* 나는 손해를 본다고 생각하지 않고 누구한테나 선물을 한다고 여겨

21. 꾸준하게 찾아서 이야기나 줄거리를 알다 (꾸준하게 찾아서 읽다)

* 나는 어머니가 누리사랑방에 쓰신 글은 모두 챙겨서 본다
* 달마다 받아서 보는 잡지가 여럿 있어요
* 나는 어린이신문을 보고 아버지는 마을신문을 보시지요

그리다 1

1. 연필·붓·크레파스 들을 써서 어떤 모습을 눈으로 볼 수 있도록 나타내다

* 오늘은 풀잎에 앉은 사마귀를 그리려 해요
* 나뭇가지에 앉아 열매를 따 먹는 새를 그려 볼까
* 이루고 싶은 꿈을 그림으로 즐겁게 그리자

2. 마음·뜻·모습·이야기·삶 들을 말이나 글이나 노래로 나타내다

* 나는 우리 할아버지 이야기를 소설로 그리려고 해
* 어머니는 우리를 사랑하는 마음을 노래로 그려서 즐겁게 불러 주십니다

* 이 영화는 이웃 나라 사람들이 살아가는 모습을 잘 그렸구나

3. **어떤 모습을 꾸준하거나 한결같이 나타내거나 보여주다**
   * 별똥별이 곧은 금을 그리면서 날아가네
   * 소금쟁이가 동그라미를 그리면서 물 위를 걷는다
   * 얼굴빛을 맑게 그리면서 웃으니 참으로 보기에 예쁘네

4. **어떤 것·모습·이야기 들을 마음속에 새롭게 나타나거나 다시 드러나도록 하다**
   * 아침마다 꿈을 그리며 일어나요
   * 아름다운 나라를 그려 봅니다
   * 아무리 먼 곳에 떨어졌어도 우리는 너희를 그릴 수 있어
   * 할머니는 우리를 그리면서 옥수수랑 수박을 알뜰히 키우셨대요
   * 아버지는 우리를 보면서 아버지가 어린 날 어떻게 놀았는지 그려 보신대요

돌아보다

1. **고개를 돌려서 보다**
   * 네 옆에 어떤 꽃이 피었는지 한번 돌아보렴
   * 앞만 보지 말고 둘레도 돌아보면서 가자
   * 뒤를 돌아보니 어머니가 빙그레 웃으면서 손을 흔드신다

2. **지나간 일을 다시 알아보다**
   * 할아버지는 이녁이 어릴 적 일을 돌아보면서 이야기를 들려줍니다
   * 지난 한 달을 돌아보니 참으로 바쁘게 지냈구나

3. **돌아다니면서 두루 보다**
   * 가을 들을 돌아보면서 천천히 걸어요

* 꽃밭을 돌아보면서 길을 거니니 즐겁네
* 너희 마을을 한 바퀴 돌아보고 올게

4. **아이를 보다 (돌보다)**
   * 나도 어엿하게 언니이니 동생을 잘 돌아볼 수 있어요
   * 우리 아버지는 아기를 무척 잘 돌아보셔요

가늠하다

1. **맞는지 안 맞는지 알아보다**
   * 내 구슬과 네 구슬이 얼마나 떨어졌나 가늠하면서 잘 던져야지
   * 세 갈래로 나뉜 곳에서 어느 길로 가야 될까 하고 가늠해 본다

2. **얼마쯤 되는지나 어떻게 되는가를 알아보다**
   * 우람한 나무 옆에 서면 높이를 가늠하기 어렵다
   * 얼굴만 보아서는 아주머니 나이를 가늠하기 힘들다
   * 내 마음이 어떠한지 가늠해 보겠니

살피다

1. **두루 마음을 기울여 꼼꼼히 보다**
   * 잘 살펴서 들어가셔요
   * 앞을 안 살피고 걷다가 그만 쿵 하고 머리를 찧었다
   * 봄에 들판을 살피면 작고 예쁜 들꽃을 한껏 만날 수 있다

2. **흐름이나 모습을 낱낱이 알아보다**
   * 동무들이 어떤 마음인지 넌지시 살핀다
   * 오늘은 아버지가 어떠한가 살펴서 이야기를 해 봐야지
   * 앞뒤 안 가리고 뛰어들지는 말고, 먼저

흐름부터 살피자

3. 곰곰이 따지거나 알아보다

 * 지나온 날을 살피면서 새로운 날을 차근차근 그립니다
 * 우리가 걸어온 길을 살피면 무엇을 잘 하거나 못했는지 알 수 있어

살펴보다

1. 하나하나 마음을 기울여 무척 꼼꼼히 보다

 * 무엇을 찾느라 이렇게 두리번두리번 살펴보면서 걷니
 * 이제 막 벌어지려는 꽃봉오리를 아침부터 살펴보았어요
 * 동생은 개미 떼가 지나가는 모습을 한 시간째 살펴봅니다

2. 무엇을 힘써서 찾거나 알아보다

 * 이 책을 잘 살펴보면 네가 궁금한 이야기가 나와
 * 전화번호 적은 책을 살펴보다가 눈이 빠질 뻔했네
 * 집으로 돌아가는 버스를 살펴보고 돌아올게

3. 무척 곰곰이 따지거나 알아보다

 * 이곳에 집을 어떻게 지을지 다 함께 살펴보자
 * 여럿이 모여 이 일을 살펴보면 실마리를 얻을 수 있겠지

훑다

1. 붙은 것을 떼려고 다른 것 틈에 끼워 잡아당기다

 * 벼베기를 마친 뒤에는 벼를 훑습니다
 * 버들피리로 삼으려고 버들가지를 꺾은 뒤에 버들잎을 훑는다

 * 낚싯대를 만들 생각으로 곧고 긴 나뭇가지를 베어서 잔가지와 잎을 훑지요
 * 오징어는 창자를 훑은 뒤에 잘 씻어서 살짝 데치면 맛있어요

2. 붙은 것을 깨끗이 다 씻거나 긁거나 끄집어서 꺼내다

 * 맛있어서 냄비 바닥까지 싹싹 훑어서 먹어요
 * 모래밭에 그린 그림은 바닷물이 훑으니 사르르 녹듯이 사라진다
 * 그물로 바다 밑바닥까지 훑어서 고기를 낚는다고 해요

3. 어느 한쪽부터 다른 한쪽까지 더듬듯이 보다

 * 우리 집 강아지를 찾으려고 이쪽 마을부터 샅샅이 훑습니다
 * 우리가 찾으려고 꼼꼼히 훑었지만 아무 데에서도 못 찾았어
 * 네가 쓴 글은 이제 막 모두 훑었어

4. 듬성듬성 얼추 보다

 * 바빠서 슥 훑었는데 어떻게 될는지 모르겠네
 * 꼼꼼히 안 보고 훑었으니 네가 미처 못 보았구나
 * 신문을 슬쩍 훑다가 아주 반가운 이야기를 보았어요

훑어보다

1. 위아래를 더듬듯이 쭉 보다

 * 사람을 훑어보니 좀 거북하구나
 * 아기는 낯선 아저씨를 가만히 훑어보더니 구레나룻을 만지고 싶어 합니다

2. 어느 한쪽부터 다른 한쪽까지 더듬듯이 듬성듬성 보다

* 네 편지는 아침에 훑어보기만 했고 집에
  돌아가서 찬찬히 다시 읽으려고 해
* 이 책은 재미없어서 조금 훑어보다가
  내려놓았어요

3. 처음부터 끝까지 빈틈없이 더듬으면서
   보다

* 어머니는 작은 살림 하나를 장만하더라도
  구석구석 훑어보셔요
* 이모저모 따지고 훑어본 끝에 이 노란
  옷을 사기로 합니다

손수·몸소·스스로

···→ 남한테 기대지 않을 적에 '손수'나 '몸소'나 '스스로' 같은 낱말을 씁니다.
이 가운데 '손수'는 힘을 빌리지 않고 "내 손"으로 한다는 뜻입니다. '몸소'는
남한테 기대거나 바라지 않으면서 "내 몸"으로 한다는 뜻입니다. '스스로'
어떤 일을 한다고 할 때에는 '내'가 어떤 일을 한다는 소리인데, "바로 내"가
한다는 소리입니다. 모든 것을 떠나 "바로 내"가 어떤 일을 하려고 움직인다
고 할 때에 '스스로'라는 낱말을 씁니다.

손수

: 다른 힘을 빌리지 않고 제 손으로
  * 내가 손수 뜨개질을 해서 지은 옷이야
  * 할머니가 손수 씨앗을 심어 길러서 얻은
    옥수수는 아주 맛있다
  * 내가 손수 뜬 털장갑이니 선물로 받아

몸소

: 남한테 바라거나 기대지 않고 제 몸으로
  * 이 일은 네가 몸소 해야지
  * 어머니는 늘 몸소 올바르면서 슬기롭게
    살림을 꾸리셨어요
  * 말로는 알아듣기 어려우니, 네가 몸소
    보여주면 좋겠어

스스로

1. 바로 나
   * 우리 스스로가 할 일은 남한테 미루지
     말자
   * 너희는 스스로를 믿어야 누구를 믿겠니

2. 바로 내 힘으로
   * 스스로 빨래를 하고 설거지를 하면 무척
     개운해
   * 스스로 아픔을 털고 씩씩하게 일어섰다

3. 누가 시키지 않았는데도 하려고 마음을
   먹고 나서서
   * 나는 아침마다 스스로 일어납니다
   * 스스로 좋아서 책을 읽고, 스스로
     즐거워서 나무를 돌본다

4. 아무한테서도 힘을 받지 않고 (저절로)

   * 이 자전거는 스스로 굴러가네

   * 나는 손을 안 댔는데 불이 스스로 켜졌어

숨다(숨기다)·가리다2·감추다·가무리다

···→ 안 보이는 자리에 두기에 '숨다(숨기다)'입니다. 다른 사람이 못 보거나 모르게 하려고 '감춥'니다. 몰래 혼자 차지하거나 먹을 때에 '가무리다'인데, 누군가한테 주려고 슬그머니 챙길 적에도 '가무리다'입니다. 사이에 무엇이 있어서 안 보인다고 할 때에 '가리다'예요. 네 가지 낱말은 모두 "안 보이는 모습"을 가리키지만, 안 보이는 까닭이 저마다 다릅니다.

숨다

1. 몸이나 어떤 것을 안 보이게 어디에 두다
(다른 사람 눈에 잘 안 띄거나 잘 찾을 수 없는 곳에 두다)

   * 나무 뒤에 숨은 아이는 못 찾았어

   * 꼭꼭 숨어라 머리카락 보인다

   * 단추가 어디로 숨었는지 안 보인다

   * 숨은 그림을 잘 찾아봐

2. 겉이나 바깥이나 둘레에 잘 안 드러나다

   * 숨은 뜻. 숨은 솜씨. 숨은 땀방울

3. 아직 겉·바깥·둘레로 밝히거나 드러내거나 나서지 않으면서 있다

   * 숨은 일꾼. 숨은 살림꾼. 숨은이

가리다 2

1. 사이에 무엇이 있거나 막혀서 안 보이다

   * 머리카락에 가려 잘 안 보였어

   * 건물에 가려 햇빛이 안 드는 곳이로구나

2. 무엇으로 막거나 덮어 안 보이게 하다

   * 부끄러워서 두 손으로 얼굴을 가렸다

   * 우거진 잎사귀가 애벌레를 가려 주어 새한테 안 잡혔다

감추다

1. 남이 보거나 찾지 못하게 어디에 두다

   * 뒤에 선물을 감추고 들어왔다

   * 네 편지는 책상 밑에 감추었지

   * 내가 주머니에 구슬을 하나 감추었어

2. 어떤 일·마음·느낌·생각을 다른 사람이 모르게 하다

   * 즐거움을 감추고 차분하게 이야기하다

   * 내 마음을 감추느라 힘들었어

   * 옛날 일을 감추다

   * 슬프면 눈물을 감추지 않아도 돼

3. 어떤 것·일·모습·자취가 없어지거나 안 보이다

* 갓을 쓰거나 고무신을 꿰던 사람들은
  이제 거의 다 자취를 감췄다
* 여름이 되니 봄까지꽃이나 곰밤부리 같은
  봄꽃이 자취를 감추는구나
* 도시에서는 달도 별도 제 모습을 감추네

가무리다

1. 몰래 혼자 차지하거나, 하나도 안 남기고
   먹어 버리다
   * 꿈틀거리는 지렁이를 암탉이 가무렸다
   * 인절미를 가무리는 동생
2. 남이 보지 못하거나 모르게 하다
   * 힘든 얼굴을 가무리고 일을 하는 어머니
   * 동생을 주려고 사탕 한 알을 가무렸다

숨바꼭질·술래잡기

⋯ 술래잡기와 숨바꼭질은 아이들이 즐기는 여러 가지 놀이 가운데 하나입니다. '술래잡기'는 술래만 잡으면 되는 놀이입니다. '숨바꼭질'은 아이들이 숨은 뒤 술래가 숨은 아이를 찾는 놀이입니다. 이런 놀이를 빗대어 물속에 몸을 모두 담그면서 숨는 일도 '숨바꼭질'이라 하고, 멧자락 너머로 해가 뉘엿뉘엿 지려고 하는 모습도 '숨바꼭질'이라 합니다. 길을 걸으며 멧자락을 바라보면, 이쪽에서는 해가 숨고 저쪽에서는 해가 드러나곤 해요. 이런 모습이 '숨바꼭질'입니다. '술래잡기'라는 낱말도, 술래 한 사람이 여러 아이를 좇는 모습을 빗대어, 한 사람이 다른 사람을 좇아서 다니는 모습을 가리키기도 합니다.

숨바꼭질

1. 한 사람이 술래가 되고 다른 모든
   아이들이 숨는데, 다른 모든 아이들이
   숨은 뒤 술래가 이 아이들을 찾는 놀이
   * 숨바꼭질은 낮보다 밤에 하면 훨씬
     재미있다
   * 동무들과 늦도록 숨바꼭질을 하느라

배고픈 줄도 몰랐어요
2. 헤엄칠 때에 물속으로 숨는 짓
   * 누가 더 골짝물에서 숨바꼭질을 잘하나
     볼까
   * 언니하고 바다에서 숨바꼭질도 하며
     놀았어요
3. 숨듯이 안 보였다가 다시 보였다

되풀이하는 일

* 저녁이 되니, 숲길을 걷는 동안 해가
  숨바꼭질을 한다
* 우리가 자전거로 달리는 동안 해님이
  숨바꼭질을 하네

술래잡기

1. 한 사람이 술래가 되고 다른 모든
   아이들을 좇으며 잡는 놀이
   * 우리 다 같이 술래잡기를 하면서 놀까

* 술래잡기를 하느라 해가 넘어가는 줄도
  몰랐다

2. 한 사람이 다른 사람을 좇는 일
   * 내가 너하고 술래잡기를 해야겠니,
     어서 이리 온
   * 너하고 술래잡기를 할 겨를이 없어,
     어서 와

쉬·쉬이·쉽사리·쉽다·수월하다·손쉽다·거뜬하다

···→ '쉬'는 "파리가 낳은 알"이나 "어린이가 누는 오줌"을 가리키기도 하고,
"조용히 하라고 하면서 손가락 하나 입술에 대며 읊는 말"을 가리키기도 해
요. 그리고 "쉬이"를 줄여 '쉬'라고 해요. '쉽게(쉽다)'와 같은 뜻이라 할 텐데,
'쉬·쉬이'는 "심부름을 참 쉬 해낸다"라든지 "그날 겪은 일은 쉬 잊을 수 없
다"라든지 "떨어뜨리면 유리병은 쉬 깨진다"나 "오늘은 밖에서 놀다가 쉬
돌아오라 하셨다"처럼 써요. 유리병이 '쉬' 깨진다고 할 적에는 '잘' 깨진다
는 뜻입니다. 살짝 부딪혀도 깨진다는 뜻이에요. '쉽다'는 "힘을 적게 써도
다루거나 할 수 있다"와 "누구나 바로 알아들을 수 있다"를 뜻하고, '수월하
다'는 "힘이 들지 않아 하기에 좋다"와 "크게 힘을 들이지 않아도 알아들을
수 있다"를 뜻합니다. '손쉽다'는 "어떤 일을 다루거나 하기에 퍽 쉽다"를 뜻
합니다. '거뜬하다'는 "다루거나 하거나 쓰기에 참 좋다"는 뜻에다가 "속이
시원하게 되다"를 뜻해요. "하거나 쓰기에 좋다"는 대목에서는 모두 같거나
비슷하게 쓰는 낱말이지만 뜻을 찬찬히 헤아리면 저마다 쓰는 자리와 때가
살짝살짝 다릅니다.

쉬

: '쉬이'를 줄인 말

  * 나도 키가 더 자라면 언니처럼 자전거를
    쉬 탈 수 있겠지요
  * 아버지랑 빚은 만두로 끓인 국이 얼마나
    맛있는지 쉬 잊을 수 없어요
  * 남녘 바다나 서녘 바다에 가면 조개나
    굴을 쉬 볼 수 있어

쉬이

1. 크거나 많은 힘을 들이지 않고
   * 심부름을 참 쉬이 한다
   * 너랑 나랑 쉬이 할 수 있는 일이야
   * 어제 본 멋진 영화는 쉬이 잊을 수 없어
2. 앞으로 이루어질 일이 많거나 수가 높게
   * 날이 더우면 밥이나 국이 쉬이 쉴 수 있어
   * 네가 저 꼭대기까지 쉬이 올라갈 수
     있을까
3. 자주 만나거나 듣거나 보게
   * 네가 들려준 이야기는 어디에서나 쉬이
     들을 수 있어
   * 우리 집 마당에서는 쉬이 꽃을 볼 수 있지
4. 뜻·줄거리·이야기를 누구나 바로
   알아들을 수 있게
   * 글을 쉬이 쓰지 않으면 누가 알아듣겠니
   * 할아버지는 쉬이 말씀하셔서 좋아요
5. 앞으로 올 머지않은 때에. 가까이 다가올
   앞날에
   * 오늘은 밖에서 놀다가 쉬이 돌아오라
     하셨어요
   * 동생은 심부름을 쉬이 갔다 온다며 달려
     나갔습니다

쉽사리

: 매우 쉽게. 일이 걱정 없이 매우 잘. 거칠
  것이 없이

  * 오늘 이야기는 쉽사리 끝나지 않겠네
  * 아버지는 대패질을 쉽사리 하신다
  * 큰오빠는 자전거로 오르막을 쉽사리
    올라간다

쉽다

1. 힘을 적게 들여도 다루거나 할 수 있다
   * 그렇게 말하기는 쉬울 테지만 막상
     하려면 어렵더라
   * 꽤 무거울 텐데 너는 쉽게 나르네
   * 이 책은 쉬우니까 빨리 읽을 수 있어
   * 여기까지 오기 쉽지 않았을 텐데
   * 이렇게 애써서 하던 일이니 그만두기
     쉽지 않겠네
2. 앞으로 자주 일어나거나 이루어질 수 있다
   * 깨지기 쉬운 그릇이니 잘 다루렴
   * 네가 뚜렷하게 밝히지 않으니, 잘못
     알아듣기 쉽겠구나
   * 이 풀이 갯기름나물인 줄 모르면 그냥
     뽑아서 버리기 쉽지
3. 자주 하거나 만나거나 듣거나 보다
   * 옷가게라면 저쪽에 가면 찾기에 쉬워요
   * 별이라면 시골에 가야 보기 쉽겠지
4. 뜻·줄거리·이야기를 누구나 바로
   알아들을 수 있다
   * 이 그림책은 아이와 어른이 모두 즐길 수
     있을 만큼 쉽다
   * 어머니가 들려주는 이야기는 무척
     쉬우면서 두근두근 재미있어요
   * 이 종이접기책은 쉬우니 너도 한번

보면서 종이접기를 해 봐

5. 삶이 빨리도 흐른다고 할 때에 쓰는 말

* 할아버지는 삶이 참 쉽다고, 벌써 일흔 살이 되었다고 말씀하신다

수월하다

1. 까다롭거나 힘들지 않아 하기에 좋다

* 동생이 거들어 주니 마루를 한결 수월하게 치울 수 있다
* 일이 수월하도록 우리 다 함께 돕자

2. 말·몸짓·모습이 아주 시원시원하다

* 서로 마음이 맞으니 이야기가 수월하게 잘 흐른다
* 우리는 꼭 할 일을 할 뿐이기에 남이 뭐라고 해도 수월하게 받아넘기지요

손쉽다

: 어떤 것을 다루거나 하기에 퍽 쉽다

* 어릴 적부터 동생을 돌봐서 그런지 아기를 재우는 일이 나한테는 손쉽다

* 고들빼기나 씀바귀는 들에서 손쉽게 얻을 수 있는 나물이다

거뜬하다 (> 거든하다)

1. 쓰거나 다루거나 하거나 움직이기에 참 좋다

* 십 리 길은 나도 거뜬하게 걸을 수 있어요
* 속옷이랑 양말 빨래는 혼자서도 거뜬하게 하지요
* 이쯤이라면 우리 둘이서 거뜬하게 들 수 있겠지

2. 속이 시원하고 몸이나 마음이 좋다

* 며칠 집에서 푹 쉬었더니 몸이 아주 거뜬해요
* 가을걷이를 마치고 콩도 다 털었으니 집집마다 느긋하며 거뜬합니다

슬기롭다·똑똑하다

···▶ "옳고 그름을 바르게 살피는 마음"을 '슬기'라고 해요. '똑똑하다'는 무엇이든 하나하나 눈앞에 그리듯이 바라볼 줄 아는 매무새를 가리키는 낱말입니다. 삶을 바르게 살필 줄 안다면 언제나 알맞거나 훌륭하게 일을 잘하거나 말을 잘합니다. 무엇이든 하나하나 눈앞에 그리듯이 바라볼 줄 안다면 제대로 살피는 모습이니, 일이나 말도 제대로 잘할 수 있을 뿐 아니라, 소리를 제대로 듣고 느낌도 제대로 알아차린다고 할 테지요.

슬기롭다

: 옳고 그름을 바르게 살필 줄 알다

* 나는 알쏭달쏭해서 모르겠는데, 누나는 슬기롭게 실마리를 잘 찾아낸다
* 마을에서 다툼이 생기면 할아버지는 늘 슬기롭게 맺고 푸신다
* 할머니는 언제 어디에서라도 슬기롭게 일을 해내십니다

똑똑하다

1. 모습·됨됨이·소리·마음·생각이 하나하나 눈앞에 그리듯이 드러나다 (하나하나 눈앞에 그리듯이 드러나도록 다른 것이 안 섞이거나 안 어지럽다)

    * 날이 맑으니 저 먼 봉우리까지 똑똑하게 볼 수 있다
    * 메아리가 똑똑하게 잘 들린다
    * 그 일이라면 나도 똑똑히 생각이 나
    * 네가 받고 싶은 선물을 똑똑히 알려주라

2. 옳고 그름을 제대로 가리거나 알아듣거나 헤아리면서 일하거나 말할 줄 알다

    * 너희는 모두 똑똑한 아이들이야
    * 너는 그 말을 참 똑똑하게 잘 알아들었구나
    * 한마디만 해도 척척 알아들으니 동생은 무척 똑똑하다

3. 생각이나 셈이 바르거나 알맞다

    * 너는 셈이 똑똑하니까 책값이 모두 얼마인지 알겠지
    * 아무리 어지러운 곳에 있어도 똑똑하게 살펴야지

시골·멧골·두메·골1

···› 거의 모든 한국말사전에서는 '시골'을 "도시에서 멀리 떨어진 곳"이라고 풀이합니다. 그러나 이러한 낱말풀이는 올바르지 않습니다. 한국뿐 아니라 어느 사회에서도 도시는 한참 나중에 생겼기 때문입니다. 도시에서 멀리 떨어진 곳이라서 시골이 아니라, "시골에서 멀리 떨어진 곳"을 '도시'라고 해야 올바르리라 느낍니다. 그러니까 거의 모든 한국말사전은 '시골'이 어떤 곳인지 제대로 나타내지 못하는 셈입니다. 옛날에는 어디나 시골이었고, 시골이 아닌 곳은 '서울'이라 했습니다. '두메'는 깊은 시골을 가리킵니다. 깊은 시골에 있는 마을은 '두메마을'이라 할 수 있고, 두메마을에 보금자리를 마련한다면 '두멧자락'에 집이 있다고 할 수 있어요. '멧골'은 멧골짜기

를 가리키면서, 깊은 멧자락을 가리킵니다. '골'은 골짜기를 가리키기도 하지만, '고을'을 가리키기도 합니다. 예부터 시골에서는 '안골'이나 '큰골'이나 '샛골'이나 '싸리골'과 같은 이름을 마을에 붙이기도 했어요. 한국말은 '메'입니다. 그래서 '멧토끼'와 '멧돼지'와 '멧나물'이라 이야기해요. 그런데 어느 때부터인가 한국말 '메' 쓰임새가 밀리면서 '산'이라는 한자가 아주 자주 쓰여요. '멧골'은 "깊은 멧자락"이나 "멧골짜기"를 뜻합니다. '멧골짜기'는 멧자락과 멧자락 사이에 움푹 파인 곳을 가리켜요.

시골

1. 숲·들·내가 있으면서 물·바람이 맑고 해가 좋아, 살림을 손수 짓는 터
   * 시골에서 개구리와 노래하면서 놀아요
   * 도시에는 숲이나 골짜기가 없지만 시골에는 숲과 골짜기가 예쁘게 있어요
2. 도시에서 지내는 사람들이 '고향'을 가리키는 다른 이름
   * 우리 할머니는 완도가 시골이라고 해요
   * 아버지와 어머니는 너무 바삐 지내시느라 시골을 좀처럼 못 다녀오셔요
3. 도시에서 멀리 떨어진 곳
   * 그곳이라면 시골과 같구나
   * 시골에서 동무가 놀러 왔어요

멧골

1. 깊은 멧자락
   * 나는 멧골에서 태어나 언제나 숲이랑 놀며 자라지요
   * 맑고 시원한 바람이 부는 멧골에서 나물을 캔다
2. 멧골짜기
   * 더운 여름에는 멧골로 찾아가서 골짝물에

몸을 담근다
   * 멧골을 넘고 넘어서 우리 집으로 간다

두메

: 깊은 시골
   * 우리 집은 두메에 있어 무척 조용하고 아주 깨끗하지
   * 두메에서 사는 사람은 집과 밥과 옷을 스스로 장만해서 살림을 꾸린다
   * 아늑한 두메에서 자라는 아이들은 숲바람을 쐬고 숲노래를 부른다

골 1

1. 골짜기
   * 요즈음은 사람 발길이 안 닿는 깊은 골에 가야 개똥벌레를 볼 수 있다
   * 골이 깊고 숲이 우거진 두메에 아주 자그마한 마을이 있다
2. 고을
   * 웃골에는 복숭아밭이 있고, 아랫골에는 마늘밭이 있다
   * 이곳은 예전부터 밤나무골이라고 했다
3. 얕게 팬 줄이나 금

* 종이에 골을 내면 접기가 수월하다
* 껍데기가 매끈한 조개도 있고, 골이 울퉁불퉁한 조개도 있다

4. 깊은 구멍
   * 별똥이 떨어진 자리에 골이 크게 났다
   * 큰비가 여러 날 퍼부으니 길바닥 곳곳에 골이 패었다

5. 골목
   * 여기는 막다른 골이니 저쪽으로 돌아가셔요
   * 구불구불한 골을 지나서 큰길로 나왔다

6. 고랑
   * 고구마를 심으려고 밭에 골을 낸다
   * 골을 타고 빗물이 흐른다

싫다·밉다·얄밉다·밉살스럽다(밉살맞다)· 못마땅하다·아니꼽다·거슬리다·언짢다

⋯ 마음에 들지 않거나 안 하고 싶을 때에 '싫다'고 합니다. 함께 있고 싶지 않거나 안 예쁘게 보이거나 들릴 적에 '밉다'고 합니다. 마음에 안 들도록 밉기에 '얄밉다'고 하는데, 너무 뛰어나서 오히려 밉다는 뜻도 나타내요. '밉살스럽다·밉살맞다'는 꽤 미움을 받을 만한 데가 있다고 여기는 모습을 나타냅니다. "마땅하지 않다"를 '못마땅하다'라 하는데, '마땅하다'는 "어울리게 알맞다"와 "넉넉히 마음에 들다"를 뜻해요. 그러니 '못마땅하다'는 "어울리게 알맞지 않다"와 "마음에 안 들어 안 좋다"를 가리킵니다. '아니꼽다'는 "보기에 안 좋아 마음에 안 들다"를 가리킵니다. '거슬리다'는 부드럽게 받아들이기 힘들 만큼 마음에 안 맞는 모습을 가리키고, '언짢다'는 마음에 안 들거나 안 맞거나 안 좋은 모습을 가리킵니다.

싫다

1. 마음에 들지 않거나 마음에 차지 않다 (나쁘게 생각해서 안 가까이하거나 안 받아들이고 싶다)
   * 빙그레 웃는 모습을 보니 그리 싫지는 않은가 보네
   * 나는 더운 여름이 싫고, 너는 추운 겨울이 싫구나
   * 너는 피자를 좋아할는지 모르지만, 나는 피자가 싫더라

* 싫다는 사람한테 자꾸 달라붙으면 더 싫지
* 동무를 나쁘게 말하려 하면 듣기 싫다
2. 안 하고 싶다 (어떤 일을 하고픈 마음이 안 들다. 어떤 일을 할 힘이 안 나다)
   * 남을 헐뜯는 사람하고는 만나기 싫어요
   * 가기 싫으면 억지로 가지 말아야지
   * 내가 하기 싫은 일은 남한테 맡기지 못하겠어
   * 멀어서 걷기 싫으면 자전거를 타면 어떠할까
   * 보기 싫으면 다른 것을 보여줄 테니 얼른 이야기해
3. 마음에 차고 또 차도록 (실컷)
   * 어제 숲에 가서 들딸기를 싫도록 먹었지만 오늘 또 들딸기 먹으러 가고 싶다
   * 억새밭은 어제 싫도록 보았으니 오늘은 다른 곳으로 가자
   * 소꿉놀이는 아침부터 싫도록 했으니 새로운 놀이를 할까 싶어

밉다

1. 마주하거나 보거나 듣거나 겪거나 함께하고 싶지 않다
   * 말꼬리 잡는 사람은 밉다
   * 나를 괴롭히는 짝꿍이 미워요
   * 네가 저쪽에서만 놀고 이쪽으로는 안 오니 밉더라
   * 미운 아이 떡 하나 더 준다
2. 보거나 듣기에 예쁘지 않다
   * 이 강아지는 왜 이리 밉게 생겼니
   * 골이 난다고 해서 미운 얼굴을 하지는 말자

* 할머니가 빚은 만두는 예쁜데, 내가 빚은 만두는 밉네
* 얼굴은 이렇게 고운데 입에서 나오는 말은 밉구나

얄밉다

1. 말·몸짓이 마음에 안 들거나 안 좋도록 밉다
   * 너는 왜 자꾸 얄미운 말을 하니
   * 뒤에서 남을 괴롭히는 사람은 참 얄미워
   * 이제 얄밉게 굴지 않을 테니 서로 동무하며 지내자
2. 지나치게 빈틈없거나 뛰어나기에 오히려 밉다
   * 어쩜 이렇게 얄밉도록 멋진 글을 쓸 수 있을까
   * 네가 케이크를 굽는 솜씨가 얄밉지만 나보다 훨씬 맛있어
   * 저 아이는 못하는 재주가 없으니 어쩐지 얄미워

밉살스럽다 (밉살맞다)

: 보기에 말·몸짓이 남한테 꽤 미움을 받을 만한 데가 있다
   * 네가 책을 많이 읽었다고 우쭐거리는 모습이 밉살스러워
   * 얼굴은 예쁜데 하는 짓은 밉살스럽단 말이야
   * 이웃을 헤아리지 않는 모습은 밉살맞아요

못마땅하다

1. 마땅하지 않다 (어울리게 알맞지 않다)
   * 우리만 집을 보라니 아무래도 못마땅한 말씀이셔요

* 아무래도 나한테 못마땅한 일을 맡은
  듯하네
2. 마음에 들지 않아 안 좋다
   * 내 그림이 달갑지 않은지 영 못마땅한
     눈으로 본다
   * 내 솜씨가 못마땅하다면 네가 손수 하면
     되지
   * 못마땅하게만 여기지 말고 이 일을
     찬찬히 짚어 보자

아니꼽다

: 보기에 그리 좋지 않아 마음이 나쁘다
  * 네가 들려주는 말을 아니꼽게 들을
    생각은 없어
  * 우리가 못한 일을 너희가 쉽게 했대서
    아니꼽게 여기지는 않아
  * 자꾸 아니꼽다는 눈으로 쳐다보네

거슬리다

: 고분고분 받아들이기 어렵도록 마음에 안
  맞다 (부드럽다고 느끼기 어려워 마음이
  나쁘다)
  * 밖에서 떠드는 소리가 거슬리는 탓인지

좀처럼 책을 못 읽는다
* 톡 삐져나온 머리카락이 자꾸 눈에
  거슬리는구나
* 동생을 나쁘게 보는 말은 아무래도 귀에
  거슬려

언짢다

1. 마음에 안 맞거나 안 들거나 안 좋다
   * 너한테 주는 선물인데 언짢은 얼굴은
     그만 풀기를 바라
   * 언짢은 소리로 듣지 말고 도움말이라고
     생각하렴
   * 네가 보기에 언짢더라도 너그러이 헤아려
     주면 좋겠어
2. 몸이 무겁고 괴롭다
   * 버스를 오래 탔더니 속이 언짢아
   * 아침에 먹은 밥이 안 내려가는지 내내
     언짢고 어지러워

심부름·일

···› '일'은 "움직임(움직이다)"과 "지음(짓다)"입니다. 사람이 살면서 보여주는 모든 움직임이 '일'이고, 사람이 살면서 짓는 모든 것이 '일'입니다. 우리가 살면서 보는 모든 것이 '일'이라 할 수 있습니다. 보고 듣고 만나고 생각하고 겪는 모든 것이 그대로 '일'입니다. 먼 옛날에 '일'은 "움직임"과 "지음"

이었습니다. 이러다가 어떤 직업을 가리키는 자리에 새롭게 '일'이라는 낱말이 쓰였고, 오늘날에는 '일'이라는 낱말이 거의 "직업"을 가리키는 자리에 쓰인다고 할 만합니다. 그러나 '일'은 삶을 이루는 모든 모습과 흐름과 이야기를 담는 밑말입니다. '심부름'은 남이 시켜서 하는 일만 가리킵니다.

심부름

: 남이 시켜서 하는 일

* 나는 언제나 즐겁게 심부름을 합니다
* 어머니가 동생을 이웃집에 심부름을 보냈어요
* 이제 심부름 말고 내 일을 스스로 찾아보려고 해요

일

1. 뜻함이 있는 모든 것

* 오늘 일은 참으로 기쁘다
* 아침에 동이 트는 일은 늘 새롭다

2. 사람이 움직여서 하는 어떤 것

* 네가 그 아이한테 한 일은 더없이 아름다웠어
* 착한 일을 하면 나 스스로 마음이 가볍고 좋더라
* 우리가 그런 일을 해낼 수 있었다니 몹시 놀랍다

3. 몸과 마음을 써서 무엇을 새로 짓는 움직임

* 어머니는 늘 즐겁게 일을 하셔요
* 우리는 다 함께 웃으면서 일을 합니다
* 우리 오늘은 어떤 일을 해 볼까

4. 무엇을 이루거나 돈을 벌려고 몸과 마음을 쓰는 움직임

* 큰형은 회사에 일을 하러 갔어요

* 아버지는 내 자전거를 새로 사 주려고 일을 하십니다
* 어머니는 일을 마치고 고단한 몸으로 돌아오셨지만 늘 빙그레 웃으셔요

5. 어떤 뜻이나 생각에 따라 이루려는 움직임

* 너희들 무슨 일을 꾸미려고 그렇게 조용히 모였니
* 이 일은 어쩐지 술술 풀리면서 잘된다
* 뜻밖에 일이 자꾸 흔들리지만 끝까지 씩씩하게 할 생각이에요

6. 어떤 모습이나 한 토막

* 어제 그 일을 잘 헤아려 보자
* 아버지가 나무랄 일을 걱정하지 말고 실컷 놀자
* 앞으로 일어날 일을 가만히 그려 봅니다
* 지난 일을 생각한다면 같은 잘못을 되풀이하지 않았을 텐데

7. 풀거나 맺거나 하거나 다루어야 할 것

* 아침부터 해야 할 일이 잔뜩 밀렸네
* 내가 맡은 일부터 차근차근 하려고요
* 혼인잔치를 비롯해서 요새 크고 작은 일이 있어요
* 어머니는 일 때문에 많이 늦으셔요
* 오늘은 조용히 말할 일이 있어 들렀어요

8. 어렵거나 힘들거나 어긋나는 것 (말썽, 잘못)

* 이렇게 해서는 안 되는 어떤 일이 있니
* 요사이에 여러 가지 일이 있어 머리가

어수선하다

* 자꾸 일을 일으키지 말고 조용히 있기를
  바라요

9. 살림이나 삶을 꾸리는 모습. 살림이나
   삶이 놓인 자리

   * 도와줄 사람도 없으니 참으로 일이
     어렵군요

   * 이제부터 옆에서 지켜보는 이웃이 있으니
     일이 잘 풀렸네요

10. 예전에 겪거나 하거나 마주하거나 있던 것

    * 바다에 들어가서 헤엄을 친 일이 있니

    * 낫을 쥐어 풀을 베어 본 일이 아직 없어요

    * 나도 새우볶음밥을 먹어 본 일이 있어요

11. 어떤 모습이나 흐름을 만나거나 치러야
    하는 때

    * 안타까운 일이지만 네 동생이 또
      넘어져서 무릎이 깨졌어

    * 기쁜 일은 언제나 잇달아 찾아오더라

    * 그런 반가운 일이 다 있구나

12. 어떤 몸짓이나 움직임이 그대로
    이어지거나 이루어지는 모습이나 흐름

    * 내가 무엇을 바라면 어머니는 싫다고
      말한 일이 없어요

* 너는 자전거만 탔다 하면 내리는 일이
  없이 아주 오래 타더라

* 우리 오빠는 얼굴에 웃음이 가실 일이
  없이 즐겁게 지내요

13. 똥이나 오줌을 누는 움직임

    * 일을 보려면 저쪽에 있는 뒷간에 가면 돼

    * 골짜기를 타다가 쉬가 마려워 풀숲에
      살짝 일을 보았다

14. 마땅히 그렇게 할 노릇

    * 얘야, 부르면 좀 들여다보기라도 할
      일이지

    * 이 자리에서는 네가 나서야 할 일 같아

    * 밥 먹자고 부르면 어서 올 일이라고
      할머니가 말씀한다

15. '까닭'이나 '때문'을 가리키는 말

    * 너는 오늘 무슨 일로 찾아왔니

    * 어떤 일인지 누나가 널 바쁘게 찾더라

    * 할아버지가 무슨 일로 언니를 찾을까

16. 기계나 장치가 움직이는 것

    * 이 삽차는 얼마나 일을 할 수 있으려나

    * 이 냉장고는 내가 어릴 적부터 무척
      오랫동안 일을 해 주었네요

심심하다1·심심하다2·따분하다·재미없다

⋯▶ 할 만한 것이 없어서 텅 비었을 때에 '심심하다'고 합니다. '재미'는 "여
러 가지가 예쁘게 어울려서 몸이나 마음이 가볍고 밝은 느낌"입니다. 할 만
한 것이 있지만 그것을 하는 동안 몸이나 마음이 가볍거나 밝은 느낌이 들
지 않아서 '재미없다'고 합니다. 어느 것을 하지만, 하면 할수록 싫거나 지겹

다는 느낌이 들 적에 '따분하다'고 합니다.

심심하다 1

1. 할 일이나 놀 거리가 없어서 시간을
   보내기가 힘들다
   * 오늘은 참으로 심심하고 갑갑하구나
   * 심심해서 바닷가에 나들이를
     다녀오려고요
   * 그렇게 심심하면 밭에 같이 가서 풀을 좀
     뜯자
2. 조금이라도 일이 있으면 곧바로
   (버릇처럼, 툭하면)
   * 너는 심심하면 늘 그 소리를 하더라
   * 누나는 심심하면 나한테 꼭 잔소리를
     해요
3. 무언가 먹고 싶다 (많이는 아니고
   입가심을 할 만큼 조금 먹고 싶다)
   * 저녁을 먹기는 했는데 입이 심심하다
   * 어쩐지 심심한데 고구마를 삶아서 먹을까

심심하다 2

: 짠맛이 여느 먹을거리보다 좀 덜하다
   * 아침에 먹은 국은 심심했어요
   * 갓 삶은 감자는 소금을 안 찍고 심심하게
     먹어도 맛있어

따분하다

1. 하거나 있을 마음이 들지 않다 (즐거운
   느낌이 들지 않다)
   * 오늘따라 네 이야기가 따분하기만 하다
   * 겨우 10분 앉아서 듣는데도 따분해서
     아주 힘들었어
   * 네가 따분하니까 자꾸 장난을 치는구나

2. 어떤 일이 늘 그대로라서 달라지지 않으니
   싫거나 지겹다
   * 쳇바퀴를 도는 듯한 날이 이어지니 늘
     따분하구나 싶다
   * 몇 시간째 같은 놀이만 하니 좀 따분하다
3. 처지거나 구부러져서 힘이 없다
   * 오늘 네 모습은 많이 따분해 보이는데,
     어디 아픈 데 있니
   * 네 낯빛이며 걸음걸이가 따분하구나
     싶은데 좀 쉬어 보렴
4. 이러지도 저러지도 못하면서 몹시 힘이
   들다
   * 싸움에 괜히 끼어드는 바람에 따분하게
     되었다
   * 너희 둘 사이에서 나로서는 할 말이
     없으니 참으로 따분하다

재미없다

1. 재미가 없다 ('여러 가지가 예쁘게
   어울려서 가볍거나 밝은 느낌'이 없다)
   * 재미없는 영화를 보니 하품이 나오고
     졸리더라
   * 이 놀이는 재미없으니 다른 놀이를 하자
   * 이렇게 재미없는 책을 어떻게 끝까지
     읽을까
2. 몸에 안 좋은 일이 생기다 (옥박지르려고
   쓰는 말)
   * 내 말을 안 들으면 재미없을 줄 알아
   * 나만 자꾸 따돌리면 너희도 재미없을
     테야

쓸모없다·쓸데없다·부질없다·덧없다·속절없다

…→ "바라고 바랐지만 아무래도 부질없었다"처럼 쓰지만, 이 자리에 '쓸모 없다'나 '쓸데없다'를 넣지 못합니다. "쓸모없는 장난감"이나 "쓸데없는 옷" 이라고 하면, 쓸 만하지 않거나 쓸 데가 없다는 뜻인데, "부질없는 장난감" 이라고 하면, 쓸 수 있는 사람이 없거나 쓸 수 있는 때가 지나서 아쉽거나 서 운하다는 느낌을 담습니다. 그리고 '쓸모'와 '쓸데'는 '있다·없다'를 골고루 붙여서 쓸 수 있습니다. "이것은 쓸모가 있어요"라든지 "저것은 쓸데가 많 아요"처럼 씁니다. 이와 달리 "이것은 부질이 있어요"나 "저것은 덧있어요" 처럼 쓰지는 않습니다. '덧'은 "얼마 안 되는 퍽 짧은 때"를 가리킵니다. 그래 서 '덧없다'는 "때가 매우 빠르게 지나가다"를 뜻하고, 이 뜻을 바탕으로 "쓸 모가 없어 허전하다" 같은 뜻으로도 쓰임새를 넓힙니다. 어떻게 할 수 없거 나 알 수 없다는 느낌을 담아 '속절없다'를 쓰지요.

쓸모없다

: 쓸 만한 값어치가 없다

* 쓸모없는 풀이나 나무는 한 가지도 없다
* 적은 돈이라고 쓸모없지 않아
* 쓸모없다 싶으면 책상에서 치우렴

쓸데없다

1. 쓸 만한 데가 없다

* 쓸데없는 것을 치우느라 힘들었어
* 쓸데없는 걸 짊어지고 다녀 무겁네

2. 아무 값어치나 뜻이 없다

* 내가 쓸데없는 소리를 하는 바람에 괜히 꾸지람만 더 들었다
* 쓸데없는 데에 눈길을 그만 보내
* 여기저기 쓸데없이 끼어드는구나

부질없다

1. 대수롭지 않거나 때가 지나가서, 쓸 만한 값어치가 없다

* 끝난 일인데 이제 와서 부질없이 그러니
* 깨진 접시는 돌아오지 않으니, 아무리 울어도 부질없는 일이야
* 부질없이 바람만 잔뜩 들어가서 정작 아무것도 못 했네

2. 어떤 일을 하거나 마음을 품을 만하지 않다

* 애타게 바랐어도 부질없었어
* 다 부질없이 되었으니 너희도 그만두렴

덧없다

1. 알지 못하는 사이에 때가 매우 빠르게

지나가거나 바뀌다

* 덧없는 지난날은 아니었어
* 우리 꿈이 마지막에 허물어졌지만
  오늘까지 덧없는 날을 보내지는 않았어
2. 보람이나 쓸모가 없어 허전하거나 아쉽다
   * 네 땀방울은 덧없지 않아
   * 비바람에 쓰러져 덧없어도 다시 세우자
3. 갈피를 잡을 수 없거나 까닭·바탕이 없다
   * 덧없는 생각 말고 꿈을 가꾸자
   * 덧없는 말 때문에 머리가 어지러워

속절없다

1. 아무리 해도 어떻게 할 수 없다
   * 벌써 갔는데 불러도 속절없지
   * 오늘은 속절없이 무너지는 흐름이네
2. 왜 그러는지 알 수 없다
   * 네가 간다니 속절없이 흐르는 눈물
   * 문득 속절없이 가슴이 싸하다

쓸쓸하다·외롭다

···→ 알아주거나 함께할 만한 사람이 없기에 '쓸쓸'합니다. 마음이 텅 비는
느낌이기에 '쓸쓸'합니다. 혼자라고 느끼기에 '외롭'습니다. 기댈 만하거나
벗이 될 만한 사람이 없어 '외롭'습니다. 둘레에 다른 사람들이 많더라도, 나
스스로 쓸쓸하거나 외롭다고 느낄 수 있습니다. 외딴곳에 혼자 있다면, 이
때에는 그저 외롭다고 할 만합니다. 따돌림을 받는 사람은 외롭습니다. 따
돌림을 받지는 않으나 곁에 다가오는 사람이 없으면 쓸쓸합니다. "집안이
쓸쓸하다"처럼 쓰기는 하지만, "집안이 외롭다"처럼 쓰지는 않습니다. "마
을이 쓸쓸하다"처럼 쓰기는 하더라도, "마을이 외롭다"처럼 쓰지는 않아요.

쓸쓸하다

1. 알아주거나 함께하거나 도움 받을 사람이
   없어서 마음이 텅 비고 무엇인가 잃은
   듯하다
   * 혼자만 뚝 떨어져서 지내야 하니 무척
     쓸쓸하다
   * 오빠가 며칠 집에 없으니 어쩐지
     쓸쓸하다
   * 할아버지는 오랜만에 고향에
     다녀오셨지만 반길 만한 사람이 없어
     쓸쓸하셨대요
2. 어느 곳에 사람들이 없거나 고요하거나
   갑자기 빠져나가서 텅 빈 듯하다
   * 언제나 수다를 떠는 누나가 없으니 괜히

집안이 쓸쓸하다

* 설날이 되어 모두들 시골로 가니, 이 커다란 서울이 문득 쓸쓸하다

3. 날씨가 조금 차고 흐리다
   * 아직 여름인 팔월이지만 밤에는 좀 쓸쓸하다
   * 봄이 되었지만 들빛이 누렇고 쓸쓸하네

* 새벽에 신문을 돌리면 외로울 듯하지만, 오히려 차분하면서 즐겁다
* 며칠째 혼자 집을 지키니 말동무도 없고 무척 외롭구나
* 모두 집으로 돌아가니 나만 외롭게 이곳에 남았다

외롭다

: 혼자라고 느껴, 둘레에 기대거나 벗이 될 만한 사람이 있었으면 하고 바라다

씩씩하다·꿋꿋하다·굳세다·의젓하다·버젓하다· 어엿하다·떳떳하다

⋯▸ 힘이 있을 때에는 흔들리지 않습니다. 힘이 있을 때에는 남한테 기대지 않습니다. 힘이 있을 때에는 혼자 있어도 튼튼하게 섭니다. '씩씩하다'는 "힘이 있어 믿음직하다"는 뜻으로 씁니다. 가장 바탕이 되는 낱말이라 할 만합니다. '꿋꿋하다'는 휘지 않는 모습을 헤아리면서 어려움을 잘 견딜 수 있을 만큼 힘이 있는 모습을 가리킵니다. '굳세다'는 "굳다 + 세다"로 엮은 낱말입니다. '씩씩하다'고 할 모습에서 한 걸음 나아가, 튼튼하면서 흔들림이 없을 만큼 힘이 있는 모습을 가리킵니다. '의젓하다'는 가볍다고 보일 만한 사람이나 어느 것이 겉보기와 달리 가볍지 않으면서 힘이 있구나 하고 느낄 때에 씁니다. '버젓하다'는 잘못이나 굽힐 만한 대목이 없을 적에도 쓰고, 다른 사람 눈을 느껴서 몸을 아끼거나 굽히는 모습에도 쓰며, 어디에 빠지지 않을 만큼 힘이 있다고 여길 적에도 씁니다. '어엿하다'는 거리낄 것이 없도록 힘이 있으면서 믿음직한 모습을 가리키고, '떳떳하다'는 옳거나 바르기에 굽힐 것이 없는 모습을 가리킵니다.

씩씩하다

: 마음이나 몸짓에 힘이 있고 믿음직하다

* 우리 서로 손을 잡고 씩씩하게 걸어가자
* 돌부리에 걸려 넘어졌지만 씩씩하게 털고 일어납니다
* 할아버지는 옛날에 돌밭이던 이곳을 씩씩하게 일구어 기름지게 바꾸셨대요

꿋꿋하다

1. 힘이 있어서 굽거나 휘지 않고 단단하다

   * 비바람이 그렇게 몰아쳤어도 이 나무는 꿋꿋하게 서는구나
   * 우리 집 마당에는 무화과나무 한 그루가 꿋꿋하게 줄기를 올려요

2. 마음씨나 뜻이나 생각이 어떤 어려움에도 견딜 만큼 곧고 힘이 있다

   * 동생은 넘어지고 또 넘어져도 꿋꿋하게 일어나서 두발자전거를 타려고 애쓴다
   * 언니가 저만치 앞서 달려도 나는 꿋꿋하게 끝까지 따라갑니다
   * 예전에는 보릿고개로 고달팠다는데, 모두 꿋꿋하게 견디며 살았다고 해요

3. 말랑말랑하던 물건이 마르거나 얼어서 퍽 딱딱하다

   * 떡이 쉬지 않도록 얼려서 아직 꿋꿋하니까 녹을 때까지 기다리렴
   * 고구마를 잘게 썰어서 그늘에 열흘쯤 말리니 꿋꿋해진다

굳세다

1. 마음이나 뜻이 흔들리지 않으며 힘이 있다

   * 어머니는 힘든 일이 그동안 많았지만 늘 굳세게 마음을 먹고 지내셨다고 한다

* 언제나 웃고 노래하는 동무를 보면 참 굳세구나 하고 느낀다

2. 몸에 힘이 있으며 튼튼하다

   * 아버지는 굳센 손으로 우리를 안아 주신다
   * 나도 우리 할머니처럼 굳센 몸이 되겠어요

의젓하다

: 몸짓·말·모습이 가볍지 않으면서 힘과 무게가 있다 (손아랫사람이나 아이한테 쓰는 말)

* 언니는 의젓하게 나를 이끌고 먼 길을 나서요
* 옆집 아저씨한테 쓰레기를 아무 데서나 함부로 태우지 말라고 의젓하게 말해요
* 또박또박 걷는 동생이 참 의젓해 보인다

버젓하다 (< 뻐젓하다)

1. 잘못이나 모자람이나 굽힐 만한 일이 없다 (잘못이나 모자람이나 굽힐 만한 일이 없다고 여겨 힘이 있게 고개를 들다)

   * 너는 버젓하게 네 할 일을 했으니 다 괜찮아
   * 아버지는 우리를 버젓하게 키우려고 온 힘을 기울이셔요

2. 다른 사람 눈을 느껴서 몸을 아끼거나 굽히는 데가 없다

   * 저 녀석이 부끄러운 줄도 모르고 버젓이 나타났네
   * 말썽을 피우고도 버젓이 거짓말을 하니 괘씸하구나

3. 어디에 빠지지 않을 만큼 힘과 무게가

있다 (다른 축에 빠지지 않을 만큼 좋거나
낫다고 할 만하다)

* 달리기를 하면 나도 이 마을에서
  버젓하게 세 손가락에 들 수 있어요
* 개구쟁이였던 작은오빠도 이제는 버젓한
  어른이 되었어요

어엿하다

: 몸짓·말·모습이 거리낄 것이 없도록 아주
  힘이 있으면서 믿음직하다

* 이제 나도 어엿하게 맏언니입니다
* 이렇게 어엿한 우리 어머니도 어릴 적에
  말괄량이였다니 안 믿겨
* 이 책에 어엿이 잘 나온 이야기야
* 우리 집에도 어엿이 고양이 세 마리가
  있어서 쥐를 잘 잡아

* 비바람에도 어엿하게 꽃을 피우는
  싱그러운 찔레꽃

떳떳하다

: 옳거나 바르기에 굽히거나 걸리거나
  흔들릴 것이 없다

* 잘못한 일이 없으니 떳떳하게 고개를
  들자
* 우리도 떳떳하게 한마디를 해야지
* 주눅 들지 말고 떳떳하게 어깨를 펴자
* 예전 일은 잊고 앞으로는 떳떳이 하면 돼
* 하늘에 부끄러울 일이 없이 떳떳하게
  살아온 할머니

씻다·부시다·설거지·비설거지

···· '씻다'는 겉에 묻은 때를 없앨 적에 쓰는 낱말입니다. '씻다'는 모든 곳
에 쓸 수 있습니다. 몸도 씻고 그릇도 씻습니다. 이와 달리 '부시다'는 그릇
을 씻을 적에만 쓰는 낱말입니다. '씻다'라는 낱말은 으레 물에 담그거나 물
을 묻혀서 때나 먼지를 없앨 적에 씁니다. 한동안 그릇을 쓰지 않아 먼지가
내려앉았기에 씻을 수 있습니다. 더 깨끗하게 건사하려고 씻는다고 할 만합
니다. 물을 써서 더러운 것을 벗기려고 '부시다'라고 하는데, '설거지'는 밥을
먹고 난 뒤에 그릇을 씻거나 부실 적에만 쓰는 낱말입니다. 밥을 먹지 않았
으나 그릇을 깨끗하게 하려 한다면 '씻다'와 '부시다'라는 낱말을 써야 알맞
습니다. 그리고 설거지를 할 적에도 "그릇을 살살 부시렴"이라든지 "접시를
제대로 부셔야지" 하고 말할 수 있어요. '설거지'는 그릇을 깨끗하게 하는 일

에도 쓰면서, 여기저기 널린 것을 치우는 자리에도 씁니다. '비설거지'는 비를 안 맞도록 치우는 일을 가리키는 자리에만 씁니다.

씻다

1. 겉에 묻은 때나 더러운 것을 없애다
   * 밖에서 신나게 놀며 땀을 흘렸으니 집에 돌아가서 손발을 씻자
   * 밥을 먹으려면 먼저 쌀을 씻어서 냄비에 안쳐야 한다
2. 잘못·허물·뒤집어쓴 일 들을 풀거나 이런 것에서 벗어나다
   * 부끄러움을 씻으려고 글을 하나 써 보았어
   * 엉뚱하게 알려진 이야기를 씻기는 힘들더라
   * 내 잘못을 씻으려고 그동안 조용히 지냈어
3. 미움을 풀어서 마음속에 맺힌 것을 없애다 (응어리나 앙금을 없애다)
   * 동무한테는 서로 씻지 못할 만한 짓을 저지르지 말아라
   * 그 일 때문에 두 사람은 씻지 못할 사이가 되고 말았어
4. 좋지 않은 흐름이나 모습에서 벗어나다
   * 이렇게 하면 네가 근심이나 걱정을 씻을 수 있을까
   * 지나간 일은 이제 씻은 뒤 새롭게 해 보자
   * 네 노래를 들으니 오늘 하루 힘들었던 일을 다 씻을 수 있을 듯해
5. 서로 이어진 삶이나 사이를 끊다
   * 스님이 될 때에는 식구들과 맺은 삶을 씻고 새롭게 나아간다고 해
   * 어수선한 도시 문명을 씻으려고 깊은 두멧자락으로 들어간 사람들

부시다

: 그릇에 묻은 더러운 것을 물로 벗겨 깨끗하게 하다
   * 이 그릇은 제대로 부시지 않았으니 다시 설거지를 해야겠어
   * 물잔을 다 썼으면 한 번 부시고 나서 살강에 두렴

설거지

1. 밥을 먹고 나서 그릇에 묻은 때나 더러운 것을 없앤 뒤 밥상을 치우는 일
   * 오늘은 나하고 동생이 설거지를 합니다
   * 깨끗하게 먹으면 설거지를 할 적에도 한결 수월해요
2. 여기저기 널린 것을 거두어 치우는 일
   * 마당 설거지
   * 책상 설거지를 해야겠다
3. = 비설거지
   * 여우비가 오락가락하기에 설거지를 하느라 바쁘다

비설거지

: 비가 오려고 하거나 올 때에, 비를 맞으면 안 되는 것을 치우거나 덮는 일
   * 갑자기 비가 쏟아져서 어머니와 함께 비설거지를 했어요
   * 날이 흐리니 일찌감치 비설거지를 해야겠다

아래 · 밑

⋯ '아래'는 '위'와 맞물리는 데에서 흔히 씁니다. 어느 곳을 잣대로 삼아서 높으면 '위'이고, 낮으면 '아래'입니다. '위'와 맞물리면서 '밑'을 쓰지는 않습니다. "위와 아래가 바뀌었다"라고만 하지, "위와 밑이 바뀌었다"라 하지 않아요. 그리고 "이 상자는 밑이 빠졌네"라고만 하고, "이 상자는 아래가 빠졌네"라고는 하지 않습니다. 똥을 누고 난 뒤에 "밑을 물로 씻는다"처럼 쓰지만, "아래를 물로 씻는다"라 하지 않아요. "밑이 보이지 않을 만큼 굴러 떨어진다"처럼 쓰지만, "아래가 보이지 않을 만큼 굴러 떨어진다"처럼 쓰지 않습니다. 그러니까 '위'가 있는 데에서만 '아래'라는 낱말을 쓸 수 있습니다. 따로 '위'를 생각하지 않는 자리에서는 언제나 '밑'을 씁니다. 그래서 "벼랑 밑으로 미끄러졌다"라든지 "우물 밑으로 떨어뜨렸다"처럼 쓸 뿐, 이런 자리에는 '아래'를 넣지 못해요. 그런데 《표준국어대사전》을 보면, 잘못된 쓰임새가 두 가지 나옵니다. 첫째로는 "3. 조건, 영향 따위가 미치는 범위"입니다. '아래 3' 말풀이에 붙은 보기글을 보면, "나무 그늘 아래에서 책을 보다"와 "그는 아직 부모의 보호 아래에 있다"와 "그 일은 치밀한 계획 아래 진행되었다"와 "민주주의란 명목 아래서 독재를 정당화하기도 한다"가 나옵니다. 그렇지만 이 보기글은 모두 올바르지 않아요. 우리는 "그늘 아래"에 있을 수 없습니다. "나무 그늘에서 책을 보다"로 바로잡아야 합니다. "부모의 보호 아래"와 "계획 아래"와 "민주주의란 명목 아래"는 모두 잘못된 말투입니다. 한국 말투가 아닙니다. "부모의 보호 아래에 있다"는 "부모가 보살핀다"로 바로잡아야 하고, "계획 아래 진행되었다"는 "계획으로 진행

했다"로 바로잡아야 하며, "민주주의란 명목 아래서"는 "민주주의란 허울로"나 "민주주의란 허울을 씌워"로 바로잡아야 합니다. 이 세 가지 보기글에 나오는 '아래'는 일본말에서 나타나는 '下' 쓰임새를 한자만 한글 '아래'로 바꾼 말투입니다. 예부터 한국말에는 없는 말투입니다. 또한, 《표준국어대사전》에 나오는 "4. 글 따위에서, 뒤에 오는 내용"도 올바르지 않아요. 글에서 뒤에 오는 줄거리는 '아래'로 나타낼 수 없습니다. 이 또한 일본말 때문에 잘못 물든 말투입니다. 일본사람이 책에서 흔히 쓰는 말투를 한국에서 잘못 받아들여 퍼진 말투입니다. 한국말사전에 나오는 보기글 "합격자 명단은 아래와 같다"와 "자세한 사항은 아래를 참고하길 바랍니다"는 "합격자 명단은 다음과 같다"와 "자세한 사항은 다음을 보기를 바랍니다"로 바로잡아야 합니다. 한국말에서는 '아래'가 아닌 '다음'이라는 낱말로 "뒤에 오는 줄거리"를 나타냅니다.

아래

1. 어떤 것보다 낮은 자리
   * 우리 집은 저 꼭대기에서 바로 아래에 있어요
   * 위는 괜찮으니까 아래를 잘 막아야겠네
   * 짐을 나를 적에 너희는 아래를 잘 잡고 버티어 주라
   * 이 책은 저기 아래에 꽂아 주렴
   * 아래쪽·아래옷·아래몸·아랫마을· 아랫집·아랫벌·아랫입술·아랫도리
2. 나이, 솜씨, 크기, 힘, 자리 들이 적거나 낮음
   * 네 솜씨는 나보다 아래인 듯해
   * 한 살 아래인 동생은 늘 나를 따라다니면서 놀자고 해요
   * 아래뻘·아랫사람·아랫자리·아랫반

밑

1. 어느 것에서 낮으면서 바닥에 가까운 곳이나 쪽
   * 연필이 책상 밑으로 굴러갔네
   * 숨바꼭질을 하면서 다리 밑에 살그머니 숨었다
   * 등잔 밑이 어둡다
   * 지리산 밑에 작고 예쁜 마을이 많다
2. 나이, 솜씨, 크기, 힘, 자리 들이 적거나 낮음
   * 내 밑으로 동생이 둘 있어요
   * 나는 우리 누나보다 세 살 밑이에요
   * 내 바느질 솜씨는 아직 오빠보다 한참 밑이에요
3. 누군가 다스리거나 지키거나 돌보거나 가르치는 삶을 누림
   * 내 동무는 할아버지 밑에서 재미난

이야기를 많이 듣고 배웠대요
* 나랑 동생은 큰오빠 밑에서 걱정 없이 잘
   자랐어요
4. 일을 이루는 곳이나 자리
   * 언제나 밑부터 튼튼하게 다져야지요
   * 밑이 바르게 설 때에 일을 제대로 할 수
      있어요
5. 한복 바짓가랑이가 갈리는 곳에 붙이는
   헝겊 조각
   * 보드라운 천으로 밑을 삼았다
6. '밑구멍'이나 '똥구멍'을 가리키는 말.
   '두 다리 사이'를 가리킨다
   * 똥을 누었으면 밑을 잘 씻어야지
   * 밑을 제대로 안 씻으니까 냄새가 난다
7. 긴 것에서 가장 낮은 쪽 (밑동)
   * 사다리는 밑을 단단히 받친 뒤
      올라가야지요
   * 도리깨는 밑을 잡고 휘둘러야 해
8. 어떤 것에서 가장 낮은 곳 (밑바닥)
   * 밑이 튼튼해야 집도 튼튼하다

* 떨어지고 떨어져서 밑까지 왔으니 이제는
   올라가야 할 때이다
* 밑에서 헤매지 말고 기운을 내기를 빌어
9. 어떤 것에 처음부터 있거나, 어떤 것을
   처음으로 이루면서 받치는 곳 (밑절미,
   바탕)
   * 어떤 말을 하든 밑이 단단하지 못하니
      자꾸 어영부영 말꼬리를 흐리는구나
   * 어릴 적에는 밑을 다져야 하니, 곱고 바른
      말을 가르쳐야 해요
10. 어떤 일을 할 때에 처음으로 이루면서
    받치는 돈·물건·솜씨·재주 (밑천)
    * 얼마 안 되는 밑이지만 한번 일을 벌여
       보려고 합니다
    * 아직 밑은 어설프지만 차근차근 가꾸려고
       해요

아리송하다·알쏭하다·알쏭달쏭하다·야릇하다

⋯▸ 또렷하게 잘 알 수 없을 적에 여러 가지로 말합니다. 먼저 '아리송하다'
는 이것인지 저것인지 알 수 없는 자리에 쓰고, '알쏭하다'는 '아리송하다'를
줄인 낱말이며, '알쏭달쏭하다'는 여러 빛깔과 무늬가 뒤섞인 모습처럼 이
러하게도 보이고 저러하게도 보이듯이 바뀌어서 알 수 없는 자리에 쑵니다.
'야릇하다'는 여느 때와 달라서 무엇이라 말할 수 없구나 싶은 자리에 쓰는
낱말입니다.

아리송하다

1. 이것인지 저것인지 또렷하게 알기 어렵다
   * 저기 있는 듯한데 안개에 가려서 아리송하네요
   * 멀리서 보니 아무래도 아리송해요
2. 생각이 날 듯하면서 생각이 나지 않다
   * 이 길로 가야 하는지 저 길로 가야 하는지 아리송합니다
   * 할머니는 옛날 일은 아리송해서 똑똑히 알려주기 어렵다고 하셔요

알쏭하다

: '아리송하다'를 줄인 낱말
   * 큰누나 말도 맞고 작은누나 말도 맞구나 싶어 더 알쏭하구나
   * 보면 볼수록 알쏭하기만 하니 골이 아파
   * 오래된 일이라서 알쏭하기만 할 뿐 도무지 모르겠어
   * 아침에 나눈 이야기조차 안 떠올라서 알쏭하네

알쏭달쏭하다 (< 얼쑹덜쑹하다)

1. 여러 가지 빛깔이나 무늬가 뒤섞이기에 또렷하게 알기 어렵다
   * 눈부신 옷이 워낙 많으니 어느 옷을 골라서 입어야 할는지 알쏭달쏭하다
   * 봄이 되어 온갖 꽃이 가득하니 어느 꽃부터 봐야 할는지 알쏭달쏭하네
2. 자꾸 섞이거나 바뀌어 알 듯하면서도 얼른 알기 어렵다
   * 잠결이라서 네가 했는지 내가 했는지 참 알쏭달쏭하네
   * 규칙이 오락가락하니까 우리들도 으레 알쏭달쏭할 수밖에 없어요
3. 이러한 듯하다가도 저러하기에 잘 알기 어렵다
   * 네가 자꾸 알쏭달쏭하게 말하니 우리도 아무것도 못해
   * 알쏭달쏭하게 구는 작은오빠 입맛에 맞추느라 참 힘들다

야릇하다

: 여느 때와 달라 무엇이라 나타낼 수 없다
   * 이제까지 편지 한 통이 없던 동무한테서 편지를 받으니 야릇하다
   * 이 국은 무슨 맛이라고 해야 할까, 아무튼 야릇하네
   * 큰누나한테 무슨 꿍꿍이가 있는지 야릇하게 웃음을 짓네

아슬아슬하다·간당간당하다

…▸ '아슬아슬'은 추운 느낌을 가리키는 낱말입니다. 추운 느낌을 가리키다

가, 두려움이나 걱정스러움을 나타내는 데로 쓰임새를 넓힙니다. '으슬으슬'은 '아슬아슬'보다 큰말입니다. 비슷하게 쓰는 낱말로 '오슬오슬'과 '오삭오삭'과 '오싹오싹'이 있어요. '간당간당'은 어디에 달린 것이 흔들리는 모습을 가리키는 낱말입니다. '건덩건덩'은 큰말입니다. 이와 함께 "거의 다 써서 얼마 안 남은" 모습을 가리키기도 하는데, 이 뜻을 가리킬 적에 '아슬아슬'과 살짝 맞물립니다. 이를테면, 자동차로 먼 길을 달리는데 기름이 거의 다 떨어지는 모습을 바라보며 '아슬아슬'과 '간당간당'을 말할 수 있어요. 기름이 다 떨어져서 '아슬아슬'하다면, 우리가 가야 할 곳까지 못 갈 듯해서 걱정스러운 마음입니다. 기름이 다 떨어져서 '간당간당'하다면, 그야말로 기름이 다 떨어져서 걱정하는 마음입니다.

아슬아슬하다

1. 소름이 끼칠 만큼 조금 차갑다고 잇따라 느끼다
   * 겨울비를 한참 맞았더니 몸에 열이 나면서 아슬아슬 춥다
   * 가을로 넘어서는 요즈음은 새벽마다 아슬아슬해서 두꺼운 이불을 꺼냅니다

2. 두렵거나 걱정스럽거나 다칠 듯한 생각이 들어 몸에 소름이 돋는다고 느끼다
   * 얼어붙은 길에서 넘어질까 봐 아슬아슬하다
   * 벼랑을 타고 걸으며 자꾸 밑을 보면 아슬아슬하지

3. 어떤 일이 잘 안될까 싶기에 걱정스러워서 마음이 떨리다
   * 이제 아슬아슬한 때를 넘겼으니 한숨을 돌린다
   * 그 고비에서는 참으로 아슬아슬했어
   * 아슬아슬하게 겨우 앞섰구나

간당간당하다

1. 달린 작은 것이 가볍게 자꾸 흔들리다
   * 나무 꼭대기에 감 몇 알이 드센 바람을 맞으면서 간당간당하게 있네
   * 네 웃옷 단추가 간당간당하니 얼른 꿰매야겠어

2. 거의 다 써서 얼마 남지 않다
   * 저잣거리에 다녀오며 이것저것 장만하느라 돈이 간당간당하네
   * 밀가루가 간당간당한데 네가 가게에 심부름을 다녀올 수 있겠니

3. 목숨이 거의 다 되어 얼마 남지 않다
   * 할아버지는 아직 간당간당하실 적에 마지막 말씀을 남기셨어요
   * 자동차에 치인 들고양이가 간당간당하더니 이내 숨을 거두었다

아이·어른·어린이·푸름이

···▶ 나이가 어릴 적에는 '아이'라 하고, 나이가 많을 적에는 '어른'이라 할 수 있습니다. 그러나 나이만으로 아이와 어른을 가르지 못해요. '철'이 있을 때에, 또는 '철'이 들 적에 어른이라고 합니다. 철이 없거나 철이 들지 않으면 아이라고 합니다. 나이로만 치자면, 갓 태어난 때부터 열 살을 지나 열두어 살 즈음까지 '아이'라고 일컫습니다. 너덧 살 즈음부터 열두어 살 즈음까지는 따로 '어린이'라 일컬을 수 있습니다. 그리고 "내 아이"나 "우리 아이"처럼, 어버이가 이녁 딸아들을 가리킬 적에 '아이'라는 낱말을 쓰지만, '어린이'는 어버이가 낳은 딸아들을 가리킬 적에는 못 씁니다. '푸름이'는 열서너 살부터 열여덟 살이나 열아홉 살 사이를 일컫는다고 할 수 있습니다. 지난날에는 따로 '푸름이'로 가르지 않았으나, 오늘날에는 이러한 나이를 따로 가르곤 합니다. 오늘날 사회에서는 중·고등학교에 다니는 '청소년'을 따로 갈라서 가리켜야 했기에 '푸름이'라는 낱말을 새로 지어서 써요. 우리 겨레 지난날을 돌아보면, 사람을 바라볼 적에 '아이'와 '어른'으로만 살폈습니다. 나이로 따지지 않고 '철'로 따졌습니다. 나이가 아무리 적어도 철이 들 적에는 어른으로 여겼고, 나이가 아무리 많아도 철이 들지 않을 적에는 아이로 여겼어요. 시집이나 장가를 간 사람을 두고 '어른'이라 하기도 하지만, 시집이나 장가를 갔어도 철이 들지 않았다면, 또 나이가 꽤 많아도 철이 없다면, 이때에는 '아이'라 일컫거나 '어린 사람'으로 일컫곤 합니다. 나이만 먹고 철이 들지 않은 사람이라면 '철없는 사람'인 '철모름쟁이(철부지)'입니다.

아이

1. 나이가 어린 사람
   * 우리 어머니는 아이들을 모두 좋아해요
   * 아이들이 버들가지를 피리로 삼아 논다
   * 저쪽에 노는 아이들이 많으니 우리도 저쪽으로 가자

2. 철이 들지 않아 생각이 깊지 않거나 넓지 않은 사람
   * 네 동생은 아직 아이라서 말을 잘 못하고 떼를 쓰는구나

* 어머니는 아버지더러 아이처럼 굴지 말고 기운을 내라고 말씀하셔요

3. 낳은 딸이나 아들, 낳지 않았어도 돌보는 어린 사람을 가리키는 말
   * 어버이라면 모름지기 아이를 아끼지
   * 어머니는 외할머니한테 "우리 아이들이 참 예뻐요." 하고 얘기했어요

4. 아직 태어나지 않았거나 막 태어난 아기
   * 이웃집에서 아이가 태어났대요
   * 우리 어머니는 아이를 배었어요
   * 얼른 자라 장가를 가면 어른이 될까요

5. 나이·자리·돌림(집안 차례, 항렬)이 낮은 사람
   * 너는 오빠한테 대면 아이잖니
   * 저 아이는 나보다 두 살 어려요
   * 큰언니는 고작 다섯 살 위인데 우리더러 아이라서 같이 안 논다고 해요

어른

1. 몸이 다 자란 사람
   * 저쪽에 있는 어른한테 길을 여쭈어 볼까
   * 우리 네 식구가 마실을 갈 적에는 어른 표 두 장하고 어린이 표 두 장을 끊어요

2. 철이 들어 스스로 삶을 짓고 일을 할 수 있는 사람
   * 네가 말하는 품을 보니 어른이 다 되었구나
   * 큰오빠는 열여섯 살이지만 우리 집안을 이끄는 어른이에요
   * 우리 언니가 낫질이나 뜨개질하는 모습을 보면 꼭 어른 같아요
   * 나이를 먹거나 몸이 크다고 해서 모두 어른이 아니다

3. 나이·자리·돌림(집안 차례, 항렬)이 높은

사람
   * 누나는 나보다 세 살 위라서 어른이라고 해요
   * 이웃 어른을 길에서 마주치면 반갑게 인사를 합니다
   * 오늘은 우리 집에 어른이 안 계셔요

4. 시집이나 장가를 간 사람
   * 이모는 시집을 안 갔으면 아직 어른이 아니네
   * 나도 얼른 자라서 장가를 가면 어른이 될까요

5. 집안·마을·모임에서 나이가 있으면서 슬기롭기에 둘레에서 섬기는 사람
   * 할머니는 우리 집안에서 큰 어른입니다
   * 마을에서 일이 있으면 우리 할아버지를 어른으로 모셔서 말씀을 여쭈어요
   * 나도 어머니와 같은 어른이 되고 싶어요

6. 다른 집안 어버이를 높이는 말
   * 너희 집 어른은 무어라 하시니

어린이

: '어린아이'를 한결 곱게 바라보거나 아끼려고 가리키는 말. 놀며 배우고 사랑하는 살림을 짓는 하루가 되려고 이 땅에 태어난 사람
   * 어린이가 읽을 책은 이쪽에 있어요
   * 일곱 살 어린이는 버스삯을 안 내요
   * 건널목에서는 어린이가 다 건널 때까지 기다리셔요
   * 어린이를 사랑하고 지킬 줄 아는 나라가 아름답습니다
   * 어린이문학·어린이책·어린이집

푸름이

: 몸과 마음이 한창 자라거나 무르익는
  나이에 있는 사람 (청소년)

  * 우리 푸름이를 뭉뚱그려 '학생'이라
    부르는 일은 옳지 않아요

* 언니는 어느새 어린이 티를 벗고
  푸름이가 되었어요
* 푸름이답게 어깨를 펴고 씩씩하게 걷자
* 마음을 사랑스레 활짝 열고 이웃을 널리
  돌아보는 푸름이입니다

아지랑이·김

···→ 아지랑이가 필 때에 봄이 온다고 말해요. 참말 봄에는 흙땅과 들판에 아지랑이가 솔솔 피어나는 모습이 보인답니다. 아스팔트땅에서는 더운 여름날 후끈후끈한 기운과 함께 아지랑이를 볼 수 있고요. 몽글몽글 올라오는 모습으로 보자면 '김'도 이와 비슷합니다. 밥을 갓 지어서 그릇에 담으면 김이 올라와요. 한창 신나게 뛰논 아이들 몸과 머리에서도 김이 올라옵니다. 안과 밖이 온도가 달라 안쪽이 따뜻하고 바깥쪽이 춥다면 안쪽에 있는 유리창에는 김이 서려요.

아지랑이

: 해가 뜨겁게 내리쬘 때에 길이나 땅에서
  아른아른 보이는 것

  * 아지랑이가 필 무렵 봄이 와요
  * 햇볕이 뜨거우니 길바닥에 아지랑이가
    올라옵니다

김

1. 물이 말라서 바람 사이에 섞이거나 하늘로
   올라가는 것

   * 갓 지은 밥에서 따끈따끈한 김이 난다
   * 솔솔 김이 오르는 따뜻한 국물을
     마십니다

   * 마을을 한 바퀴 힘차게 달리며 놀았더니
     몸에서 김이 나네

2. 추운 날 숨을 내뱉을 때에 나오거나
   유리에 작은 물방울처럼 맺히는 하얀 것

   * 밤이 되니 유리창에 김이 서린다
   * 따뜻한 곳으로 들어오니 안경에 김이
     맺혔다

3. 숨을 쉴 때에 입에서 나오는 더운 기운

   * 내 얼굴에 김을 내뱉지 말고 얘기하렴
   * 입김

4. 동글동글한 바람방울

   * 물잔에 사이다를 따르니 김이 몽글몽글
     올라와요

아프다·앓다·골골거리다·결리다·쑤시다·저리다· 아리다·쓰라리다·쓰리다

···ᐳ 맞거나 부딪치듯이 바깥에서 내 몸을 다치게 할 때에 '아프다'고 합니다. 몸속에서 무엇인가 잘못되어 몸을 움직이기 어려울 때에 '앓다'라는 말을 씁니다. 그래서 '아프다'는 몸이 힘든 모습을 가리키지만, '앓다'는 몸이 견딜 만해도 움직이지 못하거나 어려운 모습을 가리킵니다. 움직이기 힘들어서 '앓아눕다'요, 견디기 힘들어 "아파 눕다"예요. "병에 걸려 아프다"고 할 적에는 다친 곳을 견디기 어려운 모습을 나타내고, "병에 걸려 앓다"고 할 적에는 몸을 쓰기 어려운 모습을 나타냅니다. "병을 앓다"처럼 쓰지만, "병을 아프다"처럼 쓰지는 못해요. '골골거리다'는 몸이 여린 사람이 자주 아프다든지 오랫동안 아픈 모습을 가리켜요. '결리다'는 몸을 움직일 때에 어느 곳이 여러모로 아파서 움직이기가 어려운 모습을 가리킵니다. '쑤시다'는 바늘로 찌르듯이 아픈 모습을 가리키고, '저리다'는 몸 어느 곳이 오랫동안 눌린 채 있었기에, 눌림에서 벗어났을 때에 다시 움직이기 어려운 모습을 가리킵니다. '아리다'는 혀끝을 찌른다고 할 적에 아픈 느낌을 가리키고, '쓰라리다·쓰리다'는 무엇으로 찌르듯이 아플 적에 쓰는 낱말이고, 맵거나 짠 것이 생채기에 닿아 견디기 힘든 느낌도 나타내요. '쓰라리다'는 '쓰리다 + 아리다'입니다.

아프다

1. 다치거나 맞거나 찔리거나 부딪혀서 참거나 견디기 어렵다
   * 머리를 문틀에 부딪쳐서 아프다
   * 때리면 누구나 아프니 서로 착하게 놀자
   * 얼음길에서 미끄러져 엉덩방아를 찧는 바람에 엉덩이가 아프다

2. 몸에 힘이 많이 빠져나가거나 어지럽거나 어딘가 잘못된 듯하다 (병이 나다)
   * 무엇을 잘못 먹었는지 배가 아파요
   * 머리가 아파 살짝 누워서 쉰다
   * 아파서 식은땀이 나요
   * 할아버지가 몸져누우신 모습을 보니 많이 아프신가 봐요

3. 오랫동안 어떤 일을 해서 몸 어느 곳을 못 움직일 듯하다고 느끼다
   * 네가 올 때까지 서서 기다렸더니 다리가 아파
   * 하루 내내 부침개를 부쳤더니 손이 아프다
   * 책을 너무 오래 보면 눈이 아프겠구나
4. 마음이 슬프거나 무거워 어찌해야 하는지 모르다
   * 가슴이 아픈 이야기를 들으니 잠이 안 온다
   * 힘들거나 어려운 이웃을 보면 마음이 아파 그냥 지나칠 수 없어요
5. 머리로 풀기 어렵거나 어수선한 일 때문에 생각을 하기에 힘이 많이 들다
   * 골치가 아픈 일이 걸렸구나
   * 앞으로 할 일을 생각하면 머리가 아프지만 다 할 수 있으리라 믿어요

앓다

1. 잘못된 곳이 있어 몸을 움직이거나 쓰기 어렵다 (병에 걸려 아무것도 못할 만큼 힘이 들다)
   * 요 며칠 이를 앓느라 밥을 씹지 못하겠어요
   * 몸살을 앓느라 자리에 드러누웠어요
   * 배앓이
2. 근심이나 걱정이 있어 힘이 들기에 어찌 해야 하는지 모르다
   * 혼자서 골머리를 앓지 말고 함께 머리를 맞대고 풀자
   * 어머니는 홀로 마음을 오랫동안 앓더니 흰머리가 늘었어요
   * 속앓이

* 마음앓이

골골거리다

1. 몸이 여려 자주 아프거나 오랫동안 아프다
   * 우리 동생은 골골거리기에 제가 잘 돌봐야 해요
   * 제가 비록 골골거리지만, 제 작은 힘도 보태고 싶어요
2. 아픈 티를 자주 내거나, 힘들다는 소리를 자꾸 하다
   * 이렇게 골골거려서야 먼 길을 걸어갈 수 있을까
   * 네가 골골거리니까 다른 아이들도 똑같이 따라 하네

결리다

1. 숨을 크게 쉬거나 몸을 움직일 때에, 어떤 곳이 당기거나 뜨끔거리거나 뻐근해서 움직이기에 어렵거나 힘이 들다
   * 어제 너무 개구지게 뛰놀아서 그런지 아침부터 다리가 결리네
   * 아버지는 등짐을 많이 지면 이튿날 등허리가 결린다고 하셔요
   * 할머니는 나이가 많아 밭일을 조금만 해도 팔다리가 결리셔요
2. 남한테 억눌려 기운을 펴지 못하다
   * 모두들 네 다부진 외침에 결려 입을 꼭 다무는구나
   * 언니가 앞장서며 한마디를 하니 짓궂던 아이들마저 모두 결려 장난을 그친다

쑤시다

: 바늘로 찌르는 듯해서 참거나 견디기 어렵다

* 옆구리가 쑤셔서 걷기 힘들구나
* 머리가 쑤시니 마음을 차분하게 두기 어려워요

저리다

1. 뼈마디나 몸이 오래 눌려서 피가 잘 흐르지 않아 느낌이 없고 찌르는 듯해서 참거나 견디기 어렵다
   * 꼼짝하지 않고 너무 오래 앉았더니 다리가 많이 저려요
   * 아버지는 팔이 저려도 팔베개를 해 줘요
2. 뼈마디나 몸이 무엇으로 찌르는 듯해서 참거나 견디기 어렵다
   * 무릎이 저려서 오래 못 걸어
   * 무거운 짐을 조금 날랐을 뿐인데 팔다리가 저리네요
3. 마음이 못 견디거나 못 참을 만큼 힘이 들다
   * 할머니는 옛날에 보릿고개를 치르며 배를 곯던 일을 떠올리면 가슴이 저리대요
   * 슬픈 영화는 마음이 저려서 못 보겠어

아리다

1. 혀끝을 찌르거나 톡 쏘는 듯하다 (알알하다)
   * 닭튀김이 매운 나머지 아리기까지 해요
   * 어린이한테 날마늘은 좀 많이 아려요
2. 생채기나 살갗이 찌르는 듯해서 참거나 견디기 어렵다
   * 멧딸기를 훑다가 긁힌 곳이 아리네
   * 땡볕에 자전거를 오래 달린 탓인지 팔뚝과 종아리가 타서 좀 아려
   * 뜨거운 물에 덴 곳이 자꾸 아려요
   * 매섭게 추운 겨울에 부는 바람은 아리기까지 하다
3. 마음이 몹시 힘이 들다
   * 아파서 눈물까지 흘리는 동생을 보니 나까지 가슴이 아려 눈물이 나요
   * 할머니는 어려운 이웃을 볼 때면 늘 마음이 아려서 그냥 지나치지 못해요

쓰라리다

1. 몸이나 다친 곳이 무엇으로 세게 찌르는 듯해서 참거나 견디기 매우 어렵다
   * 버스를 오래 타느라 먹지도 못하고 멀미만 하니 배 속이 많이 쓰라리겠네
   * 긁힌 자리에 바닷물이 닿으니 무척 쓰라려요
   * 다친 데를 건드리면 쓰라려서 오늘 아무것도 못했어
2. 마음이 몹시 힘이 들다
   * 네가 그동안 쉽게 지내기만 했으니 오늘 쓰라린 맛을 보았지
   * 믿었던 사람한테 속으니 참으로 쓰라리구나

쓰리다

1. 무엇으로 찌르는 듯해서 참거나 견디기 어렵다
   * 며칠 앞서 넘어지며 깨진 무릎이 아직 조금 쓰리다
   * 칼에 베여 쓰릴 텐데 어머니는 반창고를 붙이고는 빙긋 웃습니다
2. 몹시 배가 고프거나 배가 꽉 막힌 듯하다 (시장하다, 거북하다)
   * 아무것도 못 먹었더니 속이 쓰려요
   * 자꾸 속이 쓰리고 힘들면 이 약을 먹어야겠구나

3. 마음이 괴롭다
   * 어른들이 삽차로 마구 파헤친 골짜기를
     보니 너무 쓰려서 눈물이 나요

* 할아버지는 쓰린 일이 있으면 꽃밭을
  돌보면서 마음을 달래셔요

알뜰살뜰·알뜰하다·살뜰하다

⋯⋯▸   일이나 살림을 아주 잘 꾸리는 모습과 다른 사람을 아주 참되며 넓은 마음으로 마주하려는 모습을 가리켜 '알뜰살뜰'이라 합니다. 따뜻하거나 넉넉한 마음이 한데 모이는 손길이 '알뜰살뜰'이라고 할 만합니다. '알뜰'과 '살뜰'을 더해서 '알뜰살뜰'이지요. 알뜰하게 살림을 꾸린다거나 알뜰한 마음으로 이웃을 보살필 줄 아는 사람이라면 '알뜰이'라 할 만합니다. 살뜰하게 살림을 꾸린다거나 살뜰한 마음으로 동무를 아낄 줄 아는 사람이라면 '살뜰이'라 할 만해요. 알뜰살뜰하다면 '알뜰살뜰이'라 할 수 있어요. 뜻이나 느낌으로 살피면, '살뜰하다'가 '알뜰하다'보다 한결 깊습니다. 다만, 어느 쪽이 더 높거나 낮지 않습니다. 두 낱말은 모두 이웃·동무를 사랑하거나 아끼거나 돌보려는 마음을 담아요.

알뜰살뜰

1. **일이나 살림을 아주 잘 꾸리는 모습**
   * 소꿉놀이를 알뜰살뜰 멋지게 하는구나
   * 어머니와 아버지는 서로 도우면서 살림을
     알뜰살뜰 가꾸셔요
   * 나도 돈을 알뜰살뜰 쓸 줄 알아요
2. **다른 사람을 아주 참되며 넓은 마음으로
   마주하려는 모습**
   * 할머니는 우리를 언제나 알뜰살뜰
     아끼십니다
   * 너는 네 동생을 알뜰살뜰 돌보는구나

* 마을 이웃을 알뜰살뜰 살피는 아저씨는
  늘 웃는 낯이에요

알뜰하다

1. **일이나 살림을 잘한다**
   * 나도 열 살이 되었으니 누나처럼
     도마질을 알뜰히 하고 싶어
   * 내 방부터 알뜰히 치우고 나서 집 청소를
     거들려고 해요
   * 할아버지는 텃밭을 늘 알뜰히 일굽니다
2. **사랑하거나 아끼려는 마음이 참되며 넓다**

* 언니와 나는 서로 좋아하면서 알뜰히 생각하지요
* 동무한테 쓰는 편지가 참으로 알뜰하구나
* 네가 손수 뜬 목도리에서 알뜰한 기운을 느껴

살뜰하다

1. 일이나 살림을 매우 마음을 쏟아 잘 꾸려서 빈틈이 없다
   * 봄이 되니 작은어머니가 살뜰히 가꾸는 능금밭이 하얀 꽃잔치예요
   * 심부름을 하고 받은 돈을 살뜰히 모아서 자전거를 장만했어요
   * 구멍난 양말을 내가 스스로 살뜰히 기웁니다

2. 사랑하거나 아끼려는 마음이 매우 따스하고 넓다
   * 몸살이 났을 적에 작은언니가 살뜰히 보살펴 주어서 깨끗이 나았어요
   * 살뜰히 어루만지는 아버지 손길이 좋아요
   * 우리가 살뜰히 돌보면 이 나무는 씩씩하게 살아나리라 생각해

앞장서다·앞서다·나서다

···→ "맨 앞자리"나 "맨 앞자리에 있는 사람"을 가리켜 '앞장'이라고 합니다. 그래서 '앞장서다'는 맨 앞에 서서 나아가는 일을 가리키거나 어떤 일에서 누구보다 앞에 나서거나 힘을 쓰는 일을 가리켜요. '앞서다'는 꼭 맨 앞에 있거나 나아가지 않을 적에도 씁니다. 달리기를 할 적에 열 사람이 있으면 아홉째에서 달리는 사람은 열째에 달리는 사람보다 '앞선' 셈입니다. 그리고 뒤에 있다가 앞에 있는 사람을 제치고 나아갈 적에도 '앞서다'라고 해요. 문화라든지 솜씨가 한결 낫거나 뛰어나다고 할 적에는 '앞서다'로만 가리킵니다. 어떤 일을 하려고 나올 적에 '나서다'를 쓰기도 하는데, '나서다'는 꼭 앞에 나올 적에만 쓰지는 않습니다. "함께 나서다"처럼 여럿이 함께 어떤 일을 하겠다고 나올 수 있어요. 나들이를 가려고 할 적에는 "길을 나서다"처럼 쓰기도 합니다.

앞장서다

1. 무리 가운데 맨 앞에 서서 나아가다
   * 숲 나들이가 즐거워 서로 웃으면서 앞장서려고 합니다
   * 오늘은 네가 앞장서 걸어 보겠니
2. 어떤 일을 하는 때나 자리에서 가장 먼저 나오거나 매우 힘을 쓰다
   * 우리가 함께 앞장서니 모두들 기꺼이 따라 주었어요
   * 언니들이 앞장서고 우리들이 뒤서면서 마을잔치를 꾸립니다

앞서다

1. 앞에 서다
   * 네가 앞서서 걸으면 나는 뒤서서 따를게
   * 동생은 나들이가 즐거워 콩콩콩 앞서 달립니다
2. 누구·무엇보다 앞으로 나아가다
   * 앞서가시면 곧 따라갈게요
   * 나는 좀 쉬었다가 갈 테니 네가 앞서서 가렴
3. 움직임·생각·일을 먼저 이루거나 하다
   * 이렇게 하면 한결 나은 줄 우리보다 앞서 생각한 사람이 있구나
   * 섣불리 말하기 앞서 차분히 생각해 보자
   * 손보다 발이 앞서 나갔네
   * 놀라움보다 반가움이 앞섰다
   * 밥을 먹기 앞서 인사부터 합시다
4. 앞에 있는 것을 지나쳐 가다
   * 모두들 나를 앞서더니 어느새 나는 맨 뒤에서 걷는다
   * 우리 언니가 한 사람씩 앞서더니 가장 빨리 달려요

5. 다른 일보다 먼저 일어나다
   * 매화나무는 잎보다 꽃이 앞서요
   * 드센 바람이 빗물보다 앞선다
6. 남보다 빨리 이루거나 한결 높거나 낫다
   * 민주와 평등이 앞선 나라가 있고, 문화와 사회가 앞선 나라가 있다
   * 내가 너보다 제기 차는 솜씨가 앞서지
   * 글솜씨는 네가 앞설 테지만, 달리기는 내가 앞선다
7. 나이가 어린 사람이 먼저 죽다
   * 교통사고와 전쟁 때문에 앞서서 떠난 아이들이 많아요
   * 할머니는 퍽 예전에 앞서 떠난 아이를 언제나 그리워하셔요

나서다

1. 앞이나 밖으로 나오거나 나가서 서다
   * 오빠가 나더러 앞에 나서서 길을 이끌어 보라고 해요
   * 어머니와 아버지 가운데 어느 분이 나서서 나와 함께 노래를 부르려나
2. 어떤 일을 스스로 힘껏 하려고 달라붙거나 일감으로 삼아서 하다
   * 우리도 씩씩하게 이 일에 나서 보자
   * 집안 청소를 거들려고 동생들이 소매를 걷어붙이고 나섰어요
3. 어떤 일이나 자리에 끼어들거나 갑자기 들어서다 (가로맡다, 가로채다)
   * 남이 할 일에 함부로 나서지 말아라
   * 네 일이 아니니 자꾸 나서지 않으면 고맙겠어
   * 내 동생은 나서기를 좋아해서 꼭 한 마디씩 해요

4. 어디를 가려고, 있던 곳에서 나오다
    * 우리 다 함께 길을 나서자
    * 집을 나설 무렵에는 맑던 하늘인데 어느새 먹구름이 잔뜩 끼었어요
5. 찾던 사람이나 물건을 만나거나, 그 사람이나 물건이 나타나다
    * 벼룩시장에 자리를 깔고 물건을 펼쳤는데

아직 사겠다고 나서는 사람은 없어요
* 내 꽃밭을 함께 돌볼 사람이 없었는데, 마침 이웃 아이가 나서 주었어요
* 모퉁이만 돌면 그 집이 나설 듯하니 더 가볼게

얄궂다·짓궂다·궂다

···➤ 날씨가 나쁜 일을 가리키는 '궂다'에서 가지를 치는 '얄궂다'와 '짓궂다'입니다. "너는 참 짓궂구나" 하고 말할 적에는 장난스레 괴롭히는 짓이 마음에 안 든다는 뜻이고, "너는 참 얄궂구나" 하고 말할 적에는 알다가도 모르겠다 할 만큼 괴롭히는 짓이 마음에 안 든다는 뜻입니다. 이런 느낌대로 도무지 어떻게 바뀌는지 알 수 없듯이 흐르면서 흐린 날씨일 적에는 '얄궂다'고 하며, 장난스럽게 뒤바뀌면서 흐린 날씨일 적에는 '짓궂다'고 합니다.

얄궂다

1. 알 듯 모를 듯 남을 괴롭고 귀찮게 해서 마음에 안 들다
    * 네가 자꾸 얄궂게 말하니 나는 어떻게 해야 할지 모르겠어
    * 내가 쓴 글 때문에 누나가 얄궂게 덤터기를 썼구나
2. 날씨가 도무지 어떻게 바뀌는지 알 수 없듯이 흐리다
    * 비가 왔다가 해가 났다가 또 바람이 불었다가, 날씨가 참 얄궂네
    * 구름 없이 말짱하다가 비가 퍼붓는

얄궂은 날씨 때문에 빨래가 안 마른다

짓궂다

1. 장난스럽게 남을 괴롭고 귀찮게 해서 마음에 안 들다
    * 어떤 녀석이 짓궂게 신에다 모래를 잔뜩 집어넣었잖아
    * 동무를 짓궂게 놀리면 하나도 재미가 없어
    * 요 녀석이 장난을 치고도 짓궂게 웃네
2. 날씨가 장난스럽게 뒤바뀌면서 흐리다
    * 날씨가 짓궂어서 오늘은 걸어오면서

애먹었어요
* 이렇게 짓궂은 날에는 집에서 조용히 놀아야겠네

궂다

1. 비나 눈이 내려 날씨가 나쁘다
   * 아무래도 날씨가 궂을 듯하니 우산을 챙겨야겠어
   * 며칠째 궂은 날씨인데 새는 먹이를 어떻게 찾을까

* 바람까지 몰아치는 궂은 날씨에 반가운 손님이 오셨다
2. 마음에 걸리거나 나쁘다 (언짢다, 꺼림하다)
   * 요사이에 자꾸 궂은 이야기만 듣는다
   * 궂거나 힘든 일이 있었지만 서로 힘을 모아서 이겨 내자

얌전하다·음전하다·다소곳하다

···→   말씨가 조용하면서 착하게 지내고 일을 잘하는 사람을 가리켜 '얌전이'라고 합니다. 조용하면서 착할 뿐 아니라 곱구나 하고 느낄 적에는 '음전이'라고 합니다. '얌전이 · 음전이' 같은 이름을 곧잘 쓰지만, '다소곳하다'라는 낱말로 '다소곳이'처럼 쓰지는 않습니다. '얌전하다'는 조용하고 차분한 모습을 나타내는 뜻에서 "시끄럽지 않고 아름답다" 같은 뜻이 퍼지고, "꼼꼼하며 참한" 모습을 가리키는 자리에서도 씁니다. '다소곳하다'는 "고개를 살짝 숙인 부드러운 모습으로 말이 없을" 때에 쓰는 터라, '고분고분'할 때에도 이 낱말을 쓰고, 조용하게 아름다운 모습을 가리킬 때에도 씁니다.

얌전하다

1. 마음씨나 됨됨이나 몸가짐이 조용하고 따뜻하며 말과 일하는 모습이 차분하며 바르다
   * 우리 누나는 아주 착하고 얌전한데다가 예뻐요

* 아름다운 꽃을 앞에 두면 누구라도 얌전한 몸짓이 되어요
* 부엌에는 불이 있으니 얌전히 드나들렴
2. 모습이 보기 좋고 느낌이 좋다
   * 오늘 네 옷차림은 꽤 얌전하구나
   * 한가위를 맞이해서 우리 집은 모두

얌전하게 차려입기로 했어요

3. 시끄럽지 않고 아름답다
   * 언니가 보여준 그림은 무척 얌전하면서 빛깔이 환하답니다
   * 할머니는 내가 동생과 마당에서 노는 모습을 보더니 얌전하고 착하다 하셔요

4. 꼼꼼하고 참하며 부지런하다
   * 어머니가 케이크 굽는 솜씨는 얌전하면서 맛깔스러워요
   * 네 글씨가 무척 얌전해서 보기에 좋구나

음전하다

: 말씨나 마음씨가 조용하고 따뜻하면서 깊으며 곱다
   * 이웃집 언니는 언제 보아도 음전하고 좋아요
   * 나도 어머니처럼 음전하게 말하고 웃을래요
   * 네 누나처럼 너도 음전하면서 야무지구나

다소곳하다

1. 고개를 살짝 숙이고 부드러운 모습으로 말이 없다
   * 늘 개구쟁이처럼 놀던 아이가 오늘따라 다소곳하게 앉네
   * 아침에 할아버지한테 다소곳하게 인사했어요

2. 조용하고 부드러운 마음으로 따르려 하다 (고분고분)
   * 믿음직한 우리 누나가 하는 말이라면 언제나 다소곳하게 들어요
   * 동생은 언제나 내가 하자는 대로 다소곳하게 받아들인다

3. 조용하면서 아름답다
   * 올해에도 붓꽃이 다소곳하게 피었어요
   * 지리산 기슭에 있는 작은 마을은 푸르게 우거진 숲에 안겨 다소곳하다

얕보다·깔보다·낮보다·낮추보다·밉보다· 업신여기다

⋯⋯ 나 아닌 다른 사람을 바라볼 적에 내가 다른 사람보다 높다고 여긴다면, 다른 사람을 나보다 낮게 여기는 셈입니다. 이럴 때에 여러 가지 낱말을 쓰는데, 뜻이나 느낌이 저마다 달라요. '얕보다'는 물이 얕다고 할 때처럼, 얼마 안 된다고 여기면서 하는 말입니다. '깔보다'는 바닥에 깐다고 할 때처럼, 남이나 어떤 일을 쉽거나 아무것도 아닌 듯이 여기는 느낌을 나타냅니다. '낮보다'와 '낮추보다'는 나보다 낮게 볼 적에 쓰는 낱말이고, '밉보다'는 밉

게 볼 적에 쓰지요. '업신여기다'는 남을 나보다 낮게 보되 나 스스로 건방진 마음이 되어서, 그러니까 내가 잘났다고 여기면서 남을 낮게 보는 느낌을 담습니다.

얕보다

: 재주나 높낮이를 일부러 얼마 되지 않는 듯 보다
  * 오빠는 내가 어리다고 늘 얕보는 듯해요
  * 네가 달라는 돈은 나로서는 얕볼 수 없이 많은 돈이야
  * 너희를 얕보려고 했던 말은 아니야

깔보다

: 다루기 쉽거나 하기 쉽거나 무서울 것이 없거나 아무것도 아니라는 듯 보다
  * 아이들을 깔보다가는 큰코다칠 수 있어요
  * 네 솜씨만 믿고 이웃을 깔보니까 일을 그르쳤어
  * 작은 새라고 깔보지 마셔요

낮보다

: = 낮추보다
  * 낮볼 수 있는 사람도 나무도 풀도 벌레도 없어요
  * 동생은 아직 어려서 못하니까 자꾸 낮보지 마
  * 동무를 낮보는 사람은 스스로 깎아내리는 셈이야

낮추보다

: 남을 깎아서 저보다 낮게 보다
  * 난 저렇게 남을 마구 낮추보는 사람이 싫더라
  * 네가 오늘 잘했다고 해서 너보다 못한 사람을 낮추보는 말자
  * 나이가 어려 보인다고 함부로 낮추보는구나

밉보다

: 밉게 보다
  * 사람을 밉보면 미운 모습이 자꾸 생긴단다
  * 동무를 밉보지 말고 서로 사이좋게 지내기를 바라
  * 잘못을 뉘우치니 밉보지 말고 너그러이 봐주렴

업신여기다

: 잘난 체하는 마음으로 남을 저보다 낮게 보거나 하찮게 보다
  * 너한테 돈이 좀 있다고 사람을 업신여기지 말아라
  * 우리가 아이라고 업신여기지 말고 우리 말을 찬찬히 들어 주셔요
  * 너희 동네가 더 넓다고 이웃 동네를 업신여길 수는 없어

어리석다·어리숙하다·어수룩하다·멍청하다· 멍하다·맹하다·바보스럽다(바보 같다)

···▶ '어리숙하다'는 제대로 알지 못한다는 대목에서는 '어리석다'와 같지만, '어리숙하다'는 사회 흐름을 굳이 뒤따르지 않기에 잘 몰라서 꾸밈없는 모습이 드러날 때에도 씁니다. 오래도록 했어도 제대로 알지 못할 때에는 '어리석다'라 하고, 이제 처음으로 하거나 아직 익숙하지 않아서 제대로 알지 못할 때에는 '어리숙하다'라 합니다. '어수룩하다'는 모습이나 말이 꽉 짜이지 않아 꾸밈이 없을 때를 가리킵니다. '어리숙하다'는 '어수룩하다'와 많이 비슷하지만, 모습이나 말이 꽉 짜이지 않아 꾸밈이 없거나 제대로 모르는 때를 가리킵니다. 몸짓이 빠르지 못하고 살짝 떨어질 적에도 '어수룩하다'를 씁니다. '멍청하다'는 잘 느끼지 못하거나 잘 알지 못하는 모습을 가리킵니다. '멍하다'는 넋이 나간 듯이 못 느끼는 모습을 가리켜요. '멍청하다'는 하는 짓이 모자란 모습을 가리킬 적에도 쓰고, '멍하다'는 깜짝 놀란 나머지 마음을 제대로 가누지 못하는 모습을 가리키는 자리에도 씁니다. '맹하다'는 싱거우면서 퍽 흐리고 잘 모르기까지 한 모습을 가리키면서 써요. 맛이 짠지 안 짠지 못 느낄 적에는 '맹하다'로 가리키고, 맛이 꽤 짠데 더 짜게 국을 끓이면 '멍청하다'로 가리킵니다. 생각이나 말이 모자라다고 느낄 만하다고 할 적에는 '바보스럽다'라 합니다. '바보 같다'는 '바보스럽다'와 같은 뜻으로 쓰는 말입니다.

어리석다

1. 옳거나 그른 것을 잘 알지 못하다 (슬기롭지 못하다)
    * 어리석은 짓은 하지 말고 지켜보기만 해
    * 예전에는 내가 어리석었지만 이제 나도 잘 알아

2. 마음이 흐리거나 어지러워서 제대로 살피지 못하다
    * 네 말이 하도 그럴듯해서 어리석게도 감쪽같이 속았네
    * 말처럼 쉽게 될 줄 알았다니, 참 어리석구나

어리숙하다

1. 겉모습이나 말이 꽉 짜이지 않아서 꾸밈이 없거나 제대로 알지 못하다
   * 동생은 아직 어리숙하니 잘 돌봐 주렴
   * 나는 시골에서 나고 자라서 전철을 탈 줄 모르고 어리숙할지 몰라
   * 옷차림만 보고 어리숙하다고 섣불리 말하지 말아라
2. 제도·규칙으로 제대로 다스리지 못해 느슨하다
   * 모임지기를 맡았는데 자꾸 어리숙하니까 어느 때에는 갑갑하기도 하다
   * 어린이끼리 하는 모임이지만 어떤 일이든 어리숙하게 하지는 않아요

어수룩하다

1. 겉모습이나 말이 꽉 짜이지 않아서 꾸밈이 없다 (되바라지지 않다, 숫되다)
   * 우리 작은오빠는 얼굴은 어수룩할지 모르지만 얼마나 똑똑한데
   * 말을 좀 어수룩하게 하더라도 사람을 얕잡지 말자
2. 제도·규칙으로 제대로 다스리지 못해 매우 느슨하다
   * 시골이라 해서 어수룩하지 않아요
   * 작은 동아리이지만 살림은 어수룩하게 꾸리지 않습니다
3. 눈치나 몸짓이 빠르지 못하고 살짝 떨어지거나 좀 못하다
   * 언니는 늘 재게 움직이지만 나는 좀 어수룩하니까 느려요
   * 그렇게 눈짓을 하며 알려주는데 못 알아채니 어수룩하구나

멍청하다

1. 잘 느끼지 못하고, 제대로 알지 못하다
   * 불러도 못 듣고, 아침부터 멍청하게 서서 무엇을 보니
   * 그 자리에 멍청하게 있지 말고 옆으로 물러나렴
2. 마음이 흐리거나 제자리를 못 찾아 제대로 바라보지 못하거나 알지 못하다
   * 이렇게 쉬운 일도 못하니까 멍청하다는 말을 듣는구나
   * 옆에 더 나은 것이 있었는데 멍청하게 이것을 골랐네
3. 하는 짓이 모자라 보이고 머리가 나쁘다
   * 하나 더하기 둘을 모를 만큼 멍청하다
   * 집을 보라고 했더니 안 지키고 멍청하게 무엇을 했니

멍하다

1. 넋이 나간 듯이 제대로 못 느끼거나 알지 못하다
   * 얼른 가야 하니까 멍하니 있지 말고 서둘러
   * 오늘따라 큰누나가 줄곧 멍한 모습을 보이네
   * 불러도 알아듣지 못하고 멍하니 무엇을 생각하니
2. 몹시 놀라거나 갑작스러운 일을 겪어서 넋을 차리지 못하다 (얼떨떨하다)
   * 아버지는 편지를 읽다가 툭 떨어뜨리고는 멍하니 있습니다
   * 네 말을 듣고 한동안 멍했어

맹하다

:   싱겁고 흐리멍덩하여 잘 모르거나 못

느끼는 듯하다

* 나는 좀 맹해서 국이 짠지 안 짠지
  모르겠어요
* 거기 밟으면 안 된다고 말했는데 바로
  밟는 네 꼴을 보니 참 맹하구나
* 이 책은 처음에는 재미있다 싶더니
  갈수록 이야기가 맹하게 흐르네

바보스럽다 (바보 같다)

1. 생각·말·몸짓·모습이 모자란 듯하다
   (덜떨어지다)
   * 바보스러운 얼굴짓을 하면서 우리를
     웃긴다
   * 된장국에 소금 아닌 설탕을 넣는
     바보스러운 짓을 했다
   * 자꾸 말을 더듬으니 바보스럽게 보여
2. 앞뒤나 흐름에 맞지 않거나 어처구니없다
   * 바보스럽기는 하지만 이제는 그렇게 할
     수밖에 없을 듯해

* 얘는 참, 뜬금없이 바보스러운 말은
  그만두렴
* 네가 쓴 글에서 이 대목은 좀 바보스러운
  듯하니 덜면 어떠할까
3. 제대로가 아니거나 알맞지 않다
   * 공을 이렇게 바보스레 던지면 내가 받을
     수 없어
   * 사이를 더 벌려서 심어야 하는데,
     바보스럽게 나무를 너무 가까이 심었네
   * 능금 껍질을 바보스레 깎아서
     울퉁불퉁하구나
4. 마음·생각이 흐리거나, 여느
   몸짓·마음·생각을 잃다
   * 그날 참 바보스럽게 굴었어
   * 아무리 배가 고파도 그렇지, 바보스레
     밥을 마구 퍼먹는 사람이 어디 있니

어설프다·엉성하다·설다1·설다2·서툴다·서투르다·섣부르다

┈┈▸ 몸에 익지 않으면 제대로 못하거나 못 다루거나 빈틈이 많아요. 이런 모습을 가리켜 '어설프다'고 합니다. '엉성하다'는 꽉 짜이지 않아서 어울리지도 않으면서 빈틈이 있는 모습을 가리킵니다. '설다'는 제대로 익히지 못하거나 제때가 되지 않은 모습을 가리키고, 처음 보는 사이라든지 아직 많이 해 보지 않아서 제대로 못 다루는 모습을 가리킵니다. '서툴다'는 '서투르다'를 줄인 낱말입니다. '서투르다'는 '설다'처럼 얼마 해 보지 않아서 제대로 못

하는 모습을 가리키기도 하면서, 앞뒤를 안 재고 함부로 나서는 모습을 가리키기도 해요. '섣부르다'는 "설다＋어설프다"라 할 수 있습니다. 어떤 솜씨가 몸에 익지도 않았고 빈틈까지 있는 모습을 가리켜요. "서툰 재주"는 얼마 하지 않아서 제대로 못하는 재주이고, "섣부른 재주"는 제법 할 줄 알지만 제대로 다루지 못하는 재주를 가리킵니다.

어설프다

1. **몸에 안 익어서 잘하지 못하고 거칠거나 빈틈이 많다**
   * 너는 연필을 어설프게 깎는구나
   * 내 얼굴을 그렸다는데 어딘지 좀 어설퍼 보여
   * 아직 낫질이 어설프지만, 앞으로는 익숙하게 잘할 수 있어요

2. **생각·지식·몸짓·모임이 제대로 짜이지 못해 빈틈이 많다**
   * 잘 모르면서 쓴 글이라 여러모로 어설프구나
   * 너를 놀래키려고 깜짝 잔치를 할 생각이었는데 좀 어설펐네
   * 자전거 동아리를 한다면서 자전거도 없이 너무 어설프잖아

3. **꼼꼼하고 차분하게 챙기지 못하고 생각 없이 가볍게 움직이다**
   * 왜 그런지 잘 모르면서 어설프게 나서서 말하지 말아라
   * 제비뽑기로 어설프게 뽑지 말고, 찬찬히 생각하면서 고르자

4. **잠이 깊지 않거나 꿈이 또렷하지 못하다**
   * 아기가 어설프게 잠이 든 나머지 자꾸 깨네요
   * 간밤에 꿈을 꾸기는 꿨는데 어설퍼서 무엇을 봤는지 모르겠어요

5. **냄새·연기·안개가 무척 옅거나 흐리다**
   * 된장찌개 끓이는 냄새가 어설피 난다
   * 동이 틀 무렵인지 햇살이 어설프게 들어오는 듯해요

6. **밥·열매가 제대로 익지 않아 먹기에 안 좋다**
   * 물을 잘못 맞췄는지 밥이 어설퍼서 아무래도 버려야겠어
   * 무화과 열매가 어설프게 익었으니 아직 따지 말고 며칠 더 기다리자

엉성하다 (> 앙상하다)

1. **꽉 짜이지 않아 잘 안 어울리고 빈틈이 있다**
   * 마을잔치라고 하지만 좀 엉성하네
   * 오늘 내 옷차림이 많이 엉성해 보이니
   * 골목 끝에 조그마한 집이 엉성하게 있다

2. **살이 빠져서 뼈만 남을 만큼 몹시 마른 듯하다**
   * 무척 오래 굶었는지 몸이 엉성하게 야위었구나
   * 송전탑을 막으려고 스무 날째 밥을 굶으며 싸우는 아저씨는 얼굴이 엉성합니다

3. **빽빽하지 못하고 드문드문 있다 (성기다)**

* 할아버지는 이제 머리숱이 많이 엉성합니다
* 거의 다 도시로 떠난 탓에 이 마을에는 집이 몇 채 엉성하게 남았다
* 공원에 나무가 몇 그루 엉성하게 있다

4. 모습·줄거리·알맹이가 제대로 있지 않다
* 이 그림은 덜 그렸는지 많이 엉성하구나
* 이렇게 엉성하게 만들어서 어떻게 선물하겠니
* 대단한 연극이라도 할 듯이 나서더니, 영 엉성하고 재미없네

설다 1

1. 밥·떡·술을 불로 알맞게 끓이거나 익히지 못하다 (제대로 익지 않다, 설익다)
* 이렇게 밥이 설어서 어찌 먹나
* 덜 쪘는지 선 떡이 되었네

2. 열매가 알맞게 익지 못하다
* 감이 아직 설었는데 너무 일찍 땄구나
* 며칠 기다리면 잘 익었을 텐데 서두르느라 선 채로 능금을 땄네

3. 잠이 모자라거나 깊이 들지 않다
* 잠이 설게 든 탓에 몸이 더 찌뿌둥하다
* 동생이 설게 자고 깬 뒤로 자꾸 골만 부려요
* 선잠

설다 2

1. 어떤 사람·말·물건이 지난날에는 거의 못 보거나 못 들은 것이다 (익숙하지 않다)
* 따뜻한 고장에서만 살던 나한테는 이런 함박눈은 눈에 설어요
* 너무 어릴 적에 뵙고 오랜만에 뵈었는지 외할아버지가 낯이 설다

* 나는 이 소리가 오히려 귀에 설어

2. 빈틈이 있고 제대로 못 다루다
* 톱질은 아직 나한테 많이 설어요
* 나는 칼질이 설어서 아주 천천히 무를 썰어요

서툴다

: = 서투르다
* 서울에서 온 사람은 전라말이 서툴고, 광주에서 온 사람은 서울말이 서툴다
* 나는 아직 두발자전거가 서툴어
* 동생은 서툴어서 자꾸 흘리지만 혼자 수저질을 하려고 애씁니다
* 처음 봐서 서툰 사이인 탓에 얼굴을 마주하기도 힘들다
* 잘 모르면 서툴게 나서지 말고 찬찬히 생각하면서 기다려 봐야지

서투르다

1. 일을 얼마 해 보지 못해서 제대로 다루지 못하다
* 네발자전거도 서투르면서 두발자전거는 어떻게 탄다고 그러니
* 네 서투른 바느질 솜씨를 지켜보자니 빙그레 웃음이 나온다
* 말은 좀 서투르지만 마음을 담아서 하고 싶은 이야기가 있어요

2. 얼마 만나지 못해서 반갑게 여기기 어렵다 (서먹서먹하다, 자연스럽지 않다)
* 낯이 서투른 사람을 보면 어떻게 해야 할지 잘 모르겠어요
* 나한테는 영 서투른 자리에 왔구나

3. 앞뒤를 재지 못하고 함부로 나서다 (꼼꼼하지 못하다)

* 서투른 짓은 하지 말아
* 서투르게 나서면 될 일도 안 되니 기다려
  보자

섣부르다

: 솜씨가 몸에 익지 않고 빈틈이 많다
   * 그렇게 섣부르면서 괜히 우쭐거렸으니

큰코다쳤겠지
* 네가 섣부르게 덤벼들었다가는 쉽게 질
  듯해
* 이럴 때에는 섣부른 짓은 하지 말고
  마음을 차분하게 다스리자

어우러지다·어우르다·어울리다·얼크러지다·
얽다(얽히다)

⋯▸ 여러 사람이 한곳에 있을 적에 '어우러지다'는 즐겁게 사귀는 모습을 가리키고, '어울리다'는 짝이 맞거나 마음이 맞는 모습을 가리키며, '얼크러지다'는 이리저리 섞여서 움직이는 모습을 가리킵니다. 언뜻 보기로는 똑같은 모습일지 모르나, 바라보는 눈길이나 생각에 따라서 느낌이 달라요. 여럿을 한곳에 모으면서 '어우러지다·어우르다·어울리다'를 쓰고, 뜻하지 않았으나 여럿이 한곳에 섞이는 모습을 나타낼 때에는 '얼크러지다'를 씁니다. '얽다'는 여러모로 이어지는 모습을 가리킬 때에 씁니다. 여러모로 이어질 때에는 좋거나 나쁘다는 느낌이나 생각이 딱히 없습니다.

어우러지다 (> 아우러지다)

1. 여럿이 마치 하나가 되듯이 모이거나
   움직이다
   * 밤마다 개구리와 풀벌레가 어우러지는
     시골 노래
   * 된장국 냄새와 밥 냄새가 어우러져서
     아주 구수하다
   * 이 가을에 누런 들과 하얀 구름과 파란

하늘은 잘 어우러진 물빛 그림 같아

2. 풀이나 꽃이 서로 뒤섞이면서 많이 있다
   (우거지다)
   * 유채꽃이 어우러진 봄 들판이 노랗다
   * 냉이꽃이랑 제비꽃이랑 꽃다지꽃이랑
     어우러져 한들한들 춤을 춥니다
3. 여럿이 즐겁게 사귀어 보기에 좋다
   * 다 함께 어우러지는 잔치는 즐겁습니다

* 먼발치에서 구경하지 말고 이리로 와서 같이 어우러지자
* 할머니도 동생도 아버지도 모두 어우러져서 기쁘게 모내기를 합니다

어우르다 (> 아우르다)

1. 여럿을 모아 하나로 하다
   * 작은 밭뙈기를 올해에는 크게 어울러 볼까
   * 나 혼자 나르기 힘들어 동무들과 어우르려고 해요
   * 우리가 어우르면 작은 힘도 큰 힘이 되어요
   * 빨간 물감이랑 노란 물감을 어울러서 그려 볼까
2. 윷놀이에서 말 여러 바리를 하나로 모으다
   * 이 윷판에서는 우리가 말을 어울러서 가야 이기겠어
3. 서로 '어우리'를 하다 ('어우리'는 함께 일을 한 뒤, 함께 거둔 것을 나누어 가지는 것을 가리킨다. '함께 하는 일'이며, 한자말로 '동업'을 가리키는 예전 한국말이다)
   * 마을 어른들은 오징어잡이에 나서려고 배를 어울러 탑니다
   * 우리는 도토리를 주워서 어우르려고 즐겁게 숲으로 가요

어울리다 (> 아울리다)

1. 여럿이 함께 잘 지내거나 일하거나 놀다
   * 저는 동무들하고 어울리기를 좋아해요
   * 오늘은 하루 내내 언니들과 어울려 다녔어요
   * 할머니는 아이들과 어울리면서 재미난

이야기를 자주 들려주셔요
   * 어머니는 이웃 아주머니들하고 마늘밭에서 어울려 마늘을 뽑습니다
2. 여럿이 서로 짝을 잘 짓거나, 마음·흐름이 하나처럼 보이다 (맞다, 자연스럽다)
   * 손에 든 하얀 꽃이랑 네 치마가 어울리네
   * 작은아버지는 바닷가에 잘 어울리게 집을 지어서 살아요
   * 나는 오빠라는 이름에 어울리게 동생을 잘 데리고 다닐 생각입니다
   * 마음에 맞으면 되니, 나이에 어울리지 않는 옷이란 없어요
3. 여럿이 모여서 한 덩어리나 한 판이 되다
   * 들꽃과 나비가 어울리는 봄이 찾아옵니다
   * 일이 잘되어 떠난다니 기쁘면서 서운한 마음이 어울려 야릇한 낯빛이 됩니다
   * 네 동생 노랫소리에 네 말소리가 어울리는 바람에 제대로 못 들었어
   * 깊은 숲으로 들어서니 우리는 어느새 숲에 포근하게 어울립니다
4. 여러 식구가 한집이나 한곳에서 함께 있다
   * 우리 집은 할머니 할아버지하고 어울려 살아요
   * 벽돌로 지은 세층집에 세 집안이 어울려 지냅니다
   * 작은 방이지만 동생들이랑 어울려 써요

얼크러지다

1. 일이나 물건이 어지럽게 이어지거나 섞이다 (헝클어지다)
   * 잔뜩 얼크러진 실을 어떻게 풀어야 하나 모르겠네
   * 일이 많이 얼크러졌는지 어머니는 저녁 내내 아무 말이 없습니다

2. 여럿이 한곳에 섞여서 움직이다
   * 눈밭에서 아이들이 얼크러지고 뒹굴면서
     신나게 뜁니다
   * 우리도 이 잔치판에 얼크러져서 놀자

얽다 (얽히다)

1. 끈이나 줄로 이리저리 잇거나 걸다
   * 바자울은 새끼줄로 얽어서 세웁니다
   * 큰바람이 다가오니 아버지는 지붕을
     동아줄로 단단하게 얽으려고 하셔요
   * 동무들과 함께 연을 날리다가 그만 줄이
     서로 얽혔다

* 실을 잘못 감는 바람에 모조리 얽히고
  말았어요

2. 이리저리 이어지도록 하다
   * 나까지 이 일에 얽지 말아 주렴
   * 이웃집을 모두 두레로 얽으려면 어떻게
     해야 할까
   * 여러 가지 생각이 얽히기만 하고 풀리지
     않으니 어지럽다
   * 그 일에 얽힌 사람이 뜻밖에 참 많구나

억지·어거지·떼2·앙탈

⋯▸ 내 말이나 생각을 지나치게 내세우려 할 때에 '억지'라고 합니다. '어거지'는 "모질거나 드센 억지"입니다. '떼'는 '억지'하고 비슷하다 할 수 있지만, 쓰는 자리가 살짝 달라요. 맞지 않다 싶으면서 밀고 나갈 적에는 '떼'입니다. '앙탈'은 "마구 투덜거리는 억지"라고 할 만합니다. 억지를 부리면서 투덜 거리는 모습이 '앙탈'이라고 할까요. '앙탈'은 아직 철이 없는 아기한테 흔히 쓰는데, 철이 없이 구는 어른한테도 곧잘 씁니다. 그러니 '억지'를 쓴다고 할 적에는 지나치게 내세운다뿐, 옳다 그르다 맞다 틀리다하고는 다릅니다. 다 만, '억지'는 쓰임새를 넓혀서 "자연스럽지 않게 만든 것"을 가리키기도 해 요. 터무니없이 밀어붙이는 어떤 일을 가리키면서 '억지스럽다'고 할 수 있 어요. '억지'는 '억지감투·억지농사·억지다짐·억지방망이·억지손·억지 웃음'처럼 여러모로 널리 씁니다. '억지스럽다' 꼴로도 써요. 이와 달리, '어 거지'나 '떼'는 다른 꼴, 이를테면 '어거지스럽다'나 '떼스럽다'처럼 쓰지는 않 습니다. '떼'를 잘 쓰는 사람을 가리켜 '떼쟁이·떼꾼'이라고도 해요. 억지를

잘 부리는 사람한테도 '억지쟁이·억지꾼'이라 새롭게 이름을 붙일 만합니다. 어거지를 부리는 사람한테도 '어거지쟁이·어거지꾼'이라 할 수 있고, 앙탈을 부리는 사람은 '앙탈쟁이·앙탈꾼'이라 할 수 있어요. '억지'가 모질거나 드셀 때에 '어거지'이듯이, 떼가 모질거나 드셀 때에 '떼거리·떼거지'라 합니다. 요즈음 어떤 사람들은 '땡깡'이라는 낱말을 쓰기도 하는데, 이 낱말은 일본말을 잘못 받아들여서 쓴다고도 하고, '땡'과 '깡'을 더한 낱말이라고도 이야기합니다.

억지 (억지스럽다)

1. 제 생각이나 말을 지나치게 내세우는 마음
   * 네 말이 이 자리에서는 안 맞는데 끝까지 억지를 부리지 말아라
   * 나는 더 놀고 싶어서 잠이 쏟아지는데도 억지를 썼어요
   * 자꾸 억지를 부리기만 하면 이제 너랑 안 놀래
   * 억지스러운 말은 그다지 듣고 싶지 않아
2. 잘 안될 일을 힘들여 하려는 마음
   * 억지를 써서 밀어붙이더라도 안 될 일은 안 돼
   * 걸음도 서툰 아이더러 빨리 달리라고 억지로 밀어붙인들 되겠니
   * 억지농사
3. 맞지 않게 꾸미거나 우악스럽게 만드는 것 (자연스럽지 못하다)
   * 이 아름다운 마을과 숲을 밀고 골프장을 짓는다니 억지 같구나
   * 어른들은 저 조각이 예술이라 하지만 내가 보기에는 그냥 억지로 보여
   * 억지로 절받기
   * 억지웃음

   * 시골에 지은 아파트를 보면 어쩐지 억지스러워 보여요
   * 학교 울타리에 철조망을 놓는 일은 아무래도 억지스럽습니다

어거지

: 모질게 하는 억지
   * 네 어거지를 어떻게 다 받아 주겠니
   * 할머니는 동생이 어거지를 써도 귀엽다고만 말씀하셔요
   * 즐겁게 함께할 생각이 없이 어거지를 쓰면 반갑지 않아요

떼 2

: 맞지 않는 말이나 움직임으로 제 생각·말을 밀고 나가는 짓
   * 나는 이제 누나이니 동생처럼 떼를 쓰지 않겠어요
   * 떼를 쓰며 울기까지 하니 아주 귀가 아프네
   * 어린 동생도 먼 길을 함께 걸어가겠다며 떼를 부린다

앙탈

1. 제 생각이나 말만 마구 내세우거나 투덜거리는 짓

   * 아버지가 할머니 앞에서 참말 아기처럼 앙탈을 부리네요
   * 내가 앙탈을 해도 누나는 본 척 만 척입니다
   * 앙탈을 부리면서 앙앙 지르는 소리가 달나라까지 퍼지겠네

2. 시키는 말을 듣지 않고 꾀를 부리거나 살살 벗어나는 짓

   * 네가 이 일을 맡기로 하고는 왜 자꾸 앙탈만 부리니
   * 하기 싫은지 살살 앙탈을 부리려고 하는 동생

언제나·늘·노상·한결같이(한결같다)·밤낮

⋯→ 언제나 씩씩하고 늘 꿈을 꾸는 사람은 아름다운 삶을 노상 그리면서 한결같이 사랑스레 살아가니 밤낮 즐겁게 노래합니다. '언제나'와 '늘'과 '노상'은 아주 비슷하다 할 만하지만, 뜻은 살짝 다릅니다. 어느 때이든 달라지지 않는다는 느낌이 짙은 '언제나'입니다. 끊이지 않고 잇는다는 느낌이 짙은 '늘'입니다. 한 가지 모습이 그대로 흐른다는 느낌이 짙은 '노상'입니다. '한결같이'는 처음부터 끝까지 똑같구나 싶을 때에 씁니다. '밤낮'은 밤과 낮을 가리지 않는다는 뜻으로 써요. 낱말마다 뜻은 살짝 다르지만, 같은 자리에 넣을 수도 있어요.

언제나

1. 어느 때이든 달라지지 않고 똑같거나, 모든 때에 걸쳐서

   * 아침에 일어나면 언제나 먼저 낯을 씻고 마당에 가서 나무한테 인사해요
   * 언니는 노래만 들으면 언제나 엉덩이를 들썩들썩 춤을 추고 싶대요
   * 언제나 잠만 자는 듯한 포동포동 고양이야

2. 어느 때가 되어야

   * 너는 언제나 철이 들겠니
   * 나는 언제나 두발자전거를 탈 수 있을까
   * 심부름을 간 동생은 언제나 돌아오려나 모르겠네

늘

1. 끊이지 않고 이어서
   * 샘물은 여름에도 겨울에도 늘 퐁퐁
     솟는다
   * 늘 푸르게 우거진 숲이 싱그럽다
   * 늘 웃는 얼굴이 보기 좋아요
   * 늘푸른나무
2. 드물지 않게 자주
   * 너는 무언가 숨기려 할 때에는 늘
     그러더라
   * 아쉬울 때면 늘 손바닥을 비비면서
     알랑거리지
   * 우리 집에서는 미역국을 늘 먹어요
3. 남다른 때가 아닌 여느 때에
   * 한글날이 되었으니 한국말을 잘 쓰자
     하지 말고 늘 잘 쓰려 해야지
   * 오늘이 내 생일이라서 잘해 주지 말고 늘
     잘해 주면 좋겠어
   * 코앞에 닥쳐서 허둥거리지 말고 늘
     조금씩 마련해 두자

노상

1. 달라지지 않고 한 가지 모습으로 그대로
   * 빙글빙글 노상 웃는 얼굴이 해맑다
   * 아버지는 허허 웃으면서 노상 같은
     말씀만 하셔요
   * 노상 엄살만 부리다가는 앞으로도 못하고
     만다
2. 어느 때이든 똑같이
   * 큰오빠는 궂은일을 노상 도맡아서 한다
   * 내 동생은 밤마다 노상 잠꼬대를 한다
   * 비가 오든 날이 덥든 어머니는 노상
     텃밭을 살뜰히 돌봅니다
3. 어느 모습에서 훨씬 더 넘어설 만큼

(하나도, 조금도, 아주)
   * 내가 공을 잘 못 찬다고 노상 못 차는 줄
     아니
   * 아직 솜씨가 서툴 뿐, 나도 바느질을 노상
     못하지 않아요

한결같이 (한결같다)

1. 처음부터 끝까지 그대로 똑같다
   * 한결같은 마음이라면 어떤 일이든 잘 할
     수 있어
   * 어머니는 우리를 한결같이 사랑한다고
     말씀하셔요
   * 할아버지 말씀으로는 우리 마을 뒷숲이
     먼 옛날부터 한결같이 아름다웠대요
2. 여럿이 마치 하나인 듯이 같다
   * 참새들이 아침마다 나무에 앉아 한결같이
     우리 집을 들여다봅니다
   * 아버지가 알려준 놀이가 재미있다고
     동무들이 한결같이 좋아해요

밤낮

1. 밤과 낮
   * 몸살에 걸려 이틀 동안 밤낮으로
     드러누워 지냈어요
   * 가을로 접어드니 밤낮으로 바람결이
     다르다
   * 밤낮이 뒤바뀌니 어지럽고 힘들어요
2. 밤과 낮을 가리지 않고
   * 아이들은 밤낮 놀면서도 지치지 않고 또
     논다
   * 우리 오빠는 밤낮 책만 읽어요
   * 마음속에 즐거운 생각을 밤낮 채워서
     꿈을 꾸지요

얼거리·짜임새·얼개·뼈(뼈대)·틀*

···▸ 무엇을 이루거나 짓거나 만든다고 할 때에, 이것이 튼튼하게 서도록 하는 것을 두고 '얼거리'와 '틀' 같은 낱말로 가리킵니다. 우리 몸이 튼튼하게 서도록 받치는 것으로 '뼈'가 있어요. '뼈·뼈대'라는 낱말도 무엇을 이루며 받치는 것을 가리키는 자리에서 씁니다. '얼개'는 "짠 모습이나 결을 이루는 모두"를 가리켜요. '짜임새'가 "짠 모습"이니, 얼개는 짜임새가 어떻게 이루어졌는가를 모두 살피는 자리에 쓴다고 할 수 있어요.

얼거리

1. 처음을 이루는 것이나 첫 흐름을 잡아 놓은 것
   * 얼거리라도 먼저 마무리를 지어 보자
   * 굵은 나무를 기둥으로 삼아 세우니 얼거리는 얼추 나온다
2. 짠 알맹이나 줄거리
   * 얼거리를 잡아 글을 쓰다
   * 네 말을 들으니 얼거리를 잘 알겠어

짜임새

1. 짠 모습이나 결
   * 짜임새가 보기 좋은 옷
   * 이 천은 짜임새가 무척 곱구나
2. 앞뒤나 처음 흐름이 두루 잘 잡힌 모습
   * 글을 짜임새가 있게 훌륭히 썼구나
   * 언니가 들려준 생각은 무척 짜임새가 있어요

얼개

: 짠 모습이나 결을 이루는 모든 것

* 컴퓨터를 손수 고치려면 얼개부터 잘 살피고 알아야 해
* 이 그림만 보아도 건물 얼개를 알 수 있어요
* 얼개가 엉성하면 글을 쓰기 힘들다
* 이제 이 일이 어떻게 되었는지 얼개를 알겠다

뼈 (뼈대)

1. 몸에 있는 살을 버티거나 잡아 주는 단단한 것
   * 몸이 자라면서 뼈도 함께 자라요
   * 나는 너보다 손목이 굵으니 뼈도 굵겠네
2. 물건이나 집을 이루는 것
   * 뼈가 튼튼하지 않으면 집도 튼튼하지 않다
   * 이 장난감은 뼈가 너무 허술하구나
3. 어떤 일·이야기를 이루는 줄거리나 알맹이
   * 네가 쓴 글에서 뼈는 무엇이니
   * 네 말은 늘어지기만 하지, 아무런 뼈가 없는 듯해

4. 씩씩하거나 꿋꿋한 마음 (줏대)
   * 뼈가 없는 듯이 말하는 동무가
     못마땅하다
   * 힘센 아이 앞에서 뼈 없이 굽실거리고
     싶지 않아요
5. 숨은 뜻이나 속에 품은 생각
   * 아버지가 들려준 이야기에는 뼈가 있어요
   * 동무가 뼈 있는 한마디를 해서
     부끄러웠어요

틀 (* '가장자리'에서도 다룬다)

2. 일·물건·이야기에서 처음·흐름·줄거리를
   이루도록 하는 것
   * 틀을 잘 세워야 글을 쓸 때에 한결 수월해
   * 어떤 집을 짓고 싶은지 틀부터 잡아 보자
4. 겉으로 살필 수 있는 모습
   * 틀이 잡히지 않으니 아무래도 엉성하네
   * 마음을 바르게 세우면 틀도 저절로 잡혀

에누리(에누리하다)·깎다·내리다·낮추다·깎아내리다

…→ '에누리'는 "받을 값보다 높이 부르는 일"을 뜻하면서 "받을 값보다 낮게
부르는 일"을 나란히 뜻합니다. 그러니까 제값이 아닌 값을 가리킬 때에 쓰
는 낱말입니다. '깎다'는 어떤 값이나 삶을 처음보다 떨어뜨리는 자리에서
씁니다. '내리다'는 값이 떨어지거나 낮아진다고 하는 자리에서 씁니다. '낮
추다'는 여느 자리보다 아래에 있도록 하는 모습을 가리킵니다. '깎아내리
다'는 '깎다 + 내리다'입니다. 이 낱말은 값을 낮게 하는 일을 가리키지는 않
고, 누군가를 괴롭히려는 마음으로 헐뜯을 때에 씁니다. '에누리 없다(에누
리없다)'라는 말마디를 쓰기도 하는데, "1. 조금도 보태거나 덜어서 말하는
데가 없이, 있는 그대로 2. 남을 보아주는 데가 없이 깐깐하다"를 뜻합니다.

에누리 (에누리하다)

1. 값을 높이 부르는 일 (받을 값보다 높이
   부르는 일)
   * 값진 물건이라고 해서 에누리를 하지는
     않는다
   * 사람들이 줄을 서서 찾는 호떡집인데

에누리 없이 제값만 받으신다
2. 값을 깎는 일 (받을 값보다 낮게 부르는
   일)
   * 돈이 조금 모자란데 에누리를 해 줄 수
     있을까요
   * 그렇게 에누리를 하면 장사하는 사람한테

남는 것이 없습니다

3. 더 보태거나 더 덜어서 말하는 일
   * 에누리를 살짝 곁들여 한 말이니까 너무 마음을 쓰지 마
   * 어느 만큼 에누리를 둔 말일 테니 잘 새겨서 들어야지

4. 잘못을 덮거나 힘이 되어 주는 일
   (보아주다)
   * 자꾸 힘들다 말하면서 에누리 없이 지내면 오히려 더 힘들어요
   * 동생한테 에누리 없이 굴지 말고 오늘은 조용히 지나가자

깎다

1. 연장을 써서 겉이나 거죽을 얇게 떼거나 벗기거나 베다
   * 나도 곧 배나 능금을 깎을 수 있어요
   * 어머니 아버지와 둘러앉아 밤을 깎습니다
   * 우리 집에서 농약과 비료 없이 거둔 열매는 껍질을 안 깎고 먹어요

2. 연장을 써서 풀이나 털을 자르거나 밀거나 다듬다
   * 머리카락이 많이 길었으니 살짝 깎아 볼까
   * 빈집 마당에 우거진 풀을 아버지가 차근차근 깎아요
   * 할아버지 턱에 난 나룻은 멋스러워서 안 깎으면 좋겠어요

3. 연장을 써서 겉이나 거죽을 떼거나 벗기거나 베어서 물건을 만들다
   * 할아버지는 아침부터 나무방망이를 알뜰히 깎아요
   * 열쇠집에 가서 열쇠를 새로 한 벌 깎아야겠네

* 아버지는 나무를 깎아 예쁜 인형을 선물해 주었어요

4. 값이나 삯을 처음보다 떨어뜨리다
   * 어린이한테는 버스삯을 깎아 줍니다
   * 저자에 가서 살구알을 사는데 과일장수 아주머니가 많이 깎아 주셨어요
   * 제대로 지은 좋은 물건이라면 값을 깎지 말고 제값을 치러야지

5. 이름·얼굴·명예·체면을 다치게 하거나 헐거나 제대로 못 지키다
   * 누나 얼굴을 깎을 만한 어리석은 짓은 하지 마
   * 네가 잘못을 조금 저질렀어도 아버지 얼굴을 깎았다고는 생각하지 않아

6. 공 옆쪽을 비스듬히 치거나 차서 돌게 하다
   * 네가 깎아서 차니까 공이 휘면서 날아왔어
   * 깎아치기 (탁구 경기에서)

7. 흐름·결·모습이 부드럽도록 군더더기를 덜거나 빼다
   * 오랫동안 깎고 다듬어서 선보인 시집이야
   * 얼마나 알뜰히 깎았는지 군더더기 하나 없는 글이에요

내리다

1. 위에 있는 것을 아래로 움직이다. 위에서 아래로 옮기다
   * 시렁에 있는 그릇을 내려 주면 고맙지
   * 무거울 텐데 가방을 좀 내리렴
   * 깨지지 않게 살살 내리자
   * 업혀서 잠든 동생을 내려서 누이니 등허리가 없는 듯하다

2. 눈·비·이슬·서리가 오다

* 눈이 펑펑 내리는 겨울을 기다렸어요
* 비가 촉촉하게 내리니 봄꽃이 활짝 피어납니다
* 이슬이 내린 길을 동생과 나란히 걸어갑니다
* 서리가 내리니 날이 꽤 춥구나

3. 어둠·안개·땅거미가 덮이다
   * 안개가 내리니 길이 잘 안 보여요
   * 땅거미가 내리니 이제 그만 놀고 집으로 돌아가야겠다
   * 어둠이 내린 들길을 천천히 거닐면서 반딧불이를 찾는다

4. 위에 있는 것을 아래로 당기거나 늘어뜨리다
   * 잘 때에는 천을 내려서 창문을 가려요
   * 바람이 쌀쌀하면 소매를 내리면 돼
   * 머리카락을 앞으로 내리니 눈이 가리는구나

5. 값·온도·숫자·성적이 떨어지거나 낮아지다
   * 푹 자고 났더니 열이 조금 내린 듯해요
   * 값을 내렸다지만 아직 비싸서 살 엄두가 안 난다
   * 우리 아버지는 학교 성적이 내린다고 해서 근심하지 않아요

6. 찌거나 부었던 살이 빠지거나 가라앉아 처음 모습이 되다
   * 천천히 부기가 내릴 테니까 걱정하지 않아도 돼
   * 여러 날 힘든 일을 치렀더니 살이 많이 내렸구나

7. 가루를 체에 치다
   * 밀가루를 체에 내려서 그릇에 담습니다
   * 콩을 다 빻았으면 체에 내려서 옮기렴

8. 뿌리를 제대로 뻗어서 흙에 자리를 잡다
   * 옮겨심은 이 나무가 뿌리를 내릴 때까지 잘 돌봐 주렴
   * 싹을 틔워 옮겨심은 뒤에는 뿌리가 잘 내리도록 살펴야지

9. 먹어서 얹힌 것이 풀리다 (삭다)
   * 이 풀물을 마시면 속이 좀 내릴 수 있어
   * 밥을 먹은 뒤에 바로 눕지 말고 몸을 움직여야 잘 내리지
   * 답답해서 물을 한 사발 마셨더니 비로소 속이 내리는 듯하다

10. 탈것에 있다가 밖으로 나오다
    * 버스에서 천천히 내려요
    * 배가 나루터에 닿아서 모두 내립니다

11. 탈것에서 밖으로 나와 어느 곳으로 가다
    * 우리는 이 기차를 타고 수원에서 내리려고 해요
    * 마을 어귀에서 버스를 내린 뒤 집으로 갑니다

12. 윗자리에 있는 사람이 상·선물·복·벼슬·벌을 주다
    * 너한테는 어머니가 어떤 꾸중을 내렸니
    * 훌륭한 일을 한 사람한테 나라에서 상과 선물을 내렸습니다

13. 생각·결정·평가를 마무리하다
    * 이제 너도 네 생각을 내려야지
    * 나는 이 영화를 본 느낌을 어떻게 내려야 할는지 모르겠어요

14. 어떤 일을 위에서 알리거나 외치거나 시키다
    * 태풍이 온다면서 주의보를 내렸으니 바다에 가까이 가지 말자
    * 옳지 않은 명령을 내린다면 따르지 않겠어요

15. 바깥넋·신이 몸으로 들어오다
    * 작은할머니는 어릴 적에 신기가 내려서
      무당이 되었다고 해요

낮추다

1. 높은 것을 낮게 하다. 높은 데에 있는 것을
   낮은 데에 있도록 하다
   * 자꾸 턱에 걸리니 이곳을 좀
     낮추어야겠어
   * 바깥이 잘 안 보여서 울타리를 낮추려고
     해요
   * 키를 낮추어야 아래쪽에 무엇이 있는지
     보일 텐데

2. 온도·습도·압력을 여느 때나 자리보다
   아래가 되도록 하다
   * 1도를 낮추었는데 퍽 썰렁하구나
   * 여러 날 비가 와서 축축하니 방에 불을
     넣어 축축한 기운을 낮추어야겠구나

3. 재주·솜씨·힘·품질·성적을 여느 자리나
   바라는 자리보다 떨어뜨리다
   * 어린 동생하고 바둑을 둘 때에는 네
     솜씨를 낮추어야지
   * 눈을 낮추면 이제껏 못 보던 모습을 볼 수
     있지 않을까
   * 아버지는 나랑 팔씨름을 하면서 힘을
     많이 낮추어 줍니다

4. 값·비율을 떨어뜨리거나 여느 자리보다
   아래에 있도록 하다
   * 벼룩시장에 값을 낮추어 내놓으면 팔릴까
   * 될 확률은 높이되 안 될 확률은 낮추고
     싶어

5. 소리·떨림·진동을 작게 하다
   * 낮잠 자는 아기가 깨지 않도록
     노랫소리를 낮추자

* 말소리가 안 들리니 라디오 소리를 좀
  낮추어 주렴
* 목소리를 낮추어서 얘기해

6. 말을 할 때에 아랫사람한테 하는 말투로
   하다. 낮게 보는 말투를 쓰다
   * 어린이라고 해서 말을 함부로 낮추지는
     마셔요
   * 서로 아끼는 사람은 말을 낮추지 않는
     법이야
   * 말씀을 낮추셔도 돼요

7. 나 스스로, 또는 나한테 딸린 사람·물건을
   남 앞에 내세우지 않는 자리에 두다
   * 언니는 달리기도 제기차기도 잘하지만 늘
     스스로 낮추어 말하곤 해요
   * 아버지와 어머니는 우리 앞에서 늘
     스스로 낮추면서 우리 말을 귀여겨들어요
   * 작은아버지는 이녁이 쓰는 사진기가
     변변찮다면서 낮추어 말씀합니다

8. 지위·계급을 남보다 아래에 두거나 여느
   자리에 못 미치게 하다
   * 높은 학년 언니들이 스스로 낮추면서
     낮은 학년 동생들과 즐겁게 놉니다
   * 사람끼리는 높이거나 낮출 수 없어요

깎아내리다

: 괴롭히려는 마음으로 나쁘게 말하면서
   값어치·힘·지위·솜씨를 줄어들게 하거나
   떨어지게 하다 (헐뜯어서 떨어뜨리다)
   * 이웃을 함부로 깎아내리는 이야기는 듣고
     싶지 않아요
   * 거친 말은 바로 나 스스로 깎아내리는
     짓이 됩니다
   * 서로 깎아내리면서 다투는 모습이 참으로
     볼썽사납다

여물다·영글다·무르익다

⋯▸ 낟알이나 열매가 잘 익는 모습을 가리키는 '여물다'이고 '무르익다'입니다. '영글다'는 '여물다'와 같은 말입니다. '여물다'는 큰말이고 '야물다'는 작은말입니다. 일하는 매무새가 든든할 적에는 '여물다·여무지다'고도 하며 '야물다·야무지다'고도 합니다. 큰말과 작은말로 갈립니다. '여물다'는 열매가 딴딴하게(단단하게 : 야물다) 잘 익은 모습을 가리키고, '무르익다'는 열매가 넉넉히 익은 모습을 가리킵니다. '여물다·야물다'는 빈틈이 없거나 든든한 모습을 가리키는 뜻으로 가지를 뻗고, '무르익다'는 철이 잘 들거나 한창 돋보이는 모습을 가리키는 뜻으로 가지를 뻗습니다.

여물다 (> 야물다)

1. **낟알이나 열매가 딴딴하게 잘 익다**
   * 올해에는 참깨도 콩도 옥수수도 석류도 잘 여물었어요
   * 나락이 여무니 그윽한 냄새가 들판에 가득하다
2. **빛이 짙어지거나 알맞은 때가 되어 제 모습을 모두 드러내다**
   * 보름날이 가까우니 달이 거의 여물었어요
   * 봄은 맑은 꽃빛으로 여물고, 가을은 싱그러운 열매 냄새로 여물어요
3. **바탕이 굳고 든든하다**
   * 이 일은 퍽 어려우니, 마음부터 여물게 다지고 나서 하자
   * 생각이 여물지 않으면 옆에서 무슨 말을 할 때마다 자꾸 눈길이 갈 테지
4. **일이나 말을 잘 매듭짓거나 끝마치다**
   * 처음을 잘 열었으니 마지막까지 잘 여물어 보자

* 동무가 말을 여물 때까지 기다린 뒤 네 이야기를 하렴
5. **일이나 말을 하는 매무새가 든든하거나 빈틈이 없다 (여무지다)**
   * 어머니가 밭일을 하는 모습을 보면 언제나 여물어요
   * 작은오빠는 손이 여물어 무엇이든 척척 잘 만들어요
6. **돈이나 살림을 헤프게 쓰지 않아 든든하거나 빈틈이 없다 (알뜰하다)**
   * 큰오빠는 어찌나 여문지 집살림을 요모조모 알차게 꾸려요
   * 살림을 여물게 꾸리는 매무새는 할머니한테서 물려받았어요

영글다

: = 여물다
   * 낟알이 영그니 참새들도 떼지어 부산하게 날아다녀요

* 여름은 온통 푸른 빛깔로 영급니다

무르익다

1. 낟알이나 열매가 넉넉히 익다
   * 들마다 벼가 무르익어 고소한 냄새가
     퍼지는 철입니다
   * 오뉴월에는 멧딸기가 무르익어 날마다
     즐겁게 훑어서 먹습니다
   * 빨갛게 무르익은 감알이 파랗게 맑은
     가을 하늘하고 어울린다
2. 철이 잘 들거나 제 솜씨가 한창 돋보이다
   * 우리 아버지는 글솜씨가 무르익어 어떤
     이야기이든 술술 쓸 수 있다고 해요
   * 나도 언니처럼 머잖아 무르익을 테니
     꾸준히 애쓰라고 북돋아 주셔요
3. 알맞은 때가 되다
   * 잔치가 무르익으니 저마다 노래 한
     가락씩 뽑는다
   * 가을이 무르익어 숲마다 울긋불긋하다
   * 사랑이 무르익는 작은언니는 언제나
     웃음이 가득합니다

여태·이제·입때·이때·여직

···→ "말하는 이 자리에 있는 때까지 오래"를 가리키는 '여태'입니다. '이제'
도 "말하는 바로 이 자리에 있는 때"를 가리키기는 하나, "오래(오랫동안)"라
는 뜻이나 느낌까지 담지는 않아요. '입때'와 '여직'은 '여태'와 같은 낱말로,
서울보다는 다른 여러 고장에서 흔히 씁니다. "아직"을 뜻할 적에도 '여태·
여직'을 쓰는데, 일찌감치 이루어졌어야 하지만 안 이루어진 모습을 나타낼
적에 써요. '이제'는 "오늘날"을 뜻하는 자리에서도 씁니다. "이 자리에 있는
때부터 앞으로"를 뜻하는 자리에서도 써요. '이때'는 쓰는 자리가 퍽 좁다고
할 만합니다. 바로 앞에서 이야기한 때에서 어떤 곳을 콕 집어서 가리키면
서 쓰거든요. "저녁도 안 먹고 여태 잤으니까"나 "저녁도 안 먹고 여직 잤으
니까"처럼 쓸 수 있으나, 이런 자리에 '이제'나 '이때'를 넣지 못합니다. 그리
고 "이제 깨달았습니다"나 "이때 깨달았습니다"처럼 쓸 수 있으나, 이런 자
리에 '여태'를 넣지 못해요.

여태

1. 말하는 이 자리와 때까지 오래
   * 여태 기다렸는데 올 낌새가 없으니 우리끼리 가야겠어
   * 아침부터 내리는 눈이 여태 그치지 않네
   * 졸릴 텐데 여태 안 자고 바느질을 했구나
2. 이미 이루어졌어야 했으나 안 이뤄져서 안 좋게 여길 때와, 바람직하지 않은 일이 끊어지지 않고 줄기차게 이어지는 때를 나타내려고 쓰는 말 (아직)
   * 여태 손을 놓은 채 아무것도 안 했구나
   * 밥을 여태 안 먹고 무엇을 했니
   * 망가진 사다리를 여태 손질하지 않았으니 쓸 수 없구나

이제

1. 말하는 바로 이 자리에 있는 때
   * 이제 거의 올 듯하구나
   * 어제까지 아파서 쉬더니, 이제 좀 나았니
   * 이제 어디를 더 찾아볼까
   * 이제 밥을 먹어야지
   * 한참 일했으니 이제 쉬어야겠어
   * 응, 이제 심부름을 마치고 집으로 가는 길이야
2. 오늘날. 요즈음
   * 예나 이제나 한결같이 사랑스러운 우리 마을
   * 이제는 손전화가 있으니 나라 밖에서도 손쉽게 목소리를 들을 수 있어요
   * 이제 사람들은 비행기를 타고 먼 나라를 가깝게 다닌다
3. 바로 이 자리에 있는 때부터 앞으로
   * 이제 곧 설날이 된다

* 이제 며칠 뒤부터는 가을걷이를 하느라 바쁜 철입니다
* 이제 너희들은 내가 하는 말을 잘 들어야 해

4. 오늘 이 자리에 있는 때에 이르러
   * 이제 그동안 품은 꿈을 이루는구나
   * 우리가 자전거 여행에 나선 지 이제 열흘쯤 되었나

입때

: = 여태
   * 너희 모두 아는 줄 알았는데 입때 몰랐구나
   * 늦은 밤인데 입때 안 자고 책을 더 보려 하네
   * 입때까지 나를 도운 이웃들이 참으로 고맙다

이때

: 바로 이곳에 있는 때. 또는 바로 앞에서 이야기한 때에서 어떤 곳을 콕 집어서 가리킬 때. 말을 하거나 어떤 일을 하는 때
   * 오늘까지 못 했어도 이때부터 잘 하면 돼
   * 이때까지 얌전히 있더니 신나는 노래가 흐르니 가장 먼저 춤을 추네
   * 이때 동생이 문을 벌컥 열며 들어왔다
   * 나는 이때껏 동생하고 얼마나 즐겁게 놀았는지 돌아보았어요

여직

: = 여태
   * 봄이 저무는데 동백꽃이 여직 지지 않았어요

* 퍽 늦었는데 여직 나를 기다려 주었구나
* 책이 그리도 좋아서 밥조차 여직 안 먹고
  책만 읽었네

예전·옛날·옛적·예(예스럽다)

⋯ '옛날'과 '예전'은 말뜻이 같다고 할 수 있습니다. 다만, '예전'은 "지나간 날 가운데 어느 한 대목"을 짚으면서 가리키고, '옛날'은 "지나간 날을 뭉뚱그려서" 가리켜요. "옛날 옛적에 이런 이야기가 있었지"라든지 "먼 옛날 고려 무렵에"처럼 쓰면 '옛날'입니다. 그래서 '옛날이야기'나 '옛이야기'처럼 쓰지요. 오래된 이야기인데 꼭 언제 적 이야기인지 모르기에 이렇게 써요. '옛적'은 '옛날'과 뜻이 거의 같다 할 수 있는데, '옛적'은 지나간 어느 때하고 오늘 이때하고 견주면서 무엇인가 달라진 모습을 가리키는 자리에서 흔히 씁니다. '예'도 '옛날·옛적·예전'과 뜻이 같다 할 수 있는데, 쓰는 말꼴을 잘 살펴야 합니다. '예+날'이기에 '옛날'인데, 토씨를 붙일 적에는 '옛부터'가 아닌 '예부터'로 적어야 합니다. '예로부터'처럼 적을 때에도 틀려요. '예부터'라고만 적어야 올바릅니다. "예나 이제나"처럼 쓰는 말이에요. 그리고 '예+스럽다' 꼴로 '예스럽다'를 흔히 쓰는데, '예전스럽다'나 '옛적스럽다'처럼 쓰지는 않습니다. 다만, '옛날스럽다'처럼 말하는 분이 곧잘 있어요. 한국말사전에는 이 낱말이 안 실렸으나 '옛날스럽다'는 얼마든지 쓸 만하다고 느낍니다.

예전

1. 꽤 많이 지나간 날
   * 예전에는 못 들은 소리를 요즈음 자주 듣는다
   * 아버지는 예전에 저 앞에 있는 섬까지 헤엄쳐서 오간 적이 있대요

2. 이미 지니간 어떤 날
   * 요즈음에는 뜸부기를 시골에서도 못 보는데, 예전에는 흔한 새였다고 해요
   * 너는 예전과 같은 얼굴이고 목소리로구나

* 할아버지는 예전에 학교를 세워서
  가르치신 적이 있다고 합니다
* 나도 예전에 먹은 적 있어요

옛날

1. 꽤 많이 지나간 때를 뭉뚱그려서 가리키는
   말
   * 돌멩이를 손바닥에 얹고는 아스라한
     옛날을 떠올립니다
   * 옛날 옛적부터 내려오는 이야기가
     있습니다
   * 옛날에는 밥을 먹으려면 먼저 벼를
     절구로 찧고 키로 까불렀어요
   * 그리 멀지 않은 옛날까지 누구나 흙을
     일구고 밥·옷·집을 손수 지으며 살았어요
   * 공룡도 있던 까마득한 옛날에는 어떤
     꽃이 들에 피었을까 궁금해요
2. 이미 지나간 어떤 날
   * 할아버지가 살던 고장은 옛날하고 많이
     달라졌다고 해요
   * 옛날에 쓰던 말투가 아직 그대로예요
   * 내가 쓰는 안경테는 아버지한테서
     물려받은 옛날 것이야
   * 할머니가 어릴 적에 읽으시던 옛날 책을
     보았어요

옛적

1. 이미 많이 지나간 때
   * 옛적에는 자동차가 없었으니 걸어서
     다니거나 말을 탔지
   * 먼 옛적부터 어버이는 아이를 사랑으로
     낳고 보살폈습니다
2. 이미 지나가서 흐름이나 모습이 아주 다른
   때
   * 어머니가 쓰는 사진기는 옛적 것이에요
   * 아버지가 쓰시던 옛적 것도 좋아서, 나는
     굳이 새로 나온 것을 쓰지는 않을래

예 (예스럽다)

: 꽤 많이 지나간 날
   * 예나 이제나 꾀꼬리 노랫소리는 참으로
     듣기에 좋아
   * 우리 마을에는 예부터 내려오는 이야기가
     있어요
   * 이 그림책은 퍽 예스러운 그림인 듯해요

오락가락·갈팡질팡·오다가다·이랬다저랬다·
오가다·왔다갔다

⋯▶ 오거나 가는 모습이 함께 있을 적에 '오락가락'이나 '오다가다'나 '오가
다' 같은 낱말을 씁니다. '오락가락'은 오며 가며 되풀이하는 모습에서 가지

를 뻗어, 어느 쪽인지 또렷하지 않은 모습을 나타내곤 합니다. '갈팡질팡'은 어디로 가야 할는지 몰라 헤매는 모습을 가리킵니다. '오다가다'는 오고 가는 겨를이라든지 어쩌다가 있는 일을 가리키면서 써요. '이랬다저랬다'는 몸짓이 이러했다가 저러하는 모습을 가리키니, 뒤죽박죽이거나 어수선하다고 할 만한 모습을 가리킵니다. '오가다'는 다른 느낌이나 뜻으로 퍼지지 않고, 오거나 가거나 하는 흐름을 나타냅니다. '왔다갔다'는 아직 한 낱말로 굳어지지 않았으나 사람들이 널리 쓰는 말입니다. 이 말은 자리를 자꾸 바꾸는 모습이라든지, 어느 곳을 들르거나 들락거리는 모습이라든지, 이쪽저쪽으로 많이 지나가는 모습을 나타낼 때에 씁니다.

오락가락 (오락가락하다)

1. 잇달아 오다가 가다가 하는 모습 (오고 가기를 되풀이하는 모습)
   * 그네가 오락가락하면서 머리카락이 살랑살랑 나부낍니다
   * 우리가 마루를 오락가락 달리면서 노니 어머니가 마당으로 나가서 놀라 하셔요
   * 할머니는 조마조마한지 마을 어귀에서 오락가락합니다
2. 생각·마음·넋이 있다가 없다가 하면서 똑똑하지 않은 모습
   * 네가 자꾸 오락가락 헤매니 우리도 꼼짝을 못하는구나
   * 마음이 오락가락한다면 차분히 기다리면서 지켜보자
   * 여기서 뻥 터지고 저기서 뻥 터지니 다들 오락가락 어수선하구나
3. 비나 눈이 내렸다 그쳤다 하는 모습
   * 아침부터 오락가락 흩뿌리던 비가 저녁이 되니 멎어요
   * 진눈깨비가 오락가락하지만 큰눈이 쏟아질지 모르니 자전거는 두고 가자
4. 말이나 글을 또렷하게 맺지 않고 이리 가다가 저리 가는 모습
   * 오락가락 말꼬리를 흐리지 말고 똑똑히 말해야지
   * 이 책에 나온 이야기는 자꾸 오락가락하니까 더 알쏭달쏭해요
5. 아슬아슬한 고비에 이르다
   * 아흔아홉 살인 이웃집 할아버지는 오늘 밤에 오락가락하신다고 해요
   * 핵무기가 터지면 우리 목숨이 모두 오락가락할 만큼 무섭겠지요

갈팡질팡 (갈팡질팡하다)

: 어디로 갈는지 몰라 이리저리 헤매는 모습 (갈피를 못 잡고 이리저리 떠도는 모습)
   * 술래잡기를 하다가 골목 끝으로 몰리는 바람에 갈팡질팡합니다
   * 시외버스를 타고 낯선 곳에서 내린 뒤 한동안 갈팡질팡 떠돌았어요

오다가다

1. 오고 가는 겨를에. 지나는 길에 문득
   * 오다가다 만난 동무예요
   * 우리 마을에 오다가다 짬이 나면 들렀다 가렴
2. 어쩌다가 가끔
   * 직박구리가 아침에 오다가다 우리 집 감나무에 내려앉곤 합니다
   * 가을에 자전거를 타면서 오다가다 하늘을 올려다보면 파란 빛깔이 눈부셔요

이랬다저랬다

: 몸짓·움직임·생각·말이 자꾸 바뀌는 모습을 가리키는 말. '이리하였다가 저리하였다가'를 줄인 말
   * 이랬다저랬다 말을 바꾸지 말고, 어떤 말을 하고 싶은지 다시 말해 보렴
   * 어디로 가야 할지 몰라 이랬다저랬다 하면서 헤매기만 했어요

오가다

1. 서로 다른 쪽으로 오거나 가다 (오거니 가거니 하다)
   * 사람들이 많이 오가는 길은 북새통을 이룹니다
   * 밤이 되어 오가는 사람이 사라지면 골목은 아주 조용합니다
   * 우리 고장에는 자전거로 오가는 사람이 많아요
2. 어떤 곳을 오거나 가기를 되풀이하다 (들락거리다)
   * 늘 오가는 버스이지만 철마다 다른 모습을 창밖으로 볼 수 있어요
   * 나는 어머니와 아버지 사이를 살며시 오가면서 말씀을 여쭈었어요
   * 서울과 부산을 오가는 기차가 어느덧 대구를 지나갑니다
3. 어떤 때나 철이 꾸준하게 흐르다
   * 아침저녁이 오가는지 모를 만큼 이야기책에 흠뻑 빠져들었어요
   * 겨울철이 오갈 때마다 눈놀이를 할 생각에 새삼스레 즐겁습니다
4. 이쪽으로 오다가 저쪽으로 가기를 되풀이하다 (주거니 받거니 하다)
   * 둘 사이에 무슨 말이 오가는지 궁금하네
   * 새해를 맞아 서로 오가면서 즐겁게 잔치를 엽니다
5. 가까운 사람끼리 서로 만나다
   * 우리는 자주 오가면서 어울려 노는 이웃이에요
   * 나랑 너는 도란도란 이야기꽃을 피우면서 오가는 사랑스러운 동무라네
6. 따스한 마음·생각·느낌이 서로 흐르다
   * 어머니와 나 사이에는 사랑이 늘 오갑니다
   * 웃음이 오가면서 즐거운 생일잔치입니다

왔다갔다

1. 자리 바꾸기를 되풀이하는 모습을 가리키는 말
   * 네가 아까부터 눈앞에서 왔다갔다하니까 어지럽구나
   * 자꾸 왔다갔다하지 말고 한곳에 진득하게 앉으면 좋겠어
   * 이 책은 이야기가 왔다갔다하니까 무슨 소리인지 영 모르겠어
2. 이쪽저쪽으로 많이 오고 가는 모습을 가리키는 말. '왔다가 갔다가'를 줄인 말

* 자동차가 많이 왔다갔다하는 큰길에서는
  둘레를 잘 살펴야 해
* 시내로 나오니 사람들이 많이 왔다갔다
  하면서 북적거리는구나

3. **살짝 머무르는 모습을 가리키는 말
   (들르다)**
   * 집을 비운 사이에 누가 왔다갔다했나
     보네
   * 눈이 내린 날 마당에 모이그릇을 놓으니
     멧새가 많이 왔다갔다합니다

4. **들어오고 나가기를 되풀이하는 모습을
   가리키는 말 (들락거리다)**
   * 개구리는 물과 뭍을 왔다갔다하면서
     지냅니다
   * 하루 내내 이 집 저 집 왔다갔다하느라
     너무 바빴어요
   * 무슨 일 때문에 부엌을 자꾸 왔다갔다
     하니

오직·오로지·순

⋯▶ '오직'과 '오로지'는 어느 하나만 헤아리거나 마주할 때에 쓰는 낱말입
니다. 다만, '오직'은 여러 가지가 있을 때에 꼭 하나만 다루거나 뽑는 모습
을 가리켜요. '오로지'는 다른 여러 가지를 생각하지 않고 어느 하나만 다루
거나 뽑는 모습을 가리킵니다. '오직'이나 '오로지'는 "꼭 하나"뿐 아니라 "꼭
몇몇"을 가리킬 수 있습니다. "오직 너희만 믿는다"라든지 "오로지 별빛만
있는 밤이다"라 할 적에는 하나가 아닌 여럿을 가리켜요. '순'은 '오로지'와
비슷한 뜻이나 느낌으로 씁니다. 그런데 '순'은 "다른 것은 없거나 빼고 아주
어느 하나만"이라는 느낌이 짙습니다.

오직

1. **여럿 가운데 하나만, 또는 여럿 가운데
   몇몇만 (꼭 하나만, 꼭 몇몇만)**
   * 오직 우리만 아는 이야기이니까 다른
     사람한테는 알리지 마
   * 할아버지는 오직 나만 믿는다고 하셔요

* 반딧불이는 오직 깨끗한 숲이나
  시골에서만 볼 수 있어요
* 오늘 야구 경기는 오직 너희 어깨에
  달렸구나

2. **다른 것은 안 되고 그것만. 다르게는 안
   되고 그것만 (다만)**

* 배와 능금이 있는데 오직 딸기가 먹고
  싶다는구나
* 오직 기쁜 꿈을 생각하면서 하루를
  엽니다

오로지

: 다른 길이나 수나 생각은 없이 한쪽으로
* 나는 오로지 내가 심은 이 나무가 잘
  자라기를 바랄 뿐이야
* 등불 없는 시골에서는 밤에 오로지
  달빛과 별빛이 가득합니다
* 이 손만두는 오로지 할머니 손맛이에요
* 힘이 들었지만 오로지 저 앞만 보고
  끝까지 달렸어요

순

1. = 몹시. 아주 (보거나 받아들이기에 안
   좋다 싶은 자리에 흔히 씀)
   * 너 알고 보니 순 거짓말쟁이였구나
   * 네 말대로 하면 순 나쁜 일이 될 듯해서 난
     안 할래
   * 순 어려운 문제만 있으니 하나도 못
     풀겠어요
   * 아무래도 네 생각은 순 억지 같아
2. = 오직. 오로지 (다른 것이나 일은 안
   하거나 생각하지도 않고)
   * 너는 순 그런 말만 하더라
   * 오늘 밥상은 순 풀밭이네
   * 아버지가 글을 쓰는 방에는 순 책만 많이
     있어요

오히려 · 외려 · 도리어 · 되레 · 차라리

···→ '오히려'는 흔히 하는 생각과 다르다거나, 앞서 나온 이야기와 다르다고
할 적에 씁니다. '도리어'는 처음과 다르거나, 뜻한 일이나 흐름과 다르다고
할 때에 씁니다. '오히려'는 "그렇게 하자니 거꾸로"를 뜻하는데, '도리어'는
"제대로 흐르지 않고 거꾸로"를 뜻합니다. '차라리'는 어느 두 가지 가운데
다른 하나를 고른다는 뜻으로 씁니다. 바람직하지 못한 두 가지를 놓고 견
주거나 따질 때에 바로 이곳에서 하거나 고르려는 어느 하나보다는 다른 하
나가 훨씬 나으니 그쪽으로 가겠다는 느낌으로 씁니다. "그쪽이 더"와 같이
써요. '외려'는 '오히려'를 줄여서 쓰는 낱말이고, '되레'는 '도리어'를 줄여서
쓰는 낱말입니다.

오히려

1. 흔히 하는 생각과 다르거나 뒤집히게.
   앞서 나온 이야기와 다르거나 뒤집히게
   * 네 작은 힘이 오히려 크게 도움이 되었어
   * 풀벌레와 개구리 노랫소리가 오히려
     마음을 푸근하게 가라앉히는구나
   * 왜 네가 오히려 펄쩍 뛰고 그러니
   * 오늘은 동생이 누나보다 오히려 잘
     걷는구나

2. 그렇게 하자니 거꾸로
   * 이 밥을 먹자니 오히려 굶고 싶다
   * 너한테 이 책을 주느니 오히려
     불쏘시개로 쓰고 싶구나

3. 아직 좀. 그래도 좀
   * 여럿이 배불리 먹고도 오히려 밥이
     남았어
   * 선물할 책을 사고도 오히려 돈이
     남았구나

4. 말하자면 더. 가만히 따지면 더욱
   * 나보다는 동생이 오히려 부침개를 잘
     부쳐요
   * 우리보다는 오히려 너희가 한결
     훌륭하다고 생각해

외려

: = '오히려'를 줄인 말
   * 어쩌면 외려 잘된 일인지 모르겠어
   * 지름길로 온다고 했는데 외려 멀리
     돌아온 셈이로구나
   * 저리로 보낸다고 했는데 외려 이리로
     돌아왔어
   * 늦을까 했더니 외려 5분이 남았네
   * 이 길보다는 외려 저 길이 걷기에 한결
     낫지 싶어요

도리어

1. 처음에는 바람직하지 않았으나 나중에는
   다르게 (잘되는 쪽으로 간다는 느낌)
   * 오늘 떠나지 못한 일이 도리어 잘된
     노릇이네
   * 길을 잘못 들었다 싶었는데 도리어
     지름길로 온 셈이었군요

2. 제대로 흐르지 않고 거꾸로
   * 네가 접시를 깨고는 도리어 성을
     내는구나
   * 이렇게 하다가는 도리어 내가 먼저
     쓰러지겠어

3. 뜻한 일과는 다르게. 어찌어찌 되리라는
   어림이나 생각이 뒤집히거나 거꾸로
   * 돕는다고 나섰는데 도리어 일을 그르치고
     말았어
   * 오늘은 도리어 내가 걱정만 끼쳐서
     부끄럽네

4. 더. 더욱
   * 누나가 나보다 도리어 노래를 잘
     부르리라 생각해요
   * 이 짐이 저 짐보다 도리어 무거운 듯해

되레

: = '도리어'를 줄인 말
   * 네가 나섰기에 이 일이 되레 잘 풀린 듯해
   * 날씨가 차츰 추워지는데 되레 봄꽃이
     피었구나
   * 일찍 나선다고 했으나 되레 더 늦게 오고
     말았어
   * 된장찌개는 어머니보다 아버지가 되레 잘
     끓입니다

차라리

: 그렇게 할 바에는. 저렇게 하기보다는 이렇게. 그보다는 이쪽이. 그쪽이 더

  * 아서라, 차라리 내가 해야겠어
  * 이쪽은 꽃밭보다는 차라리 텃밭으로 삼아야 한결 나았으려나
  * 언니가 하지 말고 차라리 내가 했어야 하는 일인가 봐
  * 차라리 벼룩한테서 간을 꺼내지 어떻게 가난한 이웃을 괴롭히니

요사이·요즈음·요즈막·요새·요즘·오늘날

⋯→ '요즈음'은 '요즘'과 같고, '요즈음'은 얼마 앞서부터 바로 이때에 이르는 동안을 모두 아우른다면, '요즈막'은 얼마 앞서부터 바로 이때 가운데 가장 가까운 한때만 가리켜요. '요사이'도 '요즈막'처럼 가까운 동안을 가리킵니다. 그런데 '요사이(요새)'와 '요즈음(요즘)'은 "오늘날(바로 이때)"처럼 쓰기도 해요. 이를테면, "요사이 남녘과 북녘은 통일 분위기가 무르익었다"라든지 "지구별은 요즈음 공해 때문에 골머리를 앓는다"처럼 씁니다. '오늘날'은 오늘을 한복판에 놓고서 오늘을 둘러싼 때를 가리킵니다.

요사이

1. 얼마 앞서부터 이제까지 가까운 동안이나 매우 짧은 동안 (요 얼마 동안)
   * 요사이 무슨 언짢은 일이라도 있었니
   * 나는 요사이 당근풀 돋는 모습을 보는 재미에 푹 빠졌어요
   * 너는 요사이에 어떤 책을 읽었니
   * 요사이 힘든 일이 많았지만 이제 다 지나가서 괜찮아
2. 오늘을 둘러싸고 바로 이곳에서 지내는 때 (오늘날)
   * 요사이는 인터넷으로 지구 건너편 동무랑 얘기할 수 있어요
   * 예전에는 골목에서 아이들이 뛰놀았다지만, 요사이는 골목놀이가 사라졌대요

요즈음

1. 바로 얼마 앞서부터 이제까지 (오늘을 비롯해서 요 며칠 동안, 가까운 지난날부터 오늘까지)
   * 요즈음 바람이 차니 옷 단단히 입고

다니렴

* 요즈음은 놀러 오지 않던데, 무슨 일이라도 있니
* 할머니는 요즈음 아침마다 숲에 가셔서 들딸기를 한 소쿠리씩 훑으셔요

2. 오늘을 둘러싸고 바로 이곳에서 지내는 때 (오늘날)
   * 요즈음은 자동차나 비행기가 있어 먼 데까지 쉽게 갈 수 있어요
   * 지난날에는 책방에 가야 책을 샀지만 요즈음은 인터넷으로 책을 살 수 있어요

요즈막

:   바로 얼마 앞서부터 이제까지 이르는 가까운 때
    * 요즈막에 새끼 제비들이 모두 날갯짓을 익혀서 둥지를 떠났어
    * 너는 요즈막에 무엇을 하며 보냈니
    * 요즈막에는 우리 집 마당에서 무화과 열매를 따서 먹어요

요새

:   '요사이'를 줄인 말
    * 예전에는 자주 찾아오더니 요새는 좀 뜸하구나

* 요새는 도시를 떠나 시골로 삶터를 옮기는 사람이 많이 늘어요
* 요새는 꾀꼬리가 노래하는 소리를 듣기 어려워요

요즘

:   '요즈음'을 줄인 말
    * 어머니는 요즘 일이 많아 몹시 고단하셔요
    * 시골은 요즘 농사일로 한창 바쁜 철이야
    * 요즘 사람들은 자동차를 자주 타서 오래 걷지 못한다고 합니다

오늘날

:   바로 오늘 이곳에서 지내는 나날이나 때. 오늘을 둘러싼 어떤 때
    * 오늘날 우리는 지구가 한집과 같다고 느껴요
    * 지난날에는 자전거가 드물었다는데 오늘날에는 손쉽게 탈 수 있어요
    * 오늘날에는 골목마다 자동차가 너무 많아서 아이들이 놀기 힘들어요

유난히·남달리

⋯→ 여러모로 다른 모습을 가리키는 '유난하다'와 '남다르다'입니다. '유난하다'는 어느 모습이 눈에 확 뜨이거나 살갗으로 느낄 만하다고 할 적에 씁

니다. '남다르다'는 남하고 견주었을 때 여느 모습과 아주 다르다고 하는 자리에 씁니다. "하늘이 유난히 맑다"고 하면 여느 날에는 이렇게 맑지 않다는 뜻입니다. 하늘을 보면서 '유난히'를 쓰지만, 하늘에 대고 '남달리'를 쓰지 못해요. "오늘은 남달리 맑아요"처럼 못 씁니다. "남달리 부지런하다"라든지 "남달리 느리다"처럼 씁니다. "유난히 부지런하다"나 "유난히 느리다"처럼 쓴다면, 다른 때에는 썩 부지런하지 않다거나 썩 느리지 않은데, 바로 이 자리에서 어쩐지 매우 부지런하거나 느리다는 뜻입니다.

유난히 (유난·유난하다·유난스럽다)

1. 여느 모습이나 흐름과는 매우 다르게
    * 숲에서 자작나무는 유난히 눈에 잘 뜨인다
    * 오늘은 개구리가 유난히 크게 노래하는구나
    * 장마가 걷혔기 때문인지 오늘따라 유난하게 하늘이 맑아요
    * 자리가 거북해서 동생이 유난을 부리는 듯하다
2. 말이나 몸짓이 여느 모습이나 흐름과는 매우 달라서, 헤아려 알 수 없도록
    * 네 이야기는 유난스러워서 다들 받아들이기 힘든 듯해
    * 자꾸 유난을 떨지 말고 차분히 있기를 바라

* 유난하게 구니 동무들이 어리둥절해하네

남달리 (남다르다)

:   여느 사람과는 아주 다르게
    * 내가 남다르게 잘하는 일은 무엇이 있을까 생각해 본다
    * 우리 집에서는 언니가 남달리 몸집이 좋아요
    * 남달리 부지런히 일하는 어머니
    * 너는 남다르게 그 책을 골라서 읽는구나
    * 어릴 적부터 몸이 여린 동생은 남다르게 사랑을 받으면서 컸어요

이내*·내리·내내·줄곧·줄기차다

⋯▸ 그대로 이어지는 모습을 가리키는 낱말 가운데 '이내'는 머뭇거리지 않고 그대로 잇는 모습을 가리킵니다. '내리'는 위에서 아래로 흐르는 모습을

가리키고, "잇따라 자꾸"와 "마구"를 나타내기도 해요. 처음부터 끝까지 이어진다고 할 적에는 '내내'라 하고, 어떤 데에서 더 이어지는 모습을 가리키려고 '줄곧'을 씁니다. 억세거나 세차게 이어지는 모습을 가리킬 적에는 '줄기차다'를 써요. 비나 눈이 줄기차게 내린다면 제법 지칠 만합니다. 비나 눈이 '줄곧' 내린다면 그칠 낌새가 안 보인다는 뜻입니다. 비나 눈이 '내내' 내린다면 그야말로 쉬지 않고 내린다는 뜻입니다. 비나 눈이 '내리' 내린다면 "비를 이어 다시 비"나 "눈을 이어 다시 눈"이라 할 만큼 자꾸 비나 눈이 내린다는 뜻입니다.

이내 (* '막 2'에서도 다룬다)

1. 그때에 더 머뭇거리지 않고 그대로
   * 품에 안으니 이내 잠드는 아이
   * 이내 차분한 목소리가 된다
   * 배불리 먹으니 이내 하품이 나온다
2. 그때 모습이나 흐름이 그대로 이어져
   * 어젯밤부터 이내 곁에서 보살폈어요
   * 지난해하고 올해하고 이내 같은 얼굴이네
3. 가까운 곳에
   * 집 둘레는 이내 텃밭이로구나
   * 냉이꽃을 둘러싸고 이내 민들레꽃이 가득한 봄입니다

내리

1. 위에서 아래로
   * 물은 내리 흐릅니다
   * 골짝물은 내리 흐르니까 조금 더 올라가 볼까
   * 내리사랑 치사랑
2. 잇따라 자꾸
   * 쉬지 않고 내리 걷기만 하니 다리가 아파
   * 우리 집은 내리 아들인데, 너희 집은 내리 딸이로구나

* 네가 전화를 안 받아서 아침부터 내리 기다렸어
* 며칠째 내리 눈이 내려 온 마을이 하얗다

3. 아무렇게나 세차게 (마구)
   * 가만히 지나가는 벌레를 내리 밟으면 어쩌니
   * 이불 빨래를 할 적에는 그렇게 내리 밟지 말고 차근차근 골고루 밟아야지
   * 고비를 하나 넘겼다 싶으니 다른 고비가 내리 찾아드네

내내

: 처음부터 끝까지 이어서
   * 너는 내내 잔소리만 하는구나
   * 한 해 내내 따스한 마을입니다
   * 아침부터 내내 싱글벙글 웃는구나
   * 하루 내내 아무것도 못 먹었다니 배고프겠구나
   * 할아버지도 내내 잘 지내셔야 해요

줄곧

: 어떤 일·모습·흐름·끝에서 더 나아가거나 잇거나 따라서

* 너는 줄곧 집에만 있었구나
* 내 동생은 줄곧 고구마만 먹어요
* 오늘은 너희 집까지 줄곧 자전거로 달려 보았어
* 자면서 줄곧 이불을 걷어차더니 고뿔에 걸렸구나
* 여러 날 줄곧 내리는 비에 괭이밥꽃도 봉오리를 닫는다

줄기차다

1. 억세고 세차게 나아가서 조금도 쉬지 않고 이어지다
   * 작은오빠는 피아노 앞에 앉으면 몇 시간이고 줄기차게 쳐요

* 장대비가 벌써 두 시간째 줄기차게 쏟아진다
* 우리 땅을 알고 싶어서 해남부터 서울까지 줄기차게 걸었습니다

2. 끊이지 않으면서 몹시 잘 견디거나 붙다 (질기다)
   * 나는 네가 올 때까지 줄기차게 기다렸어
   * 줄기차게 바란 끝에 드디어 꿈을 이루었어
   * 나는 누나 꽁무니를 줄기차게 좇고, 동생은 내 꽁무니를 줄기차게 좇아요

이따금·가끔·더러·때로·때로는·때때로·제가끔

⋯ '이따금'은 되풀이를 하기는 하는데 썩 자주 되풀이하지는 않을 때를 가리킵니다. 그렇다고 너무 뜸을 들이면서 드물지는 않은 모습을 가리켜요. 꾸준하기는 하지만 자주 있지도 않고 드물지도 않은 그저 그런 만큼을 가리킬 때에 씁니다. '가끔'이나 '더러'도 드물게 일어나는 어떤 일을 가리키면서 씁니다. '이따금'은 드물면서도 자꾸 일어나는 일을 가리킨다고 할 만하며, '가끔'은 되풀이를 하지만 드물 적에 쓴다고 할 만합니다. '때로·때때로'는 때에 따라서 일어나는 일을 가리킵니다. 그런데 '이따금'이나 '가끔'이라는 낱말에 '−씩'을 붙이는 사람이 꽤 있습니다. 두 낱말에는 '−씩'을 붙일 수 없습니다. '이따금·가끔'은 꾸준히 되풀이하는 모습을 가리키는 낱말이기 때문에 '하나씩·조금씩' 같은 말투처럼 '−씩'을 붙여서 꾸준히 되풀이하는 모습을 나타내도록 할 수 없어요. '이따금씩·가끔씩'처럼 쓰면 겹말이 됩니다.

이따금

: 조금 있다가 또 조금 있다가. 자주
  되풀이하지는 않으나 자꾸

  * 자전거로 다니다가 이따금 걸으면 새로운
    모습을 볼 수 있다
  * 깨끗한 숲에서 이따금 반딧불이를 만나곤
    했다
  * 이따금 바람이 가볍게 부는 맑은
    날입니다

가끔

: 얼마쯤 뜸을 들이면서 되풀이를 하는데
  드물게

  * 우리 집도 가끔 고기를 구워서 먹어
  * 가끔 기차를 타고 멀리 나들이를
    다니기도 한다
  * 나는 가끔 설거지를 거들고, 누나는 자주
    설거지를 도와요

더러

1. 모두 가운데 얼마쯤

   * 토끼풀꽃이 가득 핀 풀밭에 민들레꽃이
     더러 피었습니다
   * 이제는 시골에도 제비가 더러 찾아올
     뿐이다

2. 잦거나 드물지는 않으면서 생각날 때

   * 할머니 댁에 더러 찾아가서 인사해요
   * 길을 걷다가 더러 하늘을 올려다보면서
     크게 숨을 들이켭니다

때로

1. 때에 따라서

* 바람이 불다가 때로 멎고 다시 바람이
  분다
* 아기는 귀엽게 웃다가 때로 으앙 하고
  운다
* 어머니는 때로 달걀을 부쳐서 밥에 얹어
  주신다

2. 자주는 아니지만 드물게 (드물지만 얼마쯤
   틈을 두고 일어날 때)

   * 구름을 보니 오늘은 때로 비가 올는지
     모르겠어
   * 바다까지 멀지만 때로 나들이를 간다

때로는

: '때로'를 힘주어 하는 말

  * 조용히 걷다가 때로는 하늘을 올려다보며
    생각에 잠겨요
  * 소나기가 그친 뒤에 때로는 무지개가
    하늘에 곱게 걸리지요

때때로

: 때에 따라서 얼마쯤 드문드문

  * 때때로 해가 나지만 구름이 짙어서 흐린
    날씨로구나
  * 자주 찾아오기는 어려워도 때때로 들러
    주셔요

제가끔

: 저마다 가끔

  * 제가끔 찾아오는 손님
  * 제가끔 달리 말하니 헷갈린다

이루다·이룩하다

···▸ 뜻하는 대로 되도록 할 적에 '이루다'와 '이룩하다'를 씁니다. 그런데 '이룩하다'는 한결 크거나 훌륭하게 되도록 한다는 느낌을 담습니다. 나라를 세우거나 큰 집이나 건물을 세우는 자리에도 '이룩하다'를 씁니다. '이루다'도 이런 느낌을 담을 수 있습니다. 그러나 '이루다'는 여러 가지를 모으거나 더해서 어떤 모습이 나타나도록 하는 자리에서 쓰지만, '이룩하다'는 이런 자리에서는 못 써요. "냇물이 모여 바다를 이룬다"나 "나무가 모여 숲을 이룬다"처럼 쓰지만, "냇물이 모여 바다를 이룩한다"나 "나무가 모여 숲을 이룩한다"처럼 쓸 수는 없어요.

이루다

1. 뜻하는 대로 되게 하다
   * 나는 내 뜻을 이루고 싶어요
   * 꿈을 이루려면 언제나 즐겁게 마음을 기울이고 힘을 쏟아야겠지요
   * 바라는 대로 이룰 수 있으면 무척 기뻐요

2. 어떤 모습·흐름으로 되게 하다
   * 어머니와 아버지는 사랑으로 한집을 이루셨어요
   * 설날을 앞두고 설레니 좀처럼 잠을 이루지 못하겠어요
   * 구름과 무지개가 멋진 모습을 이루었습니다

3. 무엇이 모이거나 더하거나 어우러져서 어떤 것으로 되다
   * 시냇물이 모여 냇물을 이루고, 냇물이 모여 가람을 이룬다
   * 사람들이 모여 마을을 이룹니다
   * 빙글빙글 동그라미를 이루도록

어깨동무를 하면서 놀아요

4. 여러 가지·여러 사람을 모아 어느 한 가지 모습을 띠게 하다
   * 내 몸을 이루는 물은 얼마쯤 될까
   * 큰 줄기나 바탕을 이루는 생각을 잘 읽어야겠어요
   * 동무들을 모아 마을 사랑 동아리를 이루었어요

이룩하다

1. 바라거나 뜻하던 대로 크거나 훌륭하게 하다
   * 우리가 힘을 모으면 아름다운 나라를 이룩할 수 있어요
   * 남녘과 북녘이 통일을 이룩하도록 내 작은 힘을 보태고 싶어요
   * 다 함께 이룩한 멋진 일입니다

2. 나라·마을·건물·집 들을 새로 세우다
   * 숲내음 가득한 보금자리를 이룩하려고

할머니와 할아버지도 애쓰십니다

* 새 나라를 이룩한 사람들은 무엇보다
평화를 외쳤어요

이르다1·빠르다·재다3·재빠르다*·날래다*

⋯ 어떤 일을 하면서 여느 때보다 앞선다는 뜻에서 '이르다'를 씁니다. '빠르다'는 어떤 일을 하면서 겨를이나 시간이 짧거나 적게 든다는 뜻으로 씁니다. "가게에 너무 이르게 왔구나"로도 쓰고 "가게에 너무 빠르게 왔구나"로도 쓰는데, '이르게' 왔다고 할 적에는, 문을 열지 않았는데 왔다는 뜻이 되고, '빠르게' 왔다고 할 적에는, 그야말로 짧은 시간에 왔다는 뜻이 됩니다. 그래서 "말이 빠르다"처럼 쓸 수 있어도 "말이 이르다"처럼 쓸 수 없습니다. 그리고 "이 책을 읽기에는 아직 일러"와 "이 책을 읽기에는 아직 빨라"처럼 쓰기도 하는데, '아직 일러'에서는 어느 책을 읽을 만한 나이나 깜냥이 안 되었는데 너무 앞서 읽으려 했다는 뜻이고, '아직 빨라'에서는 더 있거나 더 배우거나 더 살피거나 알아야 할 것이 있는데 섣불리 읽으려 했다는 뜻인 셈입니다. '재다'는 움직임이 빠르다고 할 적에 쓰는 낱말이고, '재빠르다'는 재고 빠르다는 뜻으로 쓰는 낱말입니다. '날래다'는 나는 듯이 빠르다는 뜻으로 씁니다.

이르다 1

1. 어떤 일을 맞거나 할 적에 여느 때보다 앞서다

   * 우리가 너무 이르게 왔는지 아직 문을 안 열었네
   * 더 이르게 갈 만한 지름길이 있을까
   * 언니와 나는 퍽 이른 나이에 집안일을

많이 배웠어요

2. 어떤 일을 하거나 어떤 일이 이루어지기까지 더 기다리거나 지켜보아야 한다. 어떤 일이 있기까지 아직 겨를이 있다

   * 길을 나서기에는 좀 이르구나 싶다
   * 국이 덜 끓었으니 간을 보기에는 일러

* 하기로 나선 지 얼마 안 되었으니 그만두기에는 아직 이르지 싶어

3. 어떤 모습·높이·매무새가 되기까지 앞으로 긴 나날이 있어야 한다
   * 네가 이 책을 읽기에는 아직 일러
   * 우리가 저 높은 봉우리까지 오를 힘을 쌓기에는 이르지 않을까 생각해
   * 작은 바퀴를 떼고 두발자전거를 타기에는 이를 텐데

4. 처음 이루어지는 때에 있다. 이제 막 이루어지는 때에 있다
   * 이른 아침이지만 싱그러운 바람을 쐬면서 나들이를 가요
   * 이른 봄에 피는 들꽃이 예뻐요
   * 할머니는 이른 새벽부터 부엌에서 밥을 짓습니다

빠르다

1. 어떤 일을 하거나 움직이는 데 걸리는 겨를·때·시간이 짧다
   * 네 말이 너무 빠르니 알아듣기가 어려워
   * 만나기로 한 곳에 늦을까 싶어 빠르게 걸었더니 땀이 난다
   * 아버지는 손놀림이 빨라서 부엌일을 척척 하고 일찍 마칩니다
   * 네 걸음이 빨라서 도무지 못 따라가겠어

2. 어떤 모습으로 달라지거나 나타나기까지 겨를·때·시간이 짧다 (시간이 적게 든다)
   * 요즈음은 하루하루 참 빠르게 흐르는 듯해요
   * 바쁠 때에는 생각을 빠르게 해야 일을 잘 마칠 수 있어
   * 담가 두기만 해도 퍽 빠르게 물이 든다
   * 언제 아팠느냐는 듯이 아주 빠르게

기운을 되찾았어요

3. 어떤 일을 하거나 이루려면 더 있거나 기다려야 한다
   * 저녁을 먹기에는 아직 빠른데
   * 꽃이 피기엔 아직 빠르니 더 기다려야지
   * 봄이어도 날이 아직 쌀쌀한데 얇은 옷을 입기에는 빠른 듯해

4. 때나 차례로 보면 다른 것보다 앞에 있다
   * 시계가 좀 빠르게 가는 듯해
   * 내가 너보다 이 수수께끼를 더 빠르게 풀었어
   * 옆집 동무가 태어난 날은 나보다 하루 빨라요

5. 알아차리는 솜씨가 뛰어나다
   * 너는 참 눈치가 빨라
   * 눈대중이 빨라서 살짝 보아도 다 읽을 수 있어요

재다 3

1. 움직임·몸짓이 몹시 빠르다. 서두르면서 빠르다
   * 곧 비가 올 듯하니 재게 움직여서 일을 마치자
   * 오늘은 심부름을 잰걸음으로 다녀오너라
   * 작은오빠는 몸놀림이 재서 잘 넘어지지 않아요

2. 말을 가볍게 하거나 함부로 하다. 잘 참지 못해서 입을 가볍게 놀리다
   * 너는 입이 재니 가끔은 입을 다물어 주기를 바라
   * 입이 잰 사람 앞에서는 말을 삼가야지
   * 나는 입을 재게 놀리는 사람을 동무로 두고 싶지 않아

3. 빨리 뜨거워지다 (온도가 오르는

겨를·시간이 짧다)

* 뚝배기는 양은 냄비처럼 재지 않지만
  오랫동안 뜨겁다
* 주전자가 낡은 탓에 물이 재지 않으니
  조금 기다려 주셔요

재빠르다 (* '재빠르다·날렵하다'에서도 다룬다)

: 어떤 일을 하거나 움직이는 데 걸리는
  겨를·시간이 아주 짧다 (재고 빠르다)

* 이번 공격은 재빨리 하자
* 숙제를 재빨리 하고 나가 놀았다
* 눈치 하나는 재빠른 우리 동생

* 어머니는 재빠른 솜씨로 국을 끓였습니다

날래다 (* '재빠르다·날렵하다'에서도 다룬다)

: 움직임이 나는 듯이 빠르다. 몹시 빠르다

* 네가 불러서 날래게 달려왔지
* 몸이 가볍고 날래니 오늘 경기에서 아주
  잘 뛸 수 있어요
* 네 날랜 솜씨에는 그저 혀를 내두를
  뿐이야

이르다2·말하다·지껄이다·읊다·외다·외우다

⋯ 귀로 들을 수 있도록 말로 나타내는 일이 '말하다'입니다. 말은 소리인데, 그냥 소리가 아닌 우리 마음과 생각과 뜻을 담은 소리입니다. 소리로 마음과 생각과 뜻을 들려주기에 '말'이 됩니다. '말하다'는 생각이나 마음이나 느낌을 그대로 나타내는 모습을 밑뜻으로 삼습니다. '이르다'는 어떻게 하라거나 무엇이라 밝히거나 어떠하다고 알리려고 말하는 일을 밑뜻으로 삼습니다. '말하다'는 나타내거나 드러내는 느낌이 짙으나, 자꾸 말하고 또 말해도 알아듣지 못하기도 하기 때문에 '꾸짖다'와 같은 뜻으로 쓰임새가 넓어지기도 합니다. '이르다'는 '일러바치다'라든지 '타이르다'와 같은 뜻으로 쓰임새를 넓힙니다. 이름을 붙일 적에도 '이르다'를 씁니다. 큰소리를 내는 모습을 가리키거나 '말하다'를 낮추려는 뜻으로 '지껄이다'를 씁니다. 소리를 내어 어떤 글을 읽을 적에 '읊다'를 쓰고, 같은 말을 되풀이한다는 뜻으로 '외다'를 쓰며, 어떤 말을 머릿속에 잘 담아서 나타낼 적에 '외우다'를 씁니다.

이르다 2

1. **어떻게 하라고, 무엇이라고, 어떠하다고 귀로 들을 수 있도록 나타내다**

    * 어머니는 무엇이든 늘 차근차근 일러 줍니다
    * 더 일러야 할 대목이 있으면 바로 일러 주렴
    * 이 방법은 나한테 일러도 잘 모르겠으니 누나한테 일러야지 싶어
    * 집으로 돌아가서 모두 이쪽으로 오라고 일러 주라
    * 네가 나한테 이르기를 이쪽 길이 맞다고 했는데 막다른 골목이던걸

2. **잘 알도록 밝혀서 이끌다 (타이르다, 달래다)**

    * 우는 동생한테는 부드럽고 따스하게 천천히 일러야지
    * 아버지가 여러 번 똑똑히 일렀지만 그만 깜빡 잊었어요
    * 물에 들어가 헤엄치기 앞서 지킬 것을 차근차근 일러 줍니다
    * 동무한테 이제부터 모임에 늦지 말라고 단단히 일러야겠어요
    * 오빠한테는 내가 이를 테니까 너는 여기에서 기다려

3. **미리 알리다**

    * 그러면 언제 이곳에 오면 되는지 일러 주렴
    * 다음에 어디에서 보자고 일러 주지 않고 그냥 가면 어떡하니
    * 곧 손님이 오시니 찻물을 끓이라고 어머니가 이르십니다

4. **잘못을 윗사람한테 알리다 (일러바치다)**

    * 말하지 않기로 하고서는 언니한테 몰래 이르다니 괘씸해
    * 동생은 툭하면 어머니한테 가서 다 일러요

5. **이름을 붙이거나 가리켜 나타내다**

    * 이 들꽃은 무엇이라 이를는지 궁금해
    * 우리 마을은 가리재라 이르는 고개를 넘으면 나와요

6. **옛날부터 어떠하다고 책에 나오거나 누군가 말로 나타내다**

    * 할아버지가 이르기를, 이 마을은 예부터 우거진 비자나무숲이었대요
    * 이 책에 이르기를, 생각을 맑게 지으면 무엇이든 이룬다고 하는구나

말하다

1. **생각이나 느낌을 귀로 들을 수 있도록 나타내다 (말로 나타내다)**

    * 이제 네 생각을 말해 보렴
    * 큰오빠는 바다에 가자고 말하고, 작은오빠는 숲에 가자고 말합니다
    * 네 마음을 알 수 있도록 나한테 말해 주기를 바라
    * 말하기 어렵다면 굳이 말하지 않아도 돼
    * 쉽게 말할 만하지 않아서 글로 적으려고 해요

2. **잘 알도록 밝혀서 귀로 듣도록 하다 (말로 알리다)**

    * 나한테는 아무도 말하지 않아서 미처 몰랐습니다
    * 구름을 보니 곧 비가 올 듯하다고 할머니가 말합니다
    * 너희끼리만 알지 말고 나한테도 말해

주면 좋겠어

3. 어떤 일을 돕거나 맡아 달라고 하다
   (부탁하다)

   * 이따가 아버지더러 가지고 오시라고 말해
     놓을게
   * 아무래도 혼자서는 힘들 듯해서 누나한테
     말했어요
   * 나한테도 종이접기를 가르쳐 달라고
     말했어요

4. 말리거나 하지 말라는 뜻을 말로 나타내다
   (타이르다, 꾸짖다)

   * 몇 번이나 말해도 듣지 않네
   * 그 녀석이 내 동생을 자꾸 괴롭히니
     오늘은 따끔하게 말해야겠네

5. 옳고 그름이나 값어치를 밝히거나
   가리거나 따지거나 살피다

   * 아버지는 내가 쓴 시를 읽으시더니
     좋다고 말하셔요
   * 사람들은 시집살이노래가 고단한 삶과
     아픔을 웃음으로 살려 냈다고 말한다
   * 이 자리에 없는 사람을 뒤에서 함부로
     말하지 말자

6. 어떤 것·일·모습·흐름·속내를 나타내거나
   드러내다

   * 너는 이 일이 무엇을 말하는지 알겠니
   * 그 선물꾸러미는 그 아이가 너한테
     보내는 마음을 말하는 셈이지 싶어
   * 사랑을 어떻게 말해야 하는지 궁금해요

7. 간추리거나 다른 말로 바꾸거나 쉽게 말로
   나타내다 (앞말과 이어서 씀)

   * 그래, 알았어. 말하자면 어제 네가
     처음으로 어머니한테 밥을 차려 드렸구나
   * 어제 우리가 이기기는 이겼지. 말하자면
     이겼어도 진 경기와 같아

* 이렇게 나무는 아름답습니다. 말하자면
  나무가 있어야 우리 삶도 아름답지요

8. 힘을 주어 나타내거나 다시 한 번
   되풀이하다 ('말하면'이나 '말하자면' 꼴로
   씀)

   * 김치 맛으로 말하면 우리 집은
     할머니보다 할아버지 솜씨가 한결 깊어
   * 팔씨름으로 말하자면 우리 언니가
     너희보다 훨씬 셀걸
   * 우리 마을을 말하면 언제나 아늑하고
     아름다운 시골이지

지껄이다

1. 큰소리로 떠들썩하게 이야기하다

   * 여기저기에서 들썩들썩 지껄이니 골이
     아프다
   * 가까이에서 지껄이니 귀가 멍멍하다

2. '말하다'를 낮잡아서 이르는 말 (조용히
   말해도 '지껄이다'이며 나쁜 뜻으로 씀)

   * 엉터리 같은 소리는 지껄이지 말아라
   * 잘 모르면서 함부로 지껄이는구나

읊다

1. 높낮이를 맞추어 소리를 내어 읽거나
   되풀이하다

   * 우리 큰누나는 글을 아주 잘 읊습니다
   * 아버지는 잠자리에서 늘 옛이야기를 몇
     가지 읊으셔요

2. 시를 짓다

   * 짙푸른 여름을 시로 읊는다
   * 우리가 즐긴 눈놀이를 시로 읊어 보자

외다

1. 같은 말을 되풀이하다
   * 동무가 먼저 한 말을 외지 말고 네 생각을 말하렴
   * 주절주절 외지 말고 똑똑하게 뜻을 밝혀 봐
2. '외우다'를 줄인 말
   * 책 한 권을 외기는 쉽지 않더라
   * 제법 긴 글인데 줄줄 잘 외는구나

외우다

1. 말이나 글을 잊지 않고 잘 떠올리다
   * 나는 큰아버지 댁 주소도 외울 수 있어요
   * 어제 배운 이야기를 한번 외워 볼까
2. 말이나 글을 잘 떠올린 뒤, 틀리지 않게 그대로 들려주다
   * 내가 그 시에서 앞쪽을 외울 테니 네가 뒤쪽을 외워 주라
   * 어머니는 내가 예전에 했던 말을 외워서 고스란히 나한테 돌려줍니다
3. 버릇처럼 늘 말하다 (입버릇처럼 말하다)
   * 너는 즐거울 때마다 '아이 좋아 아이 좋아' 하고 외우더라
   * 조금만 힘들면 하기 싫다고 외우는데 좀 끈질기게 버텨 보렴

이르다3·닿다·다다르다

···⟶ 어느 곳으로 가는 모습을 가리키는 '이르다'입니다. 어느 곳으로 가듯이 어느 때가 되는 모습도 '이르다'라 하고, 어떤 테두리나 크기가 되는 모습도 '이르다'라고 합니다. '다다르다'도 '이르다'와 아주 비슷하게 씁니다. "가을 단풍이 고비에 이르다"나 "가을 단풍이 고비에 다다르다"처럼 함께 쓰기도 하는데, "아이부터 어른에 이르기까지"처럼 쓸 수 있어도 "아이부터 어른에 다다르기까지"처럼 쓰지는 않습니다. 그리고 '이르다'는 스스로 움직여서 어느 곳으로 가는 모습을 가리킵니다. '닿다'는 서로 가까워지면서 붙는다는 느낌으로 쓰는 낱말입니다.

이르다 3

1. 어느 곳으로 가다
   * 배가 뭍에 이르려면 아직 멀었구나
   * 저 언덕만 넘으면 집에 이르니 더 기운을 내서 걷자
   * 바다에 이르니 짭짤한 바닷바람이 분다
2. 어느 때가 되다
   * 길이 많이 막혀서 저녁에 이르러서야

겨우 집에 왔어요

* 만두 빚기는 깊은 밤에 이르러 드디어 끝났습니다
* 열두 시에 이르니 뻐꾸기시계가 열두 차례 웁니다

3. **어떤 테두리·흐름·크기·무게·부피가 되다**

* 어린 동생과 할머니에 이르기까지 우리 집 사람들이 모두 모였습니다
* 이제부터 힘든 고비에 이를 테니 마음 단단히 먹자
* 어제 모임에서는 마무리에 이르러 한 마디를 해 보았어요
* 어린 동생은 몸무게가 이제 삼십 킬로그램에 이릅니다

닿다

1. **서로 바싹 있어서 사이나 틈이 없다 (안 떨어지도록 가까이 있다)**

* 찬물이 닿으니 온몸이 벌벌 떨리고 더 춥네
* 내 볼에 닿는 봄바람이 산뜻하면서 보드랍습니다
* 맨발로 풀밭을 걸으니 발바닥에 닿는 느낌이 폭신폭신 좋아요
* 바람에 떨어져 내 어깨에 닿은 가랑잎이 싱그럽다

2. **어떤 곳에 가다**

* 배가 나루터에 닿았어
* 버스가 언제쯤 닿으려나
* 이 기차는 전주와 남원을 지났으니 곧 구례에 닿는다

3. **먼 곳 이야기나 소리가 이쪽으로 오다**

* 동생이 놀다 넘어져서 우는 소리가 내 귀에까지 닿습니다

* 어머, 어느새 너한테까지 그 이야기가 닿았구나
* 나한테는 그 이야기가 닿지 않았는데, 무슨 일이 있었니

4. **어떤 것에 가까이 있거나, 어떤 것 쪽으로 가까이 가다 (어떤 것하고 안 떨어질 만큼 가까이 있다)**

* 까치발을 하고 손을 뻗으니 감꽃에 가까스로 닿았다
* 네 발이 닿는 데까지 뛰어서 건널 테니까 기다려
* 내 동생 눈길이 닿은 곳은 빵집이에요
* 네가 던진 공은 어디까지 닿으려나

5. **힘·생각·물건·때가 잘 흘러서 어느 곳으로 가다**

* 나도 힘이 닿는 데까지 도울 테니까 다 함께 잘해 보자
* 우리 살림에 닿는 만큼 챙기기는 했는데 좀 모자랄 수 있어
* 때가 닿으면 다시 편지를 할게
* 마음이 닿지 않는다면 쉬 나서지 못하겠지

6. **올바르거나 똑바로 맞다**

* 참말에 닿지 않는다면 그런 생각은 그리 듣고 싶지 않구나
* 사랑에 닿지 못하는 말은 믿음직하지 않아요

7. **글뜻이나 말뜻이 부드럽게 이어지거나 흐르다**

* 이 책이 들려주는 이야기는 내 가슴에 잘 닿지 않아요
* 뜻이 제대로 닿으려면 글을 또렷하게 써야 합니다
* 앞뒤가 안 닿는 글은 아무리 읽어도 무슨

소리인지 모르겠어

8. 서로 이어지거나 만나다

* 우리는 언제나 연락이 잘 닿지
* 뿌리를 거슬러 올라가면 우리는 어디까지
  닿으려나
* 너희 모임에 우리 모임이 닿을 수 있을까

다다르다

1. 뜻한 곳에 가다

* 드디어 지리산 어귀에 다다랐구나
* 동생과 냇가에 다다르니 마을 아이들은
  벌써 멱을 감으며 논다

* 언니랑 자전거를 달려 놀이터에
  다다랐어요

2. 어느 때·틀·자리가 되다 (닥쳐오다)

* 놀이 막판에 다다라 아슬아슬한데 집에서
  나를 부르는 소리가 들린다
* 겨울에 다다르니 바람이 한결 차갑고
  매섭다
* 어제는 도무지 안 떠오르더니 아침에
  다다라서야 떠올랐어요
* 알록달록 가을빛이 고비에 다다른 시월
  끝자락이 아주 곱다

이야기·옛이야기·옛날이야기·말·수다

⋯→ 생각이나 마음을 말로 나눌 때에 '이야기'라고 합니다. 어떤 일을 꾸며서 나누는 말이라든지, 겪거나 한 일을 고스란히 들려주는 말도 '이야기'입니다. '옛이야기 · 옛날이야기'는 예부터 내려온 이야기나 오래된 이야기나 지나간 이야기를 가리킵니다. '말'은 생각이나 마음을 나타내는 소리를 가리키고, 이 뜻을 바탕으로 생각이나 마음을 나타내는 일을 함께 가리킵니다. '수다'는 쓸데없이 많다 싶은 말을 가리키는데, 요즈음은 '수다'를 새롭게 풀이해서 쓰곤 합니다. 서로 마음을 열어 즐겁게 널리 나누는 말을 '수다'로 가리키기도 합니다.

이야기 (이야기하다)

1. 생각이나 마음을 말하고 듣는 일

* 우리 차분히 이야기를 해 보자
* 서로 이야기를 나누지 않으면 속마음을
  알 수 없습니다

* 오순도순 이야기를 주고받으면서 한결
  가깝게 사귑니다
* 이야기꽃·이야기잔치·이야기마당

2. 어떤 줄거리를 드러내는 생각이나 마음

* 할아버지하고 나무 이야기를 나누면

즐겁습니다

* 아버지 이야기로는 어머니가 곧 오신대
* 누가 먼저 이야기를 꺼낼까
* 만화 이야기

3. 스스로 겪은 지난 일이나 마음속 생각
   (남에게 일러 주는 말이 된다)
   * 내 이야기 좀 들어 봐
   * 누나는 어제 그 일과 얽힌 이야기를
     털어놓습니다
   * 네 이야기를 듣고 보니 참으로
     안타깝구나

4. 서로 주고받는 말
   * 이야기도 없이 맨숭맨숭 앉아서 무얼
     하니
   * 밥상맡에서 아무 이야기도 없이 모두
     수저질만 합니다

5. 다른 사람이 내놓거나 들려주는 생각
   (소문, 평판)
   * 나도 그 이야기는 알아
   * 우리를 두고 누군가 얄궂은 이야기를
     퍼뜨린 듯해
   * 알려주신 이야기는 저도 예전에 들어서
     알아요

6. 있는 일이나 있지 않은 일을 꾸며서
   재미있게 하는 말
   * 우리 어머니는 이야기를 잘해요
   * 네가 들려주는 이야기가 참 재미있어
   * 이야기책·이야기꾼

7. = 옛날이야기
   * 옛날부터 우리 겨레는 이야기를 먹고
     자랐대요
   * 이야기는 할머니한테서 어머니한테,
     어머니한테서 다시 나한테 이어집니다

옛이야기

: = 옛날이야기
   * 할아버지가 어릴 적에 놀던 옛이야기를
     들었어요
   * 마을 할머니들이 도란도란 모여
     옛이야기로 즐겁게 저녁을 보내십니다
   * 나는 청개구리 옛이야기가 재미있더라
   * 어제 겪은 일은 옛이야기이니, 모두
     새롭게 기운을 내어 다시 해 보자

옛날이야기

1. 옛날에 있던 일이라고 내려오는 이야기
   * 할머니가 들려주는 옛날이야기가 가장
     재미있어요
   * 우리 마을에는 어떤 옛날이야기가
     있을는지 궁금해요

2. 옛날부터 내려오거나 옛날에 있었다고
   꾸민 이야기 가운데, 아이들이 읽을 수
   있도록 글로 다시 적은 이야기
   * 옛날이야기 책을 읽어 볼까
   * 어머니는 저녁마다 옛날이야기 그림책을
     읽어 줍니다

3. 벌써 다 지나가고 만 이야기 (한때는
   있었지만, 이제는 더 이어지지 못하는 일)
   * 이제 그만하자, 다 옛날이야기잖아
   * 옛날이야기는 접어두고 오늘부터 새로운
     마음이 되자

말 (말하다)

1. 생각·마음·느낌을 나타내는 소리
   * 말을 적으면 글이 됩니다
   * 아기는 어머니와 아버지한테서 말을
     배워요
   * 내 말이 들리니 안 들리니

ㄱ
ㄴ
ㄷ
ㄹ
ㅁ
ㅂ
ㅅ
ㅇ
ㅈ
ㅊ
ㅋ
ㅌ
ㅍ
ㅎ

* 사람과 짐승은 서로 쓰는 말이 다르다

2. 생각·마음·느낌을 나타내거나 나누는 일
   * 부드럽게 들려주는 말이 듣기에 좋아요
   * 낯선 사람한테는 말을 놓기 어렵습니다
   * 말 한마디에 천 냥 빚 갚는다
   * 가는 말이 고와야 오는 말이 곱다

3. 어떤 줄거리를 드러내는 생각이나 마음
   * 네가 맨 처음에 나서서 말을 해 보렴
   * 누나 말로는 아직 어떻게 되는지 모르겠다는구나
   * 귀에 대고 속닥속닥 말을 한다

4. 낱말·글월·글줄·속담 들을 두루 가리키는 일
   * 너한테서 그런 말은 듣고 싶지 않아
   * 그 말은 썩 알맞지 않은 듯해
   * 예전에 내가 했던 말이었어
   * 이 자리에 꼭 어울리는 말이로구나

5. 다른 사람이 내놓거나 들려주는 생각 (소문, 평판)
   * 그러고 보니 언젠가 그런 말을 들은 듯해
   * 엉뚱한 말이 자꾸 떠도네
   * 네가 곧 온다는 말이 있었거든

6. '허울이나 껍데기만 있음'을 나타내려고 씀
   * 말은 좋으나 그리 믿기지 않아
   * 이곳은 말이 도서관이지, 책은 몇 권 없고 조그마한 방 한 칸이다

7. '힘주어 다시 밝히거나 나타내려는 뜻'으로 씀
   * 우리도 자전거를 함께 타자는 말이지
   * 저는 어제 집에 조용히 있었단 말이에요
   * 설거지와 청소라면 벌써 끝냈단 말입니다
   * 어서 가야겠어요. 비바람이 몰아치기 앞서 말이에요

* 이제 두꺼운 이불을 꺼내야지. 더 추워지기 앞서 말이야

8. '괜찮거나 잘된 모습이나 때'를 나타내려고 씀 (망정)
   * 누나가 거기에 있었으니 말이지 큰일이 날 뻔했어
   * 미리 밥을 지었으니 말이지 저녁도 굶을 뻔했네
   * 제때에 왔으니 말이지 자칫 버스를 놓칠 수 있었어

9. '잘 안되거나 이루어지지 않아서 안타까운 마음'을 나타내려고 씀
   * 도와주고는 싶은데 오늘 내가 몸이 아파서 말이지
   * 같이 가려 했는데 갑자기 다른 일이 생겨서 말이야

10. '어떻게 될 듯한 모습'을 나타내려고 씀 ('-ㄹ 것 같으면'을 뜻함)
    * 옆집 동무가 아침부터 굶을 줄 알 말이면 아까 내 도시락을 줄걸
    * 네가 그리 재미있어하는 줄 알 말이면 더 놀다가 와도 되었을 텐데

11. '눈길을 끌거나 돌리려는 뜻'으로 씀
    * 그런데 말이에요
    * 내가 말이야
    * 우리끼리 있으니 말인데

수다 (수다스럽다, 수다하다)

1. 쓸데없이 많은 말
   * 수다는 그만 떨고 이제부터 제대로 이야기를 나누자
   * 수다만 늘어놓지 말고 곰곰이 생각해 보자
   * 수다쟁이

2. 서로 마음을 열어 즐겁게 널리 들려주는 말
   * 우리는 수다를 나누면서 그동안 쌓인 앙금을 풀었어요
   * 고무줄놀이를 놓고 한 시간 넘게 수다를 주고받았어요

익숙하다·익다·배다·버릇·버릇되다

⋯▸ '익숙하다'는 자주 하거나 많이 하면서 꽤 할 줄 아는 모습을 가리킵니다. 솜씨가 있다고 할 모습입니다. '익다'도 자주 하거나 많이 한 모습을 가리키는데, '익다'는 서투르지 않은 모습을 나타냅니다. 그래서 몸에 익은 어떤 모습이나 몸짓은 '버릇'입니다. "이 노래는 귀에 익어요"처럼 쓸 수 있지만, "이 노래는 귀에 익숙해요"처럼 쓰지 않습니다. "이 일은 손에 익었어"처럼 쓸 수 있으나, "이 일은 손에 익숙해"처럼 쓰지 않아요. 다만, "이 일은 익숙하게 해"처럼 쓰고, "이 일은 익게 해"처럼 쓰지는 못합니다. 눈에 선하게 보인다고 할 만큼 잘 알기에 "이 길이 익숙하다"처럼 말하고, 낯설지 않기에 "이 길이 눈에 익다"처럼 말합니다. 그러니까 '익숙하다'는 눈이나 귀로 느끼는 자리에서는 안 씁니다. 몸으로 잘 안다고 할 만한 자리에만 씁니다. '익다'는 눈이나 귀로 안 낯설게 느낀다고 할 자리에 씁니다. '버릇'이라는 낱말은 '말버릇·입버릇'으로도 쓰는데, 요즈음은 사람들이 글을 흔히 쓰니 '글버릇' 같은 새 낱말을 쓰거나, 밥을 먹는 어떤 버릇을 가리켜 '밥버릇'처럼 쓸 수 있습니다.

익숙하다
1. 여러 번 해 보아서 꽤 할 줄 알다 (솜씨가 있다)
   * 어릴 적부터 꾸준히 거들었기에, 나도 설거지라면 익숙해요
   * 누나랑 나는 익숙한 손놀림으로 나물을 뜯습니다
   * 할아버지는 어떤 일이든 익숙하게 잘 하셔요
2. 여러 번 보거나 이야기를 들어서 잘 알다

(눈에 선하거나 환하다)

* 이 마을로 옮겨서 지낸 지 제법 되었기에
  이제는 골목길이 익숙해요
* 여태 익숙한 길로만 다녔으니 오늘은
  새로운 길로 가 볼까 해
* 응, 익숙하게 들은 이야기인걸

3. **어떤 사람이나 물건을 자주 보거나 어떤
   일을 자주 겪어서 잘 알다**
   * 조용한 시골살이가 익숙해서, 북적거리는
     서울은 오히려 낯설어요
   * 나도 외발자전거가 익숙해요
   * 어릴 적부터 어머니가 늘 사진을 찍어서
     나도 사진기가 익숙해요

4. **어둡거나 밝은 곳에 눈을 맞추어 웬만큼
   볼 수 있다**
   * 밝은 데에 있다가 어두운 데에 가면 아직
     익숙하지 않아 안 보인다
   * 어둠에 익숙해지면 길이 잘 보이니까
     기다려 보렴

5. **늘 사귀어 사이가 가깝다**
   * 그 아이는 나하고 익숙한 동무예요
   * 우리는 어릴 적부터 서로 익숙합니다

익다

1. **여러 번 해 보아서 서투르지 않다**
   * 요새 어머니를 도와 밭일을 하다 보니
     호미질이 손에 익었어요
   * 책읽기가 몸에 익어서 시끄러운 곳에서도
     잘 읽을 수 있어요
   * 동생도 연필이 손에 익으니 글씨를
     또박또박 잘 써요

2. **자주 겪거나 오래 겪어서 어느 만큼 알다**
   * 나는 어릴 때부터 시골이 몸에 익어서
     밤에도 안 무서워요

* 몸에 익지 않은 옷을 입은 탓인지
  여러모로 거북하네

3. **자주 듣거나 보아서 어느 만큼 알다**
   * 이곳은 눈에 익은 길이야
   * 가만히 보니까 낯이 익은 얼굴이네요
   * 귀에 익은 소리를 들으니 무척 반갑다

4. **어떤 몸짓이나 움직임이 굳어지거나 붙다**
   * 일찍 일어나기가 몸에 익어서, 늦게 자도
     아침이면 눈을 번쩍 떠요
   * 설거지가 몸에 익으니, 밥을 다 먹으면
     곧바로 설거지를 합니다

5. **어둡거나 밝은 곳에 눈을 맞추어 웬만큼
   볼 수 있다**
   * 갑자기 불을 꺼서 하나도 안 보이더니,
     이제 어둠이 천천히 눈에 익는다
   * 어둡다가 밝은 곳으로 가면 눈을
     찡그리며 빛에 익을 때까지 기다려

배다

1. **스며들거나 스며 나오다**
   * 비옷을 입었어도 한참 빗길을 걸으니
     몸에 빗물이 배는 듯하다
   * 땀이 옷에 배어 몸에 착 달라붙네
   * 아버지가 들려주는 이야기가 재미있는지
     웃음이 살며시 배어 나옵니다
   * 기쁨이 밴 웃음을 활짝 터뜨립니다

2. **버릇이 되어 거리낌 없이 어떤 일을 할 수
   있다**
   * 이제 나도 깍둑썰기와 채썰기가 몸에
     배어 부엌일을 제법 거들어요
   * 노래가 입에 배어 언제나 흥얼흥얼
     즐겁게 부릅니다

3. **냄새가 스며들어 오래도록 남다**
   * 모처럼 고기를 구워 먹었더니 옷에

냄새가 배었어요

* 숲에 다녀오면 숲내음이 온몸에 짙푸르게 밴다

4. 느낌이나 생각이 짙거나 오래 남다

* 아름다운 숨결이 밴 노래를 귀를 기울여 들어요
* 네 꿈이 듬뿍 밴 이야기를 잘 들었어

버릇

1. 오래·자주·자꾸 되풀이하면서 한쪽으로 굳거나 붙은 몸짓이나 움직임

* 넌 즐거울 때마다 살며시 눈웃음을 짓는 버릇이 있더라
* 한번 버릇이 되면 잘 안 떨어지더라
* 좋아도 그렇지 자꾸 그러면 버릇이 되겠어
* 말버릇·배냇버릇·손버릇·잠버릇

2. 거듭 배우거나 자꾸 되풀이하면서 꾸준히 할 수 있는 몸짓이나 일

* 할머니는 아침마다 밭일을 마치고 책을 차분히 읽는 버릇을 들이셨어요

* 그때그때 느낀 이야기를 글로 적는 버릇을 어릴 때부터 들였어요

3. 손윗사람한테 지킬 다소곳하거나 바른 몸짓

* 동무 사이에 무슨 버릇을 따지니
* 아무리 가까운 언니라 하더라도 너무 버릇이 없게 굴지는 말자
* 저더러 버릇이 없다고 말씀하시더라도 따질 일은 따지고 싶어요

버릇되다

: 버릇으로 굳어지다

* 거친 말투는 버릇되면 마음까지 거칠어질 수 있으니 잘 다스리렴
* 아침마다 즐기는 숲마실이 버릇되면 몸이 튼튼해지겠는걸

일부러·부러·우정·짐짓

···· 마음과 몸짓이 다를 적에 쓰는 낱말이 있습니다. '부러'나 '짐짓' 같은 낱말인데, '부러'는 거짓스러운 말투나 몸짓을 드러내고, '짐짓'은 억지로 꾸민다는 느낌을 드러냅니다. '일부러'와 '우정'도 이 같은 느낌을 가리켜요. 그런데 '일부러'와 '우정'은 "스스로 마땅히 해야겠다 생각하면서 애써서"를 뜻하기도 합니다. 그리고 '우정'은 경기와 강원부터 북녘에서 두루 쓰는 낱말입니다. 북녘에서는 '일부러스럽다' 같은 낱말을 쓰기도 합니다.

일부러

1. 스스로 해야 할 일로 알거나 여기면서
   (애써서)
   * 고모님이 아프다고 하셔서 일부러
     찾아왔어요
   * 일부러 먼 길을 왔는데 헛걸음이 되고
     말았네요
   * 내가 일부러 심은 나무인데 함부로
     가지를 꺾지 마셔요
2. 어떤 뜻을 품거나 생각을 하면서 거짓을
   담아
   * 너, 일부러 이 꽃병을 깼니
   * 우리가 싫어하는 짓만 일부러 하는구나
3. 속으로는 알지만 겉으로는 모르는 척
   꾸며서
   * 다 알면서 일부러 모르는 척하면 누가
     모를 줄 아니
   * 일부러 그런다고 쉽게 봐주지 않을 테야
   * 나를 틀림없이 보았을 텐데 일부러 못 본
     척을 하네

부러

: 말이나 몸짓에 거짓을 담아 꾸며서
   * 옆에서 다 들었으면서 부러 못 들었다는
     듯이 말하네
   * 안 도와주어도 괜찮으니 부러 돕는
     척하지는 말아라
   * 졸리면 그냥 자도 되니 부러
     귀여겨들으려고 애쓰지 마

우정

: = 일부러 (경기·강원·황해·함경·평안에서
   쓰는 말)

* 할머니가 나를 보고 싶다면서 우정
  먼 길을 오셨어요
* 억새꽃을 보고 싶어서 억새가 흐드러진
  곳까지 우정 찾아갑니다
* 기쁜 노래를 나누어 주려고 제비가
  봄마다 우정 돌아오는지 몰라요
* 싫으면 싫다 하면 되지, 우정 이렇게 할
  일은 아니잖니
* 우리를 괴롭히려고 우정 벌인 짓이라면
  봐줄 수 없어

짐짓

1. 마음으로는 그렇지 않으나 억지로 꾸미는
   듯이
   * 웃기지 않으면서 짐짓 웃는 척하니 외려
     달갑지 않아
   * 네가 짐짓 놀라는 얼굴을 하는 줄 다
     알겠어
   * 너 힘든 줄 아니까 짐짓 괜찮다 하지 말고
     느긋하게 쉬렴
   * 바쁘지 않으면서 짐짓 허둥거리는
     체하지는 말아라
2. 참과 같이 그대로 (참말로)
   * 말로만 듣던 백두산에 와 보니, 짐짓 멋진
     모습이로구나
   * 울릉섬에서 바라보는 너른 바다는 짐짓
     파랗고 아름답네
   * 우리 어머니가 지어 주는 밥은 언제
     먹어도 짐짓 맛나요

일없다·괜찮다*

···▸ "일이 없다"는 뜻으로 '일없다'를 씁니다. '일'은 "뜻함이 있는 모든 것"이나 "사람이 하는 어떤 움직임"이나 "무엇을 새로 짓는 움직임"을 나타내기도 하지만, "풀거나 맺거나 하거나 다룰 것"이라든지 "어렵거나 힘들거나 어긋나는 것"을 나타내기도 해요. 이리하여 '일없다'는 어렵거나 힘들거나 어긋날 만하지 않다는 뜻이기도 하고, 걱정이나 근심을 할 까닭이 없다는 뜻이기도 하며, 마음을 쓸 까닭이 없다는 뜻이기도 합니다. '괜찮다'는 그리 나쁘지 않거나 썩 나쁘지 않다고 하는 자리에서 씁니다. 그러니까 '괜찮다'는 "나쁘지 않다"를 가리키는데, 이 낱말은 "좋다"를 가리키지는 않습니다. "나쁘지 않아서 쓸 만하거나 할 만하다"를 가리킵니다. 그리 내키지 않지만 안 할 만하지는 않다는 느낌이라고 할까요. 못마땅하거나 싫지는 않으나 그럭저럭 할 만하다는 느낌이라고 할까요. 요즈음 들어 '일없다'를 북녘말로 가르고, '괜찮다'를 남녘말로 가르는 흐름이 있기도 한데, '일없다'를 함부로 북녘말이라고 가를 수는 없습니다. '일없다'와 '괜찮다'는 뜻과 느낌이 사뭇 다르기 때문에, 어느 하나는 북녘에서만 쓰고 어느 하나는 남녘에서만 쓰지 않습니다. 북녘 한국말사전이나 남녘 한국말사전은 두 낱말을 모두 올림말로 다룹니다.

일없다

1. 걱정을 하거나 마음을 쓸 까닭이 없다
   (말썽이나 잘못될 것이 없다)
   * 배고파서 우는 아이한테는 밥 한 그릇이면 일없지
   * 그 장난감을 주면 일없을 텐데, 왜 안 주면서 동생을 울리니
   * 내가 설거지랑 걸레질도 잘하니 어머니는 집안에 일없어서 홀가분하다 하셔요

2. 쓸모가 없다. 있을 까닭이 없다
   * 나는 일없으니 네가 다 쓰렴
   * 이 놀이에서 너까지는 일없지만, 깍두기가 되어 함께 놀겠니
   * 우리는 과자도 사탕도 일없고, 오직 따스한 사랑과 꿈을 바라요

괜찮다 (* '괜찮다·성하다'에서도 다룬다)

1. 그리 나쁘지 않을 만큼보다 낫거나 좋다.

나쁘지 않을 만큼 쓸 만하다

* 글씨를 못 쓴다고 하더니 이만하면
  괜찮구나
* 우리는 그럭저럭 괜찮은 사이예요
* 얼굴도 말씨도 마음도 모두 괜찮은데
  너는 어디가 못마땅하니
* 너희 집은 괜찮게 지내는구나
2. 걱정이나 말썽이나 잘못이 될 만한 일이
   없다 (거리낄 일이 없다)

* 넘어져도 괜찮으니 다시 일어나서 놀자
* 내가 한입 먹어도 괜찮겠니
* 나는 아직 많이 서툰데 벌써
  두발자전거를 타도 괜찮을까
* 네가 마음이 내키면 언제라도 괜찮으니까
  꼭 전화를 해 주라
* 좀 더운데 문을 살짝 열어도 괜찮으려나

잇따르다·잇달다·잇다·이어지다

⋯▸ 이어서 따른다고 하기에 '잇따르다'이고, 여럿을 하나가 되도록 하려고
붙이거나 닿게 하기에 '잇다'이며, 끊어진 것을 다시 붙이기에 '이어지다'입
니다. '잇다'는 쓰임새를 차츰 넓히면서 "서로 가까이 모은다"고 하거나 "그
친 것을 다시 한다"고 하는 자리에서도 씁니다.

잇따르다

1. 다른 것 뒤를 이어서 따르다
   * 길게 잇따른 줄을 보니 한참
     기다려야겠네
   * 우두머리 새를 잇따르는 수많은 새들이
     하늘에 그리는 아름다운 모습
   * 곧 잇따라 갈 테니 앞에서 먼저 가렴
2. 비슷하거나 같은 어떤 일이나 움직임이
   이어서 생기다
   * 재미가 없는지 사람들이 잇따라 자리를
     뜨는구나
   * 안 좋은 소리를 잇따라 듣는데 굳이 이

일을 해야 할까 모르겠어
* 별꽃과 봄까지꽃이 피니 다른 봄꽃이
  잇따라 하나둘 핍니다
* 막내가 태어난 뒤 기쁜 일이 잇따라
  찾아와요

잇달다

: = 잇따르다
   * 손맛 좋은 호떡을 먹으려고 사람들이
     줄을 잇닫는구나
   * 새로 문을 연 도서관에 사람들이 잇달아
     찾아갑니다

* 잇달아 핀 봄꽃을 보니 저절로 노래가 나와요
* 어젯밤에는 재미난 꿈을 잇달아 꾸었어요

잇다

1. 여러 것을 묶거나 매거나 맞추거나 붙이거나 닿게 해서 하나로 하다
   * 끊어진 빨랫줄을 다시 이었어요
   * 새끼를 이어 밧줄을 삼아요
   * 줄을 이어서 죽 그리면 퍽 재미난 모습이 나온다
   * 길게 오린 천으로 여러 가닥을 이어서 제기를 만들어서 논다
2. 줄을 지어 많이 있다
   * 이렇게 줄이 길게 이었는데 언제 우리 차례가 오려나
   * 설이나 한가위가 되면 꼬리에 꼬리를 잇는 자동차가 물결을 이루어요
   * 이쪽 가게는 줄을 잇고 저쪽 가게는 한갓지네
3. 안 끊어지며 할 수 있도록 하다
   * 내가 먼저 할 테니 이어서 바로 해
   * 네 말에 이어서 내가 한마디 보탤게
   * 어머니는 집살림을 이으려고 무척 애를 쓰십니다
4. 떨어진 두 곳을 붙여서 서로 오갈 수 있게 하다
   * 냇물에 다리를 놓아 옆 마을하고 길을 쉽게 이을 수 있어요
   * 다리는 섬과 뭍을 이었습니다
5. 서로 가까이 모으다 (얽다)
   * 여러 가지 일을 이어서 곰곰이 생각한다
   * 너희가 들려준 이야기를 하나로 이어서 살펴봐야겠어

6. 그쳤던 것을 다시 하거나 서로 얽히도록 하다
   * 누가 말을 이어서 해 보겠니
   * 다음에는 누가 이어서 노래를 해 볼까
   * 이 일을 이어서 할 사람을 찾아야겠어요
7. 사람과 사람을 서로 알고 지내도록 하다
   * 우리 아버지와 어머니는 중매 서는 분이 이어서 만났다고 해요
   * 내가 이을 테니 그 아이를 만날 생각이 있니
8. 어떤 일이 있고서 바로 다음 일이 있다
   * 아버지에 이어서 어머니가 마당으로 들어오셨어요
   * 운동회를 하는 날, 달리기에 이어서 줄다리기를 합니다
   * 생일을 축하한다는 인사에 이어 선물꾸러미를 내밀었다

이어지다

1. 끊어지거나 따로 있던 것이 만나거나 닿다
   * 오랫동안 소식이 끊어진 동무한테서 편지가 오며 다시 이어졌어요
   * 이 고개에 새 길을 놓으면서 저쪽 마을하고 길이 이어졌습니다
   * 이 그림과 저 그림이 이어지도록 붙이면 무척 볼만하겠어요
2. 어떤 일·이야기·모습이 그대로 가다 (끊어지지 않고 가다)
   * 다음에 이어지는 이야기는 더 재미있단다
   * 샘물은 졸졸졸 이어져 냇물이 되고 바다까지 이어집니다
   * 우리 마음은 언제 어디에서나 서로 이어졌다고 생각해

자꾸·꾸준히·부지런히·바지런히·끊임없이·연신·연방

⋯→ 여러 번 똑같이 하면서 이을 적에 '자꾸'를 씁니다. '자꾸'는 "그보다 크게"나 "어쩔 수 없이 더욱"을 가리키는 자리에서도 씁니다. 달라지지 않으면서 처음부터 끝까지 끈질기게 잇는 모습을 '꾸준히'로 가리켜요. '부지런히'는 어떤 일을 미루지 않고 온 마음을 쏟는 모습을 가리키고, '바지런히'는 놀지 않으면서 온 마음을 쏟는 모습을 가리켜요. '끊임없이'는 끊이지 않도록 하는 모습을 가리키면서 씁니다. 남녘에서는 2011년부터 '연신'을 올림말로 다루고 '연방'에 한자 '連方'을 붙이지만 북녘은 '연신·연방' 모두 한자 없는 한국말로 다루고, '연송'도 함께 써요. '연신연신'처럼 '연신'을 힘주어 말할 수 있어요. "그치지 않거나 쉬지 않는" 느낌으로 '연신'을 쓰고, "뒤를 잇는" 느낌으로 '연방'을 쓰는데, 둘 모두 "여러 번 똑같이" 하는 몸짓을 그립니다. 남녘에서는 오랫동안 '연신'을 올림말로 안 다룬 탓에 '연신·연방'을 뒤섞어 쓰기도 합니다.

자꾸

1. 여러 번 똑같이 하면서 이어
   * 감꽃이 자꾸 떨어져 마치 꽃비 같네
   * 일어날 때까지 자꾸 흔들어서 깨우렴
   * 사레가 들렸는지 자꾸 재채기가 나오네
   * 잘 익은 감이 맛있어서 자꾸 손이 가요

2. 더욱. 그보다 크게
   * 비눗방울이 자꾸 커진다
   * 숲으로 자꾸 들어가니 멧새 소리만 흘러

   * 고소한 냄새만 피우니 자꾸 배가 고프다

3. 어쩔 수 없이 더욱
   * 네가 추켜세우니 얼굴이 자꾸 달아오른다
   * 늑장을 부리니 자꾸 다그치지
   * 영 심심한지 자꾸 하품이 나온다

꾸준히 (꾸준하다)

: 달라지지 않으면서 처음부터 끝까지 붙어서

---

* 물 벗는 나비를 꾸준히 지켜봤어
* 오래도록 꾸준히 애쓴 끝에 이루었어
* 꾸준히 하면 뭐든 잘할 수 있지
* 어릴 적부터 나무를 꾸준하게 돌봤어

부지런히 (부지런하다)

: 어떤 일을 꾸물거리거나 미루지 않으면서 온 마음을 쏟아서

* 곧 해가 질 테니 부지런히 돌아가자
* 너도 놀지 말고 부지런히 움직여 보렴
* 부지런히 자전거를 달려 바다로 갔어요
* 때맞춰 씨앗을 심는 부지런한 손길

바지런히 (바지런, 바지런하다)

1. 놀지 않으면서 온 마음을 쏟아서
   * 바지런을 떨어야 기차역에 안 늦어
   * 아침부터 마당을 쓰는 언니는 참 바지런해
2. 일손을 조금도 놓지 않으면서 가벼운 몸짓으로 온 마음을 쏟아서
   * 할머니는 늘 바지런히 텃밭을 돌보셔
   * 바지런하면 어떤 일도 다 잘해

끊임없이 (끊임없다)

: 이어지거나 맞닿으며 끊어지지 않게

* 한겨울에도 샘물이 끊임없이 솟는다
* 뽑아도 끊임없이 돋는 풀
* 저 먼 데까지 끊임없이 펼쳐진 들판
* 제대로 배우려면 끊임없이 해 봐야지

연신

: 그치거나 쉬지 않고 여러 번 똑같이

* 졸려서 연신 하품이 나온다
* 많이 배고픈지 연신 수저질이다
* 얼음길에서 연신 미끄러지네
* 닦아도 연신 흐르는 눈물
* 그 말이 맞으니 연신 고개를 끄덕여

연방

: 뒤를 이어 여러 번 똑같이

* 바람만 불면 연방 떨어지는 잎
* 넌 어젯밤에 연방 잠꼬대를 하더라
* 아쉬워 걸음을 못 떼고 연방 돌아본다
* 저 너머에서 연방 폭죽소리가 나네

ㄱ ㄴ ㄷ ㄹ ㅁ ㅂ ㅅ ㅇ ㅈ ㅊ ㅋ ㅌ ㅍ ㅎ

자질구레하다·잘다·자잘하다·작다· 조그맣다·조그마하다

⋯→ 크기를 놓고 살피면서 '잘다'와 '작다'를 씁니다. 둥그런 것이 어떤 크기인가 살피면서 '잘다·굵다'를 쓰고, 길이와 넓이와 부피를 살피면서 '작다·크다'를 씁니다. '잘다'와 '작다'는 같은 모습을 가리킬 수 있지만 느낌은 살짝 달라요. "글씨가 잘다"고 할 적에는 글씨가 크지 않으면서 찬찬하거나 꼼

꼼하다는 뜻이고, "글씨가 작다"고 할 적에는 글씨가 찬찬하거나 꼼꼼하다는 느낌은 없이 크지 않다는 뜻이기만 합니다. '자질구레하다'는 "모두가 잘고 시시하여 대수롭지 않다"를 뜻해요. '자잘하다'는 "여럿이 모두 가늘거나 작다"를 뜻합니다. '자질구레하다'나 '자잘하다'는 여러 가지나 모든 것을 아우르면서 쓰는 낱말입니다. '조그맣다 · 조그마하다'는 "조금 작다"를 뜻합니다. 말풀이에 나오는 '대수롭다'는 한자말로는 '중요하다'와 뜻이 같습니다. "대수롭지 않다"고 하면 "중요하지 않다"와 뜻이 같지요.

자질구레하다

:　　모두가 잘고 시시하여 대수롭지 않다

* 자질구레한 데까지 마음을 쓰지 말고 네가 꼭 생각할 일에만 마음을 써야지
* 방바닥에 자질구레하게 늘어놓은 장난감을 치워 주렴
* 광에는 자질구레한 살림살이가 가득 있습니다

잘다

1. 알곡·열매·모래처럼 둥근 것이 여느 크기에 미치지 못하다

   * 올해 캔 고구마는 잘지만 아주 달고 맛있어요
   * 잔 옥수수와 감자와 단호박과 달걀을 함께 폭 쪄서 샛밥으로 먹습니다
   * 굵은 귤하고 잔 귤이 있는데, 어느 쪽을 먹을래

2. 길이가 있는 것이 몸피가 가늘고 짧거나 여느 크기에 미치지 못하다

   * 무와 당근을 잘게 썰어서 이쪽에 놓으렴
   * 이 못은 잘아서 못 쓰겠으니 더 굵은 못을 찾아봐
   * 잔못

3. 글씨가 여느 크기에 미치지 못하다

   * 너무 잘게 쓰면 다른 사람이 읽지 못하겠어
   * 작은 종이에 글을 깨알처럼 잘게 썼구나
   * 잔글씨

4. 어떤 일이 대수롭지 않다

   * 자디잔 일에까지 누나를 부르지 말고 네가 스스로 해 보렴
   * 잘다 싶은 일은 스스로 생각하면서 풀어야 씩씩하게 자라지
   * 잔일

5. 어떤 말이나 일이나 풀이가 꼼꼼하다

   * 아버지는 잘게 파고들면서 책을 읽습니다
   * 이 사진을 보니 말풀이가 잘게 잘 나왔어

6. 대수롭지 않은 일에 얽매이면서 생각·마음·몸짓이 넉넉하지 못하거나 얕다 (좀스럽다, 쩨쩨하다)

   * 아픈 동무가 옆에 있는데 너무 잘게 굴지 않니
   * 어려운 이웃한테 등을 돌리는 사람은 너무 잘다

7. 시끄럽거나 수다스러운 소리가 끊이지 않으면서 대수롭지 않다 (보잘것없다, 하찮다)

* 잔 이야기는 이제 멈추어 주라
* 잔말 말고 내 말을 찬찬히 들어 봐
* 잔소리가 너무 잦으니 도무지 못 듣겠어

자잘하다

1. 여럿이 다 가늘거나 작다
   * 이 책은 글씨가 자잘해서 읽기가 퍽
     어렵네
   * 동생이 그린 자잘한 그림이 앙증맞으면서
     재미있어
   * 내 웃옷에는 자잘한 단추가 많이
     달렸어요
   * 자잘한 도토리를 모아 가루를 빻아 묵을
     쑵니다
2. 일·생각·몸짓·물건이 모두 대수롭지 않고
   작으면서 수수하다
   * 사회나 정치와 얽힌 커다란 이야기보다
     자잘한 우리 이야기가 한결 재미있어
   * 어머니는 자잘한 솜씨라고 말씀하지만
     어머니가 뜬 옷은 참 곱습니다
   * 할아버지는 자잘한 일에도 알뜰히 마음을
     쓰셔요
   * 우리 집 부엌에는 자잘한 살림살이가
     많아요

작다

1. 길이·넓이·부피가 어느 자리·테두리에 못
   미치다
   * 뒤꼍에 있는 작은 감나무는 큰 감나무
     못지않게 열매가 주렁주렁 맺혀요
   * 작은 마을에 작은 집
   * 나는 오빠보다 키가 작아요
   * 내가 작은 조각을 먹을 테니 누나가 큰
     조각을 먹어

* 작은술·작은숟가락·작은북
2. 어떤 일이 대수롭지 않거나 여느
   자리·테두리에 못 미치다
   * 작은 잘못이니까 너무 마음을 쓰지는
     않아도 돼
   * 어머니는 작은 일이라 하더라도 늘
     알뜰히 여깁니다
   * 언니하고 나는 작은 힘이라도 보태고
     싶어요
   * 작은 실마리라도 있으면 이 수수께끼를
     풀기 쉬울 텐데
3. 어떤 물건이나 옷가지가 맞춰야 할 크기에
   맞지 않거나 모자라다
   * 나한테 작은 옷은 동생한테 물려주고,
     언니한테 작은 옷은 내가 물려받아요
   * 이 못은 작아서 헐렁하니 굵은 못을
     박아야겠어
   * 아버지가 애써 책꽂이를 짜셨는데 칸살이
     작아 책이 안 들어가네요
4. 사람됨·생각·통이 좁거나 하찮다
   * 아버지는 통이 작아서 쩔쩔매지만
     어머니는 통이 커서 씩씩하다
   * 아직 작은 생각이지만, 차근차근 키워서
     숲처럼 푸르게 가꾸려 해요
   * 너는 아직 너그럽지 못하고 마음이
     작구나
5. 소리가 낮거나 여리게 울려 귀에 잘
   들리지 않다
   * 노랫소리가 너무 작아서 잘 안 들리는걸
   * 다들 조용하니까 작게 이야기해야지
   * 소리가 작으니 더 크게 부르렴
6. 돈이 얼마 안 되거나 단위가 낮다
   * 버스에 탈 적에는 작은 돈을 내야지
   * 거스를 작은 돈이 없네

ㄱ
ㄴ
ㄷ
ㄹ
ㅁ
ㅂ
ㅅ
ㅇ
ㅈ
ㅊ
ㅋ
ㅌ
ㅍ
ㅎ

7. '너비나 테두리를 좁힌다면'을 뜻하는 말
(작게는↔크게는)
   * 작게는 우리 집부터 크게는 이웃
     나라까지 생각해 보려고 해
   * 작게는 내 일이지만 크게는 우리
     모두한테 얽힌 일이야
8. '맏이'가 아닌 사람을 가리키는 말
   * 작은아이·작은딸·작은아들·
     작은어머니·작은할아버지·작은누이

조그맣다

: = 조그마하다
   * 조그만 탱자나무에 하얗게 꽃이 피었네
   * 볼볼볼 기어가는 조그만 벌레를 가만히
     들여다봅니다
   * 돌콩을 작두콩하고 나란히 놓으니
     그야말로 조그맣구나
   * 조그마니 옹크리고 앉아서 하늘을
     바라보는 귀여운 내 동생
   * 내 조그만 손길이 나무를 살릴 수 있다고
     해요

   * 제비랑 하늘을 날며 놀고 싶다는 네 꿈이
     조그맣다고 여기지 않아
   * 처음에는 조그맣게 보일는지 모르지만
     꾸준히 힘을 내어 모으자

조그마하다

1. 조금 작거나 적다
   * 아기는 입도 코도 손도 발도 참으로
     조그마해요
   * 우리는 조그마한 마을에 있는 조그마한
     학교에 다녀요
   * 봄에 피는 냉이꽃이나 꽃마리꽃은 아주
     조그맣답니다
   * 조그마한 돌을 공깃돌로 삼아서 놉니다
2. 그리 대단하지 못하다
   * 크게 다치지는 않고, 조그마한 생채기가
     났어
   * 조그마한 일이니까 가볍게 넘어가자
   * 조그마한 선물이지만 내 마음이니까
     기쁘게 받아 줘

잘못·저지레·말썽·그르치다

┅→   한자말 '실수'가 한국에 들어와서 쓰인 지 얼마 안 되었습니다. 이 한자
말은 "조심하지 아니하여 잘못함"을 뜻합니다. 다시 말하자면, 한국말은 '잘
못'이고, 이를 한자말로 옮기니 '실수'인 셈입니다. 그러면 먼 옛날부터 우리
겨레는 어떤 낱말로 어떤 모습을 가리켰을까요. 먼저, '잘못'은 "잘하지 못하
는 일"이나 "그릇되게 한 일"이나 "옳지 않게 한 일"이나 "틀린 일"을 가리켜
요. '저지레'는 "어긋나게 해서 망가뜨리는 일"을 가리켜요. '말썽'은 "어떤

일을 들추어내어 귀찮게 하거나 말꼬리를 잡는 일"을 가리킵니다. '잘못'은 '잘못하다'나 '잘못되다' 꼴로 쓰기도 합니다. '잘못하다'는 "1. 틀리게 하거나 그릇되게 하다 2. 알맞지 않게 하다"를 가리켜요. '잘못하다 1'은 '그르치다'와 뜻이나 쓰임이 같다고 할 만합니다. 그러나 '잘못하다 2'에서는 뜻과 쓰임이 갈려요.

잘못 (잘못하다, 잘못되다)

1. 잘하지 못하거나 그릇되게 한 일. 잘되지 않거나 옳지 못하게 한 일 (생각을 하지 않거나 못하고서, 또는 마음을 쓰지 않거나 못하면서 일으킨 반갑지 않거나 안 좋은 일)
   * 네가 저지른 잘못을 내가 덤터기를 썼네
   * 제 잘못이니 너그러이 봐주셔요
   * 잘못을 저질러서 어쩌나
   * 뒤에서 갑자기 달려든 네 잘못이지

2. 틀리거나 그릇되게
   * 아차, 길을 잘못 가르쳐 주었네
   * 옆집이 아니라 우리 집에 잘못 왔어
   * 참새 아닌 박새인데 잘못 봤네
   * 길을 잘못 드는 바람에 한참 헤맸어

3. 생각 없이 함부로. 깊이 생각하지 않고. 앞뒤를 살피지 않고
   * 잘못 들면 깨지니까 잘 나르렴
   * 조용히 자는 개를 잘못 건드리는 바람에 한참 애먹었어요
   * 아무리 가까운 동무 사이라고 해도 그렇게 잘못 말하면 마음이 다쳐
   * 차근차근 하지 않고 잘못 서두르다가는 일이 어긋날 수 있어

4. 알맞지 않게
   * 소금을 잘못 넣었는지 국이 너무 짜요

   * 왼쪽과 오른쪽을 잘못 맞춘 탓인지 한쪽으로 기울어졌어

5. 익숙하지 않고 서투르게
   * 내 동생은 아직 어려서 글씨를 잘못 써요
   * 설거지를 해 본 적이 드물었으니 잘못 헹구다가 그릇을 깰 수도 있지

6. 좋지 않게. 좋은 일이 없게 (재수 없게)
   * 가면 갈수록 일이 잘못 꼬이는 듯하네
   * 내 말은 모두 잘못 듣는 듯하니 그만 말해야겠어
   * 잔뜩 골이 난 사람을 잘못 건드린 줄 모르고 시끄럽게 군다
   * 괜히 잘못 끼어들다가는 우리만 다친다

저지레

: 어긋나거나 어그러지게 해서 망가뜨리는 일
   * 예쁜 아기가 무엇이든 입에 집어넣으면서 저지레를 하네요
   * 철들면 저지레도 사라지겠지
   * 힘들거나 고단할 적에는 자꾸 저지레를 하니 그만 들어가서 쉬렴

말썽

1. 어떤 일을 들추어내어 귀찮게 하거나 말꼬리를 잡는 일이나 몸짓

* 부엌에서 말썽을 부리지 말고 마당에
  나가서 놀면 고맙겠구나
* 오빠는 오늘 또 어떤 말썽을 피워서
  꾸지람을 들었을까
* 개구쟁이 내 동생은 툭하면 말썽을
  빚으면서 온 집안을 들쑤십니다
2. 제대로 움직이지 않거나 망가지는 일
   * 시계가 또 안 움직이면서 말썽이로구나
   * 자전거가 말썽이 났으니 집까지 끌고
     가야겠다
   * 컴퓨터에 말썽이 생겨서 그만 멈추었어요

그르치다

: **틀리게 하거나 옳지 않게 해서 일이
  그릇되게 하다**

* 가만히 두면 될 일을 굳이 들쑤셔서
  그르치지 말자
* 성냥쌓기를 하다가 마지막에 건드리는
  바람에 모두 그르쳤네
* 아까 셈을 그르쳐서 오백 원을 더 치르고
  왔구나

잡다·쥐다·줍다·집다

⋯⋗ 떨어뜨리지 않으려고 할 적에 '잡다'라 하고, 손으로 붙들어서 어떤 일을 할 적에 '쥐다'라 합니다. "놓치지 않도록 줄을 잡는다"처럼 쓰고, "글을 쓰려고 연필을 쥐다"라든지 "사진기를 쥐고 사진을 찍는다"처럼 씁니다. '잡다'는 쓰임새가 많아서, 다른 곳으로 못 가게 하는 일, 고기를 먹으려고 짐승을 잡는 일, 움직이는 것을 멈추는 일, 날짜를 고르는 일을 나타내는 자리에서도 씁니다. 떨어진 것을 손으로 들 적에 '줍다'라 하며, 바닥에 있는 것을 다른 데로 옮기거나 치우는 움직임을 나타내려고 쓰기도 하는데, 꼭 손을 써서 드는 모습을 나타내려고 쓰기도 합니다. 떨어진 것뿐 아니라 다른 자리에 놓인 것을 손가락을 써서 들 적에 '집다'라 하며, 손가락이 아닌 집게나 젓가락 같은 연장을 쓰는 모습을 나타내기도 하고, 이러한 뜻을 바탕으로 어느 하나를 골라서 가리키는 자리를 나타내기도 한다. '집게손가락'은 "집는 손가락"이라는 뜻이기도 합니다. '집다'는 손가락이나 발가락만 쓰는 모습을 나타내고, '잡다 · 쥐다 · 줍다'는 손가락이나 손바닥을 쓰는 모습을 두루 나타냅니다.

잡다

1. 손가락을 구부려 손아귀에 있도록 하다
(움키다)
   * 서로 손을 잡고 즐겁게 걷습니다
   * 이 줄을 잡고 올라가면 되겠구나
   * 벌써 일어나지 말라고 옷자락을 잡는다

2. 짐승이나 벌레를 산 채로 손에 넣거나
죽이다
   * 고기를 잡으려면 바다나 냇가에 가야지
   * 들에서 메뚜기를 잡으면서 놉니다
   * 고양이는 쥐를 잘 잡지요
   * 잠을 못 자게 괴롭히던 모기를 잡았어요

3. 다른 곳으로 못 가도록 하다 (막다, 붙들다,
말리다)
   * 드디어 술래를 잡았다
   * 내 그림을 엉망으로 망가뜨리고 내빼려는
   동생을 잡았다
   * 더 놀다 가라면서 동무를 잡는다

4. 고기를 먹으려고 짐승을 죽이다
   * 잔치를 열려고 돼지를 한 마리 잡았어요
   * 할머니는 손수 닭을 잡아서 닭죽을
   끓이셔요

5. 김이나 풀을 뽑거나 죽이다
   * 마당에 돋은 풀을 잡으려면 한나절로도
   모자라겠네
   * 새마을운동 뒤로 시골에서는 농약을 쳐서
   풀을 잡습니다

6. 움직이는 것을 멈추게 하면서 내 뜻대로
다루다
   * 저리로 굴러가는 것을 잡아 주렴
   * 날아오는 공을 잘 잡았구나
   * 한 발로 공을 잡고 달리다가 뻥 찬다
   * 버스를 잡든 택시를 잡든 얼른 이곳을

떠나자

7. 자리·날짜·때·이름을 어느 하나로 고르다
   * 들놀이 가는 날짜를 잡았는지 궁금하다
   * 새 보금자리는 어느 마을에 잡았을까
   * 모두 자리를 잡고 앉아 주셔요
   * 글을 다 썼으니 이름을 알맞게 잡으면 돼

8. 연장을 써서 어떤 일을 하다
   * 자전거를 잘 타려면 손잡이를 단단하면서
   부드럽게 잡아야 해
   * 너는 삿대를 잡고 나는 키를 잡아서 배를
   몰자
   * 내 그림을 벽에 걸려고 어머니는 망치를
   잡고 못을 박는다
   * 교편을 잡은 사람을 교사라고 한다

9. 어떤 것이나 사람을 맡다
   * 내가 아끼는 인형을 볼모로 잡으려
   하는구나
   * 돈이 조금 모자라니 이 책을 잡고서
   다음에 나머지 돈을 가져올게요

10. 모자란 곳을 찾아서 말썽을 일으키려 하다
   * 예전에 잘못한 적이 있어도 그 일을
   들추면서 흉을 잡지는 말아야지
   * 말꼬리를 잡으면 좋아할 사람이 없어
   * 너는 내가 하는 일마다 트집을 잡으려는
   듯해

11. 실마리·줄거리·얼거리·뜻을 찾아내거나
알아내다
   * 편지를 어떻게 써야 할는지 도무지
   갈피를 못 잡겠어요
   * 이 일을 슬기롭게 풀 실마리를 비로소
   잡았어
   * 오랫동안 헤맨 끝에 드디어 가닥을 잡고
   뜨개질을 할 수 있습니다

* 이 글은 너무 어려워서 무슨 뜻인지
  도무지 잡을 수 없다

12. 물을 끌어서 넣거나 차도록 하다
    * 모내기를 앞두고 논마다 물을 잡느라
      부산합니다
    * 이제 봄이 되었으니 못에도 물을 잡아
      찰랑찰랑합니다
    * 밥을 지을 적에는 솥에 물을 알맞게
      잡습니다

13. 어떤 모임이나 큰 힘을 손에 넣다
    (차지하다)
    * 이 골목은 우리 오빠가 꽉 잡았지
    * 누가 더 높은 자리를 잡느냐를 놓고
      다투었구나

14. 돈을 손에 넣다 (벌다)
    * 우리는 이웃을 도우려고 벼룩시장을
      하지, 한밑천을 잡으려고 하지는 않아
    * 한몫을 잡으려는 생각은 버리고 한
      걸음씩 천천히 내딛기로 해요

15. 어떤 모습을 바로 그 자리에서 보거나
    사진으로 찍다 (놓치지 않다)
    * 나비가 허물을 벗고 나오는 모습을
      잡으려고 아까부터 기다려요
    * 네가 동생 뒤에서 장난치는 모습을
      이제야 잡았다
    * 활짝 웃는 모습을 사진으로 잘 잡았어요

16. 어떤 자리·때·기회·전파를 가지다 (얻다)
    * 네 차례가 왔으니 이제는 놓치지 말고 잘
      잡기를 바란다
    * 큰오빠는 아버지처럼 일자리를 잡으려고
      애씁니다
    * 마침 좋은 때가 왔으니 잘 잡아 보렴
    * 깊은 숲으로 들어가면 전파가 안 잡혀
      손전화가 안 된다

17. 제 가락이나 결을 찾다
    * 이 노래를 부를 적에는 높낮이를 잘
      잡아야 해
    * 가락을 부드럽게 잡고 노래를 부르자
    * 첫 소리부터 제대로 잡고 거문고를
      뜯어야지

18. 한쪽으로 기울거나 굽은 것을 바르게
    하거나 펴다
    * 얼음판에서는 균형을 잘 잡아야 안
      넘어지고 잘 걸을 수 있어
    * 가운데를 제대로 잡지 않아서 종이접기가
      엉망이 되었네
    * 잘못을 잡으려다가 그만 사람을 잡겠구나

19. 흔들리거나 들뜬 마음을 차분하게 두다
    (다스리다, 가라앉히다)
    * 흔들리던 마음을 잡고 씩씩하게
      일어섭니다
    * 들뜬 마음을 차근차근 잡은 뒤 조용히
      편지를 씁니다

20. 더 번지거나 커지지 않게 막거나
    누그러뜨리다
    * 불길을 잡느라 힘들었다
    * 흐르는 눈물을 어떻게 잡을 수 있겠니
    * 엉뚱하게 퍼지는 이야기를 잡을 길이
      없어요
    * 자꾸 오르기만 하는 물건값을 나라에서
      잡아야 할 텐데

21. 어떤 일·생각·계획을 마련하거나 세우다
    * 어떻게 하고 싶은지 나도 생각을 잡을
      테니 너도 생각을 잡아 봐
    * 모름지기 처음에 계획을 탄탄히 잡아야
      제대로 할 수 있어
    * 모레부터 모여서 하기로 일머리를 잡았어

22. 어떤 숫자를 잣대로 두면서 셈하거나

어림하다

* 가는 데에 하루씩 잡으면 적어도 이틀은 더 걸리겠네
* 한 사람이 만 원씩 모으자고 잡으면 스무 사람이면 이십만 원이 되는구나
* 사흘을 잡으면 끝마치리라 생각했는데 어림도 없는 일이었어요

23. **주름이 생기게 하다**
* 다리미로 바지에 주름을 잡는다
* 이마에 주름을 잡으니 늙어 보여요

24. **이야기나 말문을 열다**
* 어떻게 말머리를 잡아야 하는지 모르겠어요
* 하도 떠는 바람에 말문을 못 잡고 멍하니 있었어요

25. **다른 사람 앞에서 어떤 모습을 보여주다**
* 매무새를 예쁘게 잡고 사진을 찍는다
* 옷깃을 곱게 잡고 서 보렴

26. **아픔이나 아픈 곳이 사라지게 하다**
* 감기를 제때에 못 잡아서 더 크게 도졌구나
* 손등에 생긴 사마귀를 억지로 잡으려고 하면 되레 더 늘어난다

27. **남을 헐뜯어서 힘들게 하다**
* 거짓말을 해서 사람을 잡으려는 까닭을 모르겠다
* 잘못 뇌까린 한마디 때문에 엉뚱한 사람을 잡을 뻔했다

28. **마음이나 일을 망치다 (잡치다)**
* 아침부터 자꾸 골을 부리니 즐거운 마음을 모두 잡고 마는구나
* 술술 풀리던 일을 잡아 버려서 미안해요

쥐다

1. **네 손가락을 모두 오므리고 엄지손가락으로 받치다 (주먹이 되도록 하다)**
* 주먹을 불끈 쥐고 힘을 내자
* 웃옷을 입을 적에는 주먹을 쥐고 넣으면 잘 들어가지
* 심부름으로 쓸 돈을 주먹에 꼭 쥐고 달립니다

2. **손바닥에 얹은 뒤 손가락 사이에 놓아서 들다 (손바닥과 손가락을 오므려서 들다)**
* 어머니는 내 손목을 쥐고는 서두르라고 말씀합니다
* 연필을 쥐고 천천히 편지를 씁니다
* 큰오빠는 칼을 쥐고 통통통 소리가 맛깔스럽도록 감자를 썰어요
* 한 손으로는 책을 쥐고 다른 손으로는 떡을 쥐면 책에 떡고물이 묻을라

3. **손에 얹어서 덩어리가 되도록 하다 (뭉치다)**
* 눈을 쥐어 던지면서 눈싸움을 합니다
* 언니와 나는 만두를 곱게 쥡니다

4. **제 뜻대로 다루거나 움직이도록 하다**
* 네가 우리 마음을 쥐었다 폈다 하면서 흔들려 하는구나
* 어린이는 어린이다운 권리를 쥘 수 있어야 합니다
* 네가 돈줄을 쥐었다고 네 마음대로만 하려고 드네
* 밥줄을 쥔 어머니 말씀을 고분고분 듣는다
* 쥐락펴락

5. **연장을 써서 어떤 일을 하다**
* 할아버지는 예전에 교편을 쥐고 아이를

가르치셨다고 합니다

* 우리 아버지는 삽을 쥐고 밭을 갈아 흙을
  일구는 농사꾼입니다

6. 무엇을 밝히거나 움직일 만한 것·힘을
   얻거나 가지거나 알다

   * 수수께끼를 풀 열쇠는 누가 쥐었을까
     궁금하다

   * 너희 누나가 실마리를 쥔 듯하니까 한번
     물어보자

   * 꼬투리를 쥐면서 괴롭히는 짓은
     그만두기를 바란다

7. 돈을 손에 넣다 (벌다)

   * 꾸준히 심부름을 하며 받은 돈을 모아서
     목돈을 쥐니 여러모로 든든합니다

   * 혼자서 한몫 쥐지 말고 함께 나누어
     가지자

줍다

1. 바닥에 떨어지거나 흩어진 것을 손에
   가지다

   * 무늬와 빛깔이 고운 가랑잎을 하나
     줍습니다

   * 내가 떨어뜨린 지우개를 동생이 주워
     주었어요

   * 바닷가에서 조개껍데기를 주워 목걸이를
     엮습니다

   * 벼를 베고 난 뒤에는 이삭을 줍는다

2. 남이 잃은 것을 잘 거두어서 두거나 내
   것으로 삼다

   * 네가 놓고 간 손수건 같아서 내가 주워서
     가져왔어

   * 길에서 주운 돈으로 연필을 한 자루
     샀어요

   * 이 구슬은 제가 주웠으니 제 것이라고

동생이 떼를 쓴다

3. 이것저것 되는대로 얻거나 가지다

   * 배고파서 이것저것 주워 먹었어요

   * 어디서 그런 이야기를 주워들었니

   * 이 책 저 책 아무렇게나 주워 읽지 말고 한
     가지 책을 제대로 읽자

4. 큰 힘을 들이지 않고 일을 해내거나 어떤
   것을 얻다

   * 네가 놓친 공을 주워서 한 점을 얻었다

   * 가만히 앉아서 돈을 주운 셈이로구나

5. 새나 짐승이 뾰족한 주둥이를 쳐서 찍다
   (쪼다)

   * 생쥐가 헛간에 몰래 들어가 낟알을
     주워서 먹네요

   * 겨울에 마당 한쪽에 모이를 두었더니
     멧새가 날아와서 콕콕 주워서 먹습니다

6. 어버이가 없는 아이나 어미가 없는 새끼를
   키우려고 데려오다

   * 어른들은 우리더러 '다리 밑에서 주워 온
     아이'라고 곧잘 놀림말을 한다

   * 새끼 고양이가 어미를 잃고 울어서
     엊그제 주워 와서 우리 집에서 돌본다

집다

1. 손가락이나 발가락으로 물건을 들다

   * 나는 손이 안 닿으니 네가 집어 줄 수
     있겠니

   * 겹겹이 싸인 꽃잎을 살살 집어서 펼쳐
     봅니다

   * 지우개를 집어서 건넨다

2. 연장을 써서 어떤 것을 마주 잡아서 들다

   * 바람이 부는 날이라 빨래집게로 빨래를
     집어서 넙니다

   * 어린 동생은 젓가락으로 콩알을 집으려고

용을 씁니다
3. 어느 하나를 골라서 드러내다 (가리키다)
    * 누가 방귀를 뀌었는지 콕 집어서 밝혀
      볼까

* 마치 내가 그랬다는 듯이 꼭 집어서
  말하는구나

장이·쟁이

⋯⟶ 한국말사전을 살펴보면, 돌을 다루는 사람을 가리키는 '석수장이'를 놓
고 '석수'를 낮잡아 가리키는 낱말이라 적습니다. 지난날 조선 사회에서는
신분과 계급을 갈라서 푸대접하던 얼거리가 있었기 때문에, 돌이나 나무를
깎거나 다듬는 사람뿐 아니라, 사회 곳곳에서 몸을 움직여서 일하는 사람을
깔보거나 얕보기 일쑤였습니다. 그러나 이제는 옛날과 같이 사람을 푸대접
하거나 따돌리는 일이 옳지 않다는 생각이 두루 퍼졌어요. '돌장이(석수장
이)'나 '나무장이(목수)'를 얕보거나 깔볼 까닭이 없습니다. 오늘날 '–장이'는
어떤 일을 솜씨 있게 잘하는 사람한테 붙이는 이름이에요. 그러니까 '석수
장이'나 '돌장이'처럼 이름을 붙이면, 돌을 훌륭히 잘 다룰 줄 아는 사람을 가
리킵니다. 낮추는 이름이 아닙니다. 지난날에는 '–쟁이'를 겉모습이나 어떤
버릇이 드러나는 사람을 가리키는 자리에만 으레 썼어요. '–쟁이'라는 말마
디를 어떤 일을 하는 사람을 가리키는 자리에 쓴 지는 아직 얼마 안 되었습
니다. 이를테면 '글쟁이 · 신문쟁이 · 사진쟁이'처럼 쓰는데, 뜻이나 느낌으
로 본다면, '글쟁이'라 할 적에는 "글을 훌륭히 잘 쓰는 사람이 아닌, 글을 쓰
는 듯 보이지만 아직 어설프거나 섣부른 사람"을 가리킨다고 할 만해요. 속
으로 여물지 않고 겉으로 어떤 모습만 보여준다고 할까요. 그래서 '–쟁이'
를 붙이는 이름은 덜 삭거나 덜 여물거나 덜 뿌리내린 모습을 나타냅니다.
이러한 쓰임새를 살린다면, 글을 훌륭히 잘 쓰는 사람은 '글장이'라 할 수 있

고, 이제 막 글을 쓰는 풋내기한테는 '글쟁이'라 할 수 있어요. '사진장이·사진쟁이'처럼 나누어 쓸 수 있고, '신문장이·신문쟁이'처럼 갈라서 쓸 수 있습니다. 이른바 '전문가·즐김이'를 가리키는 '−장이·−쟁이'라 할 만합니다. 그리고 귀엽거나 애틋하게 여기는 느낌을 담아 '귀염쟁이'나 '사랑쟁이'처럼 즐겁게 쓸 수 있습니다.

장이

: 어떤 재주·솜씨·힘이 있는 사람을 가리키는 말. 무엇을 짓거나 고치거나 그림을 그리는 사람들을 흔히 가리키며, 손으로 어떤 일을 하는 사람을 가리키기도 한다

  * 대장장이·미장이·옹기장이·돌장이·도배장이

쟁이

1. 어떤 모습·마음결·몸짓을 보여주는 사람을 가리킨다

  * 돌쟁이·개구쟁이·변덕쟁이·떼쟁이·겁쟁이·욕심쟁이·고집쟁이

  * 멋쟁이·욕쟁이·웃음쟁이·귀염쟁이·사랑쟁이·익살쟁이·심술쟁이

2. 어떤 옷이나 물건을 입거나 걸친 사람을 가리킨다

  * 양복쟁이·치마쟁이·모자쟁이

3. 어떤 일을 곧잘 하거나 즐겨서 하는 사람을 가리킨다

  * 글쟁이·사진쟁이·영화쟁이·만화쟁이·노래쟁이·춤쟁이·야구쟁이

재빠르다*·날렵하다·날래다*·날쌔다·잽싸다·빠릿빠릿하다

⋯▸ '날렵하다·날래다·날쌔다'는 '날다'와 얽힌 낱말입니다. 세 낱말은 날듯이 빠르다고 할 적에 씁니다. 가볍고 빠르게 움직이는 모습을 살핀다면 '날쌔다 > 날렵하다 > 날래다'로 나눌 만합니다. 그러나 이렇게 나누기보다는 느낌에 따라 알맞게 쓰면 되리라 생각합니다. '잽싸다'는 "재고 날쌔다"

를 가리키고, '재빠르다'는 "재고 빠르다"를 가리켜요. 날쌘 사람을 가리켜 '날쌘돌이'처럼 흔히 쓰기도 하며, 다른 낱말들은 '재빠른돌이(빠른돌이)·날렵돌이·날랜돌이·잽싼돌이·빠릿돌이'처럼 쓸 수 있습니다.

재빠르다 (* '이르다'에서도 다룬다)

:   어떤 일을 하거나 움직이는 데 걸리는 겨를·시간이 아주 짧다 (재고 빠르다)

* 너는 참 손놀림이 재빠르구나
* 어머니 생일을 맞이해서 나 혼자 재빨리 빨래를 하고 밥도 짓습니다
* 한마디만 했을 뿐인데 재빨리 알아챘구나

날렵하다

1. 움직임이 나는 듯이 가벼우면서 무척 빠르다

* 큰오빠는 나무를 날렵하게 잘 타고 오릅니다
* 그네를 타고 몇 번 구르더니 날렵하게 뛰어서 내려앉는다
* 날렵한 몸놀림으로 바닥에 손을 안 대고 한 바퀴를 빙그르 거꾸로 돌았다

2. 몸매나 모습이 날씬하면서 보기가 좋다 (맵시가 있다)

* 언니가 손수 깎은 나무칼이 꽤 날렵해요
* 네 자전거는 참 날렵하게 생겼구나

날래다 (* '이르다'에서도 다룬다)

:   움직임이 나는 듯이 빠르다

* 우리 동생은 얼마나 몸이 날래고 발이 빠른지 몰라요
* 날랜 걸음으로 부리나케 달려왔어
* 날래게 움직여야 해 떨어지기 앞서 일을 마치겠네

날쌔다

1. 움직임이 나는 듯이 아주 빠르다 (날래고 재빠르다)

* 제비가 날벌레를 날쌔게 잡아채더니 벌써 저쪽으로 휙 날아갔어요
* 누나는 내가 눈뭉치를 던질 때마다 몸을 이리저리 날쌔게 옮겨요
* 날쌘돌이·날쌘순이

2. 눈에 익히거나 배우는 것이 매우 빠르다

* 꽤 긴 글인데 누나는 날쌔게 외웠어요
* 나는 아무리 봐도 모르겠던데 너는 한눈에 날쌔게 알아챘구나

잽싸다 (> 날래다)

:   움직임이 가벼우면서 아주 빠르다 (재고 날쌔다)

* 마당에 빗방울이 듣는 소리가 나자마자 잽싸게 빨래를 걷는다
* 저녁밥 먹는 때에 늦을까 봐 잽싸게 달려왔지
* 그릇에 남은 밤알 한 톨을 내 동생이 잽싸게 집어서 입에 넣는다

빠릿빠릿하다

:   똘똘하고 움직임이나 몸짓이 무척 빠르다

* 심부름을 시킬 때마다 늘 빠릿빠릿하게 거들어 주어서 고마워
* 내 동생은 몸집도 작고 어리지만 빠릿빠릿하고 야무집니다

적바림·적다·쓰다·써넣다

··→ 마음속에서 떠오르는 생각을 글로 짧게 옮길 때에 '적바림'을 한다고 말합니다. 떠오르는 생각을 차근차근 글로 옮길 적에 길이를 따지지 않는다면, 말 그대로 '적다'라고 하지요. '적다'와 '적바림'은 똑같이 "글로 옮기"는 일이지만, 글로 짧게 옮긴다고 할 적에는 '적바림'입니다. 영어로는 '메모'라고 합니다. 그리고 '적다'는 겪거나 하거나 느낀 이야기를 글로 옮기는 일을 가리키고, '쓰다'는 남한테 들려주고 싶은 이야기를 새로 짓는 일을 가리킵니다. '적다'는 글로 옮길 적에 꾸준히 옮기는 일을 가리킨다고 한다면, '쓰다'는 글로 옮길 적에 잘 보이거나 나타나도록 하는 일을 가리킵니다. '써넣다'는 "써서 넣다"를 뜻하는데, 어떤 칸이나 자리에 이야기나 정보를 채우는 일을 가리킵니다.

적바림 (적바림하다)

: 나중에 다시 보거나 살피려고, 이야기나 생각이나 정보를 짤막히 남기다
   * 몇 가지만 적바림할 생각이야
   * 아까 문득 떠오른 이야기가 있어서 이 쪽종이에 적바림하려고요
   * 네 적바림을 좀 보여줄 수 있니

적다

1. 나중에 다시 보거나 남한테 보여주려고 이야기나 생각을 남기다 (잊거나 잃지 않으려고 남기다)

   * 너희 집 전화번호를 수첩에 적어야지
   * 새롭거나 좋은 생각이 떠오를 때마다 공책에 적어요
   * 심부름으로 사 올 것을 이 종이에 적어 주세요

2. 그때그때 있던 일이나 겪은 이야기를 빠짐이 없도록 꾸준히 남기다

   * 오늘 고구마를 캐며 느낀 이야기를 글로 적어 볼까
   * 할아버지가 들려주는 이야기를 적어 둘게요
   * 어제 우리가 만나서 놀았던 이야기를 일기에 적었어

3. 서류·원고·계획을 마련해서 꾸준히
   남기다 (장부·일기·일지를 꾸준히 잇다)
   * 할머니는 벌써 쉰 해째 가계부를
     적으셔요
   * 내 하루를 일기장에 적어요
   * 콩과 오이를 심은 뒤 날마다 지켜보면서
     텃밭일기를 적었습니다

쓰다

1. 금을 긋거나 줄을 이어서 어떤 모습이
   나타나도록 하다 (읽거나 알아챌 수 있는
   글이나 모습이나 무늬를 그리다)
   * 우리 누나는 글씨를 참 곱게 써요
   * 한 글자씩 또박또박 쓴 편지를 받았어요
   * 아까 모래밭에 무엇을 썼니
   * 여기에 네 이름을 써 주라

2. 떠오르는 생각이나 느끼는 마음이나
   곰곰이 헤아린 이야기를 글로 나타내다
   (남이 짓지 않은 이야기를 내 나름대로
   새로 짓다)
   * 어머니는 우리한테 읽힐 시를 써 주셔요
   * 편지를 쓸 때에는 겉치레보다 속마음을
     잘 담아야지요
   * 아침에 무지개를 본 느낌을 일기에 써
     보았습니다

3. 더 잘 보이도록, 또는 잊히지 않도록
   옮기거나 남기다
   * 바로 네가 들려준 그 이야기를
     써야겠구나
   * 할머니는 눈이 어두우시니까 이 종이에
     큼직하게 써 주렴

4. 짜임새를 갖춘 글이나 서류를 마련하다
   (원서·계약서·일기·논문·일지 같은 글을
   새롭게 내놓거나 짓다 : 꾸미다)
   * 아버지와 어머니는 우리 집을 새로
     장만한 뒤 계약서를 씁니다
   * 나는 할아버지하고 관찰일기를 함께 써요
   * 도서관에 가서 신청서를 쓰면 내가
     바라는 책을 빌릴 수 있어요

5. 가락을 기호로 옮기다 (노랫가락을 새로
   짓다)
   * 이웃집 아저씨는 교향곡을 쓰신다고 해요
   * 나는 앞으로 즐겁고 밝은 노래를 쓰고
     싶어요

써넣다

: 어느 자리에 글이나 이야기나 정보를 써서
  넣다
   * 이쪽 빈칸에 써넣으면 되겠구나
   * 나는 써넣을 이야기가 많아요

ㄱ
ㄴ
ㄷ
ㄹ
ㅁ
ㅂ
ㅅ
ㅇ
ㅈ
ㅊ
ㅋ
ㅌ
ㅍ
ㅎ

접시·그릇·종지·대접·바라기·보시기·
좀도리(좀들이)

⋯⋯ '접시'에는 먹을거리를 담습니다. '그릇'에는 먹을거리도 담지만, 여느 물

건도 담습니다. 그러니까 '접시'는 여러 가지 그릇 가운데 한 가지를 가리키
는 셈입니다. '접시'와 '쟁반'은 같은 것을 가리켜요. '접시'는 한국말이고 '쟁
반'은 한자말입니다. 어른들은 '접시'와 '쟁반'을 다른 자리에 쓰기도 해요.
'쟁반'을 다른 물건으로 여긴다면, 처음부터 '접시'와 얽힌 새로운 낱말을 지
어야 올바릅니다. 이를테면 '받침접시'나 '네모접시'나 '둥근접시' 같은 낱말
을 지을 수 있어요. '찻접시'라든지 '나무접시' 같은 낱말을 지을 만합니다.
그리고 꽃을 담으면 '꽃그릇'이라 할 수 있는데, 꽃무늬가 들어가도 '꽃그릇'
이라 할 수 있어요. 접시도 '꽃접시'라 할 수 있어요. '종지'는 간장이나 고추
장이나 된장이나 젓갈이나 양념을 담는 작은 그릇이에요. 밥상에서 양념은
조금만 있어도 되니 작은 그릇을 쓰지요. 종지는 여러 모습일 수 있으니, 네
모난 '네모종지'나 동그란 '동글종지(둥근종지)'나 세모난 '세모종지' 같은 이
름을 새롭게 지어 볼 만합니다. '대접'은 국이나 숭늉이나 물이나 국수를 담
는 그릇으로, 위가 넓고 운두가 낮아요. 위가 넓으니 두 손으로 들고서 국물
을 마시기에 좋아요. '바라기'는 대접하고 비슷하게 생겼다고 할 만하지만 크
기가 작은 사기그릇입니다. '보시기'는 김치나 깍두기를 담는 작은 그릇이에
요. '좀도리 · 좀들이'는 전라남도 쪽에서 쓰던 이름인데, 밥을 지을 적마다 쌀
을 한 줌씩 따로 덜어서 담는 단지를 가리켜요. 흔히 '좀도리쌀 · 좀들이쌀'처
럼 써요.

접시

1. **납작하게 반반한 그릇**
   * 꽃무늬를 새긴 접시에 봄나물을 담습니다
   * 동그란 접시를 설거지한 다음에 바깥에
     말립니다
   * 앞접시
2. **먹을거리를 담은 접시를 세는 이름**
   * 밥상에 김치 한 접시만 있어도 좋아요
   * 너희들 몫으로 떡을 한 접시씩 줄게
3. **저울에서 무게를 달 것을 올려놓는 판**
   * 밀가루를 접시에 올려서 무게를 재자

그릇

1. **밥이나 물건을 담는 것**
   * 비누거품이 가시도록 그릇을 잘 부신 뒤
     살강에 엎으렴
   * 어머니가 쓰시는 바느질 그릇이 어디에
     있더라
   * 저쪽 시렁에 씨앗을 갈무리하는 그릇을
     올려놓았어요

* 꽃그릇·밥그릇·물그릇
2. 어떤 일을 할 만한 힘이나 마음이 넉넉히 있는 사람
    * 내 동생은 그릇이 커서 앞으로 훌륭하게 자라리라 생각해요
    * 큰일을 맡길 만한 그릇이 안 된다고 여기기만 하면 발돋움하지 못해요
    * 둘 가운데 누가 그릇이 클까
3. 밥이나 물건을 담는 그릇을 세는 이름
    * 벌써 밥 한 그릇 뚝딱 해치웠구나
    * 저쪽 밥상에 밥과 국을 세 그릇씩 날라 주렴

종지

1. 간장·고추장·젓갈·양념을 담는 작은 그릇
    * 간장 종지는 김을 담은 접시 옆에 놓으렴
    * 삶은 달걀이 종지에 쏙 들어가네
2. 간장·고추장·젓갈·양념을 담는 그릇을 세는 이름
    * 네 사람이 먹으니 네 종지가 있어야겠네
    * 고추장 두 종지와 새우젓 두 종지를 올린다

대접

1. 위가 넓적하고 운두가 낮으며 뚜껑이 없으면서, 국·숭늉·물·국수를 담는 그릇
    * 미역국을 대접에 담아 밥상에 올립니다
    * 모처럼 국수를 삶아서 대접에 담았지
2. 위가 넓적하고 운두가 낮으며 뚜껑이 없으면서, 국·숭늉·물·국수를 담는 그릇을 세는 이름
    * 물 한 대접부터 마시고 얘기하자
    * 할아버지는 막걸리 한 대접을 마시고 웃습니다

바라기

1. 먹을거리를 담는 조그마한 사기그릇으로, 아가리가 많이 벌어진 그릇
    * 누룽지를 바라기에 담아 놓았어
    * 들딸기를 훑어서 바라기에 담으니 무척 먹음직하다
2. 먹을거리를 담는 조그마한 사기그릇으로, 아가리가 많이 벌어진 그릇을 세는 이름
    * 배고픈데 뭐라도 먹도록 한 바라기를 주면 좋겠어
    * 앵두를 한 바라기 담아서 쑥차와 함께 찻상에 올린다

보시기

1. 높이가 낮고 크기가 작으면서, 김치나 깍두기를 담는 그릇
    * 잘 익은 김치를 보시기에 담는다
    * 꽃무늬 보시기에 담은 오이김치가 맛있어 보여
2. 높이가 낮고 크기가 작으면서, 김치나 깍두기를 담는 그릇을 세는 이름
    * 배추김치 한 보시기에 열무김치 한 보시기
    * 깍두기 한 보시기를 옆집에 드리고 오렴

좀도리(좀들이)

: 쌀을 퍼서 밥을 지을 적에 한 움큼씩 덜어서 모아 놓는 단지
    * 할머니는 좀도리쌀을 챙겨서 작은 자루만큼 모이면 어려운 이웃한테 주셨어요
    * 좀들이에 한 번 붓는 쌀은 매우 적지만 달포쯤 지나면 꽤 많단다

좁다·비좁다·배좁다·좁다랗다

⋯→　넓이나 자리나 너비가 작다고 할 적에 '좁다'를 씁니다. '비좁다'는 움직
이기 어려울 만큼 작을 때에 씁니다. '배좁다'는 매우 작을 때에 써요. '좁다
랗다'는 생각보다 좁구나 싶을 때에 씁니다. 모두 작은 모습을 가리키지만,
느낌이 살짝 다릅니다. 이 낱말들은 크기(넓이 · 자리 · 너비)를 가리킬 때뿐
아니라, 우리 마음이나 생각을 가리킬 때에도 함께 씁니다.

좁다 (↔ 넓다)

1. **넓이나 자리가 작다**
   * 좁아도 내 방이 있으니 아늑해
   * 자리가 좁지만 나도 끼어서 앉아도 될까
   * 좁은 나라라고 하지만 막상 돌아다니고
     보면 참으로 넓어
2. **너비가 짧다**
   * 이 길은 우리가 어깨동무를 하면서
     걷기에는 좁다
   * 문이 좁아서 책상이 안 들어가요
   * 좁은 길을 네가 막으면 우리가 어떻게
     지나가겠니
3. **마음이 너그럽지 못하고 생각이 작다
   (작은 것에 지나치게 얽매인다)**
   * 좁게 생각하지 말고 넓게 헤아려 보렴
   * 네가 속이 좁으니 작은 일에도 쉽게 골을
     내는구나 싶어
   * 좁은 생각을 따뜻하게 넓혀 주기를 바라
4. **줄거리·이야기·어느 것이 작게 잡은**

테두리에 있다 (널리 뻗지 못하고 작다)
   * 이제껏 보고 들은 이야기가 좁아서
     그런지 잘 모르겠어요
   * 네가 돌아다닌 곳은 아직 좁아
   * 이 물건을 다루는 곳은 좁아서 다른
     고장에 가면 구경할 수 없어
5. **옷에 몸을 넣기에 틈이 아주 작다 (옷이
   몸에 꽉 맞다)**
   * 이 옷은 소매가 좁아서 입기 힘들어요
   * 품이 좁은 옷은 입기에 갑갑하더라
   * 통이 좁은 바지
6. **틈이나 구멍이 가늘고 작다**
   * 좁은 대롱에 물을 머금어서 후후 뿜으며
     논다
   * 이렇게 좁은 틈에 다 들어갈 수 있을까

비좁다

1. **시원스럽게 다니거나 움직이기 어려울
   만큼 너비가 작다 (안에 많이 들어서**

자리가 얼마 없다)

* 비좁은 방이지만 열 사람이나 들어와 앉았네
* 길도 비좁은데 자동차까지 들어서니 더욱 갑갑하다
* 비좁구나 싶은 손바닥만 한 땅뙈기에도 온갖 들꽃이 피어납니다

2. 생각이나 마음이 아주 작다

* 참 비좁은 생각이로구나
* 그렇게 비좁으니 누가 좋아하겠니
* 이제는 비좁은 마음보다 너그러운 마음이 되기를 빌어요

배좁다

1. 자리가 매우 좁다

* 배좁기는 해도 마당이 있어서 좋아요
* 내 자리도 배좁은데 여기에 더 끼어서 앉으려고 하니

2. 생각이나 마음이 매우 작다

* 네 배좁은 생각에는 바늘조차 못 들어가겠구나
* 배좁게 바라보지 말고 우리가 모두 이웃이라고 여길 수 있기를 바라요

좁다랗다 (↔ 널따랗다)

1. 넓이가 썩 좁다

* 좁다란 골목이지만 한쪽 담을 따라 올망졸망 꽃밭입니다
* 좁다란 문틈으로 아침 햇살이 찬찬히 들어옵니다

2. 생각보다 퍽 좁다

* 우리 모두 앉을 수 있구나 싶었는데, 막상 앉으니 좁다랗구나
* 자전거가 지나가기에도 이렇게 좁다란 길인 줄 몰랐네

3. 생각이나 마음이 퍽 작다

* 네 동생이 좁다랗다고 함부로 말하지 말아라
* 오빠 이야기가 좁다랗다고는 느끼지 않아요

좋다·좋아하다·사랑하다(사랑·사랑스럽다)·아끼다· 그리다2·그립다(그리워하다)

⋯▸ 마음에 들 적에 '좋다'라는 낱말을 씁니다. 마음에 들어 기쁘거나 넉넉하고, 마음에 들도록 훌륭하거나 착하며, 마음에 들기에 서로 어울리거나 부드러우면서 알맞습니다. 좋다는 느낌을 받으면, 그러니까 마음에 들어 한

다고 할 적에 '좋아하다'라는 낱말을 써요. '사랑'은 곱고 크며 깊고 넓고 따스하게 여기는 모습을 나타냅니다. 가장 크고 넓고 깊으면서도 따스하고 곱게 마음을 기울여서 품에 안는 모습이 바로 '사랑'이에요. '좋다 · 좋아하다' 하고 '사랑'은 테두리나 결이 사뭇 다릅니다. '마음에 든다(좋다)'고 해서 크거나 넓거나 곱게 여기지는 못할 수 있어요. '좋다 · 좋아하다'는 "마음에 든다고 하는 느낌"을 나타낼 뿐입니다. 마음에 들거나 안 들거나를 떠나서 곱고 넓으며 깊게 마음을 기울일 줄 알기에 '사랑'이 됩니다. 너그러울 뿐 아니라 따스한 데다가 마음을 깊고 크게 쓸 줄 알기에 비로소 '사랑'이라고 해요. '아끼다'는 함부로 쓰거나 다루지 않는 몸짓이나 모습을 나타내면서, 다른 사람을 따뜻하고 넉넉히 여기려는 마음을 나타냅니다. 돌보거나 보살피려고 생각할 적에 '아끼다'라고 합니다. '그리다'는 사랑하는 마음으로 크게 생각하는 모습을 나타냅니다. '그립다'는 보고 싶은 마음이 크거나, 어떤 것이 모자라서 크게 바라는 느낌을 나타내요.

좋다

1. 나무라거나 아쉬울 만한 곳이 없도록 마음에 들다 (훌륭해서 흐뭇하다)
   * 네 바느질 솜씨가 참 좋구나
   * 올해 맺은 복숭아는 모두 좋아서 굵고 달아요
   * 봄꽃이 보기 좋게 피었습니다
   * 네가 그린 이 그림은 참으로 좋은걸
   * 선물을 싸려고 좋은 종이를 마련했습니다
2. 마음이나 느낌이 시원하면서 넉넉하다 (기쁘다, 흐뭇하다)
   * 바라던 선물을 받아서 아주 좋아요
   * 설빔을 받은 언니는 좋아서 어쩔 줄 몰라 해요
   * 신나게 뛰놀 수 있으면 언제나 좋지요
   * 바람은 상큼하고 햇볕은 따스한 데다가 날까지 맑으니 더없이 좋다
3. 됨됨이나 몸짓이나 마음결이 부드럽거나 곱다 (마음결이 둥글면서 착하다)
   * 우리 오빠는 마음씨가 얼마나 좋은데요
   * 너희 아버지는 무척 좋은 분이시로구나
   * 가까이에 이처럼 좋은 이웃이 있는 줄 여태 몰랐어요
   * 우리 할머니는 좋은 일을 남모르게 많이 하십니다
4. 어떤 사람 · 것 · 일이 마음에 넉넉히 들다
   * 나는 소꿉놀이가 좋은데 너는 공기놀이가 좋구나
   * 네가 좋으면 나도 좋으니까 나도 바다로 갈게
   * 누나가 부는 하모니카 소리가 참으로 좋아요

* 나는 이 책이 좋아요

* 나는 네가 좋은데, 너도 내가 좋은지 알고
  싶어

5. 서로 어울리면서 가깝다

* 너는 누구하고 사이가 좋은지 궁금해

* 우리는 기쁜 일이 있거나 슬픈 일이
  있거나 늘 좋게 지냅니다

* 사이좋다

6. 말씨나 몸짓이 다른 사람을 언짢게 하지
   않을 만큼 부드럽다

* 동생이 잘못해서 나무라더라도 좋게
  말해야지

* 동무가 골을 부린대서 너도 골을 부리면
  싸울 뿐이니까 서로 좋게 말하자

* 어머니는 웃어른한테도 아이들한테도
  좋은 말씨로 이야기를 합니다

7. 마음에 들 만큼 먹을 만하다 (맛있다)

* 네가 한 김치볶음밥이 꽤 좋아

* 가래떡을 불에 살살 구워서 먹으면 맛이
  더욱 좋더라

* 어머니가 끓인 칼국수가 아주 맛이
  좋아요

8. 날짜·때·자리가 알맞거나 걸맞다
   (즐겁거나 기쁠 만한 때나 자리가 되다)

* 이사를 하기에 좋은 날짜를 살핍니다

* 좋은 날을 잡아서 할머니 여든잔치를
  열려고 해요

* 봄꽃놀이를 갈 만한 좋은 날을 따집니다

9. 어떤 몸짓·일이 말썽이 되지 않거나
   거리낄 것이 없다

* 언제가 되어도 좋으니까 새 동네에서
  자리를 잡는 대로 편지를 보내렴

* 심부름을 마쳤으면 이제 나가서 놀아도
  좋아

* 입가심은 먹어도 좋고 안 먹어도 좋아요

* 네가 바란다면 무슨 일이라도 다 좋아

10. 어떤 일을 하기에 힘이 적게 들다
    (낫다·알맞다)

* 네가 먹기에 좋도록 잘게 썰었어

* 글씨가 크면 할아버지가 읽기에 좋아

* 놀기에 좋은 빈터를 찾았어

11. 몸에 아픈 데가 없거나, 몸이 무척
    튼튼하다

* 할아버지는 몸집도 좋고 힘도 좋아요

* 아픈 데가 다 나았는지 얼굴빛이 참 좋다

* 이제는 안 아프고 몸도 좋아요

12. 날씨가 맑으면서 고르다

* 날씨가 이렇게 좋으니 집에만 있을 수야
  없지

* 날이 좋아 동무랑 자전거를 타면서
  놀았어요

* 햇볕이 좋은 날에는 이불을 널어
  해바라기를 시킵니다

13. '넉넉하게'를 나타내는 말

* 나도 밥 두 그릇쯤은 좋게 먹을 수 있어

* 나는 한꺼번에 책 스무 권을 좋게 나를 수
  있어

* 이 딱지를 제대로 쳤으면 석 장은 좋게
  뒤집었을 텐데

14. 다른 사람 눈·눈치를 가리지 않거나,
    부끄러운 줄 모르다

* 꾸지람을 듣고도 웃음을 터뜨리니, 너는
  참 비위도 좋구나

* 작은오빠는 낯선 사람한테도 사근사근
  말을 걸 만큼 넉살이 좋다

* 동생은 큰언니한테 배짱 좋게 나선다

* 접시를 깨고도 헤헤거리니 염치가 좋네

15. 머리카락이 많이 자라서 길다

* 우리 집 사람들은 모두 숱이 좋고
  머릿결도 고와요
* 숱이 좋은 머리카락을 곱게 빗어서
  땋습니다

16. **몸에 도움이 되다**
    * 아플 적에는 이 죽을 먹으면 몸에 좋을
      듯해
    * 맑은 바람과 물이야말로 몸에 가장
      좋으리라 생각해요
    * 밥과 국만 즐겁게 잘 먹어도 몸에
      좋답니다

17. **어떤 것이 다른 것보다 더 높거나 낫다**
    * 팔심은 내가 오빠보다 좋아요
    * 네가 만든 연이 언니가 만든 연보다
      좋구나
    * 꿈보다 풀이가 좋다는 말도 있어요
    * 나는 버스보다 기차가 더 좋아요

18. **어느 곳에 쓰거나 어떤 일을 하기에
    알맞다**
    * 울퉁불퉁한 열매는 내다 팔기에는 안
      좋으니 우리가 먹어야겠어
    * 효소로 담기에 좋은 매실을 잔뜩
      얻었어요
    * 이 쌀은 떡으로 찌면 좋겠네요

19. **무엇을 물을 적에 이를 받아들이려는 뜻을
    나타내는 말**
    * 좋아, 그렇게 할게
    * 좋다 싫다 말을 해야 알지

20. **어느 한쪽에 낫거나 도움이 되도록 읽거나
    바라보다**
    * 좋게 말하자면 너희 누나가 씩씩하다는
      소리로구나
    * 좋게 보자면 오늘 겪은 일도 우리한테는
      재미난 셈이지

21. **앞말을 거스르면서 핀잔하는 뜻을
    나타내는 말**
    * 미리 알렸으면 좀 좋아
    * 가면 간다고 말하고 가면 좋기나 하지
    * 내 몫을 덜고 먹으면 좋게, 어쩜 하나도 안
      남기니

22. **가락에 맞추어 기쁨·신·재미를 돋우려고
    외치는 말**
    * 좋아, 좋구나
    * 얼쑤, 좋지

23. **들뜸·설렘·다짐·짜증·찬성 같은 느낌을
    세게 나타내는 말**
    * 좋아, 꼭 해내고 말 테야
    * 좋다고, 어디 두고 보라지
    * 좋다, 이제 나도 모르겠어
    * 좋구나, 그대로 해 보자

24. **남이 하는 일이 잘 안될 적에 비꼬는 투로
    쓰는 말**
    * 에그, 꼴 좋구나
    * 이런, 꼴이 좋게 되었네

좋아하다

1. **좋다는 느낌을 받다**
   * 파랗게 눈부신 하늘을 좋아해서 잔디밭에
     드러누워 노래를 불러요
   * 나는 영화를 좋아하고, 오빠는 책을
     좋아하지요
   * 꽃을 좋아하는 사람한테서는 꽃내음이
     나는 듯합니다

2. **어떤 일·놀이·몸짓을 즐겁게 하고 싶다**
   * 나는 헤엄을 좋아해서 한겨울에도
     바닷가에 놀러 갑니다
   * 윷놀이를 좋아해서 밤이 깊은 줄도
     모르고 논다

* 큰언니는 조용히 생각에 잠기다가 글 한
  줄 쓰기를 좋아해요
* 나는 여행도 좋아하고 사진도 좋아해서,
  여행을 가면 사진을 잔뜩 찍어요

3. 가깝게 생각하면서 잘 맞거나, 마음에
   들어 하다
   * 서로 좋아하는 두 사람은 손을 꼭 잡고
     걷습니다
   * 너를 좋아하는 마음을 이 노래에 실어서
     부를게
   * 나는 어머니와 아버지를 다 좋아해요

4. 어떤 밥·먹을거리를 더 잘 먹거나 마시다
   * 고구마를 송송 썰어서 끓인 밥을
     좋아해요
   * 달걀부침을 좋아하니 달걀말이도
     좋아하겠네
   * 어머니는 감식초로 간을 넣은 국을
     좋아합니다
   * 너 말이야, 과자를 너무 좋아하는 듯하네

5. 기쁘거나 즐거운 느낌·마음을 밖으로
   나타내다
   * 너희가 이렇게 좋아할 줄 알았으면 진작
     놀러 왔을 텐데
   * 기쁜 일이 잇달아 생겨서 모두
     좋아합니다
   * 봄이 되어 들딸기를 실컷 먹을 수 있으니
     누나가 무척 좋아해요

6. 어리석은 말·모습·몸짓을 비웃거나
   빈정거리면서 하는 말
   * 사탕 좋아하지 마, 오늘 벌써 몇 알이나
     먹었는데, 이제 더 안 줘
   * 춤 좋아하시네, 엉덩이만 흔든다고 다
     춤인 줄 아니

사랑하다 (사랑·사랑스럽다)

1. 어떤 사람·넋·숨결·마음을 무척 곱고 크며
   깊고 넓고 따스하게 여기다
   * 아이를 사랑하는 어버이 마음과 어버이를
     사랑하는 아이 마음은 같아요
   * 나는 우리 식구한테서 사랑을 받으면서
     무럭무럭 큽니다
   * 사랑을 고이 담아 즐겁게 노래를 부르며
     놀지요
   * 스승은 언제나 제자를 사랑하는 법이다
   * 햇빛과 바람과 꽃내음이 사람들 가슴에
     깃들어 사랑스러운 씨앗으로 자라요
   * 내리사랑·치사랑·속사랑·참사랑

2. 어떤 것을 무척 곱고 크며 깊고 넓고
   따스하게 여기거나 다루면서 즐기다
   * 할머니는 숲을 사랑하고 할아버지는
     바다를 사랑하셔요
   * 누나는 그림을 사랑하고 나는 노래를
     사랑하지요
   * 우리 마을을 사랑해요
   * 다 함께 평화를 사랑하면서 어깨동무를
     하기를 바라요
   * 만화사랑·나라사랑·책사랑·겨레사랑·
     영화사랑

3. 서로 무척 곱고 크며 깊고 넓고 따스하게
   마음을 쓰면서 지내다
   * 어머니와 아버지는 사랑하는 사이입니다
   * 나한테도 사랑하는 사람이 있어요
   * 사랑스레 바라보는 눈길이 기뻐요
   * 짝사랑·첫사랑·맞사랑·풋사랑·옛사랑

4. 다른 사람을 돕거나 따뜻하게 마주하다
   * 이웃을 사랑하는 마음은 언제나 따뜻하고
     너그럽지요
   * 힘들어하는 동무한테 손길을 내미는 사랑

* 이웃사랑

5. 고우면서 마음에 드는
   사람·아기·짐승·숨결을 일컫는 말
   * 어머니한테는 아버지가 사랑이고,
     아버지한테는 어머니가 사랑이에요
   * 할머니는 나를 보면 "우리 사랑" 하면서
     부르셔요
   * 우리 집 고양이는 깜찍한 내 사랑입니다
   * 언제나 푸른 대나무를 내 사랑으로
     삼아서 아끼지요
   * 사랑동이

아끼다

1. 함부로 쓰거나 아무렇게나 다루지 않다
   * 어머니는 살림돈을 아껴서 나한테 새
     옷을 장만해 주셨어요
   * 하루하루 즐겁게 아끼면서 내 꿈을
     펼쳐요
   * 할아버지가 몹시 아끼시던 만년필을
     선물로 물려받았어요

2. 다른 사람을 따뜻하고 넉넉히 여기려는
   마음이다 (보살피려는 마음)
   * 할머니는 언제나 우리를 아껴 주셔요
   * 우리 담임 선생님은 모든 아이를 고루
     아껴요
   * 이웃을 아끼는 마음이 따사롭습니다

3. 몸을 움직이기를 두려워하거나, 힘을
   쓰려고 하지 않다 (사리다)
   * 쓰레기가 더럽다며 손을 아끼면서 안
     치우니까 너무 어지럽네
   * 그렇게 몸을 아끼니까 일이 너무 더디다
   * 힘들다고 너만 아끼면 다른 사람은 네
     몫까지 맡아야 해

그리다 2

: 사랑하거나 애틋한 마음으로 크게
  생각하다
  * 어릴 적에 떠난 동네를 그리다가
    재미있던 일이 떠올라 빙그레 웃습니다
  * 너를 그리는 마음을 편지에 담았어
  * 할아버지는 고향을 그리면서 나무를
    심어요
  * 할머니가 남긴 일기장을 뒤적이면서
    옛일을 그립니다

그립다 (그리워하다)

1. 보거나 만나고 싶은 마음이 애타도록 크다
   * 네가 떠난 지 며칠 안 되었는데 벌써
     그립다
   * 겨울이 되니 봄이 그립습니다
   * 인절미를 보면 할머니와 함께 지내던
     옛날이 떠오르면서 그리워요

2. 어떤 것이 없거나 모자라기에 매우 바라다
   (아쉽다)
   * 여름에는 군고구마가 그립고 겨울에는
     수박과 딸기가 그리워요
   * 다른 나라에서 여행을 할 적에는 밥이
     그립더라
   * 골목에서도 싱싱 달리는 자동차를 보면,
     이웃을 살피는 마음이 그리워요

즐겁다*·기쁘다·흐뭇하다·반갑다·재미있다· 재미나다·신나다·신명·신바람·어깻바람

⋯→ 무엇을 하면서 몸과 마음에 가벼운 기운이 감돌면 '즐겁다'라 합니다. 바라던 대로 이루거나 되면서 가볍고 탁 트이는 기운이 감돌면 '기쁘다'라 합니다. 즐거운 마음은 바깥으로 드러나지 않을 수 있습니다. 나는 즐겁게 어떤 일이나 놀이를 하지만, 다른 사람은 못 알아챌 수 있어요. 이와 달리, 기쁜 마음은 바깥으로 환하게 드러납니다. 남이 알아챌 수 있는 기운은 '기쁨'입니다. '흐뭇하다'는 어떤 사람이나 사물과 얽혀서 넉넉한 기운이 감돌 때에 씁니다. 바라보면서 흐뭇하고, 지켜보면서 흐뭇합니다. 함께 있어서 흐뭇하고 곁에 있어서 흐뭇합니다. '반갑다'는 누군가를 만날 때에 마음이 밝게 흐르는 모습을 가리켜요. 바라거나 기다리는 일이 이루어진다든지, 듣기 좋은 이야기가 있을 적에도 '반갑다'를 써요. '재미있다'는 "재미가 있다"이고, '재미나다'는 "재미가 나다"예요. 뜻은 거의 같고 느낌만 살짝 다르지요. '재미'는 여러 가지가 예쁘게 어울려서 몸이나 마음이 가볍고 밝은 느낌을 가리켜요. 찬찬히 살피면 '즐겁다·기쁘다·반갑다·재미'가 살짝살짝 다른 결을 헤아릴 만해요. 그리고 '재미스럽다'는 "재미를 느낄 만하다"를 나타내고, '재미적다'는 "일이 못마땅하거나, 마음이 걸려서 좋지 않거나, 안좋은 일이 있다"를 나타내며, '재미없다'는 "재미를 느낄 만하지 않다"를 나타냅니다. '신'이 날 적에는 웃음이 까르르 터져나온다면, '신바람'이 날 적에는 웃음이 와하하 터져나오면서 춤이 절로 나온다고 할 만합니다. '신·신바람'은 내가 바라거나 놀거나 일하거나 움직이는 결에 따라서 피어나기도 하고, 다른 사람을 지켜보거나 책을 읽다가도 일어날 수 있어요. '신명'은 '즐거움'하고 느낌이 이어진다고 할 만하며, '신·신바람'은 '기쁨'하고 느낌이 이어진다고 할 만해요. '신바람'은 "신이 나는 바람"이라는 얼개인 터라, '신바람'이 날 적에는 웃음도 가볍게 흐르고 춤뿐 아니라 노래까지 저절로 샘솟

는다고 할 만해요. 몸이 아주 가벼워져서 마치 바람을 타듯이, 또는 스스로 바람이 되는구나 싶은 마음일 적에 '신바람'이라는 낱말을 씁니다. '어깻바람'은 신바람하고 비슷하지만, 신바람은 온몸을 가볍게 느끼면서 움직이는 몸짓을 나타낸다면, 어깻바람은 어깨를 가볍게 움직여서 춤을 추는 몸짓을 나타냅니다. 2015년까지는 '신 나다'처럼 써야 했지만 이제 '신나다'는 '재미나다'처럼 한 낱말이 되었습니다. '신명나다·신바람나다·어깻바람나다'는 아직 한 낱말로 한국말사전에 오르지 못하지만, 머잖아 이 세 가지 낱말도 한 낱말로 한국말사전에 오르리라 생각합니다.

즐겁다 (* '라온'에서도 다룬다)

: 무엇을 하면서 몸과 마음이 가벼우면서 밝다

* 우리 오늘도 즐겁게 놀자
* 반가운 동무를 만나서 즐겁게 노래하고 이야기를 나눕니다
* 다시 봄을 맞아 싱그러운 꽃을 볼 수 있으니 즐거워요
* 할아버지 댁으로 찾아가는 길이 즐겁습니다
* 자전거를 타고 숲길을 달리니 즐겁구나

기쁘다

: 바라던 대로 이루어지거나 되기에, 또는 어떤 일이 생기거나 어떤 모습을 보면서 마음이 탁 트이며 가볍다 (마음이 트이며 가벼운 기운이 바깥으로 훤히 드러날 때에 쓴다)

* 오늘도 수박을 먹을 수 있어 기뻐요
* 꿈을 이룰 수 있으니 얼마나 기쁠까요
* 너와 사이좋게 지낼 수 있어서 기뻐
* 다들 우리를 기쁘게 하려고 잔치를

마련해 주었구나

* 나한테 편지를 보내 주어서 기쁘다

흐뭇하다

1. 바라던 대로 이루어지거나 되기도 하고, 마음이 가벼우면서 밝기도 해서, 그저 마음이 느긋하면서 꽉 차고, 모자라거나 아쉽지 않다

* 할아버지는 우리가 튼튼하고 씩씩하게 커서 흐뭇하다고 말씀하셔요
* 소담스레 익은 딸기밭은 그저 바라보기만 해도 흐뭇해요
* 어머니는 우리가 맛있게 먹는 모습만 보아도 흐뭇하다 하셔요

2. 자랑스럽다고 느끼다

* 내가 동생한테 그림책을 읽어 주는 모습을 보신 할머니가 흐뭇하게 웃으셔요
* 막냇동생이 제 힘으로 서서 걸으니 아주 흐뭇해요
* 가르치는 대로 훌륭히 잘 배우니, 아버지는 이런 나를 보며 흐뭇하다 하셔요

반갑다

1. 그리던 사람을 만나서 마음이 가벼우면서 밝다
   * 이웃 아주머니는 우리를 늘 반가이 맞아 주셔요
   * 오랜만에 찾아온 큰아버지가 반가워서 밤새 놀았어요
   * 오늘도 서로 반갑게 손을 흔들면서 인사를 나누지요

2. 바라거나 기다리는 일이 이루어져서 마음이 가벼우면서 밝다
   * 네 편지가 얼마나 반가웠는지 몰라
   * 나 혼자 이 어려운 문제를 풀어서 대단히 반가웠지요
   * 아버지는 우리가 심부름을 해 주어서 무척 반가웠다고 하셔요

3. 어떤 말이나 이야기가 들을 만하다
   * 듣던 얘기 가운데 참 반가운 얘기로구나
   * 싱글싱글 웃는 낯을 보니 반가운 이야기라도 있나 보네
   * 좀 반가운 말은 없을까

재미있다

: 여러 가지가 예쁘게 어울려서 몸이나 마음이 가볍고 밝은 느낌이 있다
   * 어쩜 너희 언니는 이야기를 그처럼 재미있게 잘하나 궁금하다
   * 어떤 놀이를 함께 하면 재미있을까
   * 다 같이 재미있게 웃으면서 저녁을 먹어요

재미나다

: 여러 가지가 예쁘게 어울려서 몸이나 마음이 가볍고 밝은 느낌이 나다
   * 재미난 만화책이 있으면 나한테도 빌려 주렴
   * 너희끼리만 재미난 이야기를 나누고 나를 쏙 뺐구나
   * 잔칫밥이니까 오늘은 더 재미나게 밥을 지어 볼까

신나다 (신)

: 바라던 대로 되거나, 어떤 일에 끌리거나 빠져들면서 밝고 시원한 기운이 흐르는 마음이 되다
   * 동무들은 신나게 뛰놀고 구를 수 있는 마당이 있는 우리 집을 좋아해요
   * 누나는 마음에 얹힌 짐이 사라졌는지 신나서 콧노래를 부르며 편지를 써요
   * 처음 두발자전거를 달린 날 신에 겨워 지치는 줄도 모르고 자전거를 탔어요
   * 할아버지는 신이야 넋이야 하고 덩실덩실 춤을 춥니다

신명 (신명나다)

: 어떤 일을 하거나, 어떤 일에 끌리거나 빠져들면서 흐르는 밝고시원한 기운·멋
   * 오늘따라 아버지는 신명이 나는지 걷다가도 자꾸 멈춰서 춤을 추네
   * 한가위에 큰집에 모인 식구들은 모두 신명이 나도록 이야기꽃을 피웠어요
   * 네 추임새가 한결 신명을 돋구는구나

신바람 (신바람나다)

: 바라던 대로 되거나, 어떤 일에 끌리거나 빠져들면서 더없이 밝고 시원해서 마음이며 몸이 바람처럼 무척 가볍게 움직이는 기운

* 언니는 늘 우리 집에 신바람을 일으키는 웃음보따리 같아요
* 신바람이 나니까 안 되는 일이 하나도 없네
* 하다 보니 잘되고 재미있어서 신바람을 내며 부침개를 잔뜩 부쳐 보았어요
* 마음껏 노래하고 웃으면서 뛰놀 수 있으니 신바람이 납니다

* 할머니는 아기가 웃는 모습을 보시더니 어깻바람이 났어요
* 어머니가 내 그림을 보고 좋아하시니 어깻바람이 나요
* 어깻바람이 난 김에 노래도 부른다
* 할아버지 여든잔치를 앞두고 모두 어깻바람이 나서 일을 합니다

어깻바람 (어깻바람나다)

: 바라던 대로 되거나, 어떤 일에 끌리거나 빠져들면서 밝고 시원한 기운이 흘러서 어깨로 춤을 추듯이 가볍게 움직이는 기운

지다·이다·메다·짊다·짊어지다

⋯→ 짐을 나를 적에 등에 올리면 '지다'라 하고, 머리에 올리면 '이다'라 합니다. 짐을 어깨에 올리면 '메다'라 하는데, '메다'라는 낱말은 끈이나 채를 써서 짐을 올리는 모습도 가리킵니다. '짊다'는 짐을 가볍게 꾸려서 수레나 지게나 등에 올리는 모습을 가리키고, '짊어지다'는 짐을 뭉뚱그려서 지는 모습을 가리켜요.

지다

1. 짐을 등에 얹다
   * 내 등에 그 짐을 질 테니 어서 올려
   * 예전에는 누구나 지게를 지면서 짐을 날랐다고 해요
   * 잠든 동생을 등짐을 지듯이 업고서 언덕길을 내려왔어요

2. 무엇을 뒤쪽에 두다
   * 바람을 등에 지고 자전거를 달리니 한결 빨리 나아가요
   * 아까는 해를 마주하며 걸었고, 이제는 해를 등에 지고 걷는다
   * 아버지와 어머니는 숲을 지고 냇물을 앞에 놓은 곳에 집을 지었어요

3. 도움을 받거나 고마운 일을 맞이하다
   * 하룻밤 고마운 손길을 지면서 묵겠습니다
   * 이웃집 아주머니한테 늘 신세를 진다
   * 그동안 너희한테 진 고마움을 언제
     갚을까 모르겠네
4. 어떤 일을 하기로 하다 (맡다)
   * 어른이 되면 스스로 살림을 지면서
     살아야 해요
   * 이 일에서 네가 큰 짐을 지는구나
   * 깨진 접시는 내가 책임을 지고 치울게
5. 다른 사람한테서 얻은 돈을 돌려주어야
   하다 (빌린 돈을 갚아야 하다)
   * 너한테 진 빚은 곧 갚을게
   * 우리 집을 장만할 적에 작은아버지한테
     빚을 졌다고 해요
6. 줄이나 끈에 묶이다
   * 노끈에 손목을 진 듯이 꼼짝을 할 수
     없었어요
   * 저쪽에 오라를 진 사람들이 줄줄이
     지나가네

이다

1. 짐을 머리에 얹다
   * 이 바구니들을 우리가 하나씩 이고서
     가면 되겠구나
   * 할머니는 두 손에 보따리를 하나씩 들고
     머리에도 하나를 이고 걷습니다
   * 나는 짐을 지고 걸을 수는 있지만 짐을
     이고서는 잘 못 걷겠어
2. 지붕에 올리다
   * 예전에는 가을걷이를 마치고 볏짚을 엮은
     이엉을 지붕에 이었지요
   * 할아버지는 억새를 엮어서 시골집
     울타리에 입니다

3. 머리에 놓거나 두다
   * 해를 이고 들에 나간 아버지는 별을 이고
     집으로 돌아옵니다
   * 겨울나무가 하얀 눈을 잎사귀처럼 가득
     이고 섰네
   * 봄이 되니 멧자락마다 산수유꽃과
     진달래꽃과 벚꽃을 눈부시게 입니다
   * 새하얀 눈 같은 머리카락을 인 할머니

메다

1. 짐을 어깨에 걸치거나 얹다 (흔히 끈이나
   채를 쓴다)
   * 어깨에 멘 가방이 무거울 텐데
     내려놓으렴
   * 네가 다리가 아프니까 우리가 가마를
     메어 데려다 주면 어떻겠니
2. 어떤 일을 하기로 하다 (맡다)
   * 우리는 밝은 앞날을 힘차게 메고 걸어갈
     어린이입니다
   * 작은언니는 언제나 꿈을 메고
     나아가겠다고 말해요

짊다

: 짐을 가볍게 꾸려서 올리다
   * 이 짐은 우리 둘이 함께 짊어서 나르자
   * 아버지는 무거운 책꽂이를 수레에 짊어서
     옮겼어요
   * 오빠 혼자 이 가방을 다 짊을 수 있을까

짊어지다

1. 짐을 뭉뚱그려서 지다
   * 작은 짐도 함께 짊어지면 한결 가볍게
     나를 수 있어요
   * 우리 누나는 제법 묵직한 가방을

씩씩하게 짊어지고 걷습니다
2. 무엇을 뒤쪽에 두다
  * 소백산을 짊어진 예쁜 마을이 있어요
  * 따사로운 봄볕을 짊어지고 봄나들이를
    갑니다
3. 돌려주어야 할 돈이 생기거나 있다
   (갚아야 할 돈이 있다)
  * 아버지는 젊은 날에 빚을 꽤 짊어졌지만
    조금씩 갚아서 어느새 다 없앴답니다

* 동무가 짊어진 빚을 함께 갚으려고
  우리도 푼푼이 돈을 모으기로 했어요
4. 어떤 일을 하기로 하다 (맡다)
  * 우리가 커다란 짐을 짊어지는구나
  * 이 일은 우리가 짊어지고서 슬기롭게
    풀어 보자

짓다·만들다·빚다·꾸미다*·엮다·짜다1

⋯ 집이나 옷이나 밥을 마련하는 일을 가리켜 '짓다'라 합니다. 이때에는 '만들다'라 하지 않아요. "집을 짓는다"는 살아갈 터를 마련한다는 뜻이고, "집을 만들다"는 "물건을 새로 내놓는다"는 뜻으로 씁니다. '짓다'는 아직 나타나지 않은 것을 새롭게 나타나도록 한다는 뜻을 바탕으로 쓰임새를 넓힙니다. "이름을 짓는다"거나 "생각을 짓는다"거나 "사랑을 짓는다"나 "꿈을 짓는다"처럼 씁니다. '만들다'는 "힘을 쓰거나 연장을 다루어, 갖거나 얻고 싶은 것을 이룬다"는 뜻을 바탕으로 쓰임새를 넓힙니다. 힘이나 연장으로 어떤 것을 마련할 적에 '만들다'를 쓰는데, 이때에는 어느 것이 다른 것으로 바뀌도록 한다고 할 수 있습니다. 아파트처럼 커다란 덩이로 집을 뚝딱 하고 올리면 "집을 만들다"입니다. "이름을 만든다"고 한다면, '지은 이름'을 몇 가지 섞어서 '다른 상표나 이름'으로 삼는다는 뜻이 됩니다. 새로 태어난 아이한테 이름을 붙일 적에는 '이름을 짓는다'라고만 말할 수 있습니다. 새로운 아이한테 붙이는 새로운 이름이기 때문입니다. 이리하여, "글을 짓는다"거나 "노래를 짓는다"거나 "줄을 짓는다"거나 "농사를 짓는다"거나 "거짓으로 지어서 하는 말"처럼 쓰기도 해요. "책을 짓는다"고 할 적에는 책에

들어갈 글을 쓰거나 그림을 그린다는 뜻이고, "책을 만든다"고 할 때에는 종이로 꼴을 갖추어 책이 태어나게 한다는 뜻입니다. 그래서 '지은이'는 책에서 글이나 그림이나 사진을 "쓴 사람(지은 사람)"을 가리키고, '만든이'는 책꼴을 갖추어 선보이는 출판사 일꾼을 가리킵니다. 그리고 '글짓기'가 학교에서 아이들한테 삶이 피어나는 글을 쓰도록 이끌지 못하기 때문에 '글쓰기'라는 낱말로 바꾸어서 쓰곤 하는데, '글짓기'는 글을 억지로 짜맞추듯이 하는 일이 아닙니다. 새로운 마음이 되어 새로운 이야기를 선보이는 일이 '글짓기'입니다. 요즈음 학교에서는 '글쓰기'라는 낱말을 쓰지요. 지난날 학교교육이 꾸중을 들어야 하기는 하되, 지난날 학교에서 했던 일은 '글 만들기'였다고 느낍니다. 새로운 마음을 북돋우지 못하는 채, 시늉이나 흉내로 척척 짜맞추도록 시키는 일은 '글 만들기'입니다. 지난날 학교교육에서는 '글 만들기'를 아이들한테 시키면서 엉뚱하게 '글짓기'라는 이름을 붙인 셈입니다. 왜냐하면, 예부터 한국사람은 '이야기짓기(이야기를 짓다)·노래짓기(노래를 짓다)·이름짓기(이름을 짓다)'처럼 '짓다'라는 낱말을 써서 새로운 생각을 드러내어 삶을 즐겼어요. 그러니 '글짓기'라는 낱말은 여러모로 어울리고 아름다운데, 정작 지난날 학교교육에서는 이 아름다운 낱말을 그만 아주 잘못 쓰고 말았습니다. 흙을 갈고 씨를 심어서 가꾸는 시골일을 가리켜 요즈음은 '농사'라는 한자말을 쓰지만, 지난날에는 '여름지이'라는 한국말을 썼습니다. "여름에 짓는다"는 뜻에서 '여름지이'입니다. 사람들이 많이 먹는 밥은 볍씨를 늦봄이나 이른여름에 뿌려서 늦여름이나 이른가을에 벼를 베어요. 그래서 이러한 일을 놓고 "여름에 짓는 일"이라는 뜻에서 '여름지이'라 했고, "여름을 짓는 사람"을 가리켜 '여름지기'라 했습니다. 요즈음에는 '여름지기'라고는 거의 안 쓰고, 한자말 '농부'만 씁니다. 옛말이라 할 텐데, '지이(짓는 일)'와 '지기(짓는 사람)'라는 말마디를 살필 수 있으면, 이 말틀을 오늘에도 살려서 쓸 수 있습니다. "지키는 사람"을 '지기'로도 쓰지만, "짓는 사람"을 '지기'로도 씁니다. 그래서 '나무지기'라 하면 '목수'를 가리킬 수 있고, '숲지기'라 하면 숲을 지키는 사람일 뿐 아니라 숲을 가꾸는 사람을 가리킬 수 있습니다. '빚다'는 가루나 흙을 주물러서 어떤 것을 이루거나 마련하는 일을 가리킵니다. '꾸미다'는 어떤 모습이 나거나 되도록 매만지거나 손질하는 일을 가리킵니다. '엮다'는 끈을 여러 가닥 얽어서 어떤 것을 마련하는 자리에서 씁니다. '짜다'는 나무를 이리저리 맞추어 어떤 것을 마련하는 자리에서 써요. 이 여섯 가지 낱말은 "글을 쓰다"나 "책을 묶다"를 가리키는 자리에서도 두루 씁니다. 그리고 모임을 이루는 일을 가리키면서 '만들다'와 '짜다'를 쓰는데, 혼자서 모임을 이룰 수도 있어요. 한 사람만 있는 모임도 있으니까요. 이때에는 '만들다'만 씁니다. '짜다'는 두 사람 넘게 모여서 이루는 자리에서만 씁니다.

짓다

1. **새롭게 나타나도록 하다**
   * 나는 생각으로 꿈을 지었어요
   * 우리 집을 아름다운 숲으로 짓고
     싶습니다
   * 즐겁게 짓는 생각으로 하루를 즐겁게
     엽니다
   * 생각짓기·하루짓기·삶짓기·꿈짓기

2. **이름을 처음으로 붙이다**
   * 내 동생이 될 아기한테 어떤 이름을
     지어서 주면 아름다울는지 생각합니다
   * 내 일기장에 이름을 지어 주려고 해요
   * 처음 보는 풀인데 어떤 이름을 지으면
     어울릴까
   * 꽃이나 나무나 벌레나 짐승 이름은 모두
     옛날부터 시골 사람이 지었대요
   * 이름짓기·말짓기

3. **집·옷·밥을 마련하다**
   * 우리 겨레는 예부터 나무와 흙과 짚과
     돌로 집을 지었어요
   * 할아버지와 아버지가 마주앉아서

   * 손뜨개로 털옷을 한 벌씩 짓습니다
   * 오늘 저녁은 할머니가 된장국과
     호박지짐으로 맛나게 지어 주셨어요
   * 집짓기·옷짓기·밥짓기

4. **흙을 가꾸어 먹을거리를 얻다**
   * 텃밭을 지어서 콩하고 시금치를 손수
     거두었어요
   * 우리 집은 능금밭을 지어요
   * 할머니는 시골집에서 논을 서 마지기
     지으십니다
   * 농사짓기·흙짓기·논짓기·텃밭짓기·
     여름지이

5. **이야기를 새로 내놓거나 글·노래를 새로
   쓰다**
   * 어머니 아버지를 도와 벼를 벤 느낌을
     시로 지어 보고 싶다
   * 할머니가 부르는 그 노래는 누가
     지었는지 궁금해요
   * 글은 머리로 짓지 않고, 몸과 마음으로
     겪은 삶을 헤아리면서 짓는다
   * 글짓기·시짓기·노래짓기
   * 지은이

6. **얼굴·몸짓으로 느낌·마음을 드러내다**
   * 웃음을 짓는 네 얼굴이 참 곱다
   * 안 좋은 일이라도 있는지 한숨을
     짓는구나
   * 슬픈 이야기를 듣다가 그만 눈물을
     지었어요
   * 웃음짓기·눈물짓기·한숨짓기

7. **길게 이어지거나 어떤 모습을 잡아
   이어지다 (줄·무리를 이루다)**
   * 개미가 줄을 지어 기어갑니다
   * 무리를 지어 날아가는 기러기를
     올려다봅니다
   * 너희들 이렇게 떼를 지어서 어디에 가니
   * 줄짓기·무리짓기·떼짓기

8. **묶거나 엮어서 어떤 모습을 이루다**
   * 선물을 다 쌌으니 이제 매듭을 지어야지
   * 매듭을 헐렁하게 지으면 풀리니 단단하게
     지으렴
   * 매듭짓기

9. **아픈 데를 다스리는 약을 마련하다**
   * 할머니는 숲에서 온갖 풀뿌리를 캐서
     약을 짓습니다
   * 큰오빠가 여러 날 크게 앓아서 보약을
     지어 먹었어요
   * 약짓기

10. **거짓으로 드러내다 (지어내다)**
    * 없는 말을 지어서 하지 않아도 돼
    * 아까 그 일은 네가 지은 일이었구나

11. **나쁜 짓을 하다**
    * 네가 지은 잘못을 안다면 고개 숙여
      뉘우치렴
    * 죄를 지었어도 사람을 미워하지는 말자

12. **어떤 일·말이 끝이 나도록 하다**
    * 이제 마무리를 지어 보자

* 오늘 일도 끝을 잘 짓고 싶어

13. **서로 이어지도록 하다**
    * 누가 나하고 짝을 지어서 앉으려나
    * 우리가 짝을 지으면 아주 멋진 동아리가
      되리라 생각해
    * 짝짓기

만들다

1. **몸이나 연장을 써서 얻거나 가지려는 것을
   이루다 (몸이나 연장을 써서 어떤 것이
   나타나게 하다)**
   * 나무를 알맞게 자르고 켜고 맞추어
     걸상을 만듭니다
   * 싸리나무를 베어 싸리비로 만듭니다
   * 나도 무언가 만들어 보고 싶습니다
   * 너는 종이비행기를 만들고, 나는
     종이배를 만드네

2. **어떤 것이 다른 것이 되게 하다 (어떻게
   되게 하다)**
   * 아버지와 어머니는 버려진 집을 고쳐서
     우리가 살 만한 집으로 만들었다고 해요
   * 이 나무토막으로 장난감을 만들면
     재미있겠다

3. **어떤 사람이나 어느 것·자리를 다른
   모습이 되도록 하다 (무엇이 되게 하거나
   어떻게 되게 하다)**
   * 네 동무를 웃음거리로 만들면 안 즐거울
     테지
   * 전쟁은 온 나라를 쑥대밭으로 만들고
     만다
   * 이웃 나라를 식민지로 만들다
   * 말 한마디로 꼼짝 못하게 만들었네
   * 괜히 건드려서 부아가 나게 만들지
     말아라

ㄱ
ㄴ
ㄷ
ㄹ
ㅁ
ㅂ
ㅅ
ㅇ
ㅈ
ㅊ
ㅋ
ㅌ
ㅍ
ㅎ

* 오늘 심심한데 재미있게 만들어 줄 수
  있겠니
* 무슨 말을 했기에 이렇게 밝은 잔치로
  만들었을까

4. **어떤 일을 할 틈·자리를 일부러 두거나
   따로 마련하다**
   * 그러면 두 사람이 만날 자리를 만들어
     볼까
   * 좋은 자리를 만들어 나중에 다시 만나자
   * 내가 일할 자리는 내가 손수 만들고 싶어
   * 일자리 만들기

5. **말썽·일거리를 일부러 일어나게 하다**
   * 조금도 가만있지 못하고 무언가 일을
     만드는 우리 누나
   * 며칠 조용히 있더니 또 일을 만들
     생각이로구나

6. **허물·자국·생채기가 생기게 하다**
   * 여드름을 잘못 짜면 흉터를 만든다
   * 괜히 긁어서 부스럼을 만들지 말자

7. **틈이나 짧은 겨를을 힘들게 얻다**
   * 살짝 만날 틈을 만들기 어려울까
   * 하루쯤 공부를 안 하는 날을 만들고 싶어

8. **사람을 기르거나 돌봐서 어떤 모습이
   되거나 어느 자리에 있도록 하다**
   * 할아버지는 나를 착한 사람으로 만들려고
     애쓰신다
   * 나를 탁구 선수로 만들지 않아도 나는
     탁구가 좋으니 괜찮아요

9. **책·글·신문을 내다**
   * 우리 마을 이야기를 모아서 책을 만들고
     싶어요
   * 누나하고 함께 텃밭신문을 만들려고
     생각해요
   * 이웃 아저씨는 책 만드는 일을

하신다는군요
* 만든이

10. **노래·영화·공연을 내놓다**
    * 오늘 아침에 즐겁게 부를 노래를 한번
      만들어 보았어
    * 마을잔치에서 선보이려고 연극을 한 편
      만들었어요

11. **모임·회사·기관을 세우다**
    * 바다를 사랑하는 동아리를 만들어 볼까
    * 너희는 어떤 모임을 만들 생각이니

12. **규칙·법·제도·틀을 세우다**
    * 나라에서 새로운 법을 만들었어요
    * 규칙을 만들지 않아도 서로 아끼고
      사랑할 수 있기를 바랍니다

13. **돈을 얻거나 갖추다**
    * 그만한 돈을 만들려면 얼마나 걸릴까
    * 이웃을 도울 적에는 꼭 큰돈을 만들어야
      하지 않아
    * 다음에 목돈을 만들면 뜨개실하고
      뜨개바늘을 잔뜩 장만해서 뜨개옷을 짤
      생각이야

빚다

1. **흙을 이겨서 어떤 것을 이루다**
   * 진흙을 구워서 빚은 그릇이 질그릇이야
   * 흙벽돌을 빚어서 차곡차곡 울타리를
     쌓습니다
   * 동생이랑 흙으로 구슬을 빚어서 놀아요

2. **가루를 반죽하여 먹을거리를 마련하다**
   * 온 집안 어른과 아이가 모두 모여서
     만두를 빚어요
   * 한가위를 맞이해서 송편을 넉넉히 빚은
     뒤 이웃과 나누어 먹어요
   * 콩을 삶아서 찧은 뒤 메주를 빚어 들보에

매달아 띄웁니다

3. 지에밥과 누룩을 버무려 술을 담그다
   * 찹쌀을 찌고 누룩과 물을 섞어 막걸리를
     빚어요
   * 아버지는 할아버지한테서 술빚기를
     물려받습니다

4. 새롭게 나타나도록 하다
   * 앞으로 이루고 싶은 꿈을 차근차근
     빚으려고 해요
   * 마음을 차분히 가다듬은 뒤 좋은 생각을
     하나씩 빚습니다
   * 오늘은 또 어떤 놀이를 빚으면
     재미있을까

5. 글을 새로 쓰거나 이야기를 새로 들려주다
   * 내가 글로 빚은 꿈 이야기를 들어 볼래
   * 어제 들은 아름다운 이야기를 글로
     빚으려고 생각을 가다듬습니다

6. 어떤 일이나 말썽을 일으키다
   * 내가 아직 서툴러서 자꾸 말썽을 빚으니
     미안해
   * 네가 빚은 잘못을 네 누나가
     짊어지는구나

꾸미다 (* '가꾸다·꾸미다'에서도 다룬다)

1. 어떤 모습이 나거나 되도록 매만지거나
   차리거나 손질하다
   * 겉모습을 꾸며도 예쁘기는 하지만,
     속마음부터 곱게 가꾸자

2. 거짓을 참으로 바꾸어 보여주거나, 없는
   것을 있는 것처럼 그럴듯하게 보여주다
   * 우리가 꾸민 일이 모두 알려지고 말았어

3. 바느질을 해서 새로 마련하다
   * 할머니한테 선물을 하려고 양말 한
     켤레를 꾸밉니다

4. 글을 따로 매만지면서 쓰다
   * 누나는 글을 곱게 잘 꾸며요

5. 살림을 차리면서 갖추거나 마련하다
   * 마음을 찬찬히 기울여 살림을
     아기자기하게 꾸밉니다

6. 여럿이 모여서 어떤 일을 꾀하거나 모임을
   열다
   * 막냇동생 돌잔치를 재미나게 꾸며 보자

엮다

1. 노끈·짚·새끼·줄·대오리 같은 가닥을
   안 풀어지도록 이리저리 이어서 어떤 것을
   마련하다
   * 시골에 계신 할아버지는 짚으로 바구니와
     볏섬을 엮으실 줄 알아요
   * 알록달록한 여러 가지 실을 엮어서
     머리끈으로 삼는다

2. 여러 가지 물건을 끈이나 줄로 어긋나게
   잇다 (매다)
   * 옷과 책을 단단히 엮어서 큰오빠가
     나릅니다
   * '+' 모양으로 끈을 엮으면 잘 안 풀리고
     짐을 들기에도 한결 나아요
   * 할머니는 굴비를 새끼로 엮어 처마에
     달았습니다
   * 단감을 잘 깎은 뒤 줄로 엮어서 바람과
     볕이 잘 드는 곳에 널어요

3. 이야기나 글을 이루려고 여러 가지를
   알맞게 맞추다
   * 할머니는 옛날이야기를 구수하게 엮어서
     들려줍니다
   * 소꿉놀이 이야기를 글로 엮어도 재미있을
     듯해
   * 어머니는 밭에서 심고 돌보며 거두는

하루를 올망졸망 엮어서 글로 씁니다

4. 여러 가지 이야기나 글을 모아 책을 내다
   * 아버지는 나중에 책으로 엮고 싶은
     이야기가 있다고 합니다
   * 내가 쓴 시를 책으로 엮을 수 있을까

짜다 1

1. 나무나 널빤지를 맞추어 어떤 틀·물건을
   마련하다
   * 대문이 오래되어 아버지와 할아버지가
     새로 틀을 짜셨어요
   * 삼백 해를 묵은 편백나무를 켜서 옷장을
     짭니다
   * 우리 식구 사진을 끼울 틀을 예쁘게
     짰어요

2. 실·짚·끈·줄을 이어서
   천·옷감·섬·바구니를 마련하다 (씨와
   날을 걸어서 마련하다)
   * 베틀을 밟아 베를 짜야 이 천으로 옷을
     지을 수 있어요
   * 할아버지는 대오리를 엮어서 바구니를 짤
     줄 아셔요
   * 베짜기·옷감 짜기

3. 둘이 넘는 사람이 모여서 모임·무리를
   이루다
   * 우리가 사진 모임을 짜면 너도
     들어오기를 바라

   * 우리 말이야, 두 갈래로 모둠을 짜서 놀자

4. 줄거리나 틀을 갖춘 생각·계획을 세우거나
   그리다
   * 좋은 생각이 있으면 네가 밑그림을 짜
     보렴
   * 오늘부터 우리가 무엇을 할는지 차근차근
     짜 보자

5. 한 곳 한 곳을 맞추어 큰 하나를 이루거나
   큰 하나로 새로 내놓다
   * 가로세로 낱말풀이를 짰는데, 네가 풀어
     보겠니
   * 우리가 손수 수수께끼 놀이판을 짜면
     재미있으리라 생각해
   * 지난날에는 활자를 짜서 책을 찍었다고
     합니다

6. 여럿이 나쁜 일을 하려고 몰래 모여서
   다짐하다
   * 아무래도 저 아이들이 짜고 한 짓 같구나
   * 다른 아이들이 짜고서 이런 짓을 했어도,
     우리는 이런 짓을 하지 말자

7. 머리카락을 위로 올려서 어떤 모습을
   이루다 (틀어 올리다)
   * 예전에는 장가를 가면 사내는 상투를
     짰다고 해요
   * 반죽을 할 적에 머리카락이 빠지지
     말라고 먼저 이렇게 머리를 짜지요

짜다 2 · 빼다

⋯▸ 밖으로 나오도록 할 적에, '짜다'는 누르거나 비틀어서 나오도록 하는

모습이고, '빼다'는 당겨서 나오도록 하는 모습입니다. '짜다'는 좋은 생각을 얻으려고 힘을 쓰는 모습을 가리키고, '빼다'는 힘이나 기운이나 생각이 없어지게 하는 모습을 가리킵니다.

짜다 2 (짜내다)

1. **누르거나 비틀어서 물기·기름 같은 여러 가지를 바깥으로 내놓다**
   * 어머니는 아기한테 젖을 짜서 먹입니다
   * 염소젖을 짜서 치즈를 빚습니다
   * 참깨를 짜면 참기름이고, 들깨를 짜면 들기름입니다
   * 빨래를 널 적에는 물기를 잘 짠 뒤에 널어야 잘 말라
   * 여드름은 짠다고 해서 없어지지 않으니 그대로 두렴

2. **새로운 것을 생각하려고 힘을 크게 쏟거나 마음을 크게 기울이다**
   * 우리도 얼른 좋은 생각을 짜 보자
   * 아무리 짜도 마땅한 생각이 떠오르지 않으면 좀 쉬다가 다시 하자
   * 밤새 짠 계획표가 모두 물거품이 되었어

3. **찾고 또 찾아서 얻다**
   * 넉넉하지는 않아도 살림을 짜서 이웃을 도울 수 있어요
   * 우리가 슬기로운 생각을 짜면 이 일을 풀 실마리가 나오리라 믿어
   * 없는 틈을 짜서 목도리를 뜬 뒤 할머니한테 선물합니다
   * 젖 먹던 힘까지 짜서 돕습니다

4. **잘 나오지 않거나 안 생기는 것을 억지로 얻거나 이루려고 하다 (쥐어짜다)**
   * 안 되는 일을 자꾸 짠다고 해서 되지는 않아요

   * 오늘까지 이 많은 일을 다 해내라면서 우리를 짜고 볶는구나
   * 글은 머리로 짤 때에는 나오지 않고, 온몸으로 삶을 사랑할 때에 나옵니다
   * 짜내면 짜낼수록 네 그림은 더욱 자연스럽지 못해

5. **온갖 손을 써서 다른 사람 것을 가지려 하다 (빼앗다, 가로채다)**
   * 어려운 이를 돕지 않고 외려 들들 볶으면서 짜는구나
   * 총칼을 앞세워 이웃 나라에서 곡식과 재산을 짜내는 슬픈 전쟁
   * 보릿고개로 힘겨운 사람들한테서 기름을 짜니 소작쟁의가 일어났다

6. **눈물을 흘리다**
   * 안 나오는 눈물이라면 굳이 짜지 않아도 돼
   * 이야기가 슬퍼서 눈물을 짜면서 동화책을 읽었어요

7. **가까스로 말하거나 힘을 많이 들여서 말하다**
   * 몸져누운 할아버지가 겨우 한마디를 짜내어 말씀합니다
   * 터지는 울음을 겨우 그친 뒤 한마디씩 짜냅니다
   * 배가 너무 고파서 한마디를 짜기도 쉽지 않았어

빼다

1. 속에 들거나 끼거나 박힌 것을 당겨서 밖으로 나오게 하다
   * 흔들리는 이를 빼면 곧 새 이가 난대요
   * 서랍을 빼서 뒤쪽에 있는 먼지도 털어 주렴
   * 노루발장도리를 써서 못을 뺍니다
   * 아주 단단하게 끼었는지 좀처럼 못 빼겠네

2. 안에 있거나 갇힌 것(물·바람·냄새)을 밖으로 나오게 하다
   * 풍선에서 바람을 빼면 재미난 소리가 나요
   * 자전거 바퀴에 구멍이 나서 바람주머니에서 바람을 빼고 살핍니다
   * 꿉꿉한 냄새와 먼지를 빼도록 창문을 활짝 열자
   * 가을걷이를 앞두고 논마다 물을 뺍니다
   * 눈물을 쏙 뺄 만큼 꾸지람을 들었어

3. 길다란 것이 이루어지도록 하다 (길다란 것이 밖으로 나오도록 하다)
   * 떡국을 끓이려면 가래떡을 빼야지
   * 엿가락을 빼듯이 잡아당긴다
   * 거미가 꽁무니에서 실을 빼면서 집을 짓는다

4. 여럿 가운데 얼마쯤을 넣지 않다 (떼거나 덜다)
   * 여기에서 하얀 구슬만 빼고 나머지는 네가 가져도 돼
   * 둘에서 하나를 빼면 하나가 된다
   * 잔돈을 빼고 모두 내놓았어
   * 찻삯을 빼고 탈탈 턴 돈이야

5. 어떤 자리에 누구나 무엇을 넣지 않다
   * 이 가운데 누구를 빼고 누구를 넣어야 할는지 모르겠어요
   * 나는 빼도 되니까 내 동생은 들어갈 수 있기를 바라
   * 할아버지가 드실 국에는 파는 빼고 끓여야 해
   * 나는 매운 것을 못 먹으니 고추는 빼고 주셔요
   * 네가 말한 것만 빼고 다 챙겼어

6. 씻거나 빨거나 문질러서 때나 얼룩을 없애다
   * 옷에 묻은 얼룩을 빼려면 잘 빨아야겠구나
   * 깨끗하게 씻어서 때를 빼자
   * 오랫동안 안 쓰느라 쌓인 더께를 빼려면 꽤 힘들겠는걸

7. 힘·기운·마음·넋·생각을 몸에서 없어지게 하다
   * 손에 힘을 빼고 부드럽게 잡으렴
   * 놀란 나머지 넋을 빼고 지켜본다
   * 기운을 빼는 말은 그만두고, 기운을 북돋우는 말을 들려주면 좋겠어

8. 살을 줄이다
   * 못 본 사이에 살을 많이 뺐구나
   * 가뜩이나 마른 몸인데 많이 힘들었는지 살을 더 빼고 말았구나

9. 남한테 맡기거나 다른 곳에 둔 돈을 찾다
   * 세뱃돈을 푼푼이 모았으니 은행에서 돈을 빼면 제법 목돈이 될 듯해
   * 돼지저금통에 모은 돈을 빼서 작은언니 선물을 마련했어요

10. 어떤 자리·집·방을 비우다
    * 내가 자리를 뺄 테니 네가 들어오렴
    * 우리 집은 곧 아파트를 빼고 시골로 살림을 옮기기로 했어요

* 큰이모는 혼자 살던 방을 빼고 우리 집으로 와서 함께 지냅니다
* 헛간에 있던 짐을 빼고 손질해서 내 공부방으로 꾸몄어요

11. 어울리지 않는 몸짓을 보여주다
    * 한창 개구지게 놀다가 괜히 점잔을 빼니 웃음이 나온다
    * 웬일로 얌전을 빼며 조용히 있니
    * 거드름을 빼는 모습은 썩 보기 좋지 않아

12. 옷을 말쑥하고 반지르르하게 차려입다 (빼입다)
    * 옷을 쫙 빼입고 어디 가는 길이니
    * 오빠는 새로 장만한 옷을 멋있게 빼입고 나들이를 갑니다

13. 목을 길게 내놓듯이 늘이다
    * 버스가 언제 올는지 목을 빼고 기다린다
    * 네 편지가 언제 오나 하면서 목을 빼고 기다렸지

14. 목소리를 길게 늘이다
    * 목청을 길게 빼면서 노래를 잘 부르는구나
    * 어머니도 노래를 한 가락 멋지게 빼 보셔요

15. 꼭 그대로 물려받거나 모습을 닮다
    * 어쩜 빼다 박은 듯이 똑같이 생겼구나
    * 나를 보더니 할머니를 쏙 뺐다고 그래요
    * 내 목소리는 어머니를 그대로 뺀 듯해요

16. 어떤 것이 새로 나오게 하다 (만들다)
    * 기계로 척척 빼는 물건은 모두 똑같이 생겼다
    * 손으로 지으면 오래 걸리지만, 기계로 빼면 무척 빨리 나온다

17. 다른 사람한테서 벗어나 어느 곳으로 가다 (내빼다)
    * 저 녀석은 내가 무서운지 꽁지를 빼는구나
    * 같이 가기로 하고는 혼자 다른 데로 뺐구나

18. 두렵거나 싫어서 하지 않으려고 하다
    * 동생은 영 내키지 않는지 슬그머니 뺀다
    * 너까지 빼면 이제 아무도 나설 사람이 없어
    * 이 일에서 한발 빼고 싶어요

짜다3 · 짭짤하다 · 짭조름하다

⋯ 바닷물이나 소금을 먹을 때에 나는 맛을 놓고 '짜다'라 합니다. 그런데 '짜다'는 넉넉하지 않게 굴거나 돈을 너무 아끼는 자리를 가리킨다든지, 쌀쌀맞거나 차갑게 구는 자리에도 쓰는데, '짭짤하다'는 물건이 알차다고 하는 자리나, 일이 잘되어 얻을 것이 많다고 하는 자리에도 씁니다. '짭짤하다'와

'짭조름하다'는 모두 "살짝 짜다"를 뜻하는 낱말이지만, '짭짤하다'는 입맛이 당긴다고 할 만큼 살짝 짜다고 할 적에 씁니다. '짭조름하다'는 느낌이나 마음은 따로 나타내지 않고 그저 살짝 짜다고 할 적에만 씁니다.

짜다 3

1. 바닷물이나 소금을 먹는 맛이 나다
   * 아, 너무 짜서 도무지 못 먹겠어요
   * 반찬이 짜니 밥을 함께 먹어야겠어
   * 국이 짜면 물을 조금 부어 봐
2. 넉넉하지 않게 굴거나 돈을 너무 아끼다
   * 돈을 써야 할 자리에도 안 쓰니 너무 짜구나
   * 짜게 굴면서 너무 싼 것을 장만한 탓에 물건이 오래 못 간다
3. 남한테 쌀쌀맞거나 차갑거나 모질다
   * 작은언니는 짜고 큰언니는 싱거워요
   * 나한테까지 짜게 나오면 나도 마음이 안 좋아

짭짤하다

1. 입에 당길 만큼 맛있도록 조금 짜다 (감칠맛이 있다)
   * 조갯국이 시원하고 짭짤해서 밥 한 그릇을 뚝딱 비웠어요
   * 우리 밭에서 딴 오이로 담근 오이지는 짭짤해서 모두 좋아해요
   * 감자를 삶아 소금에 찍어 짭짤하게 한입 베어 먹습니다
2. 물건이 알차거나 값지다
   * 오늘은 제법 짭짤한 책을 많이 골랐구나
   * 네가 장만한 물건은 여러모로 짭짤해 보여

3. 일·움직임·몸짓이 짜임새가 있으며 야무지다 (옹골지다, 옹골차다)
   * 언니는 일솜씨가 짭짤해서 함께 있으면 참으로 수월해요
   * 살림이며 텃밭이며 짭짤히 잘 돌보는 할머니한테서 일을 배우고 싶어요
   * 네가 짭짤하게 들려준 이야기가 여러모로 도움이 되었어
4. 일이 잘 이루어져 얻을 것이 많다
   * 즐겁게 웃으면서 노래하니 모든 일이 짭짤하게 풀리는구나 싶어
   * 마음속에 사랑을 품어 이웃과 나누는 사람한테는 짭짤한 일이 생겨요

짭조름하다

: 살짝 짠맛이 있다
   * 짭조름하게 간을 맞춘 국이 맛있습니다
   * 이만하면 짭조름하니 먹을 만하구나
   * 내가 맛을 보니 짭조름하지만 소금을 더 넣어야지 싶어

짜다 4·쩨쩨하다·속 좁다·되바라지다·바라지다

⋯⋯ '짠맛'을 가리키는 '짜다'에서 두 가지 뜻이 퍼집니다. 하나는 "넉넉하지 않게 굴거나 돈을 너무 아끼다"이고, 다른 하나는 "남한테 쌀쌀맞거나 차갑거나 모질게 굴다"입니다. '짜다'는 돈이나 재물에 마음이 사로잡힌 나머지, 남하고 돈이나 재물을 나눌 뜻이 없는 모습을 가리킵니다. '쩨쩨하다'는 아주 적거나 작은 것을 가리키고, 지나치게 작은 것에 마음을 쓰려는 모습을 나타냅니다. '속 좁다'는 마음이 넓거나 트이지 않은 모습을 가리키는데, 이러한 모습은 다른 사람이나 다른 것은 조금도 생각하지 못하는 모습이라고 할 수 있습니다. 너그럽지 못하다 할 적에 '속 좁다'라 합니다. '되바라지다'는 다른 사람을 너그러이 감싸지 못하는 사람을 가리키는데, 어린 나이에 견주어 지나치게 똑똑하게 구는 사람을 가리키기도 해요. '바라지다'는 몸짓이나 말소리가 약삭빠르면서 가벼운 사람을 가리키고, 마음이나 생각이 깊지 못한 모습을 가리키며, 나이에 견주어 지나치게 야무진 모습을 가리킵니다.

짜다 4 (뜻풀이는 앞에서 함)

* 아버지는 짜서 천 원만 주셨어
* 짠돌이처럼 구는구나

쩨쩨하다

1. 너무 적거나 작아서 값어치가 없다 (너무 적거나 작아서 훌륭한 대목이 없거나 시시하다)

    * 이런 쩨쩨한 것 때문에 서로 다투지 말고 한쪽이 물러나면 좋겠어
    * 쩨쩨한 놀이는 그만두고 한결 신나고 재미난 놀이를 하자

2. 지나치게 작은 일이나 물건에 마음을 쓰거나 아끼다

    * 100원 때문에 쩨쩨하게 굴지 않기를 바라
    * 쩨쩨해 보일지 모르지만 따져야 하니까 따질 뿐이야
    * 그때 내가 쩨쩨하게 했는지 모두 나를 멀리하네

속 좁다

: 마음이 넓거나 트이지 않아 다른 것이나 일은 조금도 생각하지 못하다 (마음을 너그럽게 쓰지 못하다)

* 속이 너무 좁아서 다른 사람이 하는 말을 귀여겨듣지 못하는구나
* 속이 좁으면 동무를 사귀기 힘들어

되바라지다

1. 그릇이 운두(둘레나 높이)가 낮고 위가 벌어져 쉽게 바닥이 드러나 보이다
   * 잘 익은 감알을 되바라진 접시에 놓으니 무척 먹음직스레 보인다
   * 꽁치구이를 담을 길고 되바라진 그릇을 살강에서 집어 주겠니
2. 어깨나 가슴이 옆으로 쩍 퍼지다 (포근하지 않다고 느끼도록 퍼지다)
   * 무거운 볏섬을 짊어진 아저씨 어깨는 울퉁불퉁 되바라진 모습이다
   * 아버지는 되바라진 가슴을 자꾸 자랑하고 싶어 한다
3. 남을 너그럽게 받아들이거나 감싸지 못하다
   * 조금 잘못했다고 너무 되바라지게 구는 듯하다
   * 어린 동생한테는 되바라지게 하지 말고 너그러이 헤아려 주자
4. 차림이 얌전하지 않아 눈에 잘 띄다
   * 오늘 네 모습은 여러모로 되바라진 차림이지만 제법 괜찮아 보여
   * 유난히 되바라진 옷을 입고 춤을 멋지게 추는 사람이 우리 누나야
5. 어린 나이에 견주어 어수룩한 데가 없고 혼자만 아는 듯이 지나치게 똑똑하다
   * 아직 어린이인 만큼 벌써 되바라지려고 하지 않아도 돼
   * 저 아저씨가 할아버지한테 자꾸 되바라지게 말해요

바라지다 (< 벌어지다)

1. 그릇이 속은 얕고 위가 납작하게 벌어지다
   * 바라진 접시에 무엇을 얹을까
   * 바라진 그릇에 떡을 담아서 손님한테 드립니다
2. 갈라져서 사이가 뜨다
   * 뜯긴 자리가 자꾸 바라지려고 하네
   * 건드릴수록 더 바라지니까 이제 그만 건드려
3. 넓게 퍼져서 활짝 열리다
   * 눈 내리는 겨울에도 볕이 포근하면 동백꽃이 바라진다
   * 아침에 햇살이 퍼지면 괭이밥꽃도 차츰 바라지면서 고와요
4. 어깨나 가슴이 옆으로 퍼지다
   * 시원한 얼굴에 바라진 어깨를 보니 듬직하다
   * 어깨가 바라져서 힘 좀 쓰나 했더니 짐을 영 못 나르네
5. 몸짓이나 말소리가 퍽 약삭빨라 무게가 없다
   * 바라진 목소리로 하는 말은 아무래도 못 미더워
   * 얘, 나는 바라진 소리보다 사근사근한 소리를 듣고 싶어
6. 마음·됨됨이·생각이 깊지 못하다
   * 앞으로 철이 들면 바라진 모습도 사라지겠지요
   * 이웃이 굶거나 힘든지 모르니까 그 사람을 보고 바라지다고 얘기하지
7. 하는 짓이 나이에 견주어 지나치게 야무지다
   * 어른들이 잘못한 일을 네 동생이 바라지게 짚으니 아무도 말을 못하더라

* 큰오빠는 똑똑 부러지게 말하고,
  작은오빠는 딱딱 바라지게 말해요

짜증·성·골2·골부림·부아

⋯〉 '짜증'은 갑자기 싫은 마음이 올라온다는 느낌을 나타냅니다. '성'이나 '부아'하고 다릅니다. '성'은 싫은 느낌을 가볍게 받습니다. '성'은 섭섭하거나 서운한 마음을 담기도 합니다. '부아'는 싫은 느낌을 천천히 받습니다. '부아'보다 느낌이 센 '부아통'이 있어요. '골'은 "못마땅한 일이 있어 이맛살을 찡그리면서 마음이 안 좋다"는 느낌을 드러냅니다. '골부림'은 나이가 적은 사람을 가리킬 적에 흔히 씁니다. 가장 가볍게 나타나는 싫은 느낌이 '골'이나 '골부림'입니다.

짜증

: 마음에 맞지 않거나 하고 싶지 않아서 갑자기 치미는 안 좋은 마음
  * 네가 짜증을 부리니 나도 짜증이 나네
  * 덥고 힘들며 배고프니 아기가 자꾸 짜증을 낸다
  * 밥상맡에서 밥은 안 먹고 왜 짜증을 부리니

성

: 섭섭하거나 마음에 안 들어서 어쩐지 안 좋은 마음
  * 무엇이 못마땅한지 어제부터 언니가 자꾸 성을 낸다
  * 동생이 내 장난감을 갖고 놀아도 나는 성이 나지 않아요

* 네가 잘못하고도 미안하다는 말이 없어서 성이 났어

골 2

: 마음에 거슬리거나 싫은 일을 겪을 때에 벌컥 일어나는 안 좋은 마음
  * 우리가 너무 늦게 왔다고 큰오빠가 잔뜩 골을 낸다
  * 얼른 밥을 안 준다며 아기가 골을 부린다
  * 걸어서 가야 할 길이 멀다면서 동생이 자꾸 골을 낸다

골부림

: 골을 내는 짓
  * 네 언니는 네가 골부림을 해도 서글서글하게 받아주는구나

* 아기는 조금만 성가시거나 힘들어도 곧잘 골부림을 한다
* 나는 네가 골부림을 해도 귀여워 보여

부아

: 잘 안되거나, 하려는 대로 안 되어서 싫은 마음

* 뚜껑이 안 열린다고 부아를 내지 말고 차근차근 열어 보렴
* 나락을 베다가 낫으로 손가락을 찍고는 괜히 부아를 낸다
* 배는 고픈 데다가 춥기까지 하니 슬슬 부아가 치민다

찌다·뚱뚱하다(똥똥하다)·통통하다(퉁퉁하다)

┈→ '찌다'는 무게가 늘어 몸이 옆으로 퍼지는 모습을 가리키기도 하지만, 여느 때보다 살이 조금 더 붙어서 무게가 조금 더 나가는 모습을 가리키기도 합니다. 이와 달리, '뚱뚱하다'나 '통통하다'는 살이 많이 붙어서 몸이 옆으로 퍼진 모습을 가리켜요. '뚱뚱하다'도 무게가 느는 모습을 가리킬 수 있으나, 이보다는 몸이 옆으로 늘어난 모습, 그러니까 부피가 커진 모습을 더 도드라지게 나타내는 낱말입니다. 말느낌을 살피면 '퉁퉁하다 > 통통하다'이고, '뚱뚱하다 > 똥똥하다'입니다. '통통하다'는 살이 붙은 모습 가운데 보기 좋은 모습을 가리키고, '퉁퉁하다'는 살이 많이 붙어 묵직한 모습을 가리킵니다. 한자말로 '비만'이 있는데, 한국말사전을 보면 "살이 쪄서 몸이 뚱뚱함"으로 풀이합니다. '찌다'와 '뚱뚱하다'가 어떤 뜻인지 제대로 살핀다면, 이 같은 겹말풀이를 하지는 않으리라 봅니다.

찌다

1. 살이 붙거나 늘어서 무게가 늘다
   * 밥을 두 그릇이나 먹었더니 살이 좀 쪘나
   * 언니는 살이 찔까 걱정하면서 밥도 제대로 못 먹는다
   * 밥을 많이 먹어도 늘 땀을 뻘뻘 흘리도록 뛰노니 살이 안 찌나 보다
2. 때나 먼지가 달라붙다 (찌들다)
   * 이불이 오래되어 때가 찌고 올이 많이 풀렸어요

* 할아버지 적부터 쓰던 붓은 손때가
  쩠지만 아주 매끈합니다

뚱뚱하다 (> 똥똥하다)

1. 살이 많이 붙어서 몸이 옆으로 퍼지다
   * 나는 뚱뚱해도 달리기를 잘하지요
   * 그저 먹고 자기만 하다가는 뚱뚱해지겠네
   * 몸이 뚱뚱해지니 맞는 옷이 없다
2. 어느 한 곳이 부풀어서 부피가 크다
   * 다친 곳을 제대로 다스리지 않아
     뚱뚱하게 부어올랐어
   * 벌한테 쏘인 곳이 뚱뚱하게 부었네

통통하다 (< 퉁퉁하다)

1. 키가 작고 살이 붙어서 몸이 옆으로 퍼진
   듯하면서 보기 좋다
   * 뚱뚱하지는 않고 통통해 보이는걸
   * 요새 느긋하게 잘 먹어서 그런지 볼이며
     팔이며 살이 통통하게 올랐구나
   * 살짝 통통하면 한결 보기 좋다고 해요
2. 어느 한 곳이 붓거나 부풀어서 도드라져
   보이다
   * 밤새 잠을 못 이루었는지 눈이 통통하네
   * 계단에서 구르면서 머리에 혹이 나고
     얼굴은 통통하게 부었어

ㄱ
ㄴ
ㄷ
ㄹ
ㅁ
ㅂ
ㅅ
ㅇ
ㅈ
ㅊ
ㅋ
ㅌ
ㅍ
ㅎ

차분하다·덤덤하다·담담하다·무덤덤하다

···→ 마음이 가라앉아서 조용한 모습을 가리켜 '차분하다'라는 낱말을 씁니다. '차분하다'는 "이불이 차분하다"나 "가루가 차분하다" 같은 자리에도 쓰는데, 알맞거나 부드러운 느낌을 나타냅니다. '덤덤하다'는 "남달리 움직이지 않고 가만히 있다"를 뜻하고 "말이나 느낌이나 낯빛이 아무것도 없이 조용하다"를 뜻하기도 하지만, 알맞거나 부드러운 느낌을 나타내지 않아요. '덤덤하다'는 "맛이 싱거운" 느낌을 나타냅니다. '담담하다'는 '덤덤하다'보다 여린 낱말입니다. '무덤덤하다'는 "아무 느낌이 없거나 대수롭지 않다"고 하는 자리에서 씁니다.

차분하다

1. **마음이 가라앉아 조용하다**
   * 너희도 내 말을 차분히 들어 보렴
   * 어머니는 늘 차분하게 생각하면서 슬기로운 길을 찾습니다
   * 내 동생은 나이가 어려도 퍽 의젓하고 차분하다
2. **부피 있는 것이 알맞게 눌려서 부풀지 않다**
   * 이불을 차분하게 고른 뒤 개자
   * 베개가 차분하도록 속을 알맞게 채운다
3. **떡가루가 거칠거나 세지 않아 손에 닿는 느낌이 부드럽다**
   * 쌀가루가 꽤 차분해서 좋다
   * 차분한 콩가루로 어떤 떡을 찍어 먹으면 맛있을까

덤덤하다 (> 담담하다)

1. **어떤 일을 겪어도 아무 느낌이 없거나, 마음이 남달리 움직이지 않고 가만히 있다**
   * 넘어져서 무릎이 깨졌어도 누나는 덤덤하게 바라보고는 괜찮다고 말한다
   * 생일 선물을 잔뜩 받았는데도 그리 기쁘지 않은지 덤덤해 보인다
   * 쓸쓸할 적에는 고운 꽃을 마주하더라도 덤덤하구나 싶어요
2. **말이나 느낌이나 낯빛이 있을 만한데, 아무것도 없이 조용하다**

* 동생은 내가 들려주는 이야기를 덤덤히
  듣기만 합니다
* 네가 하도 덤덤하니까 재미있어하는지
  따분해하는지 모르겠어
* 오늘은 하루 내내 덤덤하게 보낸다

3. 맛이 잘 안 나거나 옅다 (싱겁다,
   밍밍하다)
   * 오늘 끓인 감잣국은 이럭저럭 덤덤하다
   * 아기가 먹을 밥은 덤덤하게 따로 지어요

담담하다

1. 마음이 가라앉아 흔들리지 않거나, 아무
   말이 없이 조용하다
   * 물결이 크게 쳐도 언니는 놀라지 않고
     담담하게 쳐다본다
   * 내 동무는 서로 겨루어 이기든 지든 그저
     담담하게 받아들인다
   * 내가 부르는 노래를 아기가 담담히 듣네
   * 내 자리로 올 때까지 담담하게
     기다립니다

2. 한쪽으로 치우치거나 휩쓸리거나 흐르지
   않다
   * 아버지가 쓴 편지에 담담하면서 따스한
     사랑이 흐른다
   * 할머니는 이제까지 살아온 이야기를
     담담하게 들려주셔요

3. 맛이 느끼하지 않고 산뜻하다
   * 나는 담담한 나물무침이 좋더라
   * 낮에 기름진 밥을 먹었으니 저녁에는
     담담하게 먹자

4. 어느 것이나 어떤 일에 마음·눈길을 두지
   않다
   * 사탕을 준다고 해도 고개를 살래살래
     젓고 담담한 동무
   * 언니는 시험을 앞두고도 담담한지 텃밭에
     일손을 거들러 간다

5. 빛깔이 옅고 맑다
   * 담담하게 그린 그림을 보니 참
     싱그러우면서 따스하다
   * 반딧불이가 사는 냇물은 담담하게 흐르며
     졸졸졸 노래를 들려준다

무덤덤하다

: 마음에 아무 느낌이 없거나 그리 크다고
   할 만하지 않다 (그리 대수롭지 않다)
   * 하늘에서 벼락이 쳐도 아버지는
     무덤덤하게 바라봅니다
   * 옆에서 다른 사람이 아무리 떠들어도
     언니는 무덤덤히 책을 읽어요
   * 풀벌레 노랫소리가 가득한 들녘에서
     할머니가 무덤덤히 김을 맵니다

차츰·차츰차츰·조금씩·조금조금·차근차근·하나둘· 한둘·시나브로·찬찬하다(찬찬히)·천천하다(천천히)

⋯⋯ '차츰'을 겹쳐서 '차츰차츰'이라 합니다. '차츰'은 "때나 흐름에 따라 한

쪽으로 잇는" 모습을 가리킵니다. "서두르지 않고 나중에 느긋하게" 하는 느낌을 가리키기도 합니다. '조금씩'은 "많지 않게 잇달아"를 가리킵니다. '조금조금'은 "모두 조금 있는" 모습을 가리키고, '조금씩'과 똑같은 뜻으로 씁니다. '차근차근'은 말이나 몸짓이 아주 느긋하면서 부드러운 모습을 가리켜요. '하나둘'은 하나나 둘쯤 되는 수를 가리키는 낱말인데, "적은 숫자"를 가리키는 자리에서도 쓰고, "어느 하나에서 비롯하여 곧게 잇는" 모습을 가리키는 자리에서도 씁니다. '한둘'은 '하나둘'을 줄인 낱말입니다. '시나브로'는 "모르는 사이에 조금씩"을 뜻해요. 이를테면, 가랑비에 옷 젖는 줄 모른다 하는데, 가랑비는 참으로 가늘게 내리는 비라서 처음 이 비를 맞을 적에는 옷이 젖으리라 생각하지 않는데, 나도 모르게 어느새 옷이 흠뻑 젖어요. 가랑비에 옷이 시나브로 젖습니다. 천 리 길도 한 걸음부터라는 옛말이 있습니다. 한 걸음 두 걸음 걷노라면 어느새 천 리 길에 닿아요. 곧, 꾸준하게 애쓸 적에도 '시나브로' 어떤 일이 이루어진다고 할 만합니다. '찬찬히'는 '찬찬하다'에서 나온 말입니다. 두 가지 뜻으로 써요. 첫째는, 마음씨나 몸짓이나 솜씨가 작은 데까지 따스하다는 뜻입니다. 둘째는, 서두르지 않는다는 뜻입니다. 서두르지 않는 모습을 가리킬 때에는 '천천히'하고 뜻이 비슷해요. '찬찬히'는 여린말이고 '천천히'는 센말입니다. 서두르지 않는데 좀 많이 느리게 보인다면 '천천히'라는 낱말을 쓰면 어울립니다. 너무 서두르지 말자 할 적에는 '천천히'가 어울리고, 그냥 서두르지 말자 할 때에는 '찬찬히'가 어울립니다. 그런데 어른들은 일본 한자말 '차차'라든지 '점차'라든지 '점점'을 쓰기도 합니다. 이런 한자말은 '차츰'이나 '조금씩'이나 '자꾸'나 '꾸준히'로 고쳐쓸 낱말입니다. 한자말 '서서히'는 '천천히'로 고쳐쓸 낱말입니다.

차츰

1. 때나 흐름에 따라 어느 한쪽으로 곧게 이어서
   * 동이 트면서 마당에 차츰 햇살이 퍼진다
   * 뗏목은 시냇물을 타고 흘러 차츰 바다로 나아갑니다
   * 한 푼 두 푼 모으니 차츰 목돈이 된다
   * 꽃봉오리가 차츰 벌어지는 모습을 가만히 지켜봅니다
2. 서두르지 않고 나중에 느긋하게

* 이제부터 차츰 고치면 되니까 걱정하지 않아
* 이 일은 앞으로 차츰 살피기로 하고 다른 이야기를 하자
* 달팽이가 줄기를 타고 잎사귀 쪽으로 차츰 기어간다

차츰차츰

: '차츰'을 힘주어 이르는 말
* 차츰차츰 땅거미가 지니까 그만 놀고 집으로 돌아가자
* 햇볕을 따끈따끈 받는 벼가 차츰차츰 누렇게 익습니다
* 하루에 한 가지씩 차츰차츰 해 볼 생각이에요

조금씩

: 많지 않게 잇달아 (여러 번 곧게 이어서)
* 우리는 날마다 조금씩 자랍니다
* 서두르며 먹으면 얹힐 테니 조금씩 덜어서 먹자
* 할머니는 날마다 조금씩 돌을 고르면서 밭을 일굽니다
* 나도 얼마 안 가졌지만 다 함께 조금씩 나누어서 쓰자

조금조금

1. 모두 조금 있는 모습
   * 어제도 오늘도 비가 조금조금 내린다
   * 나는 많이 못 먹으니까 밥이랑 국 모두 조금조금 주면 돼
2. 많지 않게 잇달아
   * 고양이가 혀로 물을 조금조금 핥아 먹는다

* 내 키는 너무 조금조금 자라는 듯해요

차근차근

: 말이나 몸짓을 아주 느긋하며 부드럽게 (차례에 따라 앞뒤가 맞고 짜임새가 있게 하는 모습)
* 어떤 수수께끼이든 차근차근 생각하면 다 풀 수 있어
* 빨리 말하면 알아듣기 어려우니까 숨을 돌리고 차근차근 이야기해 봐
* 차근차근 알려주면 누구나 할 수 있는 일입니다
* 차근차근 안 하고 서두르니까 자꾸 일을 그르치는 듯해

하나둘

1. 하나나 둘쯤 되는 수
   * 바람이 드세고 날이 추우니 딱새도 하나둘 겨우 보인다
   * 숨은그림찾기를 하는데 하나둘은 찾았는데 더는 모르겠어
   * 내 몫으로 하나둘은 남겨 놓았을까 궁금하다
2. 적은 숫자 (조금)
   * 네 말을 곧이곧대로 믿은 사람이 하나둘이 아니야
   * 내가 읽은 책도 하나둘이 아니에요
   * 개구쟁이 동생이 놀다가 찢은 바지가 하나둘이 아닙니다
3. 어느 하나에서 비롯하여 곧게 이어서 (적은 수부터 비롯해서 꾸준히 이루어지는 모습)
   * 놀이터에 아이들이 하나둘 나타나더니 이내 북적거린다

ㄱ ㄴ ㄷ ㄹ ㅁ ㅂ ㅅ ㅇ ㅈ **ㅊ** ㅋ ㅌ ㅍ ㅎ

* 가랑잎이 하나둘 구르는 가을입니다
* 꾀를 안 부리고 하나둘 모으면 어느새 가득 차리라 생각해

한둘

: '하나둘'을 줄인 낱말
* 감나무에 까치밥이 한둘 남았다
* 내가 끓일 수 있는 찌개는 한둘이 아니에요
* 눈발이 한둘 날리더니 어느덧 함박눈으로 바뀐다

시나브로

: 모르는 사이에 많지 않게 잇달아
* 떠들썩하고 신나는 잔치를 즐기다 보니 걱정이 시나브로 사라진다
* 가랑비에 시나브로 옷이 젖으니 좀 춥다
* 씩씩하게 걸어가면 이 길도 시나브로 끝나리라 생각해요

찬찬하다 (찬찬히)

1. 마음씨·솜씨·몸짓이 작은 데까지 따스하다 (거칠거나 가볍지 않고 차례에 따라 알맞게 하는 모습)
* 나팔꽃을 찬찬하게 살펴보면 날마다 어느 만큼 자라는지 알 수 있어
* 바느질을 찬찬히 하는 아버지 손길을 가만히 지켜봅니다
* 나는 누나를 따라 옷가지를 찬찬하게 개서 옷장에 놓습니다
2. 서두르지 않고 차분하면서 살짝 느리다
* 즐겁게 노래하면서 찬찬히 일하자
* 한가위를 앞두고 도란도란 모여서 이야기꽃을 피우며 찬찬하게 송편을 빚습니다
* 어머니는 글씨를 정갈하면서 찬찬히 씁니다

천천하다 (천천히)

: 움직임이나 생각을 빨리하려 하지 않고 조금 느리다 (서두르지 않고 느리다)
* 얼어붙은 길바닥이 미끄러워서 천천히 걷습니다
* 동생이 천천한 무릎걸음으로 다가와서 내 손을 살며시 잡습니다
* 온 식구가 숲길을 천천히 거닐면서 가을내음을 듬뿍 들이켭니다
* 바닷가를 자전거로 천천히 달리면서 해거름을 바라봅니다

착하다·무던하다* ·수더분하다·갸륵하다·상냥하다

⋯⋯ '착하다'는 바르고 너그러우면서 곱고 부드러운 모습을 나타냅니다. '무

던하다'는 너그럽고 부드러운 모습을 나타내고, '수더분하다'는 까다롭지 않으면서 부드럽고 너그러우며 수수한 모습을 나타내며, '갸륵하다'는 넉넉하고 사랑스러운 모습을 나타냅니다. 네 낱말 모두 따뜻하면서 좋거나 즐겁다고 할 만한 마음씨를 나타냅니다.

착하다

1. 마음·몸짓·말씨가 바르고 너그러우면서 곱고 부드럽다
   * 네 착한 마음이 모든 사람을 살렸어
   * 어머니는 누구한테나 착한 말씨로 이야기를 하지요
   * 꽃과 나무를 아끼는 착한 아이
   * 언니는 언제나 동무하고 착하게 놉니다
   * 어린 동생한테는 착하게 굴어야지
2. 속이지 않고 제값을 받거나, 값을 속여서 비싸게 받지 않다
   * 이 사진기는 무척 쓸 만하면서 값이 착해요
   * 아버지는 착한 무역으로 들여온 착한 커피를 마십니다
   * 착하게 사고파는 가게에 가서 옷을 장만했어요

무던하다 (* '무던하다·어지간하다'에서도 다룬다)

1. 어느 만큼 되거나 어느 만큼보다 더 하다 (여느 느낌·세기·모습·부피보다 크거나 낮거나 높다)
   * 아침부터 무던히 걸었더니 꽤 멀리 왔구나
   * 며칠째 바람이 무던히 불어 제법 쌀쌀하다

   * 내 동생도 자전거를 무던히 잘 타요
2. 마음씨가 너그럽고 부드럽다 (넓은 마음이면서 잘 받아들이다. 까다롭게 굴지 않아 좋다)
   * 내 동무는 무던하고 밝아서 모두한테서 사랑을 받지요
   * 무던한 아버지는 성을 내거나 큰소리를 치는 일도 없어요
   * 얌전한 큰언니는 얌전이가 되고, 무던한 작은언니는 무던이가 된다

수더분하다

: 마음씨가 까다롭지 않고 부드러우면서 너그럽고 수수하다
   * 이웃집 아주머니는 수더분하셔서 나를 늘 알뜰히 챙겨 주셔요
   * 수더분한 누나는 내가 잘못하는 일이 있어도 따뜻하게 타일러요
   * 작은 들꽃 한 송이까지 아끼는 동무는 매우 수더분하다

갸륵하다

1. 마음 씀씀이가 넉넉하고 사랑스럽다
   * 동무를 아끼고 보살피는 네 마음씨는 더할 나위 없이 갸륵해
   * 네 뜻이 갸륵해서 우리 모두 돕기로 했어
   * 다리를 다친 들고양이를 고치고 먹이를

ㄱ ㄴ ㄷ ㄹ ㅁ ㅂ ㅅ ㅇ ㅈ **ㅊ** ㅋ ㅌ ㅍ ㅎ

챙기는 언니가 참으로 갸륵해요

* 선물은 보잘것없을는지 몰라도 네 마음이
  얼마나 갸륵한지 모른다

2. 바르고 너그러우면서 대견하거나
   훌륭하다

   * 바다를 깨끗하게 지키려는 마음씨가 몹시
     갸륵하다
   * 마을을 아름답게 가꾸려는 몸짓이
     갸륵합니다

상냥하다

: 마음이 산들바람처럼 부드럽다

  * 상냥하게 짓는 웃음이 반갑다
  * 동생한테 상냥하게 이야기를 들려주렴
  * 할머니는 언제나 상냥하게 인사를 받아
    주셔요

창피하다·부끄럽다·수줍다·쑥스럽다·멋쩍다·머쓱하다·열없다·남우세하다·우세하다·스스럽다·스스럼없다

⋯ '창피하다'는 남 앞에서 얼굴이 깎여 고개를 들지 못하거나 숨고 싶은 마음을 나타냅니다. 꼭 잘못을 저지르지 않았어도 내가 보여준 모습이 남한테 더 보여주기 어렵다고 느낄 적에 '창피하다'를 쓸 수 있습니다. '부끄럽다'는 다른 사람한테 자랑스럽게 드러내 보이거나 마음대로 드러내 보이기 어려울 적에 씁니다. 이를테면, 남한테 거리낄 만한 일을 했거나 잘못을 저질러서 고개를 들 수 없거나 숨고 싶은 마음을 나타냅니다. '수줍다'는 다른 사람 앞에 나서기 어렵다고 느끼는 마음을 나타냅니다. '쑥스럽다'는 어떤 자리에 있거나 어떤 말을 들을 적에 어울리거나 걸맞지 않다고 여겨서 고개를 들기 어렵거나 숨고 싶은 마음을 나타냅니다. '멋쩍다'는 몸짓이나 모습이 어떤 자리에 어울리지 않을 때를 가리킵니다. 그런데 '쑥스럽다·멋쩍다'는 '부끄럽다'와는 쓰임새가 살짝 달라요. '부끄럽다'는 잘못을 해서 떳떳하지 않거나 숨고 싶은 마음을 나타내기도 하지만, '쑥스럽다·멋쩍다'는 잘못을 해서 숨고 싶은 마음을 나타내지는 않습니다. '머쓱하다'는 어울리지 않게 커서

싱겁구나 싶은 모습을 가리키고, 얼굴이 깎이거나 재미가 사라져서 어떻게 해야 할는지 모르는 모습을 가리켜요. '열없다'는 "살짝 부끄러운" 모습이나 "무엇이 빠진 듯이 아쉽다"거나 "무서움을 많이 타는" 모습을 가리키는 자리에서 쓰는 낱말인데, 북녘에서는 '열없다'와 '열적다' 두 가지를 나누어서 쓰고, 남녘에서는 '열없다' 한 가지만 씁니다. '남우세하다'는 "남이 보기에 몹시 부끄럽다"를 가리켜요. 남이 놀리거나 비웃을 듯해서 고개를 들지 못하는 모습을 나타냅니다. '우세하다'는 '남우세하다'를 줄인 낱말입니다. '스스럽다'는 "가깝거나 깊게 사귀지 않아 말이나 몸짓을 가리"는 모습을 가리키고, "살짝 수줍거나 부끄럽다"를 나타내요. 말이나 몸짓을 가리는 사이를 넘어서거나 살짝 수줍거나 부끄럽던 마음에서 벗어나면 '스스럼없다'라는 낱말로 가리키는 모습입니다. 이러한 여러 모습을 보여주는 사람을 보면서, '창피쟁이·부끄럼쟁이·수줍쟁이·쑥스럼쟁이·열없쟁이·스스럼쟁이' 같은 이름을 붙이기도 합니다. 그런데 여러 한국말사전에서는 '창피하다'라는 낱말에 '猖披'라는 한자를 붙이기도 합니다. 한자말 소리값과 한국말 소리값이 같아서 붙이는구나 싶은데, '猖披'라는 한자말은 "미쳐 날뛰다"를 뜻합니다. 우리가 쓰는 '창피하다'하고는 뜻이나 쓰임새가 사뭇 다릅니다.

창피하다

1. 얼굴이 깎여서 고개를 들지 못하거나 숨고 싶다
   * 큰길에서 발을 헛디디어 크게 자빠지니 너무 창피하더라
   * 너는 창피한 줄도 모르고 여린 동무를 못살게 구니
   * 그 일 때문에 창피해서 어디 돌아다니지도 못하겠어
2. 모습이 안 좋거나 눈에 거슬리다
   * 오늘 네 꼴은 좀 창피해 보인다
   * 이 그림은 어쩐지 창피하니까 가려야

하지 않을까
   * 내 모습은 창피하지 않으니까 억지로 꾸미려 하지 마셔요

부끄럽다 (> 바그럽다)

1. 거리끼거나 드러내고 싶지 않은 일이 있거나 잘못을 해서, 남을 마주하거나 고개를 들기에 떳떳하지 않거나 숨고 싶다
   * 내가 그 아이한테 참으로 부끄러운 짓을 했어
   * 넌 부끄러운 줄도 모르니
   * 이렇게 큰 잘못을 했다니 부끄러워서

고개를 들 수 없다

* 아무리 부끄러워도 좋아한다는 말을 하고
  싶어

2. 가깝거나 살갑지 않아 얼굴을 보이기
    어렵다

    * 낯선 사람이 부끄러운지 자꾸 뒤에
      숨는다
    * 나는 부끄러움을 잘 타서 다른 사람
      앞에서는 말이 잘 안 나와요
    * 부끄럼쟁이

수줍다

1. 다른 사람 앞에서 말을 하거나 몸짓을
    보이기 어렵다

    * 수줍어서 말도 못하고 그저 볼만 붉히고
      우물쭈물 선다
    * 내 동생은 수줍음을 많이 타서 좀처럼
      앞에 나서는 일이 없다
    * 어머니는 수줍게 웃으시면서도 기쁜
      눈치이다

2. 보일 듯 말 듯 살짝 드러나다

    * 조그마한 제비꽃이 커다란 유채꽃 옆에
      수줍게 피었다
    * 초승달이 구름 사이로 수줍은 듯 살짝
      고개를 내민다
    * 이 책에 제 글이 수줍게 하나 실렸어요

쑥스럽다

:   어울리거나 걸맞지 않다고 여겨 고개를
    들기 어렵거나 숨고 싶다 (자연스럽지
    못하다고 여겨 살짝 부끄럽다)

    * 네 말을 들으니 자꾸 쑥스럽다
    * 쑥스러워서 여태 말을 못했지
    * 나는 그저 심부름을 했을 뿐인데

칭찬하니 쑥쓰러운걸

* 착한 일을 하고도 쑥스레 웃는 동생이
  귀엽다
* 쑥스럼쟁이

멋쩍다

1. 몸짓이나 모습이 자리에 어울리지 않다

    * 네가 부르려는 노래는 아무래도 할아버지
      환갑잔치에는 멋쩍을 듯해
    * 다들 슬퍼하는데 멋쩍게 자꾸 웃지 마
    * 우스갯소리는 이 자리에 머쩍구나 싶어

2. 어울리거나 걸맞지 않다고 여겨 고개를
    들기 어렵거나 숨고 싶다

    * 한글을 우리와 함께 처음 배우려는
      할머니는 멋쩍어 보이셔요
    * 작은이모는 나랑 소꿉놀이를 하자니
      멋쩍다며 자꾸 웃어요
    * 막내는 큰누나한테 선물하고 나서
      멋쩍은지 괜히 뒤통수를 긁는다

머쓱하다

1. 어울리지 않게 크다 (멋없다)

    * 상추나 고들빼기는 그대로 두면 머쓱하다
      싶도록 자란다
    * 키는 머쓱한데 힘은 제대로 쓸 줄 모르네

2. 얼굴이 깎이거나 재미가 사라져서 어떻게
    해야 할지 모르다 (몸 둘 바를 모르다)

    * 네가 나무라니 동생이 머쓱해서 아무
      말을 못하네
    * 내가 한참 해도 안 되던 일을 네가 손쉽게
      하니 괜히 머쓱하구나
    * 내가 집으려고 했는데 누나가 가로채니
      내 손이 머쓱하잖아

열없다 (열적다)

1. 어쩐지 남을 마주하거나 고개를 들기에 좀 쉽지 않다 (살짝 부끄럽다)
   * 이제 와서 이름을 밝히려니 열없네
   * 언니는 열없이 웃고 나서 노래를 부른다
   * 작은 일을 거들었을 뿐인데 자꾸 추어올리면 열없어

2. 무엇이 빠진 듯이 아쉽다 (싱겁거나 어설프다)
   * 빈손으로 너희 집에 오기에 열없어서 들꽃을 한 묶음 꺾어 왔어
   * 편지만 띄우자니 좀 열없는 듯해서 샛노란 가랑잎을 함께 넣는다

3. 무서움을 많이 타거나, 씩씩하지 못하거나, 야무지지 못하다
   * 밤길을 못 다닌다니 열없는가 보네
   * 내가 함께 있어서 괜찮으니까 열없어하지 마

남우세하다 (남우세스럽다, 남사스럽다, 남세스럽다)

: 남한테서 놀림이나 비웃음을 받을 듯해 남 앞에 서거나 고개를 들기 어렵다 (놀림이나 비웃음 때문에 남 보기에 몹시 부끄럽다)
   * 어제 그렇게 바보스러운 말을 했으니, 이제 남우세해서 어떡하나
   * 우스꽝스러운 차림새를 한 너랑 다니려니 남우세스러워
   * 남우세스럽게 내가 그런 말을 사람들한테 어떻게 하니
   * 내가 저지른 잘못 때문에 오빠까지 남우세한 꼴이 되었다

   * 남우세스럽더라도 나는 이 옷이 좋아서 그대로 입을래

우세하다 (우세스럽다)

: '남우세하다'를 줄인 말
   * 다른 사람 앞에서 그런 우세한 말은 좀 하지 말자
   * 나는 우리 집이 가난하다고 해서 우세스럽다고 느낀 적이 없어
   * 물에 빠진 생쥐 같은 꼴이라서 살짝 우세해 보일 듯하다

스스럽다

1. 서로 가깝거나 깊게 사귀지 않아 낯·말·몸짓을 가리다
   * 만난 지 얼마 안 되어, 아직 두 사람은 스스럽겠구나
   * 같이 어울려 놀다 보면 스스러움은 곧 사라져
   * 이제 우리끼리는 스스럽게 굴지 않아도 되겠지

2. 다른 사람 앞에서 말·몸짓을 보이기 조금 어렵다 (살짝 수줍거나 부끄럽다)
   * 혼례식장에는 처음 온 탓에 여러모로 스스러워서 좀 힘들었어
   * 동생이 두 손을 스스럽게 내밀며 사탕 하나만 달라고 한다

스스럼없다

: 사람을 가리거나 남 앞에서 말·몸짓을 보이기 어려운 마음이 없다
   * 스스럼없이 지내는 사이인데, 거리낄 일 없이 다 이야기해도 돼

* 작은언니하고 스스럼없이 말을 섞을 수 있어서 좋다
* 내 동생은 낯선 아이하고도 스스럼없이 잘 논다

* 어느새 우리는 스스럼없이 가까운 동무가 되었구나

초라하다·하찮다·보잘것없다·하잘것없다· 시시하다·볼품없다·후줄근하다·데데하다

⋯▸ '초라하다'는 "겉모습이나 차림새가 보기 안 좋거나 지저분하다"와 "볼 만한 값어치가 없고 빈틈이 많다"와 "제대로 갖추지 못해 모자라다"고 하 는 세 가지로 씁니다. '하찮다'는 '하치않다'를 줄인 낱말로 "그다지 훌륭하 지 않다"와 "대수롭지 않다"고 하는 두 가지로 씁니다. 보기에 안 좋더라도 훌륭할 수 있고, 보기에는 좋으나 그다지 안 훌륭할 수 있습니다. "초라한 집"이라고 하면 겉보기에는 안 좋아 보일 수 있지만, 막상 살기에는 좋은 집 일 수 있어요. "하찮은 물건"이라고 하면 겉보기에는 멀쩡하고 좋아 보이지 만, 막상 쓰기에는 나빠서 값있게 여길 만하지 않을 수 있습니다. '보잘것없 다'는 "볼만한 값어치가 없다"를 뜻합니다. 볼만한 값어치를 나타내니, 겉으 로 보는 모습을 따지는 자리에서 씁니다. '하잘것없다'는 "마음에 들지 않아 대수롭지 않다"를 뜻합니다. 그러니까 '하잘것없다'고 할 적에는 겉보기에 는 퍽 좋아 보이더라도 마음에 안 들 때를 가리키지요. 다른 사람한테는 좋 을 수 있어도 누군가한테는 마음에 안 들면 '하잘것없다'가 됩니다. '시시하 다'는 "마음에 들 만한 데가 없다"를 가리킵니다. '재미없다'와 비슷하게 쓸 수 있습니다. 다만, '시시하다'는 겉모습이 좋거나 나쁘다고 따지지 않습니 다. 마음에 들 곳을 찾아보려고 해도 찾을 수 없기에 그리할 만하다고 느끼 지 못하거나 그리 가질 만하다고 느낄 수 없을 때에 '시시하다'를 씁니다. '볼 품없다'는 "겉으로 보기에 안 좋거나 지저분하다"를 뜻합니다. '시시하다'는

"시시한 놀이"나 "시시한 선물"이나 "시시한 이야기"처럼 여러 곳에 두루 쓰고, '볼품없다'는 "볼품없는 모습"을 가리키는 자리에만 씁니다. '후줄근하다'는 "물기에 젖거나 풀기가 빠져서 보기 싫게 늘어지다"와 "지치거나 고단해서 힘이 빠져 늘어지다"를 뜻합니다. '데데하다'는 "제대로 갖추지 못해서 볼만한 값어치가 없다"를 뜻해요. '초라하다'나 '볼품없다'는 보기 안 좋은 모습을 두루 나타낸다면, '후줄근하다'는 물에 젖거나 풀기가 빠져서 보기에 안 좋은 모습만 따로 나타냅니다. "살이 쪽 빠져서 볼품없다"처럼 쓰고, "일이 힘들어 후줄근하다"처럼 씁니다. "데데한 선물"이라 할 적에는 제대로 갖추지 못해서 대수롭지 않다고 여기는 모습이고, "시시한 선물"이라 할 적에는 마음에 들지 않는다고 여기는 모습입니다. '쓰잘 데 없다'나 '볼품사납다' 같은 말마디도 있습니다. '쓰잘 데 없다'는 "쓸 만한 곳을 찾을 수 없다"를 가리키고, '볼품사납다'는 "보기에 무척 나쁘다"를 가리킵니다.

초라하다

1. 겉모습·옷·차림새가 보기 안 좋게 늘어지거나 지저분하다
   * 할머니가 쓰시던 살림살이는 오래되어 닳았을 뿐 초라하지는 않아요
   * 초라해 보인다고 사람을 얕보지 말아야지
   * 어미 잃은 길고양이가 초라한 몰골로 뒤꼍에서 볕을 쬔다

2. 볼만한 값어치가 없고 빈틈이 많다
   * 잇달아 잘못을 저지르기는 했지만 너 스스로 초라하게 여기지는 말아
   * 우리가 할 수 있는 일이 없다니 너무 초라하구나 싶어
   * 아버지는 작고 초라한 집을 물려받아 예쁜 보금자리로 가꾸셨어요

3. 제대로 갖추지 못하여 많이 모자라다
   * 밥상은 초라하지만 맛있게 먹기를 바라

* 책을 사서 모은 지 얼마 안 되어 우리 집 책꽂이는 아직 초라해
* 초라해 보이는 자전거라지만 무척 튼튼해서 이 자전거로 전국 여행도 했어

하찮다 (하치않다)

1. 그다지 훌륭하지 않다 (값있거나 알차게 여길 만하지 않다)
   * 아직 내 솜씨는 하찮아서 더 갈고닦아야 해요
   * 많이 어수룩하고 하찮은 글을 읽어 주니 고마워
   * 좀 못생기기는 했지만 하찮은 것은 아니에요

2. 대수롭지 않다 (그리 크게 여길 만하지 않다)
   * 깨진 접시는 하찮은 것이니 너무 마음을

쓰지 마
* 처음에는 하찮은 일인 줄 알았는데 곰곰이 보니 아주 놀라운 일이었어
* 너는 꼭 좋은 데보다 하찮은 데에 자꾸 눈길을 빼앗기더라

보잘것없다

: 볼만한 값어치가 없다
* 모두 아름다운 사람이니까 보잘것없는 사람은 없어
* 알맹이는 보잘것없는데 껍데기만 번드르르하게 꾸몄어
* 보잘것없는 선물이지만 받아 주기를 바라요

하잘것없다

: 미음에 들지 않아 해 볼 민한 깃이 없거나 대수롭지 않다
* 너한테는 하잘것없어 보이지만 나한테는 무척 뜻깊은 종잇조각이야
* 하잘것없는 풀이나 나무란 없다
* 동생하고 하잘것없는 장난감을 놓고 다투었다고 꾸지람을 들었어

시시하다

1. 마음에 들 만한 데가 없다 (재미없다)
* 오늘 들은 이야기는 시시해서 자꾸 하품이 나오더라
* 이웃이 사는 마을을 시시하다고 함부로 말하지 마셔요
* 시시한 놀이 말고 좀 재미있는 놀이는 없을까
* 애써 마련한 선물인데 시시하다고 하니 서운하다

2. 마음·몸짓이 너무 조그맣거나, 어떤 일에서 마지막이 흐리다 (좀스럽다, 쩨쩨하다)
* 100원조차 안 빌려주다니 너무 시시하게 군다
* 밤길이 어두워서 무섭다니 너는 참 시시하구나
* 그런 바보스러운 짓까지 하면서 시시하게 빌붙기 싫어
* 이 책은 처음에는 눈길을 끌더니 시시하게 끝난다

볼품없다

: 겉으로 드러나 보이는 모습이 안 좋거나 지저분하다 (보아 줄 만한 데가 없다)
* 날이 너무 가물어 밭마다 푸성귀가 볼품없이 시든다
* 며칠 동안 앓아눕느라 살이 쭉 빠져서 볼품없이 말랐네
* 볼품없는 옷은 안 입을래요
* 볼품없어 보일 수 있지만 오랫동안 써서 손때가 탔을 뿐이랍니다

후줄근하다

1. 조금 젖거나 풀기가 빠져서 판판하지 않고 보기 싫게 늘어지다
* 낡고 후줄근한 옷이지만 손질하고 깨끗하게 빨면 입을 만하리라 생각해
* 빨래를 걷어야 하는데 깜빡 잊어서 비를 쫄딱 맞고 후줄근하다
* 책에 물을 쏟는 바람에 책이 아주 후줄근하게 되고 말았어

2. 몹시 지치거나 고단하여 아주 힘이 없어 몸이 늘어지다

* 자전거 여행이 나흘째로 접어드니 저녁이
  되면 온몸이 후줄근하다
* 날이 궂으니 몸도 마음도 후줄근하네요
* 맛있는 밥을 먹고 났더니 후줄근한 몸에
  새 기운이 돌아요
* 하루 내내 후줄근했는데 네 편지를
  받고서 말끔히 털고 일어났어

데데하다

: 제대로 갖추지 못하여 볼만한 값어치가
  없고 대수롭지 않다 (엉성해서 흔하고
  가볍게 여길 만하다)

* 나는 데데한 선물이라도 누가 준다면
  기쁘게 받을 생각이야
* 데데한 차림새로 잔칫집에 가지는 말자
* 내가 데데한 짓을 자꾸 해서 동무들이
  싫어하는지 모른다

촘촘하다·빽빽하다·꼼꼼하다*

⋯➔ 틈이나 사이가 매우 좁은 모습을 가리키는 '촘촘하다'와 '빽빽하다'입니다. '촘촘하다'는 무엇을 놓거나 심거나 둘 적에 틈이나 자리가 매우 좁은 모습을 가리킵니다. 이 뜻을 바탕으로 "빈틈이나 빠진 데가 없다"는 느낌으로 가지를 뻗습니다. '빽빽하다'는 무엇이 바싹 붙거나 아주 가까이 맞닿아서 틈이나 자리가 매우 좁은 모습을 가리켜요. 이 뜻을 바탕으로 "구멍이 막혀 빨기 힘들다"라든지 "옷이 꼭 끼다"라든지 "생각이 좁거나 막히다"라든지 "국물이 적다"를 가리키는 자리에도 씁니다. '꼼꼼하다'는 빈틈이나 작은 데까지 또렷하면서 따스한 모습을 나타낼 적에 씁니다. 그물은 촘촘하게 짤 수도 있고 꼼꼼하게 짤 수도 있습니다. 그물을 촘촘하게 짠다면 "빠져나갈 틈이 없도록 짠다"는 뜻이고, 꼼꼼하게 짠다면 "빈틈이 보이지 않도록 짠다"는 뜻입니다.

촘촘하다

1. 놓거나 심거나 엮은 틈·구멍·자리가 매우
   좁거나 작다
   * 당근씨를 너무 촘촘하게 심었구나

   * 그물을 촘촘하게 짜야 물고기를 낚을
     적에 빠져나가지 못한다
   * 울타리로 삼으려고 대나무를 촘촘하게
     박아요

* 바느질을 촘촘하게 잘했구나
2. 빈틈이나 빠진 데가 없다
   * 무슨 일을 하든 촘촘하게 잘 살피는구나
   * 글을 촘촘하게 잘 짰어
   * 우리 모두 선물을 한 가지씩 받도록 촘촘하게 헤아려 주셨어요

빽빽하다

1. 서로 바싹 붙어서 사이·자리가 매우 좁다
   * 우리 마을 뒷산에는 나무가 빽빽해요
   * 사람들이 빽빽하게 모인 탓에 지나갈 수 없어요
   * 책꽂이가 빽빽하게 차서 새 책꽂이를 짜려고 해
   * 묵은 밭에 풀이 내 허리춤까지 빽빽하게 자랐네
2. 구멍이 거의 막혀서 제대로 빨기 힘들다
   * 이 빨대는 빽빽해서 빨기가 힘이 드네
   * 대롱으로 물을 뿜으려 하는데 빽빽해서 잘 안 나온다
   * 할아버지는 담뱃대가 빽빽하다며 속을 긁어냅니다
3. 꼭 끼여서 헐렁하지 않다
   * 지난겨울에 입던 옷이 올해에는 빽빽해서 못 입겠어요
   * 뱃살이 붙었는지 허리가 빽빽해서 단추를 채우기 어렵다

4. 속·생각·마음이 트이지 못하거나 좁거나 막히다 (이야기를 나누기 힘들다)
   * 네가 빽빽하게 나오니 다들 너한테 말조차 못 걸더라
   * 생각을 빽빽하게 가두지 말고 넓게 틔우렴

* 어제는 아무래도 내가 빽빽하게 군 듯해
5. 건더기는 많으나 국물이 적다 (되다, 되다랗다)
   * 미역국이 빽빽하니 국물을 마실 수 없네
   * 오늘 김치찌개는 좀 빽빽하네요

꼼꼼하다 (* '낱낱이·꼼꼼히'에서도 다룬다)

1. 빈틈이 없이 작은 데까지 또렷하다
   * 설거지를 꼼꼼하게 했네
   * 큰오빠는 글 한 줄을 읽거나 쓸 적에도 무척 꼼꼼해요
   * 누나는 어떤 일을 하든 마무리까지 꼼꼼하게 아주 잘합니다
2. 작은 데까지 잘 살피면서 차분하고 따스하다
   * 어머니는 늘 우리를 꼼꼼하게 보살펴 주셔요
   * 내가 덜렁거려도 짝꿍은 언제나 나를 꼼꼼하고 알뜰히 챙겨 줍니다
   * 우리 식구는 어린 막내를 하나부터 열까지 꼼꼼하게 살펴 돌봅니다

춥다·차다·차갑다

…▸ '춥다'와 '차다'와 '차갑다'는 모두 날씨를 가리키는 자리에서 씁니다. 온도가 낮은 날씨일 적에 이러한 낱말을 씁니다. '차갑다'는 '몹시 차다'를 가리킵니다. '춥다'는 몸으로 낮은 온도를 느낄 적에 쓰고, '차다·차갑다'는 살갗에 닿는 낮은 온도를 느낄 적에 씁니다. 그래서 "네 손이 차구나"라든지 "네 손이 차갑구나"처럼 쓰지만, "네 손이 춥구나"처럼 쓰지는 못합니다. 그리고 "바람이 차다"와 "바람이 차갑다"처럼 쓸 수 있어도, "바람이 춥다"처럼 쓸 수 없습니다. '춥다'는 몸으로 느끼는 날씨를 가리키는 자리에서 쓰기에 "나는 안 추운데 너는 춥구나"처럼 씁니다. "우리 집은 춥다"고 하면, 우리 집에 있으면 몸으로 느끼는 기운이나 온도가 낮다는 뜻입니다. "우리 집은 차다"처럼 쓰지 못합니다. "방이 차다"고 하면 방바닥이 차다는 뜻으로는 쓸 수 있어요. 방바닥에 손을 대면 손(살갗)이 차거나 방바닥에 앉으면 엉덩이(살갗)가 차다는 뜻으로만 쓸 수 있습니다.

춥다

1. **온도가 낮은 날씨이다**
   * 추운 날씨에는 옷을 두껍게 입고 가렴
   * 이렇게 추운 날에는 새들이 먹이를 어떻게 찾을까요
   * 추운 겨울이 지나면 따스한 봄이 찾아옵니다
2. **몸으로 느끼는 기운이나 온도가 낮다**
   * 겨울이기는 하지만 방이 왜 이렇게 춥니
   * 추운데 배고프기까지 하니 너무 힘들다
   * 언니는 그리 춥지 않다면서 옷을 얇게 입어요
3. **따스하거나 부드럽거나 즐겁거나 아름다운 기운이 없다**

* 이 나라는 아직 평화하고 멀어서 춥습니다
* 요새 통 장사가 되지 않아 추운 살림이라고 합니다
* 자유와 민주와 평등이 없는 추운 나라

차다

1. **온도가 낮은 날씨이다**
   * 오늘은 날이 차니까 옷을 따뜻하게 입어야겠어요
   * 삼월은 봄이어도 아침저녁으로는 아직 차니까 도톰한 옷을 입습니다
2. **살갗에 닿는 것이나 바람이 기운·온도가 낮다 (얼음 같은 것이 닿는 느낌)**
   * 바람이 차니 귀가 얼얼하다

* 몸이 아플 적에는 찬 것을 함부로 먹지
  말아야지
* 아직 불을 넣지 않아서 방바닥이 차니까
  방석을 깔자
* 네 손이 많이 차구나

3. 사랑스러운 마음이 없다 (쌀쌀하다)
   * 이웃 아저씨는 말투가 너무 차서 좀
     꺼림칙하다
   * 네 동무인데 너무 차게 굴지 않나
     모르겠어
   * 차디찬 말을 들으니 온몸에 소름이
     돋는다
   * 집안에 찬바람이 부네

차갑다

1. 온도가 무척 낮은 날씨이다
   * 차갑고 매서운 날씨에도 설날 해돋이를
     보려고 사람들이 많이 나왔어요
   * 할아버지는 차가운 날에도 이웃집에
     마실을 다녀오십니다

2. 살갗에 닿는 것이나 바람이 기운·온도가
   몹시 낮다
   * 냉장고에 넣은 수박이 차가워서 이가
     시리다
   * 차갑게 식은 밥을 따뜻하게 덥혀서
     먹습니다
   * 바람이 차갑게 불어도 눈놀이를 하다
     보면 땀이 송송 돋는다
   * 볼이 꽁꽁 얼고 차가우니 얼른 털모자와
     귀도리를 쓰렴

3. 사랑스러운 마음이 아주 없다 (매몰차다)
   * 네 목소리가 차가워서 무섭기까지 해
   * 잘못했다고 뉘우치는데 차가운 눈빛은
     거두어 주렴
   * 사람이 너무 차가우니까 선뜻 다가서기가
     어려워

캄캄하다·어둡다

⋯▶ 빛이 없어서 제대로 볼 수 없을 적에 '어둡다'라 합니다. 빛이 있어서 제대로 볼 수 있으면 '밝다'입니다. '캄캄하다'는 빛이 없고 아주 까맣기에 아무것도 안 보일 적에 씁니다. '어둡다'는 빛깔이 짙거나 검은빛에 가까울 적에도 쓰고, 슬픔이나 걱정이 가득하여 마음이 무거운 모습을 가리키며, 눈으로 잘 못 보거나 귀로 잘 못 듣는 모습을 가리킵니다. '캄캄하다'는 꿈을 꿀수 없는 모습과 잘 알지 못하는 모습을 더 가리키는데, 이때에는 '어둡다'는 낱말도 함께 씁니다.

캄캄하다 (> 깜깜하다)

1. 아주 까맣기에 아무것도 안 보이다
   * 이렇게 캄캄한 데에서 초가 어디 있는지 어떻게 찾을까
   * 캄캄한 데에서는 눈을 감고 느낌으로 발을 천천히 내딛으면 돼
   * 해가 진 숲은 훨씬 캄캄하다
2. 꿈을 꿀 수 없이 힘겹거나, 앞날을 볼 수 없이 끔찍하다
   * 오빠가 아끼는 사진기를 떨어뜨려서 망가진 탓에 눈앞이 캄캄하다
   * 자꾸 걱정만 하니까 더 캄캄하지
   * 캄캄한 앞날에 한 줄기 빛이 비친다
3. 속내를 잘 알지 못하다 (어리석다)
   * 시골에서 산 적이 없어서 시골에서 하는

일은 아직 캄캄해요
   * 바탕이 되는 것을 모르니 다른 것도 캄캄할 수밖에 없지
   * 캄캄절벽·캄캄벼랑

어둡다

1. 빛이 없거나 여려서 제대로 볼 수 없다
   * 어두운 방에 숨어서 너희들 무엇을 하니
   * 그믐달에는 밤길이 한결 어둡습니다
   * 해가 지는 줄도 모르는 채 어두운 골목에서 더 뛰놀았어요
2. 불빛이 매우 여려 제대로 비추지 못하다
   * 등불이 어두우니 전구를 갈아야겠어요
   * 이쪽 길은 등불이 있어도 늘 어둡더라
3. 빛깔이 짙거나 검은빛에 가깝다

* 이쪽은 어두운 빨강을 썼고, 저쪽은 밝은 빨강을 썼어요
* 오늘은 어두운 옷이 어울릴 듯해요
* 그림을 너무 어둡게 그리지 않았을까

4. 슬픔이나 걱정이 가득하거나 마음이 무겁다
* 걱정이라도 있는 듯이 하루 내내 어두운 얼굴이네
* 옆집 아이는 많이 어두워 보여
* 어두운 집안을 바꾸고 싶어서 한결 밝게 웃으면서 노래합니다

5. 꿈을 꿀 수 없이 힘겹거나, 앞날을 볼 수 없이 끔찍하다
* 아무리 어두운 나날이어도 마음속에 사랑을 품으면 다시 기운을 낼 수 있다
* 어두운 나라에서도 밝은 이야기를 빚어 노래한 분들이 있어요
* 가난한 살림은 앞으로도 어두울 듯하다

6. 눈이 잘 안 보이거나 귀가 잘 안 들리다
* 할머니는 눈이 어두워서 책을 못 읽으시니 내가 옆에서 읽어 줍니다
* 할아버지는 귀가 어두워서 조금 크게 말해야 하지요

7. 속내를 잘 알지 못하다 (어리석다)
* 너는 도시내기라 시골에 어둡고, 나는 시골내기라 도시에 어둡지
* 서울은 워낙 넓고 어수선해서 서울 사람도 서울 길에 어둡기 마련이에요
* 이웃 나라에 굶는 동무가 있었다니 여태 바깥일에 너무 어둡게 지냈구나

8. 어떤 것을 혼자서 지나치게 가지려고 하다
* 학급 반장 자리에 눈이 어두워서 동무를 괴롭히거나 윽박질렀구나
* 돈에 눈이 어두워서 나쁜 짓을 저지르지 마셔요

9. 못 미덥거나 엉큼하거나 나쁘다
* 어두운 꿍꿍이로 무슨 짓을 벌이려는지 궁금하군
* 지나간 어두운 그림자는 떨치고 이제부터 밝고 새롭게 살면 됩니다

10. 사람이나 사회가 올바르게 깨지 못하다
* 네 어두운 눈을 뜨게 하려고 함께 봉우리에 오르자고 했어
* 나쁜 짓이 그치지 않는 어두운 사회를 밝게 바꾸려면 어떻게 해야 할까요

캐다* · 파다

···▸ 땅속에 묻힌 것을 연장을 써서 꺼낸다고 할 적에 '캐다'라 하고, 땅에 구멍이나 구덩이를 낸다고 할 적에 '파다'라 합니다. 나물을 캐거나 광물을 캐거나 조개를 캘 적에는 늘 연장을 씁니다. 이와 달리 "땅을 파다"는 꼭 연장을 쓰는 모습을 가리키지는 않습니다. 땅에 구멍이나 구덩이를 낼 적에는

맨손을 쓰기도 합니다. 드러나지 않거나 모르던 이야기를 따지거나 살필 적에 '캐다'라 하고, 어떤 일을 알아내거나 밝히려고 깊이 살필 적에 '파다'라 합니다. 수수께끼라든지 궁금한 이야기는 '캐다'로 가리키고, 책을 깊이 읽거나 어느 과목을 깊이 공부한다고 하면 '파다'로 가리킵니다.

캐다 (* '따지다'에서도 다룬다)

1. **땅속에 묻힌 것을 연장을 써서 꺼내다**
   * 날씨가 푹하니 들나물을 캐러 가자
   * 할머니를 따라 갯벌에서 바지락을 캤어요
   * 강원도에는 석탄을 캐는 탄광이 있습니다

2. **모르거나 감춰지거나 드러나지 않은 이야기를 밝히다**
   * 앞뒤를 차근차근 캐면 이런 일이 터진 까닭을 알 수 있어요
   * 내가 아는 이야기는 다 했으니 나한테만 캐지 말고 다른 동무한테도 캐 보렴
   * 캐면 캘수록 멋진 이야기가 샘솟는다
   * 왜 내 뒤를 몰래 캐려고 하는지 모르겠구나

파다

1. **속에 있는 것을 깎거나 뚫거나 헤치고 걷어내어 둥그스름하고 깊은 모습이 되게 하다 (구멍이나 구덩이가 생기게 하다)**
   * 마당 한쪽을 파서 나무를 심으려고 합니다
   * 집을 지으면서 우물을 함께 팝니다
   * 굴이나 땅을 파서 김장독을 묻지요
   * 나도 삽으로 구덩이를 꽤 깊이 팔 수 있어요

2. **구멍을 내어 그림이나 글씨를 넣다 (새기다)**
   * 내 이름으로 도장을 하나 팠어요
   * 돌에 글씨를 파면 아주 오래도록 남습니다

3. **천이나 종이에서 한쪽을 둥그스름하고 깊게 자르다 (도리다)**
   * 민소매옷을 지으려고 어깨 안쪽을 팠어요
   * 목을 판 옷을 입으면 여름에 시원하다

4. **덮거나 싼 것을 헤치고 속에 묻히거나 있는 것을 밖으로 꺼내거나 떼다**
   * 묵은 땅을 밭으로 일구려고 돌을 파지요
   * 아버지는 무릎에 나를 누이고 귀지를 살살 팝니다
   * 손톱을 깎으면서 손톱 밑에 낀 때를 말끔히 파지요

5. **알아내거나 밝히려고 깊이 따지거나 살피다**
   * 이 수수께끼는 어려워서 아무래도 한참 파야겠는걸
   * 나무가 무엇인지 알아보려고 파면 팔수록 놀랍고 재미난 이야기가 쏟아져요
   * 씨앗 한 톨에 깃든 이야기를 끝까지 파고 싶어
   * 궁금하면 나한테 물어보고, 스스로 파 보면서 알아내도 돼

6. **온 힘을 기울이다**
   * 오랫동안 한길을 파면서 질그릇을 빚은 할아버지

* 나는 앞으로 이 길을 파면서 꿈을 이루고
싶어요

7. 아기가 젖을 몹시 빨다
* 아기가 배고픈지 어머니 젖무덤을 판다
* 아기가 젖을 파다가 스르르 곯아떨어진다

8. 문서나 서류에서 어느 한 곳을 지워서
없애다
* 큰오빠는 장가를 들면서 따로 살림을
나며 호적을 팝니다

크다 1 (움직씨) · 자라다

⋯▸ '크다'와 '자라다'는 사람과 짐승과 푸나무 모두한테 쓸 수 있는 낱말이
지만, '크다'는 "사람이 어느 곳에서 나서 살다"를 가리키고, '자라다'는 "풀
과 나무가 어느 곳에서 나서 살다"를 가리킵니다. '크다'와 '자라다'는 아이
가 어른이 되는 모습을 가리키는 자리에 함께 쓰는데, '크다'는 나이를 먹어
서 어른이 되는 모습을 가리킨다고 한다면, '자라다'는 어리거나 젊은 나날
을 보내면서 어른이 되는 모습을 가리킨다고 하겠습니다. 이렇게 가르던 쓰
임새는 '자라다'가 풀과 나무가 어느 곳에서 나서 사는 모습을 나타내던 뜻
이나 느낌하고 맞물리는데, 요즈음에는 따로 이렇게 갈라서 쓰기보다는 '크
다 · 자라다'를 거의 엇비슷하게 씁니다. 솜씨나 재주가 나아지는 모습을 가
리킬 적에는 '자라다'만 쓰고, 짜임새나 기운이나 힘이 느는 모습을 가리킬
적에는 '크다 · 자라다'를 함께 씁니다.

크다 1 (움직씨)

1. 해가 갈수록 몸이 길어지거나 부풀면서
단단해지다
* 너희 집 대추나무가 그동안 많이 컸네
* 호박이 무럭무럭 크는데 언제 딸까
* 나는 벌써 어머니 키만큼 컸습니다
* 키뿐 아니라 손발도 많이 컸구나

2. 사람이 나이를 먹으면서 어른이 되다
* 씩씩하게 커서 아름다운 꿈을 펼치고
싶어요
* 이다음에 크면 어떤 사람이 될까 하고
생각해 봅니다
* 나도 어머니처럼 슬기롭고 아름답게
크겠어요

3. 사람이 어느 곳에서 나서 살다

    * 우리는 모두 이 동네에서 함께 컸어요
    * 나는 바닷마을에서 컸고, 내 동무는 멧골마을에서 컸어요
    * 숲을 벗삼아 클 수 있으면 한결 푸른 몸과 마음으로 가꿀 수 있다

4. 짜임새·기운·힘이 늘거나 높아지거나 나아지다

    * 언제나 즐겁게 노래하는 보금자리에서는 사랑이 차츰 크지요
    * 처음에는 작은 마을이었는데 도서관과 학교가 들어서면서 많이 컸어요
    * 큰오빠는 차츰 크는 양자물리학 공부에 푹 빠졌어요
    * 나도 제법 커서 이제 이 수레를 혼자 밀 수 있습니다

자라다

1. 세포가 차츰 불어나거나 부풀거나 길어지다

    * 나무가 높이 자라서 마당에 시원하게 그늘을 드리웁니다
    * 오이가 잘 자랐으니 곧 따서 먹을 수 있겠구나
    * 나도 키가 제법 자라서 까치발을 안 하더라도 살강에 손이 닿아요
    * 손발톱이 많이 자랐으니 깎아야겠네

2. 어리거나 젊은 나날을 보내면서 어른이 되다

    * 나는 어릴 적부터 내내 이 마을에서 자랐어요
    * 어렵게 자란 탓에 작은 것도 살뜰히 아끼는 버릇이 몸에 배었다

* 잘 먹고 잘 자고 잘 놀면서 튼튼하게 자라자
* 큰언니는 어느새 멋진 아가씨로 자랐다고 할머니가 말씀하셔요

3. 풀과 나무가 어느 곳에서 나서 살다

    * 따스한 곳에서 잘 자라는 나무와 추운 곳에서 잘 자라는 나무가 있어요
    * 우리 고장에서는 복숭아와 배가 잘 자랍니다
    * 마당 한쪽에서 봄과 가을에 제비꽃이 무리지어 자라지요

4. 솜씨나 재주가 무척 늘거나 높아지거나 나아지다

    * 우리가 모르는 사이에 네 솜씨가 많이 자랐구나
    * 날마다 차근차근 애쓰니 손놀림이 제법 자랐어요

5. 짜임새·기운·힘이 늘거나 높아지거나 나아지다

    * 예전에는 작은 마을이었지만 이제는 꽤 큰 마을로 자랐어요
    * 아름다운 마음에서 사랑이 무럭무럭 자란다
    * 내 꿈은 날마다 뭉게뭉게 자라요

크다2 (그림씨)·우람하다

···› '우람하다'는 몸이나 소리가 다른 것을 넘을 만큼 힘이 있는 모습을 가리킵니다. '크다'는 몸이나 소리가 다른 것을 넘을 만한 모습을 가리키는데, 몸이나 소리가 다른 것을 넘더라도 꼭 힘이 더 있는 모습을 가리키지는 않습니다. '크다'는 이밖에도 몸이나 물건이 어느 자리에 맞지 않고 넉넉히 남을 때에 쓰고, 어떤 모습이나 틀이 아주 위에 있거나 더 위에 있을 때에 쓰며, 됨됨이가 뛰어나거나 훌륭할 때에 쓰기도 합니다.

크다 2 (그림씨)

1. 겉으로 드러나는
   길이·넓이·높이·부피·무게 같은 모습이
   여느 것·다른 것보다 더 되거나 더 있다
   (여느 것·다른 것을 넘다)
   * 너는 키가 참 크구나
   * 글씨를 처음 익힐 적에는 크게 쓰자
   * 작은 상자가 모자라면 여기 큰 상자에 담으렴
   * 해바라기꽃은 나팔꽃보다 커요
   * 내 동생은 몸은 크지만 아직 많이 어려요
   * 물결이 크게 치니까 오늘은 바닷가에 가지 말자
   * 큰길·큰솥·큰골·큰비녀·큰판
2. 신·옷·물건이 몸이나 어느 자리에 맞지 않고 넉넉히 남을 만큼 되다
   * 이 신은 내 발에 커서 헐렁해요
   * 내가 허리가 가느니 이 바지는 좀 크구나
   * 구멍이 커서 나사가 안 맞네
   * 큰치마·큰옷
3. 어떤 얼거리·모습·테두리·값·뜻·보람이

세거나 높다 (많이 위에 있다)
   * 우리가 맡은 일이 얼마나 큰지 곰곰이 돌아보자
   * 꿈을 크게 꾸면서 마음도 크게 살찌웁니다
   * 이달은 씀씀이가 커서 이듬달부터는 살림을 아끼려고 해요
   * 어려운 일을 끝내면 보람도 크고 기쁨도 커요
   * 값을 크게 치르고 제대로 장만한 책걸상이야
   * 큰일
4. '어떤 일을 몸이나 마음으로 깊거나 세거나 높게'를 나타내는 말
   * 크게 놀랐는지 아직도 가슴이 벌렁벌렁 뛴다
   * 비탈길에서 넘어지며 크게 다쳤어요
   * 아버지 말씀을 가슴에 크게 새기면서 즐겁게 배웁니다
   * 내가 들려준 말 때문에 네가 크게 흔들렸구나

* 하찮은 일이니까 너까지 마음을 크게
  쓰지 않아도 돼

5. **소리가 매우 높거나 세다**
   * 소리가 너무 크니까 조금 줄이자
   * 밤마다 개구리 노랫소리가 얼마나 큰지
     온 마을을 다 울린다
   * 큰소리·큰기침

6. **됨됨이·한 일·발자취가 뛰어나거나
   훌륭하다**
   * 우리는 모두 앞으로 크게 될 새싹입니다
   * 착하고 고운 마음을 가꾸어 크게 되고
     싶어요
   * 할아버지는 역사에 남도록 큰일을
     이루셨다고 해요
   * 큰사람·큰스님

7. **생각이나 마음이 넓거나 깊다**
   * 마음이 커서 동생이 잘못해도 너그러이
     봐준다
   * 너는 참 통이 크구나
   * 너는 그릇이 크니 앞으로 멋지고
     아름다운 사람이 되리라 생각해

8. **두려움이나 무서움이 없다 (씩씩하다)**
   * 누나는 배짱이 커서 언제나 든든해요
   * 나는 아직 담력이 크지 않지만 앞으로는
     씩씩하게 밤길을 다니고 싶어요

9. **돈머리가 높다 (돈이 액수나 단위가 높다)**
   * 세뱃돈으로는 너무 크다 싶을 만큼
     받았어요
   * 심부름을 하고 받은 돈치고는 너무 컸지
     싶어
   * 큰돈

10. **'맏이'나 '위'를 나타내려고 붙이는 말**
    * 큰집·큰어머니·큰아버지·큰오빠·
      큰누나·큰언니·큰아이·큰딸

11. **'넓게 본다면'을 나타내는 말**
    * 작게는 우리 집부터 크게는 지구까지
      살리는 길을 생각합니다
    * 작게는 이 골목에서 크게는 옆 동네까지
      이 일을 함께 할 동무를 찾아보자

12. **'얼추'나 '뭉뚱그려서'를 나타내는 말**
    * 숫자가 많으니까 크게 셋으로 갈라서
      모둠을 짜자
    * 크게 나누면 낮에 하는 놀이와 밤에 하는
      놀이로 두 가지가 있어
    * 너무 잘게 나누어서 어지럽다면 크게 몇
      가지로 추려 보자

13. **'굳게'나 '야무지게'를 나타내는 말**
    * 오늘부터 아침에 일찍 일어나기로 크게
      다짐하기로 했어요
    * 나도 크게 마음을 먹고 하는 일이에요

14. **한 달이 '양력으로 31일'이거나 '음력으로
    30일'일 때를 나타내는 말**
    * 1월과 3월은 큰달이고, 2월과
      4월과 6월은 작은달입니다

우람하다

1. **몸·높이·부피가 여느 것·다른 것을
   넘으면서 이보다 힘이 있다**
   * 느티나무가 우람하게 선 저 마을에 우리
     집이 있어요
   * 저렇게 몸집이 우람한 아이와 씨름을
     해서 이길 수 있을까
   * 내 동무는 어릴 적부터 잘 먹고 씩씩하게
     놀아서 우람하다

2. **소리가 매우 힘이 있고 시끄러우면서 높다**
   * 큰 바위가 굴러 떨어지면서 우람한
     소리를 낸다
   * 극장에서 영화를 보니 소리가 우람해서
     귀를 쩌렁쩌렁 울린다

키우다·기르다

···· '키우다'는 부피를 늘게 하거나 숫자를 높이거나 크기를 불리는 모습을 가리키면서 "손수 키운 닭을 잡아서 먹다"처럼 쓰고, '기르다'는 "남새를 기른다"나 "돼지를 기른다"처럼 쓰기도 하면서 "보살피면서 함께 지내다"나 "잘 지내도록 마음을 쓰면서 봐주거나 도와주다" 같은 뜻으로 널리 씁니다. '키우다'는 "아이가 잘 지내도록 마음을 쓰면서 어른이 되게 하다"나 "몸이나 마음이나 생각을 북돋우다" 같은 뜻으로도 쓰고, '기르다'는 "앞에서 올바로 가르치다"나 "몸이나 마음이나 생각이 더 튼튼할 수 있도록 북돋우다"나 "어떤 일이 몸에 익도록 이끌다"나 "머리카락이나 털을 자르지 않고 두다" 같은 뜻으로도 씁니다. 이리하여 "살림을 키운다"처럼 쓰지만 "살림을 기른다"처럼 안 씁니다. "머리카락을 기른다"처럼 쓰지만 "머리카락을 키운다"처럼 안 씁니다.

키우다

1. **부피·크기·숫자를 더 늘거나 많거나 높거나 붙게 하다**
    * 종이를 더 붙여서 상자를 키우자
    * 껍데기를 키우더라도 알맹이가 없으면 허수아비일 뿐이야
    * 처음에는 작은 집이었지만 조금씩 손질해서 이만큼 키웠어요
    * 얼마 안 되는 돈을 키워서 목돈이 되었습니다
2. **밥을 주거나 보살펴서 몸이나 부피가 늘도록 하다**
    * 시골에서 할머니가 손수 키운 닭은 무척 맛있어요
    * 아버지와 함께 심어서 키운 고구마를

삶았으니 너도 먹으렴
    * 우리도 귀여운 짐승을 한 마리 키워 볼까
    * 내가 심은 나무는 내가 키우고 싶어요
3. **아이가 잘 지내도록 마음을 쓰면서 어른이 되게 하다**
    * 어머니와 아버지는 나를 이렇게 잘 키워 주셨습니다
    * 따스한 사랑과 넉넉한 꿈이 나를 키웠지요
4. **몸이나 마음이나 생각을 북돋우다**
    * 우리는 다 함께 아름다운 꿈을 키우자
    * 생각을 키우면 무엇이든 그림으로 즐겁게 그릴 수 있어
    * 많이 여린 내 몸을 앞으로 튼튼하게 키우고 싶어

기르다

1. **밥을 주거나 보살펴서 함께 지내거나, 몸이나 부피가 늘도록 하다**
   * 밭에 씨앗을 심어서 남새를 기릅니다
   * 예전에는 집집마다 소를 길렀고, 요새는 개나 고양이를 기르는 집이 많다
   * 어머니는 내가 태어난 해에 복숭아나무를 심으셨고 이제는 내가 길러요

2. **아이가 잘 지내도록 마음을 쓰면서 봐주거나 도와주다**
   * 할머니는 네 아이를 기르셨고, 이 가운데 막내가 우리 어머니셔요
   * 어머니는 저희를 기르고 텃밭도 가꾸십니다
   * 동생이 태어나면 내가 예뻐하고 잘 기르겠어요

3. **앞에서 올바로 이끌다 (가르치다)**
   * 교사는 학교에서 아이를 기르는 어른이다
   * 숲과 바다와 하늘은 우리를 아름다운 마음이 되도록 길러 주어요
   * 이 마을 어르신은 그동안 훌륭한 일꾼을 많이 길렀다고 합니다

4. **몸이나 마음이나 생각이 더 튼튼할 수 있도록 북돋우다 (갈고닦다, 가꾸다)**
   * 다릿심을 기르려고 아침마다 마을을 열 바퀴씩 달린다
   * 마음을 곱게 기르려고 좋은 책을 읽으면서 꽃밭도 함께 돌봅니다
   * 팔심만 기르기보다는 마음씨도 아름답게 기르도록 하자
   * 생각을 슬기롭게 기르도록 돕는 책이라고 하니 너도 읽으렴

5. **어떤 일이 몸에 익도록 이끌다 (어떤 버릇이 몸에 배게 하다)**
   * 아침에 일어나면 마당을 쓸고 나물을 뜯는 버릇을 기르려고 해요
   * 어려운 일이 있으면 동무와 서로 돕는 버릇을 기릅니다

6. **머리카락·털·나룻 들을 깎거나 자르지 않고 두다**
   * 머리카락을 기른다기보다는 머리 모습에 마음을 안 쓰는 셈이야
   * 할아버지는 구레나룻을 보기 좋게 기릅니다
   * 너는 손톱을 길게 길렀구나

7. **아픈 곳을 제때에 고치거나 다스리지 않아 몸이 나빠지도록 하다**
   * 감기에 걸렸으면 얼른 떼어야지 외려 찬물로 씻으면서 더 기르는구나
   * 배앓이를 한다면서 밥을 잔뜩 먹으니 네가 배앓이를 스스로 길렀지

ㄱ
ㄴ
ㄷ
ㄹ
ㅁ
ㅂ
ㅅ
ㅇ
ㅈ
ㅊ
ㅋ
ㅌ
ㅍ
ㅎ

털어놓다·밝히다·불다

⋯ 그동안 말하지 않던 이야기를 스스로 말할 적에는 '털어놓다'라 하고, 누군가 시키거나 이끌어서 말할 적에는 '불다'라 합니다. '불다'는 바람을 일으키거나 악기에서 소리가 나도록 하는 일을 가리키기도 합니다. 숨겨지거나 묻힌 이야기를 누구나 알 수 있게 드러낼 적에는 '밝히다'라 합니다. '밝히다'는 참과 거짓을 가린다든지, 어느 한 가지를 더 좋아한다든지, 빛이 가득하도록 하는 일을 가리키기도 합니다.

털어놓다

1. 속에 든 것을 모두 내놓다
   * 저금통에 든 돈을 탈탈 털어놓으니 만 원 가까이 된다
   * 너희도 주머니에 있는 것을 털어놓아 보렴
2. 마음속에 품은 생각이나 이야기를 숨기지 않고 모두 말하다
   * 혼자서 끙끙 앓던 이야기를 털어놓으니 후련하구나
   * 이제 때가 되었으니 너한테도 털어놓을게
   * 부끄러운 일을 털어놓으려니 얼굴이 붉어진다

밝히다

1. 밝게 하다
   * 보름달이 오솔길을 밝히는구나
   * 해가 뜨면서 아침을 밝힌다
2. 빛을 내는 것으로 불을 켜다
   * 생일 떡을 밥상에 올린 뒤 촛불을 밝히고 노래를 불러요
   * 아직 어두우니 불을 더 밝혀야겠다
3. 잠을 자지 않고 지내다 (새우다)
   * 어머니한테 선물하려고 밤을 밝혀 목도리를 떴어요
   * 큰언니 혼인잔치를 앞두고 설레어 밤새 뜬눈으로 밝히며 이야기를 나누었어요
4. 숨겨지거나 묻힌 이야기·일·생각을 잘 알 수 있게 드러내다
   * 누나와 함께 이 노래에 숨은 뜻을 밝히려고 합니다
   * 이 우람한 나무가 몇 살이나 되었는지 밝히고 싶어요

* 무지개가 뜨는 까닭을 밝혀 볼까

5. 참과 거짓·옳고 그름·제 값어치를 잘 알 수 있게 따지거나 드러내다
   * 누가 맞고 틀렸는지 똑똑히 밝히고 말 테야
   * 어느 쪽이 참인지 내가 밝혀 보겠어요

6. 남한테 나와 얽힌 이야기를 드러내거나 말하다
   * 네 생각은 어떠한지 밝혀 봐
   * 이제는 우리가 어떻게 하고 싶은지 밝힐 차례로구나
   * 이 가운데 우리 아버지가 누구인지 밝힙니다
   * 나부터 이름을 밝힐 테니 너도 네 이름을 밝혀

7. 어느 한 가지를 다른 것보다 더 좋아하거나 즐기다
   * 너는 빵을 밝히고 나는 떡을 밝히지
   * 만화책만 밝히지 말고 동시집도 함께 읽으렴
   * 돈을 너무 밝히니 구두쇠라고 하지요

8. 온누리를 훌륭하거나 참다운 뜻·넋·숨결로 가꾸거나 북돋우다
   * 어두운 사회를 밝히는 등불과 같은 책이다
   * 우리 문화를 밝히는 아름다운 그림이라고 생각해요

9. 온 마음이나 생각을 하나로 모으다
   * 눈을 밝혀서 잘 찾아보자
   * 생각을 밝히지 않으면 이 말뜻을 알아차릴 수 없구나

불다

1. 바람이 일어나서 한쪽에서 다른 한쪽으로 움직이다
   * 바람이 부는 날에는 머리카락도 나풀나풀 나부낀다
   * 오늘은 바람이 따뜻하게 부니 한결 상큼하구나
   * 바람이 불어 빨래가 펄럭이고 꽃잎도 춤을 춥니다

2. 코로 날숨을 세게 내보내다
   * 들뜨고 기쁜 나머지 콧김까지 불면서 춤을 춘다
   * 콧김을 흥 하고 불더니 고개를 홱 돌린다
   * 소가 콧김을 불면서 얼른 여물을 달라고 울어요

3. 입을 오므리고 날숨을 내보내어 바람을 일으키거나 김이 나게 하다
   * 군고구마가 뜨거워 후후 불면서 천천히 먹어요
   * 손이 꽁꽁 얼어서 두 손을 모아 호호 불면서 녹입니다
   * 창문에 입김을 분 다음에 마른걸레로 살살 닦습니다
   * 후 불면서 촛불을 끈다

4. 입술을 좁게 오므리고 사이로 숨을 내쉬어 소리가 나게 하다
   * 나도 휘파람을 배워서 불고 싶어요
   * 네가 부는 휘파람은 언제나 노래 같아서 듣기에 좋아

5. 입에 대고 숨을 내쉬어 소리가 나게 하다
   * 할아버지는 풀피리를 참 잘 부셔요
   * 나는 기타를 뜯고 동생은 하모니카를 불지요
   * 너희 오빠는 나팔을 아주 멋지게 불던걸
   * 동생은 호루라기를 불고 바람개비를 날리면서 즐겁게 뛰놉니다

ㄱ
ㄴ
ㄷ
ㄹ
ㅁ
ㅂ
ㅅ
ㅇ
ㅈ
ㅊ
ㅋ
ㅌ
ㅍ
ㅎ

6. 연장을 써서 바람을 일으키다
   * 풀무를 불어 불을 지핍니다
   * 빨대를 불어서 재미나게 그림을 그리자
7. 어떤 흐름이 생기거나, 어떤 모습으로 바뀌는 흐름이 일어나다
   * 무슨 바람이 불었기에 네가 나한테 도와 달라고 말을 할까 궁금하다
   * 요즈음 우리 마을에 새로운 바람이 불어서 모두 기뻐합니다

* 요 며칠 동안 단팥빵 바람이 불어서 날마다 먹었어요
8. 남이 시키거나 이끌어서, 그동안 숨긴 이야기·일·생각을 모두 말하다
   * 네가 고분고분 불면 간지럼을 그만 피울게
   * 네가 잘못을 불지 않으니 옆에서 지켜보겠어

투덜거리다·툴툴거리다·푸념하다·하소연하다· 넋두리하다

⋯➝ 마음에 안 들어 남이 못 듣도록 혼잣말을 할 적에 '투덜거리다'입니다. 자꾸 투덜거린다고 할 적에 '툴툴거리다'라 합니다. 마음에 안 드는 이야기를 한숨을 쉬기라도 하듯이 늘어놓을 적에 '푸념하다(푸념)'라 하고, 가슴에 맺히도록 마음에 안 들거나 딱한 이야기를 길게 늘어놓을 적에 '넋두리하다 (넋두리)'라 합니다. '하소연하다(하소연)'는 도움을 받으려는 뜻을 품고 힘들 거나 딱한 일을 외치거나 말하는 모습을 나타냅니다.

투덜거리다 (>두덜거리다)
: 마음에 안 들기에 남이 못 알아듣도록 낮은 목소리로 혼잣말을 하다
   * 이제 싸움은 끝났으니 서로 투덜거리지 말고 사이좋게 지내자
   * 더우면 덥다고 투덜거리고 추우면 춥다고 투덜거리네
   * 네가 자꾸 투덜거리면 너를 '투덜이'라고 부르겠어

툴툴거리다
: 마음에 안 차서 남이 못 알아듣도록 낮은 목소리로 혼잣말을 자꾸 하다
   * 마음에 안 들면 안 하면 되지 자꾸 옆에서 툴툴거리는 말자
   * 걸어가자는 말이 영 못마땅한지 아까부터 툴툴거리네
   * 그만 툴툴거리고, 싫으면 싫다고 딱 잘라서 말하렴

푸념하다 (푸념)

: 못마땅하게 여긴 이야기를 한숨을 쉬듯이 늘어놓다

* 푸념하지만 말고 얼른 이 일을 마무리짓자
* 힘든 길을 괜히 따라나섰다고 푸념하는구나
* 동생은 저한테만 심부름을 시킨다고 잔뜩 푸념을 늘어놓는다

하소연하다 (하소연)

: 도움을 받으려는 뜻으로, 힘들거나 딱한 일을 애타게 외치거나 말하다

* 아무한테도 털어놓지 못하던 아픔을 하소연한다
* 터무니없는 일을 겪었는데 어디 하소연할 데가 없을까
* 요즈음 너무 힘들다 보니 하소연을 늘어놓았구나

넋두리하다 (넋두리)

: 응어리가 진 못마땅하거나 딱한 이야기를 길게 늘어놓다

* 그때에 잘못하지 말았어야 했다고 넋두리한들 모두 지나간 일이야
* 넋두리는 오늘까지만 하고 이튿날부터는 새로운 마음이 되자
* 네 넋두리가 너무 길어서 다들 듣다가 꾸벅꾸벅 조는구나

투박하다·거칠다·수수하다

⋯ 고운 빛이 없다고 할 적에 '투박하다'라는 낱말을 씁니다. 부드럽지 않다고 할 적에 '거칠다'라는 낱말을 씁니다. '투박하다'는 고운 빛이 없이 굵고 단단한 모습을 가리키는데, "말이나 몸짓이 꾸민 데가 없이 세차다"고 하는 모습을 함께 가리킵니다. 일부러 곱게 보이려고 꾸미지 않는 모습이 '투박하다'고 할 수 있습니다. 이를테면, 자연스럽다고 할 만한 모습 가운데 하나가 '투박하다'입니다. 이와 달리 '거칠다'는 부드럽지 못한 모습이고, 아직 제대로 다듬지 못한 모습이며, 아직 서툴거나 어설픈 모습입니다. 그래서 '거칠다'는 "거친 바람"이나 "거친 땅"과 같은 자리에서도 씁니다. '수수하다'도 꾸미지 않은 모습을 가리키는데, 꾸미지 않을 뿐 아니라 거짓도 없는 모습이 '수수하다'입니다. 그러니까 "있는 그대로"를 가리키는 '수수하다'이

고, 이러한 모습은 도드라지지도 않으면서 뒤떨어지지도 않다고 할 수 있습니다. 아니, 처음부터 도드라짐이나 뒤떨어짐은 하나도 생각하지 않은 모습이라 할 만해요. '투박하다'가 자연스러운 모습이라면, '수수하다'는 가장 자연스럽다고 할 모습이면서 오롯이 있는 모습입니다. 이를테면, 늘 마시는 바람이라든지, 우리 곁에서 늘 도는 들꽃이나 들풀이 바로 수수한 모습입니다. 어버이가 아이를 아끼는 사랑이 수수하고, 아이가 마음껏 뛰노는 모습이 수수합니다. 늘 먹는 밥이 수수하고, 하늘과 바다와 숲과 들처럼 늘 그곳에 그대로 있는 모든 것이 바로 수수합니다.

투박하다

1. 고운 맵시는 없이 굵고 단단하다
   * 호미나 낫은 투박한 모습이 오히려 살가우면서 믿음직하지요
   * 예쁘장하지만 쉬 망가지는 것보다는 투박하면서 야무진 것으로 하겠습니다
   * 오랫동안 논밭을 일군 투박한 할아버지 손은 무척 사랑스러워요
2. 말이나 몸짓이 꾸민 데가 없이 세차다
   * 서울말은 매끈하지만 살갑지 않고, 시골말은 투박하면서 살갑습니다
   * 너희 아버지 말씨는 투박하지만 너희를 아끼는 마음이 짙게 묻어나더라
   * 알랑거리는 말은 한 귀로 흘리고, 투박하더라도 듬직한 말을 귀여겨듣는다

거칠다

1. 가루·모래·흙 같은 알갱이가 굵다
   * 거친 가루를 잘 빻아서 체로 곱게 칩니다
   * 이 모래밭은 모래가 거칠어 발바닥이 따끔거린다
   * 거친 밀가루 말고 고운 밀가루를 써야 반죽을 하기에 좋아요
2. 베나 천 같은 옷감에서 올이나 결이 성기고 굵다
   * 삼베옷은 모시옷보다 거칠어요
   * 옷감이 거칠지만 입다 보면 나아지리라 생각해요
3. 나무나 살갗 같은 겉·결이 곱거나 매끄럽지 않다
   * 이 나무는 거칠어서 대패로 다듬고 사포로 문질러야겠어요
   * 물과 흙을 늘 만지는 어머니 손은 거칩니다
   * 어머, 네 살갗이 너무 거친 듯해
4. 가꾸거나 손질하지 않고 두어서 어지럽다
   * 이곳은 할아버지 할머니가 거친 땅을 알뜰히 가꾸어 이룬 텃밭이에요
   * 다른 일에 바빠 손을 놓았더니 마당이 풀밭으로 우거지며 거칠다
   * 머리카락을 손질하지 않은 탓에 끝이 갈라지고 거칠구나
5. 어느 터전이 쓸쓸하고 스산하다
   * 아무도 없이 고요한 거친 벌판을 가로질러 걷는다

* 낯설고 거친 땅에 두 발을 디디면서 새
    길을 열려고 한다
6. 마음이나 사랑이 메마르고 살기에 나쁘다
    * 어른들은 온누리가 거칠다고 말하지만,
      우리는 고운 온누리로 바꾸어 놓겠어요
    * 이 동네는 너무 거칠어서 아이뿐 아니라
      어른도 싸움이 잦고 무섭다
    * 물 한 잔 얻어 마시기 힘들 만큼 참으로
      거친 동네이다
7. 일이나 솜씨가 찬찬하거나 야무지지
    못하다 (어설프다, 설피다)
    * 아직 어려서 익숙하지 않으니 글씨도
      거칠고 비뚤비뚤하지요
    * 자동차를 몬 지 얼마 안 되어 아버지는 좀
      거칠게 몰아요
    * 서두르니까 일손도 자꾸 거칠어지는구나
      싶어
    * 만화가를 꿈꾸는 동무는 거친 그림
      솜씨를 갈고닦으려고 애씁니다
8. 몸짓·마음씨가 무섭도록 세다 (모질다,
    사납다)
    * 문을 거칠게 쾅쾅 닫으니 시끄러워
    * 여린 동생한테 거칠게 굴지 말아라
    * 가까운 사이라도 자꾸 거칠게 하면
      사이가 틀어질 수 있어요
9. 바람이나 물결이 몹시 세거나 높다
    * 바람이 거칠어서 우산은 못 쓰고 비옷을
      입고 다닙니다
    * 물결이 거친 날에는 바닷가에서 못
      놀아요
    * 날씨가 거치니 들놀이를 하기는
      어렵겠구나
10. 밥이 맛있지 않고 몸에 좋지 않거나
    먹기에 나쁘다

* 거친 밥을 먹고도 씩씩하게 기운을
    내면서 산다
  * 밥이 거칠어도 맛있게 먹어 주니 고맙다
11. 말이나 글이 막되거나 어수선하거나
    나쁘다
    * 비위가 틀린다고 거친 말을 함부로
      내뱉는구나
    * 너는 나한테 거칠게 말하면서 내가
      너한테는 상냥하게 말해야 하느냐
12. 숨이나 기침이 고르지 않고 뻣뻣하다
    * 먼 길을 걸어서 많이 힘든 탓에 숨이
      거칠다
    * 몸져누운 할머니는 기침이 퍽 거칠어요
13. 몸을 쓰는 일이 많아 힘들다
    * 아버지가 하는 일은 거칠어 저녁이 되면
      다리가 풀린다고 합니다
    * 나한테는 거친 일이지만 새롭게 배우는
      대목이 많아서 견디어 보려고 해

수수하다

1. 도드라지지도 않고 뒤떨어지지도
    않으면서, 있는 그대로 조용히 어울리다
    * 수수하게 차린 옷이 한결 곱다
    * 큰오빠 혼례잔치에 가는 옷치고 너무
      수수한가 모르겠네
    * 수수한 도시락이지만 어머니와 아버지
      손길이 그득 담겨서 무척 맛있어요
2. 꾸밈이나 거짓이 없어 조용하고 부드럽다
    * 추켜세우는 말투보다는 차분하면서
      수수한 말투가 마음을 끈다
    * 수수하면서 따뜻하게 쓴 네 편지를
      읽으면서 아주 즐거웠어
    * 작은언니는 수수한 들꽃처럼 아늑한
      마음씨가 참 고와요

ㄱ
ㄴ
ㄷ
ㄹ
ㅁ
ㅂ
ㅅ
ㅇ
ㅈ
ㅊ
ㅋ
ㅌ
ㅍ
ㅎ

3. 어느 것이 썩 좋지도 나쁘지도 않으면서 쓸 만하다
   * 제가 타는 자전거는 그저 수수합니다

* 아버지가 쓰는 사진기는 수수해요
* 할머니가 건사하는 살림살이는 어느 것이나 수수해요

튀다1·솟다

···▶ '튀다'는 위로 움직이는 모습도 가리키고 옆으로 움직이는 모습도 가리 킵니다. 그리고 '튀다'는 힘을 받아 위나 옆으로 세게 흩어지는 모습을 가리 켜요. 이와 달리 '솟다'는 위로 세차게 움직이는 모습을 가리키고, 해가 올라 오는 모습이라든지 땅에 서서 두드러지는 모습을 가리킵니다.

튀다 1

1. 힘을 받거나 부딪혀서 위나 옆으로 움직이다
   * 고무공이 통통 튀면서 마루 끝으로 굴러간다
   * 돌멩이가 벽에 부딪히면서 옆으로 튄다
   * 어디로 튈지 모르니까 잘 살펴야 해
   * 용수철처럼 가볍게 튀더니 지붕 너머로 사라졌다
2. 힘을 받아 위나 옆으로 세게 흩어지다
   * 비 오는 날 찰박찰박 걷다가 빗물이며 흙탕물이며 온통 튀었다
   * 부엌에서 튀김을 할 적에는 기름이 튀니까 가까이 가지 말자
   * 침이 튀지 않게 차분하고 얌전하게 말해 봐
   * 불똥이 튀다
3. 어느 자리에서 몰래 벗어나 다른 곳으로 빠르면서 힘차게 나가다

* 이 녀석이 방귀를 뀌고 어디로 튀었을까
* 나중에 먹으려고 아낀 복숭아를 동생이 들고 튀었다

4. 몸짓·모습·말이 다른 사람 눈길을 끌다
   * 내 옷차림이 좀 튀기는 하는구나
   * 오늘 모임에서 네 이야기가 어쩐지 튀는 듯했어

솟다

1. 아래에서 위로, 또는 속에서 겉으로 세차게 움직이다
   * 아버지가 하늘로 던진 공이 무척 높이 솟아요
   * 감자를 삶아 접시에 담으니 김이 모락모락 솟으며 구수한 냄새가 퍼져요
   * 추워서 머리카락까지 솟는다
   * 모닥불에서 불길이 높게 솟으니 너무 가까이 가지는 말자
2. 해나 달이 땅 위로 모습을 드러내면서

하늘로 높이 올라가다

* 해가 솟으면서 퍼지는 빛살을 가만히
  바라봅니다
* 해가 지면서 밤이 되니 달이 솟는다

3. **어떤 것이 어느 땅에 서서 두드러지다**

* 들판 한복판에 높이 솟은 봉우리라서 먼
  곳에서도 잘 보여
* 제주섬에는 한라산이 우뚝 솟아서 어느
  마을에서나 볼 수 있다
* 도시 한복판에는 새로운 건물이 자꾸
  솟는다
* 벼랑이 솟아서 길이 막혔네

4. **땀이나 눈물이 갑자기 많이 나오다**

* 햇볕이 뜨거워 땀이 자꾸 솟는다
* 슬픈 이야기를 들으니 울컥 눈물이 솟아
  그치지 않아요
* 구슬땀이 솟아도 훔칠 겨를이 없이
  바쁘다

5. **풀이나 나무에 싹이나 잎이 새로 나오다
   (돋다)**

* 봄이 되니 나무마다 새로운 잎이 솟아요

* 내가 심은 씨앗에서 오늘 아침에 새싹이
  솟았습니다

6. **샘물이 땅 위로 풍풍 올라오다**

* 멧골을 더 올라가면 샘이 솟는 곳에
  닿아요
* 이 마을에서 뜨거운 물이 솟아 온천이
  생겼어요

7. **힘·기운·뜻·마음·느낌이 세차게 생기다**

* 보드랍게 타이르는 어머니 말씀을 들으니
  다시 기운이 솟아요
* 재미가 솟을 만한 책이 있으면 빌려
  주셔요
* 우리 집은 사랑이 솟는 보금자리입니다

8. **어떤 숫자가 갑자기 올라가거나 높아지다**

* 물건값이 솟으니 찻삯도 덩달아 솟아요
* 몸살이 나면서 몸에 열이 크게 솟았다
* 집값이 해마다 솟으니 집 없는 사람은
  근심이 늘어난다

튀다2·달아나다·내빼다

⋯› '튀다'라는 낱말은, 힘을 받아서 이쪽이나 저쪽으로 세게 움직이는 모습
처럼, 어느 자리에서 다른 곳으로 몰래 빠져나가는 모습을 가리킵니다. '달
아나다'라는 낱말은, 빨리 가는 모습처럼, 뒤쫓는 것한테 잡히지 않으려고
빠르게 움직이는 모습을 가리킵니다. '내빼다'라는 낱말은, 잡히지 않으려
고 어느 자리에서 몰래 벗어나서 다른 곳으로 빠르게 사라지려는 모습을 가
리킵니다. '튀다'와 '내빼다'는 벌써 다른 곳으로 사라져서 안 보이는 모습을

나타낸다면, '달아나다'는 다른 곳으로 사라지지 못한 모습을 나타내고, 아직 앞쪽에서 꽁무니를 빼는 모습을 나타냅니다. 잡기놀이를 하면서 술래한테 안 잡히려고 이리 가고 저리 가는 모습이 '달아나다'라고 할 만합니다. 그리고 '달아나다'는 "잡히고 나서 어느 곳에 있다가 몰래 벗어나다"를 가리키기도 합니다.

튀다 2 (뜻풀이는 앞에서 함)

* 같이 간다고 할 때는 언제이고, 요 녀석이 몰래 튀었네
* 동생은 방 안 치우고 어디로 튀었을까

달아나다

1. **빠르면서 힘차게 나가다 (빨리 가다)**
   * 언니가 모는 자전거는 벌써 저 앞으로 달아나네
   * 걸음이 빠른 동무는 맨 앞자리에서 달아난다
2. **뒤쫓는 것한테 잡히지 않으려고 빠르면서 힘차게 나가다**
   * 술래잡기를 하면서 술래한테 안 잡히려고 달아납니다
   * 자꾸 달아나기만 하지 말고 멈춰서 이야기를 들어 보렴
   * 오징어를 말리려고 내놓았더니 고양이가 날름 집어서 달아난다
3. **잡히거나 갇힌 곳에서 벗어나다**
   * 술래가 모두 달아났다
   * 덫에 갇힌 쥐가 어느새 달아났네
4. **달리거나 붙거나 있던 것이 떨어져서 없다**
   * 동생이랑 개구지게 뛰놀면서 단추 하나가 달아난 줄도 몰랐어요
   * 머리끈에 달린 작은 인형이 달아나

버렸잖아
   * 돈을 좇으면 오히려 돈이 달아난다고 합니다
5. **무엇을 하려는 마음·느낌·생각이 사라지다**
   * 어머니가 과자를 구우셨다는 말에 졸음이 확 달아났다
   * 몸이 아플 적에는 입맛이 달아나는가 봅니다
6. **시간이 빨리 지나가다**
   * 할머니가 들려주는 재미난 이야기를 듣느라 서너 시간은 휙휙 달아납니다
   * 소꿉놀이에 푹 빠져서 해가 달아나도록 놀았어요

내빼다

: **잡히지 않으려고 어느 자리에서 몰래 벗어나 다른 곳으로 빠르면서 힘차게 나가다**
   * 이 녀석들 말이야, 심부름을 안 하려고 어느새 내뺐구나
   * 우리한테까지 불똥이 튀기 앞서 얼른 내빼야겠어
   * 나는 잘못한 일이 없으니 내빼지 않고 그대로 남을게

튀다 3 · 돋보이다(도두보이다) · 도두보다(돋보다) · 도드라지다(두드러지다)

⋯→ 다른 사람 눈길을 끈다고 할 적에 '튀다'를 씁니다. '돋보다(도두보다)'와 '돋보이다(도두보이다)'는 제 모습보다 좋거나 높게 보는 자리에서 쓰는 낱말이고, '도드라지다(두드러지다)'는 어느 곳에서 가운데가 바깥으로 쏙 나온 모습처럼 눈에 또렷하게 뜨이거나 잘 보일 때에 쓰는 낱말입니다. '돋보이다'는 여럿 가운데에서 더 훌륭하거나 뛰어나 보인다고 할 적에도 쓰는데, '도두보이다'를 줄인 낱말입니다. '돋보다'는 '도두보다'를 줄인 낱말입니다.

튀다 3 (뜻풀이는 앞에서 함)

* 다 같이 노래를 부를 적에는 너 혼자 튀려고 하지 마
* 노란 붓꽃 사이에 한 송이 올라온 보랏빛 붓꽃이 무척 튀어요

돋보이다 (도두보이다)

1. 제 모습보다 좋게 보이거나 높이 보이다
   * 눈사람한테 모자를 씌우고 장갑을 끼우니까 한결 돋보인다
   * 돋보이려고 애쓰는 사람보다 나다움을 가꾸는 사람이 좋아 보이더라
2. 여럿 가운데에서 더욱 훌륭하거나 뛰어나 보이다
   * 네 춤과 노래는 참으로 돋보이고 멋있어
   * 한껏 솜씨를 부려 구운 케이크가 밥상에서 돋보인다

도두보다 (돋보다)

: 제 모습보다 좋게 보거나 높이 보다

* 겉으로만 섣불리 도두보지 말고 속마음을 먼저 헤아려야지
* 처음에는 도두보았는데, 지내고 보니 무척 수수하구나

도드라지다 (< 두드러지다)

1. 가운데가 바깥으로 쏙 나오다
   * 얼굴을 보면 누구나 코가 도드라져 보인다
   * 바닥에 장판을 깔 적에는 도드라진 데가 있는지 잘 살펴서 누른다
2. 눈에 띄거나 티가 나거나 잘 보일 만큼 또렷하다
   * 작은언니는 언제 어디에서나 도드라지도록 곱다
   * 네 목소리에 기쁜 마음이 도드라지게 배었는걸

트집·헤살·해찰·해코지·이아치다·딴죽·딴전· 딴청·딴짓·꼬투리

··· 까닭이 없는데 작은 흉을 들추어서 귀찮게 하는 일이 '트집'이고, 이러한 트집은 아이가 조르거나 떼를 쓰는 짓을 가리키며, 어떤 것이 한 덩이가 되지 않고 벌어져서 생기는 틈을 가리키기도 합니다. 남이 하는 일이 안 되도록 짓궂게 가로막기에 '헤살'이며, 물을 저어서 흩뜨리는 모습도 가리킵니다. '해찰'은 아끼지 않거나 마음에 안 들어서 아무렇게나 이것저것 망가뜨리는 짓을 가리켜요. '해코지'는 남을 다치게 하거나 괴롭히려는 짓을 가리킵니다. '이아치다'는 '이치다'로 줄여서 쓰기도 하는데, 비나 바람이나 물결 같은 자연 힘이 미쳐서 다치거나 잃는 일을 가리키고, 거치적거려서 다치게 하거나 잃게 하는 모습도 가리킵니다. '딴죽'은 태껸이나 씨름에서 비롯한 낱말로, "받아들이기로 하거나 다짐한 일을 모르는 척하는 짓"을 가리켜요. '딴전'과 '딴청'은 뜻이 같다고 할 만한데, "어떤 일을 할 적에 이 일과 아무것도 안 얽히는 말과 몸짓"을 가리켜요. "앞에 놓인 일에는 눈길을 안 두면서 엉뚱하게 하는 말과 몸짓"이라고 할까요. '딴청'은 "딴 목청"에서 비롯했다고 합니다. '딴짓'은 마땅히 해야 하는 일과는 동떨어지는 말이나 몸짓을 가리켜요. 남을 괴롭히려는 뜻으로 '꼬투리'를 잡습니다.

트집 (트집하다)

1. 까닭 없이 작은 흉·허물·잘못·자리 들을 들추어서 귀찮은 일을 일으키거나 나쁘게 말함
   * 너는 왜 내가 하는 일마다 나서면서 트집을 잡니
   * 네가 어떤 일이든 잘하니까 샘이 나서 자꾸 트집을 부리는 듯해
   * 트집쟁이·트집거리·트집바탈

2. 아이가 조르고 떼를 쓰는 짓
   * 동생이 이것 먹고 싶다 저것 갖고 싶다 하면서 트집을 쓰니 어지럽다
   * 어린 동생들이 한목소리로 트집을 쓰니 귀청이 떨어질 듯하다

3. 한 덩이가 되거나 뭉쳐야 할 것·일이 벌어지거나 뒤틀린 틈
   * 피리에 트집이 가서 소리가 자꾸 샌다
   * 바가지에 트집이 가서 물이 줄줄 새는구나

헤살 (헤살하다)

1. 남이 하는 일이 안 되도록 짓궂게
   가로막거나 괴롭히는 짓
   * 내가 가는 데마다 달라붙어서 헤살을
     놓지 마라
   * 이 장난꾸러기가 또 헤살을 치려고
     오는구나
   * 조용히 자고 싶은데 자꾸 옆에서 헤살을
     부리니 너무 힘들어
   * 헤살꾼·헤살질
2. 물을 저어서 흩뜨림
   * 샘물에 떨어진 가랑잎은 헤살을 저어
     한쪽으로 치운다
   * 바구미 먹은 쌀은 솥에 물을 받아 헤살을
     저어서 걷는다

해찰 (해찰하다, 해찰궂다, 해찰스럽다)

1. 아끼는 마음이 없거나 마음에 안 들어서
   아무렇게나 이것저것 망가뜨리는 짓
   * 내가 손수 오려서 만든 종이인형을
     해찰하지 마셔요
   * 네가 아끼는 책에 누군가 짓궂게 해찰을
     하면 슬플 테지
2. 일에는 마음을 두지 않고 쓸데없이 다른
   짓을 함
   * 다른 사람은 귀여겨듣는데 너 혼자
     재미없다고 해찰을 부리지는 말자
   * 궁둥이가 근질거리는지 책을 내려놓고
     빠져나와 해찰을 하면서 논다

해코지 (해코지하다)

: 남을 다치게 하거나 괴롭히려는 짓
   * 내 동무를 다시 해코지하면 가만두지
     않겠어

* 네가 못마땅하다고 해서 이웃을
  해코지하지 마라

이아치다 (이치다)

1. 비·바람·해·물결 같은 힘이 미치어
   다치거나 어떤 것을 잃다
   * 세찬 겨울바람은 마을에 이아치면서
     울타리를 무너뜨리고 지붕을 날린다
   * 큰 물결이 이아치면서 둑이 와르르
     무너진다
   * 빗물과 바람에 이아친 바위에는 마치
     그림 같은 무늬가 새겨졌다
   * 숲을 자꾸 망가뜨리기 때문에 자연이
     이아치는 일이 그치지 않는다
2. 거치적거려서 다치게 하거나 잃게 하다
   * 이웃한테 이아치지 말고 착하게 네 일을
     해야지
   * 부엌에서 얼쩡거리면서 이아치지 말고
     마당에서 놀렴

딴죽

1. 태껸이나 씨름에서, 발로 맞은편 다리를
   옆으로 치거나 끌어당겨 넘어뜨리는 솜씨
   * 딴죽을 걸었는데 힘이 모자라서 안
     넘어간다
   * 딴죽걸이
2. 받아들이기로 하거나 서로 다짐한 일을
   모르는 척하는 짓
   * 오늘 아침까지는 함께 하자고 하더니
     갑자기 딴죽을 부리네
   * 마치 처음 들었다는 듯이 딴죽을 거니
     나로서도 할 말이 없다
   * 바다에 놀러 가기로 하고서는 집에만
     있겠다고 딴죽을 친다

딴전

: 어떤 일을 할 적에 이 일과는 아무것도 안
  얽히는 말·몸짓 (앞에 놓인 일에는 눈길을
  안 두면서 엉뚱하게 하는 말이나 몸짓)
  * 딴전만 부리지 말고 너도 일을 거들어
  * 모두 밥을 먹는데 동생은 소꿉놀이를
    하며 딴전을 피운다
  * 장난감은 네가 어지르고는 딴전을 하네

딴청

: 딴 목청. 어떤 일을 할 적에 이 일과는
  아무것도 안 얽히는 말·몸짓
  * 너 왜 자꾸 못 들은 척 딴청만 하니
  * 다 알면서도 딴청만 부리다니 괘씸해
  * 바쁠 때에는 딴청만 피우더니 아무 일이
    없을 때에 힘쓰는 척하네

딴짓 (딴짓하다)

: 마땅히 해야 하는 일과는 아무것도 안
  얽히는 말·몸짓

* 할머니가 한창 옛이야기를 들려주는데
  동생은 딴짓을 하다가 꾸벅꾸벅 존다
* 앞으로 네가 스스로 해야 하니 딴짓은
  그치고 찬찬히 들으렴
* 심부름을 마칠 때까지는 딴짓하지 말자

꼬투리

1. 콩이나 팥 같은 씨앗을 싸는 껍질
   (콩알이나 팥알이 든 깍지)
   * 콩꽃이 지니 꼬투리가 천천히 맺는다
   * 꼬투리를 까서 팥알을 꺼내요
2. 작은 토막이나 동강이·꽁다리
   * 이 꼬투리를 말려서 모깃불로 태우자
3. 어떤 이야기·일을 푸는 첫머리 (실마리)
   * 꼬투리를 캐면 수수께끼를 밝히겠구나
   * 꼬리가 길어 드디어 꼬투리를 잡히네
4. 남을 나쁘게 하거나 괴롭히도록 말할 만한
   거리
   * 꼬투리를 못 잡아서 안달이 난 듯해
   * 그때 일로 또 꼬투리를 잡으려고 든다

틀리다·그르다·어긋나다·다르다

⋯▶ '틀리다'는 '맞다'와 얽히는 낱말이고, 참인가 아닌가를 가르는 낱말입니다. '그르다'는 '옳다'와 얽히는 낱말이며, 참과 같은지 아닌지를 가르는 낱말입니다. '어긋나다'는 '들어맞다'와 얽히는 낱말이요, 제대로 잇닿거나 참에서 벗어나는가 아닌가를 가르는 낱말입니다. '다르다'는 '같다'와 얽히는 낱말이고, 서로 하나라 할 만한지 아닌지를 가르는 낱말입니다. '틀리다'와 '어긋나다'는 서로 사이가 나빠지는 모습을 가리키기도 합니다. 바라던 대로

안될 적에 '틀리다'와 '어긋나다'를 쓰기도 합니다. '그르다'는 "일이 잘 안 된다"고 하거나 "어떤 모습이 나쁘다"고 하는 모습을 가리키는 자리에서도 씁니다. '다르다'는 "여느 것보다 두드러지다"를 뜻하기도 하는데, '다른' 꼴로 "다른 날처럼 늦지 않았어요"처럼 쓸 적에는 "여느"를 뜻하기도 합니다.

틀리다

1. 참이 아니거나, 참에서 벗어나다 (맞지 않다)
   * 더하기가 틀렸네
   * 셈이 틀렸나 봐, 거스름돈이 더 많아요
   * 자꾸 다른 사람이 받으니, 이 전화번호는 틀렸나 봐
2. 서로 사이가 나빠지다 (틀어지다)
   * 윷놀이를 하다가 툭탁거리더니 그만 사이가 틀리는구나
   * 언니와 나는 한 번 사이가 틀린 뒤 자꾸 엇갈리기만 한다
3. 마음이 나빠지다 (거슬리다)
   * 저만 빼놓고 나들이를 갔다고 속이 틀렸는지 아무 말도 않는다
   * 우리끼리 놀고 동생을 안 끼웠으니 동생이 배알이 틀릴 만하지
4. 바라거나 하려던 일이 제대로 되지 않다 (어떤 뜻·생각대로 되지 않다)
   * 언니가 도와주지 않는다면 그 일은 다 틀렸는걸
   * 아무래도 오늘까지 벽종이를 다 바르기는 틀리겠네요
   * 한가위에 온 친척이 모두 모인 탓에 왁자지껄 시끄러워서 잠은 다 틀렸다
   * 길이 막히는 바람에 제때에 닿기는 틀린 듯하다
5. 생각·마음이 올바르지 않다 (비뚤어지다)

   * 꽃을 마구 꺾거나 밟는 사람은 됨됨이가 틀렸구나 싶어
   * 무시무시한 전쟁무기를 자꾸 만드는 어른은 틀린 사람이라고 느껴요

그르다

1. 어떤 것이나 일이 참과 같지 않다
   * 누가 옳고 그른지 따지기보다 앞으로 어떻게 해야 하는지 생각하자
   * 네가 하는 짓이 글렀다고 하는 말이야
   * 이웃을 아끼지 못하는 그른 마음보를 다스리고 싶어
2. 잘 안 되어 바로잡기 힘들다
   * 오늘 더 가기에는 그른 듯하니 이쯤에서 짐을 풀고 하루 묵어야겠어
   * 꺾인 나무를 보더니 글렀다고 하지만 붕대를 감고 돌보니 말끔히 나았어요
3. 어떤 모습·흐름·바탕이 나쁘다
   * 물고기가 영 안 물리니 이 자리는 낚시를 하기에는 그른 듯하다
   * 먹구름이 끼는 하늘을 보니 모래밭에서 놀기에는 그른 날씨가 되겠네

어긋나다

1. 제대로 잇닿지 않거나 끊어지거나 떨어지다 (제대로 맞물리지 않다)
   * 단추를 어긋나게 꿰어서 끝에 하나가 남았잖니

* 창문이 어긋나서 잘 안 닫힌다
* 얼음길에 미끄러져 꽈당 넘어졌더니 어깨뼈가 어긋났나 봐

2. 어느 틀·참·잣대에서 벗어나다
   * 요새는 제철에 어긋나게 딸기를 여름 아닌 겨울이나 봄에 먹습니다
   * 남자는 집일을 안 해도 된다는 말은 평등에 어긋난다
   * 마치기로 한 때에서 살짝 어긋났지만 괜찮아
   * 아까 네가 한 말하고 어긋나는걸

3. 생각하거나 바라던 대로 안 되다
   * 이쪽을 겨냥했는데 어긋나서 옆에 맞았어
   * 어제까지 보내기로 했는데 일이 그만 어긋나서 아직 못 보냈어요
   * 요렇게 하면 열릴까 싶었지만 어긋나서 더 굳게 잠겼어
   * 네 생각과 어긋난 쪽으로 되었구나

4. 사이가 나빠지다 (마음에 틈이 생기다, 벌어지다)
   * 너랑 같이 얘기하고 싶은데 자꾸 어긋나네
   * 우리가 서로 제 생각만 내세우니 무슨 말을 할 때마다 어긋나지 싶다

5. 오가는 길이 같지 않아서 서로 못 만나다
   * 길이 어긋나기는 했어도 모두 집으로 돌아왔네
   * 미리 전화를 했으면 마중 가는 길이 어긋나지 않았을 텐데

6. 풀이나 나무에서 잎이 마디마디 엇갈리면서(다른 쪽으로) 하나씩 나다 (잎이 마디에 하나씩 나는데, 하나는 이쪽에 나면 다른 하나는 저쪽에 나다)
   * 잎이 마주보며 돋는 풀이 있고, 잎이 어긋나게 돋는 풀이 있어

* 풀을 살펴보면 어긋나기와 돌려나기와 마주나기와 뭉쳐나기가 있더라
* 잎이 어긋나게 돋는 풀로는 강아지풀이나 강낭콩이나 해바라기가 있습니다

다르다

1. 함께 놓고 견줄 때 서로 하나라 할 만하지 않다 (서로 같지 않다)
   * 우리는 모두 다른 사람이야
   * 싹이 튼 해바라기는 하루가 다르게 자랍니다
   * 살구꽃이랑 복숭아꽃이랑 능금꽃은 빛깔이 서로 달라요
   * 생각은 다르지만 한마음이 되어 두레를 합니다
   * 두 상자는 부피는 같은데 무게는 다르구나

2. 여느 것보다 또렷하게 잘 보이다 (두드러지다)
   * 네 구슬치기 솜씨는 참 다르다니까
   * 할머니가 찐 고구마는 맛이 달라요
   * 손수구운 과자는 냄새부터 다르지

3. '그것이나 그때가 아닌 어느'를 가리키는 말 ('다른' 꼴로 쓴다)
   * 나는 그것 말고 다른 것을 고르고 싶어요
   * 이 책이 재미없으면 다른 책을 읽어야지
   * 그날 말고 다른 날 보기로 하면 어떻겠니

4. '흔히 있는'을 가리키는 말. 여느 ('다른' 꼴로 쓴다)
   * 오늘은 다른 날처럼 늦잠을 자지 않았습니다
   * 다른 때처럼 설렁설렁 하지 말고 단단히 마음을 먹고 제대로 하자
   * 다른 날에는 무엇을 먹는지 궁금해

ㅍ

파랗다·새파랗다·푸르다

⋯→ 맑은 날 하늘빛과 같다고 할 적에 '파랗다'고 합니다. 바닷물 빛깔도 '파랗다'고 하는데, 맑은 날 하늘빛이 바다에 비치면 바다도 파랑이 됩니다. 날씨가 추워 몸이 얼어붙으려 할 적에도 '파랗다'고 하고, 마음에 안 들면서 차가운 기운이 올라올 적에도 '파랗다'고 하며, 아주 젊은 모습일 적에도 '파랗다'고 합니다. 풀빛 가운데에서도 아주 맑으면서 밝은 빛깔일 때에 '푸르다'고 해요. 열매가 덜 익었을 적이나, 젊거나 기운이 넘치거나, 꿈이나 사랑이 크고 아름답다고 할 적에도 '푸르다'라는 낱말을 씁니다. 젊거나 기운이 넘치는 모습을 빗대기도 하고, 맑고 싱그러운 기운을 헤아리기도 하면서 '푸름이'라는 이름을 씁니다. '푸름이'는 '청소년'을 가리키는 새로운 이름입니다. '새파랗다'는 "매우 파랗다"를 가리키는데, '새-'를 붙여서 '새하얗다·새까맣다·새빨갛다'처럼 적으면 매우 하얗거나 매우 까맣거나 매우 빨간 빛깔을 가리킵니다. '새파랗다'는 "아주 젊다"를 뜻하기도 하는데, 아주 젊은 모습 가운데 "아직 철이 들지 않거나 삶을 두루 겪지 못한" 모습을 나타냅니다.

파랗다 (< 퍼렇다)

1. 맑은 하늘 빛깔이나 깊은 바다 빛깔과 같다

   * 구름 한 점 없는 하늘이 파랗게 눈부시다
   * 배가 드넓은 바다를 가르니 파랗게 물결치는 소리가 우렁차다
   * 파란 크레파스로 별과 꽃을 잔뜩 그려서 벽에 붙였어요

2. 춥거나 무서워서 얼굴이나 입술에 핏기가 없다 (때로는 곱지 않게 살짝 파란빛이 돌기도 한다)

   * 얼굴이 파란데 얼른 옷 좀 두껍게 입으렴
   * 네가 무서운 이야기를 하니까 동생이 얼굴이 파랗게 질렸잖니

3. 마음에 안 들거나 성이 나서 차갑거나
   사나운 기운이 있다
   * 아끼던 접시가 깨지니 얼굴이 파래서
     아무 말도 못하고 덜덜 떤다
   * 좁은 골목에서 오토바이를 함부로 몰지
     말라면서 파랗게 꾸짖는다
4. 아주 젊다 (새파랗다)
   * 이제 막 철이 들려는 파란 젊은이들이
     두레를 알뜰히 이끈다
   * 파랗게 젊기에 씩씩하게 할 수 있는 일이
     있다

새파랗다

1. 매우 파랗다 (매우 짙은 맑은 하늘
   빛깔이나 깊은 바다 빛깔과 같다)
   * 비가 그친 하늘이 새파랗게 빛납니다
   * 새파랗게 맑은 바닷물을 들여다보면
     모랫바닥까지 환하게 보여요
2. 춥거나 무서워서 얼굴이나 입술에 핏기가
   거의 없다
   * 얼마나 추운 날인지 아주 새파랗게
     얼었구나
   * 무서운 나머지 새파랗게 질려서 말도
     못하네
3. 아주 젊다 (아직 철이 들지 않거나 삶을
   두루 겪지 못하다)
   * 새파랗게 젊기 때문에 어려운 일이
     있어도 씩씩하게 헤칩니다
   * 할아버지한테는 우리 아버지도 새파란
     아이랍니다
4. 날이 매우 날카롭다
   * 잘 벼린 부엌칼이 새파랗습니다
   * 낫을 새파랗게 갈고 나서 풀을 벱니다

푸르다

1. 풀 빛깔과 같다
   * 소나무와 후박나무와 대나무는 겨울에도
     잎이 푸릅니다
   * 숲은 언제나 푸른 숨결을 우리한테
     베풀어요
   * 큰오빠는 풀빛을 좋아해서 그림을 그릴
     적마다 온통 푸른빛을 입혀요
2. 열매나 알이 아직 다 안 익거나 덜 익다
   * 푸른빛이 감도는 능금이니 조금 더
     기다리자
   * 푸르게 물결치는 보리밭은 곧 샛노랗게
     물결을 치겠지
   * 감알은 햇볕을 듬뿍 받으면서 푸른 알이
     바알갛게 익는다
3. 젊거나 기운이 넘치다
   * 아버지는 한창 푸를 적에 무슨 일을
     했는지 궁금해요
   * 할아버지는 푸른 날에 아름드리나무를
     베어 이 집을 지으셨대요
4. 바람이 맑고 싱그럽다
   * 우리는 푸른 바람을 마시면서 기운을
     냅니다
   * 시골에서도 깊은 숲으로 들어가면 바람이
     더욱 푸르고 포근해요
5. 꿈이나 사랑이 크고 아름답다
   * 우리 가슴에는 푸르고 따스한 꿈이
     있어요
   * 푸른 마음으로 서로서로 아끼는 동무가
     되자
6. 힘이나 기운이 크고 당차다
   * 이웃집 아저씨는 어떤 일을 맡아도
     훌륭히 해내는 푸른 사람입니다
   * 저쪽에서 오빠가 푸르게 불타오르듯이

자전거를 힘차게 몰며 달려온다

7. **몹시 차거나 꼿꼿하다**

　*부엌칼을 잘 갈아서 푸른 기운이 도니

무나 고구마도 석석 잘 썰 수 있네

*오늘따라 네 노랫소리에 푸른 느낌이
짙다

파리하다·핼쑥하다·해쓱하다

⋯→　몸이 마르고 살빛이 매우 하얗다고 할 적에 '파리하다'라 하고, 몸에 살이 빠지고 얼굴에 핏기가 없다고 할 적에 '핼쑥하다'라 합니다. 아프지 않아도 몸이 마르고 살빛이 매우 하얗다면 '파리하다'이고, 아프면서 살빛에서 핏기가 사라지면 '핼쑥하다'라 합니다. '해쓱하다'는 "몹시 하얗다"는 뜻을 바탕으로 "얼굴에 핏기나 힘이 없이 몹시 하얗다"를 가리킵니다. '파리하다'를 한자말로 '창백하다'라 하기도 합니다.

파리하다

: 몸이 마르고 낯이나 살에 핏기가 없이
　매우 하얗다

　*몸이 여러 곱게만 자란 탓에 파리한 아이

　*아픈 사람처럼 네 손목이 무척
　　파리하구나

　*너희 큰오빠는 배앓이라도 하는지 파리해
　　보인다

핼쑥하다

: 몸에 살이 빠져 앙상하고 얼굴에 핏기가
　없다

　*앓아누운 동무를 찾아갔더니 핼쑥한
　　모습이 무척 딱해 보였어요

　*자리를 털고 일어났지만 아직 핼쑥한
　　얼굴이야

*그런 핼쑥한 몸으로 안 쉬고 무슨
　심부름을 하겠다고 그러니

해쓱하다

1. 빛깔이 몹시 하얗다

　*하얗게 바른 담벼락은 햇볕에 바래어
　　한결 해쓱하네요

　*오늘따라 달빛이 참으로 고우면서
　　해쓱하다

2. 얼굴에 핏기나 힘이 없어 몹시 하얗다

　*집에만 있었는지 네 얼굴이 해쓱해 보여

　*뛰놀면서 햇볕을 쬐지 않고 집에서 책만
　　읽으니 해쓱해지지

　*걱정이라도 있는지 할머니 얼굴이
　　해쓱합니다

포근하다 · 아늑하다* · 푹하다 · 따뜻하다* · 따사롭다* · 따스하다*

···▶ '덥다'는 지내기에 힘들 만큼 높은 온도이거나 날씨를 가리킵니다. '따뜻하다'를 비롯해서 '포근하다'나 '따사롭다 · 따스하다'는 지내기에 알맞을 만한 온도이거나 날씨를 가리키지요. 이러면서 마음이 넉넉하거나 보드라운 모습을 가리키는 자리에 두루 씁니다. '푹하다'는 '포근하다'나 '푸근하다'와 뜻이 같습니다. '푸근하다'를 줄여 '푹하다'로 쓴다고 할 수 있어요. 이 가운데 '포근하다'는 겨울철 날씨가 지내기에 알맞다고 할 적에 씁니다. 겨울에 추운 날씨가 이어지다가 '지내기 알맞'도록 바람이 없거나 볕이 드리울 적에는 "포근한 겨울"이나 "포근한 날씨"라고 합니다. '포근하다'는 작은말이고 '푸근하다'는 큰말인데, '푸근하다'는 '포근하다'와 달리 "살림이 넉넉하다"는 뜻으로도 씁니다. "푸근한 시골살림"이라든지 "푸근한 집살림"처럼 쓰지요. "살짝 따뜻하다"고 할 때에 '따사롭다'입니다. 여린 느낌으로는 '다사롭다'처럼 써요. 봄이나 가을에서도 한낮이라면 '따뜻한' 날씨이고, 아침에 해가 뜰 때와 저녁에 해가 질 무렵이면 '따사로운' 날씨입니다. '따스하다'도 '따사롭다'처럼 씁니다. 여린 느낌으로는 '다스하다'처럼 쓰는데, '따스하다'라는 낱말에는 "덥지 않다"라는 느낌이 깃들지 않아요. 그야말로 알맞게 흐르는 날씨일 적에 '따스하다'고 합니다. 이밖에 '따습다 · 다습다'나 '뜨뜻하다 · 뜨듯하다' 같은 낱말을 씁니다.

포근하다 (< 푸근하다)

1. 겨울 날씨가 바람이 없이 따뜻하다
   * 오늘은 눈을 모두 녹일 만큼 포근하구나
   * 겨울이라고 내내 춥기만 하지 않고 포근한 날도 있다
   * 포근하지만 겨울인데 동백꽃이 봄인 줄 알고 피었어요

2. 어느 자리나 물건이 감싸주듯이 보드랍고 따뜻하다
   * 동무들이랑 포근한 풀밭에서 뒹굴며 놀아요
   * 이부자리가 포근하니까 참 좋다

3. 마음결이나 느낌이나 흐름이 보드랍고
   넉넉하다
   * 누나는 내 말이라면 언제나 포근하게
     감싸 줍니다
   * 어머니 품은 늘 포근하면서 즐거워요
   * 나를 포근하게 바라보는 동무가 좋다

아늑하다 (* '그윽하다' 에서도 다룬다)

1. 보드랍거나 느긋하게 감싸 안겨서
   지내기에 좋다
   * 이곳은 참으로 아늑한 마을이야
   * 우리 집은 살구나무와 복숭아나무 사이에
     아늑하게 있지
   * 아기를 아늑하게 안는 손길
2. 바람이 없고 보드라우면서도 지내기에
   좋다
   * 추위가 끝나고 찾아온 봄은 더없이
     아늑합니다
   * 아늑한 날이니 종이비행기를 멀리 날릴
     수 있겠지
3. 시끄럽지 않으면서 안쪽으로 치우치다
   * 어디 아늑한 데를 찾아서 쉬어야겠어
   * 북적거리면서 시끄러운 도시에서는
     아늑한 골목을 찾기 어렵다
4. 마음이 가라앉아 느긋하다
   * 새근새근 잠든 아기가 아늑해 보인다
   * 할아버지 품에 아늑하게 안겨서 만화책을
     봅니다

푹하다 ('푸근하다' 를 줄인 낱말)

:   겨울 날씨가 바람이 없이 따뜻하다
   * 올겨울은 푹하니 눈을 구경하기는 어렵네
   * 푹한 날씨라 오늘은 옷차림이 가볍습니다
   * 오늘처럼 푹한 날에는 밖에서 놀자

따뜻하다 (> 따듯하다)
(* '따뜻하다·따습다' 에서도 다룬다)

1. 덥지 않을 만하며 지내기에 알맞다
   * 날이 따뜻해서 옷을 한 꺼풀 벗고 뛰논다
   * 바람이 따뜻하게 부니까 마음까지 사르르
     녹는 듯해요
   * 따뜻하게 내리쬐는 볕을 받으며 빨래가
     보송보송 마릅니다
2. 마음·느낌·기운이 부드럽고 넉넉하거나
   살가우면서 좋다
   * 우리는 서로 따뜻하게 아끼는 사이좋은
     동무입니다
   * 이웃집 아주머니는 손님을 늘 따뜻하게
     맞이하신다
   * 어버이는 아이를 따뜻한 손길로 돌보는
     사람이에요

따사롭다 (> 다사롭다)
(* '따뜻하다·따습다' 에서도 다룬다)

1. 살짝 덥지 않을 만한 느낌이다 (살짝
   따뜻하다)
   * 따사로운 햇볕이 좋아 마루에 엎드려
     꾸벅꾸벅 좁니다
   * 아침마다 따사로운 바람을 쐬면서
     나무한테 인사를 해요
2. 마음·느낌·기운이 살짝 부드럽고
   넉넉하거나 살가우면서 좋다
   * 내 동무는 동생을 늘 따사롭게 돌볼 줄
     알아요
   * 할머니는 우리를 따사롭게 바라보시더니
     감알을 깎아서 건네셔요

따스하다 (> 다스하다)
(* '따뜻하다·따습다'에서도 다룬다)

1. 지내기에 퍽 알맞은 날씨이다 (좀 따뜻하다)
   * 어머니가 떠서 주신 털옷을 따스하게 입고 길을 나섭니다
   * 솜이불이 따스해서 잠이 스르르 오네

2. 마음·느낌·기운이 보드랍고 넉넉하거나 살가우면서 좋다
   * 언니는 따스한 손길로 내 머리를 쓰다듬어 줍니다
   * 나는 이웃을 따스하게 아낄 줄 아는 사람이 좋더라

푸성귀·나물·남새·풀·나무·푸나무

⋯→ '푸성귀'는 '나물'과 '남새'를 아우르는 이름입니다. '나물'은 들이나 숲에서 스스로 돋는 풀을 가리킵니다. '남새'는 사람이 따로 밭에 심는 풀을 가리킵니다. '남새'를 한자말로는 '채소'라 하며, 일본 한자말로는 '야채'라고 합니다. '푸성귀·나물·남새'는 사람이 먹는 풀을 여러 가지로 살펴서 가리키는 이름이고, 지구별에서 돋는 푸른 빛깔이면서 부드럽고 물기가 많으며 흙에 뿌리를 내리는 목숨을 '풀'이라 합니다. '나무'는 줄기와 가지가 단단하고 흙에 뿌리를 내리는 목숨이지만, 나무는 오래오래 살아서 오백 해나 삼천 해를 살기도 하는데, 풀은 한두 해만 살고 시들기 마련이고, 여러해살이풀이 있어도 그리 오래 살지는 않습니다. 여러해살이풀 가운데에는 더덕이나 인삼처럼 퍽 오랫동안 사는 풀이 있어요.

푸성귀

: 사람이 가꾼 남새와 들과 숲에서 난 나물을 아우르는 이름
  * 푸성귀를 함지박에 담아 냇물에 흙을 헹구고 살살 다듬습니다
  * 마당 한쪽을 텃밭으로 꾸미며 우리 집 밥상에 올릴 푸성귀를 거두어요
  * 햇볕과 빗물과 바람을 먹고 자란 푸성귀를 먹으면서 푸르게 자라지요

나물 (나물하다)

1. 들이나 숲에서 나는 풀 가운데 사람이 먹는 풀
   * 냉이는 추운 날씨에 캐서 국으로 맛나게

끓여 먹는 나물 가운데 하나예요
  * 따스한 봄볕을 쬐면서 나물하러 나들이를
    가자
  * 들나물·멧나물·나물밥
2. **풀이나 잎이나 줄기나 뿌리를 삶거나**
   볶거나 날것으로 무친 먹을거리
   * 오늘은 미역국에 나물 반찬으로 아침을
     먹었어요
   * 나는 나물이 좋고 동생은 고기가 좋대요

남새

:   밭에 따로 심어서 거두는 풀
    * 우리 집은 텃밭에 배추랑 무를 남새로
      키워요
    * 올해에는 남새 씨앗을 심을 적에 나도
      즐겁게 거들었습니다
    * 나는 당근을 남새로 심었고 동무는
      오이를 남새로 심어서 함께 나눠 먹어요
    * 남새밭

풀

:   줄기가 부드럽고 물기가 많으며 푸른
    빛깔인 몸으로 흙에 뿌리를 내려 한두
    해나 짧게 여러 해만 사는데, 꽃을
    피워서 열매를 맺거나 씨를 떨구면
    곧 시드는 목숨. 한해살이풀로는
    해바라기·나팔꽃·코스모스·바랭이·
    강아지풀·맨드라미·벼·비름·냉이
    들이 있고, 두해살이풀로는 고들빼기·
    보리·무·유채·갓·귀리·달맞이꽃·망초·
    당근 들이 있으며, 여러해살이풀로는
    도라지·민들레·제비꽃·붓꽃·씀바귀·
    초롱꽃·바람꽃·괭이밥·토끼풀·쑥·갈대·
    창포·부추·돌나물 들이 있다

* 풀이 우거진 곳에서 풀벌레가 고즈넉하게
  노래를 합니다
* 풀밭에 앉아서 그림을 그리면 풀내음이
  물씬 올라와서 퍽 즐거워요
* 소를 몰아 숲에 가면 소가 풀을 참 잘
  뜯어서 먹는다
* 봄볕이 따스하게 비치면서 들판에 풀싹이
  푸릇푸릇 돋아요
* 풀밥·풀꽃·풀내음·풀빛·풀밭·
  풀피리·풀숲

나무

1. **줄기와 가지가 단단하게 굵으면서 흙에**
   뿌리를 내리며 오래도록 사는 목숨
   * 나무가 빽빽한 숲이 아름답습니다
   * 바람이 불 때마다 나무가 살살
     흔들리면서 솨락솨락 노래를 부른다
   * 우리 식구는 저마다 나무를 하나씩
     골라서 심었어요
   * 나는 나무를 타면서 놀고 싶어
2. **집을 짓거나 살림을 짜거나 그릇을 깎을**
   때에 쓰려고 벤 나무
   * 기둥은 굵은 나무를 쓰고, 서까래는 조금
     굵은 나무를 쓴다
   * 내 책상은 아버지가 손수 나무로 짜서
     마련하셨어요
   * 톱으로 나무를 켜서 책꽂이를 짜려고
     해요
3. **'땔감'이 되는 나무를 가리키는 이름**
   (땔나무)
   * 겨울나기를 하려고 나무를 합니다
   * 나무를 때어 방바닥을 따끈하게 덥힙니다
   * 지게로 나무를 한 짐 짊어지고 나른다

ㄱ
ㄴ
ㄷ
ㄹ
ㅁ
ㅂ
ㅅ
ㅇ
ㅈ
ㅊ
ㅋ
ㅌ
ㅍ
ㅎ

푸나무

: 풀과 나무를 아우르는 이름

　　* 푸나무가 가득한 숲은 푸른 빛깔이
　　　참으로 곱습니다

* 우리 어머니와 아버지는 푸나무를 살뜰히
　아끼고 돌봅니다
* 지구별에는 푸나무가 있어 온통 푸른
　빛깔과 바람과 내음이 흐른다

푸지다·푸짐하다

⋯→　매우 많은 모습을 보면서 '푸지다'와 '푸짐하다'를 씁니다. 두 낱말은 "차린 것이 많아 아주 넉넉히 먹을 만한 자리"에 두루 쓰고, "얼굴이나 몸이 보기 좋도록 넉넉한 모습"을 가리키면서 널리 씁니다. 거의 똑같이 쓴다고 할 텐데, '푸지다'는 넉넉한 모습을 그대로 바라보면서 으레 쓰고, '푸짐하다'는 넉넉한 모습을 즐겁거나 흐뭇하게 바라보면서 으레 씁니다.

푸지다

1. 매우 많아서 넉넉하다
   * 오늘 저녁은 푸지게 먹어서 아주
     배부르네
   * 할머니는 나더러 밥을 잘 먹으라면서
     밥이랑 국이랑 푸지게 담아 주신다
   * 저잣거리에 가서 콩나물 한 줌을 사는데
     푸지게 담아 주셨어요
   * 할아버지는 푸진 말씨로 무척 재미나게
     옛이야기를 들려주십니다
   * 어머니는 언제나 사랑을 푸지게
     베푸십니다
2. 몸집이나 생김새가 보기 좋게 넉넉하다
   * 잘 먹고 잘 쉬었는지 푸진 얼굴이
     되었구나
   * 할머니는 나를 보시더니 무럭무럭 잘
     크고 푸진 몸이 반갑다고 하셔요

푸짐하다

1. 즐겁거나 흐뭇하도록 넉넉하다
   * 푸짐한 잔치상을 보니 군침이 돈다
   * 책방에 가서 재미난 책을 푸짐하게
     장만했어요
   * 마을 아이들한테 나눠 줄 선물 보따리가
     푸짐하다
   * 네가 마음을 푸짐하게 써 주었구나
   * 빨강과 노랑을 푸짐하게 써서 그림을
     그린다
2. 몸집이나 생김새가 보기 좋게 넉넉하다
   * 우리 큰아버지는 푸짐한 몸매와 환한
     웃음이 참으로 포근하다
   * 큰언니는 갸름한 얼굴이고 작은언니는
     푸짐한 얼굴이다

풀섶·풀밭·풀숲

⋯▸ '개울섶·강섶·길섶' 같은 낱말에서 '−섶'이 붙으면 가장자리를 가리킵니다. 이처럼 '풀섶'도 어느 곳에서 풀이 우거진 가장자리를 가리키는 낱말입니다. 길이나 마당에서 가장자리에 풀이 우거지면, 이곳을 '풀섶'이라 합니다. '풀밭'은 풀이 많이 난 땅을 가리키고, '풀숲'은 풀이 우거진 곳을 가리켜요. 사람이 풀을 베거나 다듬거나 가꾸는 잔디밭 같은 곳은 '풀밭'입니다. 사람 손길이 닿지 않는 자리라면 '풀숲'입니다. 사람 손길을 타다가 퍽 오랫동안 사람 손길을 타지 않아도 풀이 아주 우거지면, 이때에는 '풀숲'이라 할 수 있습니다.

풀섶

: 풀이 우거진 가장자리

* 풀섶에서 귀뚜라미가 노래하는 소리를 듣고는 발걸음을 멈추었어요
* 개구리가 폴짝폴짝 뛰어서 마당을 가로지르더니 풀섶에 숨는다
* 한길은 뙤약볕이라 나무 그늘이 드리운 풀섶을 밟으며 걷는다

풀밭

: 풀이 많이 난 땅

* 풀밭에서는 뛰놀다가 넘어져도 무릎이 깨지지 않아요
* 풀밭에 드러누워 해바라기를 하면 무척 따뜻해
* 보름쯤 바깥으로 나들이를 다녀왔더니 마당이 온통 풀밭이 되었네

풀숲

: 풀이 우거진 곳

* 작은 새들이 풀숲에 깃들여 조용히 잔다
* 풀숲을 헤쳐 들딸기를 훑습니다
* 여름날 풀숲은 풀벌레 노래잔치로 즐겁습니다

한껏·실컷·마음껏

⋯⟶ 한국말로 '한'은 "크다"나 "아주 많다"나 "넓다"를 가리킵니다. '한가
득·한참·한아름·한길' 같은 말마디를 떠올리면 한국말 '한'을 어떻게 쓰는
지 알 수 있습니다. '한껏'은 한국말 '한-'과 '-껏'을 더한 낱말입니다. '-껏'
은 "무엇이 닿는 데까지"를 나타내는 씨끝이고, '힘껏'이나 '재주껏'처럼 써
요. 그리고 "어느 때까지 내내"를 나타내면서 '이제껏'이나 '아직껏'처럼 쓰
지요. 그런데 한자말로 '한(限)껏'이라는 낱말도 있고, 이 낱말은 "어느 끝에
이르는 데까지"를 가리킵니다. '실컷'은 "싫다는 마음이나 생각이 들 때까
지"를 뜻해요. "하고 싶은 대로 얼마든지"라든지 "아주 크게, 아주 많이"를
나타냅니다. '마음껏'은 "마음에 넉넉히 들도록 얼마든지"와 "온갖 힘과 슬
기와 마음을 다해서"를 나타내요. 아주 크도록 넉넉한 모습을 가리키는 '한
껏'이고, 이제 싫거나 물릴 만큼 하고 싶은 대로 얼마든지 하는 모습을 가리
키는 '실컷'이며, 마음에 넉넉히 들도록 얼마든지 하는 모습을 가리키는 '마
음껏'입니다.

한껏

: 하고 싶은 데까지 넉넉하게
  * 가슴을 한껏 펴고 씩씩하게 걷는다
  * 이제까지 한껏 놀았으니 책을 읽으면서
    쉬어 볼까
  * 배고프면 한껏 먹고 졸리면 한껏 자야
    무럭무럭 큰다

  * 어제는 한껏 만화책을 읽었고, 오늘은
    바다에서 한껏 헤엄치며 놉니다

실컷

1. 하고 싶은 대로 얼마든지 (더 하고 싶지
   않다는 생각이 들 때까지)
   * 실컷 놀고 난 동생은 밥을 먹다가 고개를

폭 꺾으며 잠듭니다

* 오늘 우리 모두 딸기를 실컷 먹겠구나
* 예쁜 모습으로 실컷 꾸미고 나들이를 갑니다
* 언니한테서 물려받은 장난감으로 날마다 실컷 놀아요

2. **아주 크게. 아주 많이**
   * 어머니가 아침부터 나한테 심부름을 잔뜩 시키면서 실컷 부린다
   * 실컷 울고 났더니 이제 개운하구나
   * 비를 실컷 맞고 속옷까지 쫄딱 젖었구나
   * 미술관에 가서 멋진 그림을 실컷 구경했어요

마음껏

1. **마음에 넉넉히 들도록 얼마든지**
   * 도서관에서는 조용히 있어야 하지만, 바깥에서는 마음껏 웃고 노래해도 돼

* 네 마음껏 도와주기를 바라
* 감나무에 올라 감을 마음껏 따서 광주리에 담았어요
* 마음껏 골라서 얼마든지 먹어도 좋아

2. **온갖 힘과 슬기와 마음을 다해서**
   * 우리 솜씨를 마음껏 펼쳐서 어떤 그림이든 신나게 그리자
   * 큰누나는 내가 어릴 적부터 마음껏 보살피면서 아꼈다고 해요
   * 이루고 싶은 꿈이 있으면 마음껏 키우고 가꾸어야지

한쪽·한편·한켠

···· '한쪽'과 똑같이 쓰는 '한켠'이에요. 표준말로는 '한켠'처럼 쓰면 잘못이고 '한편'으로만 쓰라고 합니다. 그러나 '한켠'이 잘못 쓰는 말이 될 수는 없어요. 왜냐하면, 서울말이나 표준말이 아닐 뿐, 시골사람은 누구나 이 낱말을 쓰기 때문입니다. 그리고 북녘에서는 '한쪽·한편·한켠'을 알맞게 나누어 씁니다. 곧, '한켠'은 표준말이 아니라거나 서울말이 아니라 하면 맞을 수 있지만, 잘못 쓰는 말이라고 하면 옳지 않아요. 더 생각해 보면, 이제는 서울사람도 서울말로 '한켠'을 자주 써요. '한켠'은 "마음 한켠을 울리다"나 "가슴 한켠을 적시다" 같은 자리에 흔히 씁니다. '한쪽·한편'도 마음이나 가슴을

가리키는 자리에 쓸 수 있지만 잘 안 씁니다. '한쪽'은 "둘이 어울려서 이루는 짝에서 어느 한 곳"을 가리키고, '한편'은 "같은 편"을 가리킵니다. '한켠'은 "어느 한 자리나 곳"만 가리킵니다.

한쪽

1. 둘이 서로 어울려서 이루는 짝에서 어느 한 곳
   * 짐을 한쪽으로만 들면 기울어져서 무겁지
   * 한쪽 손을 들고 한쪽 발을 내리면서 논다
   * 한쪽 목소리만 들으니 자꾸 생각이 치우치는 듯해

2. 어느 한 자리나 곳
   * 어머니한테서 받은 선물을 방 한쪽에 살며시 내려놓습니다
   * 시골에서 할머니가 보내신 고구마는 따뜻한 부엌 한쪽에 상자에 담아서 둡니다
   * 꽃밭 한쪽에 할미꽃을 옮겨 심었어요

한편

1. 생각·뜻·움직임·몸짓이 같은 사람이나 무리
   * 우리가 한편이 되니 아주 기뻐
   * 오늘부터 한편이 되었으니 서로 믿고 돕기로 하자
   * 나는 너하고 한편이 되고 싶었는데

2. 어느 한 자리나 곳
   * 동생이 장난감 기차를 마루에서 몰기에 한편으로 비켜 섭니다
   * 네가 건넨 나팔꽃 씨앗을 마당 한편에 심었지
   * 골목 한편에서 동네 아이들이 구슬치기를 하면서 논다

3. 어느 한 가지 모습
   * 네 노래는 부드럽기도 하고, 한편으로 사랑스럽기도 하더라
   * 한편으로는 신나고, 다른 한편으로는 아기자기한 놀이를 하나 배웠어
   * 이 책을 읽으니 즐겁기도 하고, 한편 슬프기도 해요

4. 어느 한 가지 일을 하는 자리에서 다른 한 가지 일을 함께 하는 모습을 나타내는 말
   * 누나는 나한테 파를 썰라고 시키는 한편, 바지런히 감자부침개를 부친다
   * 나는 오늘 어린 동생을 돌보는 한편 집도 봐야 해서 바빠
   * 어머니는 편지를 쓰는 한편 전화도 걸고 몸소 인사하러 가야겠다고 하신다

한켠

: 어느 한 자리나 곳
   * 내 책상 한켠에 작은오빠가 아침에 꺾어서 준 들꽃을 병에 꽂아 놓았어요
   * 마음 한켠을 찡하게 울리는 아름다운 만화영화를 보았어요
   * 우리 집 한켠에는 감나무가 한 그루 무척 우람하게 섰지

한참·한동안·오래 * (오래오래, 오래도록, 오랫동안)

···▸ '한참'은 '한＋참'이고, "시간이 어지간히 지나는 동안"을 뜻합니다. '한
동안'은 '한＋동안'이고, "시간이 어느 한때부터 다른 한때까지 지나는 동
안"을 뜻합니다. '한참'은 시간이 꽤 지나는 동안을 가리키는 자리에 쓰지만,
'한동안'은 긴 때나 짧은 때를 따로 가르면서 쓰지 않습니다. 몇 분이나 몇
시간이나 며칠이나 몇 달이나 몇 해나 몇 세대를 가리킬 수 있는 '한동안'입
니다. 길다고 느끼려 하면 길고, 짧다고 느끼려 하면 짧은 때가 '한동안'이에
요. '오래'는 "시간이 지나는 동안이 길" 적에 쓰는 낱말입니다. '오래오래'처
럼 더 센 느낌을 나타낼 수 있고, '오래도록'이나 '오랫동안' 꼴로 쓰기도 합
니다. '참'은 "일을 하다가 어느 만큼 쉬는 때"나 "일을 하다가 쉬면서 먹는
밥"이나 "길을 가다가 쉬면서 묵거나 밥을 먹는 곳"을 가리킵니다.

한참

1. 시간이 어지간히 지나는 동안
   * 네가 언제 오나 싶어 목을 빼면서 한참
     기다렸지
   * 볼볼볼 기어가는 개미를 한참 바라봅니다
   * 한참 쉬며 땀을 들였으니 다시 놀아 볼까
   * 한참 뜸을 들이고 나서 말을 하는구나

2. 어떤 일이 제법 길게 일어나는 동안
   * 길이 멀어서 여기까지 오느라 한참
     걸렸어
   * 막내는 노래를 한참 부르면서 놀더니
     어느새 새근새근 잠들었네
   * 버스에서 책읽기에 한참 빠져들다가 내릴
     곳을 지나칠 뻔했어

3. 시간·숫자·부피가 어느 것보다 훨씬 넘게
   * 해가 지려면 한참 멀었으니 더 놀 수

있겠어
   * 나보다 한참 나이가 들어 보이는
     아저씨예요
   * 아직 읽어야 할 책이 한참 많이 남았어

한동안

: 시간이 어느 한때부터 다른 한때까지
  지나는 동안
   * 눈은 한동안 안 그칠 듯하구나
   * 한동안 못 보았더니 이렇게 키가 많이
     자랐네
   * 심부름을 한동안 잊고 동무랑 이야기만
     나누었잖아
   * 할까 말까 한동안 망설이다가 하기로
     마음을 굳혔어

오래 (오래오래, 오래도록, 오랫동안)
(* '두고두고·길이길이·오래오래'에서도 다룬다)

: 꽤 많은 나날이 지나도록 (시간이 지나는 동안이 길게)

　* 밥이 다 되려면 오래 걸리려나
　* 우리는 이 집에서 아주 오래 살았어요

* 손발을 오래 맞춘 사이라서 우리는 눈빛만 보아도 서로 잘 알지요
* 우리는 오래오래 서로 아끼고 사랑하는 동무로 지내자
* 할머니가 손수 찧은 맛있는 떡을 오래도록 못 잊을 듯해요
* 나는 동생하고 오랫동안 소꿉놀이를 했어요

함께(함께하다)·같이(같이하다)·서로(서로서로)· 한꺼번에·아울러(아우르다)·더불어(더불다)

⋯ '함께'와 '같이'는 아주 비슷한 자리나 때에 쓴다고 할 만합니다. '같이'는 '하루같이'나 '꽃같이'처럼 토씨 구실을 하지만, '함께'는 이처럼 쓰지 않습니다. 그러나 '함께하다'와 '같이하다'는 똑같은 뜻으로 쓰는 낱말이고, "삶을 한자리나 한때에 누리다"라든지 "생각이나 마음을 똑같이 하다"를 나타내는 자리에 씁니다. '서로'는 짝을 이루는 무엇을 나타내는 자리에서 씁니다. '한꺼번에'는 몰아서 한때에 하는 움직임을 가리킵니다. '아울러'는 '아우르다'에서 비롯한 낱말이고 '더불어'는 '더불다'에서 비롯한 낱말입니다. '아울러(아우르다)'는 따로 하거나 나누지 않으면서 한때에 나타나는 모습을 가리키고, '더불어(더불다)'는 여럿이 한자리에 모이는 모습을 가리킵니다.

함께 (함께하다)

1. 여럿이 한자리에 모여서 한때에

　* 나와 함께 놀이터에 가서 놀자
　* 우리는 함께 도시락을 먹으면서 도란도란 이야기를 나눕니다
　* 모두 함께 힘을 쏟으면 어려운 일도 헤쳐

나갈 수 있어

2. 어떤 몸짓·소리에 뒤이어 거의 한때에

　* 나를 부르는 소리와 함께 넘어지는 소리가 들린다
　* 밥 끓는 소리와 함께 구수한 냄새가 부엌에 가득하다

* 바람 부는 소리와 함께 마당에 세운
  빨랫대가 와장창 넘어진다
3. 어떤 몸짓이나 움직임과 한때에
   * 노래와 함께 춤이 흐르는 잔치마당
   * 편지와 함께 선물을 살며시 내민다
4. 빠뜨리거나 떼거나 떨어뜨리지 않고
   * 책과 함께 공책도 가지고 왔어요
   * 젓가락과 함께 숟가락도 밥상에 놓습니다

같이 (같이하다)

1. 여럿이 한자리에 모여서 한때에
   * 어제 누나랑 같이 샘터에 물을 뜨러 갔지
   * 혼자 가기 싫어서 다 같이 가자는
     소리로구나
   * 즐거운 노래가 흐르니 모두 같이 춤을
     추자
2. 다른 모습이 없거나, 한 모습이 되도록
   * 남과 같이하기보다는 우리 나름대로
     생각하면서 새롭게 지어 보자
   * 연을 띄우니 마치 바람과 같이 하늘을
     가르며 난다
   * 아버지가 씨앗을 심는 모습을 보고 나도
     그대로 같이 씨앗을 심는다
3. '비슷하게'나 '마치 무엇인 듯이'를 뜻하는
   말 ('-같이' 꼴 토씨로 쓴다)
   * 나도 너희 집같이 나무를 심을 만한
     마당이 있으면 좋겠구나
   * 어머니는 꽃같이 활짝 웃음을 지어요
   * 우리 오빠는 바람같이 달려와서 다시
     바람같이 사라진다
   * 할머니는 일흔 해를 하루같이 논밭을
     돌보셨다고 합니다
4. '바로 그대로'를 뜻하는 말
   * 너한테 들려준 이야기와 같이 오늘부터

더 기운을 내 볼 테야
   * 여기에서 본 바와 같이 차근차근 배워서
     하면 돼
5. '바로 그때'를 뜻하는 말 ('-같이' 꼴
   토씨로 쓴다)
   * 할머니는 새벽같이 밭에 가셔서 아침
     해가 뜰 적에 돌아오셔요
   * 아침같이 어디를 가려고 부산을 떠느냐

서로 (서로서로)

1. 짝을 이루거나 얽히는 것·사람 모두 (둘
   모두. 둘이 나란히)
   * 서로 도우면 한결 기운을 낼 수 있지
   * 우리는 서로 아끼고 좋아하는 사이입니다
   * 아버지와 어머니는 서로 돌보면서 살림을
     꾸리셔요
2. 짝을 이루거나 얽히는 것·사람 사이에서.
   짝을 이루거나 얽히는 것·사람이 자리를
   바꾸어서
   * 선물을 마련한 다음에 서로 기쁘게
     주고받습니다
   * 우리는 서로 빙그레 웃으면서 인사를
     나눕니다
   * 서로 가르치고 배우면 한결 재미있어

한꺼번에

1. 몰아서 한 차례에. 모두 같은 때에
   * 너희가 한꺼번에 들어오려고 하니 서로
     못 들어오지
   * 돈이 되면 한꺼번에 내고, 모자라면
     조금씩 나누어서 내렴
   * 꽤 무거운데 한꺼번에 이 짐을 나를 수
     있을까

ㄱ
ㄴ
ㄷ
ㄹ
ㅁ
ㅂ
ㅅ
ㅇ
ㅈ
ㅊ
ㅋ
ㅌ
ㅍ
ㅎ

2. 한 번 움직여서 여럿을

    * 멧딸기를 한꺼번에 여러 알씩 훑는다
    * 냇물에서 그물을 몰며 물고기를 한꺼번에
      서너 마리나 대여섯 마리씩 낚는다
    * 한꺼번에 여러 조각씩 집어서 먹지 말고
      하나씩 먹으렴

아울러 (아우르다)

:   따로 하거나 나누지 않고 한자리에 모아서
    한때에

    * 시와 노래를 아울러 즐기는
      이야기마당입니다
    * 참으로 멋진 말이고, 이와 아울러 아주
      사랑스러운 말이야
    * 기쁨과 슬픔이 아울러 찾아온다
    * 만화는 글과 그림을 아울러 엮은 멋지고
      재미난 이야기입니다

더불어 (더불다)

1. 둘 넘는 사람이 한자리에 모여서

    * 동무와 더불어 나들이를 가면 참으로
      즐겁다
    * 혼자 하기보다 너희와 더불어 하면 훨씬
      나으리라 생각해
    * 이곳은 이웃과 오순도순 더불어 사는
      마을입니다

2. 무엇과 한가지로 (어느 것에 이어서
    한자리에)

    * 이와 더불어 잘 모르는 대목이 또 있어요
    * 소나기와 더불어 바람도 제법 세게 부는
      날씨입니다

해·햇볕·햇빛·햇살·햇발·햇귀

⋯➔ 우리가 지구라는 별에서 살 수 있는 힘은 해한테서 온다고 할 수 있습니다. 해가 언제나 지구별을 골고루 비추니까요. 지구는 해 둘레를 크게 돌 뿐 아니라 스스로 돌면서 낮과 밤을 맞이합니다. 지구가 스스로 돌면서 아침과 저녁이 흐르고, 이러한 움직임을 '해'라는 낱말을 써서 가리킵니다. 지구별에 볕과 빛과 살을 베푸는 별을 가리키는 이름도 '해'입니다. 지구가 해를 한 바퀴 돌자면 삼백예순닷새가 걸리고, 이 나날을 가리켜 '해'라고도 합니다. 그런데 이 '해'는 지구별을 따사롭게 비추는 커다랗고 둥근 님(해님)을 가리키기도 해요. 먼 옛날 사람들은 천문학 같은 학문을 쓰지 않았어도 '해'라는 낱말에 우주와 물리와 자연이 흐르는 이야기를 모두 담아서 보여주었

어요. '햇볕'을 쬐며 풀과 나무가 싱그럽게 자라요. 사람도 햇볕을 쬐며 살갗이 까무잡잡합니다. 모든 목숨은 햇볕을 머금으면서 튼튼하게 살아갑니다. '햇빛'이 비치기에 어둠이 지나가요. 햇빛이 비치면서 모든 숨결이 제 빛깔을 띨 수 있어요. 온누리에 빛깔을 입히는 '햇빛'입니다. 우리가 보는 모든 빛깔은 '햇빛'이 있기에 느껴요. "눈부신 햇살"이라고 해요. 날이 맑으면 햇살을 느끼기 좋아요. 구름 사이로 빛줄기가 드리우는 모습이라든지 아침에 방문이나 창문으로 빛줄기가 스미는 모습을 헤아려 보셔요. 바로 이 빛줄기가 햇살입니다. 공장이나 자동차가 없던 옛날에는 언제 어디에서나 누구나 눈부신 햇살을 느꼈다고 해요. 해가 볕과 빛을 지구별에 내리쬐거나 비추는 모습을 보여주는 '살'이 햇살입니다. "곳곳으로 뻗는 햇살"을 가리켜 따로 '햇발'이라고 합니다. 해가 처음 솟을 적에 퍼지는 빛은 '햇귀'라고 합니다. 그리고 '햇볕·햇빛·햇살'은 꿈이나 기쁨이나 즐거움이나 웃음을 불러일으키는 사랑 같은 기운을 가리키는 자리에서도 두루 씁니다. '해'를 높이려는 뜻과 살가이 마주하려는 마음으로 '해님'이라 쓰기도 합니다.

해

1. **지구를 따사롭게 비추는 커다랗고 둥근 별**
   * 해와 같이 사랑스러운 손길로 우리를 돌보는 어머니
   * 해가 방긋 고개를 내미는 아침이 되면 풀꽃도 천천히 깨어나요
   * 해가 걸릴 적에 바지런히 밭일을 해야지
   * 해가 있는 동안 놀고 집으로 돌아가자
   * 해님

2. **해에서 나오는 빛과 볕**
   * 우리 집은 해가 잘 들어 겨울에도 따뜻합니다
   * 여기는 해가 들지 않아 어둡구나
   * 사람도 풀도 나무도 해를 못 보면 제대로 못 살지요
   * 해가 베푸는 기운으로 전기를 얻으면 발전소를 따로 안 세워도 돼요

3. **지구가 해를 한 바퀴 빙 도는 동안 (삼백예순닷새를 이르는 말)**
   * 해가 갈수록 다리에 조금씩 힘이 붙어요
   * 나무도 나도 해마다 꾸준하게 자랍니다
   * 이 일은 해를 넘기기 앞서 끝내고 싶다
   * 올해·이듬해·새해·지난해

4. **날이 밝고 나서 어두워질 때까지 (아침부터 낮까지를 이르는 말)**
   * 해가 지나고 밤이 되어도 안 돌아오니 걱정스럽네
   * 해 동안 끝내지 못했으면 이튿날 다시 하면 돼
   * 겨울이 되니 해가 짧구나

* 여름에는 해가 길어 저녁까지 환하지

5. 열두 달을 아울러 세는 말
    * 한 해가 흐르고 두 해가 흐른다
    * 스무 해 뒤 내 모습이 궁금해
    * 여러 해가 되도록 서로 얼굴조차 못 보고 지냈구나

6. '해 같은' 무엇·사람을 빗대는 말. 따스하고 밝으며 좋은 무엇·사람을 가리킨다
    * 너는 나한테 해님이야
    * 마치 해 같은 책이에요

햇볕

1. 해가 내리쬐는 볕 (해가 베푸는 따스한 기운)
    * 풀과 나무는 햇볕을 먹으며 짙푸르다
    * 햇볕에 까무잡잡 잘 탔구나
    * 햇볕이 쨍쨍한 날에도 아버지는 구슬땀을 흘리며 일합니다

2. 꿈·기쁨·즐거움·웃음을 일으키거나 북돋우는 사랑처럼 따스한 기운
    * 쥐구멍에도 햇볕이 든다더니 우리 집에도 햇볕이 비치는구나 싶어요
    * 우리가 부르는 노래는 아버지 마음을 따뜻하게 보듬는 햇볕이라고 합니다

햇빛

1. 해가 비추는 빛 (해가 베푸는 밝은 기운)
    * 햇빛이 밝으니 절로 웃음이 터지고 노래가 나온다
    * 햇빛을 받는 하얀 꽃송이가 더욱 하얗다

2. 꿈·기쁨·즐거움·웃음을 일으키거나 북돋우는 사랑처럼 밝은 기운
    * 쓸쓸하던 내 마음에도 햇빛이 살며시 스며듭니다
    * 이 책에 담긴 이야기는 슬픈 이웃을 어루만지는 햇빛이 되어 준다
    * 응달에도 햇빛이 드는 날이 있다

3. 온누리에 널리 알려지는 일
    * 아버지가 쓴 책이 드디어 햇빛을 본다
    * 착한 마음은 머잖아 햇빛을 본단다

햇살

1. 해가 드리우는 빛줄기 (해가 베푸는 눈부신 기운)
    * 여름이 저물고 가을이 되었는데 햇살이 아직 따갑구나
    * 햇살이 눈부셔서 눈을 살짝 찡그린다
    * 방문으로 퍼지는 햇살을 느끼면서 자리를 털고 일어납니다

2. 꿈·기쁨·즐거움·웃음을 일으키거나 북돋우는 사랑처럼 좋은 기운
    * 네 웃음은 내 마음을 밝히는 햇살이로구나
    * 궁금한 대목을 햇살처럼 풀어 주는 이야기를 들으니 즐겁다

햇발

: 곳곳으로 뻗은 햇살
    * 햇발이 퍼지니 온누리가 환하다
    * 구름 사이로 햇발이 들판마다 골고루 퍼진다

햇귀

1. 해가 처음 솟을 적에 퍼지는 빛
    * 새해 첫날 햇귀를 보려고 높은 봉우리에 오릅니다
    * 새벽 일찍 일어나서 밭에 가시는

어머니는 햇귀를 보며 집으로 돌아오셔요

2. **곳곳으로 뻗은 빛줄기**

* 소나기가 그친 뒤 햇귀가 구름 사이로
가득 쏟아진다

* 햇귀가 바닷물에 부딪히니 반짝거리면서
눈부시구나

허물1·꺼풀·껍질·껍데기·살갗·살가죽·가죽·거죽

⋯▸ 햇볕에 탄다든지 긁혀서 다친다든지 하면 살갗이 살짝 일어납니다. 이
런 겉살, 그러니까 껍질을 '허물'이라고 해요. 벌레나 짐승은 몸이 자라면
서 '허물'을 벗고 더 크거나 새로운 몸으로 거듭납니다. 햇볕에 타서 일어나
는 껍질은 '꺼풀'이라고도 하며, '꺼풀'은 '눈꺼풀'이나 '쌍꺼풀'로도 쓰고, 작
은말 '까풀'도 씁니다. 그리고 요즈음은 '책꺼풀'이라는 낱말을 쓰는 사람이
퍽 많아요. '책꺼풀'은 "책이 다치지 않도록 겉을 싸는 종이나 비닐"을 가리
킵니다. 이른바 '책싸개'를 '책꺼풀'이라 가리키는 셈입니다. '껍질'은 "벗긴
다"고 하고 '껍데기'는 "깬다"고 합니다. '껍질·껍데기'는 겉을 싸는 것을 가
리키지만, '껍질'은 겉을 싸는 무르거나 여린 것을 가리키고, '껍데기'는 겉을
싸는 단단한 것을 가리킵니다. 양파나 감자나 감이나 포도처럼, 겉을 싸는
말랑말랑한 것을 '껍질'이라 합니다. 달걀이나 조개나 굴처럼 겉을 싸는 단
단한 것을 '껍데기'라 합니다. 달걀은 껍데기이지만, 어른이 느끼기에는 달
걀 '겉'은 그리 안 단단하다고 여길 수 있습니다. 힘이 센 사람한테는 안 단
단할는지 모르나, 달걀 겉을 싸는 것은 말랑말랑하지 않습니다. 딱딱하거나
굳은 모습일 때에 '껍데기'라는 낱말을 씁니다. 그러면 '밤'은 어떻게 보아야
할까요? 밤 겉을 싸는 것은 제법 단단하다고 여길 만합니다. 그렇지만 곡식
이나 열매 겉을 싸는 것은 '껍질'이라 합니다. '밤껍질'이고 '겉껍질·속껍질'
로 나눕니다. 밤이나 도토리 속에 있는 껍질은 따로 '보늬'라고 합니다. 벼나
보리 같은 곡식에서 겉을 싸는 것은 '겨'라 합니다. '겨'는 "곡식 껍질"이라고

할 만합니다. '살갗·살가죽·가죽'은 모두 "몸에 있는 살을 싸는 껍질"을 가리키는 낱말입니다. 이 가운데 '살갗'은 사람한테만 쓰고, '가죽'은 짐승한테만 쓰며, '살가죽'은 사람과 짐승한테 두루 씁니다. 짐승한테만 쓰는 낱말인 '가죽'이지만, 몹시 굶주리거나 마른 사람을 가리키면서 "가죽만 남았다"처럼 쓰기도 합니다. '거죽'은 겉을 이루는 것이나 천을 가리키는 자리에서 씁니다.

허물 1

1. 살갗에서 저절로 일어나는 껍질
   * 햇볕에 타서 따끔거리던 등과 어깨에 이제 허물이 생긴다
   * 허물은 천천히 벗겨지니까 일부러 잡아떼지 않아도 돼
2. 벌레나 짐승이 자라면서 벗는 겉살
   * 허물을 벗은 매미가 나뭇가지에 앉아 노래를 해요
   * 애벌레는 허물을 벗고 나비로 새롭게 태어납니다
   * 누에는 나흘 동안 뽕잎을 먹고 잠을 잔 뒤 허물을 벗고 차츰 자란대요

꺼풀 (> 까풀)

1. 껍질이나 껍데기가 이룬 켜. 여러 겹으로 된 껍질이나 껍데기
   * 햇볕에 타서 일어난 꺼풀이 저절로 떨어진다
   * 입술에 꺼풀이 일어 꺼칠하구나
   * 눈꺼풀·쌍꺼풀·속꺼풀
2. 껍질이나 껍데기가 이룬 켜를 세는 말
   * 남새를 다듬을 적에는 곯은 데는 한 꺼풀 벗기고 쓰면 돼
   * 파와 양파는 한 꺼풀을 벗기고 나서 송송

썹니다
3. 뒤나 속에 있는 모습을 가리는 겉모습
   * 이제는 꺼풀이 드러날 때가 된 듯하구나
   * 슬픔을 한 꺼풀 벗고 활짝 웃는다

껍질

1. 겉을 싸는 무르거나 여린 것
   * 양파 껍질을 벗기다가 매워서 눈물이 난다
   * 마늘하고 감자는 네가 껍질을 벗겨 주면 좋겠어
   * 감이나 능금은 껍질째 먹으면 더 맛있어요
2. 벌레나 짐승이 자라면서 벗는 겉살
   * 이쪽 풀숲에 뱀껍질이 있어요
   * 사슴벌레가 남긴 껍질이 줄기에 있어요
3. 그동안 갇히거나 얽매인 어떤 모습·흐름·몸짓·틀·굴레
   * 나도 이제 철부지라는 껍질을 벗고 새로 태어나려고 해요
   * 작은오빠는 두려움쟁이라는 껍질을 훌훌 털고 일어났습니다

껍데기

1. 겉을 싸는 단단하거나 굳은 것

* 바닷가에 가서 조개껍데기를 줍습니다
* 달걀 껍데기는 따로 접시를 놓아서 깝니다
* 귀에 소라 껍데기를 대면 바다가 노래를 들려주는 듯해요
* 알껍데기

2. 알맹이를 빼내고 겉에 남은 것
    * 코피가 묻은 베개 껍데기를 벗겨서 복복 비벼서 빱니다
    * 과자 껍데기는 쓰레기통에 잘 버리렴
    * 누가 몰래 빼먹었는지 시렁에 빈 껍데기만 수북하네

3. 어떤 것을 이루는 겉
    * 껍데기는 번지르르하더라도 속이 변변하지 못하면 쓸모가 없어
    * 알맹이보다 껍데기를 꾸미느라 너무 마음을 빼앗기는 듯하구나
    * 이 책은 껍데기가 참 예쁘구나

4. 거짓스럽거나 억지로 꾸미는 겉모습
    * 그동안 우리를 속인 껍데기를 벗기고야 말겠어
    * 우리하고 놀 적에는 껍데기를 쓰지 않아도 돼

살갗

: 몸에 있는 살을 싸는 껍질 (사람한테만 쓰는 낱말)
    * 여름 내내 햇볕을 쬐며 놀았더니 살갗이 까무잡잡하게 탔답니다
    * 보드라운 아기 살갗을 가만히 쓰다듬어 봅니다
    * 주름이 진 할머니 살갗을 천천히 주물렀어요

살가죽

: 몸에 있는 살을 싸는 껍질 (사람과 짐승 모두한테 쓰는 낱말)
    * 넘어져서 길바닥에 갈리는 바람에 살가죽이 벗겨졌으니 얼마나 쓰라릴까
    * 염소를 안고 등줄기를 쓰다듬는데 살가죽이 퍽 따스합니다
    * 살가죽이 두꺼운지 꼬집어도 안 아프다고 하네

가죽

1. 몸에 있는 살을 싸는 질긴 껍질 (짐승한테만 쓰는 낱말)
    * 집에서 기르는 돼지는 가죽이 부드럽고, 멧골서 사는 돼지는 가죽이 단단하지
    * 악어는 가죽이 우둘투둘하다
    * 범가죽·소가죽·말가죽·날가죽· 낯가죽·털가죽

2. 짐승 몸에서 벗긴 껍질을 써서 만든 것
    * 가죽으로 기운 신은 질겨서 오래 쓸 수 있어
    * 나무로 판 걸상에 가죽을 씌웠습니다
    * 가죽옷

3. 말라붙거나 여윈 살갗
    * 얼마나 굶었는지 뼈와 가죽만 앙상하게 남은 듯한 모습이다
    * 할아버지는 모진 전쟁터에서 뼈와 가죽뿐인 몰골로 살아서 돌아왔다고 하셔요
    * 배고파서 홀쭉한 내 뱃가죽을 보셔요

거죽

1. 겉을 이루는 곳
    * 내 수첩을 잃지 않으려고 거죽에 이름을

449

또박또박 적었어요

* 누나는 새로 장만한 책이 손때를 타거나
  닳을세라 고운 종이로 거죽을 싼다
* 가방이 오래되고 낡아서 거죽을 손질한
  뒤에 빛깔도 새로 입혔지요

2. **옷이나 이불에서 겉을 이루는 천**

* 거죽에 꽃무늬가 있는 이불을 옷장에서
  꺼내 주렴
* 이 옷은 거죽이 보드라우니 입기에 한결
  나을 듯하네

허물 2·흉(흉보다)·흉터·생채기

⋯ '허물 1'는 겉살을 가리킵니다. '허물 2'은 '잘못'과 비슷하게 쓰는 낱말입니다. 북녘에서는 '허물'을 "다친 곳이 아물고 남은 자국"을 가리키는 자리에서도 쓰지만, 남녘에서는 이렇게 쓰지 않습니다. 남녘에서는 "다친 곳이 아물고 남은 자국"을 '흉·흉터'라는 낱말로 가리킵니다. '허물'은 "엉뚱하게 뒤집어쓴 이야기"라든지 "남한테서 비웃음을 살 만한 일"을 가리키기도 합니다. '흉'도 쓰임새를 넓혀 "남한테서 비웃음을 살 만한 일"을 가리키지요. 그런데 '흉'은 '흉보다' 꼴로 쓰기도 합니다. '흉보다'는 "다른 사람한테서 모자란 대목을 들추거나 말하다"를 뜻합니다. '생채기'라는 낱말은 긁거나 할퀴어 난 자국을 가리키고, "어떤 일을 치르거나 겪은 뒤 남는 아픔"을 가리킵니다. '앙금'은 이러한 뜻과 비슷하게 쓰는 낱말입니다.

허물 2

1. **잘 살피지 못해 저지른 일**

* 허물이 있어도 너그러이 보아주는
  할아버지
* 지나간 허물을 언제까지 붙들 생각이니
* 아직 몰라서 일으킨 가벼운 허물이니
  따지지 말자

2. **좋지 않게 뒤집어쓴 이야기·일·말**

* 내 손으로 이 허물을 털고야 말겠어
* 잘 모르면서 남한테 허물을 씌우지
  말아라

3. **남한테서 비웃음을 살 만한 일**

* 말을 좀 건방지게 했어도 허물이 될 일은
  아니야
* 달리기를 못하면 그저 못할 뿐, 허물은
  아니란다

흉 (흉보다)

1. **다친 곳, 또는 다쳐서 아물고 남은 자국**
   - 다친 자리는 그대로 두면 아물지만 자꾸 건드리면 흉이 져
   - 눈썹에 가려서 안 보이지만 조그마한 흉이 있어
2. **남한테서 비웃음을 살 만한 일**
   - 글을 잘 쓸 줄 모르더라도 흉은 아니지
   - 동무를 뒤에서 흉을 보는 사람은 반갑지 않아

흉터

1. **다친 곳이 아물고 남은 자국**
   - 크게 넘어져서 아무래도 흉터가 남을 듯하다
   - 나는 무릎에 흉터가 있는데 너는 손등에 흉터가 있구나
2. **어떤 일을 치르거나 겪은 뒤 사라지지 않는 아픔이나 슬픔**
   - 다 지나간 일이라고 하지만 나한테는 오래도록 마음에 흉터로 있다
   - 이제껏 지우지 못한 흉터를 네 웃음소리가 감쪽같이 씻어 주었네

생채기

1. **긁거나 할퀴거나 부딪히거나 넘어져서 난 자국 (다쳐서 난 자국)**
   - 모서리에 긁혀서 생채기가 났다
   - 자전거가 자빠져서 팔에 생채기가 났어
2. **어떤 일을 치르거나 겪은 뒤 사라지지 않는 아픔이나 슬픔 (앙금)**
   - 네가 뱉은 말 때문에 내 마음에 생채기가 생겼어
   - 생채기를 입은 마음을 다독입니다

허술하다·모자라다

⋯⋯ 성한 데가 없거나 알차지 않은 모습을 가리키는 '허술하다'입니다. 제대로 엮거나 짜지 못해서 빈틈이 많은 모습을 가리킵니다. '모자라다'는 어느 만큼 미치거나 닿거나 차지 못하는 모습을 가리킵니다. 어느 모로 보면 '허술하다'와 '모자라다'는 똑같은 모습일 수 있으나, 바라보는 느낌은 다르지요. '허술하다'는 집이나 옷이 성하지 않을 때라든지, 빈틈이 많은 일솜씨나 매무새나 살림새를 가리킨다면, '모자라다'는 숫자나 부피가 어느 만큼 닿지 않거나 키나 몸이나 힘이 어느 만큼 안 되는 모습을 가리킵니다.

허술하다

1. 성한 데가 없이 안 좋다
   * 오랫동안 비바람을 맞은 허술한
     오두막이지만 여름에는 그늘이 시원해서
     좋다
   * 허술한 옷차림으로 추위를 어떻게
     견디려고 하니
   * 네가 쌓은 돌탑은 허술해서 아무래도
     쓰러질 듯해
2. 잘 짜지 못해 빈틈이 있다
   * 네가 쓴 글은 앞뒤가 안 맞고 맞춤법도
     틀린 데다 여러모로 허술하구나
   * 설거지를 허술하게 해서 물때가 그대로
     남았어
   * 바지를 허술하게 기웠는지 다시 구멍이
     났어요
3. 알차지 못하고 대수롭지 않다
   * 애써 도움말을 들려주는데 허술하게 듣고
     넘긴다
   * 이 일을 너무 허술하게 보면서
     지나치려는 듯하다
4. 마음을 쓰지 않거나 못하다
   * 동무가 놀러 왔는데 대접도 안 하고
     허술하게 무엇을 하느냐

   * 어떤 일이 있으면 허술하게 지나가지
     말고 찬찬히 생각해 보렴

모자라다

1. 어느 만큼 미치거나 닿거나 차지 못하다
   * 아침을 모자라게 먹었는지 살짝 배가
     고프네
   * 네 키가 모자라서 아직 살강에 손이 안
     닿는구나
   * 고무줄놀이를 할 아이가 모자라서
     고무줄을 나무에 묶고서 놉니다
   * 하나가 모자라서 백이 안 되네
2. 지식·힘·솜씨·재주가 어느 만큼 미치거나
   닿거나 차지 못하다
   * 이 책은 아무리 읽어도 모르겠으니 내가
     좀 모자란 탓일까
   * 내 힘이 모자라서 들기 무거우니 네가
     도와주렴
   * 아직 재주가 모자라서 못할 뿐이니
     앞으로 재주를 갈고닦으면 돼

허전하다·서운하다·섭섭하다·아쉽다

···▸ "텅 빈 듯하다"는 느낌을 나타내는 '허전하다'입니다. "하고 싶거나 바라는 만큼 되지 않아 마음에 안 차다"가 '서운하다'이고, "잃거나 없어지니 마음에 안 들다"와 "바라던 대로 되지 않아 마음이 안 좋다"와 "말이나 대접

이 마음에 안 차다"가 '섭섭하다'이며, "없거나 모자라서 누리거나 하지 못해 마음에 안 들다"와 "하려는 뜻대로 안 되어 마음에 안 들다"가 '아쉽다'입니다. 거의 비슷한 자리에 쓰는 낱말이지만, 느낌이 살짝 갈립니다. '서운하다'와 '아쉽다'는 "하려는 뜻"을 이루지 못할 적에 마음에 안 차거나 마음에 안 드는 모습을 나타내고, '섭섭하다'는 "바라던 대로" 되지 않아 마음이 안 좋은 모습을 나타냅니다.

허전하다

1. 잃거나 기댈 데가 없는 듯이 마음 한쪽이 텅 빈 느낌이다
   * 언제나 함께 놀던 동무가 다른 마을로 떠나서 자꾸 허전합니다
   * 오빠가 장가를 들면서 떠나니 참으로 허전합니다
   * 네가 없는 동안 얼마나 허전했는지 몰라
2. 늘 있거나 마땅히 있어야 할 것이 없어서 무엇인가 빠지거나 텅 빈 듯하다
   * 밥상에 된장국이 없으니 허전하구나
   * 날마다 보던 나무를 베고 나니 마당이 영 허전하네
   * 나무가 드물고 숲이 없는 도시는 아무래도 허전하구나 싶습니다
   * 연필 옆에 지우개가 없으면 허전하더라
3. 힘이 없어 풀릴 듯하거나 느슨하다
   * 나사를 꽉 안 조여서 허전한 탓에 덜렁덜렁하는구나
   * 오늘 갑자기 너무 오래 달렸는지 다리가 허전해서 후들후들 떨린다

서운하다

1. 하고 싶거나 바라는 만큼 되지 않아 마음에 안 차다
   * 모처럼 놀러 오고서는 일찍 돌아가야 하니 서운하구나
   * 아버지가 내 이야기를 끝까지 안 듣고 잘라서 서운했어요
   * 오늘은 내가 심부름을 하고 싶었는데 네가 가로채서 서운해
2. 말이나 대접이 마음에 안 들다
   * 네가 한쪽 얘기만 듣고 나무라는 말을 하니 몹시 서운하다
   * 반가운 손님이 오셨으니 서운하지 않게 모시자

섭섭하다

1. 마음이 끌려 서로 헤어지기가 어렵다
   * 다른 마을로 떠나야 한다니 참으로 섭섭해
   * 벌써 해가 기울어 그만 놀고 다들 집으로 돌아가야 하니 섭섭하네
   * 잔치를 끝내고 헤어져야 하니 여러모로 섭섭하다
2. 잃거나 없어지니 마음에 안 들다
   * 아끼던 책이 빗물에 젖어 못 쓰게 되었으니 너무 섭섭합니다
   * 잔뜩 신이 나서 달려오다가 그만 모자가 벗겨져서 잃었으니 섭섭하겠구나

* 네가 아끼던 자전거를 잃어서 섭섭해하는 줄 나도 알아

3. **바라던 대로 되지 않아 마음이 무겁거나 안 좋다**
   * 어제 네가 말도 없이 사라져서 섭섭했어
   * 높이뛰기만큼은 언니가 1등을 할 줄 알았는데 2등을 해서 섭섭했을 테지
   * 이 시험은 붙을 줄 알았는데 그만 떨어지고 말아 섭섭해요

4. **말이나 대접이 마음에 안 차다**
   * 잔치라고 불러서 왔는데 떡 하나 주고 끝이니 섭섭하다
   * 네가 나한테 모질게 말을 하다니 참으로 섭섭하구나
   * 동무들이 찾아왔는데 섭섭하게 대접할 수 없지

아쉽다

1. **없거나 모자란 탓에 쓰거나 누리거나 하지 못하니 마음에 안 들다**
   * 100원만 더 있으면 살 텐데 100원이 몹시 아쉽다

* 너희 집에는 책이 많으니 책이 없는 우리 집에서 내가 얼마나 아쉬운 줄 모르지
* 물 한 방울조차 아쉬운 가뭄이니 수돗물도 아껴서 쓰자

2. **하려는 뜻대로 안 되어 마음에 안 들다**
   * 이번에는 들어갈 줄 알았는데 또 안 들어가니 아쉽네
   * 이 문제는 꼭 맞힐 줄 알았는데 틀리니 무척 아쉽다
   * 우리가 달리기 대회에서 1등을 못해서 아쉽지만 모두 잘 달렸으니 즐거웠어

3. **더 하거나 누리거나 갖지 못해서 마음에 안 들다**
   * 모처럼 만났는데 벌써 헤어져야 한다니 아쉽구나
   * 네 노래를 이제 더 들을 수 없으니 아쉬워

헐다1·허물다·무너뜨리다·쓰러뜨리다

⋯▸ "쌓은 것을 내려앉게 하다"를 뜻하는 '헐다'와 '허물다'와 '무너뜨리다'입니다. 집이나 건물이 내려앉게 하는 자리에서 으레 '헐다·허물다'를 쓰고, '무너뜨리다'는 내려앉게 하는 일을 두루 가리키는데, 다시 쓸 수 없도록 조각을 내는 자리에서 '무너뜨리다'를 씁니다. "벽을 헐다"나 "낡은 다리를 허물다"는 어떤 것이나 어느 자리를 다시 쓰려고 내려앉도록 하는 모습이라고

할 수 있습니다. 그러니까 '헐다·허물다'는 내려앉게 하면서 다시 세우려는 마음을 담고, '무너뜨리다'는 모조리 내려앉도록 하면서 '와르르' 흩어지도록 하는 모습을 담습니다. '헐다'는 "적금을 헐다"나 "김칫독을 헐다"처럼 쓰곤 해요. "조금씩 조각을 내어서 따로 쓴다"는 뜻으로도 '헐다'를 씁니다. '허물다'는 어떤 것을 가로막거나 금을 그은 것을 없앤다는 자리에서도 써요. '무너뜨리다'는 다시 쓸 수 없도록 조각을 낸다는 느낌을 담기에, "나라를 무너뜨리다"처럼 쓰기도 합니다. 사회나 제도가 내려앉도록 할 적에는 '무너뜨리다·쓰러뜨리다·허물다'를 모두 씁니다. 그리고 "집을 헐다"처럼 쓸 적에는 집을 지을 때에 쓴 여러 가지(창문, 벽돌, 기둥)가 다치지 않게 조각을 내어서, 나중에 집을 다시 지을 때에 쓰도록 건사한다는 느낌을 담습니다.

헐다 1

1. 집이나 건물이 내려앉게 하다
   * 빈집을 헌 뒤에 그곳에 텃밭을 가꾸어 보자
   * 안 쓰는 헛간을 헐고 꽃밭으로 삼으면 어떨까
   * 이쪽 벽을 헐면 마루를 한결 넓게 쓸 수 있을 듯해요

2. 모아 둔 것을 조금씩 꺼내거나 떼어서 쓰려고 하다
   * 저금통을 자꾸 헐며 지냈더니 어느새 저금통이 텅 비었네
   * 새 김칫독을 헐고 김치를 더 꺼내야겠다

3. 그대로 두려고 하던 돈을 덜어서 쓰다
   * 아끼던 만 원짜리를 헐어 그림물감을 사기로 했다
   * 나는 저금통을 헐어서 새 자전거를 장만했어요
   * 아버지는 적금을 헐어서 우리 마을 뒷산을 장만하기로 하셨어요

허물다

1. 쌓거나 짜거나 지은 것을 내려앉게 하다
   * 담을 허물고 나무를 심으려고 해요
   * 집이 오래되어서 허물고 새로 지을 생각이에요
   * 아버지가 내 뜻을 물으시기에 이쪽 벽은 허물더라도 저쪽 벽은 살리자고 했어요

2. 꼿꼿하거나 점잖은 모습이나 얼굴을 느슨하게 풀다
   * 할아버지는 아이만 보면 딱딱한 몸짓을 허물고 활짝 웃으신다
   * 얘, 너도 굳은 얼굴을 좀 허물고 웃어 보렴

3. 제도나 규율이 없어지게 하다
   * 평등을 가로막는 제도를 허물려고 힘쓰다
   * 잘못된 제도를 허무는 데에 우리도 앞장서자

4. 깊이 박히거나 깃든 생각이나 믿음을 없애다
   * 한쪽으로 치우친 생각은 허물어야지
   * 딱딱하게 굳은 생각을 허물면 좋겠구나

무너뜨리다

1. 쌓이거나 선 것을 내려앉게 하다
   * 성냥으로 쌓은 탑을 잘못 건드리는 바람에 무너뜨렸다
   * 물결이 크게 치면서 둑을 무너뜨렸어

2. 질서나 제도나 틀을 내려앉거나 없어지게 하다
   * 우리 할아버지는 차별을 무너뜨리는 일에 늘 앞장서셨어
   * 사회를 무너뜨리는 전쟁이 지구별에서 사라지면 좋겠어

3. 생각이나 마음이나 꿈을 내려앉게 하거나 조각을 내다
   * 네 말 한마디가 나를 무너뜨리는구나
   * 우리 여행 계획을 무너뜨릴 만한 큰일이 터졌어

4. 어떤 자리·금·잣대·테두리를 뚫거나 내려앉게 하다
   * 두꺼운 수비벽을 무너뜨리고 파고드는 저 축구 선수가 대단하다
   * 평균 점수를 무너뜨릴 만큼 오늘은 시험을 못 봤어

5. 어떤 모습이나 흐름을 흔들거나 끊거나 없어지게 하다
   * 팽팽하던 줄다리기인데, 내가 그만 미끄러지면서 와르르 무너뜨렸어

   * 시끄러운 곳에서도 차분한 몸짓을 무너뜨리지 않으면서 말하는 언니

6. 서로 맞붙어서 이기다
   * 너랑 장기를 두며 한 번도 못 이겼는데, 오늘 드디어 무너뜨리는구나
   * 나는 언제쯤 팔씨름으로 아버지를 무너뜨릴 수 있을까

쓰러뜨리다

1. 한쪽으로 기울면서 바닥에 눕거나 퍼지게 하다
   * 드센 비바람이 몰아치면서 나무를 꽤 많이 쓰러뜨렸다
   * 모래밭에서 서로 밀쳐서 쓰러뜨리는 놀이를 한다
   * 나뭇조각으로 집을 쌓는데 동생이 자꾸 다가와서 쓰러뜨려요

2. 아프거나 힘든 일로 자리에 눕게 하다
   * 몸살이 돌아 온 식구를 쓰러뜨렸어
   * 보릿고개에 이은 돌림병은 여러 마을 사람들을 쓰러뜨렸다고 해

3. 제구실을 못하게 하다
   * 엉터리 제도를 쓰러뜨리는 일에 어머니도 소매를 걷어붙이고 나선다
   * 핵발전소를 짓는다면서 숲을 쓰러뜨리려 하기에 우리들도 함께 일어섰다

헐다2 · 낡다 · 삭다 · 허름하다 · 낡삭다 · 해어지다(해지다)

⋯⋯ 오래되지 않아도 많이 써서 앞으로 쓸 만하지 않으면 '헌것'이 됩니다.

오랫동안 많이 써서 더 쓸 만하지 않으면 '낡은 것'입니다. 그래서 "산 지 며칠이나 됐다고 옷이 이렇게 헐었나"처럼 쓸 수 있어도, "산 지 며칠이나 됐다고 옷이 이렇게 낡았나"처럼 쓸 수는 없습니다. 그런데 "네 생각은 낡았어"처럼 쓸 수 있어도 "네 생각은 헐었어"처럼 쓸 수는 없어요. '낡은 것'은 오래되었다는 느낌을 담고, 비나 바람이나 해에 바스러져서 더 쓰기 어려운 것도 '낡은 것'인데, 이때에는 '삭은 것'도 됩니다. '삭은 것'은 오래될 수도 있고 오래 안 될 수도 있습니다. 그리고 '헌것'은 쓰임새를 넓혀 "한 번 쓰거나 다른 사람 손을 거친 것"을 가리키기도 하고 "오랫동안 쓰거나 오랜 나날이 흐른 것"을 가리키기도 하는데, 이때에는 오래 쓸 만하지 않다는 느낌을 나타내지 않습니다. '허름하다'는 "좀 헌 듯하다"를 뜻한다고 할 만한데, "좀 어떠한 듯하다"는 말뜻처럼, 오래 쓸 만하지 않아 보인다는 뜻이니, 오래 쓸 만하지 않다는 이야기는 아닙니다. '낡삭다'는 "낡고 삭다"를 뜻하니, 무척 오래 쓰거나 많이 써서 그야말로 곧바로 바스러지거나 망가져서 못 쓸 만한 모습을 나타냅니다. '해지다'는 '해어지다'를 줄인 낱말이고, "많이 써서 더 쓸 수 없거나 쓰기 어렵다"를 뜻해요. 그런데 '해어지다(해지다)'는 옷이나 신이나 종이나 책 같은 것을 가리키는 자리에만 쓰고, '헐다·낡다·삭다'는 집이나 건물이나 장난감이나 물건이나 연장이나 자전거 같은 것을 두루 가리킬 수 있습니다. 그리고 '삭다'는 물기가 아주 적은 것이 물기가 많아지는 모습을 가리키기도 하고, '띄우는' 일을 가리키기도 합니다. 젓이나 김치나 식혜나 술은 띄워서 맛을 냅니다. 맛을 내려고 "뜨는 일"은 한국말로는 '뜸'이라 하고, 한자말로는 '발효'라 합니다.

헐다 2

1. 많이 썼기에 앞으로 더 긴 나날이 지나도록 쓸 만하지 않다
   * 신이 헐어서 바닥에 구멍이 났네요
   * 겉은 헐었어도 속은 멀쩡한 책이야
   * 너무 헌 것이라 다른 사람한테 그냥 주지도 못하겠어
   * 헌 집을 고쳐서 새로운 집처럼 꾸며요

2. 살갗이 다치거나 덧나서 진물이나 부스럼이 나다
   * 다친 자리를 자꾸 건드리니까 아물지 않고 허는 듯해

* 입이 헐어서 밥을 먹을 때마다 쓰라려요
3. 한 벌 쓰거나 다른 사람 손을 거치다
   * 파는 물건은 비닐을 안 뜯었으면 새 것이지만, 비닐을 뜯었으면 헌것이야
   * 헌책방에는 오래된 헌책도 있고 얼마 안 된 헌책도 있다
   * 이렇게 깨끗한 헌 옷은 거의 새 옷 같으니 내가 물려서 입을게
4. 긴 나날이 흐르도록 쓰거나 긴 나날이 흐르다 (처음으로 지은 지 긴 나날이 흐르다)
   * 헌 자전거라도 아직 쌩쌩해
   * 다락방에 헌 상자가 있던데 무엇이 들었는지 궁금해
   * 우리 집에 헌 재봉틀이 한 대 있어

낡다

1. 긴 나날이 지나도록 많이 쓰거나, 비·바람·해에 바스러져서 더 쓸 만하지 않다
   * 바깥에서는 낡아 보이는 집이지만 안으로 들어오면 무척 깨끗하고 튼튼하지
   * 이 옷은 낡아서 이제 걸레로 써야겠구나
   * 좀 낡았어도 새것보다 한결 나아
2. 생각·제도·문물이 요즈음 흐름에 안 맞게 뒤떨어지다
   * 내가 보기에는 네 생각이 낡았구나 싶어
   * 사람을 푸대접하는 낡은 제도는 어서 사라져야 해요
   * 옛 문화는 모두 낡았다고 여기는 마음이야말로 낡았다고 느껴요

삭다

1. 비·바람·해에 바스러지면서 더 쓸 수

없거나 쓰기 어렵다
   * 빨랫줄이 삭아서 어머니와 함께 새 줄로 갈았어요
   * 플라스틱 바가지를 해가 드는 바깥에 두었더니 삭아 버렸네
   * 바깥에 내놓은 책이 햇볕에 삭고 바랬구나
2. 건더기만 많고 물기가 적은 것이 물기가 많아지다 (빡빡한 것이 묽어지다)
   * 고추장을 담그다가 빡빡하면, 살짝 삭을 수 있도록 물이나 술을 넣는다
   * 죽이 삭아서 국물처럼 되고 말았다
3. 젓·젓갈·김치·식혜·술 같은 먹을거리가 깊은 맛이 들다 (발효)
   * 잘 삭은 새우젓을 냉잇국에 풀면 더 맛있어
   * 알맞게 삭아 맛있는 식혜에 잣이랑 대추를 놓으니 더 맛있어 보여요
4. 먹은 것이 배 속에서 잘 받아들여져 풀어지다 (내리다, 내려가다)
   * 밥이 안 삭고 얹혔는지 낮부터 배에서 꾸르륵 소리가 난다
   * 잘 뛰놀고 잘 자면 밥을 두 그릇 먹어도 잘 삭더라
5. 마음이 가라앉다
   * 고운 노래를 들으니 성이 나던 마음이 삭았어요
   * 내내 아쉬웠는데, 네가 보낸 선물을 받고 나서 아쉬움이 다 삭아서 사라졌어
   * 골난 마음이 아직 안 삭았구나

허름하다

1. 조금 오래되거나, 조금 많이 쓰거나, 비·바람·해에 조금 바스러진 듯해 보이다

(좀 헌 듯하다)

* 이 가게는 간판은 허름하지만 매우 손꼽히는 맛집이야
* 밭에서 일할 적에는 허름한 옷으로 갈아입고 오렴
* 오래된 동네에 있는 허름한 집을 보니 참으로 많은 이야기가 깃든 듯해요

2. 값이 좀 싼 듯하다
   * 허름한 옷이지만 퍽 쓸 만해 보이기에 벼룩시장에서 장만했어
   * 허름해 보인다고 해서 너무 많이 사지 말고, 꼭 쓸 것만 사자

3. 어떤 잣대나 값어치에 조금 미치지 못하거나 대수롭지 않은 듯하다
   * 내 선물은 매끈하게 생기지 않았는데 허름하게 여기지 않을까 걱정스럽네
   * 겉모습만 따지면서 그 사람을 허름하게 바라보는 네가 바보스럽구나

낡삭다

: 낡고 삭다

* 낡삭은 것이지만 할머니가 나한테 마지막으로 선물한 뜻깊은 종이 인형이에요
* 이제는 낡삭아서 이 자물쇠는 못 쓰겠구나
* 밭을 가는데 땅속에서 낡삭은 그릇이 하나 나왔어요

해어지다 (해지다)

: 많이 쓰거나 손길을 많이 타서 더 쓸 수 없거나 쓰기 어렵다

* 옷이 해어지도록 참 오래 입었구나
* 언니한테서 물려받은 이 신이 좋아서 해어졌어도 그냥 신었어요
* 이 그림책은 내가 어릴 적부터 종이가 해어지도록 아주 자주 읽었어요

홀쭉하다(훌쭉하다)·납작하다·여위다(야위다)

⋯ '홀쭉하다'는 속이 비어서 파여 들어간 모습을 가리키고, '납작하다'는 판판하고 얇으면서 넓은 모습을 가리킵니다. '홀쭉하다'는 부피가 오므라지는 모습을 가리킨다면, '납작하다'는 판판하게 얇으면서 넓다 싶은 모습을 가리킵니다. "굶어서 배가 납작해지다"처럼 잘못 쓰는 사람이 있는데, '납작하다'는 "뒤통수가 납작하다"라든지 "코가 납작하게 생겼다"처럼 쓸 뿐입니다. "굶어서 배가 홀쭉해지다"처럼 써야 올바르지요. '홀쭉하다'는 작은말이고 '훌쭉하다'는 큰말입니다. 그리고 남녘 한국말사전에서는 '훌쭉하다'를 북녘말로 다루지만, '쪽·쭉'에 따라 느낌만 다른 낱말로 여겨야 싶습니

다. '여위다'는 살이 빠져서 앙상하고 메마른 모습을 가리키는데, 팔다리나 손목이나 발목을 따로 가리킬 수 있습니다. 이와 달리 '홀쭉하다'는 손목이나 팔목을 가리키는 자리에는 따로 안 씁니다.

홀쭉하다 (< 홀쭉하다)

1. 몸이 가늘면서 길다 (호리호리하다)
   * 너랑 나는 키가 같지만 홀쭉한 네가 더 커 보여
   * 홀쭉한 몸에 찰싹 달라붙는 옷을 입으면 너무 말라 보일까
   * 꽃무늬가 새겨진 홀쭉한 잔을 선물로 받았어요

2. 속이 비어서 파여 들어가다 (오므라지다)
   * 나는 짐이 얼마 없어 가방이 홀쭉하니 네 짐을 나한테 나누어 주렴
   * 산타클로스가 들고 다니는 선물보따리는 아이들 집을 지날 적마다 홀쭉해집니다
   * 동생과 날마다 하나둘 꺼내 먹었더니 사탕자루가 어느새 홀쭉해졌어

3. 앓거나 지치거나 굶어서 몸이 조금 앙상하거나 거칠다
   * 아침부터 굶었더니 배가 홀쭉해요
   * 며칠 앓은 사람처럼 얼굴이 홀쭉하구나
   * 온 식구가 배앓이를 했다더니 다들 몸이 홀쭉해졌네

4. 끝이 뾰족하고 길다
   * 홀쭉한 작대기가 있으면 이 구멍으로 들어간 구슬을 꺼낼 텐데
   * 도톰한 젓가락 말고 홀쭉한 젓가락을 가져오렴

납작하다 (< 넓적하다)

1. 판판하고 얇으면서 좀 넓다
   * 이 접시는 납작해서 잡채를 많이 담을 수 없어
   * 네가 만든 인형은 납작하게 생겼구나
   * 이 아기는 납작하게 생긴 코가 참 예뻐요

2. 콧대나 겉치레나 얼굴이 눌리거나 깎이거나 벗겨지다
   * 네 콧대를 납작하게 해 주겠어
   * 힘센 사람 앞에서 알랑거리는 저 녀석을 납작하게 꺾을 테야

여위다 (> 야위다)

1. 몸에 살이 빠져 앙상하고 메마르다
   * 큰일을 치르고 나니 모두 여위었어요
   * 앓던 몸은 다 나았지만 제법 여위어서 살을 붙여야 해요
   * 네 팔다리가 참 여위었어

2. 살림살이가 매우 가난하다
   * 집안은 여위지만 늘 노래가 넘치고 이야기가 흘러요
   * 예전에는 여윈 살림이었는데 모두 힘을 쏟아서 오늘처럼 살림이 폈다고 해요

3. 빛이나 소리가 차츰 작아지거나 흐려지다
   * 별빛이 여위는 새벽입니다
   * 촛불이 다 닳아서 불빛도 곧 여윌 듯하다
   * 아버지도 졸린지 자장노래가 여위더니 어느새 뚝 그친다

4. 땅이나 냇물이 부피가 줄어들고 메말라지다 (빗대는 말로 씀)
   * 오랜 가뭄으로 여윈 물줄기가 단비를

맞아 차츰 살아난다
* 도시가 커지며 공장이며 찻길이 자꾸
  늘기만 하니 숲은 차츰 여윈다

후미지다·외지다·구석지다·동떨어지다·안침지다

⋯⋯ '후미지다'는 퍽 외로우면서 무섭다고 할 만한 곳이라는 느낌을 나타냅니다. '외지다'는 홀로 떨어진 곳이기에 외롭다 할 만하지만, 무섭다는 느낌까지 담지는 않고 고요하다는 느낌을 나타냅니다. '구석지다'는 '후미지다'보다는 살짝 가벼운 느낌인데, 남이 따돌린다는 느낌이 깃들고, 멀리 떨어진 곳을 가리키면서 씁니다. '동떨어지다'는 멀리 떨어진 곳에 있을 뿐, 어느한쪽으로 치우치거나 외롭거나 무섭다는 느낌이 없습니다. 따돌림을 받는느낌도 없습니다. '안침지다'는 안쪽으로 치우쳐서 조용하면서 무섭다는 느낌을 나타냅니다.

후미지다

1. 굽어서 들어간 곳이 매우 깊다
   * 후미진 골목 안쪽에서 아주 조그마한
     들꽃을 보았어요
   * 후미진 골짜기로 가면 조용하면서
     느긋하게 쉴 수 있을 테지요
2. 아주 한쪽으로 치우쳐 다른 데에서 거의
   안 보이면서 아주 멀리 떨어지다
   * 사람들이 빽빽해서 우리가 있을 자리가
     없더니 후미진 데에 자리가 하나 났다
   * 저쪽 후미진 벼랑에 독수리 둥지가
     있어요

외지다

: 홀로 따로 떨어진 곳이 한쪽으로 깊고
  고요하다
   * 할머니가 계신 곳은 시골버스가 하루에
     세 번 오가는 외진 마을입니다
   * 이 외진 섬에는 아주 조그마한 학교가
     있습니다
   * 외진 곳에 깃들인 집이라 무척 조용하고
     아늑합니다

구석지다

: 한쪽으로 치우쳐 다른 데에서 잘 안
  보이면서 멀리 떨어지다
   * 숨바꼭질을 하며 안 들키려고 구석진

곳을 찾아서 숨는다
* 구석진 자리이지만 들고양이한테는 볕이 잘 들고 포근한 보금자리 같아요
* 도시에서 보면 여기는 구석진 시골이고, 시골에서 보면 저쪽이 구석진 도시예요

동떨어지다

1. 멀리 떨어지다
   * 숲에 깃들인 이 집은 도시뿐 아니라 마을하고도 퍽 동떨어진 데에 있습니다
   * 우리는 서로 동떨어진 데에서 지내지만 편지로 이야기를 주고받습니다
   * 우리 집은 우체국하고 동떨어졌지만 자전거를 타고 가면 괜찮아
2. 둘 사이에 이어질 일이 거의 없다
   * 동무와 어울리지 않고 혼자 동떨어지면 쓸쓸할 텐데

* 내 말과 네 말은 서로 동떨어지지 않았어
* 사랑과 동떨어진 눈길이라면 하나도 반갑지 않아요

안침지다

: 안쪽으로 치우쳐 아주 조용하거나 무서울 만큼 깊다
   * 나는 안침진 곳으로 가서 살짝 눈을 붙이면서 쉴게
   * 조금 무섭기는 해도 숨바꼭질을 할 적에는 안침진 곳이 숨기에 좋다

후유·어휴·아휴

⋯▶ 한숨을 내쉴 적에 '휴'처럼 적는 사람이 제법 많은데, 일본말 'ひゅう'를 잘못 옮긴 낱말입니다. 한숨을 내쉬는 소리는 한국말로 '후유'처럼 적습니다. 한숨은 아니지만 힘들 때에 내는 소리로 '어휴'와 '아휴'가 있습니다. '어휴'는 '아휴'보다 느낌이 한결 센 낱말입니다. 그런데 한국말사전을 보면 '휴'를 '후유'를 줄인 낱말인 듯 다룹니다. 아무래도 사람들이 자꾸 잘못 쓰다 보니 한국말사전에까지 이런 올림말이 실리는구나 싶어요. 안타깝지만, 이런 말풀이와 올림말은 모두 잘못입니다. 한국말사전에서 '휴'는 털어야 마땅합니다. 일본사람 한숨 소리를 잘못 적어서 자꾸 퍼지는 '휴'를 함부로 한국말사전에 실으면 안 될 노릇이지요.

후유

1. 일이 고되어서 힘에 부치거나 근심이
   있어서 크고 길게 내쉬는 소리

   * 잔뜩 쌓인 설거짓감을 보니 후유 하고
     한숨부터 나온다
   * 고개를 넘으니 또 고개가 나와 후유 하고
     길게 한숨이 나온다

2. 어려운 일을 끝내거나 고비를 넘기면서
   마음을 놓아 크고 길게 내쉬는 소리

   * 후유, 이제 다 끝났구나
   * 후유, 드디어 한숨 좀 돌릴 수 있겠네

어휴

: 몹시 힘들거나 어이가 없거나 기운이 꺾일
   때에 내는 소리

* 어휴, 나 혼자 이 많은 콩을 다 까야
  한다니요
* 어휴, 나는 다리가 아파서 더 못 가겠어

아휴

: 힘들거나 어이가 없거나 기운이 꺾일 때에
   내는 소리

* 아휴, 답답해라. 내가 말할 테니 너는
  물러나 보렴
* 아휴, 아까는 무릎이 저려서 참
  힘들었어요

훌륭하다·빼어나다·뛰어나다

···› 아주 좋다고 할 만할 적에 '훌륭하다·빼어나다·뛰어나다'를 씁니다.
이 가운데 '훌륭하다'는 나무랄 곳이 없도록 좋은 모습을 가리킵니다. "어떤
일이 아주 잘되다"라든지 "마음에 들 만큼 매우 아름답다"를 가리키면서 '훌
륭하다'를 쓰고, "쓰임새가 아주 좋다"를 가리키면서도 '훌륭하다'를 써요.
'빼어나다'는 여럿 가운데 남다르게 낫거나 좋거나 앞서는 모습을 가리키고,
'뛰어나다'는 남보다 눈에 뜨이도록 훨씬 낫거나 좋거나 앞서는 모습을 가리
킵니다.

훌륭하다

1. 됨됨이나 몸짓이 무척 좋아서 나무랄 곳이
   없다

* 나도 우리 어머니와 아버지처럼 훌륭하게
  자라고 싶어요
* 할머니는 상냥하고 훌륭한 분이셔요

* 나는 아직 훌륭하지 않다고 느껴서 더
  애쓰려고 합니다
* 너희 오빠는 자전거를 훌륭하게 잘
  타더라

2. 한 일이나 지은 작품이 아주 잘되다
   * 이 책은 훌륭하니까 너희도 읽어 보렴
   * 할아버지가 예전에 이렇게 훌륭한 시를
     쓰셨구나
   * 어머니는 언니와 내가 설거지를 훌륭히
     했다고 하셔요
   * 네 노래가 얼마나 훌륭한지 눈물이 다
     나더라

3. 마음에 들 만큼 매우 아름답다
   * 나는 이 그림이 더 훌륭해 보이네
   * 너희가 찍은 사진이 모두 훌륭해서 넋을
     잃고 보았어
   * 울긋불긋한 가을잎이 이렇게 훌륭할 줄
     몰랐어요
   * 이처럼 멋지고 훌륭한 숲이 가까이
     있었구나

4. 쓸씀이나 쓰임새가 아주 좋다
   * 나는 아버지가 젊을 적부터 불던 훌륭한
     나팔을 물려받았다
   * 이 칼은 날이 훌륭히 잘 들어서 다루기에
     괜찮네
   * 쓰는 사람이 어리숙하면, 연장이
     훌륭해도 부질없는 노릇이다

* 새똥도 훌륭히 거름이 됩니다

빼어나다

: 여럿 가운데 두드러지거나 남다르게
  낫거나 좋거나 앞서다

* 이렇게 사랑스러운 시를 쓰다니 참으로
  빼어난 글솜씨로구나
* 언니는 매우 빼어난 목소리로 노래를
  부른다
* 금강산은 빼어나게 아름답다지요
* 빼어나게 고운 옷을 입은 빼어나게 예쁜
  누나

뛰어나다

: 남보다 눈에 뜨이도록 훨씬 낫거나 좋거나
  앞서다

* 재주가 뛰어나지만 언제나 다소곳하게
  지내는 사람이 멋있다
* 네 뛰어난 말솜씨에 힘입어 아슬아슬하게
  고비를 넘겼구나
* 너희가 좀 뛰어나게 잘한다고 해서
  우리를 얕보는 말아라
* 올해에는 모두 뛰어난 열매를 맺었어요

휘다·굽다·꺾다·부러뜨리다

⋯▸ '굽다'는 몸이나 어느 한쪽을 '접은 뒤에 다시 펼 수 있을' 때에 쓰는구나

싶고, '휘다'는 몸이나 어느 한쪽이 '접힌 뒤에 다시 펴지 못할' 때에 쓰는구나 싶습니다. 마주 붙거나 닿는 쪽으로 가게 하기에 '접다'라 합니다. 몸이나 어느 한쪽이 마주 붙거나 닿는 쪽으로 갔다가도 제자리로 돌아갈 수 있기에 '굽다'요, 마주 붙거나 닿는 쪽으로 갔다가 제자리로 돌아가지 못하기에 '휘다'라 할 만합니다. '팔굽혀펴기'라고 하듯이 "팔을 굽혔다 폈다"처럼 씁니다. "팔이 휘었다"고 하면 팔이 한쪽으로 접혀서 다친 모습을 가리킵니다. 이리하여 "나뭇가지가 휘었다"처럼 쓸 뿐, "나뭇가지가 굽었다"처럼 쓰지는 않습니다. 그리고 "허리가 휘게 일을 하다"라고는 말을 하지만 "허리가 굽게 일을 하다"라고는 안 합니다. "팔은 안으로 굽는다"고 하는 옛말이 있으나 "팔은 안으로 휜다"고 하지 않습니다. 이를 미루어 살피면, '굽다'는 안쪽으로 접는 모습을 흔히 가리키는 낱말이고, '휘다'는 안쪽보다는 바깥쪽으로 접는 모습을 흔히 가리키는 낱말이라 할 만합니다. 더 헤아리면, 나이가 들어 허리가 수그러드는 모습을 가리킬 적에는 "할머니 허리가 많이 굽었습니다"처럼 쓸 뿐, "허리가 많이 휘었습니다"처럼 쓰지는 않습니다. 이때에도 '굽다'는 나이가 들어 몸이 달라지는 모습을 가리키고, '휘다'를 넣는다면, 그만 할머니가 교통사고라든지 어떤 일을 겪어서 몸이 다치거나 아픈 모습을 가리키는 셈입니다. 여러모로 살피면, "이 막대기를 굽힐 수 있니?"라고 하면, 막대기를 한쪽으로 접은 뒤 제자리로 돌릴 수 있다는 뜻이고, "이 막대기를 휘어 놓을 수 있니?"라고 하면, 막대기를 한쪽으로 접은 뒤 제자리로 돌리지 못한다는 뜻까지 나타낸다고 할 만합니다. 그리고 '꺾다'는 어느 한쪽으로 접다가 아주 끊는 모습을 가리키는데, "허리를 꺾어 인사하다"처럼 쓸 적에는 '구부리다(굽다)'와 비슷한 쓰임새입니다. '구부리다'는 "한쪽으로 살짝 기울게 하다"를 가리키고, '구붓하다'는 "한쪽으로 살짝 기운 듯하다"를 가리키며, '구부정하다'는 "한쪽으로 살짝 기울다"를 가리킵니다. '꺾다'와 '부러뜨리다'는 "동강이 나게 하다"를 가리킵니다. '휘다·굽다'는 한쪽으로 기울도록 해도 동강이 나게 하지는 않으나, '꺾다·부러뜨리다'는 한쪽으로 기울도록 하면서 동강이 나도록 하는 모습을 가리킵니다. 그리고 '꺾다'는

"길고 단단한 것"을 동강이 나도록 하고, '부러뜨리다'는 "단단한 것"을 동강이 나도록 합니다.

휘다

1. 한쪽으로 기울거나 쓰러지다 (마주 붙거나 닿는 쪽으로 갔다가 제자리로 돌아올 수 없다는 느낌으로 쓴다)
   * 올해에는 나뭇가지가 휠 만큼 복숭아가 잔뜩 열렸어요
   * 아버지는 등허리가 휘도록 등짐을 나릅니다
   * 자전거를 울타리에 박는 바람에 앞바퀴가 휘었습니다
   * 네가 던진 공이 휘어서 들어왔어
2. 뜻·마음·생각을 다른 쪽으로 바꾸거나 내려놓다
   * 어리석은 말에는 휘지 않을 만큼 단단하며 곧은 할머니입니다
   * 착한 아이를 흔들어서 마음이 휘게 하지는 말자

굽다

1. 한쪽으로 기울다 (곧지 않다, 마주 붙거나 닿는 쪽으로 갔다가 제자리로 돌아올 수 있다고 할 적에도 쓴다)
   * 우리 할머니는 나이가 여든이지만 허리가 굽지 않으셨어
   * 반듯한 이쪽 길로 갈까, 아니면 굽은 저쪽 길로 갈까
   * 작은 신을 발에 꿰면 발가락이 굽으니까 다른 신을 꿰어야지
   * 팔은 안으로 굽는다
   * 팔굽혀펴기

2. 뜻·마음·생각을 다른 쪽으로 바꾸거나 내려놓다
   * 네 뜻을 굽으면서까지 이 일을 꼭 해야 할까 모르겠어
   * 아무래도 내가 생각을 굽어서 너를 도와야겠구나

꺾다

1. 길고 단단한 것을 동강이 나게 하다 (다시 펴지지 않거나 아주 끊어지게 하다)
   * 고운 꽃이면 눈으로만 가만히 보고, 섣불리 꺾지는 말자
   * 무거운 짐을 올렸더니 걸상 다리가 꺾이면서 와르르 무너졌어요
   * 불을 피우려고 잔가지를 꺾어서 모읍니다
2. 가는 길을 다른 곳으로 바꾸거나 돌리다
   * 저 모퉁이에서 꺾으면 빵집이 나올 테지
   * 자전거 손잡이를 꺾어서 오른쪽으로 돌아 보렴
3. 몸통이나 몸 한쪽을 어느 곳으로 기울도록 하다 ('굽히다'처럼 마주 붙거나 닿는 쪽으로 가도록 한 뒤에 제자리로 돌아올 수 있다는 느낌으로 쓴다)
   * 배꼽손 인사를 하려면 허리를 꺾어야지
   * 오빠가 뒤에서 장난으로 팔을 갑자기 꺾으며 놀래켰어요
4. 한쪽으로 기울게 해서 겹치다 (접다, 한쪽으로 가서 마주 붙거나 닿도록 하다)
   * 편지를 다 쓴 다음에 귀퉁이를 꺾어서 살짝 멋을 냈어요

* 책을 읽다가 덮을 적에 한쪽을 꺾지 말고 살피를 꽂으렴

5. 생각·기운·말을 제대로 펴지 못하게 억누르거나 막다
   * 아무래도 내 뜻을 꺾고 네 뜻을 따라야겠구나
   * 낮잠만 자겠다는 아버지를 꺾고 나들이를 하려고 나왔지요
   * 다른 사람이 말할 적에는 함부로 꺾지 말고 끝까지 기다리자

6. 목청이나 가락을 한껏 높이다가 갑자기 낮추다
   * 할아버지는 노래를 부르면서 고빗사위를 멋있게 꺾으시곤 한다
   * 나는 노래를 꺾으면서 부르기 어렵더라
   * 또르르 구슬이 구르는 듯하다가 살풋 꺾는 가락이 매우 곱다

7. 서로 겨루는 자리에서 어느 한쪽이 이기다
   * 줄다리기를 해서 우리 마을이 이웃 마을을 꺾었어요

* 씨름으로 아버지를 꺾을 때까지 더 힘을 내야겠습니다

8. 한 번에 안 하고 여러 번으로 나누거나 가르다
   * 오늘은 돈이 모자라서 두 번에 꺾어서 값을 치르기로 했어요
   * 잔뜩 받은 사탕을 한자리에서 다 먹지 말고 며칠로 꺾어서 조금씩 먹자

부러뜨리다

: 단단한 것을 동강이 나게 하다 (부러지게 하다)
   * 나무도 살아서 뿌리를 내린 목숨이니 줄기나 가지를 함부로 부러뜨리지 말자
   * 바닥에 연필이 구르는 줄 모르고 밟았다가 부러뜨렸어요
   * 미끄러져 넘어지는 바람에 안경다리까지 부러뜨렸습니다

흐리다 1, 2 (그림씨/움직씨)·흐릿하다·흐리멍덩하다· 자옥하다(자욱하다)·뽀얗다·뿌옇다·매캐하다

···▸ 다른 것이 섞이거나 묻은 탓에, 눈앞에 그리듯이 하나하나 구석구석 보이지 않을 적에 '흐리다'라 합니다. 맑지 못하거나 밝지 못하거나 또렷하지 못하다고 할 적에 '흐리다'를 써요. 불빛이 밝지 않을 적에도, 마음이 안 좋을 적에도, 생각이 제대로 서지 않을 적에도, 생각을 제대로 되새기지 못할 적에도, 눈이 잘 안 보일 적에도, 셈을 잘 못할 적에도, 모두 '흐리다'라 합니

다. '흐리다'를 바탕으로 여러 가지 낱말이 가지를 칩니다. "살짝 흐리다"는 뜻으로 '흐릿하다'라는 낱말을 쓰고, 마음이 맑지 않거나, 옳고 그름을 못 가리거나, 생각이 잘 안 나거나, 소리가 뚜렷하지 않다는 뜻으로 '흐리멍덩하다'라는 낱말을 씁니다. 안개나 김이나 연기가 짙게 끼어 살짝 흐리다고 할 적에 '자옥하다(< 자욱하다)'라는 낱말을 씁니다. 연기나 안개가 낀 듯한 느낌이면서 하얀 빛깔이라 할 적에는 '뽀얗다(> 보얗다)'라 하고, 연기나 안개가 낀 듯한 느낌이면서 허연 빛깔이라 할 적에는 '뿌옇다(> 부옇다)'라 합니다. '뽀얗다'는 살갗이 하얄 적을 가리키기도 하고, 빛깔이 보기 좋도록 하얄 적을 가리키기도 하는데, 우유 빛깔을 닮은 모습을 흔히 가리킵니다. 그리고 재빠른 걸음으로 달릴 적에 먼지가 피어나는 모습을 빗대려고 쓰기도 해요. '뿌옇다'는 썩 보기 좋지 못하게 허연 살갗을 가리키고, 창피함을 느끼도록 크게 꾸중하는 모습을 빗대려고 쓰기도 합니다. '매캐하다'는 연기에서 나는 냄새가 맵거나 쏜다고 할 적에 쓰는 낱말입니다.

흐리다 1 (그림씨)

1. 다른 것이나 더러운 것이 섞이거나 묻어서 속이 제대로 보이지 않다 (맑거나 또렷하지 못해 잘 안 보이다)
   * 바닷물이 흐려서 바닷속을 볼 수 없구나
   * 창문이 흐리니 닦아야겠어
   * 냇물이 퍽 흐린데 물고기가 살 수 있을까 궁금해

2. 구름이 많이 끼다 (구름이 많이 끼어 햇빛이 밝지 못하다)
   * 날이 흐리니 비옷이나 우산을 챙길까
   * 낮이지만 흐린 날씨라서 집에서는 불을 켜요

3. 등불이나 촛불이 거의 꺼질 듯하여 밝게 비치지 못하다
   * 불빛이 흐려 눈이 나빠지겠으니 불빛이 밝은 데로 가자
   * 처음에는 촛불만으로는 흐리구나 싶지만 나중에는 제법 밝구나 싶어

4. 빛깔·밝기·테두리가 제대로 보이지 않거나 드러나지 않다 (어렴풋하다)
   * 노을빛을 찍으려고 했는데 사진이 흐리게 나와서 아쉽다
   * 글씨가 너무 흐려 잘 안 보인다

5. 얼굴·마음에 걱정·시름·언짢음이 드러나다
   * 네 흐린 얼굴을 보니 무슨 걱정이 있는 듯하구나
   * 네 낯빛이 흐려서 못마땅한 일이 있구나 싶었어

6. 마음·생각·넋이 제대로 서거나 있지 못하다

* 어떻게 해야 좋을는지 생각이 흐리기에 갈팡질팡하다가 일을 그르친다
* 마음이 흐릴 적에는 무엇을 해도 기쁘지 않더라
* 차에 치인 고양이가 흐리기는 하지만 아직 숨을 쉬어

7. 눈앞에 그리듯이 떠오르지 않거나 헤아리지 못하다
   * 세 살 적 일이라 너무 흐려서 나도 모르겠어
   * 흐린 눈으로 보면 참인지 거짓인지 제대로 가리지 못해

8. 눈이 잘 보이지 않다
   * 할아버지는 눈이 흐려서 사람을 잘 못 알아보셔요
   * 몸이 아프면 눈이 살짝 흐리기도 하대요

9. 셈을 잘하지 못하다
   * 셈이 흐리니 더하기를 틀리기도 합니다
   * 셈이 흐리지만 천천히 손가락을 꼽으면 맞힐 수 있어요

흐리다 2 (움직씨)

1. 자국을 지우거나 없애다
   * 틀림없이 누군가 다녀간 듯한데 자국을 흐려 놓았네
   * 공책 귀퉁이에 무슨 말을 적었다가 흐린 티가 남았어

2. 다른 것을 섞어서 맑지 않게 하다
   * 잔잔한 냇물을 첨벙첨벙 지나면서 물을 흐려 놓는다
   * 자동차 물결에서 나는 매연은 한낮에도 하늘을 잿빛으로 흐립니다

3. 잘 알아들을 수 없게 말하다
   * 우물쭈물 말끝을 흐리지 말고 또렷하게

이야기해 보렴
   * 네가 물을 쏟았으니 말꼬리를 흐리는구나

4. 걱정이나 응어리나 싫은 마음을 얼굴에 드러내다
   * 할머니는 편지를 받고 나서 낯빛을 흐립니다
   * 내 말을 듣던 오빠가 문득 얼굴빛을 흐려요

5. 바람이나 흐름을 나쁘게 바꾸다
   * 네 거친 말과 몸짓이 온 집안을 흐리는구나
   * 시끄러운 싸움 소리가 잔치판을 다 흐리고 만다

6. 올바로 생각하거나 바라보지 못하게 하다
   * 동무를 아끼는 마음은 알겠지만 그 때문에 바른 생각을 흐리는구나
   * 눈먼 사랑이야말로 눈을 흐린다

흐릿하다

: 살짝 흐리다
   * 하늘이 흐릿하지만 눈이 올 듯하지는 않아
   * 조금 먼 곳에 있으니 흐릿해서 보일 듯 말 듯 하네
   * 불빛이 흐릿한데 전구를 갈아야 하지 않을까

흐리멍덩하다

1. 마음·생각이 맑지 않다
   * 잠이 깨기는 했지만 아직 흐리멍덩한가 보구나
   * 찬바람을 쐬면 흐리멍덩한 머리가 깨지 않을까

2. 옳고 그름을 제대로 못 가리거나, 하는

일이 제대로 드러나지 않다

* 흐리멍덩해서 거짓말을 못 알아채니까 자꾸 속고 말지
* 이 그림은 무엇을 보여주려 하는지 흐리멍덩한 듯해요

3. 눈앞에 그리듯이 생각나지 않다 (뚜렷하게 떠오르지 않다)

* 지난달에 너한테 무슨 말을 했는지 흐리멍덩하다
* 다섯 살 때까지는 떠오르지만, 더 앞서는 흐리멍덩해요

4. 귀에 들리는 소리가 있는 듯 없는 듯 하다

* 들릴 듯하면서도 흐리멍덩해서 어떤 소리인지 모르겠어
* 흐리멍덩하지만 고양이가 지붕을 걷는 소리가 들리는 듯하다

자욱하다 (< 자옥하다)

: 안개·김·연기가 짙게 끼어 흐릿하다

* 안개가 자욱한 길에서 달리다가 그만 다른 사람하고 부딪혔어요
* 창문도 안 열고 비질을 하니 마루에 먼지가 자욱하구나
* 난롯불에 고구마를 굽다가 그만 태우는 바람에 연기가 자욱하게 퍼진다

뽀얗다 (> 보얗다)

1. 연기나 안개가 낀 듯이 잘 드러나지 못하고 하얗다

* 밭일을 하다 쉬는 할머니가 피우는 담배 연기가 뽀얗게 피어오릅니다
* 물보라가 뽀얗게 일어난다
* 솜털같이 뽀얀 눈송이가 하늘하늘 떨어집니다

* 할머니는 국물이 뽀얀 곰국을 끓여요

2. 살갗이나 얼굴이 하얗고 말갛다

* 토실토실한 아기를 따뜻한 물에 씻기니 살결이 한결 뽀얘요
* 어쩜 너는 얼굴이 이렇게 뽀얄 수 있을까

3. 빛깔이 보기 좋게 하얗다

* 김이 모락모락 나는 설기떡은 뽀얀 빛깔이 먹음직스럽다
* 배는 껍질을 벗기면 속살이 맑고 뽀얘서 침이 꼴깍 넘어간다

4. '재빠른 걸음으로 부리나케 달려가는 모습'을 빗대는 말

* 동생은 창피한지 먼지를 뽀얗게 일으키면서 내뺀다
* 뒤가 마려워서 먼지를 뽀얗게 날리면서 뒷간으로 간다

뿌옇다 (> 부옇다)

1. 연기나 안개가 낀 듯이 잘 드러나지 못하고 허옇다

* 안개가 뿌옇게 낀 길을 걸으니 마치 구름 사이를 지나가는 듯해요
* 배가 떠나면서 연기를 뿌옇게 내뿜는다

2. 살갗이나 얼굴이 허옇고 멀겋다

* 네 얼굴을 보니 잠을 못 잔 듯이 푸석푸석하고 뿌예네
* 밤에는 일하고 낮에는 자는 아버지는 얼굴이 뿌예요

3. '창피함을 느끼도록 크게 꾸중하거나 다그치는 모습'을 빗대는 말

* 아끼던 접시를 깼다고 뿌옇게 꾸중을 들었다
* 동생을 때렸다고 어머니는 나를 뿌옇게 나무랐어요

매캐하다

: 연기나 곰팡이 같은 냄새가 좀 맵고 콕 쏘다

  * 불에서 나는 연기가 매캐해서 재채기가 난다
  * 불을 피우면 처음에는 좀 매캐하지만 곧 나아져
  * 자동차가 많은 도시에서는 매캐해서 숨이 막혀요

흔하다·잦다

⋯⋯ 많이 있거나, 쉽게 볼 만하거나, 얻기 쉬울 만큼 넉넉하다고 할 적에 '흔하다'라는 낱말을 쓰고, 짧은 동안에 잇따라 하거나 있는 일을 나타낼 적에 '잦다'라는 낱말을 씁니다. '흔하다'를 줄여 '흖다'처럼 써요. '잦다(자주)'는 짧은 동안에 잇따라 하거나 있는 모습을 가리키지만 '많이' 있는 모습을 가리키지는 않습니다. 이와 달리 '흔하다'는 많이 있거나 쉽게 보거나 넉넉히 있는 모습을 가리키지요.

흔하다 (흖다, 흔히)

1. 매우 많이 있거나, 쉽게 볼 수 있다
   * 흔해서 여러 사람이 똑같이 쓰는 이름은 그만큼 예쁘며 좋은 이름일 테지요
   * 강원도에는 자작나무가 흔하고, 전라남도에는 후박나무가 흔하다
   * 추운 고장에서는 눈이 흔하지요
   * 바닷가에서는 물고기를 흔히 먹고, 멧골에서는 나물과 버섯을 흔히 먹지
2. 넉넉해서 얻기 쉽다
   * 약으로 쓰는 풀은 알고 보면 흔하게 자라는 들풀이기 일쑤야
   * 내 머리끈은 문방구에 가면 흔해
   * 가게에 가면 흔한 것 말고, 내 마음을 담은 선물을 손수 마련하고 싶어

잦다 (자주)

: 짧은 동안에 잇따라 하거나 있다 (짧은 사이에 자꾸 하다)

  * 할아버지는 몸이 아프신지 기침이 잦으셔요
  * 올해에는 비가 잦아서 해를 보기 어렵네
  * 요즈음에는 밖에서 사 먹는 일이 잦았어요

힘·기운·용·악

⋯▸ 몸을 움직이거나 다른 것을 움직이게 하는 바탕이 '힘'입니다. 도움이 되는 바탕이라든지 어떤 일을 하는 손질이나 재주도 '힘'이라 하고, 씩씩한 마음도 '힘'이라 합니다. 올바로 깨닫는 슬기라든지 마음을 다스리는 바탕이라든지, 우리가 둘레에서 보는 모든 움직임은 바로 '힘'이 있기에 나타난다고 할 수 있습니다. 몸을 살찌우는 힘뿐 아니라 생각하는 힘을 키워요. '기운'은 모든 것이 나고 자라는 바탕을 가리킵니다. 움직이도록 하는 '힘'이라한다면, 나고 자라도록 하는 '기운'이라고 할 만합니다. 그런데 '힘·기운'을 나란히 쓰기도 해요. "네가 힘이 세구나"라든지 "네가 기운이 세구나"처럼 두 낱말을 똑같이 쓸 수 있습니다. 그렇지만 "봄기운"이라든지 "몸살 기운"이라든지 "따스한 기운" 같은 자리에서는 '힘'이라는 낱말을 못 씁니다. 숨이나 숨결과 맞물리는 자리에서는 '기운'이라는 낱말만 쓰는구나 싶습니다. 그런데 "밥 기운이 다 되다"라든지 "약 힘이 떨어지다" 같은 자리에서는 다시 '힘·기운'을 두루 씁니다. '용'은 "한때나 한꺼번에 모아서 내는 센 힘"을 가리키고, '악'은 "있는 대로 모아서 쓰는 기운"을 가리킵니다. "용을 쓴다"고 할 적에는 마치 "젖을 먹던 힘"을 쓴다고 할 만하고, "악을 쓴다"고 할 적에는 꼭 "나고 자라는 동안 생긴 모든 기운"을 쓴다고 할 만합니다.

힘

1. **몸을 움직이거나 다른 것을 움직이게 하는
   바탕**
   * 나는 아직 힘이 여려 아버지한테
     팔씨름으로 이기지 못해요

* 힘이 센 동무가 짐을 함께 날라 주었어요
* 동생은 힘이 없어 밥상은 못 나르지만
  수저는 나를 수 있답니다
* 젖 먹던 힘까지 끌어낸다

2. **도움이 되거나 기댈 수 있는 바탕**

* 네 도움말이 크게 힘이 되어서 이 실마리를 풀 수 있었어
* 내 힘으로는 모자라 언니 힘을 빌려서 케이크를 구웠습니다
* 언제나 힘이 되는 우리 어머니

3. 어떤 일을 할 수 있는 바탕이나 손길이나 재주
   * 서로 힘을 모으면 어떤 일이든 할 수 있어요
   * 끝까지 다 함께 온 힘을 다하자
   * 제대로 알아야 힘이 되지
   * 힘이 닿는 데까지 돕겠습니다
   * 나로서는 힘이 달리지만 그래도 더 해 볼게

4. 씩씩하거나 굳센 마음
   * 두려움을 떨치고 다시 힘을 내기로 했어요
   * 어머니는 우리도 얼마든지 할 수 있다는 말로 힘을 불어넣습니다
   * 잘못을 떳떳이 밝힐 만한 힘이 아직 없구나

5. 올바로 알거나 깨닫는 슬기
   * 생각하는 힘을 길러야 제대로 배웁니다
   * 어느 쪽이 옳거나 그른지 가릴 줄 아는 힘이 없구나
   * 꿈을 그릴 줄 아는 힘

6. 마음이나 생각을 다스리거나 움직이는 바탕
   * 머리로 힘을 써서 어지러운 생각을 떨칩니다
   * 우리 마음에도 힘이 있어서 이 힘으로 사랑을 북돋웁니다

7. 바람·해·물결이 스스로 움직이거나 다른 것을 움직이게 하는 바탕

* 바람이 부는 힘으로 돛단배를 몹니다
* 해가 비추는 힘을 빌려서 발전소를 돌려요
* 물결이 얼마나 힘이 센지 커다란 배도 꼼짝을 못하는구나

8. 다른 것에 끼치거나 퍼지는 보람
   * 오늘날에는 인터넷이 무척 힘이 세다
   * 작은 들꽃 한 송이가 힘을 끼쳐 식물학자 한 사람이 태어났다
   * 네 말에 힘을 받아 모두 이 책을 읽기로 했어

9. 밥이나 약이 두루 퍼지는 보람
   * 밥 먹은 힘이 다 떨어진 듯하다
   * 시골에서 할아버지는 일이 바쁜 철에 샛밥과 막걸리 힘으로 버티십니다

10. 물건이 튼튼하거나 단단한 세기
    * 시골집은 기둥이 버티는 힘이 크기 때문에 튼튼하고 좋은 나무를 써야 해요
    * 밥상다리에 힘이 없어서 쓰러질 듯하다
    * 지게가 힘이 없으면 짐을 제대로 못 실지요

11. 억누르거나 짓밟거나 윽박질러서, 시키는 대로 따르도록 내몰려는 몸짓
    * 어린이를 힘으로 누르려 하지 마셔요
    * 학급에서 반장이라는 힘을 써서 심부름을 시키다
    * 힘으로 이웃을 괴롭히려 하기에 전쟁이 터집니다

12. 돈이 끼치거나 퍼지는 보람
    * 돈이 좀 있다고 그 힘으로 사람을 움직이려 하는구나
    * 돈이라는 힘을 쓰지 말고 사랑으로 다가서면 좋겠어

13. 연장이나 기계가 스스로 움직이거나 다른

것를 움직이게 하는 바탕

* 네 자전거가 내 자전거보다 힘이 좋구나
* 작은 짐차보다 큰 짐차가 힘이 좋아 짐을
  잔뜩 싣고 잘 달립니다

기운

1. 하늘과 땅 사이에 가득 차서, 모든 것이
    나고 자라는 바탕
    * 깊은 숲에서 나무가 춤추는 소리를
      들으며 우리 지구에 흐르는 기운을
      느껴요
    * 우주에는 어떤 기운이 흐르기에 별빛이
      저렇게 고울까 궁금해요
    * 내 몸에도 풀잎 하나에도 모든 것을 처음
      지은 기운이 서렸겠지요
2. 살아서 움직이도록 하는 바탕
    * 네가 기운이 세니 동생을 도우면 좋겠어
    * 날마다 뛰놀아도 새로 기운이 나서
      아침부터 또 놀아요
    * 졸리고 힘들어서 움직일 기운이 없어요
    * 내가 노래를 부르면 어머니는 없던
      기운이 새로 솟는다고 합니다
3. 눈으로는 못 보면서 몸이나 마음으로
    받아들이는 흐름·바람·온도·냄새
    * 사월로 접어드니 봄기운이 따스하고 꽃도
      잔뜩 피어요
    * 방바닥에 찬 기운이 도니 불을
      지펴야겠어요
    * 서늘한 기운이 감도는 가을바람이 붑니다
    * 아버지 손을 쥐면 따스한 기운이 퍼져서
      즐겁습니다
4. 몸이 아픈 줄 알 수 있게 하는 낌새 (감기나
    몸살 같은 것에 걸려 흔히 드러남)
    * 감기 기운이 있어서 오늘은 쉬려고 해요

* 며칠째 몸살 기운이 있어서
  어질어질합니다
5. 밥이나 약이 두루 퍼지는 보람
    * 밥 기운이 다 되었는지 더 못 놀겠어
    * 약 기운이 떨어지는지 다시 아픈 듯해요
    * 아버지는 술기운을 빌려 고단한 몸을
      쉰다

용 (용쓰다)

1. 한때나 한꺼번에 모아서 내는 센 힘
    * 네가 용을 쓰기는 하지만 많이 힘든
      듯한걸
    * 용을 쓴다고 해서 될 일은 아니로구나
      싶어
    * 용 빼는 재주가 있구나
2. 괴로움을 억지로 참는 힘
    * 몹시 아플 텐데 참으로 용을 쓰는구나
    * 괴로우면 용을 쓰지 말고 홀가분하게
      내려놓자

악 (악쓰다)

1. 있는 대로 다 모아서 쓰는 기운
    * 졸린 아이가 악을 쓰며 울기에 품에 안고
      살살 달랩니다
    * 멀어서 소리가 안 들리는 듯하기에 다시
      악을 써서 외쳤어요
    * 졸음을 참고 악을 써서 만두를 다
      빚었습니다
2. 모질고 단단하게 먹는 마음
    * 멋을 낸다고 가볍게 입고 나왔다가
      추워서 악으로 겨우 버텼다
    * 힘든 일이 있어도 악으로 살아오셨다는
      할머니
    * 악이라도 없으면 따돌림을 참을 수

없었을 테지

3. 모질게 일어나는 성
   * 악에 받쳐서 바다에 대고 돌을 던졌다
   * 얌전한 아이도 악에 치받치면 불같이
     소리를 지른다

ㄱ
ㄴ
ㄷ
ㄹ
ㅁ
ㅂ
ㅅ
ㅇ
ㅈ
ㅊ
ㅋ
ㅌ
ㅍ
ㅎ

'생각하는 기쁨'을 살리는 말

이 '읽는 사전'을 차근차근 읽어 주신 분들을 헤아리면서 맺음말을 적어 봅니다. 맺음말을 넣는 '사전'은 거의 없지 싶습니다만, '책상맡 사전'이 아니라 '읽는 사전'으로 쓰고 엮었기에 마지막 말씀을 여쭈려고 합니다.

처음부터 끝까지 이 '읽는 사전'을 읽어 주신 분들은 아마 마음속으로 무언가 '다르거나 새로운 생각'이 일어날 만하리라 하고 봅니다. 왜냐하면, 이 '읽는 사전'은 '말 지식'을 늘리려고 내놓은 사전이 아니기 때문입니다. 우리가 쓰는 모든 말은 언제나 우리 스스로 찾고 생각하고 살피고 느끼고 가다듬고 갈고닦아서 쓴다고 하는 대목을 이야기하는 사전입니다.

눈이 밝은 분이라면, 이 '읽는 사전'은 '오늘날 맞춤법이나 띄어쓰기' 몇 가지를 일부러 안 받아들인 대목을 알아챘으리라 생각합니다. 먼저 '이밖에 · 그밖에 · 저밖에'를 한 낱말로 다루었습니다. '−밖에'가 토씨로 쓰일 적에는 앞말하고 붙이는데, 이때뿐 아니라 '이밖에 · 그밖에 · 저밖에'는 한 낱말로 넉넉히 쓰일 만하다고 느끼기 때문이고, 아주 많은 사람들이 벌써 한 낱말처럼 쓰기 때문이기도 합니다. 다음으로 '알려주다 · 보여주다'도 한 낱말로 다루었지요. 왜냐하면, 국립국어원에서는 '들려주다'를 한 낱말로 삼는데, 귀로 듣는 자리만 '들려주다'로 적을 노릇이 아니라, 입으로 말하는 자리도 '알려주다'로 적고, 눈으로 밝히는 자리도 '보여주다'처럼 적을 때에 말짜임이 잘 살아나면서 제대로 어울린다고 여기기 때문입니다. 이밖에도 '돌려주다 · 건네주다 · 내주다 · 봐주다(보아주다)' 같은 한 낱말이 있어요. '−주다'를 붙여서 새로운 한국말을 즐겁게 빚을 만하고, 이렇게 새로운 한국말을 즐겁게 빚으면서 우리 스스로 한국말을 알차게 가꿀 수 있기를 바랍니다.

우리가 생각해야 할 대목을 우리가 여태 잊고 지냈다고 하는 이야기를 들려주려고 하는 '읽는 사전'이기 때문에, 이 책에서는 고장말(사투리)도 여러 모로 담았습니다. 서울 표준말만 '말'이 될 노릇이 아니라, 전국 여러 곳에서 알맞고 알차며 아름답게 쓰는 말도 '한국말'로 넉넉히 살필 때에 생각을 가꾸고 마음을 살찌우는 밑틀이 되리라 느껴요. 이를테면 '이녁'이나 '놀래키다' 같은 고장말은 고장말로만 두기보다 '한국말'로 더욱 널리 쓸 만하다고 느껴요. '그대 · 자네 · 너'뿐 아니라 '이녁'을 쓰면서 서로서로 더 살가이 가리킬 수 있습니다. '일으키다 · 돌이키다' 같은 낱말처럼 '놀래키다(놀라게 하다)'를 즐겁게 쓸 만해요.

우리가 말을 하거나 글을 쓰는 까닭은 '맞춤법이나 띄어쓰기를 지켜야' 하기 때문이 아닙니다. 우리는 생각을 밝히고 가꾸고 키우고 사랑하고 나누고 북돋우고 살찌우려고 말을 하거나 글을 씁니다. 다시 말해서, "생각하는 기쁨을 스스로 북돋우면서 이웃하고 나누려는 마음"으로 말을 하거나 글을 씁니다.

이 '읽는 사전'을 즐거이 읽은 분들이 이 대목을 잘 헤아려 주시기를 바라요. 이 '읽는 사전'에 나오는 말넋과 말삶을 넉넉히 살피면서 새로운 생각을 짓는 슬기로 나아가시기를 바라요. 더 많은 말을 머릿속에 담아서 '글자랑 · 말자랑'을 하는 삶이 아니라 '글꽃 · 말꿈'을 키우는 사랑과 살림이 될 수 있기를 바라요. 우리는 저마다 즐겁고 슬기로이 생각하는 사랑을 가꾸는 살림으로 나아가는 삶이 되면서 웃고 노래하려는 뜻으로 말을 나누고 글을 쓴다고 느낍니다. 고맙습니다.

● 여러모로 도움을 받은 사전과 책

* 大阪每日新聞社, 《自習用 全祈辭典》(大阪每日新聞社, 1924)
* 송완식, 《백과신사전》(동양대학당, 1924)
* 이명세·문세영, 《修錬 滿洲語 自通》(以文堂, 1934)
* 王大雅, 《가정독본》(시조사, 1936)
* 朝鮮總督府, 《朝鮮語讀本 卷三》(朝鮮總督府, 1937)
* 김윤경, 《조선문자 급 어학사》(진학출판협회, 1938)
* 문세영, 《조선어사전》(조선어사전간행회, 1938)
* 강의영, 《鮮和大辭典》(영창서관, 1938)
* 성셔공회, 《개역 성경》(성셔공회, 1938)
* 國語硏究會, 《やさしい 國語小辭典》(東亞敎育出版社, 1943)
* 문세영, 《국한신옥편》(동화당서점, 1946)
* 유형기, 《신생 한영사전》(신생사, 1946)
* 한용선, 《신어사전》(숭문사, 1946)
* 이윤재, 《표준 조선말 사전》(아문각, 1947)
* 조선어학회, 《조선말 큰 사전 1》(을유문화사, 1947)
* 신기철, 《한글 공문서 기초지식》(동방문화사, 1947)
* 손진태, 《한국민족설화의 연구》(을유문화사, 1947)
* 조복성, 《곤충기》(을유문화사, 1948)
* 손정규, 《우리 음식》(삼중당, 1948)
* 유열, 《알기 쉬운 한글강좌》(일성당서점, 1948)
* 양주동, 《詳註 국문학 고전독본》(박문서관, 1948)
* 이숭녕, 《고어의 음운과 문법》(문화당, 1948)
* 조선어학회, 《조선말 큰 사전 2》(을유문화사, 1949)
* 윤태영, 《글짓기 생활》(문화당, 1949)
* 남태경, 《한국조류명휘》(서울대학교, 1950)
* 조복성, 《일반과학 동물계》(정음사, 1950)
* 김진봉, 《일용 고사숙어 강화》(한미문화사, 1950)
* 편집부, 《고등 국어 1-2》(문교부, 1952)
* 안신영, 《알기 쉬운 한글 맞춤법》(백조서점, 1952)
* 한글편찬회, 《깁고 더한 한글사전》(동명사, 1953)
* 신태화, 《표준 가나다 사전》(삼문사, 1953)

* 최운정, 《신 시조풀이》(대양출판사, 1953)
* 이숭녕, 《음운론 연구》(민중서관, 1954)
* 오화섭, 《영문해석》(수험연구사, 1954)
* 유창돈, 《고어사전》(동국문화사, 1955)
* 편집부, 《문교부 지은 중학국어 자습서 2-Ⅱ》(동서문화사, 1955)
* 최기철, 《학생동물도보》(수문각, 1955)
* 김기동, 《개정 국문학개설》(태창문화사, 1955)
* 이희승, 《국어학개설》(민중서관, 1955)
* 최현배, 《글자의 혁명》(정음사, 1956)
* 국어연학회, 《국어 정화교본 제1집》(한미문화사, 1956)
* 한글학회, 《큰 사전 1~6》(을유문화사, 1957)
* 김윤경, 《고등 나라말본》(동아출판사, 1957)
* 김성배, 《한국어 교육론》(대한교과서주식회사, 1957)
* 방신영, 《우리나라 음식 만드는 법》(국민서관, 1957)
* 신기철·신용철, 《표준국어사전》(을유문화사, 1958)
* 한글학회, 《개정한 한글 맞춤법 통일안, 용어 수정판》(한글학회, 1958)
* 한글학회, 《중사전》(한글학회, 1958)
* 최현배, 《한글의 투쟁》(정음사, 1958)
* 국어국문학회, 《국어새사전》(동아출판사, 1958)
* 방종현·김사화, 《속담사전》(문성각, 1958)
* 임옥인, 《여학생의 문장강화》(신광사, 1959)
* 신대영, 《속담 가집 : 구슬이 서말이라도 꿰어야 구슬》(수문사, 1959)
* 홍웅선·김민수, 《새 사전》(대한교과서주식회사, 1959)
* 허웅, 《국어음운론》(정음사, 1959)
* 이휘재·나형섭, 《신제 고등 생물 상》(한국검인정교과서주식회사, 1959)
* 유창균, 《국어학사》(영문사, 1959)
* 백용성, 《국한문역 선문촬요》(선학원, 1960)
* 정인승, 《의문·해설 한글강화》(신구문화사, 1960)
* 영어연구회, 《영시작법과 감상법》(성문각, 1960)
* 강영선, 《원색생물도보》(제일출판사, 1960)
* 이인모, 《문체론》(선명문화사, 1960)
* 한국동물학회, 《한국동물명집》(홍지사, 1960)
* 편집부, 《표준 일한사전》(형설문화사, 1960)
* 이희승, 《국어대사전》(민중서관, 1961)

* 최현배, 《한글 바로적기 공부》(정음사, 1961)
* 유창돈, 《국어변천사》(통문관, 1961)
* 오토 에스페르센, 《언어》(문교부, 1961)
* 조복성, 《최신동물도감》(문리사, 1961)
* 편집부, 《재미있는 자연 이야기 1》(어문각, 1961)
* 국어국문학회, 《모국어 1》(통문관, 1962)
* 이휘재·나형섭, 《신제 고등 생물 하》(한국교과서주식회사, 1962)
* 이기문, 《속담사전》(민중서관, 1962)
* 최현배, 《나라 건지는 교육》(정음사, 1963)
* 편집부, 《일본어 첫걸음》(문양사, 1963)
* 장태진, 《한국은어사전》(형설출판사, 1963)
* 아르쌘 다르매스뜨때애르, 《낱말의 생태》(문교부, 1963)
* 홍순의, 《에스페란토 교정》(문화사, 1963)
* 한글전용특별심의회, 《회보 제5집》(한글전용특별심의회, 1963)
* 홍정균, 《제주도민요해설》(성문사, 1963)
* 이희복, 《국어교육의 앞길》(어문각, 1963)
* 유창돈, 《이조 국어사 연구》(선명문화사, 1964)
* 정재도, 《국어의 갈 길》(문헌각, 1965)
* 한글학회, 《새 한글 사전》(홍자출판사, 1965)
* 이응백, 《한국어학본》(大阪府本部文敎部, 1965)
* 이종수, 《상식요람》(신화문화사, 1965)
* 허웅, 《표준문법》(신구문화사, 1966)
* 편집부, 《아동예능사전》(삼교사, 1966)
* 편집부, 《월남어》(육군본부, 1966)
* 유영남, 《수정 증보한 올바른 국어학습의 길잡이》(새문화출판사, 1966)
* 편집부, 《대학입시를 위한 새 고교국어》(일지사, 1968)
* 이훈종, 《국학도감》(일조각, 1968)
* 원성훈·지창훈·조동구, 《한글 길잡이》(삼문출판사, 1969)
* 편집부, 《글본 4》(문교부, 1969)
* 이강로, 《국어 교육의 바른 길》(배영사, 1969)
* 편집부, 《과학기술용어집 인쇄공학편》(문교부, 1969)
* 최현배, 《한글만 쓰기의 주장》(정음사, 1970)
* 이병희·정진권, 《한글 전용의 실제》(교학사, 1970)
* 장덕순·홍성배, 《한글 바로 쓰기본》(세종각, 1970)

* 황혜성, 《한국의 미각》(궁중음식연구원, 1971)

* 강윤호·박붕배·이병호, 《현대인의 언어생활》(교육출판사, 1971)

* 허웅·박지웅, 《국어국문학 사전》(일지사, 1971)

* 한글학회, 《한글전용으로의 길》(한글학회, 1971)

* 유창돈, 《어휘사 연구》(선명문화사, 1971)

* 손흥수, 《한글 바로쓰기 교본》(선명문화사, 1971)

* 편집부, 《한글농업용어집 3000단어》(농업진흥청, 1971)

* 편집부, 《영한 속담 사전》(경학사, 1971)

* 한국유통경제연구소, 《광고사전》(에코노미아, 1972)

* 이경복, 《우리말 지켜 닦아 쓰기의 길》(덕수상업고등학교 우리말 지켜쓰기회, 1972)

* 진성기, 《남국의 금기어 연구》(제주민속문화연구소, 1972)

* 이응호, 《미 군정기의 한글 운동사》(성청사, 1973)

* 서울여대 출판부, 《우리말과 글 바로쓰기》(금강출판사, 1973)

* 조용란, 《말·글·얼》(한얼문고, 1973)

* 편집부, 《생활인의 외래어》(종문각, 1973)

* 박갑철, 《세계의 지명》(정음사, 1973)

* 한국 국어교육 연구회, 《국어교육 21》(한국국어교육연구회, 1973)

* 신기철, 《새 우리말 큰사전》(서울신문사, 1974)

* 허웅, 《우리 말과 글의 내일을 위하여》(과학사, 1974)

* KBS방송용어심의위원회, 《표준방송용어사례집》(한국방송공사, 1974)

* 한갑수, 《고운말 바른말 사전》(삼중당, 1975)

* 김종원, 《어린이말 연구》(개문사, 1975)

* 오창근, 《영영한사전》(한국경영개발원, 1976)

* 이경복, 《국어계획론》(글벗집, 1976)

* 정약전(정문기 옮김), 《玆山魚譜》(지식산업사, 1977)

* 양주동, 《국어대사전》(선일문화사, 1977)

* 국어순화추진회, 《국어순화의 길》(수도여자사범대, 1978)

* 김도환, 《속담의 묘미》(제일문화사, 1978)

* 한국 국어교육 연구회, 《국어교육 32》(한국국어교육연구회, 1978)

* 편집부 엮음, 《국어의 순화와 교육》(한국정신문화연구원, 1979)

* 박갑수, 《사라진 말 살아남는 말》(서래헌, 1979)

* 허발, 《낱말밭의 이론》(고려대학교 출판부, 1979)

* 이오덕, 《우리도 크면 농부가 되겠지》(청년사, 1979)

* 편집부, 《어촌속담집》(전라남도, 1980)

* 장재성,《한글 바로잡이》(운암사, 1983)
* 管野裕臣,《朝鮮語の入門》(白水社, 1981)
* 편집부,《우리말식 영어》(기술연구사, 1981)
* 이영노·오용자,《관속 식물 분류학》(새글사, 1982)
* 박태권·전재호,《국어 표현 문법》(이우출판사, 1982)
* 한국 국어교육 연구회,《국어교육 41》(한국국어교육연구회, 1982)
* 하이젠베르크,《부분과 전체》(지식산업사, 1982)
* 송재선,《우리 말 속담 큰사전》(서문당, 1983)
* 허웅,《국어학》(샘문화사, 1983)
* 편집부,《모국어교육 1》(모국어교육학회, 1983)
* 임길상,《성주의 지명고》(이문사, 1983)
* 이상섭,《'님의 침묵'의 어휘와 그 활용 구조》(탐구당, 1983)
* 김기종,《조선어 수사학》(료녕인민출판사, 1983)
* 박지홍,《풀이한 훈민정음》(과학사, 1984)
* 조재수,《국어사전 편찬론》(과학사, 1984)
* 임동권,《여성과 민요》(집문당, 1984)
* 한국 국어교육 연구회,《국어교육 48》(한국국어교육연구회, 1984)
* 편집부,《한글 한자 바로쓰기》(국정교과서주식회사, 1985)
* 양태식,《국어 차원낱말의 의미구조》(태화출판사, 1985)
* 김계곤,《우리 말·글살이의 바른 길》(참한, 1985)
* 박지홍,《우리 현대 말본》(과학사, 1986)
* 조재수,《북한의 말과 글》(한글학회, 1986)
* 정희영,《노동용어사전》(한국노동문제연구소, 1986)
* 일본 와우사 편집,《일본어 속담사전》(동양문고, 1986)
* 오사카외국어대학 조선어연구실,《조선어 대사전 상·하》(각천서점, 1986)
* 미승우,《잘못 전해지고 있는 것들》(범우사, 1986)
* 박상훈·리근영·고신숙,《우리 나라에서의 어휘정리》(사회과학출판사, 1986)
* 흑룡강조선어학회,《흑룡강성 조선어 학술론문집》(흑룡강조선민족출판사, 1986)
* 박지홍,《우리 말의 의미》(과학사, 1987)
* 정재도,《우리 말글 이야기》(계몽사, 1987)
* 최문휘,《충남토속지명사전》(민음사, 1988)
* 김윤학·김지권·안유풍·박정숙,《가게·물건·상호 상품 이름 연구》(과학사, 1988)
* 이오덕,《우리 글 바로쓰기 1》(한길사, 1989)
* 연세대 한국어 사전 편찬회,《사전 편찬학 연구 3》(탑출판사, 1990)

* 윤서석, 《한국의 음식용어》(민음사, 1991)
* 한글학회, 《외국사람에 대한 한국어 교육, 어떻게 할 것인가》(한글학회, 1991)
* 이훈종, 《민족 생활어 사전》(한길사, 1992)
* 이오덕, 《우리 문장 쓰기》(한길사, 1992)
* 사회과학원 언어학연구소, 《조선말 대사전 1~2》(사회과학출판사, 1992)
* 연변 사회과학원 언어연구소, 《조선말사전 1~3》(연변인민출판사, 1992)
* 이오덕, 《우리 글 바로쓰기 2》(한길사, 1992)
* 편집부, 《우리말 다듬기》(계몽사, 1992)
* 오성찬, 《제주토속지명사전》(민음사, 1992)
* 한글학회, 《고치고 더한 쉬운말 사전》(한글학회, 1993)
* 레오 바이스게르버, 《모국어와 정신형성》(문예출판사, 1993)
* 임홍빈, 《서울대 임홍빈 교수의 한국어사전》(랭기지플러스, 1993)
* 남영신, 《달하 머리곰 비취오시라》(행림각, 1993)
* 김도환, 《한국속담활용사전》(한울아카데미, 1993)
* 박용수, 《새 우리말 갈래사전》(서울대학교 출판부, 1994)
* 남영신, 《우리 말 분류사전》(성안당, 1994)
* 서정수, 《국어 문법》(뿌리깊은 나무, 1994)
* 정주리, 《생각하는 국어》(도솔, 1994)
* 권종성, 《조선어 정보처리》(과학백과사전종합출판사, 1994)
* 한글학회, 《우리말 큰사전 1~2》(어문각, 1995)
* 최래옥, 《한국 민간 속신어사전》(집문당, 1995)
* 편집부, 《북한의 국어사전 연구 5》(국립국어연구원, 1995)
* 이오덕, 《우리 글 바로쓰기 3》(한길사, 1995)
* 이오덕, 《무엇을 어떻게 쓸까》(보리, 1995)
* 임무출, 《만세전·삼대 어휘해석》(문창사, 1995)
* 최기호, 《사전에 없는 토박이말 2400》(토담, 1995)
* 민충환, 《임꺽정 우리말 용례사전》(집문당, 1995)
* 박영준·최경봉, 《관용어 사전》(태학사, 1996)
* 김계곤, 《현대 국어의 조어법 연구》(박이정, 1996)
* 임소영, 《한국어 식물이름의 연구》(한국문화사, 1997)
* 국립국어연구원, 《표준국어대사전 1~3》(두산동아, 1999)
* 정재도, 《국어사전 바로잡기》(한글학회, 1999)
* 김윤식·최동호, 《한국 현대소설 소설어사전》(고려대학교 출판부, 1999)
* 안정효, 《가짜 영어사전》(현암사, 2000)

* 편집부, 《푸르넷 초등 국어사전》(금성출판사, 2001)
* 이희자·이종희, 《한국어 학습용 어미·조사 사전》(한국문화사, 2001)
* 운평어문연구소, 《뉴에이스 국어사전》(금성출판사, 2002)
* 남영신, 《나의 한국어 바로 쓰기 노트》(까치, 2002)
* 고재환, 《제주 속담 사전》(민속원, 2002)
* 조남호, 《현대 국어 사용 빈도 조사》(국립국어연구원, 2002)
* 황대권, 《야생초 편지》(도솔, 2002)
* 카렐 차페크, 《원예가의 열두 달》(맑은소리, 2002)
* 전수태, 《북한의 우리말 의미 연구 자료집》(국립국어연구원, 2003)
* 최용기, 《국어 순화 자료집 합본》(국립국어연구원, 2003)
* 전수태, 《북한 사전 미등재어 조사 연구》(국립국어연구원, 2003)
* 사서편집국, 《동아 참 국어사전》(두산동아, 2004)
* 박형익, 《사전과 사전학》(월인, 2004)
* 이오덕, 《우리 말 살려쓰기, 하나》(아리랑나라, 2004)
* 이오덕, 《우리 말 살려쓰기, 둘》(아리랑나라, 2004)
* 헨리 데이빗 소로우, 《씨앗의 희망》(갈라파고스, 2004)
* 마리아 지빌라 메리안, 《곤충·책》(양문, 2004)
* 이재호, 《영한사전 비판》(궁리, 2005)
* 붉나무, 《사계절 생태놀이》(돌베개어린이, 2005)
* 조안 말루프, 《나무를 안아 보았나요》(아르고스, 2005)
* 최경봉, 《우리말의 탄생》(책과함께, 2005)
* 사이먼 윈체스터, 《영어의 탄생》(책과함께, 2005)
* 이오덕, 《우리 말 살려쓰기, 셋》(아리랑나라, 2005)
* 최경옥, 《번역과 일본의 근대》(살림, 2005)
* 채인선·김은정, 《아름다운 가치사전 1》(한울림어린이, 2005)
* 민충환, 《온 즈믄 골 잘》(백산출판사, 2006)
* 임홍빈, 《한국어사전》(랭기지플러스, 2006)
* 송준식·이옥순·김권정, 《식민주의와 언어》(아름나무, 2007)
* 블라지미르 메그레, 《아나스타시아》(한글샘, 2007)
* 박영수, 《유래를 알면 헷갈리지 않는 우리말 뉘앙스 사전》(북로드, 2007)
* 연세대학교 언어정보연구원, 《동아 연세초등한자사전》(동아출판, 2008)
* 이익섭·전광현·이광호·이병근·최명옥, 《한국언어지도》(태학사, 2008)
* 채인선, 《나의 첫 국어사전》(초록아이, 2008)
* 어니스트 칼렌바크, 《생태학 개념어 사전》(에코리브르, 2009)

* 최종규, 《생각하는 글쓰기》(호미, 2009)

* 이희재, 《번역의 탄생》(교양인, 2009)

* 전광진, 《초중교과 속뜻학습 국어사전》(LBH교육출판사, 2010)

* (주)낱말 어휘정보처리연구소, 《넓은풀이 우리말 유의어 사전》(낱말 어휘정보처리연구소, 2010)

* 김형찬, 《텃밭 속에 숨은 약초》(그물코, 2010)

* 강우근, 《강우근의 들꽃 이야기》(메이데이, 2010)

* 오경순, 《번역투의 유혹》(이학사, 2010)

* 데이비드 몽고메리, 《흙, 문명이 앗아간 지구의 살갗》(삼천리, 2010)

* 김철호, 《국어 실력이 밥 먹여 준다―문장편》(유토피아, 2010)

* 김금희·우지현, 《개념 잡는 초등낱말활용사전》(주니어김영사, 2011)

* 람타·제이지 나이트, 《람타 화이트북》(아이커넥, 2011)

* 최종규, 《10대와 통하는 우리말 바로쓰기》(철수와영희, 2011)

* 이주희, 《내 이름은 왜?》(자연과생태, 2011)

* 조복성, 《조복성 곤충기》(뜨인돌, 2011)

* 강우근, 《동네 숲은 깊다》(철수와영희, 2011)

* 조민정·봉미경·손혜옥·전후민, 《학습자를 위한 한국어 유의어 사전》(박이정, 2012)

* 손옥희·최향숙·이숙연, 《우리 학교 뜰에는 무엇이 살까》(청어람미디어, 2012)

* 김성현·김진한·허위행·오현경, 《멸종위기의 새》(자연과생태, 2012)

* 배상복·오경순, 《한국인도 모르는 한국어》(21세기북스, 2012)

* 최종규, 《사자성어 한국말로 번역하기》(철수와영희, 2012)

* 유상준·박소영, 《풀꽃편지》(그물코, 2013)

* 권은아, 《야무진 초등과학개념사전》(웅진주니어, 2013)

* 김종원, 《한국식물생태보감 1》(자연과생태, 2013)

* 김성현·김진한·최순규, 《새, 풍경이 되다》(자연과생태, 2013)

* 김병기, 《모둠 모둠 산꽃도감》(자연과생태, 2013)

* 막스 피카르트, 《인간과 말》(봄날의책, 2013)

* 니시오카 쓰네카즈, 《나무에게 배운다》(상추쌈, 2013)

* 조지프 코캐너, 《잡초의 재발견》(우물이있는집, 2013)

* 이세 히데코, 《나무의 아기들》(천개의바람, 2014)

* 이상권·김중석, 《처음 만나는 들꽃사전》(한권의책, 2014)

* 마에다 마유미, 《생태도감 그림책》(이비락, 2014)

* 폴 베델, 《농부로 사는 즐거움》(갈라파고스, 2014)

* 권오준, 《우리가 아는 새들 우리가 모르는 새들》(겨리, 2014)

* 최종규, 《숲에서 살려낸 우리말》(철수와영희, 2014)

* 실비 보시에, 《언어가 사라지면 인류는 어떻게 될까?》(내인생의책, 2014)

* 이수열, 《이수열 선생님의 우리말 바로 쓰기》(현암사, 2014)

* 김남준·김잔디·김혜임·이재영·정연숙·최미라·심차섭, 《수학선생님도 궁금한 101가지 초등 수학 질문사전》(북멘토, 2015)

* 정광, 《한글의 발명》(김영사, 2015)

* 김정선, 《동사의 맛》(유유, 2015)

* 정부희, 《곤충들의 수다》(상상의힘, 2015)

* 이상권·이영균, 《야생초 밥상》(다산책방, 2015)

* 이상권·김미정, 《처음 만나는 물고기사전》(한권의책, 2015)

* 정숙영·조선영, 《10대와 통하는 옛이야기》(철수와영희, 2015)

* 이주희·노정임, 《동물과 식물 이름에 이런 뜻이?!》(철수와영희, 2015)

* 노인향, 《자연생태 개념수첩》(자연과생태, 2015)

* 김수연, 《0~5세 말걸기 육아의 힘》(예담프렌즈, 2015)

* 이윤옥, 《창씨개명된 우리 풀꽃》(인물과사상사, 2015)

* 채인선·김은정, 《아름다운 가치사전 2》(한울림어린이, 2015)

* 최종규, 《10대와 통하는 새롭게 살려낸 우리말》(철수와영희, 2015)

* 데이비드 W. 앤서니, 《말, 바퀴, 언어》(에코리브르, 2015)

* 이건범, 《한자 신기루》(피어나, 2016)

* 김동섭, 《영국에 영어는 없었다》(책미래, 2016)

* 한희철, 《늙은 개가 짖으면 내다봐야 한다》(꽃자리, 2016)

* 오성균·류미선, 《국어가 좋아지는 국어사전》(킨더랜드, 2016)

* 페터 볼레벤, 《나무 수업》(이마, 2016)

* 여기에, 월간잡지 《전라도닷컴》에 나오는 전라도 할머니와 할아버지 이야기가 크게 도움이 되었습니다.